로마제국쇠망사 IX

Edward Gibbon 著
中 野 好 之 譯
金 永 振 譯

大光書林

The History of the Decline and Fall of the Roman Empire

1776 - 1788

by

Edward Gibbon

사라센군의 시라쿠사 공략 — 본권 제52장

「그리스의 불」— 본권 제52장

바위의 모스크(예루살렘 7세기말)

툴룬의 모스크(카이로 9세기 후반)

대모스크의 내부(코르도바 10세기 후반)

악타마르 교회(아르메니아 10세기) — 본권 第54장

성소피아 성당(키에프 11세기) — 본권 第55장

요하네스 1세 찌미스케스에 의한 러시아군의 격파 — 본권 第55장

비단에 그린 날개 달린 말위의 두 임금(10세기)

차　　례

제50장　아라비아와 그 주민의 개황―마호메트의 탄생, 성격, 교의―그의 메카에서의 설교―메디나에의 도주―무력에 의한 그의 선교―아랍인의 자발적 또는 소극적인 복종―그의 사망과 후계자들―알리와 그 자손의 자격과 번영 ……………13
제51장　아랍인, 별명 사라센인에 의한 페르시아, 시리아, 이집트, 아프리카, 스페인의 정복―칼리프 즉 마호메트 후계자들의 제국―그들 통치하의 그리스도 교도와 기타의 상태 ………………107
제52장　아랍군에 의한 두 차례의 콘스탄티노플 포위공격―그들의 프랑스 침입과 카를―마르텔에 의한 패퇴―우마이야 왕조와 압바스 왕조간의 내전―아랍인의 학술―칼리프들의 영화―크레타·시칠리아·로마에의 해상모험―칼리프 제국의 쇠퇴와 분열―역대 비잔티움 황제의 패배와 승리‥199

제53장 10세기 동로마 제국의 현황－판도와 구분－부와 세입－콘스탄티노플 궁전－칭호와 관직－황제의 자존심과 권한－비잔티움, 아랍, 프랑크군들의 전술－라틴어의 소멸－그리스인의 학술과 고립 ……………………………………263
제54장 바울파의 기원과 교의－역대 비잔티움 황제에 의한 그들의 박해－아르메니아와 기타의 반란－트라키아에로의 이주－서방세계에서의 보급－종교개혁의 씨앗, 성격, 및 결과 ……………311
마호메트의 혈연관계와 새로 개종한 국가들의 칼리프·국왕·대공들 ……………………………365
찾아보기……………………………………………297

로마제국쇠망사 IX

제50장 아라비아와 그 주민의 개황—마호메트의 탄생, 성격, 교의—그의 메카에서의 설교—메디나에의 도주—무력에 의한 그의 선교—아랍인의 자발적 또는 소극적인 복종—그의 사망과 후계자들—알리와 그 자손의 자격과 번영

〈569~680〉

이상에서 600년 이상에 걸친 콘스탄티노플(콘스탄티노폴리스)과 게르마니아의 덧없는 역대황제의 계보를 더듬어 보았다. 이제 저자는 헤라클리우스(Heraclius Ⅰ. 재위 610~41) 치세하의 비잔티움 제국 동부 국경지대로 눈을 돌리기로 한다. 비잔티움 제국의 국력이 페르시아 전쟁(612~628년간)으로 피폐하였고, 교회가 네스토리우스파(Nestoria派. 콘스탄티노플의 총대주교〈428~31〉인 Nestorius〈451경 사망〉의 주장을 신봉하던 종파. 그는 마리아를 「신의 어머니」로 부르는데 반대했고, 神人 양성을 날카롭게 구별했다. 431년 에페수스〈에베소〉공회의에서 이단으로 규정되어 추방되었으나, 그의 교리는 페르시아—인도를 거쳐 唐에까지 전도되었다. 景敎가 그것이다)와 단성론파(單性論派, monophysite sect. 그리스도는 神性과 人性의 단일한 성에 결합되어 있다고 주장하는 종파. 이 교설은 인성이 신성에 완전히 흡수되므로 그리스도는 인간과 같이 육신을 가지지 않는다고 주장한다. 451년에 열린 칼케돈 공회의는, 그리스도는 신성이 聖父인 신과 같고, 인성은 우리와 같은 사람이라 하여 이것을 이단으로 배척하였다)등 여러 종파들에 의하여 교란되고 있는 사이에 마호메트(Mahomet/Mohammed/Muhammad. 570~632. 아라비아의 예언자·회교의 창시자. 그는 610년 단식의 9월인 Ramadan달이 끝나는 마지막 밤인 「숙명의 밤〈lailatu'l—qadr〉」에 하늘의 계시를 받고 「알라 외에 신은 없다. 알라는 전능하며, 만물의 창조주이다. 최후의 심판의 날에 알라의 명령을 따른 자는 천국으로 맞아들여지고, 이것을 무시한 자는 지옥에 떨어진다. 나, 마호메트는 알라의 사자〈rasul〉이다」라고 믿고 포교하기 시작했다)는 한손에는 검을, 다른 손에는 「코란(Koran/Coran/Quran)」*을 가지고 그리스도교와 로마의 폐후 위에 자기의 왕좌를 구축하였다. 이 아라비아 예언자의 천성, 그의 민족적 풍습 그리고 그의 종교정신은, 동로마 제국이 쇠망하는 모든 원인에 포함되는 까닭에, 우리들의 눈은 지구상에 존재하는 여러 민족에게 새롭고도 영속적인 성격을 심어준, 이처럼 가장 주목할만한 혁명의 하나에 지대한 관심과 흥미에 이끌려 든다.

페르시아 · 시리아 · 이집트 · 이디오피아에 둘러 싸인, 인적없는 무인지대를 차지하는 아라비아 반도는, 비록 광대하기는 하지만 불규칙한 3각형 지대로 생각해도 좋을 것이다. 북쪽 끝인 유프라테스 강변의 벨레스(Beles. 이곳에는 페르시아 왕자 Kyros〈BC 424경~401〉의 용병으로 왕위쟁탈전에 가담했다가 패배한 후, 1만의 그리스군 패잔병과 함께 메소포타미아에서 흑해를 거쳐 BC 399, 겨우 그리스에 귀한한 Xenophon〈BC 430경~7

---

* 「코란」은 「쿠란」이라고도 표기하며, 이슬람교의 경전으로서 읽어야할 책이라는 뜻이다. 원래 이슬람교의 교리중 하나는 소위 경전신앙(經典信仰)으로서 104권의 경전이 있었으나, 현존하는 것은 유태교의 「모세 5서」, 「시편」, 기독교의 「복음서」 및 회교의 「코란」 등 4권 뿐인데, 그중 「코란」은 최종계시라 하여 가장 중요시한다. 이것은 이슬람교의 신성한 언어로 여기는 아라비아의 메카지방 방언(표준어로 되었다)으로 기록되었고 다른 언어로의 번역이 금지되어 있다. 이것은 원래 알라(Allah)신이 창조한 말씀으로서 석판에 새겨서 영원히 하늘에 보관되어 있는 것을, 계시의 전달천사 가부리엘(Gabriel)을 통하여 마호메트에게 계시된 것이라고 한다. 「코란」은 모든 신조와 교리를 대표하며, 신의 1인칭으로 예언자를 통하여 말한 형식와 산문시체로 쓰여졌지만, 마호메트의 생활과 교훈이 중심으로 되어 있다. 「코란」은 장단의 어조가 일정치 않은 114개장(Surah)으로 구성(勤行用은 30부분으로 나누어져 1일 1부씩 외우도록 되어 있다)되어 있고, 모든 장은 자비와 사랑의 신의 이름을 부르는 문구(영어로 표현하면 "In the name of the merciful and compassionate God"이다)로 시작되어 있다. 연대와 내용에 따라 정돈되지 않은 곳도 있으나, 내용은 신앙적인 교훈 외에도 예언 · 법률 · 정치 · 군사 등의 문제들도 실려있다. 이것은 수십명의 필자에 의하여 쓰여졌고 초대 정통파 칼리프인 아부-바크르(Abu-Bakr. 572경~634. 마호메트 사망후 이슬람 교단을 이끌었던 4명의 정통파 칼리프중 632~34년간 재임한 칼리프)가 수집편찬한 이후 644~56년간에 적지 않은 내용이 여기에 추가 보완되었다. 「코란」외에 이슬람교 신앙상 중요한 것으로서 「성전」이라 하여 마호메트와 그의 교우(教友)의 언행을 수록한 것이 있는데, 이것은 《Sacred Books of the East》라는 이름으로 로드웰(Rodwell, J. M.)과 펄머(Palmer, Edward Henry, 1840~82. 영국의 동양학자. 케임브리지대학의 아랍어 교수. 1882년 이집트전쟁 당시, 수에즈에서 사막에 침투하여 선무공작중 아랍인에게 체포되어 살해되었다)의 공동번역으로 서방세계에 공개되었거니와, 아라비아 원문이외의 어떠한 외국어로도 번역이 금지된 「코란」 역시 이 펄머에 의하여 1880년, 2권으로 나누어 영역 출판되었다. 여기서 한가지 해명할 것은, 본문에 있는 바 「한손에 코란, 다른 손에 칼」이라고 말한 것은, 종교와 정복의 통합을 말한 것이고, 이슬람교의 포교를 위하여 무력을 사용했다는 의미는 아닌 것 같다.

54경. 그의 이 원정기 《Anabasis》가 있다>일행이 유프라테스강을 최초로 도하했던 지점이요, 지방 태수의 호화정원이 있다)에서 뻗어나간 1,500마일(2,400km)선은, 뱁엘 엘 만데브해협(Bab el Mandeb/Babelmandeb海峽, 홍해 남쪽 입구의 해협)과 유향의 나라(the land of frankincense. 오늘날의 예멘 또는 알 야만의 美稱. 이곳 서남 아라비아 지역만은 옛날부터 서방에 잘 알려져 있었다. 유향은 옛날에는 향, 방부제로 사용하였다)에서 끝나는데, 이 거리의 대략 절반되는 지협(地峽)의 길이가 그것의 중간점의 폭, 즉 동쪽의 바스라(Bassora)에서 서쪽의 수에즈(Suez)까지, 또는 페르시아만에서 홍해까지의 거리로 생각해도 좋을 것이다. 이 3각형의 두 변은 서서히 확대하여 남쪽 저변은 인도양에 면하여 1000마일(1609km)의 정면을 이루고 있다. 이 반도의 전체면적은 독일 또는 프랑스의 그것의 대략 4배나 되지만, 그것의 압도적인 대부분은 지금까지 「돌과 모래의 땅(the stony and the sandy)」이라는 별명이 정확하게 대변하듯이 불모지대이다. 타타르(Tartar)지방(중앙아시아의 타타르족 거주지역)의 황량한 벌판까지도, 조화의 신의 손은 우뚝우뚝 높이 자란 수목들과 풍요로운 목초로 뒤덮었기 때문에, 고독한 나그네는 이런 종류의 식물경관으로부터도 일종의 위안과 사교의 즐거움을 맛보는 것이다. 그런데 아라비아의 단조로운 황야에서는 일망무제의 광활한 평원이, 가끔 험난한 벌거숭이의 산맥으로 가로막힐 뿐, 그림자도 또 가리는 것도 없는 사막의 표면은, 열대지방의 강렬한 태양의 직사광으로 작열된다. 바람이란 상쾌한 미풍이기는커녕, 숨이 막히는 듯한 열풍인데, 특히 서남방향의 열풍은 유해한, 아니 그보다도 치명적인 수증기 같은 것을 불어댄다. 바람이 번갈아가며 쌓아 올리고는 또 불어서 날려버리는 사구(砂丘)는 마치 창해의 파도에 비유되는데, 이와 같은 맹렬한 회오리 바람속으로 대상(隊商)이나 군대가 통째로 매몰되는 예도 결코 드물지 않다. 인류가 공통으로 받는 혜택인 물이, 여기서는 욕망과 항쟁의 대상으로 된다. 나무란 거의 없기 때문에 자연의 4대 원소중 하나인 불씨를 보존하며 또 나누어 주는데는 얼마간의 기술이 필요하다. 아라비아에는 토리를 살찌게 하며 또 그것의 생산물을 인근지방으로 수송할 수상운수의 편의성을 도모할 하천이 없다. 산악지대로부터 흘러내리는 분류(奔流)는 바로 대지속으로 빨려들어가 말라 버린다. 바위돌 틈새에 뿌리를 내리는 타마린드(tamarind. 콩과의 상록교목, 열매는 청량음료·약용·조미료로 쓰인다)나 아카시아 등은, 가끔 튼튼하게 자란 모습을 볼 수 있는 바, 이런 나무들은 밤이슬을 먹고 겨우 성장하고, 얼마 안되는 빗물은 저수지와 송수관에 모아지는데, 우물과 샘은 사막에 숨겨진 보배로 되어 있다. 현실적으로 메카(Mecca. 카이로와 메카간 거리는 30일 행정 또는 30개의 역참이 있는데, 거기에는 15개소의 빈약한 물 공급지가 있을 뿐이다)로의 순례자는 장도의 건조하고 숨막힐듯이 더운 고난의 행진 끝에, 맞닥뜨리게 되는 유황 또는 암염섞인 지층을 흘러서 나온 물맛에 그만 얼굴을 찌푸리게 된다. 이것이야말로 아라비아 풍토 전체의 실상을 그대로 표현한 양상이라고 하겠다. 재난의 체험은 여하한 지방적 · 국부적인 향수의 가치도 증대시키는 법이다. 그늘진 곳을 제공하는 나무들, 푸른 목장, 흐르는 깨끗한 물은 그것으로만도 정착적인 아랍인 식민을, 그들 자신과 가축의 식량이나 기분전환을 가져오게 하며, 종려나무와 포도 경작에 대한 의욕을 북돋아 주는 혜택받은 땅으로 끌어 당기기에 충분하다. 인도양에 면한 고원지대는 매우 풍부한 삼림과 수리(水利)의 혜택으로 두드러진 곳인데, 이곳은 기후도 훨씬 온화하고 과일도 한층 맛이 좋을 뿐만 아니라 동물이나 사람들의 수도 많기 때문에, 비옥한 토리(土理)는 농민들의 노역(勞役)을 자극하고 또 그에 상응하는 보수를 주는 바, 유향과 커피라는 특징적인 은혜의 산물은 모든 시대를 통하여 세계의 상인들을 매혹시켜 왔다. 이 반도의 다른 부분과 비교할 때 확실히 격절(隔絶)된 이 지역은, 정말로 행복한 곳(the happy)이라는 말을 들을만한 가치가 있다고 하겠다. 이 공상과 허구의 근사한 색조는 이런 대조에 의하여 착상되었으며, 멀리 떨어진 탓으로 그것이 유지되어 왔다. 이리하여 조화의 신은 이 지상의 낙원을 위하여 자기가 가장 소중하게 간직하고 있는 은총과, 가장 진귀한 작품을 유보시켜 온 것으로 생각되는 바, 이곳의 원주민은 쾌락과 천진난만이라는 비할데 없이 많은 은혜를 향수하고 있는 것으로 간주되고, 대지는 황금과 보석으로 차고 넘치는가 하면, 지면과 바다는 달콤하고 향기로운 좋은 냄새를 내뿜도록 가르침을 받은 것으로 일컬어져 왔다(밀튼〈Milton, John, 1608~74. 영국의 시인〉의 「실락원〈Paradise lost〉」제 4 권 161~5행 참조). 그리스와 라틴인들에게는 매우 친숙해진 사막(sandy), 돌(stony), 행복(happy)이라는 세가지 구분은 아랍인 자신에게는 알려지지 않은채 끝났고, 유사이래 동일한 언어와 주민이 보존해 온 이 국토가 거의 고대의 지지(地誌)흔적을 가지고 있지 않다는 것은, 아무래도 불가사의한 일이라고 말하게 된다. 바레인(Bahrein)과 오만(Oman)의 연안지방은 페르시아만을 사이에 두고 페르시아 왕국 대안쪽에 위치하며, 예멘 왕국은 아라비안 펠릭스(Arabia Felix)의 범위, 적어도 그런 위치를 차지하고 있다.

네지드(Neged)라는 이름은 내륙일대에 확산되었고, 홍해 연안의 헤자스(Hejaz, 홍해에 면한 아라비아 반도의 북서쪽 지방)는 마호메트의 탄생지로서 유명해졌다*.

주민의 일정한 수가 생활자원에 의하여 규정되는 이상, 이 광대한 아라비아 반도의 총주민수가 풍요로워서 크게 번영한 어떤 조그마한 지방의 주민수보다도 적다는 것은 당연한 이야기이다. 페르시아만, 인도양, 홍해의 해안지대에는 식어인종(食魚人種, Ichthyophagi/fish－eaters)이 그들의 얼마 안되는 식량을 획득하기 위하여 유랑하고 있었다(아리아노스〈Arrianos/Flavius Arrianus, 95경～175. 그리스의 역사가·정치가. 하드리아누스 황제의 신임을 얻어 로마시민권을 얻었고 후에는 집정관이 되었다〉의 「黑海周航記」에 쓰여있는 내용). 사회라고 부를만한 값어치도 없는 거의 원시적인 이런 비참한 상태에서, 법제나 기술, 심지어 사려분별이나 문자도 갖고 있지 않은 인류라면 그것은 다른 동물류와 별로 다를바 없는 것이다. 몇 세대와 몇 시대가 무언(無言)의 망각속에서 흘러갔지만, 이 무력한 야만인들은 그들의 생존을 바다에 면한 좁은 언저리로 국한시키는 욕망과 생업 탓으로 자기네 종족을 증가시킬 방도가 없었다. 그러나 고대 초기에 아랍 인종의 대집단은 재빨리 이 곤궁한 장면에서 이미 빠져나오고 있었다. 그리고 이 황량하게 드러난 평원은 수렵민족을 부양할 수 없었으므로, 그들은 단번에 생산양식을 뛰어넘어서 유목생활이라는 한층더 안정되고 풍부한 생활환경으로 올라섰다. 사막의 유목민은 모두가 획일적인 생활을 영위한다. 때문에 우리들은 오늘날의 베두인족(Bedouin族/Bedoween族. 오아시스에 정착하고 있는 아랍인에 대해, 사막에서 이동하며 유목생활하는 아랍인을 가리키는 호칭. Bedouin의 원어는 Bedawi이고, 이것의 복수형이 Bedawa인데, 이것을 Bedaween이라고 표기한다면 기실 잘못이라고 한다) 생태에 대하여, 그 옛날 모세(Moses. 유태나라의 건국자·입법자)나 마호메트 시대에도 이와 같은 형태의 천막에 생활하면서 역시 똑같은 샘물, 동일한 목초지로 말과 양 또는 낙타떼를 몰고 다니던 그들 조상의 원래의 면모에서 이것을 찾아 볼 수 있을 것이다. 우리들은 유용한 가축에 대한 지배를 통하여, 자기의 노동력을 경감시키면서 재산을 증식시켜 나간다.

---

* 저자 기번은 이 제50장이하의 서술을 시작함에 있어 「나는 이하에서 아라비아에 관한 지식을 개진하게 되지만, 오리엔트의 제언어를 전혀 모르는 나로서는 이에 관한 자료의 모두를 라틴어, 프랑스어, 영어로 쓰여진 것들 중에서 이의 학식(學識)을 주입하고 있는 박학(博學)의 유럽 학자들에게 의존하였다」라고 주석을 달고 있다.

아랍의 유목민들은 일찍이 그들의 충실한 벗이며 근면한 노예에 대한 절대적인 소유권을 보유하고 있었다. 또한 박물학자의 견해에 따르면 아라비아야말로 말(馬)의 진정한, 그리고 원초적인 발생지인 바, 그 기후는 이처럼 온순한 동물의 크기에서가 아니라 그것의 기질과 준민성(俊敏性)에 있어 더할 나위없이 적합하다고 한다. 바버리(Barbary. 이집트를 제외한 북아프리카지방의 옛이름. 바버리 지방산 말을 barb라고 한다), 스페인, 잉글랜드 등지에서 나는 말의 우수성은, 모두가 이 아랍 종마와의 교배에 유래하는 것인데, 베두인족은 이처럼 가장 순수한 종마에 대한 명예와 기억을 미신적인 배려로서 보존하고 있다. 숫말은 비싼 값으로 매매되지만, 암말은 좀처럼 팔려고 하지 않는다. 그리고 우량종 새끼말의 출산은 부족민들 사이에서 환희와 상호간에 축복할 일의 주제로 간주된다. 이런 말들은 천막안에서 아랍의 어린이들과 함께 애지중지 정성스럽게 키워지고, 또 인간에 대한 온화하고도 애정깊은 기질에 습관화되게끔 훈련된다. 이 말들은 다만 보행과 구보에만 습관화되도록 훈련되므로, 이것들의 감각은 박차나 채찍의 끊임없는 남용으로 노둔해지는 일이 없다. 이런 말들의 체력은 도주와 추적의 순간에 대비하여 소중히 간직된다. 그러나 이것들은 고삐 또는 등자의 감촉을 감지하자마자 질풍과도 같은 속도로 내닫는데, 이런 질주도중에 혹시 기수가 떨어졌음을 알아차리면, 곧 멈춰서서 그를 다시금 안장위에 올라타게 한다. 아프리카와 아라비아 사막속에서, 낙타는 신성하고 귀중한 하늘의 선물이다. 이 강력하고도 유순한 짐승은 며칠씩이나 아무것도 먹거나 마시지 않고도 여행을 계속할 수 있다(낙타는 겨울에는 10일간, 여름에는 6일간이나 물없이 살 수 있다). 맑은 물이 인내(忍耐)의 특징을 말해주는 이 동물의 제5의 밥주머니인 커다란 주머니에 저장되는가 하면, 대형 낙타라면 1,000 중량파운드(453kg)의 무거운 짐을 실어 나를 수 있으며, 한편 덩치가 작고 경쾌한 쌍봉낙타는 가장 발이 빨라서 심지어 준마(駿馬)를 능가할 정도의 빠른 속도로 달릴 수 있다. 낙타 몸뚱이 부분은 살아서는 물론이거니와 죽은 다음에도 거의 전부가 사람들에게 봉사한다. 그것의 젖은 다량으로 나올 뿐만 아니라 자양분이 많으며, 젊은 낙타의 연한 고기는 송아지 고기의 맛을 낸다. 낙타의 오줌에서는 소금이 추출되고, 똥은 연료의 부족분을 보충해준다. 해마다 빠지고 새로 자라는 그의 긴털은 조모(粗毛) 그대로 베두인족의 의복, 가구, 천막으로 제조된다. 장마기간 동안에 이 동물은 사막의 빈약하고 불충분하게 자란 목초를 뜯어 먹으며, 여름의 태양이 작열할 때와, 겨울의 기근의 계절에는 해안지대로부터 예멘의 고지라든가 유프라테스강 가까이로 숙영지를 옮기고서는, 가끔 나일강변이나 시리아 또는 팔레스티나의 촌락들을 급습하여 약탈하는 위험스러운 자유를 실행해 왔다. 아랍의 유랑민 생활은 위험과 고난에 찬 생활이다. 때로는 그들이 강탈 또는 교환으로 근로의 과실을 취득하는 일이 있다고는 하지만, 1만기의 기마부대를 통솔하고 전쟁터로 진군하는 긍지감 높은 그들의 수장(首長)보다는, 유럽의 개별적인 시민쪽이 한층더 견실하며 쾌적하고도 사치스러운 생활을 즐기로 있었다.

또한 스키타이(Scythia) 유목민과 아랍 부족사이에는, 후자가 많은 도시에 집중하여 통상과 농업에 종사하고 있다는 점에서 본질적인 차이가 있다. 이들의 시간과 근로의 일부분은 여전히 가축을 관리하는데 충당되었지만, 한편 평화시에는 물론 전투시에도 사막안의 같은 무리들과 서로 교제하고 같이 싸움으로써 베두인족은 이런 무리들과의 유용한 교제로부터 자기들에게 필요한 물품의 공급과 모종의 초보적인 기술과 지식을 획득 및 실현시켰다. 아불페다(Abulfeda. 1273~1331. 시리아의 역사가. 『인류사요강』『諸國史』 등의 저서가 있다)가 계산한 42개의 소도시들 가운데서, 가장 오래되고 인구조밀한 곳은, 많은 혜택받은 예멘지역에만 주로 위치하는 바, 거기에는 사아나의 탑들(the towers of Saana. 서기 1세기의 힘야르족의 왕이 수도인 사아나에 세운, 높이가 무려 20층이나 되는 궁단성을 말하는 것. Saana는 Dafar라는 곳으로부터는 약 135km, Aden으로부터는 약 383km에 위치한다고 한다)과, 놀라운 메라브의 저수지(the reservoir of Merab. 기원전 5세기에 사베<Sabae>왕국의 수도 베라브 부근에 구축되었던 큰 댐. 서기 5세기 중엽에 이것이 缺潰되어 일대 홍수가 났는데, 이 사건이 흔히 이슬람 문학의 테마로 되곤하였다. 그런데 앞에서 말한 Abulfeda에 의하면, 이 저수지의 둘레는 6마일<9. 6km>이고, 이의 결괴원인은 로마초대황제인 아우구스투스<재위 BC 27~AD 14>의 군단들에 의하여 파괴되었는데, 14세기 초까지도 복구되지 않았다고 하였다) 등이 역대 힘야르족(Homerites) 왕들에 의하여 구축되었다. 그러나 이들 도시의 세속적인 광휘는, 미구에 홍해가까운 곳에서 서로 270마일(약 432km) 떨어져 나란히 위치하는 메디나(Medina)와 메카(Mecca)라는 두 도시의 예언자적인 광휘에 의하여 퇴색되고 말았다. 이들 두 성도(聖都) 가운데서 메카는, 그리스인에게는 일찍이 마코라바(Macoraba)라는 이름으로 알려졌다. 이 이름의 어미는 크기를 나타내는 것인데, 이것의 실제적인 규모는 가장 번영하던 시기에도, 마르세이유(Marseilles)의 크기와 인구를 능가할 정도가 되지 못하였다. 이 도시의 창건자들로 하여금 이처럼 극단적으로 불리한 지점을 선택케 한 이유는, 아마도 미신의 숨겨진 동기에 있었는지 모른다. 그들은 진흙 내지 석조로 된 집 3채를, 불모의 산 밑에 터를 잡고 길이 2마일, 폭 1마일 정도 되는 벌판에 세웠다. 지반은 바위였고, 젬젬(Zemzem)이라는 신성한 샘(the holy well. 메카의 카아바〈Kaaba/Ka'bah/Caaba. 이것은 입방형으로서 동쪽벽에 있는 聖石이다〉신전 가까이에 있는 샘이다. 「구약전서」「창세기」 제16장에 나오는 바 아브라함과 그의 애급인 첩인 하갈이 맨처음에 이 물을 마신 것으로 전해지고 있다)의 물조차 떫고 찝찔하였다. 목장은 도시에서 멀리 떨어져 있었고, 포도는 70마일(112km) 떨어진 타예프(Tayef)지방 과수원에서 수송해왔다. 이 메카에 군림한 쿠라이시족(Quraish族/Koreishites)의 명성과 기상은 아랍부족들 사이에서는 매우 저명했던 바, 그들의 척박한 토양이 농경영위를 거절한 반면에, 그 위치는 통상무역활동에는 안성맞춤이었다. 불과 40마일(64km)거리에 있는 제다(Gedda. 지금의 지다〈Jiddah〉?)해항을 통하여 그들은 손쉽게 아비시니아(Abyssinia. 이디오피아의 별명)와 교류할 수 있었는데, 실제로 이 그리스도교 왕국은 마호메트 사도들의 최초 망명지로 되어 있었다. 아프리카의 부는 전설에 의하면, 아라비아 반도를 횡단하여 칼데아(Chaldaea)난민들의 손으로, 암염으로 만들어진 도시라고 일컬어지는 바레인 지방의 별명이 카티프(Katif)라는 게라(Gerrha)로 수송되어, 거기서 페르시아만에서 나는 천연산 진주와 함께 뗏목에 실리어 유프라테스강 하구로 회조(回漕)되었다. 메카의 위치는 오른쪽의 예멘과 왼쪽의 시리아로 부터 대략 등거리에 있는데, 양쪽은 모두 1개월간의 행정(行程)에 있다. 예멘은 그들 대상들에게는 겨울의, 그리고 시리아는 여름의 중계지로 되어 있었는데, 그들의 시의적절한 도착은 인도에서 온 무역선을 홍해의 지루하고도 곤란한 항해로부터 해방시켰다. 사아나와 메라브의 시장, 오만(Oman)과 아덴(Aden)항구들에서 쿠라이시족의 낙타떼는 값비싼 향료의 태짐을 등에 싣고 와서, 곡물과 제조품 등 필수품을 보스트라(Bostra)와 다마스커스(Damascus)시들에서 구입하였는데, 이 유리한 교환결과로 메카의 거리에는 부와 재보가 범람하였는 바, 그들의 고귀한 자식들은 무기에 대한 애착심을 장사꾼의 직능과 통합시켰던 것이다.

외국인들 사이에서도 아랍인의 항구적인 독립은 한결같이 칭찬의 주제로 되어 왔지만, 논쟁의 기교에 의하여 이 특이한 현상은, 이 땅이야말로 이스마엘(Ismael. 아브라함과 그의 첩인 하갈사이에서 태어난 아들. 셈족〈Shem〉은 이스마엘의 자손이라고 한다. 「창세기」 제16장 참조) 후예의 고향이라는 예언과 기적으로 변형되었다. 도대체가 숨길 수도, 또 회피할 수도 없는 약간의 예외는, 이런 종류의 추론방식을 단순히 불필요한 정도로 부적당한 것으로 만든다. 실제로 예멘 왕국은 차례차례로 아비시니아인, 페르시아인, 이집트의 살탄(Sultan)과 투르크민족의 손으로 정복되었고, 메카와 메디나의 두 성도도 스키타이 압제자들 앞에 몇번씩이나 굴복해 왔다. 또한 로마제국의 아라비아 속주는, 이스마엘과 그의 자식들이 그들 형제의 면전에서 천막을 쳤음이 틀림없는 저 특징적인 황야를 포함하고 있었다. 그럼에도 불구하고 이런 예외들은 일시적이거나 국부적이었을 뿐이고, 민족의 중핵부분은 가장 강력한 왕국의 멍에에서 벗어나 있었는 바, 세소스트리스(Sesostris/Sn－wsr · t/Senusret Ⅰ. 이집트 제12왕조의 왕. 재위 BC 1971～29)와 큐로스(Kyros Ⅱ. 재위 BC 559～30. 페르시아 제국의 창건자), 폼페이우스(Pompeius Magnus, Gnaeus. BC 106～48. 로마공화정 말기의 정치가 · 장군. 시리아 · 팔레스티나도 정복했다)와 트라야누스(Trajanus, Marcus Ulpius Crinitus. 로마황제. 재위 98～117. 오리엔트도 공략하여 메소포타미아와 티그리스강을 건너 수도 크테시폰을 함락시키고 페르시아만까지 이르렀다)의 무력도 감히 아라비아 정복은 이루지 못하였다. 오늘날 투르크민족(저자 생존시인 오스만 · 터키를 가리킨다)의 황제도 표면상의 지배권을 휘두르고는 있지만, 그 자신은 체면 따위에 구애받지 않고, 도발은 위험하고 공격은 훌륭한 계책이 아님을 알고, 이 민족의 우정을 붙들어 매놓기 위하여 애태우고 있다. 자유라는 자명한 대의는 아랍인들의 성격과 국토에 깊이 새겨져 있었고, 두려움을 모르는 그 용기는 그들과의 방위 및 공격전에서 마호메트보다도 이미 몇 세대전에 이웃에 사는 민족들에게 강력히 느끼게 하고 있었다. 병사들의 인종적(忍從的) 이면서도 적극적인 덕성은, 유목생활에서 형성된 습관과 또 훈련과정에서 자연적으로 체현되었다. 양과 낙타의 관리는 부족내의 여성들에게 위임되고, 무예를 숭상하는 젊은이들은 수장의 정기(旌旗) 밑에서 언제나 벌판에서 말을 타고 활과 투창 또는 연월도를 쓰는 무술연마에 정려했다. 자기들의 독립에 관한 오랜 기억이 그것의 영속에 대한 가장 강력한 보증으로 되어 있었으며, 뒤이은 세대들은 자기들의 출신을 증명하고 또 그 유산을 유지하기 위하여 분발하였다. 그들의 내부적인 싸움은 공통의 적의 접근이 있으면 곧 중단하는데, 투르크족을 상대한 마지막 전투에서 메카의 대상(隊商)은 8만의 동맹군에 의하여 공격받고 또 약탈당했다(이런 역사적 사실에 대해서는 알려지지 않았다. 이슬람이 발흥하기 이전의 일인지?). 그들이 전쟁터로 나갈 때는 승리에 대한 희망이 선두대열에 넘쳤고, 후위부대에는 퇴각의 확신이 존재하였다. 8일 내지 10일 사이에 4, 5백마일의 진격도 가능한 그들의 말과 낙타는, 정복자가 다가오면 모습을 감추어, 사막속의 숨어 있는 수맥(水脈)에 의지하여 상대방의 추적을 어벌쩡하게 떼어버린다. 그 결과로 그의 승승장구하는 군대도 이처럼 눈에 보이지 않는 적의 추적과정에서, 갈증과 굶주림 그리고 피로로 체력을 소모시켜 버리는 반면에, 상대방의 노고를 비웃는 사막인들은 이 뜨거운 햇볕의 고독한 사막 한 가운데서 안심하고 휴식을 취한다. 베두인족의 무기와 사막은 단순히 그들의 자유의 안전판일 뿐만 아니라, 전쟁터에서 멀리 떨어진 장소에서 토리와 기후의 사치스러운 혜택으로 연약해진 행복한 아라비아 주민에게는 훌륭한 방벽이기도 하다. 아우구스투스의 군단은 질병과 권태로 소멸되었지만(BC 24년. 아우구스투스는 이집트 총독인 갈루스〈Gallus, Gaius Cornelius, BC 69~29. 로마의 시인 · 정치가〉의 지휘밑에 1만의 아라비아 원정군을 파견했지만, 메디나에서 마리브로 진군하는 도중에 패배하고 철수하였다), 예멘정복이 순조롭게 달성된 것은 해군력에 의해서였다. 마호메트가 자기의 신성한 깃발을 올렸을 때, 이 왕국은 페르시아 제국의 일개 속주였었다. 그럼에도 불구하고 힘야르족 7명의 왕후들은 여전히 산악지대에 군림하고 있었고, 호스로 2세(Khusru/Chosroes Ⅱ. Anushirvan. 재위 531~79)의 대리인은 자신의 멀리 떨어진 모국과 불행한 군주를 잊어버리고 싶다는 욕망에 빠지게 되었다. 유스티니아누스(Justinianus Ⅰ, 재위 527~65)시대를 다룬 역사가들은, 동방세계에서의 오랜 항쟁과정에서 이익 또는 애착에 의하여 분립된 독립 아랍부족들의 상태를 묘사하고 있다. 가싼족(Gassan族)은 시리아 영내에 천막을 치는 것이 인정되었고, 히라(Hira)의 군주는 바빌론 폐허로부터 남쪽으로 약 40마일(64km)지점에 하나의 거리를 건설할 것에 대한 허가를 얻었다(본서 제Ⅶ권 p. 184 참조). 전쟁터에서의 그들의 활동은 신속하고도 과감하였고, 그들의 우정은 금전 여하에 좌우되기 때문에 그들의 충성심은 믿을 수 없었으며, 그들의 적개심도 변덕스러운 것이었다. 이들 방랑하는 야민족을 안심시키는 것은 힘들었지만, 자극하는 일은 용이하였다. 그리고 자기들과 관계가 깊은 전투가 반복되는 과정에서, 그들은 로마와 페르시아 양쪽의 장려(壯麗)한 약점을 간파하고는 경멸하였다. 메카에서 유프라테스강에 걸쳐 분포되어 있는 아랍부족은 그리스 · 라틴인들로부터 사라센인(Saracens. 이 말은 Sarah〈Abraham의 아내이며 Isaac의 어머니〉나 Saraka라는 마을에서 유래되는 것이라고 한다)이라는 총칭

아래 혼동되고 있는데, 그리스도 교도들은 모두가 이 이름을 공포와 혐오의 마음으로 입에 담도록 가르침을 받고 있다.

국내적으로 압제하에 있는 노예가 그들의 민족적 독립을 득의만면으로 기뻐한다는 것은 결코 드문일이 아닌데, 아랍인은 개인으로서는 자유였다. 그들은 일정한 한도내에서 사회의 제한적인 은혜를 향수했지만, 그러나 자연의 특권은 결코 포기하지 않았다. 어느 부족에서도 미신, 은의 또는 우연의 행운 등의 조건으로 말미암아, 어떤 특정적인 가문을 자기들의 동료가장들 보다도 높은 위치에 모셔왔다. 족장(族長, sheick)이나 태수(太守, emir)와 같은 영예는 항구적으로 이에 선발된 가족에 전해지지만, 승계의 순위만은 자의적이고도 느슨한 바, 고귀한 가문에서는 장로 또는 권위자의 조언으로 계쟁문제가 조정되거나 그가 수범으로써 용기를 고무하는, 단순하지만 중요한 역할을 담당한다. 사실 총명하고도 용감한 여성 제노비아(Zenobia, Septimia/Bat Zabbai. 274이후 사망. 팔뮤라<Palmyra>의 여왕. 남편 사후에 선처의 아들을 죽이고 267년에 등위. 시리아 · 이집트 · 소아시아까지 지배력을 확대했고, 수도를 동방문화중심지의 하나로 만들었다. 아우렐리우스<재위 161~80>황제에 정토당했다. 그녀에 대해서는 본시리즈 제Ⅱ권 p. 43이하를 참조할 것)가 그녀의 동국인을 지배할 권리를 인정받은 사례가 있다. 몇몇 부족의 일시적인 통합은 군대를 창설케 하였고, 이런 통합이 한층 영속적인 것이 되자 하나의 민족으로 형성케 하였다. 이런 통합체의 지고(至高)한 지도자인 수장(首長)중의 수장의 깃발이 그들의 머리우에서 펄럭이자, 국외자의 눈에는 이것이야말로 국왕이라는 이름의 명예로 간주되었을 것이다. 만일 아랍의 왕후(王侯)들이 권력을 남용한다면, 그들은 평소에 좀더 온화하고 애정깊은 통치에 익숙해진 신민들의 이반으로 곧 처벌된다. 그들의 정신은 자유롭고, 그들의 진로는 제한이 없으며, 사막은 광활하여 부족이나 가족들은 쌍무적 · 자발적인 협약에 의하여 통합된다. 예멘지방의 비교적 온화한 원주민은 군주의 화려한 권위를 지지했지만, 그가 일단 한발자국이라도 자기 궁전에서 바깥으로 나서기만 하면 생명이 위태로운 그런 상태에서는, 통치의 적극적인 권력이 그의 귀족들과 총독들에게 위임되어 있었음이 틀림없다. 메카와 메디나의 두 도시는 소아시아지역 중심부에서 하나의 공동체 형태, 나아가서는 실질을 유지하고 있었는 바, 마호메트의 조부와 그의 직계선조는 대외적 및 대내적인 교섭에서 그들의 국토의 군주로서 출현했는데, 그들은 아테네의 페리클레스(Perikles, BC 495경~29. 고대 아테네 최대의 정치가. 정치 · 군사 · 문화적으로 번영을 이룩하여 「페리클레스 시대」를 실현시켰다)나 피렌체(Firenze/Florence)의 메디치가(Medici家. 15~18세기에 상업과 금융업으로 번영한 이탈리아의 재벌. 이 가문은 대대로 미술학예를 애호하여 피렌체로 하여금 유럽의 문화중심지, 르네상스의 요람이 되게 하였다)와 마찬가지로, 그들의 지혜와 성의에 대한 평판에 입각하여 통치하였다. 그들의 영향력은 그의 상속재산에 따라서 분할되고, 왕홀은 예언자인 백부들로부터 쿠라시이족의 젊은 분가로 옮겨졌다. 그들은 엄숙한 기회라면 민회(the assembly of the people)를 소집하였는데, 원래 인간은 강제 아니면 납득중 어느 하나에 복종하지 않으면 안되는 이상, 고대 아랍인들 사이에서의 웅변의 효용과 평판은 공적인 자유의 가장 명백한 증거였다. 그러나 그들의 단순한 자유는 개별적인 성원이 공동사회의 시민적·정치적인 제권리의 불가분리적인 분배몫을 보유하던, 그리스나 로마 국가제도의 정묘하고도 인위적인 기구하고는 전혀 상이한 양상을 띠는 것이었다. 즉, 아랍인들의 한층더 단순화된 국가조직속에서, 민족은 그의 자식들 각자가 수령의 의사에 대하여 비굴한 복종을 경멸하는 그것이야말로 자유로 생각한다. 그의 가슴은 강의성·인내심 그리고 평정성(平靜性)이라는 엄격한 덕성으로 무장되었고, 독립불기에 대한 사랑은 그의 마음속에 자기제어관습을 낳게 하였으며, 불명예에 대한 두려움앞에는 그의 고통, 위험, 죽음에 대한 비열한 근심의 여지가 근절되었다. 정신의 중후성과 견고성은 그의 외면적인 행동에 뚜렷이 나타났고, 그의 말하는 어조는 느릿느릿하지만 무게가 있으면서도 간결했다. 그는 좀처럼 웃지 않았고, 그의 유일한 제스추어는 성인남자의 자랑스러운 상징인 자기의 수염을 쓰다듬는 행동이었다. 그리고 그 자신의 중요성에 대한 의식은, 동료에게는 경박스러운 행동을 삼가하고, 상사에 대해서는 두려움없이 말하게끔 그를 가르쳤다. 사라센인의 자유는 그들의 정복사업을 완수한 뒤에까지도 존속하였는 바, 초기 칼리프(caliph)들은 신하가 대담하고 친밀하게 말을 건네는 것을 묵과하였다. 그들은 회중(會衆)에 대한 설득과 계발을 위하여 자주 설교단상에 올랐다. 제국의 수도가 티그리스강 연안으로 이전한 후에, 압바스 왕조(Abbassides. 37대 750~1258년간 통치. 시조는 마호메트의 숙부인 알-압바스〈al-'Abbas, 579경~653경〉의 아들 'Abdullah ibnu'l-'Abbas〈668경 사망〉이다)는 페르시아나 비잔티움 궁정들의 존대하고도 화려한 의전을 채용하였다(우마이야〈Umaiya〉왕조로부터 압바스 왕조에로의 교대에 대해서는 뒤에 나오는 p. 216이하를 참조할 것).

민족이나 인간을 연구함에 있어 우리는 그들이 서로 적대적 내지 우호적으로 되는 원인, 즉 그의 사회적 특성을 좁히거나 확대하며, 달래거나 격분시키는 결과를 낳게 하는 제원인을 관찰하게 된다. 다른 제민족으로부터의 아랍의 격리는 그들에게, 이국인은 곧 적대자라고 간주하는 습성을 심어 주었고, 토지의 척박성은 그들이 오늘날에 이르기까지 신봉하고 또 실행해 온 법학의 격률(格律)을 산생시켜 놓았다. 그들의 주장에 의하면, 대지를 분할함에 있어 부유하고 비옥한 풍토는 인류의 다른 종족들에게만 할당되었는데, 이로 말미암아 버림받은 이스마엘의 자손은, 불법적으로 박탈되어 온 자기들의 정당한 상속 분배몫을 사술(詐術) 내지 폭력으로 회복할 권리가 있다는 것이다. 플리니우스(Gaius Plinius/Pliny, Secundus. 23?~79. 로마의 저술가『자연지〈Naturalis historia〉』37권을 남겼다. 그의 조카이며 양자인 소 플리니우스〈Gaius Plinius Caesilius Secundus. 61?~114 이전. 「서한집〈Epistolae〉」과 기타를 남겼다〉도 유명한데, 여기서는 이 두 사람중 누구를 가리키는지 불분명하다)의 관찰에 따르면, 아라비아의 모든 부족은 도둑질과 장사에 한결같이 열중하는 성질을 가지는데, 사막을 횡단하는 대상은 자주 약탈 또는 신병속상금(身柄贖償金)의 대상이 된다. 때문에 욥(Job. 「구약성서」「욥기」로 알려진 시인이며 의인〈義人〉. 덧붙여 말한다면 현대 미국의 시리아계 동양학자 힛티〈Hitti, Philip Khuri, 1886?. 1919 미국으로 귀화하였고 아메리카대학, 프린스턴대학 교수〉는, 욥이 널리 알려진 것처럼 유태인이 아니라 아랍인이라고 단언한다)과 세소스트리스(Sesostris/Sn－wsr · t〈Sonusret〉 Ⅰ. 이집트 제12왕조의 왕. 재위 BC 1971~29)의 태고 때부터 그들의 이웃은 항상 그들의 강욕적인 기상의 희생물이 되어 왔다. 베두인족은 멀리서 지나가는 고독한 나그네의 모습을 발견하면, 맹렬한 기세로 말을 타고 달려가 큰 소리로, 「너의 숙모님(나의 처)이 옷이 없으니, 네가 입은 그 겉옷을 벗어서 내놓으라」고 외친다. 얌전하게 그의 말을 들으면 목숨만은 살릴 수 있었지만, 저항이라도 하면 상대방은 곧 크게 화를 내면서 그 자신이 감히 정당방위로 흘리게 하려는 상대방의 피를 오히려 자기자신의 피로 보상해야만 한다. 한사람의 도적이나 몇몇 사람들로 조직된 도당의 강도행위는 그들의 진짜이름으로 낙인이 찍혀지지만, 다수인원의 도적행위는 합법적이며 명예로운 전쟁의 성격을 띠우게 된다. 이와같이 전인류를 상대하려는 자세를 가다듬는 국민의 성향은, 부족내에서의 약탈 · 살인 · 복수의 묵인으로 말미암아 몇배로 불타 올랐다. 유럽의 국가제도에서 선전강화에 관한 권한은 오늘날에는 소수의 한정된 유력한 실력자들의 손에 제한되고, 그것의 실제적인 행사는 좀더 적은 인원으로 된 유력자들의 전단사항으로 되어 있다. 그러나 개개의 아랍인은 자기 동족의 생명을 노려서 창끝을 들이대도, 그것은 죄가 되기는 커녕 오히려 명예로운 일로 여겨진다. 민족으로서의 동질성은 겨우 언어와 습속면에서의 막연한 유사성을 인정하는데서 찾아볼 수 있을 따름이고, 개별적인 공동사회에서는 위정자의 사법권이란 무언(無言)이면서도 무력하다. 마호메트에 선행되는 무명(無明)시기(이슬람교가 창도되기 이전의 우상숭배시기)에 관해서는, 1700회에 이르는 전투(다른 기록에 의하면 1200회라고 한다. 이런 전투중에서 가장 유명한 것이 Dahes와 Gabrah전투들인데, 이것은 2필의 말이 원인으로 일어났다고 한다)가 있었던 것으로 구전에 의하여 기록되어 있으며, 적대의식은 내부항쟁의 원한에 의하여 격렬해진 바, 옛날 옛적에 있은 불화에 관한 산문(散文) 또는 운문(韻文)에 대한 낭송의 하나가, 이 적대적인 부족의 자손사이에 똑같은 감정을 조성하기에 충분하였을 정도였다. 사적인 생활에서는 각자가, 적어도 각 가족이 자기의 대의명분에 대한 판정자이며 실행자였다. 피해보다도 모욕을 엄중시하는 명예로운 섬세한 감정이 아랍인끼리의 분쟁에 지독한 원념을 불어넣는 것이 되기 때문에, 그들의 여성들이나 수염에 대한 명예는 지극히 용이하게 침해되는데, 이런 추잡한 행위와 경멸적인 단어는 가해자의 피에 의하여 흔히 보상되었다. 그리고 그들은 그의 인내심 강한 집념으로 몇개월이고 몇년이고 복수할 기회를 기다린다. 살인에 대한 벌금 내지 배상금을 받는 일이나, 자기손으로 보복의 법을 발동하는 일도 다같이 자유였다. 아랍인의 섬세한 악의는 살해자의 수급조차 거부하고, 가해자 대신에 죄없는 다른 한 사람을 지명하여, 이 벌금을 그들에게 손해를 입힌 종족중에서 가장 중요하고도 선량한 구성원에게 전가시킨다. 만일 그들의 손으로 그가 쓰러지기라도 하면, 이번에는 그들이 상대방 보복의 위해에 노출될 차례가 된다. 피의 부채에 대한 이자와 원금은 이렇게 해서 축적되므로, 어떤 가족의 개개 구성원들은 한사람 남김없이 적의와 의심의 암귀(暗鬼)를 불러 일으켜 항상 불안한 생활을 하게 되는데, 때로는 50년의 세월이 흘러간 다음에야 겨우 복수행위의 대차계정(貸借計定)이 최종적으로 청산되는 사례조차 있었다. 그러나 연민과 사면을 모르는 이런 악순환의 피비린내나는 정신은 개인적인 모든 대결에 있어, 연령과 체력 그리고 인원수와 무기에 대한 어느 정도의 공평성을 요구하는 명예로운 격률에 의하여 다소나마 완화되어 왔다. 마호메트시대 이전의 아랍인들 사이에서도, 해마다 2개월이나 4개월간 계속되는 축제기간만은 준수된 바, 그 기간중에는 대외전쟁과 내부항쟁의 양면에서 그들의 도검은 정중하게 칼집에 넣어지는데, 이와같은 일시적인 휴전은 그만큼 그후의 한층더 강렬한 무질서와 전쟁 풍습을 예상케 한다.

그러나 강탈과 복수정신은 통상무역과 문학이라는 좀더 온화한 감화력으로 완화되었다. 외부세계와 거의 격절(隔絶)된 이 반도는 고대세계 가운데서도 가장 문명화된 여러 국민들에게 둘러 싸였고, 상인은 원래 인류의 벗인 까닭에, 해마다의 대상(캐러반)들은 지식과 예절에 관한 최초의 씨앗을 사막의 여러 도시, 나아가서는 군영지에 뿌리는 것이 되었다. 아랍인의 혈통이야 무엇이든간에 그들의 언어가 히브리어, 시리아어, 칼데아어(칼데아인은 신바빌로니아를 건설한 셈족이다)와 원초적으로 동일한 계통에 속한다는 것만은 확실하다. 각 부족의 독립은 그들 특유의 방언으로 특징지워져 있는데, 그들은 모두가 자기네 방언 다음에는 메카의 순수하고 명료한 표현에 당연한 우선권을 인정하고 있었다. 아라비아에서도 그리스의 경우와 마찬가지로, 습속의 세련성보다도 언어의 정화(淨化)가 한발자국 선행되었다. 그런 결과로 아라비아어의 표현력은 이 풍부한 어휘를 수록한 사전이 문맹자인 민중의 기억에 내맡겨졌던 시기에, 꿀벌에 대해서는 80개의, 뱀에 대해서는 200개의, 사자에 관해서는 500개의, 그리고 도검에는 무려 1,000가지의 명사의 변화를 헤아릴 수 있었다. 힘야르족의 기념비는 사멸된 신비로운 글자체로 새겨져 있지만*, 오늘날의 알파벳의 기초를 이루는 쿠파문자(Cufic letters. 고대 아라비아 문자)는 유프라테스 강변지역에서 고안되었는데, 이에 관한 최신의 발견은 이것이 마호메트가 태어난 후에 메카에 거주하던 한 외국인의 손으로 이 도시에 전해진 것이 명백해졌다. 천성적으로 자유로운 아랍인의 웅변은 문법이나 운율 또는 수사상의 기술과 인연이 없는데, 그들의 안식은 예민했고, 그의 공상력은 분방했으며, 그리고 그의 기지는 강력하고도 무궁했기 때문에, 그들의 한층더 공들인 작문은 확실하고도 효과적으로 청중의 가슴속으로 스며들었다. 새로운 시인의 재능과 공적은 그 자신과 동족에 속하

---

* 남아리비아에 있는 힘야르족 기념비의 비문(碑文)은 18세기에 니부르(Niebuhr, Carsten, 1733~1815. 독일의 여행가. 공병장교로서 덴마크군에 근무중. 동국왕이 파견한 아라비아 탐험대에 참가하여 1761~67년간 예멘지방 조사에 종사하였다. 『아라비아기』〈1772〉, 『아라비아여행기』〈2권, 1774~78〉와 기타의 저서가 있다)에 의하여 발견되었고, 19세기에 들어와서 프러시아 학자에 의하여 해독되었다. 비문에 쓰여진 글은 29개의 자모로 구성되는 표음문자로서, 이집트의 상형문자에서 페니키아의 알파벳으로 옮아가는 과도기적 문자라고 한다.

는 부족의 갈채로서 축복되었다. 호화로운 연회석이 마련되면, 여인네들은 각자가 팀발(tymbal/timbal=kettledram. 半球形의 큰북인 팀파니)을 치면서 축하연의 성대한 구경거리를 과시하였는 바, 그녀들은 자식들이나 남편앞에서 자기들의 고유부족의 큰 행복을 구가하였고, 이제 우리들의 권리를 실현시켜 줄 투사가 이 세상에 나타나는데 그는 우리들의 명성을 영원히 세계에 전해줄 사자로서 이미 고고의 소리를 올렸다고 합창하였다. 후에는 폐지되었지만, 초기에는 무슬림(Muslim/Moslim/Muslem. 회교도=Mohammedan)들의 광신으로 서로 적대적인 부족들도 멀리 떨어진 곳에서까지 해마다 열리는 정례시장에 모여들었던 일은, 머지않아 이런 민회를 통하여 만족민에 대한 교화와 조화를 촉진시켰을 것이다. 여기에는 단순히 곡물이나 포도주뿐만 아니라 웅변과 시가(詩歌)의 교환에도 30일간이 충당되었다. 시인들은 고매한 경쟁심으로 우승컵을 놓고 경쟁을 벌렸는데, 우승한 작품은 왕후와 수장의 공문서보존소에 헌납되었기 때문에, 우리들은 메카 신전에 걸려있는 바 금색글자로 새겨진 7개의 원작시문을 오늘날 우리들의 언어(영어를 말한다)로도 읽을 수 있다 *. 아랍 시인은 동시에 그 시대의 역사가이며 도덕학자이기도 하였으므로, 그들은 자기국민의 편견에 동조함으로써 이런 덕행을 고취하고 또 현창(顯彰)하였다. 관대성과 무용(武勇)의 불가분의 통합이야말로 그들이 가장 즐겨 부르는 가창의 테마였고, 한편 인품이 천한 무리에 대하여 그들이 강렬하게 풍자할 때는, 이런 동아리들은 남자로서는 주는 방법을, 그리고 여자로서는 거부하는 방법을 알지 못한다고 신랄한 비난으로 공격하였다. 아브라함이 여행(勵行)하였고, 호메로스(호머)가 찬미한 그 환대(歡待)는, 지금도 옛날과 마찬가지로 아랍인 군영(軍營)에서 행해지고 있다. 사막에서는 공포의 대상인 광포한 베두인족도, 그들의 명예심을 신뢰하고 천막안으로 들어오는 손님이라면, 아무런 경계심이나 조사하는 일도 없이 받아 들인다. 손님에 대한 접대는 친절하고 또 정중한 바, 주인의 부유성 내지 빈궁성

---

* 헤자스시의 우카즈라는 거리에서 해마다 정기적으로 시장이 열렸는데, 영웅시인들은 심판원들 앞에서 자기가 지은 장시(長詩)를 낭송함으로써 기량을 겨루었다. 여기서 표창받은 시는 금색으로 현판에 새겨져서 카아바 신전 벽면에 내걸리었다. 이것을 아라카트(黃金長詩)라고 한다. 마호메트 이전에 쓰여졌고, 카아바 신전에 새겨져 있는 7편의 장시는 윌리엄 존즈 경(Jones, Sir Willium, 1746~94. 영국의 동양학자 · 인도학자. 캘커타 고등법원 판사로 있으면서 산스크리트어와 인도학의 창시자가 되었다)에 의하여 영어로 번역출판되었다.

정도에 따라 그에 알맞는 대접을 받으면서 필요한 휴식을 취한 뒤에, 나그네는 그의 감사와 축복과 더불어 경우에 따라서는 선물까지 받으면서 전송된다. 형제나 친구의 빈궁에 대한 인간의 마음과 원조는 한층더 너그럽고 활수하게 확대되었는 바, 공중의 칭찬을 받을만한 영웅적인 행동은 분별이나 경험의 좁은 척도를 훨씬 능가했던것 같다. 이전에 메카시민들 사이에서 과연 누가 희떠운 행동에 대하여 표창을 받을만한 값어치가 있을까 하는 논의가 제기된 바 있었다. 여기서 이런 테스트에 가장 적합한 사람들이라고 생각된 3명에 대하여 연달아 실험이 행해졌다. 압바스(al-Abbas. 마호메트의 숙부. 579경~653경)의 아들인 압둘라(Abdullah ibnu'l-Abbas. 668경 사망. 마호메트의 4촌. 이 압둘라의 3대 후손이 압바스 왕조의 칼리프가 된다)는 마침 장도의 여행을 계획하여, 바야흐로 막 등자에 발을 얹어 낙타에 올라타고 출발하려던 그 순간에 도움을 간청하는 사람의 목소리를 들었다. 「오-, 신의 사도(마호메트를 가리키는 것)되는 그 숙부의 아드님이시여, 저는 나그네인데 지금 곤궁에 처해 있소이다!」 그는 즉석에서 낙타에서 내려와 이 순례자에게 자기의 낙타와 호화로운 장식달린 의상, 게다가 금화 4천매가 들어 있는 지갑까지 그 나그네에게 선뜻 내주었다. 이때 그가 남겨놓은 바 그것의 내재적인 가치때문이던가 아니면 명예있는 친척으로부터 받은 선물이라는 이유로 희사에서 제외시킨 것은, 다만 자기자신이 차고 있던 도검뿐이었다. 제2의 탄원자에 대하여 살펴보자. 카이스(Kais/Qais ibnu'l-Khatim. 6세기 후반부터 7세기 초에 걸쳐 야스리브〈Yathrib, 후일의 Medina〉에 살았는데, 조부와 부친의 죽음에 대해 복수한 것으로 유명한 고대 아라비아 시인을 가르키는지?)의 종복이, 지금 주인이 마침 오침중이라고 대답하였지만, 곧 말을 이어서 이렇게 말하였다. 「여기에 금화 7천매가 든 전대가 있소이다(이것이 집안에 있는 전재산이지요), 그리고 또 낙타 한마리와 노예 한명을 살만한 액수의 주문서도 여기에 있소이다」하면서 제멋대로 이것을 내주었다. 주인은 오침에서 깨어나자마자 이에 관한 보고를 듣고, 이 충실한 집사를 크게 칭찬하는 동시에 노예신분에서 해방하여 평민으로 만든 다음, 오직 한마디-잠자고 있는 주인을 깨우면 안되겠다는데만 너무 마음을 쓴 나머지, 자네는 주인의 관대성을 그만 제한하고 말았구나, 하고 가볍게 나무랐다. 세번째 사례는 이러하다. 영웅인 앞못보는 아라바(Arabah)는, 마침 기도드리는 시간이었으므로 두사람의 노예 어깨위에 두 다리를 올려놓고 떠받침을 받고 있었다. 「아- 슬프구료, 나의 금고는 텅비어 있으니 이 노예들을 팔아서 돈으로 바꾸는 것이 좋겠소이다. 만일 당신이 거절한다면, 나는 이 소유권을 포기하겠소.」이렇게 외친 그는 두 젊은이를 밀어낸 다음, 자기의 지팡이에 의지하여 담벽을 따라 손더듬이로 걸어갔다. 하템(Hatem. 6세기 말의 아라비아 시인. 남성의 미덕을 체현시킨 전형적인 사람으로서, 후세에 그의 행장에 관한 많은 전설이 생겨났다)의 성격은 아랍인의 덕성에 대한 완전무결한 표본이다. 그는 용감하고도 활수하며, 웅변적인 시인인 동시에 유능한 도적이기도 했다. 40두의 낙타가 그의 호화판 축하연에서 도살되어 구워졌다. 다른 한편으로 탄원하는 적측의 간청에 응하여, 그는 포로와 전리품 모두를 되돌려 주었다. 그의 동국인의 자유는 정의의 법을 경시하였다. 즉, 그들은 연민과 인애의 자발적인 충동에 대하여 긍지감을 가지고 자기 몸뚱이를 내맡겼던 것이다.

아랍인의 종교는 인도인의 그것과 마찬가지로 태양이나 달 그리고 별들에 대한 예배에 있었는데, 이것은 미신의 원초적인 가장 그럴듯한 양태라고 말할 수 있을 것 같다. 천상의 발광체는 눈에 보이는 하나님(the Deity)의 모습을 전시하는 것이고, 그 수의 많음과 거리의 멀음은 철학자, 특히 속중(俗衆)의 마음에는 무한한 공간의 관념을 상기시켰다. 영원이라는 특성은 그것의 부패나 쇠멸도 불가능한 것으로 생각케하는 견고한 천구(天球)의 관념을 깊숙히 심어주었으며, 이 천체운동의 규칙바름은 이성 내지 충동의 그 어떤 원리에 근거하는 것으로 생각하는 자연스러운 경위일 것이고, 그리고 이런 것이 미치는 감화라는 신념이 진위(眞僞)야 어떻든간에, 지구와 그 주민이 그를 고유의 배려대상 바로 그것이라는 우쭐해지는 신념을 고무해 온 것만은 사실이다. 천문학에 관한 지식은 바빌론에서 개척되었지만, 아랍인들의 학교는 원래 천체관찰에 적합한 맑은 하늘과 무인의 평원지대에 세워져 있었다. 사실 그들은 야간에 항해할 때는 별들의 인도로 배의 키를 잡았던 것인데, 이런 별들의 이름과 배열 그리고 그날그날의 위치는, 모두가 베두인족의 호기심과 신앙심에 친근감을 주는 일이었다. 그들은 경험에 입각하여 달의 황도(黃道. 태양의 視軌道. zodiac)를 28궁으로 분할하는 지식을 얻었고, 은혜로운 비로 사막의 갈증을 해소시켜 주는 성좌를 축복하였다. 모든 천체에 대한 지배권은 가시적인 영역을 넘어서까지 확대시킬 수 없으므로, 영혼의 윤회와 육체의 소생을 지지하는데 필요한 그 어떤 형이상학적인 능력이 상정되었다. 예컨대 사람들은 낙타를 내세에서도 주인에게 봉사케 하려는 뜻으로 무덤앞에 그대로 방치하였고, 분리된 영혼에 대한 호소는 그들이 여전히 의식과 능력을 그대로 가지고 있다는 상정(想定)을 전제로 하였다. 저자는 만족민들의 무지한 신화, 즉 그 지방마다의 신들, 별과 공기 또는 대지 등의 각개 성별과 역할, 그 개개의 속성과 상하관계 등에 대해서는 알지도 못하거니와 또 관심도 없다. 개별적인 부족과 가족, 아니 독립된 개별적인 용사가 스스로 그 자신의 변덕스러운 예배의식과 그 대상을 창조했고 또 번경시켰다. 그러나 이 민족은 어느 시대에도 메카의 언어뿐 아니라 종교에도 귀의해 왔다. 카아바 신전의 참된 고색성(古色性)은 그리스도의 탄생이전시기로 소급된다. 홍해연안 지역에 대한 서술에서, 그리스의 역사가 디오드로스(Diodros/Diodrus, BC 1세기의 사람. 시칠리아의 Agyrium 태생. 「도서관〈Bibliotheke〉」〈전 40 권〉이라는 세계사를 썼다)는, 타무드족(Thamudites)과 사베아족(Sabaeans)이 거주하는 중간지점에 저명한 신전이 있는데, 이것의 특별한 신성성은 모든 아랍인들로부터 존경으로 숭배되고 있다고 기술하고 있다. 오늘날도 해마다 터키 황제의 손으로 갈아대는 린네르 또는 명주덮개는, 당초의 마호메트 시대보다도 700년전에 통치하고 있던 힘야르족의 경건한 왕에 의하여 봉납되었던 것이다. 미개인들의 예배에는 천막안이나 동굴로도 충분했던 것으로 생각되는데, 그 후 이런 것에 대체하여 돌이나 진흙으로 건물이 만들어진 이래, 동방세계 역대군주의 기교와 권력은 내내 이런 근원적인 모범의 단순성에 멈춰져 왔다. 광대한 주랑(柱廊)이 카아바 신전의 4각형, 즉 길이 24큐비트(Hashimi cubit. 腕尺으로서 보통은 18인치, 즉 45.72cm이나, 근대에는 22~26인치, 즉 55.88~66.04cm를 1완척으로 사용하였다. 그러므로 24큐비트는 약 11m), 폭 23 큐비트(약 10.5m), 높이 27큐비트(약 12.3m)의 직방체 예배당을 둘러싸고 있고, 하나의 문과 창문이 채광하도록 된 2중지붕은 3개의 나무기둥으로 떠받쳐지고 있으며(지금은 황금제지만), 분출구에서 샘물이 솟아나오는 젬젬샘은 둥근 뚜껑으로 씌워져서 우발적인 오염으로부터 보호되고 있다. 쿠라이시 부족은 일찍이 사술(詐術) 또는 폭력에 의하여 카아바 신전의 관리권을 획득하고 있었는데, 이 성직의 권능은 4대 직계자손의 계승을 거쳐 마호메트의 조부(압둘-무탈리브〈'Abdu'l-Muttalib〉라고 한다. 조실 부모한 마호메트는 이 조부밑에서 자라다가, 그가 죽은 뒤는 백부인 아부-탈리브〈Abu-Talib〉밑에서 자랐다)에게 전해졌다. 이 때문에 그의 출신가문인 하셈가(Hashim家/Hashemites. 메카의 名門族인 Quraish의 支派)는, 그의 국민의 눈에는 가장 고귀하고도 신성한 가문으로 비쳤다. 메카의 신전 경내는 성역의 특권을 향유하였는 바, 해마다 마지막 달에는 이 도시와 신전 전역이 각자의 맹세와 제물을 이 신전에 바치러온 긴 순례자 행렬로 가득 찼었다. 현대의 충실한 무슬림들에 의하여 거행되는 의식은, 원래 우상숭배자의 미신에 의하여 제정되고 또 실시된 것이다. 멀리 떨어진 곳에서부터 그들은 옷을 벗고 빠른 걸음거리로 카아바신전 주위를 일곱바퀴 돌은 다음, 검은 돌(the black stone)에 입맞추고 나면, 다시 이웃한 산들을 일곱번 방문하여 예배하며, 그리고는 미나(Mina)의 계곡을 향하여 일곱번 돌맹이를 던진다. 이런 순례행사는 끝으로 오늘날의 모습처럼, 양이나 낙타의 희생과 그 희생제물의 털과 발톱을 신성한 이곳 땅속에 묻음으로써 완결된다*. 개별적인 부족은 모두 카아바 신전에서 자기들의 내부적인 배례대상을 발견하거나 또는 도입하였다. 그런 결과로 신전은 인간 · 독수리 · 사자 · 영양(羚羊) 등 360종류에 달하는 우상으로 장식 내지 오염되었는데, 그중에서도 특히 그 손에 토속적인 복점(卜占)도구 내지 그것의 상징인 화살촉과 화살깃이 모두 없는 일곱대의 화살가진 빨간 마노(瑪瑙)로 된 헤발의 상(the statue of Hebal. 카아바 신전의 主神. 사람형상이었다고 한다)은 가장 사람들의 눈길을 끌었다. 사실 이 상(像)은 시리아 예술의 하나의 기념비였다. 그러나 미개시대의 신앙심이란 원래 이런 하나의 기둥 내지 돌판으로도 만족스러웠으므로, 우상숭배에 유래된다는 비난을 크게 받아오던 메카의 검은돌을 모방하여 그후에는 사막의 암석들이 여러가지의 신이나 제단형태로 조각되었다. 희생의 제물을 바치는 습관은 일본으로부터 페루에 이르는 광대한 지역에서 널리 행해졌던 만치, 신자들은 자기의 가장 값비싸고 가장 귀중한 선물을 신들을 위하여 파괴 내지 소비함으로써, 자기의 감사 내지 공포심을 표명하였다. 대저 인간의 생명은 공적인 재난회피를 위한 가장 귀중한 제물이었으므로, 페니키아와 이집트, 로마와 카르타고의 제단이 끊임없이 인간의 피로 더럽혀져

---

* 오늘날의 무슬림들의 메카순례(hadj)는 솔기없는 옷으로 갈아입고 카아바 신전(Kaabah. 靈廟) 성역에 들어가 카아바 벽위에 있는 검은 돌(Hajar al-Aswad/Black stone. 운석이라고 한다)에 입맞추고, 우물물을 뜬 뒤에 성당을 일곱바퀴 돌은 다음 카아바와 이웃한 사파언덕과 마르와언덕 사이를 뛰어서 7왕복하는 예를 갖춘 후, 미나에서 숙박하면서 골짜기에 있는 악마의 돌기둥에 7개의 돌을 던지고, 또 양이나 낙타를 잡아 제물을 바침으로써 순례의식을 끝마치게 된다. 이것은 631년에 마호메트가 메카에 참배한 이래 성행하게 된 관행인데, 마호메트 교도들은 메카순례가 생애의 의무로 되어 있다. 이렇게 메카순례를 마친 사람은 이름에 순례자라는 Hadji/Hajji의 칭호와 또 복장에 그런 표지가 붙게 된다.

왔거니와, 아랍인들 사이에서도 이와같은 잔혹한 의식이 오랫동안 보존되어 왔다. 3세기에도 해마다 한 소년이 두마티아 부족(Dumatia部族, 시리아국 하이발과 팔미라 사이의 누프드 사막에 살던 부족)의 손으로 희생의 제물로 바쳐졌고, 유스티니아누스 황제(재위 527~65)의 동맹자이며, 병사였던 왕족출신 포로는 사라센족 왕후의 손으로 경건하게 학살되었다. 자기 아들을 제단앞으로 끌고가는 그 어버이의 모습은 광신의 가장 고통스럽고도 숭고한 노력의 표현일 것이다. 이런 종류의 행위 내지 의사는 여러 성인과 영웅의 모범으로 신성시되었는데, 사실 마호메트의 아버지 자신이 너무 서두른 서언(誓言)으로 말미암아 제단에 바쳐진 뒤에, 겨우 낙타 100마리의 대가지불로 풀려난 바 있다(이 에피소드는 사실이라기보다도 전설에 불과하다 : 기번원주). 미개시대의 아랍인은 유태인이나 이집트인과 마찬가지로 돼지고기 먹는 것을 삼가하였다. 또한 그들은 아이들이 사춘기에 들어서면 할례를 실시하였다. 이런 관습은 『코란』에는 비난하거나 어떤 지시도 없는 그대로, 오늘날까지 묵인하에 그들의 후예와 신개종자들에게 인계되고 있다. 우리들의 교활한 입법자가 국민의 뿌리깊은 편견에 추종하였다는 따위의 아는체하는 추측이 이루어져 왔지만, 이것은 다만 마호메트가 젊은 시절의 관습과 의견에 따랐을 따름이고, 메카지방 풍토에는 적합한 이런 관행도 다뉴브강이나 볼가강 유역에서는, 쓸모없거나 오히려 불편하다는 것을 예견하지 못했을 뿐이라고 믿는 편이 차라리 간단할 것이다(이슬람교의 학자들은 이런 할례문제를 주제로 논하는 것을 좋아하지 않는다. 그럼에도 불구하고 그들은 영혼구제에는 이것이 불가결의 조건이라고 생각하며, 심지어 마호메트는 기적에 입각하여 표피없이 태어났다고까지 주장한다 : 기번원주).

아라비아는 자유의 땅이었다. 즉, 인접한 여러나라가 정복과 압제의 폭풍우에 뒤흔들렸기 때문에, 박해받은 종파는 거의가 이 행복한 지역으로 도망쳐 들어와서는, 자기의 생각을 고백하고 또 그런 고백을 실천할 수도 있었다. 이리하여 사비아교(Sabia敎. 《Koran》에서 진정한 신의 신자로 인정한 교파. 사비아인은 BC 1세기에 바빌로니아에 살면서 일종의 그노시스주의〈gnostism. 제 Ⅱ 권 p. 225의 난외주기 참조〉를 설법하였다. 그런데 사비아인은 아라비아의 옛왕국 Saba사람〈Sabaean〉과는 전혀 별개부족이라고 한다)와 조로아스터교(拜火敎), 유태교와 그리스도교 등의 여러가지 종교가 페르시아만에서 홍해 연안일대에 전파되었다. 먼 옛날에 사비아교는 칼데아인(Chaldaea人. 바빌로니아 남부지방에 살았던 사람들. 점성술에 능했다)의 과학과 앗시리아인의 무기에 의하여 중근동지역 일대에 확산되었다. 바빌로니아의 승려들과 천문학자들은 2천년간의 관찰에 입각하여 자연섭리의 영원한 법칙을 도출한 바, 그들은 7개 유성(遊星)의 운행을 담당하여 그것의 불가항력적인 영향력을 지구에 미치는 7인의 신 내지 천사를 가정하고 그것을 숭배하였다. 여기서 이 7개 유성의 속성과 황도 12궁 그리고 남북반구의 24개 성좌는 상징과 부적에 의하여 표현되며, 1주간의 7개 요일은 각각 신에게 바쳐졌다. 사비아인은 매일 세번씩 기도를 드렸고, 하란(Haran)에 있는 달의 신전(the temple of the moon)이 그들의 순례의 종착점이었다. 다만 그들의 신앙의 탄력적인 성질은 항상 다른 사람으로부터 배워서 그것을 다시 다른 사람에게 가르치는 경향을 가졌는데, 그런 결과로 그들은 천지의 창조, 대홍수, 역대 족장이라는 전승에서 그들의 유태인 포로에 관한 이야기와도 기묘한 일치성을 보여주었다. 그들은 아담(Adam. 「구약성서」에 의하면 인류의 시조. 히브리어로 「사람」이라는 뜻. 금단의 열매를 따먹음으로써 아내인 이브〈Hawwā/Eua/Eva. 「생명」이라는 뜻〉와 함께 에덴의 낙원에서 추방되었다)*과 셋(Seth/Set/Shith. 아담과 이브사이에서 태어난 셋째 아들. 그의 자손은 카인〈Qajin. 아담과 이브의 맏아들. 신이 동생의 제물만 가납하고 자기가 바치는 것은 거부한 까닭에 화가나 동생을 죽임으로써 인류 최초의 살인자가 되었다〉의 자손에 비해 경건하였다. 이 자손가운데 유명한 노아〈Noah/Noah. 아담의 직계 제10대손의 족장. 방주를 만들어 대홍수에서 살아남은 전인류의 조상으로 숭앙된다〉가 있다)**, 그리고 에녹(Enoch/Hanōk. 아담의 7대손. 신과 동행하던 중 365세에 신의 나라에 갔다 : 「창세기」5 : 21－24)

---

* 「창세기」에 나오는 아담외에 이슬람교의 경전인 「코란」에서 나오는 아담(Ādam)에 대하여 겸해서 설명코자 한다. 「코란」의 아담은 예언자의 한사람이다. 예컨대 알라신이 하계에 내려보낸 사도(rasul)는 자그만치 22만 4천명 또는 12만 4천명인데, 그중에서 특히 고귀한 사람(kalima)이 6명인 바, 그것은 아담, 누프(Nūḥ. 「구약성서」의 노아에 해당), 이브라힘(Ibrāhim. 「구약성서」의 아브라함에 해당. 카아바 신전의 재건자), 무사(Mūsā. Moses에 해당, 이사('Isā. Jesus에 해당)), 그리고 마호메트가 그것이다. 이 아담을 통하여 신이 내린 경전이 10권이라고 한다. 아담은 하늘나라의 파라다이스에서 250년간 살다가 지상인 사란디브섬(Sarandib. 세일론섬)산꼭대기로 추방된 후, 아라비아에 와서 아내 이브와 만나 많은 자손을 남기고 930년 또는 950년을 살다가 사망하였는데, 그 시체는 메카교외에 있는 아부－쿠바이스(Abū－Qubais)산 동굴속에 묻혔다는 것이다.

** 할주에서 말한 것처럼, 셋(Séth)은 인류의 시조인 아담의 셋째 아들이다. 3세기의 그노시스파중 하나인 셋파는 바로 이 셋을 그리스도의 선조로 생각하였다. 앞서 말한 에녹(Enoch)은 아담의 7대손인데, 그에 관한 「에녹서」는 經外典의 하나로서 지금은 默示文學으로도 평가되고 있다. 그런데 이슬람교에서는 아담에 대한 十戒, 셋에 대한 五十戒, 에녹에 대한 三十戒까지도 알라신의 天井啓속에 포함시키고 있다고 한다.

등의 비밀경전을 숭배했기 때문에, 복음서의 희미한 혼입으로 말미암아 이 다신교도중에서 마지막으로 살아남은 사람들은 바스라(Bassora) 지역에서 성요하네(St. John/Ioannes. 그리스도 12사도중의 한사람. 「신약성서」의 「요한복음」「요한 1-3서」 「요한계시록」의 작자로 알려졌다)의 그리스도 교도에로 변형되었다. 바빌로니아의 제단은 조로아스터 교도들의 손으로 전복되었지만, 사비아인이 받은 위해는 알렉산더대왕(Alexander/Alexandros Ⅲ. Magnus. 마케도니아왕 재위 BC 336~23)의 무력에 의하여 복수되었다. 페르시아는 500년 이상에 걸쳐 외국의 멍에를 쓰고 고통을 받은 바, 조로아스터교의 순수한 사도들은 우상숭배의 오염을 피하여, 자기의 적대자들과 함께 사막으로 도피하여 그곳의 자유로운 공기를 호흡하였다. 마호메트가 죽기 700년 전부터, 유태인은 벌써 아라비아에 정착하고 있었지만, 그보다 훨씬 더 많은 군중이 티투스(Titus. 재위 14~37)와 하드리아누스(Hadrianus 재위 117~38) 황제들의 유태인 반란진압 전쟁(베스파시아누스〈Vespasianus. 재위 69~79〉와 티투스 황제들에 의한 제1차 유태인의 반란진압 전쟁은 AD 67~70년이고, 하드리아누스 시대의 제2차 유태전쟁은 132~35년간 진행되었다. 제2차 전쟁시의 유태인 피살자는 58만이나 되었다고 한다) 당시, 성지로부터 추방되었다. 이 근면한 망명자들은 자유와 권력을 희구하여 도시에는 유태인의 회당을, 황야에는 성곽을 구축하였다. 이런 결과로 이민족의 개종자들도 이스라엘족의 어린이들과 혼합되어 할례*를 받았는데, 따라서 할례라는 흔적만 가지고는 외견상 양자의 구별이 불가능했다. 그리스도교의 선교활동은 한층 적극화되어 다대한 성공을 거두었다. 여기서 가톨릭 교도들은 자기들의 세계적 정복을 주장하였지만, 한편 그들의 손으로 억압당한 종파 사람들은 연이어 로마제국의 판도밖으로 철퇴하였다. 마르키온파(Marcion派. 마르키온은 2세기의 이교적인 종교가. 로마에서 교회개혁을 강조하자 과격하다는 이유로 배척당하면서, 144년, 금욕적인

---

* 할례는 아라비아어로 「알-후트나(Al-Khutnah)」라고 하는데, 이것은 「구약성서」「창세기」에 「너희중 남자는 다 할례를 받으라」고 하면서, 남자는 생후 8일만에 양피(陽皮)를 베어내는 할례를 받도록 되어 있는 데서, 유태교도는 의무적으로 이것을 받도록 되어 있다. 그러나 이슬람교도에 대한 할례의무는 「코란」에는 그 규정이 없고, 다만 예언자의 언행(「하디스《Hadis》」 또는 「순 나 《Sunna 》」라고 한다)이나 관행에 의하여 이것을 하도록 되어 있고, 아프리카의 제부족도 널리 행하고 있다. 할례의 목적은 「제6감」의 과잉된 감수성을 중화시키고, 음경귀두(陰莖龜頭, gians)를 강하게 하여 찰과상이나 외기노출에 의한 전염병, 옷에 의한 마찰 등을 방지하기 위한 것이다. 시술방법은 히브리 의식(儀式)과 이슬람 의식 등 여러가지가 있다고 한다. 아프리카에는 여자아이에 대해서도 할례를 시술하는 부족이 있다고 한다.

종교단체를 만들고 바울주의를 제창하여 바울의 서간과 「누가복음」만을 正典으로 하고 구약성서를 부정하였다)와 마니교도(Manichaeans. Mani/Manes/摩尼는 페르시아 마니교의 개조. 216~77. 246년경에 조로아스터교의와 기독교의 구세론을 접합시킨 종교를 창시하였다. 세계의 마지막 예언자로 사처했으나 체포처형되었다)는, 그들의 기이한 견해와 날조한 복음서를 선포하였다. 예멘의 교회들과 히라(Hira) 및 가싼(Gassan)의 왕족들은 야콥파(Jocobite)와 네스토리우스파(Nestorius派. 그리스도교 여러 종파에 대해서는 제Ⅷ권 제44장을 참조할 것) 주교들로부터 한층 순수한 신조를 교육받았다. 이리하여 선택의 자유가 부족들에게 주어짐으로써 매개 아랍인들은 자유로이 자기의 개인적인 종교를 선택하거나 또는 조정했기 때문에, 그의 가문의 메부수수한 미신은 성도와 철학자들의 장중한 신학과 혼합되고 말았다. 신앙의 근본신조가 박식한 이방인들의 그것과 일치하도록 교도들은 주입받았는데, 그것이 천지간의 여러가지 힘을 능가하여 군림하면서, 때로는 천사나 예언자의 우두머리를 통하여 인류에게 자기자신을 나타냈거나, 또는 시의적절하게 기적을 만들어 내어 자연계의 질서를 중단시킴으로써 자신의 자애심 또는 정의감을 전명하는 일종의 지고한 신의 존재성을 보여주었다. 아랍인 중의 이성적인 사람들은 당연히 이런 신의 힘을 승인하기는 했지만, 그 신에 대한 예배는 태만한 바, 이 때문에 그들은 자기들의 확신이라기 보다도 단순히 습관에 입각하여, 우상숭배제 잔재에 여전히 관여해 왔다. 유태교도와 기독교도는 성경가진 백성들(the people of the Book. 율법서와 시편 그리고 복음서 등 天啓의 서적을 가진 유태교도와 기독교도를 총칭하는 것)인데, 성경은 이미 아랍어로 번역되어 있었는 바, 『구약성서』는 서로 화해하기 힘든 이들 적대자들이 일치해서 받아들인 경전이었다. 히브리인의 족장에 관한 이야기속에서 아랍인은 자기민족의 시조를 발견하자 새삼 만족감을 가졌고, 이스마엘의 탄생과 약속에 갈채를 보내는 동시에, 아브라함의 신앙과 덕행을 경애하였다. 그들은 아브라함의 계보와 그들 자신의 그것을 한결같이 첫번째 인간의 창조로까지 소급시켰는데, 그것과 똑같은 편한 마음으로 성경속에 있는 기적에 관한 이야기와 유태인 랍비(rabbi. 유태의 율법박사)들의 꿈과 전설을 굳게 믿었다.

마호메트의 출신이 미천하고 평민이라는 설은 그리스도 교도측에서 퍼뜨린 서투른 중상모략인 바, 이것은 자기네 적대자의 실력을 헐뜯는 것보다도 오히려 치켜세운 결과가 되었다. 그가 이스마엘의 후손이라는 설은 민족적인 특권 내지 우화에 지나지 않지만, 설사 그의 계보의 최초단계가 어둡고 애매하다지만, 그는 몇대에 걸친 순정(純正)하고도 진실된 귀족의 혈통을 제시할 수 있다. 즉, 그는 아랍인 사이에서 가장 고명하여 메카의 왕족이라고 칭송되는 카아바 신전의 역대 관리자인 쿠라이시족 분가인 하셈가(Hashem家)출신이다. 마호메트의 조부인 압둘－무탈리브('Abdu'l－Muttalib/Abdol Motalleb)는, 통상에 의한 공급으로 굶주림의 재난을 구제한 유복하고도 활수한 시민인 하셈(Hashem)의 아들이었다. 이전에 그의 부친의 활수성으로 구제된 메카는 또다시 그 아들의 용기로 구출된 것이다. 당시 예멘왕국은 아비시니아(이디오피아)의 그리스도교 군주에게 복속되어 있었는데, 그의 봉신(封臣)인 압라하(Abrahah)가 십자가에 대한 시민의 어떤 모욕에 대하여 보복적 징계를 가하기로 하자, 신성한 이 도시는 수많은 아프리카 코끼리 부대에 포위되었다. 그러자 휴전이 제의되면서 이 군주(압라하)와 맨처음에 공식회견이 있었을 때, 마호메트의 조부는 자기가축의 반환을 요구했다. 또한「어째서 자네는 내가 파괴하겠다고 위협한 너희 신전을 보전하기 위하여 자비를 내리도록 간청하지 않았던고?」하는 압라하의 말에, 이 대담하고 두려움을 모르는 수령은 이렇게 맞받아서 말했다.「가축은 저의 소유물이지만 카아바 신전은 신들의 것이기 때문에, 신들은 자기의 저택을 위해와 성물파괴로부터 스스로 수호할 것이기 때문에 굳이 간청하지 않은 것입니다.」양식의 결핍 내지 쿠라이시족의 항전은 최종적으로 아비시니아군을 비참한 후퇴에로 몰아넣었다. 그들의 패배는 이교도(기독교도)의 머리위에 돌맹이를 빗발처럼 내렸던 기적적인 새의 비상(飛翔)으로 장식되었는데, 이 해방은 오랫동안 코끼리의 해로서 축복되었다(『코란』 제105「코끼리의 장」). 압둘－무탈리브의 영광은 가정내의 행복으로 최후를 장식하였다. 그는 110세라는 천수를 향수하였고 또 모두 6명의 딸과 13명의 아들을 가진 아버지이기도 하였다. 그가 가장 사랑한 아들인 압달라(Abdallah)는 아랍 청년들 중에서 가장 아름답고도 겸손한 사람이었다. 때문에 그가 자리족(Zahrites)의 귀족출신인 아미나(Amina)와 결혼한 첫날 밤에는, 질투와 절망으로 200명의 처녀들이 절명했다고 전해지고 있다. 이 압달라와 아미나사이에서 태어난 유일한 자식인 마호메트는 유스티니아누스 황제가 죽은지(565년 11월 14일 사망) 4년 후이며, 그의 승리가 어쩌면 카아바 신전에 그리스도교를 난입시켰을지도 모를 그런 아비시니아군을 패배시킨지 2개월 후에 태어났다*. 그는 매우 어렸을 때에 양친과 조부를 잃었다. 그의 아버지 형제분들은 유력하지만 워낙 여러분이었기 때문에 조부의 유산분배시 이 고아에게 돌아온 분배몫이란, 낙타 다섯마리와 1명의 이디오피아출신 여자노예에 불과하였다. 그의 백부와 숙부들중, 온 문중사람들과 또 전평시를 막론하고 모든 사람들로부터 존경받던 백부 아부－탈리브(Abu Talib/Abu-Talib)가 그의 소년기 사부인 동시에 보호자였다. 그는 25세 되는 해에 메카의 유복하고도 귀부인출신의 미망인 하디쟈(Codijah/Khadijah bint Khuwailid. 619경 사망. 40세경에 25세되는 15세 연하의 마호메트와 결혼했고, 마호메트가 이슬람 교리를 설법하자 맨처음에 귀의하였다)에게 봉사하였는데, 이윽고 그녀는 마호메트의 성실성을 인정하고 그와의 결혼을 승낙한 다음 재산을 나누어 주었다. 마호메트와 하디쟈가 서로 사랑한 것을 칭찬하여 고대의 소박한 내용으로 쓰여진 결혼약정서는, 마호메트를 쿠라이시족 가운데서 가장 교양있는 인물로 표현하고 있으며, 납폐물로서는 그의 백부의 관대성으로 모아진 황금 12온스(373g)와 낙타 20두가 보내졌다고 하였다. 압달라의 아들은 이런 결혼으로 그의 선조의 지위로 복귀하였다. 그리고 그의 총명한 부인은 그의 가정적인 미덕에 만족하고 있었는데, 그는 40세가 되자 예언자의 자격자임을 자칭하여 『코란』의 종교를 세상에 선포하였다.

마호메트의 친구들 사이에서 전해온 말에 의하면, 그는 그의 용자(容姿)의 아름다움이 뛰어났었다고 하는데, 이 천부적인 외모의 장점은 그것의 은혜를

---

* 마호메트의 출생연도는 문헌에 따라 다른 바, 571년 설과 570년설이 있다. 여기서는 후자를 택하였다.

마호메트는 「칭찬받는 사람」(아랍어로 예언자의 칭호는 Al－Amin이라고 한다)을 뜻하는데, 이 이름은 그가 출생하리라는 호의적인 예고가 있자, 그의 조부인 압둘－무탈리브가 그에게 지어준 것이다. 아미나가 꿈속에서 예언자로부터 수태했다는 말을 듣자, 그녀는 이 조부님을 모셔오게 해서, 자기가 보스트라(Bostra)궁전에 불빛이 환하게 켜지자 자기 몸도 그 불빛으로 빛나는 꿈을 꾼 이야기를 들려준데서 이 이름이 붙여지게 된 것이다. 즉 뮈르 경(Muir, *Sir* William. 1819~1905. 영국의 동양학자 · 아라비아 학자. 인도 정청의 외교부장 · 재무위원 · 에든버러대학 총장 등 역임. 주저에 《Life of Mahomet and history of the Islam to the era of the Hegira》 1858~61. 전 4 권이 있다)와 부르크하르트(Burckhardt, Jakob, 1818~97. 독일계 스위스의 역사가 · 미술사가, 쮜리히와 바젤대학의 교수. 당대 최대의 미술평론가중 한사람)들의 저서들에서, 우리는 아랍인들속에서 빛난 이 이름이 그의 출생과 더불어 곧장 이 갓난아기에게 붙여진 경위를 알 수 있다. 이 이름은 그 어떤 하찮은 사고나 또는 어린애를 낳는 일부 부인네들과 마찬가지로, 마호메트의 어머니의 공상에 자극받아 그 어떤 목표를 겨냥해서 지어진 것이라는 이야기도 있다. 한편 마호메트의 어머니 아미나는 유태인 출신이라는 말도 있다. 그러나 스프렌거(Sprenger)라는 사람은 그녀가 쿠라이시족 출신이며 와합(Wahab)이라는 사람의 딸인 동시에 조라가(Zohrah家)의 큰딸이라고 하였다.

받지못한 사람들을 별도로 한다면, 원래 그 누구에게도 좀처럼 경시경멸당하는 일이란 없는 법이다. 이 웅변가는 말을 시작하기에 앞서 우선 자기측에 공적·사적인 청중의 애정을 끌어 당겼는데, 민중은 그의 당당한 체구, 그의 고귀해 보이는 얼굴모습, 그의 날카로운 눈매, 우아한 미소, 흐르는 듯한 수염, 그리고 정신의 모든 감각을 묘사하는 듯한 얼굴생김새와, 모든 언어표현을 생생하게 나타내는 제스처를 칭찬하였다. 그는 평소에 해야하는 일상적인 역할에서는 자기 모국의 중후하고 격식차린 정중성을 고집하였고, 부유하고도 유력한 인사들에 대한 그의 경의담은 배려는, 메카시내의 가장 가난한 계층에 대한 그의 겸양과 붙임성에 의하여 한층더 위엄있는 사람이 되게 하였으며, 그의 행동거지에서의 솔직성은 그의 야심에 잠재하는 술책을 은폐해 주었고, 그의 정나미가는 언행은 개인적인 우정 내지 보편적인 자애심의 표출로 해석되었다. 그의 기억은 광대하고도 강인하였고, 그의 기지는 원활하고도 사교적이며, 그의 상상력은 숭고했고, 그의 판단은 명석·과단 및 결정적이었다. 그는 사고와 행동 양면에서 용기에 넘쳐 있었고, 그의 의도는 후일 그의 성공에 수반하여 서서히 확대되었지만, 그가 자기의 신성한 사명에 대하여 자각한 최초관념은, 사실 위대한 독창적인 천재라는 각인성(刻印性)을 띠고 있었다. 우리 압달라의 아들은 가장 고귀한 계층사이에서도, 가장 순수한 아라비아 방언을 사용하는 환경속에서 교육을 받았는데, 그의 연설의 유창성은 신중하고도 효과적인 침묵의 여행으로 바뀜으로써 한층더 두드러져 보였다. 마호메트는 이와같은 웅변의 능력을 구비하고는 있었지만, 그러나 체계적으로 배우지 못한 일개 무학의 야만인이었던 바, 그의 청년기는 단 한번도 읽고 쓰는 기술을 터득하지 못한 채 지나가 버렸다. 사회전체가 문맹상태에서는 그가 치욕감을 느낀다든가 비난받을 여지는 없었지만, 그러나 이 때문에 그는 세상의 좁은 경역안에 갇힘으로써 성인과 영웅의 마음을 우리들의 마음에 반영시키는 그런 충실한 거울의 은혜를 알지 못하고 자랐던 것이다. 그러자 자연과 인간이 지은 책이 그의 눈앞에 펼쳐지면서, 우리들의 이 아라비아 여행가(마호메트를 가리키는 것)에게 돌아가는 여러가지 정치적·철학적 고찰이 그의 심상(心象)에 나타나게 되었다. 이리하여 그는 이 지구상의 모든 민족과 종교를 비교하여, 페르시아와 로마 두 제국의 약점을 간파하고, 또 시대의 타락상을 연민과 비분의 마음으로 관찰하는 사이에, 아랍인의 불굴의 정신과 순직한 덕성을, 하나의 신과 한사람의 제왕밑에 통합시키려는 결심을 가지게 되었다. 우리들의 한층더 정확한 규명결과에 의하면, 그가 오리엔트의 여러 궁정과 군영지 그리고 신전들을 방문한 사실은 없고, 마호메트의 시리아에로의 두번에 걸친 여행은 단순히 보스트라(Bostra)와 다마스커스(Damascus)에 있는 시장에 지나지 않았다는 것, 그가 숙부의 대상(隊商) 행렬에 따라 나섰을 때는 겨우 13세였다는 것, 그리고 그의 의무는 하디쟈 과부의 상품을 처분한 뒤는 곧장 자기자신에게 귀국을 강요했다는 것 등등의 사실이 명백해졌다. 이런 표면적인 황망한 원정(원거리 여행)에 있어서 이 천재의 눈은, 그의 메부수수한 동포들의 눈에는 비치지 않았던 그 어떤 사물을 발견했을 것이고, 그런 결과로 모종의 지식의 씨앗이 풍요로운 토양에 심어졌던 것인지도 모른다. 그러나 그가 시리아어를 알지 못했던 것은 그의 호기심을 저해했을 것인즉, 저자는 사실 마호메트의 전기와 저작속에서, 그의 시야가 아랍 세계의 판도를 넘어서 확대된 형적을 확인하지 못했다. 이 고독한 세계의 각지로부터 메카에로의 순례자는, 신심(信心)과 통상(通商)이라는 소원에 촉구되어 해마다 많은 사람들이 모여 들었으므로, 소박한 시민들은 이런 대중과의 자유로운 교류속에서 그 자신의 말로 제부족의 정치적 상황과 성격, 그리고 유태교도나 그리스도 교도들의 이론과 실제를 연구할 기회가 있었을 것이다. 일부 쓸모있는 외국인들은 환대의 특권을 받아들이도록 유혹되거나 강제되었을 것인데, 실제로 마호메트의 적대자측은 유태·페르시아·시리아의 수도사들 이름을 들먹이면서, 그들이 『코란』편집에서 숨은 원조를 제공했다고 고발하고 있다. 사교(社交)는 지력(知力)을 함양하지만, 고독(孤獨)은 천재의 학교인바, 그의 저작에 나타난 균일성은 한사람의 예술가의 손으로 이루어졌음을 말해준다. 매우 어렸을 때부터 마호메트는 종교적 명상에 자주 잠기곤 했는데, 해마다 있는 라마단(Ramadan. 회교력상 제 9월, 금식의 달)*에는 사회와 그리고 아내인 하디쟈의 팔에서 도피하여 메카에서 3마일 떨어진 헤라(Hera)의 동굴속에

---

* 회교력(헤지라력)에서 제9월은 마호메트가 계시를 받은 달이라 하여 금식의 달로 되어 있는 바, 이 한달동안에 회교도는 해돋이 순간부터 해질 때까지 일체의 음식물, 심지어 물까지도 금식하기로 되어 있다. 이렇게 신성시하는 달로서는 제12월이 또 있는데, 이 달은 순례의 달로 되어 있다. 여기서 겸하여 회교력(Mohammedan calendar)에 대하여 간단히 설명한다. 회교도의 달력은 음력이고, 회교 기원은 서기 622년을 원년으로 한다. 이것은 마호메트가 쿠라이시족의 압박을

받아 그해 7월 16일, 메카에서 탈출하여 북쪽도시 야스리브(Yathrib. 지금의 메디나)에 9월 24일 도착(이것을 헤지라<hegira/hijrah>즉 聖遷이라고 한다)한 것을 기념하여, 헤지라 후 17년에 정통파 제2대 칼리프인 우마르(Umar. 재위 634～44)가 제정한 것이다. 헤지라(회교)력은 1년을 354일로 하되, 이것을 12개월로 나눈다. 회교력에서는 마호메트의 윤달배제지시에 따라 동양의 태음력처럼 윤달이 없이 계속통산해 나가기로 되어 있다. 때문에 오랜 세월이 지나는 사이에는 제1월(Muharram)이 삼복더위 때가 되고, 엄동설한의 제12월(Zu'l－Hijja)이 헤지라력으로는 제7월(Rajab)이 될 뿐만 아니라 서양의 그리스도 기원과의 연도격차가 좁혀져 헤지라력의 연수가 많아지게 된다. 천문학이나 수학상의 정밀계산이 아니라 아마추어의 단순 계산에 따르면, AD 622년(헤지라력<이것을 A. H. ＝Anno Hegiae로 약한다> 元年)을 기준으로 할 때, 그로부터 22,392년(3년에 윤달 1개월, 36년에 윤달 12월, 즉 1년으로 잡으면 36년×622년＝22,392년이 된다. 단 이것은 어디까지나 단순 계산이지 실제로는 이보다 더 빨라지는데 이에 대해서는 전문가의 계산을 기다려야 한다), 즉 AD 21770년에는 서기(A. D. ＝Anno Domini)와 회교기원(A. H.)의 연대가 대략 같아지게 되는 셈이다. 이에 관한 실례를 들면 다음과 같다.

AH	AD	AH/AD
46→	666	＋2(666－622＝44＋2)
145→	763	＋5
255→	869	＋8
393→	1002	＋13
1297→	1881	＋38
1413→	1993	＋42

1993년 2월 3일(음력 1993년 1월 12일)은 헤지라력 1413년 제8월(Sha'aban) 11일이라고 한다(서울 회교사원 제공).

겸하여 달이름과 의의를 소개한다.

제1월 무하람(Muharram)－성스러운 달
제2월 사팔(Safal)－空白의 뜻(피서의 달)
제3월 라비아(Rabi Ⅰ)－봄의 목장
제4월 라비아(Rabi Ⅱ)－봄의 목장
제5월 쥬마다(Jumada Ⅰ)－땅이 굳어진다
제6월 쥬마다(Jumada Ⅱ)－땅이 굳어진다
제7월 라잡(Rajab)－供犧의 달, 귀머거리달
제8월 샤아반(Sha'aban)－모은다
제9월 라마단(Ramadan)－성스러운 달·금식의 달
제10월 샤우왈(Shawwal)－들어올리다(낙타의 발정)
제11월 줄－카아다(Zu'l－Ka'adah)－定住의 달
제12월 줄－히자(Zu'l－Hijah)－성스러운 달·순례의 달

1주일(Juma'ah. 금요일을 뜻하기도 한다)의 명칭은 다음과 같다.

일요일 시야르(Shiyar)－기독교의 안식일
월요일 바한(Bahan)
화요일 자바르(Jabar)
수요일 다바르(Dabar)
목요일 파무니스(Famunis)
금요일 쥬마아(Juma'ah)－집회, 즉 특별기도일로서 기독교의 안식일에 해당
토요일 바왈(Bawal)－유태교의 안식일

틀어박혀서는, 사실을 말한다면 천국으로부터가 아니라 예언자 자신의 마음속에 잠재하는 사술(詐術, fraud)이나 열광(熱狂, enthusiasm)의 신령(神靈)의 의견을 묻는 것이었다. 그가 이슬람(Islam. 유일신에의 복종이라는 뜻. 난외주기 참조)이라는 이름으로 그의 가족과 국민에게 설교한 신앙의 요체(要諦)는, 「이 세상에는 유일신이 계시며, 그리고 마호메트는 그 신의 사도이다 (That there is only one God, and that Mohammed is the apostle of God.)」* 라는 영원한 진리와 불가피적인 하나의 허구로 구성되어 있다.

---

* 이슬람(Islam)은 문법상 동명사(動名詞) 또는 부정동사(不定動詞)이고, 무슬림(Muslim/Moslem)은 Mussulman(회교도=Mohammedan/Moslim)이라는 용어에 용해되어 순수성을 잃고 있지만, 이것은 salm 즉, 「평화」를 의미하는 분사형 내지 사역형 용어라고 한다. 따라서 Islam의 어의는 상대방이 계약에 의한다든가 또는 자기의 상급자임을 인정하는 강자에게 경의를 표함으로써 평화롭게 공존한다는 뜻이다. 『코란』에서는 할주에서도 잠깐 언급했듯이, 신(God)에게 경의를 표하는 것, 마치 우상을 배제하고 기독교의 절대적인 구세주(Lord)처럼 그를 승인하는 것을 의미한다.

앞으로 이슬람교의 근본교리와 사상 또는 계율에 대해서도 설명하겠지만, 여기서 이것을 요약 기술함으로써 독자들에게 사전지식을 제공코자 한다. 회회교의 교의와 사상을 통상 6신(信, iman) 5행(行, din)이라고 한다. 6신은 ① 神觀으로서 알라는 唯一神으로서 알라 이외에 다른 신은 없다. 알라는 우주의 창조주이며 全智·全能·無所不在의 신이다. ② 알라를 섬기며, 그의 寶位를 지키고 지옥을 관리하는 신과 인간의 중간자로서 봉사하는 天使의 존재를 믿는다. 이 천사는 가브리엘(Gabriel. 계시전달자), 미카엘(Michael. 유태인 수호자), 라파엘(Raphael. 죽음의 관리자), 이스라필(Israfil. 부활시의 나팔수)의 4명이다. ③ 경전을 신앙하는 것. 경전으로서는 모세 5경」, 『시편』, 기독교의 『복음서』 및 『코란』의 4종인데 특히 『코란』은 최종계시로서 중요시된다. ④ 예언자를 신앙하는 것. 22만 예언자중 아담(Adam), 노아(Noah), 아브라함(Abraham), 모세(Moses), 예수(Jesus), 마호메트(Mahomet)의 6명이 가장 중요한 예언자인데, 특히 마호메트는 알라의 사도로서 최종적인 예언자로 신앙한다. ⑤ 내세를 믿는 것. 종말의 나팔소리가 울릴 때 알라의 최후심판을 받고, 착한 사람은 천국, 악한자는 지옥으로 떨어진다는 것을 믿는다. ⑥ 예정(豫定, kadar) 신앙이라는 것. 인간의 구원과 타락은 신이 예정한 것이고, 인간의 행복은 신에게 복종하는데 있다는 것이다.

이슬람 교도의 의무인 5행은 다음과 같다. ① 「알라이외에는 신이 없고 마호메트는 알라의 예언자다」라는 기본신조를 매일 암송하는 일. ② 매일 5회 메카를 향하여 예배하고, 금요일에는 특별예배를 드리는 일. ③ 믿음에 따라서 빈민을 구제하는 일. ④ 라마단달에 30일간 금식하는 일. ⑤ 생전에 한번은 메카를 순례하는 일. 이 순례를 마치면 앞서도 언급한 것처럼 Hadji/Haji/Hajji 칭호가 부여된다.

이슬람교에서 지옥에 떨어지는 7종의 죄업은 다음과 같다. ① 우상숭배, ② 살인, ③ 정절(貞節)한 여인을 부정(不貞)한 것으로 비방하는 일, ④ 고아(孤兒)를 훔치는 일, ⑤ 고리대금업, ⑥ 성전(聖戰)에서의 탈주·도망하는 일, ⑦ 양친에 대한 불복종이다. 참고삼아 그리스도교의 7계(七戒)를 말하면, 그것은 ① 자존(自尊), ② 탐욕, ③ 색욕, ④ 분노, ⑤ 대식(大食), ⑥ 질투, ⑦ 나태라고 한다.

유태인 호교가들의 자긍심은 고대의 박식한 제민족이 다신교의 우화에 기만당하고 있던 당시, 팔레스티나의 자기들의 소박한 선조들만이 신에 관한 참된 지식과 예배를 계속 지켜왔다는 사실이다. 여호와 신(Jehovah)의 도덕상의 속성을 인간적인 덕성의 기준과 조정한다는 것은 결코 쉽지 않았고, 그의 형이상학적 성질에 관한 표현도 애매하다. 그러나 모세의 5서(Pentateuch. 구약성서 맨앞의 5권)와 예언서(Prophets)의 모든 페이지는 여호와의 능력에 관한 증언인데, 그의 이름의 단일성은 율법 최초의 명판에 새겨져 있어서, 그의 성역이 눈에 보이지 않는 본성의 가시적(可視的)인 영상으로 더럽혀지는 일이 절대로 없었다. 신전이 파괴(유태인의 반란을 진압하기 위하여 티투스〈재위 79~81〉가 로마군단을 이끌고 AD 70년에 예루살렘을 점령했을 때 유태교의 신전을 파괴한 것)된 후에, 아라비아 반도로 망명한 히브리인의 신앙은 유태교 회당에서의 정신적인 신심에 의하여 순화·확정·계발되었다. 그렇기 때문에 메카와 메디나의 유태교도들이 에스라(Ezra. BC 5세기 유태교의 祭司·율법학자. 신의 율법에 따라 예루살렘의 제사의식을 개혁하고 유태교의 기초를 만들었다. 엄격한 민족적 율법주의에 의하여 유태교의 아버지로 일컬어진다. 그가 이룩한 사업이 「구약성서」「에스라」「느헤미야」 등에 기재되어 있다)를 신의 아들로서 숭앙했다는, 마호메트의 끊임없는 비난은, 그의 권위에 의해서도 정당화될 수 없다(「코란」 제9장 5항). 그러나 이스라엘의 아들들은 하나의 국민으로 되지 못했고, 세계의 여러 가지 종교는 적어도 이 예언자(마호메트)의 눈에는 지고하신 신에게 아들과 딸 그리고 같은 무리를 적당히 안겨주는 범죄를 저지르는 것으로 보였다. 아랍인의 천박한 우상숭배일 경우는, 그 죄가 적나라하고도 철면피했다. 사비아족이 천상에서의 자기들의 위계가 제1유성(the first planet) 내지 제1지(第一知. the first intelligence)를 지상(至上)의 것으로 생각했다고 해서, 그 죄가 결코 가벼워지는 것이 아니며, 또 조로아스터교의 체계에서는 2개원리(全知의 主인 아후라 마즈다〈Ahura Mazda. 善神〉가 암흑의 악신〈惡神〉인 앙그라 마이뉴〈Angra Mainyu〉와 싸운다는 2원관을 말하는 것)의 투쟁이 승리자의 불완전성을 폭로시키고 있다. 7세기의 그리스도 교도들은 얼핏 보기에도 이교도와 별로 다를 바 없는 모습으로 이미 부지불식간에 퇴행하고 있었는바, 그들의 공적·사적인 서약은 당시 동방세계의 신전을 오염시킨 유물과 우상에 대하여 행해졌던 것이다. 전능자의 왕좌는 민간신앙대상인 순교자·성인·천사 등의 구름에 빛을 빼앗기고, 아라비아의 풍요로운 옥야에서 번영한 콜류리디아(Collyridia)의 이단파(트라키아〈불가리아〉지방에서 아라비아에 도입된 그리스도교의 한 이단파)는 처녀 마리아에게 여신이라는 이름과 명예를 부여하였다. 3위일체적인 성육(육신을 입으심)의 비적은, 신은 오직 한분뿐이라는 원리에 모순되는 것처럼 비쳤다. 그런 자명한 의미에서의 이런 입장은 동일한 세 위격의 신들을 도입함으로써, 인간 예수 그리스도를 실질적으로 신의 아들로 변형시키는 까닭에, 설사 신앙심가진 인간들이 정통파적인 석의(釋義)로 납득했다 하더라도, 동방의 여러종파는 자기들 멋대로 놀아나는 호기심과 열광에서 이 성역의 베일을 갈기갈기 찢은 다음, 자기들 이외의 종파는 어느 것을 막론하고 예외없이 우상숭배와 다신교라는 오명에 해당한다고 제각기 경쟁적으로 주장하였다. 마호메트의 신조는 의념과 애매성을 포함하지 않으며, 『코란』은, 신은 오직 한분임을 말하는 빛나는 증언이라고 한다. 이 메카의 예언자는 우상과 인간의, 그리고 별들과 떠돌이 별의 예배를 거절하였고, 또 솟아오르는 것은 다른 날 반드시 떨어지고, 태어난 것은 미구에 죽으며, 썩는 것은 반드시 분해하여 소멸한다는 합리적인 원리에 입각하여 그것을 거절하였다. 그의 합리적인 열광심은 우주의 창조주 가운데서 형태도 장소도 없고, 발생도 유사한 것도 없는 것, 그리고 우리들의 가장 심오한 사색에 나타나 그 자신의 본성의 필요성에 의하여 존재하고, 각종 도덕적 · 지적인 완전성을 자기에게서만 뽑아내는 무한하고도 영원한 실유(實有)에 대하여 고백하고 또 숭경하였다. 예언자의 말로써 이렇게 고지된 이런 종류의 숭고한 진리는, 그의 사도들에 의하여 굳게 신봉되었고, 또 『코란』해석자들의 손으로 형이상학적인 엄밀성으로 정의되어 왔다. 마호메트의 제자들이 가졌던 민중적인 이런 신조는, 철학적인 무신론자도 아마 동의하고 싶을 정도로, 현재의 우리들의 감각능력에는 지나칠 정도로 숭고한 것이다. 대저 우리가 어떤 미지의 실체(實體)에 대하여 시간과 공간의, 운동과 재질의, 그리고 감각과 반성의 모든 관념을 뿌리채 사상(捨象)해 버릴 때, 공상은 말할나위도 없거니와 지성의 대상으로서 도대체 그 무엇이 남을 것인가? 이성과 계시에 관한 제1원리는 마호메트의 목소리로 확인되었다. 이제 그의 신자는 인도로부터 모로코에 이르는 지점에서 일신론자(Unitarian. 유일교도라고도 번역한다. 3위일체설에 반대하여 唯一神格을 주장하면서 그리스도의 신성을 부인하는 사람들)라는 명칭으로 특정되고, 우상숭배의 위험은 성상(聖像)의 금지로써 예방되고 있다. 영원한 명령과 절대적인 예정이라는 교리를 마호메트의 사도들은 엄격히 신봉하였는 바, 그들은 이 신의 선견성을 인간의 자유와 책임과 어떻게 하면 양립시킬 수 있을까, 그리고 이 무한한 역량과 능력하고, 무한한 선성(善性)의 통치밑에서 악덕의 용인이 어떻게 설명될 수 있을 것인가 하는 통례적인 곤란성에 직면하게 된다.

자연의 신은 자기의 모든 작품에 자신의 존재를 그리고 인간의 마음속에 당신의 법규를 각인해 놓았다. 전자의 지식과 후자의 이행을 부활시키는 일이야 말로, 지금까지 모든 시대를 통하여 예언자들의 진정 내지 표면상의 목적이었다. 마호메트는 관후하게도 자기의 선행자들에 대하여, 자기가 스스로 요구하는 것과 꼭같은 공적을 승인하였다. 그리고 영감(靈感)의 연쇄(連鎖)는 아담의 전락으로부터 『코란』을 공포할 때까지 계속되고 있는 것으로 간주하고 있다. 이 기간중에 예언자적 광명의 얼마간의 광선이 선발된 총인원수 12만 4천명에게, 각개인의 덕행과 은총정도에 따라서 구분되고 또 분여되었다. 도합 313명의 사도가 그들의 나라를 우상숭배와 악덕으로부터 구제할 특명을 띠고 파견되었으며, 104권의 책(『코란』을 말하는 것)이 성령의 구술에 의하여 저작되었으며, 발군(拔群)의 명민한 6명의 입법자들(앞서 말한 것처럼 아담, 노아, 아브라함, 모세, 예수 및 마호메트를 가리키는 것)은 연이어 인류에게 하나의 불변불역(不變不易)하고 다양한 종교의 제의(祭儀)를 계시해 왔다. 아담, 노아, 아브라함, 모세, 그리스도, 마호메트의 권위와 지위는, 그것이 뒤의 사람 일수록 정당한 순서로 높아져 가는데, 이들 6명의 예언자에 대하여 그 어느 한사람이라도 증오하고 거절하는 패거리는 바로 무신론자들 뿐인 것이다. 이런 입법자들의 저작은, 그리스인이나 시리아인의 경외전(經外典) 사본으로만 전해지는데 지나지 않고, 아담의 행위는 그의 아이들의 감사와 존경을 받을 자격으로는 되지 못했다. 또한 노아의 일곱가지 규칙은 유태교 회당에 대한 불완전하고도 저차원적인 부분의 개종자들에게 준수된데 그쳤으며, 아브라함의 유덕은 그의 고향땅인 칼데아(Chaldaea. 바빌로니아 남부지방의 옛이름)에서도 사비아족만이 막연하게 신봉한데 불과했고, 그 많은 예언자중에서도 모세와 그리스도만이 계속 살아서 우리들의 영계(靈界)에 군림하고 있는 바, 영감에 입각한 이런 저작의 유고(遺稿)가 신구두 성서에 정리되어 있다. 모세의 기적담은 『코란』(『코란』에 대해서는 본 제 IX 권 p. 14의 난외주기를 참조할 것)에 채용되어 성화(聖化)되었고, 포로로 잡혔던 유태인은 자기들이 내심으로 그들의 최근의 신조를 경멸하고 있는 바로 그 모든 국민에게 자기들의 신앙을 밀어붙임으로써, 남몰래 보복했다는 생각으로 아주 기분이 좋아졌다. 그리스도교 창도자에 대하여 마호메트의 제자들은, 고도의 신비스러운 경의를 표명하도록 예언자로부터 가르침을 받았다. 「참말로 마리아의 아들 예수 그리스도는 신의 사도인 바, 그가 마리아에게 한 말과 그로부터 나오는 성령은 현세와 내세 양쪽에서 칭찬받아야 할 일이다. 그는 신의 어전에 가까이 갔던 사람중의 하나이다.」 진짜 또는 가짜 복음에 관한 기적이 수없이 그의 머리위에 쌓였는가 하면, 라틴 교회들조차 처녀모(處女母)의 무구(無垢)한 수태를 『코란』에서 채용하는 것을 주저하지 않았다(이것은 『코란』 제3장에 애매하게 암시되어 있고, 『순나《Sunna》』의 전승에서는 보다 명확하게 기술되어 있다. 12세기에 성 베르나르두스〈St. Bernardus Claravallensis. 1090~1153. 프랑스의 신비가 · 성인. 「밀감박사」로 불리운다. 제2회 십자군의 발의자. 그는 이성이 신앙영역을 침범함을 싫어하여, 오로지 관념에 의한 신과의 감각적 일치를 인간의 영혼이 도달할 수 있는 최고단계로 생각한 바, 이것을 그리스도와의 「영적 혼인」이라고 설명했다〉는 처녀회임을 놀라운 새학설이라 하여 지탄하고 있다 : 기번원주). 그럼에도 불구하고 결국 예수도 일개 인간이며, 최후의 심판의 날에 관한 그의 증언은, 그가 예언자임을 인정하지 않았넌 유태교도와 그를 신의 아들로서 예배해 온 그리스도 교도의 양쪽을 단죄하는 결정적인 수단이 될 것이다. 그의 적들은 악의찬 의도에서 그의 명성을 헐뜯었고 또 그의 생명을 노렸지만, 그들의 의도만이 범죄로 단죄되고, 십자가위에서 환영(幻影) 내지 다른 범인과 바꿔치기 당한 이 무실(無實)한 성도는 제7천국(the seventh heaven)에로 옮겨졌다. 지금까지 지나온 6세기간은 복음서가 진리와 구제의 길잡이었지만, 그리스도 교도가 그들의 시조가 세운 율법과 모범을 서서히 망각함에 이르러, 마호메트는 교회와 유태교 회당 양쪽을 한결같이 성스러운 원문(原文)의 엄격성을 개찬(改竄)한 죄목으로 규탄하도록 그노시스파로부터 설유된 셈이다. 모세와 그리스도는 신앙심으로부터 자기들의 뒤에 올 한층더 고명한 예언자의 도래를 확신하는 마음에 가득차 있었다. 때문에 구세주인 성령에 관한 복음의 약속은, 신의 많은 사도들중에서도, 마지막이며 또 최대의 인물인 마호메트라는 이름에서 미리 예시되었고, 그 행위에 의하여 완성된 셈이다.

관념의 전달은 일반적으로 사상과 언어의 유사성을 전제로 한다. 철학자의 이론은 농부의 귀에는 공허하게 들릴 따름일 것이다. 그러나 그것은 무한한 정신과 유한한 정신의 접촉, 달리 말하여 인간의 언어나 펜으로 표현된 신의 말씀과 비교할 때, 이 양자의 지성의 거리는 그 얼마나 작은 것일까? 히브리의 예언자들과 그리스도의 사도나 복음서를 쓴 사람들의 영감은, 그들의 이성(理性)과 기억(記憶)의 양립이 반드시 불가능한 것이 아니며, 그들의 천성(天性)의 다양성은 신구 두 성서의 문체와 구성에 색깔짙게 나타나 있다. 그러나 마호메트는 좀더 겸허하여, 기실 훨씬 더 숭고한, 일개 편집자의 역할을 담당하는 것으로 만족하였다. 그와 그리고 그의 사도들에 의하면, 『코란』의 실질은 신의 본성에서 존립하고, 신의 영원한 포고목록에 빛의 붓으로 새겨진 비창조적인 것이면서도 불후의 것이다. 이것은 유태인식의 섭리에서 가장 중요한 사명을 띄고 파견된 천사 가브리엘의 손으로, 한권의 종이책에 종합 복사된 후 비단과 보석으로 장식된 그릇에 담겨져 가장 아래쪽에 있는 천국으로 운반되었는데, 이 충실한 천계의 사자는 우리의 아랍 예언자에게 성전(聖典)의 장절구절을 차례차례로 계시하였다. 신의 의사의 영속적이며 완전한 기준 대신에 『코란』의 단장(斷章)이 마호메트의 재량에 입각하여 고시되었다. 그렇기 때문에 개개의 계시는, 그의 정책 내지 정열을 그 당시 상황에 적합화시킨 것이다. 그러므로 여기서 나타난 여러가지 모순은 이 성경의 어느 장절문구도 그것에 이어진 문맥에 의하여 적절히 폐지 또는 수정될 수 있다는 유보조항으로 제거된다. 신과 그 사도의 말은, 그의 제자들의 손으로 종려나뭇잎과 양의 어깨뼈에 충실하게 기록되었는데, 그의 매 페이지는 앞뒤의 순서도, 서로간의 연락도 없는 그대로 그의 〔12명의〕아내중 한사람의 손으로 가정안에 있는 손궤속에 소중하게 보관되었다. 마호메트가 사망한지 2년째되는 해에, 이 성스러운 기록물은 그의 벗이며 후계자인 아브－바크르(Abu Bakr, 정통파 초대 칼리프, 재위 632∼34)의 손으로 수집 공간되었고, 이 저작은 다시 회교력(Hegira/hijrah. 서기 622년을 헤지라 원년으로 정한 것) 30년에 제3대 정통파 칼리프 우스만(Uthman. 재위 644∼56. 『코란』의 기준경전 4부를 만들었다)에 의하여 교정(校訂)되었는데, 『코란』의 여러가지 판본은 그 모두가 제일적(齊一的)인 불후의 원문과 똑같은 기적적인 특권을 주장하고 있다. 열광 내지 허영심에서 나온 기분에서 예언자는 자기사명의 진정성에 관한 근거를 책의 가치에 두고, 사람들과 천사들에게 말하기를, 그들에게는 이 책의 한 페이지가 가지는 아름다움의 모방조차 절대로 불가능하다고 과감하게 도전하면서, 이 무비의 작품을 구술할 수 있었던 것은, 단지 신뿐이라고 감히 단언한다. 이런 논증은 그의 마음이 신앙과 법열(法悅)로 충만되고, 그의 귀는 음성의 반향으로 황홀해지며, 무지하기 때문에야말로 인간의 천재적 작품을 이것과 여러모로 비교해 보는 방법을 모르는 경건한 아랍인에게 가장 강력하게 호소하는 힘이 있었다. 문체의 조화와 풍요성은 번역에 의한다면 유럽의 이교도에게는 잘 통하지 않을 것인 바, 실제에 있어 국외자에게는 『코란』이 거의 감성이나 관념을 불러 일으킴이 없이, 어떤 때는 땅바닥을 기어가고, 어떤 때는 하늘위 구름속에 감추어지는 것 같은 그런 우화나 규칙 또는 미사려구의 무한하고 열광적이며 잘 정리되지 않은 문제의 나열과 반복설교에 질린 나머지, 어쩌면 내동댕이쳐질 것이다. 신적인 속성은 이 아랍 선교자의 공상을 높이고 또 북돋아 주었지만, 그러나 그의 가장 고상한 어조는 이보다 한층더 오래된 고대에, 같은 나라에서 똑같은 언어로 쓰여진 『욥기』(『구약성서』의 「욥기」를 말하는 것. 이것은 욥〈Job/Ijob〉을 주인공으로 한 것이다〉욥은 우스〈Hus〉땅의 족장으로서 신앙심이 두텁고 義人의 전형이었다. 재산·지위·자녀를 잃었고 자신도 불치병에 걸렸으나, 신의 정의와 의인의 고난과의 조화를 얻어, 후에는 안락한 생활을 영위하게 되었다)*의 장엄·단순성에는 도저히 비교가 되지 않을 정도로 치졸하다. 만일 『코란』의 편집이 인간능력을 능가하는 것이라고 말한다면, 우리들은 호메로스(호머)의 『일리아드《Iliad/Ilias》』(『오딧세이《Odyssey/Odysseia》와 더불어 그리스 최고·최대의 서사시)와 데모스테네스(Demosthenes. BC 384~22. 그리스의 웅변가·정치가)의 필립포스(Phillipos Ⅱ. 마케도니아왕 재위 BC 359~36. 알렉산더 대왕의 아버지. BC 348년에는 남하하여 올륀토스동맹을 정복했고, BC 338년에 반마케도니아 연합군을 격파한 뒤는, 코린토스동맹의 맹주가 되어 그리스지역을 지배하였다)에 대한 용기있는 공격연설(데모스테네스는 BC 351~40년간 그리스에 대하여 간섭과 압박을 가하기 시작했던 상기 필립포스 2세에게 12회의 격렬한 탄핵연설을 통하여 그리스의 자유를 위해 마케도니아에 대항할 것을 역설함으로써 아테네인에게 커다란 영향을 주었다)을 도대체 그 어떤 뛰어난 지성으로 돌리면 좋을까? 어떠한 종교에 있어서도 시조의 생애는 그에 관하여 쓰여진 계시의 침묵부분을 보충하는 것이기 때문에, 마호메트의 언행도 그때마다 진리의 가르침이 되고, 그의 행위는 덕행의 모범이며, 공사(公私)에 걸친 그의 기록은 그의 아내들과 동료들의 손으로 보존되었다. 200년이 지나서 구전율법(口傳律法. oral law)인 『순나《Sunna/Sonna》』(예언자의 확정된 관행)가 알-보하리(Al Bochari.

* 「욥기」는 원래 히브리어가 아니라 아람어(Aram語. 시리아·메소포타미아 지방 사람들이 사용했던 셈족의 어계) 또는 아라비아어로 쓰여졌다고 하는데, 이것은 이른바 속설로서 존재했던 모양이다. 집필한 곳은 속설에 의하면 이집트이지만, 이스라엘이 틀림없을 것이라고 한다.

9세기의 문헌학자. 『하디스』〈口傳〉를 집대성시켰다)의 커다란 노력으로 확정되고 또 성별(聖別)된 바, 이것은 7275편의 참된 전승(구전)이, 좀더 의심스럽고 괴이한 성격의 산더미같이 많은 기록물 30만건 중에서 선별된 것이다. 이 경건한 편집자는 매일 메카의 신전에서 기도드렸고, 또 젬젬샘터의 신성한 물로 몸을 깨끗이 씻고나서 이런 작업에 종사했던 것이다. 완성된 책은 매 페이지마다 차례차례로 사도의 설교단과 묘지에 봉납되었는데, 이 업적은 순니파(Sunni派/Sonnites. 구전율법인 『순나』를 『코란』과 동등한 正典으로 믿는 정통파이며 다수파)의 정통파적인 4개파(이슬람 법률〈Ijma〉의 해석을 둘러싸고 8세기경에 연이어 성립된 학파들로서, 말리크파〈Maliki派〉, 하니파이파〈Hanifai派〉, 샤피아파〈Shafia派〉, 한발파〈Hanbal派〉가 그것이다)에게 승인되어 있다.

모세와 예수처럼 옛 예언자의 사명은 적지 않게 장려한 기적에 의하여 뒷받침되어 있다. 때문에 마호메트도 메카와 메디나의 주민들로부터, 여러번 그의 신에 의한 파견을 뒷받침하는 같은 종류의 증험(證驗)을 제시하며, 천사 또는 그의 천계(天啓)두루마리를 천상으로부터 가져온다던가, 사막에 근사한 정원을 만들거나, 아니면 신앙심없는 도시를 겁화(劫火)로 불태워서 몰살시키는 등등의 징조를 나타내 보이도록 권유받았다. 그는 쿠라이시족의 이런 요구에 직면할 때마다 환시(幻視)와 예언(豫言)의 애매모호한 과시(誇示)속으로 도피하여, 자기 교리의 내적증험(內的證驗)을 증거로 삼거나, 신앙의 가치를 손상시키며 배교의 죄를 한층 악화시킬런지도 모를, 기적(奇蹟)과 고지(告知)를 거부하는 신의 섭리를 늘어 놓으면서 자기방어에 급급하였다. 그러나 그의 이런 변명의 허약한 논거에 스스로 화가난 어조에는, 그의 약점과 고뇌가 낱낱이 노정되어 있는데, 이런 헛발 디디는 대목이야말로 의문의 여지없이 『코란』의 일체성을 거증(擧證)하는 것이었다. 마호메트의 신도들은 마호메트 이상으로 그의 기적능력을 확신하였는데, 그들의 신뢰와 경신(輕信)은 그의 영적인 패업(霸業)의 시기와 장소로부터 그들이 멀어짐에 따라 더욱 증대하였다. 그들은 수목들이 마호메트를 만나보기 위하여 땅바닥에서 돋아났다든가, 그가 돌맹이로부터 경례를 받았다든가, 그의 손가락 끝에서 물이 뿜어 나왔다느니, 그가 굶주린 사람에게 음식물을 주고, 환자를 고치며, 죽은 사람을 소생시켰는가 하면, 대들보가 그에게 고통을 하소연했고, 낙타가 그에게 불평을 늘어놓았으며, 양의 어깨살이 자기에게 독극물이 섞여져 있음을 그에게 통보했다느니, 생물뿐만 아니라 무기물까지도 한결같이 이 신의 사도에게 복속했다는 등등을 진심으로 주장한다. 그에 의한 한밤중 여행(nocturnal journey)에 관한 꿈은, 자기 딴에는 현실적인 신체적 이동이었다고 기술하고 있다(이 이야기는 「코란」 제17장 첫머리에 있는 이른바 「예언자의 한밤중 여행과 승천」에 관한 것인데, 마호메트가 계시를 받은지 10년후, 즉 메디나로의 탈출〈聖遷. hijrah〉 1년전에 실제로 있었던 일이라고 이야기되고 있다). 이야기인즉 이렇다. 부라크(Burak)라는 신비스러운 동물이 그를 태워서 메카의 신전으로부터 예루살렘 궁전에로 데려갔다. 그는 동행인인 천사 가브리엘과 함께 일곱군데의 천국을 차례차례로 올라가 많은 족장과 천사 그리고 예언자들이 살고 있는 여러 호화저택들에서 그들로부터 인사를 받았고 또 답례하였다. 제7천국으로부터 그 위로는 마호메트 혼자만이 들어가는 것이 허용되었다. 그가 유일(unity)의 장막을 지나 옥좌까지 아주 가까운 거리에 다가가자, 그의 어깨에 신의 손이 닿았는데 이때 그는 마음속에 스며드는 오한을 느꼈다. 중요하지만 이처럼 격의없는 대화를 나눈 후에, 그는 또다시 예루살렘으로 내려와 예의 부라크에 올라타고 메카로 귀환하였는데, 그는 무려 몇천년이나 걸릴 길고도 먼 여행길을 이날밤 불과 한시각 동안에 하고 왔다는 것이다. 또 다른 전승에 의하면, 이 사도는 민족집회에서 쿠라이시족의 악의있는 도전을 어름거려서 넘겼다. 그의 불가항력적인 위력있는 발언은 달덩어리를 쪼갰는데, 그러자 충순(忠順)하게 된 이 위성은 하늘의 정위치에서 일탈하여 카아바 신전 주위를 일곱바퀴 돌은 후에, 아라비아어로 마호메트에게 인사드리고 갑자기 작은 모습이 되어, 그의 목덜미로부터 내의속으로 들어갔다가 팔소매로 빠져 나갔다는 등등 속중(俗衆)은 이따위 터무니없는 이야기를 즐겼는데, 박사들인 가장 중후한 무슬림들도 그들의 시조의 겸손성을 본받아 신앙 또는 해석의 자유성을 허용하고 있다. 종교선포에서 자연조화에 대한 침범은 쓸데없는 일이며, 비적(秘蹟)으로 흐려지지 않는 신조는 기적을 불러들일 필요성을 인정하지 않거니와 마호메트의 검의 위력은 모세의 지팡이와 비교하여 전혀 못해보이지 않는다고, 그들은 당당하게 주장해도 좋을 것이다.

다신교도들은 항상 미신의 다종성에 고통받음으로써 곤혹을 치루어 왔다. 실제로 이집트에 기원을 가진 바 수천가지나 되던 제식(祭式)도 모세의 율법 핵심에 흡수되었고, 복음서 정신은 교회의 허식속에서 증발되어 버린지 이미 오래이다. 우리네 메카의 예언자도 편견·정책·애국심 등에 발동되어 아랍의 의식과 카아바의 신성한 돌을 순례하는 관습을 성별(聖別)하고 싶은 생각에 충동을 받았다. 그러나 마호메트 자신의 계율은 기도(prayer)와 금식(fasting) 그리고 희사(alms)가 무슬림 신도의 종교적 의무라는 좀더 단순하고 합리적인 경신법(敬神法)을 가르쳤다. 이슬람 신도들은 기도를 드리는 일만으로 이미 자기가 신에게 소환될 수 있는 가능성을 절반이상이나 얻으며, 금식은 그를 신이 계시는 궁성입구까지, 그리고 희사는 그를 그 내부로 맞아들이게 할 것이라는 희망을 가지게 한다. (1) 한밤중 여행에 관한 신화에 의하여, 사도는 신과 대좌하여 자유로이 대화를 나눌 수 있는 제자들에게, 매일 50회씩 기도드릴 의무를 부과한다고 명령하였다. 모세의 충고를 받아들여 마호메트는 이처럼 견디기 어려운 부담의 경감을 신께 간청한 결과, 이슬람교는 작업과 오락, 시간과 장소에 대한 특정규정을 배제하고 점차 일률적으로 5회로 줄어 들어, 오늘날의 충성스러운 신도들의 기도는, 해돋는 시각, 정오, 오후, 저녁 그리고 밤의 제1경시(警時. the first watch of the night. 일몰 후 최초의 2시간 정도)에 반복된다. 오늘날의 종교적 열기의 감퇴로, 우리나라의 여행자는 터키인과 페르시아인의 깊은 겸허성과 배려에 큰 감명을 받고 있다. 몸을 깨끗이 하는 것은 기도의 열쇠이므로, 이전부터 아랍인이 여행하고 있는 바 손과 얼굴 그리고 신체의 잦은 목욕재계는, 『코란』에서도 엄격히 명령되어 있는 일인데, 이때 물의 부족은 모래로 대용하는 것이 정식으로 인정되어 있다. 앉은 그대로, 혹은 선채 또는 땅에 엎드려서 행하는 간청의 말과 자세는 습관 또는 권위에 의하여 규정되며, 기도문은 짧고 열렬하게 절규하다시피 암송되므로, 신앙심의 두량(斗量)은 지루한 전례(典禮)에 의하여 소모되지 않는다. 모든 무슬림은 각자가 스스로 승려의 역할을 담당한다. 그림의 사용을 금지하는 유신론자(有神論者. theist)들 사이에서는 케블라(kebla. 예배드리는 방향), 즉 지평선상에서 눈에 보이는 어떤 점에 시선과 사고를 집중시킴으로써, 공상에서의 일탈방지를 도모할 필요성을 통감해 왔다. 우리의 예언자는 당초에는 예루살렘을 선택함으로써 유태인을 회유해 보려고 생각했지만, 미구에 한층더 자연스러운 편견으로 되돌아 갔기 때문에, 오늘날 아스트라한(Astrakhan/Astracan. 카스피해 북부, 볼가강 하구에 위치한 도시), 페스(Fes. 모로코 북부에 위치한 도시. 이전에 여러 왕조의 수도였다), 델리(Delhi. 오늘날의 인도의 올드델리. 옛날 무굴왕조<1526~1858>의 수도) 등에서도 모든 국민의 눈은 매일 경건한 마음으로 메카의 신성한 신전만을 바라보게 되었다. 그러나 신에 대한 예배시는 어떤 장소도 같은 정도로 순수하고, 또 마호메트 교도는 집안이거나 길거리도 차별을 두지 않고 예배드린다. 유태교도나 기독교도와는 달리 매주 금요일이 공식적으로 예배를 위한 유익한 행사날로 정해져 있다. 민중이 모스크(mosch/mosque, 회교사원) 안에 집합하면, 신망있는 연장자의 이맘(imam/imaum. 司式僧. 導師)이 설교단에 올라가 기도를 시작으로 설교한다. 그러나 마호메트교는 성직제(聖職制)와 희생에 관한 제식(祭式)이 결여되어 있으며, 그들의 열광적인 독립정신은 미신의 사목자와 그 노예들을 경멸해서 내려다 본다. (2) 자기 동료가 식육·여색·수면에의 단념을 경솔하게 맹세하는 것을 책망한 예언자는 금욕주의자의 자발적인 고행과 그들의 생명에 대한 고통과 영광을 불쾌하게 느꼈으므로, 자기 종교에서는 수도승의 존재를 인정하지 않는다고 엄숙하게 선언하였다. 그러나 그는 매년 30일간에 이르는 금식제도를 만들고, 몸을 깨끗이 하면서 육체를 극복하는 훈련으로서, 또한 그의 사도의 의사에 대한 충순의 유익한 연습으로서, 이에 대한 여행을 열심히 권유하였다. 이리하여 라마단의 달에 무슬림들은 일출시부터 일몰시까지, 음식·여색·목욕·향수(香水) 등 무릇 그의 체력을 회복시키는 일체의 자양행위, 그의 감각을 즐겁게 하는 모든 쾌락행위를 멀리하게 된다. 태음력의 운행과정에서 라마단의 달은 교대교대로 겨울의 추위와 여름의 혹서에 대응하는 까닭에(이슬람 달력은 동양의 태음력처럼 태양력의 요소를 가미한 태음태양력이 아니라, 앞서 말한 것처럼 달의 운행만을 기초로해서 날짜를 계산하는 순수한 태음력이므로, 윤달없이 12개월을 덮어 놓고 1년으로 계산하는 까닭에, 세월이 지나는 사이에는 제12월이 삼복더위의 달이 되고, 제7월이 혹한이 되는 예가 있다), 인내심 강한 순교자는 한방울의 물로 자기의 갈증을 풀음이 없이 그 무덥고 지루한 하루 해가 끝나는 것을 기다려야만 한다. 승려 또는 은자의 어떤 집단에만 특유하던 금주계율을, 마호메트만은 일반적인 실정법규에로 개변시켰기 때문에, 지구상의 적지 않은 지역이 이런 명령으로, 위험하지만 그러나 유익한 알코올 음료의 사용을 폐절시키게 되었다. 원래 이런 종류의 고통스러운 속박은 난봉꾼에 의하여 침범되고 위선자에 의하여 몰래 숨어서 파계되어 왔지만, 이런 것을 금압시킨 입법자가 신도의 감각적인 욕망을 어함으로써 그들을 구워삶았다는 비난을 받을 여지는 물론 없다. (3) 이슬람 교도의 자비는 동물전체에 미치는 바, 『코란』은 빈곤하고 불행한 사람들을 구원하는 것이 그 무슨 공적인 것이 아니라, 엄격하고도 불가결의 의무라고 몇번이고 거듭해서 가르치고 있다. 마호메트는 자비의 정확한 척도를 규정한, 아마도 세계의 유일한 입법가일 것이다. 이것의 기준은 재산이 금전·곡물·가축·과일 또는 상품 등일 경우에 따라서 그 분량과 본성에 따른 변동이 있지만, 무슬림이라면 자기 수입의 10분의 1을 희사하지 않는다면 율법을 여행한 것이 되지 못하고, 더욱이 그가 양심에 사기(詐欺) 또는 강탈(強奪)의 고통을 느낄 경우는, 반환이라는 관념하에 이 10분의 1이 5분의 1로까지 확대된다. 인자(仁慈)가 정의의 기초라고 일컬어지는 것은, 우리가 원조할 의무를 지는 그 타인에게 상처 입히는 것이 금지되어 있기 때문이다. 예언자는 천국과 내세에 관한 비밀을 계시할런지 모르지만, 도덕상의 교훈에 관한 한 우리는 자신의 마음의 교훈을 답습할 수 있는데 지나지 않는다.

이슬람교의 2개의 신앙개조와 4개의 실천적 의무는 보상과 처벌에 의하여 수호되고, 무슬림의 신념은 오로지 최후의 심판이 있는 그날의 결과에 일임된다. 확실히 예언자는 생명이 파괴되면서 피조물의 질서가 원초적인 카오스(chaos. 혼돈·혼란)상태로 되돌아가는 전체적인 분해에 선행하여, 천상과 지상에 이의 전조(前兆)를 막연하게나마 고지할 것인 바, 이 가공할 대단원의 순간이 과연 언제인가에 대해서는 감히 결정하지 않았다. 나팔소리와 더불어 새로운 세계가 출현하여 천사, 요정(妖精. genie) 그리고 인간은 죽음으로부터 소생하고, 또 인간의 영혼이라면 다시 육체와 결합할 것이다. 이런 부활에 관한 원리를 최초에 신봉한 것은 이집트인이었는데, 그들이 미이라(mummy/mirra)를 만들었고 피라미드(pyramid)를 건설한 것도 3000년간 이런 영혼을 낡은 궁궐안에 보존할 목적에서 였다. 그러나 이런 시도는 독선적이여서 무의미하다. 때문에 마호메트는 좀더 철학적인 정신에 입각하여, 그의 말이 생명없는 흙덩어리에 또다시 생기를 불어넣은 바(『구약성서』「창세기」 제2장 7절), 이미 그 형상과 실체를 보존하지 않는 수많은 원자를 응집시키는 창조주(알라신)의 전능성에 의거하였다(이것은 마호메트가 미이라적인 부활을 위하여 필요한 육체를 믿지 않고, 오직 알라신의 힘만을 신뢰하였다는 뜻). 영혼의 중간적인 상태가 어떤 것인지를 결정하는 것은 곤란하다. 무릇 영혼의 비물질성을 굳게 확신하는 사람은 감각기관의 작용을 뺀다면, 도대체 그것이 어떻게 하여 사고하고 또 행동할 수 있는지를 설명하지 못할 것이다.

영혼과 육체의 재결합에 뒤이어 인류에 대한 최종적인 심판이 내려진다. 그리고 예언자는 조로아스터교적인 광경을 덧그렸는데, 그는 지상의 심판장에서의 심리수속이나 나아가서는 완만하고 계속적인 진행과정까지를 너무도 충실하게 묘사하고 있다. 그는 자기의 뿌리깊은 적들로부터, 그가 자기들에게까지

구제할 희망을 확장시켰다는 것, 다시 말하여 신을 믿고 선행(善行)을 쌓은 사람은 최후심판을 받을 때 누구보다도 유리한 판결을 기대할 수 있다는, 가장 두려워해야 할 이단설을 창조했다고 비난되어 왔는데, 사실 이런 종류의 이성적인 무차별은 광신자의 역할로는 어울리지 않는 것이다. 대저 천계의 사자(使者)가 자기계시의 가치와 필요성을 떨어뜨리는, 그런 계시를 전달한다고는 생각하기 어려운 일이다. 『코란』의 표현에서 신에 대한 신앙은 마호메트에 대한 신앙과 불가분리적으로 밀접하고, 또 선행(善行)이란 곧 그가 명령한 행위인 까닭에 모든 국민과 모든 종파에게 평등하게 호소하는 이슬람의 고백은, 결국 이 두가지 조건의 충족이라고 말할 수 있다. 그런 까닭에 설사 무지(無知)의 소치로 변명되고, 덕행으로 장식되어 있다지만, 그들의 정신적인 맹목은 영겁(永劫)의 고통으로 처벌될 것이다. 마호메트로부터 그것을 위하여 기도해서는 안된다고 명령된 자기 어머니 무덤에서 흘린 눈물은, 인정과 열광의 현저한 대조를 나타내는 것이다. 무신론자의 운명은 공통적이다. 즉 그들의 죄와 벌의 정도는 그가 거절한 증험과 그가 범한 오류의 크기에 의하여 결정된다. 이리하여 그리스도교도, 유태교도, 사비아교도(Sabian. 『코란』에서 회교·유태교·기독교와 마찬가지로 참다운 신의 신자로 인정하고 있는 교도), 조로아스터교도(Magians)와 우상숭배자들은 모두가 영원한 거처인 심연(深淵)에 떨어지며, 특히 그런 지옥의 맨 밑바닥은 종교의 탈을 쓰고 있던 불성실한 위선자들을 위하여 남겨져 있다. 인류의 압도적인 대부분이 그의 견해때문에 단죄되어 버린 뒤에는, 올바른 신앙자만이 그들의 행위에 비추어서 심판될 것이다. 개개 무슬림의 선행과 비행은 실제 또는 우의적(寓意的)인 천칭(天秤)으로 정확히 계량되지만, 여기서는 위해에 대한 보상이라는 점에서 독특한 상쇄방식이 허용된다. 즉, 가해자는 자기 선행의 어떤 등가(等價)를, 그의 피해를 입은 사람의 이익을 위하여 헐어버릴 여지가 있는바, 만일 그가 아무런 도덕적인 재산을 가지고 있지 못할 경우에는, 반대로 피해자가 가진 죄과의 일정량이 자신이 가진 죄장(罪障)의 응분의 분배몫으로서 부가하게 된다. 죄(罪) 또는 덕(德)의 분배몫이 남음에 따라 그에 상응한 판결이 떨어지는데, 만인은 예외없이 심연에 걸려있는 위험하고 험난한 다리를 건너가게 된다. 그러나 마호메트가 걸어간 발자취를 따라간 무구(無垢)한 사람들은 영광에 감싸여서 천국의 문안으로 들어가는데 반하여, 죄지은 사람들은 7층지옥중 가장 가벼운 죄를 지은 사람들이 수용되는 첫번째 층으로 떨어진다. 속죄기간은 900년에서 7,000년까지로 천차만별이지만, 예언자는 총명하게도 자기신도의 죄상 여하를 불문하고, 그들의 신앙심과 또 그의 주선으로 반드시 영원의 지옥에서는 모면된다고 약속하였다. 인간의 심상(心象)은 근본적으로 내세에서의 행복보다는 고통을 한층더 생생하게 묘사하기를 좋아하는 까닭에, 미신이 신도들의 공포심에 가장 강력하게 작용한다는데는 별로 놀라워할 일이 못된다. 우리는 어둠과 불이라는 두가지의 간단한 원소로 고통의 감각을 만들어낸 끝에, 무제한(無際限)한 지속이라는 개념으로 그것을 무한한 정도로까지 악화시킬 수 있다. 그러나 이와 똑같은 관념은, 쾌락의 연속에서는 이와 정반대되는 효과를 나타내는 바, 우리들의 현재쾌락의 대부분은 악으로부터의 면제 내지 감퇴에서 얻어진다는 것이다. 아랍의 예언자인 그가 천국에 있는 숲과 샘이나 하천에 대하여 정열적으로 이야기했다는 것은 일리있는 이야기지만, 사실 그는 지극히 행복한 주민에게 조화와 지식, 대화와 우정에 대한 관후한 취미를 고취하기는커녕, 진주와 다이아몬드, 비단옷과 대리석 궁전, 황금접시와 향기로운 포도주, 공들인 음식의 진미, 무수히 많은 종자(從者) 등등, 얼마 길지 않은 이승의 짧은 기간동안에까지 본당자로서는 곧 싫증날 것이 틀림없는, 그런 값비싼 감각적인 사치를 쓸데없이 차례차례로 열거한 것이다. 환한 미모와 생기발랄한 젊음, 그리고 처녀처럼 깨끗함과 예민한 감정을 가진 후어리(Houri. 천국의 여자. 요염한 여인), 즉 검은 눈동자를 가진 미희(美姬) 72인이 가장 비천한 신도들에게 즐거움을 주기 위하여 창조되었을 터인즉, 이리하여 일순간의 쾌락은 천년의 정복(淨福)에로 확대되었는데, 이 정복을 좀더 강하게 향수하려면, 이 감각능력은 천배까지도 확장될 것이었다. 통속적인 편견과는 역으로 천국의 문호는 남녀에게 평등하게 열려있는데, 여기서 선발된 여성의 남성동반에 관한 특정(特定)을 마호메트가 회피한 것은, 그가 그녀들의 선부(先夫)의 질투를 겁냈거나(다만, 마호메트의 12명의 아내중 Ayesha를 제외한 나머지는 모두 과부출신이다), 그녀들의 행복이 결혼의 영속성에 대한 위구로 교란되는 그런 것을 경계한 까닭이라고 생각된다. 이 관능적인 극락(極樂)에 관한 영상은 수도사들의 분격보다도 선망감을 불러 일으켰는 바, 그들이 마호메트의 불순한 종교를 규탄했기 때문에, 그의 무기력한 변호인은 비유(比喩)와 우의(寓意)라는 속보이는 변명을 늘어놓아야 하는 궁지에 몰렸었다. 그러나 좀더 강고하고 논리가 일관된 종파는, 기죽지 않고 『코란』의 자구 그대로의 해석에 의거하고 있다. 설사 육체가 부활한다 해도, 만일 그의 가장 중요한 기능의 유지와 행사가 회복되지 않는 한 그것은 전혀 무의미한 것이므로, 완전한 인간이라는 2중적 동물의 행복에는 관능적인 만족과 지적인 그것의 통일이 불가결하다. 그러나 마호메트가 말하는 천국의 희열은 사치와 욕망충족에만 한정되어 있지 않다. 예언자는 명확하게 신의 환영을 보게 되는 삼매경(三昧境)에 들어가는 성인이나 순교자는 반드시 각종 비속한 행복따위는 망각하고 경멸할 것이라고 선언하였다*.

마호메트가 각고분투한 보람으로 거두게 된 가장 큰 첫번째 성과는 그의 아내와 제자들 그리고 벗들을 획득한 일이었다. 생각컨대 그는 자기가 인간으로서는 결점투성이라는 사실을 잘 알고 있는 주위사람들에게, 자기야말로 예언자라고 큰 소리치면서 나섰던 것이다. 그러나 하디쟈는 남편의 말을 믿고 그의 영광을 소중히 여겼다. 추종적이며 애정깊은 자이드(Zaid ibn Thābit. 7세기의 「코란」편집자. 서기로서 마호메트에 협력하였다)는 해방되리라는 전망에 유혹되었고, 아부 탈리브(Abi Taleb/Abu Talib)의 고명한 아들인 알리(Ali. 661사망. 정통파 칼리프의 마지막 사람. 재위 656~61. 마호메트의 4촌이며, 그의 딸 파티마〈Fatimah. 606경~34. 마호메트와 하디쟈 사이에서 태어난 딸. 알리와의 사이에 하산〈al-Hasan〉과 후사인〈al-Husain〉의 두 아들을 낳았는데, 마호메트의 자손〈Shereef〉은 직계가 없고, 이런 외손〈女系〉을 통하여 샤리프〈Sharif. al-Husain의 피줄기를 잇는 자손. 대개 武人가문을 이룬다〉와, 사이이드〈Sayyid. al-Hasan의 혈통을 잇는 자손. 대개 문필가 가문을 이룬다〉로서 오늘날에 이어지고 있다. 이들은 모두 녹색 터반을 두를 권리를 가지며, 또 직위의 고하를 막론하고 Seyd/Seyyid. 즉 主人/主君으로 불리운다〉의 남편. 마호메트 사후에는 반대파들을 각지에서 격파하고 천하통일을 이룩했으나 쿠파의 모스크에서 독검으로 암살되

---

* 저자 기번은, 아래에서 예언자의 전기를 기술함에 있어 자기가 의거한 자료를 제시할 의무가 있다고 말하면서 원주로서 다음과 같이 쓰고 있다.

「코란」의 마라치(Maracci), 사베이리(Savary) 및 세일(Sale) 등에 의한 라틴어, 프랑스어, 영어 번역본에는 「코란」성립의 역사적 배경에 관한 설명이 있다. 정면으로 마호메트의 전기라해서 쓰여진 것에는, 프리도(Dr. Prideaux. 저서는 《Life of Mahomet》 1718)와 불랑빌리에(Boulainvilliers, 저서는 《Vie de Mahomed》 1730)의 손으로 이룩된 작품이 있는데, 이것들은 주인공을 처음부터 미리 사기꾼 또는 영웅으로 정해놓고 써 내려간 것으로서 필자의 선입견이 저서의 가치성을 손상시키고 있다. 내가 가장 신뢰하고 전거한 자료는 모두가 가니에(Gagnier)의 노작인 「마호메트의 생애와 사적」이라는 라틴어역의 주해, 알 쟈나비(Al Jannabi)의 「마호메트전」의 프랑스어역본 校註와 解題 등이다.

었다. 「신의 반려자」로 불리운다)는 젊디 젊은 영웅의 기개로, 자기 사촌(마호메트를 가리키는 것)의 주의주장을 앞장서서 신봉하였다. 아브-바크르의 부와 온건성 그리고 성실성은, 그가 후일 계승자가 될 이 예언자의 종교를 확립하였다. 그의 설득으로 메카의 가장 유서깊은 시민 10명이 이슬람의 개인적인 교훈을 받은 바, 그들은 이성과 열광의 목소리에 복종하여 「신은 한분이며, 마호메트는 신의 사도이다」라는 기본적인 신조를 받아들였는데, 그들의 신앙은 현세에서조차 부와 명예, 군대의 지휘와 왕국지배라는 보수를 받았다. 3년동안은 그의 소명(召命)의 첫번째 열매라고도 말할 수 있는 14명의 신가입자의 개종에 충당되었지만, 4년째가 되자 그는 예언자된 역할을 스스로 떠맡고 나서면서 자기가문에 신성한 진리의 광명을 전도하고자, 우선 하셈가(Hashem家) 40명 손님의 환대를 위하여 새끼양고기 요리를 마련하고 한판의 큰 잔치를 베풀 것을 준비하였다. 이 연회석상에서 마호메트는 회중에게 이렇게 말하였다. 「동포여러분, 나는 이승과 저승 양쪽의 재보로서 가장 귀중한 선물을 여러분에게 드리겠소이다. 나 한사람만이 그것을 수행할 수 있지요. 신은 여러분이 나를 섬기게 하라고 저에게 명령하셨지요. 그 누군가 여러분 가운데서 나의 무거운 짐을 덜어줄 사람은 없나요? 누군가 나의 동료이며 나의 대리인이 되어 줄 사람은 없나요?」 이에 대하여 그 누구도 대답하지 않았지만, 놀라움과 의심스러운 생각 그리고 경멸하는 침묵은, 끝으로 이제 겨우 14살난 소년인 알리의 성급한 용기에 의하여 깨어졌다. 「오- 예언자시여, 제가 그 인간이 되겠습니다. 저는 당신에게 적대하는 모든 사람들의 이를 부수고 눈을 도려내며 다리를 분지르고 배를 갈아 버리겠어요. 오- 예언자시여, 제가 그들을 지배하는 장관이 되겠습니다.」 마호메트는 그의 이와같은 제의를 몹시 기쁘게 받아들였다. 그러나 아부 탈리브는 자기 아들의 우수한 위엄을 외경(畏敬)하도록 비웃는 의미의 충고를 받았다. 이 알리의 아버지는 오히려 좀더 심각한 어조로 자기 조카(마호메트를 가리킨다)에게, 그의 비현실적인 의도를 포기하도록 충고하는 것이었다. 「그런 권고는 필요없소이다(하고 이 호담한 열광자는 자기의 은인이기도 한 작은 아버지에게 대답하였다). 설령 그들이 태양을 저의 오른손에 쥐여주고, 달을 저의 왼손위에 놓는다 해도, 저는 그들 때문에 자기의 진로를 굽히지는 않을 것입니다.」 그는 10년동안 자기소명을 실행하기에 견인발분(堅忍發奮)해 나갔다. 그리하여 그가 오리엔트와 서방세계에 확산시킨 종교는, 노력과 고생의 대가로 천천히 메카 성안에 침투해 들어갔다. 그리하여 마호메트는 그 자신을 예언자로 숭앙하는 신생 일신론자(Unitarian)의 커다란 성장을 목격하는 기쁨을 맞았고, 기회있을 때마다 『코란』의 정신적 자양분을 그들에게 나누어 주었다. 이들 개종자의 인원수가 결코 적지 않았다는 것은 그가 소명을 받은 후 7년째 되는 해에, 아비시니아로 피신한 83명의 남자와 18명의 여성 망명자가 나온 것으로도 추측된다. 그리고 그의 당파는 그의 숙부인 함자(Hamza)와 용맹불굴의 용사인 우마르(Umar ibnu'l-Khattab. 644사망. 마호메트의 제2대 후계자. 재위 634~44)*의 시의적절한 귀의(歸依)로서 크게 강화되었다. 특히 우마르는 이전에 무슬림 박해에 힘을 쏟았던 바로 그와 꼭같은 열정을 가지고, 이번에는 이슬림의 대의를 위하여 자기의 재능을 발휘한 것이다. 마호메트의 자비(종교)는 쿠라이시족과 메카지역만으로 한정되지 않았다. 그는 장중한 축제가 있을 때와 순례기간마다 카아바 신전에 나가서 각 부족의 이방인들에게 설교하였고, 사적인 면담과 공적인 강화(講話)에서 유일신에 대한 신앙과 예배를 설하였다. 자기의 이성과 약점을 자각하는 그는 양심의 자유를 부르짖으면서 종교적 폭력을 배격하였다. 그러나 그는 아랍인에게 회오할 것을 권고하였고, 신의 정의로 지구표면에서 말살된 그 옛날의 아드(Ad)와 사무드(Thamud. 주민들이 알라신을 믿지 않았기 때문에 일찍이 멸망당한 거리들을 가리키는 모양인데, 그렇다면 『구약성서』에 나오는 소돔〈Sodom. 死海남안에 있던 도시로서 죄악이 많아서 신이 멸망시켰다는 곳〉과 고모라〈Gomorrah. 역시 죄악 때문에 신에게 멸망당한 거리〉를 가리키거나 비유한 것인지 불분명하다)의 우상숭배자들의 운명을 상기하도록 그들을 설유하였다.

메카의 민중은 미신과 선망에 의하여 마호메트에 대한 불신감을 더욱 강화하

---

* 우마르(Umar. Omar라고도 표기한다)는 명문출신의 호담한 성격의 인물로서, 본문에도 있듯이 처음에는 무슬림을 박해했으나, 개종한 이후는 근엄하고 자비를 크게 베풀어 인망을 얻음과 동시에, 무력정복으로 이슬람제국의 기초를 구축했다. 즉, 카디시아 회전에서 사산조의 페르시아 왕군을 격파(635)하여 이라크를 침범한데 이어, 다음해에는 요르단강의 한 지류에서 동로마의 헤라클리우스 황제군을 격파하여 시리아지역을 정복한 다음, 이집트를 정복(640~41)하고 나자 轉戰하여 페르시아의 야즈데게르드 3세〈Yazdegerd Ⅲ. 재위 632~51〉의 군대를 격파하여 페르시아를 멸하였다. 아라비아 반도를 회교도로 일색화하기 위하여 유태교도·기독교도를 추방(635~36)하는 정책을 추구했으며, 「코란」원전을 수집했고, 마호메트의 성천(hijrah. 메디나에 도착하기 68일 전인 622년 7월 16일)의 해를 회교도의 기원 원년으로 정하는 등 많은 업적을 남겼다. 그러나 아비시니아출신 노예에 의하여 메디나의 예배당에서 살해되었는데, 향년 55세(56세, 61세, 65세설도 있다)였다.

였다. 예언자의 숙부 · 백부들이 쭉 늘어서 있는 메카시의 장로회는 조국의 개혁자로 자처하는 1개 고아 따위가 우쭐해서 지나치게 자부하는 그 언행을 무시하는 태도를 취했고, 카아바 신전에서 행하는 마호메트의 경건한 연설은 아부 탈리브의 소란스러운 목소리로 반박되었다. 「시민들이여, 순례자들이여, 유혹자의 말에 귀를 기울이지 마시요. 그의 불경신(不敬神)의 새로운 교리를 무시하십시요. 알 라타(Al Lâta)와 알 우자(Al Uzzah. 양자 모두 베두인족이 숭배하던 우상들중에서 가장 유력한 여신들이다)에의 신심을 절대로 고수하십시요」라고. 그러나 압달라(Abdallah. 마호메트의 아버지)의 아들은 이 연로한 수령에게는 귀여운 존재였으므로, 그는 오랫동안 하셈가의 우세성을 질투해오던 쿠라이시족의 공격에 대하여, 자기 조카의 명성과 신병을 보호하였다. 그들의 악의는 종교의 명분으로 장식되어 있었는데, 그들은 욥(Job/Ijob) 시대라면 불경죄가 아랍 위정자의 손으로 처단되었던 것이므로, 마호메트는 민족적인 신들을 부인하면서 기교(棄敎)한 만치, 마땅히 그에 대한 죄를 지탄받아야 한다고 하였다*. 그러나 메카의 정책은 대단히 느려져서, 쿠라이시족의 유력자는 범죄자를 기소하는 대신에 설득하든가 폭력을 사용하는 방도중 한가지를 선택하지 않으면 안되었다. 그들은 재삼 질책과 협박섞인 어조로 아부 탈리브에게 말하였다. 「당신의 조카는 우리들의 종교를 헐뜯고 있어요. 그는 우리들의 현명한 선조들을 무지하고 어리석다고 매도하고 있지요. 그를 당장 침묵시키지 않으면 그자는 시중에서 쟁란(爭亂)과 불화를 일으킬런지 모르겠어요. 그가 우리들의 요청에 복종하지 않는다면, 우리는 그와 그 지지자들을 베어버려야 하겠는데, 이때 동포가 흘리는 피의 책임은 모두 당신이 져야 할 것이외다.」 아부 탈리브의 덕망과 온건책으로 부족내부의 종교적 항쟁의 폭발만은 회피되었으나, 신도들 중에서 가장 무력하고 겁많은 사람들은 홍해바다를 건너 이디오피아로 피난하였는가 하면, 예언자 자신도 도시와 시골에 있는 여러 동지들의 집으로 피신하였다. 그는 여전히 그의 문중의 원조를 받고 있었으므로, 남은 쿠라이시족은 하셈가의 아이들과

---

* 욥에게 고난을 주었던 세바인(Sheba人. Sheba는 고대 남아라비아에 있던 나라이름)은 아랍인이고, 슈아하인인 비르다테도 아랍인이라는 학설에 입각하여, 기번은 이 의인(義人)인 욥 시대의 재판관이란 아랍인이었다고 생각했던 모양이다. 「불경죄를 처벌하는 이 아랍의 민족적인 의무」를 마호메트가 포기한 것이라고 메카의 시민들은 그를 비난하였다는 의미일 것이다.

일체의 교제를 단절하였고, 서로간의 매매나 통혼(通婚)을 금지하고는, 그들이 마호메트의 신병을 신들의 정의에 넘겨줄 때까지는 그들을 용서없는 적대의식으로 추구하겠다는 취지를 맹세하였다. 이 명령서는 카아바 신전에서도 민중의 눈에 잘 띄는 곳에 붙여졌는가 하면, 쿠라이시족의 사자(使者)들은 아프리카 오지까지 망명한 무슬림들을 추적하였다. 한편 그들은 예언자와 그의 가장 충실한 신도들을 포위한 다음, 그들에게 물의 공급을 차단하고, 손해와 모욕의 응수에 의하여 그들 상호간에 서로 적개심을 불태우도록 부추겼다. 불확실한 휴전이 협화(協和)적인 외양을 보이면서 양자간의 공존관계를 회복시켰지만, 마호메트가 저 충실하고 상냥한 하디쟈의 사망(619년경)으로 가정의 평안을 박탈당한 그 순간에, 그녀를 뒤이은 아부 탈리브의 사망(620년경)은 마치 그를 적대자들의 권력앞에 알몸으로해서 내동댕이친 격이 되었다. 아부 소피안(Abu Sophian/Sutyan)이 메카 행정장관의 지위를 승계하였는데, 우상숭배의 열렬한 신자이며 하셈가문 사람들과는 원수지간이던 그는, 쿠라이시족과 그 동맹자들의 집회를 소집하여 우리네 사도(마호메트를 가리키는 것)의 운명을 선고하였다. 그를 투옥하면 열광적인 신심에 절망감을 가져오게 할런지 모르지만, 한편 웅변가이며 인기높은 이 광신자를 유배시키면 아라비아내 여러 지방에 이슬람교의 해독을 확산시킬런지도 모를 일이었다. 이리하여 그에 대한 사형이 결의된 것이다. 각 부족들이 한번씩만 그의 가슴에 칼을 꽂는다면 그의 피에 대한 죄상도 분산되므로, 하셈가로부터의 보복도 어정쩡 떼어버릴 수 있을 것이었다. 그들의 음모는 천사 내지 밀정에게 간파되었다. 이리하여 마호메트에게는 이제 도망치는 이외에는 다른 방도란 모두 폐쇄되어 있었다. 깊은 한밤중에 그는 친구인 아부 바크르(Abu Bakr/Abubeker)만을 데리고 남몰래 자택을 빠져나갔다. 출입구를 감시하던 자객들은 사도의 녹색 옷을 입고 그의 침상에 누워있던 알리(Ali)의 모습에 속아 넘어갔다. 쿠라이시족은 이 영웅적인 젊은이의 경신(敬神)을 존경했지만, 오늘날 남아있는 바 알리를 칭송한 몇몇 시들은 당시의 그의 불안과 격정 그리고 종교적인 자신(自信)에 관한 흥미있는 정경을 나타내고 있다. 마호메트와 그의 친구는 3일간 메카로부터 1리그(league. 영미의 단위로는 약 3마일 거리) 정도 떨어진 소르(Thor)의 동굴속에 숨어 있으면서, 매일 일몰시에 아부 바크르의 아들과 딸로부터 정보와 식량의 비밀적인 공급을 받았다. 쿠라이시족은 도시 근교의 모든 통행로를 샅샅이 탐색한 끝에 이 동굴 입구에 다달았다. 그러나 하늘의 배제(配劑)로 여기에 걸려있던 거미줄과 비둘기 집은, 추격대로 하여금 이 장소는 비여있어서 사람이 드나든 흔적이 없다고 잘못 판단케 하였다. 「우리는 단 두 사람 뿐이었지요」하고 아부 바르크는 온 몸을 부들부들 떨면서 말하였다. 「아니 세번째 사람이 있었어요. 그것은 알라신 자신이었지요」라고 예언자는 대답하였다. 추적의 손길이 완화되자마자 이 두 도망자는 동굴에서 나와 낙타에 올라탔다. 메디나(Medina. 당시 명칭은 Yathrib)로 향하는 길에서 쿠라이시족의 밀사에게 추적당했을 때는, 기도와 약속에 의하여 겨우 그들의 손아귀에서 도망칠 수 있었다. 이 운명적인 순간에 한사람의 아랍인의 창이 어쩌면 세계 역사를 바꿔 놓았을런지도 모른다. 메카로부터 메디나에의 예언자의 도망은 기념할만한 헤지라(Hegira) 달력의 제정으로 실현되었는데, 이것은 1200년이 지난 지금도 이슬람 제민족의 태음력으로서 아랍권에서 널리 쓰여지고 있다.

만일 메디나가 이때 메카의 이 성스러운 이탈자를 충순과 경의로서 받아 들이지 않았더라면, 「코란」의 종교는 그의 요람속에서 소멸되어 버렸을 것이다. 예언자의 옥좌가 놓이게 됨으로써 성화(聖化)되기 이전에는 야스리브(Yathreb)의 이름으로 알려져 있던 이 메디나라는 도시는, 그당시 하레기족(Charegites)과 아우스족(Awsites)으로 갈라져 있었는데, 그들의 오랜 세월에 걸친 대립항쟁은 극히 사소한 도발에 의해서도 재발되곤 하였다. 또한 사제직(司祭職)의 민족으로 자처하는 유태인의 두 식민자 집단도, 그들 두 부족과 제각각으로 소극적인 동맹관계를 맺고 있었는데, 그들은 아랍인을 개종시키지 못한 채 과학과 종교의 은혜를 도입한 상황하에서, 메디나는 성경의 도시(the city of the Book)로서 유명하였다. 이 도시의 최상층부 시민의 일부는 일찍이 카아바신전에 순례했을 때, 마호메트의 설교를 듣고 거기서 개종하여 메디나에 돌아온 후는, 신과 그 예언자의 신앙을 세상에 전도해 왔었는데, 전에 메카교외의 한 언덕위에서 2회에 걸친 야간비밀회합에서 합의되었던 바, 새 동맹자와의 제휴문제가 이제 그들 대표들에 의하여 새삼스럽게 승인되었다. 첫번째 회견에서 신앙과 애정으로 결합된 10명의 하레기족과 2명의 아우스족 대표들은 자기들의 아내와 자식 그리고 그 자리에 없는 형제들의 이름으로, 우리는 앞으로 영원히 「코란」의 신조를 고백하고 그 계율을 준수하겠다고 맹세하였다. 두번째 회합은 사라센 제국 최초의 살아있는 불꽃으로 된 바 정치적 결사를 성립시킨 것이었다. 메디나측 73명의 남자와 2명의 여자가 마호메트와 그 집안사람들, 그리고 신도들과 엄숙한 회담을 가진 끝에, 양측은 서로 충성의 서약을 교환하여 동맹을 맺었다. 이때 그들은 이 도시의 이름으로, 마호메트가 추방될 경우에는, 자기들이 그를 동맹자로 영입하며 또 지도자로서 그에게 복종하여, 최후단계에 이를 때까지 그를 사기들의 처자식과 마찬가지로 방위하겠다는 취지를 약속하였다. 「그런데 당신은 고국으로부터 다시 영입될 때, 새 동맹자인 우리들을 내버리고 돌보지 않는 것이나 아닌지요?」하고 그들은 아첨하듯이 자기들의 불안감을 토로하였다. 이에 대하여 「만물은(하고 마호메트는 미소지으며 말하였다) 양측사이에 공통이지요. 여러분의 피는 나의 피와 같고, 여러분의 파멸은 곧 나의 파멸과 마찬가지지요. 우리는 명예와 이익의 유대로 서로 결합된 것입니다. 나는 여러분의 편이고 여러분의 원수의 적입니다.」「그러나 우리가 당신을 위하여 싸우다가 쓰러진다면(하고 메디나의 한 대표가 외쳤다), 우리들이 받는 보수는 무엇인가요?」「그것은 천국이지요」하고 예언자는 대답하였다. 「그러면 손을 내미시요.」그가 자기손을 내밀자, 그들은 신종(臣從)과 충성의 서언을 거듭 외쳤다. 그들의 계약은 민중에 의하여 승인되었는 바, 그들은 진원이 이슬람의 고백을 받아 들였다. 그들은 사도의 탈출을 기뻐하면서도 한편으로는 그의 신변안전을 염려하여 이제나 저제나 하고 그의 도착을 고대하였다. 해안선을 따른 위험하고도 황망한 여행끝에 그는 메디나로부터 2마일정도 떨어진 코바(Koba)에서 발을 멈춤으로써 메카 탈출 16일 후에야 공적인 메디나 입성을 실현시켰다. 500명이 넘는 시민이 그를 맞이하기 위하여 떨쳐 나섰는 바, 그는 귀의와 충순의 환호로써 환영되었다. 암낙타에 태워진 마호메트의 머리위에는 양산이 바쳐졌고, 군기가 펄럭이는 대신에 그가 전진하는 길위에는 터반이 깔렸다. 폭풍우에 불려서 사지사방으로 흩어져 있던 그의 가장 용감한 제자들도 그의 주위에 모여들었다. 이리하여 평등하지만 다양한 무슬림들의 훈공은 메카로부터의 이주자인 모하지린파(Mohagerians)와 메디나의 원조자인 안소르파(Ansor派)라는 이름으로 구별되었다. 질투의 배주(胚珠)를 근절시키기 위하여, 마호메트는 사려깊게도 자기의 주요제자들을 형제의 권리와 의무로서 짝을 편성했는데, 알리의 짝이 발견되지 않았을 때, 예언자는 자기가 이 다기진 젊은이의 형제동료가 되겠노라고 상냥하게 선언하였다. 이 편법은 성공을 거둔 바 신성한 형제관계는 전쟁과 평화의 구별없이 내내 존중되어, 양파는 서로 용기와 충성의 고상한 경쟁을 전개하였다. 단 한번, 이런 협화가 우연한 항쟁으로 얼마간 파란이 일어난 일이 있었다. 메디나의 한 애국자가 외부일당(메카의 탈출자들을 말하는 것)의 오만성을 공격하고 나섰던 것이다. 그러나 그들을 추방하려는 제안이 격렬한 반대여론을 불러 일으켰고, 그 자신의 아들은 아버지의 목을 사도의 발밑에 바치겠다고 진심으로 제의했을 정도였다.

메디나에 정착한 뒤에 마호메트는 행정과 제사지내는 권능을 행사하기 시작했는데, 신의 예지의 영감을 받는 이 판사(判事)의 판결에 이의를 제기하는 것은 불경의 소치로 규정되었다. 두명의 고아의 유산인 한 조그마한 구획의 땅이 증여 내지 매매에 의하여 취득하자, 그는 이 땅의 선정된 한 지점에 한채의 집과 모스크를 세웠다. 그것은 그들의 메부수수하고 소박한 심정으로 지은 것으로서 앗시리아의 역대 칼리프의 궁전과 신전보다도 한층더 숭고한 것으로 보였다. 금 또는 은으로 만든 그의 도장에는 사도(apostle)라는 직함이 새겨졌고, 그가 매주에 있는 정례집회에서 기도하고 설교할 때는 종려나무 밑둥에 기대곤 하였다. 그가 건목친 목제의자나 설교단을 사용하게 된 것은 퍽 훗날이 되어서이다. 6년간 통치후에 1500명의 무슬림들은 전쟁터에서 무기를 손에 들고 자신들의 복종의 서약을 갱신했는데, 그들의 수장(首長)은 최후의 성원의 죽음이나 또는 당파의 최종적 해체까지의 보호확약을 반복하였다. 같은 군영에서 이따금 메카의 대표는 이 예언자의 말과 눈의 표정에 향해진 신도들의 공겸성(恭謙性), 그리고 그들이 마치 예언자의 능력에 어떻게 해서든지 덕을 입어 복을 입으려는듯 땅에 떨어진 그의 침과 머리털을 모으거나 목욕하고난 나머지 물을 숭상하는 독신성을 보고 깜짝 놀랐다. 그는 이렇게 말하였다. 「나는 페르시아의 호스로(Khusru/Khosrau/Chosroes)와 로마 황제에게 배알한 경험이 있지만, 그때도 마호메트가 신도들로부터 대우받는 만치, 신민들로부터 사랑받는 국왕들은 전혀 보지 못했지요.」 광신적인 경건한 불길은 대개 궁정의 냉정한 형식적인 굴종보다도, 현저하게 강력한 성의를 불러 일으키는 법이다.

자연상태에서는 누구나가 자기의 신체와 재산을 실력의 행사로써 방위함은 물론이거니와, 적의 폭력을 격퇴하고 나아가서는 예방하며, 그리고 합리적인 일정한 보상과 보복의 테두리 안에서는 적대행위를 확대시킬 수 있는 권리를 가진다. 아랍인의 자유로운 사회에서는, 신민이나 시민으로서의 의무가 부과하는 억제력은 미약하였다. 그리고 이전에 마호메트가 평화적이고 자비심 깊게 사명을 실천에 옮길 때, 그 사회는 그의 동족에 의하여 약탈되고 또 추방되어 왔다. 독립한 민중의 선택은 이제 이 메카로부터의 망명자를 주권자의 지위로 높였는데, 한편 그는 동맹을 체결하며 공격과 방어전을 수행할 수 있는 정당한 대권까지 부여받았다. 인간 권리의 불완전성은 신의 전능한 힘으로 보완되고 또 무장되었다. 이리하여 메디나의 예언자는 그의 새로운 계시에서는 한층 격렬하고도 피비린내나는 어조를 띄우게 되었는데, 이것은 이전에 그가 취한 온건정책이 허약했던 결과에서 온 것이라는 증거가 있다. 설득수단이 시도된 끝에 인내의 계절이 지나가 버리게 되었는데, 그리하여 이제 그는 자기 종교를 검의 위력으로 선포하고 우상숭배의 기념비를 파괴함으로써, 이미 성스러운 해나 달을 고려(顧慮)하는 일없이 지상의 신심없는 제민족을 압박하도록 명령받은 것이다. 『코란』속에도 몇번이고 거듭하여 강조된 바, 이와같은 피투성이의 계율은 원저자에 따르면, 모세의 5서와 복음서의 전통인 것으로 되어 있다. 그러나 「내가 세상에 화평을 주러 온 줄로 생각하지 말라. 화평이 아니요 검을 주러 왔노라 」(『마태복음』 제10장 34절)라는 그리스도의 애매한 말을 해석할 열쇠는, 복음서 문체의 온화한 취지에 있을 것이고, 그리스도의 겸허하고 인내심강한 덕성을 그의 사도들의 이름을 더렵혀 온 왕후와 주교들의 불관용적인 광신하고 혼동되어서는 결코 아니되는 것이다. 마호메트가 종교전쟁을 수행한데 대해서는, 차라리 모세나 사사(士師. 『구약성서』시대에 대권을 거머쥐고 이스라엘 백성을 다스리던 지배자) 또는 역대 이스라엘 왕의 모범을 예로 인용하는 것이 한결 적절할 것이다. 하기야 히브리인의 군사법규는 이 아랍인 입법자의 그것에 비해서도 각별히 엄격하여, 만군의 주는 유태인을 이끌고 스스로 선두에 나서서 진군하였는데, 만일 그들의 명령에 반항하는 도시라도 있으면, 그곳의 남자는 한사람 남기지 않고 무차별적으로 살륙하였다. 현실적으로 가나안(Canaan. 지금의 팔레스티나 서부지방으로서 「약속의 땅」「이상향」을 말한다)의 7개부족(헷 · 기르가스 · 아모리 · 가나안 · 브리스 · 히위 · 여부스족 : 『구약성서』「신명기」 제7장 1절)은, 파멸의 운명에 놓여져 「그들의 경역(境域)안에는 여하한 생존자도 허용하지 않는다」라는 신의 불가피적인 단죄를, 그들은 회오나 개종에 의해서도 모면하지 못했다. 마호메트의 적에게는 우정이냐, 귀순이냐 또는 전투냐 하는 공정한 선택이 제시되었다. 즉 이슬람의 신조만 고백한다면, 그들은 그의 원초적인 제자로서의 온갖 지상적 · 정신적인 이익이 분여(分與)됨으로써, 그들이 신봉하게 된 종교의 전도(傳道)를 위하여 동일한 기치하에 진격하였다. 예언자의 자비는 그의 이익에 의하여 결정되었는데, 그가 항복한 적을 다시 짓밟아 버리는 일은 좀처럼 없었고, 공납의 약속을 이행하는 한 신심(信心) 없는 신민중에서 죄가 가벼운 자에게는 그들의 예배, 적어도 그들의 불완전한 신앙을 묵인한다고 그는 약속했던 것 같다. 그의 통치의 최초 수개월 동안, 그는 성스러운 전투의 교훈을 실행하여 메디나 성문앞에 그의 하얀 깃발을 게양하였다. 이 호전적인 사도는 스스로 9회의 회전 또는 공위전(攻圍戰)에 직접 참가했고, 10년 동안에 모두 50회의 전쟁계획을 그 자신이나 또는 그의 막료들의 힘으로 수행하였다. 이 아랍인은 상업과 도적질의 두가지 생업을 내내 결부시킨 바, 대상(隊商)을 보호하거나 또는 공격하기 위한 그의 소규모적인 출격은, 점차 그의 아랍 정복군대를 준비케 하였다. 강탈품의 분배는 신이 정한 법으로 규제되었다. 전체는 하나의 공동저장을 위하여 충실하게 모아졌는데, 그중 금은과 포로, 가축 그리고 동산·부동산의 5분의 1은 예언자의 경건하고도 자선적인 사명수행을 위한 용도로 유보되고, 그 나머지는 승리를 실현시켜 군영을 방위한 병사들 사이에서 적당한 비율로 분배되었다. 전사자의 영예는 과부가 된 그 미망인과 그 고아에게 계승되었고, 기병대의 증강책은 말과 사람에게 2중의 분배몫을 할당함으로써 추진되었다. 사방팔방으로부터 유랑하던 아랍인이 이처럼 종교와 약탈을 목표로 하는 집단의 깃발밑으로 집결하였고, 한편 우리의 사도에게는 여자포로를 아내 또는 측실로서 포옹할 수 있는 특전이 허용되었다. 이런 종류의 재보와 미인의 향수(享受)는 이것이야 말로 이슬람교의 용감한 순난자(殉難者)에게 인정되는, 천국의 법열(法悅)의 사소한 전조(前兆)로 여겨졌다. 「검은 천국과 지옥의 열쇠이다(하고 마호메트는 말하였다). 신을 위하여 흘린 한방울의 피, 전장(戰場)에서 보낸 한밤은 2개월의 금식이나 기도보다도 훨씬 더 뛰어난 공덕이다. 싸움에서 쓰러진 자는 누구든지 그 죄가 용서된다. 최후심판의 날에 그의 상처는 진사(辰砂. 진홍색 6방晶系의 광석. 수은·적색재료·약용으로 쓰인다)처럼 빛나고, 사향처럼 향기롭고, 잃어버린 4지는 천사와 케루빔(K'rubim/Cherubim〈단수는 Cherub〉. 9천사중 Seraph 다음가는 둘째 천사로서 지식을 관장한다)의 날개로 보완될 것이다.」아랍인의 두려움을 모르는 영혼은 이렇게 해서 열광으로 불타올랐다. 눈에 보이지 않는 세계의 광경이 그들의 심상(心象)에 강하게 눌러 붙었고, 그들이 항상 경시해 온 죽음은 이제 희망과 욕망의 대상이 되기에 이르렀다. 『코란』은 그것의 가장 절대적인 의미에서의 운명과 예정의 교의를 설하고 있는데, 만일 인간의 행동이 이런 사변적

(思辨的) 신념에 통어된다면, 근면과 덕행은 한결같이 소멸될지도 모른다. 그러나 이런 종류의 교의에 의한 감화는 어느 시대에도 사라센인과 터키인의 용기를 고무해 왔다. 마호메트의 최초전우들은 두려움을 모르는 확신으로 전쟁터에 임했다. 기회가 없는 곳에는 위험도 없다. 그들은 각자의 침대위에서 죽는 것으로 운명지워져 있기 때문에 적군의 투창을 몸에 받아도 불사신으로 안전할 것이라고 믿었다.

아마도 쿠라이시족은 메디나와의 경계선을 왕복할 때마다 넘는, 그들의 시리아 무역을 방해할지도 모를 적측의 복수행위를 걱정하지 않았다면, 마호메트의 도망을 안심하고 또 만족할 수 있었을 것이다. 아부 소피안 자신도 불과 30명인가 40명의 부하들과 함께 1천두의 낙타떼로 편성된 부유한 대상을 거느리고 있었다. 그의 행진의 행운 또는 기략은 마호메트의 감시의 눈을 피하여 통과했지만, 이 쿠라이시족의 우두머리는 신성한 도적들이 그의 귀로에서 잠복하고 대기하고 있다는 정보를 얻었다. 그가 메카에 있는 동포에게 급사(急使)를 보냈으므로, 그들은 메카시의 군사력을 동원하여 급히 구원하지 않으면 자기들의 상품과 식량을 약탈당하리라는 불안감에서 분기하였다. 마호메트의 신성한 군대는 모두 313명의 무슬림으로 편성되었는데, 그중에서 77명이 이주자(Muhajirin. 도망자 또는 이주자)이고 나머지가 구원자(Ansor. 원조자 또는 보조원)들이었다. 그들은 교대교대로 70두의 낙타떼에 올라 탔지만(야스리브〈메디나지방〉의 낙타는 전쟁터에서는 강대한 위력을 발휘하였다), 그의 초기신도들은 대단히 가난했으므로, 말을 타고 전쟁에 참가한 사람은 불과 2명뿐이었다. 메디나에서 3개 역참(驛站) 거리에 있는 비옥하기로 이름난 바데르(Bader/Beder)협곡에서, 그는 척후병으로부터 한쪽방향에서는 대상(隊商)이, 그리고 반대방향에서는 쿠라이시족의 기병 100명과 보병 850명으로 편성된 대부대가 접근하고 있다는 보고를 받았다. 짧은 회의끝에 그는 영광과 복수의 추구를 위하여 우선 재보획득에 대한 전망은 잠시 희생시키고, 〔쿠라이시족의 군대와 일전을 벌릴 작전으로〕 자기군대와 이 협곡을 따라서 흐르는 맑은 개울물을 엄폐하듯이 가느다란 참호를 구축하였다. 「오— 신이여(하고 그는 쿠라이시족의 대부대가 언덕에서 내려오는 것을 보고 외쳤다), 오— 신이여, 만일 이 병사들이 멸망한다면, 과연 이 땅위에서 당신을 예배할 그 누가 남는단 말입니까?—나의 병사들이여, 용기를 내라. 대열의 간격을 좁혀라. 그리고 화살을 쏘라. 승리는 우리의 것이니라.」 이렇게 말한 그는 아부 바크르와 함께 왕좌 내지 설교단에 올라, 곧 가브리엘과 3천의 천사의 원군을 내려주기를 신께 요청하였다. 그의 눈은 전장(戰場)에 못박혀 있었다. 무슬림들은 황기끼여서 뒤로 몰리었다. 이런 결정적인 순간에 예언자는 갑자기 왕좌에서 일어나 말에 올라타고 손에 움켜쥐었던 모래를 공중을 향해 냅다 뿌리면서 외쳤다. 「그들의 얼굴이 혼란으로 뒤덮일지어다.」 양쪽 군대는 그의 이 큰 소리의 외침을 듣자, 그들의 환각에는 천사의 전사들이 떠올랐다. 쿠라이시족은 전율한 나머지 뿔뿔이 흩어져 도망쳤는데, 그중 가장 용감했던 70명은 살해되고 70명의 포로는 신자들의 최초승리를 찬미하였다. 쿠라이시족의 시체는 약탈되고 능욕되었다. 포로 가운데서 가장 죄많은자로 판정된 2명은 사형에 처해지고, 기타는 몸값 4천 드라크마(drachma. 고대 그리스의 은화, 현대 그리스의 화폐단위)와의 교환으로 석방되었는데, 이 금액은 어느 정도까지 대상의 도망에서 본 손실을 벌충시키는 것이었다(624년). 그러나 사막을 지나는 유프라테스강 연안에 난 새로운 도로를 탐색하여 전진하던 아부 소피안 낙타대의 노력도 무위로 끝나서, 그들은 결국 각고정려하는 무슬림들에게 추격체포되었다. 전리품중 사도의 유보분인 5분의 1이 2만 드라크마나 되었다고 하니, 이때의 포획품은 아마도 막대한 것이었던 모양이다. 공사(公私) 양면에 걸쳐서 손실을 입은데 울화통을 터뜨린 아부 소피안은 총병력 3천을 소집한 다음, 그중 700명에게는 흉갑을 입히고, 200명은 말을 타고 싸우게 하는 동시에, 3천두의 낙타를 그의 진군에 뒤따르게 하였다. 그의 아내 한다(Handa/Henda)는 15명의 메카시 귀부인들을 이끌고 끊임없이 북을 쳐 군대의 사기를 진작시키는 한편, 카아바 신전안에서 가장 인기있는 후발(Hubal/Hobal. 홍옥의 진수〈眞髓〉로 만든 남자신의 神像이었으나, 마호메트가 메카에 입성한 후에 파괴해 버렸다)신의 위대성을 줄곧 찬양하였다. 신과 마호메트의 군기는 950명의 신자들에 의하여 받들어졌는데, 이런 병력의 차이는 베데르 협곡의 전쟁터에서 싸우던 때만큼은 현저하지 않았으며, 이번에도 승리하리라는 그들의 낙관은 사도의 신적·인간적인 신뢰감이 압도적이었다. 이 두번째 전투는 메디나 북방 6마일(9.6km) 거리인 우후드(Uhud/Ohud)언덕에서 전개되었다(625년). 쿠라이시족은 초승달 대형으로 전진했는데, 그 기병대의 우익은 아랍 전사들 중에서도 가장 용맹스럽고도 우수한 지도자인 할리드(Khalid ibnu'l-Walid. 영어로는 Caled로 표기한다. 아부 소피안의 부장. 642사망. 이 우후드 회전에서는 메카군의 우익군을 이끌고 마호메트군을 대파했다. 629년, 마호메트교에 귀의하여 마호메트로부터

「신의 검」이라는 별명을 받은 용사. 아라비아반도 평정. 시리아 · 이라크전 등에서 대공을 세웠으나 만년은 불행하였다. 「전쟁을 위해서만 살고, 다른 아무일도 배우지 않았던 사람」으로 평가되고 있다)

에 의하여 통솔되고 있었다. 마호메트의 군대는 교묘하게도 언덕 경사면에 포진하였고, 그 배후는 50명의 궁사대 분견대에 의하여 수비되고 있었다. 그들은 돌격압력을 우상숭배자의 중앙부에 집중시켜, 마침내 그것을 격멸하여 돌파함으로써 메카군을 양분시켰지만, 추격전에서 그들은 지형의 이점을 잃었고 궁사대는 자기 진지를 이탈하였는가 하면, 무슬림들은 전리품에 유혹된 나머지 지휘관의 명령을 무시하고 그만 대열을 흐트러 버렸다. 대담무쌍한 할리드는 자기군대의 기병대로 하여금 적군의 측면과 배후로 돌아가 공격케 하는 동시에, 마호메트는 죽었다고 큰소리로 외쳐댔다. 사실 그때 마호메트는 투창에 찔려 안면에 부상을 입었을 뿐만 아니라, 그의 앞니 2대도 투석으로 부러졌던 것이다. 그러나 그는 이런 혼란과 환멸의 와중에서도 불신심자(메카군)들에게 예언자의 살해죄가 그 얼마나 큰가를 큰소리로 꾸짖었고, 그의 상처를 응급치료해서 안전한 장소로 그를 옮겨 놓은 자기측 병사들에게 축복을 내렸다. 이번 전투에서 70명의 순교자들이 민중의 죄를 속죄하면서 전사하였다. 사도에 의하면, 그들은 죽을 때까지 싸우다가 죽기로 맹서한 바 두 사람씩 짝지어졌던 그 사람들끼리 서로 부둥켜 안고 죽어 갔다는 것이다. 이들의 시체는 메카에서 동행한 냉혹한 여인네들의 손으로 토막쳐졌는데, 아부 소피안의 아내는 마호메트의 숙부인 함자(Hamza)의 창자를 꺼내어 씹어 먹었다고 한다. 그들이 자기들의 미신을 찬양하고 원한을 풀고자 했을 때도, 흩어졌던 무슬림들은 미구에 전쟁터로 재집결하였지만, 쿠라이시족이 승세를 몰아 메디나의 포위공격을 기도했을 때, 그들은 그만한 병력을 모우거나 그럴 용기를 잃고 있었다. 이 메디나는 다음해 1만의 적군으로부터 공격을 받았는데, 이런 세번째 원정은 아부 소피안의 군기를 따랐던 제민족의 싸움이라고도 하고, 또 이 도시와 3천명의 무슬림이 지키는 바 그들 진지앞에 굴설된 참호로부터 참호에로의 전투라고도 불리운다. 이때 마호메트는 신중하게도 정면에서 맞서는 회전을 거부하였다. 알리의 용기는 1대 1의 격투장에서 발휘되었다. 전쟁이 20일간 계속된 끝에 연합군(메카군)은 최종적으로 전장에서 이탈하였다. 비바람 몰아치는 폭풍우가 그들의 천막을 휩쓸어 버렸고, 그들의 개인적인 항쟁이 음험한 적의 손에서 조성되었기 때문이다. 동맹군에게 버림받은 쿠라이시족은 여기서 그들의 불굴의 망명자의 옥좌를 전복시키거나, 그의 정복사업을 제지시킬 희망을 잃었다.

기도의 첫번째 케블라(kibula/kebla. 기도의 방향, 예배의 목표를 말한다. 처음에는 예루살렘으로 했으나 헤지라력 2년에 메카로 변경)로서 예루살렘을 선정한 것은, 유태인에 대한 마호메트의 당초 호의의 표현이었다. 만약에 유태인이 이 아랍 예언자속에 이스라엘의 희망과 약속된 메시아(Messiah. 구세주)를 승인하였더라면, 그것은 그들의 현세적인 이해관계에서 사실 그 얼마나 행복했을런지 모른다. 그러나 그들의 완미성은 그의 우정을 오히려 불식시킬 수 없는 증오에로 변환시켰던 바, 그 결과로 그는 이 불행한 민족을 생애의 마지막 순간까지 진심으로 박해하였는데, 사도이며 정복자라는 2중의 자격에서 그의 박해는 현세와 내세의 두 세계로 확대되었다. 카이노카족(Kainoka族)은 메디나에서 이 도시의 비호를 받으면서 살고 있었는데, 그는 우발적인 소동이 일어난 것을 계기로 이들을 소환하여, 자기종교를 신봉할 것인지, 아니면 전쟁터에서 자기와 싸울 것인지를 선택하라는 선고를 내렸다. 「슬픈 일이지만 우리는 무기의 사용법을 모르거니와, 그렇다고 우리 선조들의 신앙과 예배도 버릴 수 없소이다. 어째서 당신은 우리들을 정당방위라는 궁지로 몰아 넣는 것이지요?」하고 유태인은 벌벌 떨면서 대답하였다. 일시적인 항쟁은 15일로서 종말을 가져왔다. 그리고 마호메트는 그의 동맹자들의 간청에 마지못해 굴복하여 포로들을 살려주는데 동의하였다. 그러나 그들의 재산은 몰수되고, 그들의 무기는 무슬림의 수중에서 한층더 효과적인 위력을 발휘하게 되었다. 모두 700명이나 되는 이 비참한 망명자 집단은, 처자식과 함께 시리아 영내에 망명지를 찾아 나서야 하는 궁지에 몰렸다. 나디르파(Nadihr派)의 죄상은 예언자와의 우호적인 회담석상에서, 그에 대한 암살을 계획한 까닭에 한층더 나빴다. 그는 메디나에서 3마일 떨어진 그들의 성채를 포위하였다(「코란」 제59장 1항). 그러나 그들의 굳건한 방위는 명예로운 항복으로 결실을 맺음으로써, 수비대는 나팔을 불고 북을 치면서 명예롭게 철퇴하는 것이 허용되었다. 유태인은 쿠라이시족의 전쟁을 유발했고 또 이에 가담했기 때문에, 제민족이 참호에서 철퇴하자마자 마호메트는 갑옷을 벗을 짬도 없이, 같은 날 쿠라이다족(Kuraidha/Koraidha族)의 아들뻘되는, 적대적인 씨족군대에 대한 소탕작전을 위하여 진발하였다. 25일간에 이르는 저항끝에 그들은 무조건적으로 항복하였다(「코란」 제33장 3항). 그들은 메디나의 옛 동맹자들(아우스족)의 중재를 믿었던 모양인데, 물론 광신이 인간애의 감정따위는 압살한다는 사실을 그들도 모를리가 없었다. 그들이 최종적인 판단을 요청한 최고장로(사드 이븐-무아즈라는 사람이다)가 그들에게 사형판결을 내리자, 700명의 유태인은 쇠사슬에 묶이여 이 도시의 장터로 끌려갔다. 그들은 자기들의 처형과 매장으로 준비된 무덤 안으로 걸어서 내려갔는데, 한편 우리네 사도는 그의 무력한 적군을 살륙하는 이 광경을 눈하나 깜짝하지 않고 똑바로 지켜보고 있었다. 그들의 양과 낙타는 무슬림 병사들에게 분배되고, 300벌의 흉갑, 500자루의 쌍날창, 1,000본의 창은 전리품의 가장 쓸모있는 부분이었다. 메디나로부터 동북방향 6일행정에 위치한 유복한 옛거리 하이바르(Chaibar)는 아라비아반도내 유태인 세력의 본거지였다. 사막속에 풍요한 오아시스가 있는 이 지역은 일면이 농지와 가축으로 뒤덮여 있으며, 그것을 지키는 8개의 성채중 몇군데는 난공불락이라는 평판을 얻고 있었다. 마호메트의 병력은 기병 200과 보병 1,400명이었다. 8회에 걸친 고통스러운 정규전적 포위공격의 연속으로 그들은 위험과 기아와 피로에 지친바, 가장 대담무쌍한 부장들도 이번 전쟁의 성공에 대해서는 절망적이었다. 바로 이때 우리네 사도는 알리에게 「신의 사자(the Lion of God)」라는 별명을 주면서, 그의 무용과 수범으로 그들의 신앙심과 용기를 불타오르게 하였다. 거인과도 같은 큰 키의 한 히브리인 용사가, 알리가 내리친 연월도로 가슴팍까지 내리 찍혔다는 말을 우리는 아마 믿어도 좋겠지만, 그가 성문의 빗장을 벗기면서 왼손으로 거대한 둥근방패를 조작하여 적의 공격을 막아냈다고 묘사한 전기담(傳奇譚)의 소박함을 칭찬할 수는 없다. 성채가 모두 함락된 후의 하이바르 거리는 압제의 굴레에 굴복하였다. 그 부족의 수장은 마호메트 면전에 끌려나와 은폐시킨 재보를 감춘 장소를 자백하라고 고문받았고, 양치기와 농민의 정려(精勵)는 잠정적인 관용으로 보상되었다. 이리하여 그들은 정복자의 마음이 너그러운 동안은 그와 그들 자신의 쌍무적인 이익을 위하여 그들의 가족재산의 개선이 용인되었다. 그러나 우마르(정통파 제2대 칼리프, 재위 634~44)가 통치하게 되자, 하이바르의 유티인을 시리아로 강제이주시킴으로써 이 칼리프는 아라비아의 자기 고향땅에서는 진정한 유일종교밖에 인정하지 말라는 그의 선사(先師)의 임종시의 명령을 실행에 옮긴 것이다.

마호메트의 눈은 매일 5회씩 메카로 향해졌는데, 그는 가장 신성하고도 강력한 동기에 촉구되어, 그 전에 자기를 도망자로서 추방한 이 도시와 신전을 이번에는 정복자로서 다시 방문하는 문제를 고려하고 있었다. 카아바 신전은 꿈에서와 생시의 공상속에서 가끔 떠오르곤 했는데, 그의 산만한 꿈은 환영과 예언으로 바뀌어졌다. 성스러운 깃발을 휘날리면서 거둘 것이라는 성공의 성급한 약속이, 너무도 경솔하게 사도의 입술에서 흘러 나왔다. 메디나에서 메카로의 그의 행진은 평화롭고 장중한 순례의식을 나타냈고, 희생의 제물로 선정되어 화려하게 장식된 70두의 낙타대열이 선두에 세워졌다. 신성한 신역(神域)을 존중하고, 그의 인자함과 경신(敬神)을 선언할 암시로서 포로들은 몸값없이 무조건적으로 석방되었다. 그러나 마호메트가 메카시까지 앞으로 1일 행정밖에 안되다는 평원에 내린 순간, 「그들은 이제 호랑이 가죽을 몸에 걸치고 있다」는 절규에 부딪혔다. 쿠라이시족이 인원수의 많음을 믿고 단호한 결심으로 그의 진로를 막아선 것이다. 사막을 방랑하는 아랍인들은, 종래에도 약탈에 대한 희망으로 추종해오던 지도자를 버리든가 배반할 위험성까지 있었다. 이 과감한 광신자는 여기서 냉정하고도 조심성많은 정치가로 변모하였다. 그는 협정속에서 신의 사도라는 자기의 칭호를 취소하고 쿠라이시족과 그들의 동맹군과의 사이에 10년간의 휴전협정을 체결한 기초위에, 그의 종교를 신봉하는 메카로부터의 망명자들을 송환시킬 것을 약속한 대가로, 그 다음해 단순히 한 친구로서 메카시에 들어가 순례자로서의 의식을 끝내는데 필요한 3일간만의 체재라는 소극적인 특권만을 획득하였다(후다이비야〈al-Hudaibiyah〉협정. 628년 체결). 무슬림은 철퇴할 때 치욕과 비수(悲愁)의 안개속에 잠겼는데, 이렇게 그들의 낙담실망하는 태도는 지금까지 몇번이고 승리의 증험(證驗)을 자랑해 보여온 예언자의 실패를 당연히 고발하는 것이기도 했다. 메카의 경관을 눈으로 본 순례자들의 신념과 희망은 다시 불타 올랐다. 그들은 검을 칼집에 집어넣은 채 사도의 발자국을 따라 카아바 신전을 일곱바퀴 돌았다. 쿠라이시족은 언덕위로 철수하고 있었으며, 마호메트는 관습에 따라 희생의 제물을 바친 뒤에 제4일째는 이 도시에서 철퇴하였지만, 사람들은 그의 경신(敬神)에 감명을 받았고, 적군의 부장(部將)들도 외포심을 품게된 나머지 분열을 일으켜 동요하였다. 사실 장차 시리아와 이집트에 대한 정복자가 될 할리드와 암르(Amr ibnu'l-'As, 영어표기는 Amrou 663경 사망. 정치가·이집트 정복자. 쿠라이시족출신 무장. 629년경 이슬람교로 개종. 오만·시리아·이집트 정복에 공을 세웠으나 후에 알리파와 대립. 이슬람 3거두의 한사람으로 이집트 태수로 있으면서 90여세에 사망. 본권 제51장의 p.108이하를 참조할 것)는, 가장 시의적절한 순간에 멸망해가는 우상숭배를 저버리고 마호메트교의 대의로 돌아섰다. 마호메트의 권력이 아랍 제부족의 귀복(歸服)으로 급격히 증대되자 메카 점령을 위하여 1만명의 병사들이 집결하였다. 이제 상대적으로 약세의 위치에 서게된 우상숭배자측은 쉽게 휴전협정 위반이라는 죄목을 덮어쓰게 되었다. 열광과 규율은 진격을 촉구하였고, 비밀을 유지하였다. 이윽고 1만명의 불길은 놀라고 당황망조하는 쿠라이시족에게 적군(마호메트군)의 의도와 접근 그리고 그의 압도적인 병력을 세상에 밝게 비추었다. 자존심 강한 아부 소피안은 도시의 열쇠를 넘겨주면서, 그의 면전을 분열행진하는 군대의 무관과 기치의 다양성에 눈을 둥그렇게 뜨고 지켜본 끝에, 압달라의 아들이 이미 강대한 왕국을 건설한 사실을 확인하면서, 마호메트야말로 참된 신의 사도임을 우마르의 연월도에 걸고 맹세했음을 고백하였다. 마리우스(Marius, Gaius, BC 157~86. 로마의 공화정 시대의 장군. 아프리카의 유구르타전쟁을 승리로 이끌었고 게르마니아족을 토벌했다. 집정관으로서 빈민파를 대표했고 BC 88~87년에는 벌족파인 술라파를 로마시에서 대대적으로 학살했다)와 술라(Sulla, Lucius Cornelius, BC 138~78. 로마의 장군·정치가. 귀족출신 벌족파의 대표. 처음에 마리우스의 부하로서 유그르타전쟁과 게르마니아족 토벌선에도 참가하였다. BC 88, 폰도스왕 미트리다테스 6세〈Mithridates VI. 재위 BC 120~63〉 토벌전의 지휘권을 놓고 마리우스와 경쟁하여 이겼고, 마리우스 여당 세력도 한때 분쇄하고 독재관이 되었다. 그러나 공포정치를 시행했고, BC 79 갑자기 사임하고 은퇴한 후 다음해 사망)들의 반복된 정권 쟁탈전이 로마시민의 피를 강요했듯이, 마호메트의 복수심은 마찬가지로 종교적 열광으로 자극되었고, 피해를 입은 그의 병사들도 살륙명령을 실행 내지 선취하고자 필사적이었다. 승리한 이 망명자는 그들과 자기자신의 격정을 용인한 것이 아니라 그것과는 반대로, 메카의 죄를 용서하여 파벌을 통합하였다. 그의 군대는 3개부대로 나누어져서 메카시내로 입성하였다(630년 1월). 28명의 주민이 할리드의 검에 의하여 희생되고, 11명의 남자와 6명의 여인이 마호메트의 판결로 추방되었다. 그러나 그는 자기 부장의 이와같은 잔혹성을 비난하였는데, 현실적으로 가장 혐오할 희생의 제물로 지정되었던 수명이 그의 자비 내지 경멸의 덕택으로 자기들의 생명을 건질 수 있었다. 쿠라이시족의 수장들은 마호메트의 발밑에 꿇어 엎드렸다. 「당신들은 일찍이 학대했던 그 본당자로부터 이제 과연 무슨 자비를 기대하려는 것이요?」「우리들은 동족의 관대성을 신뢰하고 있습니다.」「당신들의 그 신뢰는 결코 무의미한 것이 아니외다. 물러들 가시요. 당신들은 안전하고 자유입니다.」 메카의 민중은 이슬람의 신앙고백에 의하여 자기들의 사면을 얻었다. 그리고 7년간의 망명후에, 귀양갔던 이 전도자는 그의 고국의 군주겸 예언자로서 등극하였다. 그러나 카아바 신전안에 안치된 360에 이르는 우상들은 보기에도 무참할 정도로 완전하게 파괴되었다(이때 마호메트는 「참된 것이 오고 가짜는 갔느니라」라고 말했다고 한다). 이리하여 신전은 정화되고 더욱 숭경되기에 이르렀다. 장래에 대한 모범을 남기기 위하여, 우리의 사도는 또다시 순례자의 의무를 실행하였다. 그리고 알라신에 대한 신앙심없는 자는 앞으로 이 신성한 도시경내에 절대로 발을 들여놓아서는 안된다는 영구적인 법령을 발포하였다.

메카의 정복으로 종래까지는 운명의 전변에 따라 이 예언자의 웅변 내지 무기에 복종하거나 반항하던 아랍 제부족의 신앙과 복종은 여기서 확정되었다. 의례(儀禮)와 여론에 대한 무관심은 여전히 베두인족의 특성인데, 그들은 『코란』의 교의를 어렵지 않게 받아들여서 그것을 유지해 나갈 것이다. 그러나 완고한 잔당이 여전히 조상전래의 종교와 자유를 고집하였기 때문에, 후나인 전쟁(war of Honain)은 마호메트가 파괴할 것을 맹세하였고, 한편 타예프(Tayef)의 연합군이 그의 방위를 맹세해 오던 우상으로부터 고유한 명칭을 얻었다. 4천명의 이교도들은 우리의 정복자에게 은밀하게 접근하여 급습할 의도아래 전진하였다. 그들은 쿠라이시족의 자포자기적인 태만을 경멸하고 가엾게 생각했지만, 한편으로는 최근에 그들이 자기들의 신들을 내치고 적의 굴레에 막 굴복한 이 부족들의 소원, 즉 다신교도로 되돌아가려는 사람들의 원조를 기대하였다. 메디나와 메카가 우리의 예언자의 손에 들어가 그의 깃발이 펄럭이게 되고, 수많은 베두인족이 군대의 병력 내지 인원수를 증대시키게 되자, 1만 2천이나 헤아리게 된 무슬림은 자기들의 불패의 실력에 대하여 경솔하고도 죄많은 자만심에 빠지게 되었다. 그들은 부주의하게도 후나인(Honain)협곡으로 쳐들어갔다. 고지는 이미 연합군의 궁사대원과 투석병으로 점거되어 있었다. 아군측 주력이 압박당하게 되면서 그의 규율은 해이해지고 용기도 좌절되자, 쿠라이시족은 그들의 결정적 파멸이 가까워지는 것을 보고 싱글벙글하였다. 예언자도 하얀암말에 올라탄 채 적에게 포위되었다. 그가 영광스런 죽음을 당하고자 적들의 창끝을 향하여 돌격하자, 그의 충성스러운 동료들 10명이 그들의 무기와 가슴으로 적과 마호메트 사이에 뛰어들었는데, 그중 3명이 예언자의 발밑에서 쓰러졌다. 「오－, 나의 형제들이여(하고 마호메트는 비탄과 분노로서 몇번이고 절규하였다), 나 압달라의 아들은 진리의 사도니라. 오－ 병사들이여, 신앙을 굳게 지켜라. 오— 신이여, 당신의 가호의 손길을 뻗으소서!」호메로스(호머)의 영웅(호메로스의 『일리아드《Iliad》의 주인공 아킬레우스〈Achilleus〉를 말하는 것)을 닮은 큰 목소리로, 세상에 그 이름이 널리 알려진 그의 숙부 압바스(Abbas/al—'Abbas. 579경~653경. 상업으로 거부가 되었고, 처음에 마호메트의 종교운동에 반대했으나, 후에 협력하여 마호메트의 메카 입성시는 첫번째로 출영한 사람이다. 그의 아들인 압둘라 이브눌—압바스〈'Abdullah ibnu'l—'Abbas. 668경 사망. 바슬라의 태수. 마호메트의 언행에 관한 전승의 권위자〉의 자손이 압바스왕조를 세운다)는, 신의 은총과 약속을 반복암송함으로써 그 소리가 골짜기안에서 온통 메아리치게 하였다. 도망쳐 흩어졌던 무슬림들도 여러 방향으로부터 신성한 군기밑으로 되돌아오자, 마호메트는 난로에 다시 불이 붙기시작한 것 같은 상황으로 이것을 판단하고 만족한 마음으로 전황을 살펴보았다. 그의 지휘와 모범이 전세를 만회하게 되자 그는 승리를 거둔 자기 부하들에게, 자기에게 수치감을 안겨주었던 적들에게 가차없는 보복을 가하라고 질타하였다. 그는 후나인 계곡의 전쟁터로부터 지체없이 메카 동남방 60마일(96.6km)에 위치한 타예프의 강력한 요새를 포위공격하기 위하여 진발하였다. 이곳은 아라비아사막 중앙부이지만, 시리아의 과일을 생산하는 비옥한 곳이었다. 이러저러한 경위로 포위공격술에 능숙한 우호적인 한 부족이 그에게 500명의 궁사대에 더하여, 파성추(破城槌)와 군사용구 일습을 제공해 왔다. 그러나 그가 타예프의 노예들에게 자유를 약속한 기초위에, 감히 자기의 법규까지 위반하여 과수목(대추야자〈아라비아·북아프리카에 많고 높이 20~30m. 열매는 대추와 비슷하고, 향기로운 식용과일이다〉나무는 아라비아의 식물왕으로 여기는 것으로서, 베두인에게는 물과 마찬가지로 귀중한 생명수로 되어있다)까지 잘라 버리면서, 갱부(坑夫)들이 파고 들어간 땅굴을 통하여, 돌파구를 마련코자 병력을 투입했던 공격도 무위로 끝났다. 20일간의 포위끝에 예언자는 퇴각을 명령하였다. 그러나 그는 경건한 개선의 노래를 높이 부르면서 철퇴하는 것으로 불신앙 도시의 회오와 안전을 기도하는척 외형을 꾸려보았다. 이 행운의 원정에서 획득한 전리품은 6천명의 포로와 2만 4천두의 낙타, 4만마리의 양, 4천온스(113.4kg)의 은괴였는데, 이번 후나인 계곡에서 싸운 부족은 그들의 우상을 희생시키는 조건으로 자기들의 포로들을 인수하였다. 그러나 마호메트는 약탈품에 대한 자기몫인 5분지 1을 병사들에게 양도하여 그들의 손실을 보상하면서, 다만 테하마(Tehama)지방에 있는 입목수(立木數)와 같은 수의 가축무리만 자기 손밑에 놓도록 해주면 좋겠다고 그들에게 바랐다. 그는 쿠라이시족의 이반을 징벌할 대신에(그의 표현대로라면), 그들의 혀를 뽑아버린 다음에 한층더 활수한 대우로서, 그들의 애정을 붙잡아 두려고 노력하였다. 여기서 아부 소피안도 낙타 300두와 은덩어리 20온스(623g)를 증여받았는데, 이런 결과로 메카시민은 이처럼 수익많은 『코란』종교에게 비로소 진심으로 귀의·개종하게 되었다.

「이주자」(fugitive/Muhajirin 메카를 탈출했던 마호메트의 동지 일행을 말한다. 인원수는 약 500명)들과 「원조자」(auxiliary/Ansor. 탈출해온 마호메트 일행을 받아들여 그를 도와 메카를 정복케한 메디나 시민을 가리킨다. 이 두 집단을 마호메트의 동지〈Ashab〉라고 한다)들은, 지금까지 온갖 노고를 지탱해 온 그들이 막상 승리하게 되자, 이제 1등공신인 자기들이 무시되고 있다는 불만을 토로하기 시작하였다. 이에 대하여 「아, 슬프구나(하고 이들의 노회한 최고지휘관은 교묘하게 대답하였다), 최근의 이 적대자들 ── 신뢰할 수 없는 이 개종자들을, 얼마 안되는 그리고 오래가지 못하는 재물의 시여로 회유하는 나의 행위를 묵인해 주시요. 그러나 내가 나의 생명과 운명을 모두 맡기고 있는 것은 자네들의 호위뿐이라네. 제군들이야 말로 나의 망명의, 나의 왕국의, 그리고 나의 천국의 동지들이요.」 공위(攻圍)의 반복이 있을 것으로 염려한 타예프의 대표들은 드디어 그에게 매달려서 졸라댔다. 「오－, 신의 사도시여! 저희들에게 3년간의 휴전을 허용하소서. 그 사이만이라도 우리들의 선조의 예배를 용인해 주기 바랍니다.」「아니요, 1개월, 아니 1시간이라 해도 그것은 허용할 수 없소이다.」「적어도 저희들에게 기도의 의무만은 면제해 주십시요.」「기도를 뺀다면 그것은 종교의 의미가 없어져요.」 그들은 묵묵히 물러났다. 그들의 사원은 파괴되었는데, 이와 똑같은 파괴명령이 아라비아내 모든 우상신에 대하여 수행되었다. 그의 참모들은 홍해, 인도양, 페르시아만 연안들에서 개종한 민중의 갈채속에서 영접되었다. 메디나의 왕좌앞에 꿇어엎드린 각지 사절의 수는(아랍의 속담에 따르면), 대추야자의 열매가 익어서 떨어진만큼이나 많았다(이것은 헤지라〈聖遷〉가 있은지 9년후인 630~31년간의 일로서 이때를 「遣使의 해〈sanatu'l－wufud〉」라고 한다). 이리하여 민족은 마호메트의 신과 왕홀에 복속하였다. 공납(貢納. tribute)이라는 꺼림칙한 명칭이 폐지되고, 자발적이거나 또는 마지못해 내는 희사와 10분지 1세(十一租. tithes)의 봉납이 종교의식의 용도로 충당되었고, 11만 4천명의 무슬름이 사도의 마지막 순례행차에 수행하였다.

헤라클리우스(Heraclius Ⅰ. 재위 610~41)는 페르시아 전쟁으로부터 개선했을 때(62

8년) 에메사(Emesa)에서, 지상의 제민족과 군주들에게 이슬람에의 개종을 권고하는 마호메트 사신의 한 사람을 접견한 바 있었다. 이 사실(史實)을 기초로 해서 아랍민족의 열광은 이 그리스도교 황제의 개종을 은근히 상정해 왔었고, 한편 그리스인의 허영심은 메디나의 군주가 황제께 개인적인 내방 접견이라는 영예를 입었을 때, 황제로부터 우악하게도 시리아 속주내의 넓은 소유영지와 안전한 은서지를 하사하였다는 소문을 퍼뜨리게 했다. 그러나 헤라클리우스와 마호메트사이의 우호관계는 짧은 기간내에 끝장났다. 새종교는 사라센족의 강욕적(強欲的)인 정신을 완화시키기는 커녕 오히려 더욱 불타오르게 하였는데, 한 사절의 피살사건이 그들로 하여금 요르단강 동쪽에 전재된 팔레스티나 영토에, 3천병력을 침입시키는 구실로 되었다. 신성한 군기가 자이드(Zaid/Zeid)에게 맡겨졌는데, 신흥종교의 규율 내지 열성은 가장 고귀한 신분에 있는 수장(首長)들조차, 이제 아무런 주저도없이 예언자가 보낸 이 노예를 떠받들어야 하는 그런 상황이 조성되었다. 이 자이드가 전사라도 할 경우에는, 쟈아파르(Jaafar)와 압달라(Abdallah)가 차례로 지휘권을 인계하되, 만에 하나라도 이들 3명이 모두 전사했을 경우에는 군대가 스스로 사령관을 선출하는 권한이 부여되었다. 이 3명의 지휘관은 국외에 적들에 대한 무슬림의 용기가 처음으로 테스트된 무타(Muta)회전에서 모두 전사했다. 자이드는 일개 병졸처럼 최전열에 나서 싸우다가 쓰러졌고, 쟈아파르의 죽음은 역사에 남을만치 장렬한 것이었다. 그는 처음에 오른손을 잃었으므로 군기를 왼손에 바꿔쥐었다. 그러자 왼손마저 잘리우자 그는 군기를 피가 철철 흘러내리는 두팔로 부둥켜 안은 자세에서 50개소나 명예로운 전상을 입고 드디어 땅바닥에 쓰러지니, 적의 창끝이 그의 몸을 찔러 관통시킨 것이다. 이 빈자리에 발을 들여놓은 압달라는 절규하였다. 「전진하라. 자신을 가지고 앞으로 나가라. 승리냐 천국이냐의 어느 하나가 우리가 받는 보상이다.」한 로마군 병정의 긴창이 그를 먼저사람(쟈아파르)과 같은 운명으로 결정짓게 하였지만, 쓰러지려는 군기를 구해낸 것은 메카의 개종자인 할리드(Caled/Khalid ibnu'l-Walid)였다. 이 회전에서 그는 무려 아홉자루의 검을 부러뜨렸을 정도로 많은 적병을 베고 또 무찔렀다. 그의 이러한 무용이 우세한 적병인 그리스도 교도군의 진격을 저지시켰고, 또 격퇴하였다. 군영의 야간회의에서 그는 사령관으로 선임되었는데, 그 다음날 그의 탁월한 전투전개로 사라센군의 승리 내지 퇴각이 확보되었다. 할리드는 자기 동포와 적군사이에서

「신의 검(Sword of God)」이라는 명예로운 별명으로 불리우면서 공포의 대상이 되었다. 마호메트는 설교단상에서 과연 예언자다운 황홀하고도 신성한 순교자의 왕관을 신도들에게 묘사해 보였지만, 개인적으로는 그 역시 인간본성의 감정을 밖에 들어 낼 때도 있었다. 그는 자이드의 딸이 아버지의 전사소식에 슬퍼하는 모습을 보자, 눈물을 흘리면서 위로해주는 것을 본 사람들은 깜짝 놀랐다. 「도대체 어떻게 된 것입니까?」「나는 가장 충실한 동포의 죽음을(하고 사도가 이렇게 대답하였다), 한 사람의 벗으로서 비통해하는 중이요.」 메카를 정복한 후에 이 아라비아의 군주는 헤라클리우스 황제의 적대적인 행동을 저지시킬 의도로, 자기 기도실현의 곤란성과 위험성을 숨김없이 언급하면서, 로마군에 대하여 장중하게 선전을 포고한 바 있었다. 무슬림들은 낙심하여 돈·마필·식량의 부족, 수확계절과 여름의 견뎌내기 힘든 더위 등을 조건으로 내걸고 이의 무모성을 간하였다. 그러자 예언자는「지옥은 각별히 더 더우니라」하고 분연한 어조로 외치는 것이었다. 이때 그는 이들에게 출진을 강요하는 것을 단념했지만, 귀국한 후에, 가장 죄많은 무리에게 50일간의 파문을 선고함으로써 본보기로 삼게 하였다. 그들의 이탈로 말미암아 아부 바크르와 우스만처럼 그들의 생명재산의 모든 것을 다 바쳐온 충실한 동료들의 공적이 한층 두드러져 보였는데, 그러자 마호메트는 1만의 기병, 2만의 보병대 선두에 나서서 군기를 펄럭이며 진군을 개시하였다. 확실히 진군의 곤란성은 우심하였다. 권태와 갈증이 사막의 해로운 열풍으로 견뎌내기 어려운 것이 되자, 그들은 한마리의 낙타에 교대교대로 10명이 탔고, 또 이 유용한 짐승이 배설하는 오줌으로 겨우 갈증을 멈추게 하는 수치스럽고 곤궁한 처지에 몰리고 말았다. 그들은 메카와 다마스커스 양쪽으로부터 각각 10일 행정의 타부스(Tabuc)숲과 샘 근방에서 휴식을 취하였다. 마호메트는 결국 이 지점보다 더 먼 곳에서의 전쟁수행을 단념하고, 동로마 황제의 평화적인 의도에 만족한다는 내용을 표명했지만, 그러나 실제에 있어서는 로마군의 어마어마한 군세와 배치를 보고 황기꼈던 모양이다. 그러나 적극과감한 할리드는 그의 이름의 공포성을 주위에 널리 전파시켰고, 마호메트는 유프라테스강으로부터 홍해 안쪽의 아일라(Ailah. 지금의 아카바〈Aqaba〉)에 이르는 지역내 제부족과 도시의 복속을 받아들였다. 예언자는 그의 그리스도교도 신하에게는 기꺼이 그들의 신병안전과 무역자유 그리고 상품소유권과 예배에 관한 관용을 승인하였다. 그들의 아랍인 동료들의 약체성은 사도의 야심에 대하여 저항하는 것이 무용지사임을 스스로 깨닫게 함으로써 단념케 하였고, 한편 그리스도교 신도들은 유태인의 적대자인 무슬림이 그들을 견제함에 있어 바람직한 존재였으므로, 지상에서 가장 강력한 이 종교에 대하여 공정한 항복조건을 제의하는 것이 정복이익에 부합되는 것임을 알게 되었다. 63세의 나이에 이르기까지 마호메트의 기력은, 그의 사명이 수행하는 현세적·정신적인 간난신고를 충분히 견뎌내었다. 그의 간질의 발작이라는 비잔티움 사람들의 어리석은 중상모략은, 증오하기 보다도 차라리 연민의 정으로 일축되어야 할 것이다. 그러나 그는 어떤 유태인 여자의 복수행위로 말미암아 하이바르(Chaibar)에서 음식물에 독극물이 투입된 것으로, 진심으로 믿고 있었다. 4년 사이에 예언자의 건강은 조금씩 악화되어 병세가 항진했는데, 그의 치명적인 병환은 이따금 그의 이성의 작용까지 빼앗은 바, 그것은 14일간에 걸친 열병이었다. 그는 자기의 죽음을 자각하자마자, 그의 덕행 내지 회오하는 겸허성에서 동포신도에게 깊은 교훈을 주었다. 그는 설교단위에서 이렇게 말하였다. 「만일 내가 부당하게 태형을 가한 것이라고 생각하는 사람이 있다면, 나는 자진해서 나의 등에 보복의 채찍을 받으리다. 만일 내가 그 누군가 무슬림의 명성을 비방한 일이 있다면, 모쪼록 집회석상에서 나의 부족한 점을 공표해 주기 바라오. 만일 나에게 재산을 빼앗긴 사람이 있다면, 나는 그 채무의 원리금을 상환하기 위하여 나의 얼마 안되는 사물(私物)을 기꺼이 제공하리다.」「그렇다면, 나는 당신에게 은화 3드라크마의 채권을 가지고 있는데요」하고 군중속에서 한사람이 목소리를 높였다. 마호메트는 이 항변을 받아들여서 이 사람에게 자기가 최후의 심판일에서가 아니라 이승에서 고발당한 일에 사의를 표명하였다. 그는 평온한 부동심(不動心)으로 죽음의 접근을 쳐다보면서, 자기가 부리던 노예들(이름이 알려진 17명의 남자와 11명의 여자)을 해방시켰고, 자기의 장의 절차를 자세히 지시한 다음, 비탄에 잠겨있는 친구들의 슬픔을 완화시킬 양으로 그들에게 평화의 축복을 내려달라고 기도했다. 죽기 3일전까지 그는 규칙바르게 공식적으로 기도하는 근행(勤行)을 꼬박 수행하였다. 아부 바크르를 자기의 대행자로 세운다는 것은 이 충순스러운 오랜벗을 교권(敎權) 및 속권(俗權) 상의 후계자로 지명하는 것으로 생각되었으므로, 그는 현명하게도 이 이상의 명확한 지명이 장차 발생시킬지도 모를 위험과 선망을 고려하여 거절하였다. 그의 기능이 눈에 보이게 쇠약해진 순간, 그는 자기의 모든 계시의 총화와 달성을 신성한 책으로 만들어 놓기 위하여 구술코자 종이와 붓을 가져오게 하였다. 도대체 그 자신이 『코란』의 권위에 대체되는 일이 허용되어야 하느냐 어떠냐에 대하여 실내에서 논쟁이 벌어졌다. 이에 대하여 예언자는 자기 제자들의 불성실한 열정을 질책해야하는 딱한 처지에 놓이게 되었다. 우리가 그의 처첩들로부터 나온 전승으로서 조금이나마 신뢰해도 좋을 것으로 생각되는 것이 있다면, 그는 자기 가족들에게 둘러 싸여서 생애의 마지막 순간까지도 사도로서의 위엄과 광신자의 신념을 유지했고, 지상과의 영원한 이별을 알리기 위하여 내려온 가브리엘의 방문을 묘사하면서 지고(至高)한 존재자의 자비뿐만 아니라 은총에 대한 확신을 그가 생기넘치는 말로 피력했다는 이야기이다. 그는 집안사람들끼리의 담화에서, 죽음의 천사까지도 예언자의 영혼을 데려갈 때는 사전에 본인의 허가를 공손히 요청할 것이라는, 특별한 은전에 대하여 말한 바 있었다. 이 소원이 받아 들여지자 마호메트는 곧 죽음의 고민에 빠졌다. 그는 모든 아내들 가운데서 가장 사랑하던 아예샤(Ayesha)의 무릎위에 머리를 올려 놓은채, 그만 고통의 발작으로 실신하였다. 다시 의식이 회복되자 그는 집의 지붕쪽을 보면서, 비록 떨리는 목소리였지만, 똑똑히 눈을 뜨고 최후의 단편적이지만 또렷한 말로 외쳤다. 「오―, 신이여……나의 죄를 용서 하소서. 그렇소……이제 나는 천상에 있는 나의 동지들 곁으로 가오.」 이리하여 그는 마루바닥에 깔린 융단위에서 조용히 숨을 거두었다. 시리아 정복을 위한 원정은 이런 슬픈 일로 해서 중지되어, 막 출진하던 군대는 메디나의 성문에서 정지되고, 그의 부장들은 빈사상태에 있는 스승주위에 모였다. 예언자의 도시, 그 중에서도 그의 집은 구슬픈 비탄의 목소리가 아니면 정적(靜寂)이 깃든 절망의 무대로 되었다. 오로지 광신만이 희망과 위자를 가져다 주었다. 「우리들의 증인이며, 신에의 알선자이고, 중개자인 이 분이 어찌 죽는 일이 있을 수 있단 말인가? 맹세코 그는 죽어서는 안된다. 모세나 예수와 마찬가지로 그 역시 성스러운 황홀경에 싸여, 그의 충실한 민중들이 있는 곳으로 재빨리 되돌아올 것이 틀림없다.」 감관(感官)의 증험을 무시하면서 우마르는 연월도를 빼들고 예언자가 죽었다고 감히 주장하는 불신심의 무리는 목을 치겠다고 위협하였다. 이런 소동은 아부 바크르의 위엄과 온화한 얼굴표정으로 진정되었다. 「귀하의 예배대상은 마호메트요, 아니면 마호메트의 신인가요?(하고 그는 우마르와 군중을 향하여 말하였다). 마호메트의 신은 영원히 살아 계시지만 사도는 우리와 마찬가지로 생신(生身)의 인간인즉, 그 자신의 예언대로 그 역시 인간된 사람의 공통적인 운명의 길을 걸어간데 불과하지요.」그는 숨을 거둔 바로 그 장소에 가장 사랑하는 근친자들에 의하여 정중하게 매장되었다. 메디나는 오늘날까지도 마호메트의 사망과 매장으로 성화(聖化)되어 왔다. 사실 메카에의 무수한 순례자들은 자주 자발적인 신심으로 이 예언자의 간소한 묘소에 참배하기 위하여 일부러 먼길을 들리곤 한다.

저자는 마호메트의 생애에 관한 기술을 끝마침에 있어, 그의 결점과 장점을 대조시켜서 이 이상한 인간에는 열광자와 사기꾼이라는 칭호중 어느쪽이 한층 더 어울리느냐에 대하여 결정하도록, 어쩌면 독자들에게 기대할 수 있을런지 모르겠다. 저자가 만일 이 압달라의 아들과 평소에 친자(親炙)하고 있었다 해도, 여전히 이 과제해결은 곤란하고 따라서 성과는 미덥지가 않을 것이다. 나는 1200년의 거리를 두고 종교적 찬양의 연무(煙霧)를 통하여 희미하게 그의 그림자를 바라보건대, 설사 저자가 그의 한때의 초상화를 정확하게 그려냈다 해도, 이 잠깐동안의 닮은 모습이, 헤라산(Mt. Hera)의 은자, 메카의 설교자, 아라비아의 정복자(이 세가지는 마호메트 생애의 세 단계요, 얼굴이다)로서의 마호메트에게 획일적으로 적용되지는 못할 것이다. 강력한 혁명의 생부인 그는 경건하고도 명상적인 성정을 갖추고 있었던 것으로 생각되며, 결혼에 의하여 그가 당면한 궁핍에서 탈출한 그 순간부터, 그는 야심과 탐욕의 길을 피하여 40세가 되는 해까지 깨끗한 생활을 영위했으므로, 어쩌면 이름도 남기지 못하고 그대로 죽었을런지 모른다. 대저 신의 유일성은 자연과 이성에는 가장 어울리지 않는 관념인 까닭에, 유태교도와 기독교도하고 얼마간 접촉을 가졌음이 틀림없는 그는, 쉽게 메카의 우상숭배를 경멸하고 증오하게 되었을 것으로 생각된다. 때문에 구제(救濟)에 관한 교의를 세상에 설교함으로써 죄와 오류의 지배로부터 조국을 구출한다는 것은 인간 및 시민으로서의 의무였다. 끊임없이 동일목적에로 정신의 모든 활력을 집중시키고 있노라면, 일반적인 의무는 특정사명에 용해변질되고 또 자각되는 법이다. 이리하여 지성 또는 공상의 열렬한 암시가 하늘의 영감(靈感)으로서 느껴지고, 사위(思惟)의 노고는 황홀과 환각속으로 해소되어, 눈에 보이지 않는 심판자인 내적감정이 신의 천사된 모습과 속성띤 것으로 묘사되게 마련이다. 도대체가 열광자로부터 사기꾼이 되는 거리는 종이 한장 차이라고 말할 수 있을만치 위험한 것인데, 소크라테스(Socrates, BC 469~399.

고대 그리스의 철학자 · 성인)의 악마(demon)*는, 현명한 인간조차 그 자신을 속이거나 선량한 사람이 다른 사람을 비방하는 것을, 그리고 이런 자기기만과 의도적인 협잡이 혼합된 중간단계에서 양심이 잠들어 버릴 경우도 있을 수 있다는 것을 나타내는 좋은 사례로 된다. 우리는 마호메트의 당초동기가 순수하고 참된 인애(仁愛)의 그것이었다고 호의적으로 해석할 수 있지만, 그러나 인간으로서의 선교사는 자기주장을 부인하고, 자기논증을 경멸하며, 자기생명을 박해하는 완미한 불신앙자를 용인할 수 없었다. 설사 개인적인 적대자를 용서한다 해도, 신의 적은 이것을 미워하는 것이 적법(適法)인 것이다. 자부와 복수의 치열한 격정이 마호메트의 가슴속에서 불타오르고, 그 결과로 그는 니네베(Nineveh)의 예언자(『구약성서』「요나」기의 주인공인 요나〈Jona/Jonah〉를 가리킨다. 소예언자중의 한사람)와 마찬가지로, 그가 단죄한 반도의 파멸을 원한데 지나지 않았다. 메카의 무도함과 메디나의 선택은 한 시민을 군주로, 겸허한 한 설교자를 군대지휘관으로 변모시켰다. 그러나 그의 검은 성도들의 모범으로 성화되었고, 죄많은 세계를 전염병과 지진으로 처벌하는 동일신은 그들의 개종 내지 징벌을 목적으로 그의 신도의 용맹성을 고무했을 것이다. 그는 정치적 통치제도를 운용함에 있어 광신주의의 가혹한 엄격성을 완화시켜, 어느정도까지 그의 추종자들의 편견이나 정념과 타협한 기초위에, 나아가서는 인류의 악덕까지도 자기들의 구제의 한 방편으로 활용하지 않을 수 없었다. 사기술과 배신, 잔학성과 부정이 왕왕 신앙확대를 위하여 이용되었는데, 마호메트는 전쟁터에서 도망쳐온 유태인과 우상숭배자에 대하여 살해할 것을 명령하거나 또는 승인하였다. 이런 종류의 행동을 반복한 결과로 마호메트의 성격이 서서히 오염되어 갔다는 것은 틀림없었는데, 사실 이런 유해한 습관이 미친 영향은, 자기 종파와 신도사이에서 예언자로서의 평판을 유지하는데 필요한 개인적 · 사회적인 미덕실행으로 보충하는 것이 곤란했을 것이다. 그의 최만년에는 야심이 지배적인 정념으로 되어 있었

---

* 그리스인의 생각으로 demon이란, gods와 men의 중간에 위치하는 수호신령으로서 개인의 운명을 다스리는 존재로 여기고 있었다. 소크라테스는 어릴 때부터 디몬(또는 다이몬)의 신호와 자신의 특수한 심리현상으로, 자기행동을 금지형태로 속박당했다고 다음과 같이 말하였다. 「나에게는 나이가 어렸을 그때부터 현재에 이르기까지, 신이 정하신 바에 따라 언제나 나에게 붙어다니는 디몬(다이몬)으로부터의 신호가 있었는데, 그것은 내가 그 무엇인가를 하려고 하면, 그것을 반드시 하지 못하도록 말리기 위하여 나에게 나타나곤 했던 것이다.」(소크라테스의 변명).

다. 아마도 정치가는 마호메트가 내심으로는 남몰래 그의 장년시절의 열광과 그의 개종자의 경신(輕信)에 미소지었을 것(사기꾼의 승리!)이라고 그릇되게 추측할 것이다. 또한 철학자의 입장에서 보면, 그들의 박해와 그의 성공이 그에게 자기의 신성한 사명에 대한 확신을 한층 강화시켰다는 것, 그 결과로 그의 이익과 종교가 불가분리적으로 결합되어, 그의 양심은 자기 혼자만이 신에 의하여 실정적(實定的)·도덕적 법규의 의무를 면제받고 있다는 신념에 안주할 수 있었을 것이라고 판단될 수 있다. 만약에 그가 선천적인 천진난만성을 흔적만이라도 보유하고 있었더라면, 마호메트의 죄는 그의 진지성의 한 증좌로서 용인되어도 좋다. 진리옹호를 목적으로 할 경우에는, 사기와 허구라는 방편도 얼마간은 죄가 가벼워 진다고 생각할 여지가 있는 바, 그가 자기목적의 중요성과 정당성을 확신하지 못하고 있었더라면 그 자신이 이 수단의 더러움에 놀랐을 것이다. 정복자나 성직자에게서조차, 저자는 가끔 정직하고 가식이 없으며, 인정미 넘치는 말과 행위를 목격하고 놀랄 때가 있다. 포로를 팔아 넘길 때는 그 어머니와 아이를 절대로 분리시켜서는 안된다고 한 마호메트의 지령은 역사가의 비난을 은근히 무마하거나 적어도 완화시킬 것이 틀림없다(『마호메트전』의 저자인 가니에〈Gagnier〉는, 예언자에 의한 이런 인정에 꼭 맞는 법규와, 그가 부추겼고 또 승인한 소피안〈Sophian〉과 카아브〈Caab〉의 학살사례를 똑같은 공정한 필치로 기술하고 있다: 기번 원주)*.

마호메트의 양식(良識)은 왕자의 허식을 경멸했던 까닭에, 우리의 신의 사도는 가정내의 사소한 노무에도 기꺼이 자신하여 참가한 바, 요리를 한다거나 마루바닥을 쓸고 닦았고, 염소젖을 짰으며, 자기손으로 신발과 털옷을 수선하기도 하였다. 그는 은둔자의 고행(苦行)과 공로를 경멸하였고, 특별한 수고와 허영심없이 일반적인 아랍인이나 병사들의 조촐한 식사메뉴를 준수하였다. 격

---

* 이상에서 보는 바와 같이 저자 기번은, 인간신앙에 몰이해한 계몽주의의 반역사적(反歷史的)이며 합리적인 종교관과, 비합리적인 열광주의의 중간을 걸어간 역사가로서의 정도(正道)를 걷고 있다고 하겠다. 우리들은 기번의 이 대저작을 제 15~16장(제 Ⅱ 권. 초기 기독교문제를 고찰한 부분)이 공간됐을 당시에 불러 일으킨 격렬한 파문을 여기서 상기하게 된다. 그러나 오늘날에는 그의 이 2개 장이, 그리스도교 흥기에 관한 공평하고도 냉정하며, 흥미로운 역사적 문헌으로 읽히고 있듯이, 이슬람교 흥기에 관한 본장의 내용도 역사가 기번에 의한 공정하고도 온당한 서술에 의하여 지금까지 『로마제국 쇠망사』후편의 백미(白眉)로서 특별히 발췌되어 단행본으로 간행되어 읽히고 있다(中野好之 주).

식을 갖추어야 할 기회에는, 그도 동료들을 소박하지만 극진한 음식대접의 큰 잔치를 베풀곤 하였지만, 예언자의 가정생활에서는 몇주간씩 아궁이에 불을 지피지 않는 일도 있었다. 금주는 그의 수범으로 확립되었다. 그의 공복은 보리빵의 얼마안되는 할당으로 채워지곤 했으며, 그의 기호품은 우유와 벌꿀이었지만, 일상적인 식사는 야자열매와 물뿐이었다. 향료와 여성은 그의 본성이 요구했고 그의 종교가 금지하지 않은 두가지의 감각적 향락이었는 바, 마호메트는 자기신앙의 열정이 이들 악의없는 쾌락으로 증대되었다는 것을 스스로도 긍정하고 있다. 국토의 열기가 아랍인의 피를 끓어오르게 하였는데, 그들의 다정한 성질은 고대의 저작가들로부터도 주목되어 왔던 것이다. 그들의 방종은 『코란』의 민법(civil law)과 종교법규(religious law)에 의하여 규제되었다. 그들은 근친상간으로 비난받았지만, 무제한적인 1부다처제의 특권은 적법적인 아내가 4명까지로 허용(제한)되었다. 그들의 동침과 결혼지참금에 대한 권리는 공평하게 결정되었으며, 이혼의 자유는 제한되었고, 간통은 사죄(死罪)로 정해졌으며, 사통(私通)은 양성을 통하여 100대씩의 태형으로 처벌되었다. 이것이 입법자의 냉정하고도 이성적인 계율이지만, 개인적인 행동면에서 마호메트는 남자로서의 욕망에 탐닉함으로써 예언자의 특권을 남용하였다. 특별한 계시는 그가 자국민에게 부과한 모든 법으로부터의 면책을 그에게 부여하여 여성이 무제한적으로 그의 성욕 충족을 위하여 돌려졌는데, 이 기묘한 특전은 경건한 무슬림들의 분개보다도 선망을, 선망보다는 숭경심을 불러 일으켰다. 확실히 우리는 현인 솔로몬(the wise Solomon/Solomo. 이스라엘왕. BC 971경~32경. 다비데의 아들. 황금시대를 실현시켰다)이 아내 700명과 측실 300명을 두었다고 상정한다면, 기껏해야 17명 내지 15명의 아내만으로 만족한 이 아랍인의 자제심을 오히려 칭찬해야 할런지 모른다. 메디나에서는 사도의 집주위에 독립된 방을 마련하고 그와의 혼인으로 동침하는 은전을 교대교대로 향수한 11명의 여성을 헤아릴 수 있었다. 매우 기묘한 일이지만, 그녀들은 아부 바크르의 딸 아예샤(Ayesha) 한사람을 제외하고는 전원이 과부였다. 마호메트가 그녀와의 결혼식을 끝마친 것은(이것은 이 지방의 조숙한 풍습이다), 그녀가 겨우 9세때였으므로, 그녀는 당연히 처녀였다. 아예샤의 젊음과 미모 그리고 천성은 그녀의 절대적인 우위성을 확보케 한 바, 이리하여 예언자의 애정과 신뢰감을 획득한 이 아부 바크르의 딸은, 그가 죽은 뒤에도 오랫동안 신도들의 어머니로서 숭배되었다. 그러나 그녀의 거동은 애매하면서도 경솔하였다. 어떤 야간행군 당시, 그녀는 우연하게도 그만 대열에서 처지게 되었는데, 새벽녘에야 한 사나이와 함께 군영으로 돌아왔다(이 일건에 관한 아예샤와 알리의 반목에 대해서는 본장 p. 92이하를 참조할 것). 이때 마호메트의 성정은 질투심에 사로 잡혔으나, 하늘의 계시는 그에게 그녀의 결백성을 확신시켰으므로, 그는 그녀의 부정(不貞)을 고발한 자를 처벌하면서, 앞으로 여성은 간통현장을 4명의 남자증인에게 목격되지 않는한 처벌되지 아니한다는 가정내 화목에 관한 법령을 발포하였다. 이 호색한의 예언자가 자이드의 아내 자이나브(Zeinab)와 이집트의 여자포로 마리아(Mary/Maria)하고 모험적인 음란행위를 벌렸을 때는, 자기의 체면과 명성에 대한 배려도 모두 망각하였다. 그가 해방시켜서 양자로 삼은 자이드의 집에서, 그는 아름다운 자이나브의 살갗의 노출된 모습을 보자 갑가기 망아(忘我)와 욕망으로 절규(絕叫)하였다. 은혜를 입은 이 굴종적인 양자는 곧 그의 암시를 깨닫고 아무런 주저도 없이 자기은인의 애정을 받아들이게 하였다. 그러나 이 두 사람의 양자결연 관계가 약간의 의심과 추문을 불러 일으키게 되자, 천사 가브리엘이 천국에서 내려와 이 사도의 행위를 용서하고, 양자결연 관계를 해소시킨 다음 신의 호의를 믿지 않은 그를 조용히 질책하였다. 그의 아내중 한사람인 아마르의 딸 하프나(Hafna)는 그녀의 침상에서 마호메트가 이집트의 여자포로를 포옹하고 있는 현장을 목격하였다. 그녀는 비밀을 지킬 것과 사면을 약속하였고, 또 그는 앞으로 마리아와 절대로 관계를 가지지 않겠노라고 맹세했지만, 두 당사자는 곧 이런 서약을 잊어 버렸다. 여기서 가브리엘이 또 다시 지상으로 내려와 『코란』의 한 장(章)을 내려서 그를 서약으로부터 해방시키는 동시에, 앞으로는 아내들의 한탄을 일체 고려함이 없이 자유로이 그의 노예와 첩들의 애정을 향수하라고 권고하였다. 30일간의 고독한 은둔생활로 그는 마리아 한사람만을 상대로 천사의 명령 이행에 분투하였다. 그의 애정과 보복이 충족되자, 그는 11명의 아내를 면전에 불러 세워놓고, 그녀들의 불복종과 무분별을 질책한 끝에, 앞으로 그런 불손한 태도를 다시 취하면 이승과 저승 양쪽에서의 이혼선고를 내리겠노라고 위협하였다. 이것은 단 한번이라도 예언자와 침상을 같이한 여자는, 앞으로 두번 다시 재혼할 희망을 가질 수 없는 것으로 되어 있던 만큼 무서운 선고였던 것이다. 마호메트의 과잉이라고 말할 수 있을 정도의 그의 왕성한 정력은, 어쩌면 그의 자연적 또는 초자연적인 능력이라는 전승으로 변명될런지 모른다. 그는 아담의 남자아이들 30명분의 정력을 체현하고 있었는데, 이 사도는 어쩌면 그리스인 헤라클레스(Herakles/Hercules. Zeus신의 아내 Hera의 미움을 받아 12년간 에우류스테우스〈Eurystheus. 티륜스의 왕〉에게 봉사하여 12가지 난제를 해결함으로써 비로소 속죄했다는 그리스 신화상의 영웅)의 13번째 공업(功業. 초인간적인 활동을「헤라클레스의 공업」이라고 한다)과 힘을 겨루어 보려고 했는지도 모른다. .좀더 진지하고 점잖은 변명은 하디쟈(Cadijah/Khadijah. 마호메트의 15년 연장인 첫번째 정부인)에 대한 그의 성실한 사랑에서 끌어낼 수 있을 것이다. 당시 두 사람의 24년간의 결혼생활기간 중에는 그녀의 이 젊은 남편도 일부다처의 권리행사를 자제하였는데, 이 훌륭한 노부인의 자존심 내지 애정은 한번도 경쟁자와의 접촉에서 모욕당함이 없이 끝났다. 그는 그녀가 죽은 뒤에 모세의 누이동생, 예수의 어머니 그리고 그의 가장 사랑하는 딸 파티마(Fatima/Fatimah, 606경~34)와 함께 하디쟈를 4명의 완전한 여성반열에 올려 놓았다*. 「그녀는 늙지 않았겠어요? 신께서는 그분 대신으로 이처럼 좀더 아름다운 여자를 그이에게 보내주시지 않았나요 ! 」하고 아부 바크르의 딸인 아예샤 부인은 눈부시리만치 아름다운 미모의 오만성으로 말하였다. 「아니요. 절대로」하고 마호메트는 감사하는 마음을 솔직하게 얼굴 가득히 나타내면서 말하였다. 「그녀(하디쟈)이상가는 여자란 있을 수 없소. 그녀는 내가 세상에서 멸시되고 있을 때에도 나를 믿었고, 내가 가난하고 박해받을 때, 나의 고난을 도와 준 사람이지요. 」

대저 종교나 제국의 창시자라면 누구를 막론하고 1부다처제의 특권을 최대한으로 이용하여, 많은 자손과 직계상속의 기회증대를 희구하는 법이다. 이 점에서 마호메트의 희망은 결정적으로 배신당했다. 처녀 아예샤도 중년이었고, 확실히 수태가능한 그의 10명이나 되는 과부출신 아내들도, 그의 왕성한 포옹에도 불구하고 불임으로 끝났다. 하디쟈의 네 아들도 이미 요절하였고, 그의 첩이던 이집트 여인 마리아만은 이브라힘(Ibrahim)을 낳음으로써 그의 사랑을 더욱 받게 되었다. 그러나 15개월 후에 이 예언자는 자기자식의 무덤에서 하염없이 눈물을 흘렸지만, 그는 강의(剛毅)하게 적의 조롱과 악다구니를 참아내면서, 갓난아기의 죽음으로 일식현상이 일어난 것도 아니라고 단언함으로써 무슬림들의 아첨 내지 망신(妄信)을 제지시켰다. 하디쟈는 죽으면서 4명의 딸을 그에게 위탁했는데, 그녀들은 모두 아버지의 제자들중 가장 충실한 사람과 결혼하였다. 그 중 3명의 큰 딸들은 이 아버지보다 먼저 죽었지만, 그의 신뢰와 애정을 독차지하던 파티마는, 그녀의 4촌되는 알리의 아내가 되었고, 화려한 후예의 어머니가 되었다. 알리와 그 자손의 공적과 불운을 기술하는 저자는,여기서 신도의 통솔자를 신의 사도인 마호메트의 대리인이나 승계자로 규정하는 사라센의 칼리프(Caliph/calipha. 敎主. 아라비아어로는 후계자라는 뜻이나. 이집트에서는 1171년에 아이유브조 창시자 사라프딘이 Soldan칭호를 썼고 오스만 터키에서는 국왕 즉 Sultan의 칭호를 사용하였다)라는 칭호의 계보를 먼저 기술코자 한다.

알리의 출신, 혼인, 성격은 그의 동국인출신 다른 사람들에 비하여 빼여나있어서 마호메트의 사망으로 아라비아의 공위(空位)된 왕좌에 오를 수 있는 그의 자격은 문제없이 정당화 될 수 있는 것이었다. 아부 탈리브의 아들인

---

* 일부다처제(一夫多妻制)를 승인하면서 스스로 13명의 과부 및 처녀와 결혼하였고, 금욕적인 승려단(Olema)의 독신생활을 맹렬히 비난하면서 승려들의 결혼을 적극 장려하는 등, 마호메트는 대체로 여성의 인권을 남자의 하위에 놓았다. 그러면서도 본문에 있듯이 자기의 최초결혼의 배우자 하디쟈(Khadijah bint Khuwailid. 619경 사망)를 위시하여, 성모 마리아(Maria/Virgin Mary), 파라오의 아내 아시아(모세의 누이동생?) 및 자기의 유일하게 장수한 딸(장수했다 해도 28세로 죽었지만) 파티마(Fatimah. 606경~34. 제4대 교주 알리의 아내이며 하산과 후사인의 생모. 마호메트는 사위 알리에게 다른 처첩을 맞아 들이지 못하게 금했다)의 4여인을 4대 여걸(女傑)로 규정한 것이다. 특히 딸 파티마에 대해서는 「알-자라(Al-Zahra)」(金星〈Venus〉처럼, 밝게 빛나는 여인)라는 관칭(冠稱)을 주었다. 그런데 이 관칭은 「바툴(Batul)」(처녀라는 뜻)과 같은 의미로서 「通經이 없는 처녀」, 즉 「청정무구(清淨無垢)의 소녀」, 성모 마리아처럼 죽거나 살거나 한결같이 순결한 상태에 있는 처녀를 의미한다. 따라서 두 아들의 어머니가 된 다음에도 파티마는 영원한 처녀로 찬양되었는데, 이것은 마치 로마인의 유노(Juno. 유피테르신의 처. 여성의 보호신으로서 그리스 신화상의 Hera에 해당)나, 인도 힌두교에서 숭앙하는 우마(Uma. 烏摩妃. 파괴의 신인 Siva〈3대 주신의 하나〉의 아내. 사람들의 곤경을 구해주는 수호여신)과 동격인 것으로 이슬람 법학자들은 이론화시키고 있다.

아랍 여인과 관련하여 「코란」에 규정된 바, 남자는 4명까지 아내를 가질 수 있다는 문제에 대하여 겸하여 해설한다면, 그 이유는 다음과 같이 변명되고 있다. 남자가 한 여자와 결혼하면, 그 아내는 남편과 대등한 사람이라고 자기를 생각하여 남편에게 말대답하고 또 뽐내게 되며, 두 여인을 아내로 하면 노상 여자들끼리 싸워서 가정에 분규가 그치지 않는다. 아내가 셋이면, 영어 속담에 Two's company, three's none(2명은 좋은 동반자, 3명은 패싸움으로 분열)처럼 2패로 갈라져 가장 아름다운 여자를 고립화·배척하게 되어 재미없고, 4명이면 좋은 반려자들이 되고, 또 저희들끼리 싸워도, 자기들끼리 화해하게 되므로 남편은 비교적 평온한 생활을 즐기게 된다는 것이다. 여기서 이슬람교도로서의 남편은 내 아내를 평등하게 대할 의무를 지도록 되어 있다. 이처럼 이슬람권의 여성은 인권이 거의 없고, 부자유스러우며, 남성의 노리개감처럼 생각되지만, 깊이 파고들어가서 고찰하면 그래도 여성은 적지 않은 자유와 권리를 향유하고 있다고 한다. 예컨대 여성은 재산소유권, 남편허가없이도 자기재산의 처분권을 가지며, 1년에 1개월간은 집을 비워도 남편은 이에 대하여 불평할 권리가 없다고 한다.

그는 그 개인의 권리로서는 하셈가의 수장이며, 메카의 도시와 신전에 대한 세습적인 군주 내지 수호자였다. 예언의 광명은 사라졌지만, 우리의 파티마(Fatima)의 남편은 그녀 아버지의 유산과 축복을 당연히 기대할 수 있었으며, 아랍인 자신도 종래에는 가끔 여계(女系)통치를 감수하고 있었다. 예언자의 두 외손자는 일찍이 기회있을 때마다 그의 무릎위에 앉혀져서 재롱으로 귀여움을 받았고, 설교단에서는 자기가 늙은 뒤의 희망이요, 천국 젊은이의 수장이라고 소개되고 있었다. 때문에 참된 신앙자중의 이 제1인자는, 현세와 내세 양쪽에서 이 두 아들의 선두에 서서 진군하겠다고 선언하고 나서도 되었거니와, 설사 그 누군가 한층더 중후하고 엄숙한 후보자가 따로 있었다 해도, 알리의 열성과 덕행에는 최근의 그 어떤 개종자도 어깨를 겨눌 수 없을 정도로 교주자격 만점이었다. 그는 시인이요 병졸인 동시에 성자라는 자격을 한몸에 체현하고 있었으며, 그의 예지는 도덕적·종교적인 어록속에서 지금도 숨쉬고 있다. 언론 내지 창검의 싸움에서 그의 적수들은 모두가 그의 웅변과 무용에 압복되고 있었다. 사도는 그의 최초소명의 순간부터 마지막 숨을 거두고 무덤에 들 때까지, 그가 평소에 자기 형제, 자기 참모, 모세(Moses)에게 충실했던 아론(Aaron. 모세의 형, 제사장. 모세에 협력하여 이스라엘인의 이집트 탈출을 도왔다)처럼 제2대 아론이라고 극찬하여 마지 않던 이 관대한 벗에게 단한번도 버림받은 일이 없었다. 아부 탈리브의 자식은 후에 그가 자기권리에 대하여 장중한 선언을 통하여 자기이익의 보전을 태만했다고 비난되었지만, 사실 그런 선언을 했더라면 그는 모든 경쟁자를 침묵시키고 자기의 승계를 하늘의 지령으로서 확정했을 것이었다. 그러나 순정의 이 영웅은 자기자신을 믿었다. 제국내의 질투, 그리고 아마도 반대에의 위구심이 마호메트로 하여금 결정을 연기시켰고, 또 그의 병상은 아부 바크르의 딸이며 알리의 적대자인 음험한 아예샤에게 둘러싸여 있었던 것이다.

예언자의 침묵과 죽음은 민중의 자유를 부활시켰고, 그의 동료는 후계자 선정을 토의하기 위한 집회를 소집하였다. 알리의 대물림의 고매한 천성은, 빈번한 자유로운 선거를 통하여 왕홀을 수여하거나 회수하고 싶다고 염원하는 귀족집단과 같은 장로들의 반감을 샀다. 쿠라이시족은 하셈가 사람이 기품높은 우월성을 뽐내는 것을 기분좋게 생각하지 않았는 바, 이 때문에 부족간의 구태의 연한 불화가 재연됨으로써 메카의 이주자와 메디나의 원조자들은, 서로가 각자의 공로를 주장하게 되었다. 그리하여 2명의 독립된 칼리프 옹립이라는 경솔한 제안이 나오게 되었는데, 만일 이것이 채택되었더라면 어쩌면 사라센인의 종교와 제국은 이 요람기에 이미 압살되어 버렸을 것이다. 이 항쟁은 갑자기 자기 주장을 철회하고 화해의 손을 상대방에게 내밀면서, 자기는 유화하고 덕성높은 아부 바크르의 첫번째 신하가 되겠다고 선언한 우마르의 사심없는 결단으로 수습되었다. 이 순간의 긴급한 필요성과 민중의 묵종(默從)은 이 비정규적이고 서두른 수속을 정당화시켰을런지 모르지만, 우마르 자신은 설교단에서 앞으로 만일 그 누군가 무슬림이 그의 동료들에 의한 보편적인 선거를 꼭 뒤지르는 일이 있다면, 선출자도 또 선출된 자도 한결같이 사죄에 해당하는 범죄인이라고 선언하였다. 그의 간소한 취임식이 있은 후(632년)에 아부 바크르는 메디나와 메카 그리고 아라비아의 모든 지방이 그에게 복종하였지만, 다만 하셈가만이 충성의 맹세를 거부하였다. 이 가문의 수장인 알리는 자기집에 틀어 박혀서 6개월 이상이나 불쾌한 생각에서 독립을 유지하고 아부 바크르에의 협력거부로 일관하였는데, 이런 태도로 나온다면 사도의 딸이 거주하는 십이라 해도 그깃을 불살라 버리겠다고 말한 우마르의 협박에도 귀를 기울이지 않았다. 파티마의 사망과 그의 당파세력의 쇠퇴로 알리의 분노했던 기분도 완화되자, 그는 비로소 무릎꿇고 신도의 통솔자(아부 바크르)를 표경(表敬)방문하고, 공통의 적에 방위태세를 갖출 필요성에 관한 상대방의 변명을 받아 들였고, 아랍인의 통치권을 양보하겠다는 그의 정중한 제의를 현명하게도 거부하였다. 2년간의 통치가 끝난 후에 이 연로한 칼리프는 죽음의 천사에 수반되어 하늘나라로 소환되었다. 그는 동료들의 암묵적인 시인하에 그의 유언장속에서 왕홀을 굳건하고도 두려움 모르는 덕망높은 우마르에게 유증하려고 하였다. 「나는 그런 지위에 오를 이유가 없소이다」라는 겸손한 태도를 취하여 우마르가 사양하였다. 「그러나 이 지위는 귀하를 필요로 하고 있어요」하고 아부 바크르는 말하면서, 모쪼록 마호메트의 신이 자기의 이 선택을 재가하여 무슬림들을 유화와 복종의 길로 인도해 주기 바란다는 열렬한 기도속에서 숨을 거두었다. 이 기도는 결코 헛된 일이 아니었던 바, 알리 자신도 그의 제국의 상실을 우려하면서 신뢰와 존경의 우정넘치는 표명으로 위로해 준 자기 경쟁상대자의 한층 더 위대한 인격과 위엄을 존경한다고, 사적인 기도속에서 고백하기에 이르렀다. 우마르는 그의 치세(634~44년) 12년째되는 해에 자객의 손으로 치명상을 입고, 그 자신의 아들과 알리의 이름을 동일한 공정성으로 한결같이 거부하는 동시에, 자기의 양심을 후계자 지명의 죄로 고뇌에 빠지게 하는 것을 거절하고, 가장 중요한 간부 6명에게 신도 통솔자의 선출이라는 곤란한 과제를 떠맡겼다. 이 때도 알리는 또다시 그의 친구들에게 자기의 권리를 다른 사람들의 판단에 맡기고, 자기자신은 이 6명의 선거인단에 참가함으로써, 이 단체의 권위를 인정했다고 비난받았다. 만일 그가 이때 단순히『코란』의 전승뿐만 아니라 2명의 장로들의 결정에 대하여 엄격하고도 비굴한 공순(恭順)을 약속하고 있었다면, 당연히 그는 그들의 추천을 얻었을 것이다. 이런 제약조건을 받아들임으로써 마호메트의 비서였던 우스만(Uthman. 정통파 칼리프 제3대. 재위 644~56. 「코란」기준경전 4부를 만들었다. 이란·아제르바이잔·아르메니아〈일부〉·튜니스·알제리아·키프로스를 정복했고, 최초로 회교도 해군을 창설했다. 자기가 속한 우마이야가〈Ummaya家〉의 인물을 주로 등용하고 하셈가 기타를 홀대한데서 제부족의 반감을 사게 되면서 이슬람교단을 분열시키게 되자, 아부 바크르의 아들 무하마드〈Muhammad〉 일당에 의하여 참살되었다) 이 통치권을 승계하게 되었는데, 이런 결과로 알리가 민중의 선택에 입각하여 왕권과 교권의 직무를 위임받게 된 것은, 이 세번째 칼리프의 다음, 즉 예언자가 죽은 후 24년이 지나서였다(재위 656~61년). 아랍인의 풍습은 자기들의 천성적인 순박성을 유지하는 것이었는데, 우리의 아부 탈리브의 아들(알리)은 현세의 허식과 허영을 경멸하였다. 기도드릴 시간이 되면 그는 가느다란 무명실로 짠 얇은 천으로 지은 가운을 몸에 걸쳤고, 머리에는 허술한 터반을 두르고는 한손에 슬리퍼를, 다른 손에는 지팡이 대신에 활을 든 모습으로 메디나의 모스크로 향하곤 했다. 예언자의 동료들과 각 부족의 수장들은 이 새 군주를 환영하여 충성과 복종의 증거로서 자기들의 오른손을 내밀었던 것이다.

야심에서 나온 항쟁이 산생시키는 참해는, 통상 그것이 조성된 시대와 지역으로 국한되지만, 알리의 적아간의 종교적 불화는 헤지라(Hegira/hijrah. 聖遷) 이후 시대마다 갱신된 바, 이런 것은 오늘날까지도 페르시아인과 터키인 사이에 씻을 수 없는 증오감으로 나타나 있다. 시아파(Shiite/Shiah派), 즉 분리파라는 낙인이 찍혀서 그렇게 불리우는 페르시아(오늘날의 이란)는 마호메트 교리에 새로운 신앙개조를 추가하여 말하기를, 만일 마호메트가 신의 사도(apostle)라면 그의 동료인 알리는 마땅히 신의 대리인(ricar)이라고 주장하였다. 그들은 그의 개인적인 대화나 공식적인 예배에서 이맘(Imam/Imaum. 종교적 수령의 칭호. 司式僧. 導師)과 칼리프(Caliph)의 위엄에 대한 알리의 파기할 수 없는 권리를 침해한 3명의 찬탈자를 격렬히 탄핵하였는데, 특히 우마르(제2대 칼리프)의 이름은 그들의 설교속에서는 악업(惡業)과 불경(不敬)의 완전한 달성을 의미하고 있었다. 무슬림들의 전체적인 합의와 정통적인 구전(口傳)에 지지되는 순니파(Sonnite/Sunni派. 순니파와 시아파에 대해서는 뒤에 나오는 p.100의 난외주기를 참조할 것)는 이 보다는 공정한 적어도 한층 온건한 견해를 신봉한다. 그들은 아부 바크르, 우마르, 우스만, 알리라는 4대의 신성하고도 정통파적 칼리프(al-Rāshidūm)로서 이 후계자들의 유덕을 존숭하고 있는데, 다만 이것의 승계순위는 신성성의 정도에 따라서 정해진 것이라는 확신에 입각하여, 파티마의 남편에게는 가장 낮은 마지막 지위를 배정한다. 미신에 흔들리지 않는 손으로써 이 4명의 정통파 칼리프를 비교하는 역사가라면, 그들의 몸가짐은 한결같이 순수하고도 모범적이었고, 그의 신앙은 열렬하고도 진지했고, 비록 부와 권력에 둘러싸여 있었지만 그들의 생활은 전적으로 도덕적·종교적 의무실행에 바쳐져 있었다고 공정한 판결을 내릴 것으로 믿어진다. 그러나 아부 바크르와 우마르의 공적(公的)인 덕행, 즉 전자의 신려(愼慮)와 후자의 준엄성이 그들의 치세에서 평화와 번영을 유지케 한데 반하여, 우스만의 심약한 성격과 노령은 정복과 제국이라는 무거운 짐을 지탱할 힘을 가지지 못하였고, 또 그는 자기가 발탁한 사람에게 배신당했는가 하면, 신뢰했던 자에게는 모반됨으로써, 가장 충순한 신자들도 그의 정부에 대하여 무관심 내지 적대적 성향으로 돌아섰는데, 이리하여 그의 활수한 은고는 헛되게 망은과 불만을 자아내게 했을 따름이다. 불화의 정신이 여러지방으로 만연하자 그들의 대표가 메디나에 참집하였는데, 종속과 이론의 굴레를 부인하는 절망적인 광신자인 하와리쥬파(Charegite派. 극단적인 율법주의와 엄격한 윤리성을 주장한 과격파)는 여기서 자기들의 피해 시정과 압제자 처벌을 요구하였는 바, 이 주장은 태어나면서부터 자유로운 아랍인들 사이에 확산되었다. 이리하여 쿠파(Cufa), 바스라(Bassora. 지금의 Basra), 이집트 그리고 사막에서 무기를 휴대하고 집결한 제부족은 메디나로부터 약 1리그(약 3마일) 떨어진 곳에 천막을 치고는, 자기들의 군주에게 올바르게 정치를 행하던가, 아니면 왕위를 선양하고 물러나라는 오만하기 이를데 없는 요구서를 내놓았다. 우스만의 회오(悔悟)는 반도들의 마음을 누그러 뜨렸으므로 그들의 반항은 일단 진정되었지만, 그의 적의 책략으로 그들의 원한은 재연되었다. 그리고 불성실한 비서의 문서위조는 그의 평판을 떨어뜨렸고 또 그의 실추를 실현시킬 의도로 악용되었다(이에 관한 경위를 좀더 구체적으로 설명하면, 칼리프 우스만이 이 무장반도들의 요구를 받아들임으로써 그들은 한때 물러 갔으나, 그의 비서가 음모를 꾸며, 마치 우스만이 이 반도들의 주모자를 체포토록 명령한듯이 체포영장을 위조하였기 때문에 그들의 원념이 다시 폭발하게 되었다). 칼리프는 그의 선임자들에게 있어 유일한 의지처였던 무슬림의 존경과 신뢰를 모두 상실하고 있었다. 6주간의 공위(攻圍) 기간중에 그는 음료수와 양도(糧道)를 차단당하였고, 무방비의 궁궐대문은 비교적 심약한 반도들의 기죽음으로써만 그저 지켜지고 있는데 지나지 않았다. 일찍이 그의 선량한 마음씨에 아부하고 그것을 악용한 무리들에게 버림받은 이 무력하지만 경애할만한 칼리프는, 지금이야말로 죽을 때가 가까워졌음을 각오하였다. 아예샤(A'isha/Ayesha, 마호메트의 아내, 아부 바크르의 딸)의 남동생(무하마드라고 한다)이 암살자들의 선두에 나서서 진군하였는데, 이때 우스만은 『코란』을 무릎에 펴놓은 모습으로 수없이 많은 자상(刺傷)을 입고 쓰러졌다. 5일간의 소요속에 무정부상태가 계속된 끝에, 이것은 알리의 즉위로서 진정되었다. 만약에 그가 등극을 거절했더라면 무차별적인 학살상태가 연출되었을 것이다. 이런 어려운 상황에서 그는 하셈가의 수장에게 어울리는 위엄을 유지하면서, 자기는 원래 통치보다도 복종하기를 원한다고 선언한 다음, 다른 부족들의 횡포를 나무랬고, 민족내 수장 일동의 자발적이 아니더라도 최소한 형식적인 동의라도 요구하였다. 오늘날 페르시아는 무분별하게도 이 성스러운 순교자의 제사날을 축복하고 있지만, 그가 우마르를 죽이도록 자객을 교사하였다(우마르는 아비시니아인 노예 Abu Lu'lu'a에 의하여 메디나의 예배당에서 611년 11월 刺殺당했다)는 비난은 행해지지 않고 있다. 우스만과 그의 신하간의 항쟁은 알리의 재빠른 중개로 수급되어, 그의 장남 하산(Hassan)은 칼리프를 경호할 때 습격을 받아서 부상했다. 그러나 하산의 아버지 알리가 반도들과 대결할 때, 과연 그가 진심으로 부친 칼리프를 돕기 위하여 노력했는지 어떤지는 의심스럽지만, 어쨌든 그들의 범죄과실을 그가 수중에 넣은 것만은 확실하였다. 사실 유혹의 힘은 가장 의연한 미덕의 소유주까지도 동요시키고 또 부패케 하는 터무니없이 큰 것이다. 야심적 후보자가 바란 것은 단순히 아라비아반도의 불모의 사막이 아니었다. 사라센군은 벌써 동서 두 방면에서 승리를 거듭한 바, 페르시아, 시리아, 이집트의 부유한 제 왕국은 이제 이슬람교도 통솔자의 가산(家産)으로 되어 있었다.

기도와 명상의 생활은 아직도 알리의 호전적인 활력을 냉각케하는데까지 이르지 못하였다. 그는 세계에서 가장 긴 경험을 쌓아 이미 성숙된 연령에 도달했음에도, 그의 행동에서는 혈기에 넘친 젊은이의 경거망동과 무분별한 요소가 노출되곤 하였다. 그는 치세 초반에 선물이나 족쇄로써 아랍 수장들중에서 가장 강력한 두 사람인 탈하(Talha/Telha)와 조바이르(Zubair/Zobeir)의 의심스러운 충성을 확보하는 일을 게을리하였다. 그들은 메디나에서 메카에로, 그리고 거기서부터 다시 바스라로 도망쳐 반란의 깃발을 올린 다음, 이전에 그들이 전공의 보수로서 요구하였으나 목적을 이루지 못했던 이라크 즉 앗시리아의 통치권을 찬탈한 것이다. 원래 애국심이라는 가면은, 가장 철면피한 모순도 은폐시켜주는 것인데, 이제 이 우스만의 적대자들 — 아마도 그를 암살한 자들이겠지만 — 은 그의 피의 복수를 요구하기에 이르렀다. 그들이 도망칠 때는 예언자의 과부이며 알리의 적대자인 아예샤(Ayesha/A'ishar. 613?~78)*도 동행하였다. 그녀는 자기 생애의 마지막 순간까지 파티마(Fatimah. 606경~34)의 남편과 그 자손에 대하여 씻을 수 없는 증오심을 내내 품고 있었다. 가장 이성적인 무슬림들은 이 신도의 어머니가 군영에서 자기 한몸과 품격을 사람들 눈앞에서 손상 및 노출당한 일에 대하여 분개하였지만, 미신을 믿는 군중은 이번 반란이 그녀의 참가로 자기들의 대의(大義)의 정당성과 성공이 인지되어 확실하게 되었다고 믿었다. 칼리프는 그의 충실한 2만의 아랍인과 쿠파의 용감한 9천의 원군 선두에 나서서, 우세한 반도의 무력을 바스라 성문 아래에서 포착하고 격파하였다. 반군의 지도자인 탈하와 주바이르는 이 무슬림의 무기를 동포의 피로 더럽힌 최초전투에서 모두 전사하였다. 대열을 열병하고 군대를 격려한 다음, 아예샤

---

* 이슬람교 초기교도사이에서 흥미있는 여인이기에 아예샤의 생애에 대하여 약간의 해설을 붙이고자 한다. 아예샤는 별명을 움 압둘라(Umm 'Abdullah)라고 하며, 초대 칼리프인 아부 바크르(Abu Bakr, 재위 632~34)의 딸이다. 6세 또는 7세 때, 장난감을 들고 마호메트에게 시집갔는데, 곧 남편의 총애를 받았고, 또 그의 부인 12명중 유일하게 살아서 남편의 임종을 지켜본 바 18세때에 이미 새파란 과부가 된 여인이기도 하다. 이런 면에서 회교도에 의해 신성시된 모양이다. 칼리프 우스만과 알리시대의 내란에는 항상 음모의 중심이었고, 알리와 바스라 근교에서 벌어진 「낙타의 싸움」에서는 본문에 있는 것처럼 포로가 되어 메디나로 호송된 후 죽을때까지 예언자의 묘지기로 있었다. 칼리프 알리를 평생 증오했고 이처럼 직접 전투로 대결하게 된 원인은 p. 84에서 기술한 바, 그녀의 철없는 행동을 알리가 끝까지 비난하여 그녀의 순결성을 의심한 까닭이다. 그녀는 마호메트의 언행을 전한 점에서는 가장 중요한 출처로서 1210개조항의 『하디스』(이슬람傳承)를 남겼다.

는 전쟁터에서 위험이 가장 큰 그런 한복판에 자기의 위치를 정하였다. 장렬한 전투의 와중에서 그녀가 탄 낙타의 고삐를 쥔 70명의 병사들이 차례차례로 전사하거나 부상당하였고, 그녀가 들어 앉은 새장(cage)이라고나 할까, 어쨌든 그녀가 탄 가마(litter)는 덤벼든 병사들이 던진 투창(javelin)과 쏘아대는 화살(dart)로 흡사 고슴도치처럼 되었다. 이 존귀한 여자포로는 의연한 태도로 정복자의 비난을 견뎌낸 다음, 예언자의 미망인 신분에 상응되는 정중한 예의를 갖추어서, 마호메트 분묘옆에 있는 그녀 본래의 주거지로 재빨리 되돌려 보내졌다. 「낙타의 싸움」으로 일컬어지는 이번 전쟁에 승리(656년)한 알리는 이번에는 한층더 강력한 적수, 즉 아부 소피안의 아들인 무아위야(Moawiyah/Mu'awiya Ⅰ. 우마이야 왕조의 초대 칼리프. 재위 661~80) *를 공격하기 위하여 진발하였다(657년). 이 인물은 칼리프를 참칭하였는데, 그의 입장은 이미 시리아의 무력과 우마이야족(Ommiyah族)세력의 지원을 받는 처지였다. 시핀(Siffin)평원은 탑사쿠스(Thapsacus)수로에서 유프라테스강 서안을 따라 전개되어 있는데, 이 광활한 평원을 무대로 용호상박격(龍虎相搏格)의 이 두 영웅의 싸움은 110일간에 이르는 산만한 전투였다. 모두 90회에 이르는 회전과 소규모 충돌로 알리측의 병력손실은 2만 5천명,

---

* 아라비아의 비정통파인 우마이야(Umaiya/Ommiyah/Ummaya. 661~750년간 통치)왕조의 초대 칼리프 무아위야 1세(Mu'awiya/Moawiyah Ⅰ. 7C초-680. 메카에서 출생. 재위 661~80. 아부 소피안〈Abu Sophian/Sufyan. 쿠라이시족의 중심인물 중 하나〉의 아들)에 대하여 흥미를 느낄 독자들을 위하여 그의 인적사항을 좀더 적고자 한다. 무아위야는 마호메트의 메카입성(630) 당시 이슬람교에 귀의하여 그의 비서가 되었다. 아부 바크르 집권당시 시리아에 파견되어 형 야지드(Yazid)의 부장으로 싸우면서 위훈을 세웠고, 야지드 사망후에 다마스커스의 지사가 되었다. 그후 우마르 및 우스만 집권때도 신임을 얻었고 또 토착민들로부터도 인심을 얻었다. 이슬람교국 최초의 해군을 창설하여 키프로스·로도스 제도를 점령하였다. 656년, 알리가 제4대 칼리프로 취임하자, 다마스커스에서 독립을 선언하고 칼리프를 참칭하였다. 그 다음해에 알리의 토벌전에서 거의 패망 도주까지 생각하고 있던중, 본문에 있는 바와 같이 사령관인 암르(Amr ibnu'l-'As. 663경 사망)의 간계로 유리한 휴전을 맺은 후, 급속히 세력을 확대시켜 나가던중, 알리의 피살로 661년, 다마스커스를 수도로 하고 정식 칼리프에 취임하였다. 그는 이슬람교단의 재정을 종래는 「이슬람 교도의 재산(m-alu'l-muslimin)」이라고 칭하여 공유재산이었으나, 이것을 「알라의 재산(mal Allah)」, 즉 국가소유로 만들었는데, 이리하여 칼리프를 전제군주(malik)와 같게 함으로써 그 성격을 일변시켰다. 그는 공공사업에 힘을 쏟았고, 문예진흥을 장려했으며, 또한 생전에 자기 아들 야지드 후일의(Yazid Ⅰ. 재위 680~83)가 후계자됨을 인정케 함으로써 칼리프 세습에 관한 새로운 범례를 만들었다. 그는 이처럼 회교 정치제도를 확립한 군주가 되었는데, 무장으로서, 또 경세가로서 마호메트, 우마르에 버금가는 위인으로 평가받고 있다.

무아위야의 그것은 병사 4만 5천명으로 추정되었는데, 알리측의 이런 전사자 명부에서는 이전(624년)에 바데르(Bader) 협곡에서 마호메트의 군기밑에 싸운 노교우(老教友) 25명의 이름도 빛나고 있었다. 이 시산혈해(屍山血海)의 전투에서는 합법적인 칼리프측이 무용과 인간애의 한층 높은 평판을 세상에 보였고 또 남겼다. 그의 군대는 선제공격을 하지 말고 적측의 최초공격을 기다릴 것, 패주하는 동포는 눈감아 주고, 전사자의 시체와 여자포로의 정조를 존중하도록 엄격히 명령되고 있었다. 그는 고매하게도 1대 1의 격투로 무슬림의 쓸데없는 유혈을 회피하자고 적군에게 제의했더니, 상대방은 이 도전을 불가피적인 사형선고라 하여 거부하였다. 시리아군 대열은, 얼룩말을 타고 무거운 양날의 칼을 무쌍의 완력으로 휘두르는 영웅들의 돌격으로 돌파당했다. 그는 반도를 한사람 쓰러뜨렸을 때마다「신은 위대하다！(God is victorious！)」고 외치곤 했는데, 어느 날 하룻밤의 전투에서 그가 외친 바 이 놀랍고 우렁찬 목소리가 무려 400회나 들려 왔다고 전해진다. 다마스커스의 참주는 이미 도망칠 것을 계획하고 있었지만, 확실했던 승리가 그만 알리측 군대의 불복종과 광신에 의하여 그의 손아귀에서 빠져 나가고 말았다. 그들의 양심은 무아위야가 선봉대로 하여금 창끝에『코란』두르마리를 찔러서 높이치켜 세우고, 신의 이름으로 저주와 재판을 호소케 한데 외포(畏怖)하여(무아위아가 교활한 사령관 암르〈'Amr ibnu'l－'As. 663년경, 이집트의 태수로서 90여세에 사망, 알리, 무아위야와 더불어 당시 이슬람 3거두의 하나로 지목되었다〉의 술책으로, 무력으로 결판내는 것을 그만두고 알라신의 재판에 의한『코란』으로 결말을 낼 것을 호소했던 고사를 가리킨다), 알리는 불가불 불명예스러운 휴전과 음험한 타협안을 받아들이지 않을 수 없었다. 그가 비분강개의 기분으로 쿠파까지 후퇴하자 그의 당파는 희망을 잃었다. 페르시아 · 예멘 · 이집트 등 원격한 곳에 위치한 제지역은 그의 교묘한 적수에 의하여 제압됐거나 회유당했다. 그리고 국민의 수장된 세사람을 노렸던 광신자의 칼은, 다만 우리의 마호메트의 4촌(알리)에게만 치명상을 입혔다. 3명의 하와리쥬파, 즉 열광파가 메카신전에서 교회와 국가의 혼란에 관하여 서로 나눈 의견은 드디어 알리, 무아위아와 그의 친구인 이집트의 부왕(副王), 암르의 죽음이야말로 종교의 평화와 통일을 회복한다는 결론에 도달했던 것이다. 3명의 자객은 각자가 자기의 회생대상자를 선정한 후 칼에 독을 바르고, 생명을 신에 바친다고 맹세한 다음, 남몰래 행동의 무대로 향하였다. 그들은 한결같이 자포자기적인 결심이었는데, 첫번째 자객은 암로우(Amrou)라는 부관을 〔대상자인 암르(Amr)로〕 잘못 알고, 때마침 그의 옆자리에 앉아 있던 그 사람을 자살(刺殺)함으로써 실패하였고, 두번째 사나이는 다마스커스 군주(무아위야)에게 중상을 입혔을 따름이지만, 합법적이며 정통파 칼리프(알리)는 쿠파의 모스크에서 세번째 자객(이름을 압두르－라하만〈'Abdu'r－Rahman〉이라고 한다)의 손으로 치명상을 입었다. 그는 자기 아들들에게 암살자는 단칼로 죽이는 편이 좋다는 인정많은 충고를 남기고는 63세를 일기로 죽었다(661년 1월 24일). 알리의 무덤은 우마이야(Umaiya/Ommiyah) 왕가의 압제자들에게는 감추어져 있었지만, 헤지라(622년. 聖遷)후 제 4 세대째 되었을 때, 쿠파(Cufa)의 폐허가까이에 그의 능묘와 신전 그리고 도시가 새로 건설되었다＊. 무수한 시아파(Shiites) 신도들은 자기들의 「신의 대리인」(알리를 가리키는 것. 「신의 반려자」라고도 칭한다) 이 누워있는 이 성지에서 휴식하게 되었는데, 이 사막의 땅은 이곳의 참배를 메카에로의 순례에 조금도 뒤지지 않는, 기특한 행위로 생각하는 수많은 페르시아인의 해마다의 내방으로 크게 활기를 띠고 있다.

이제 마호메트를 한때 협박했던 무리가 그의 자손들의 상속권을 찬탈했고, 우상숭배의 투사였던 자가 그의 종교와 제국의 지고(至高)한 수장이 된 것이다. 이전의 아부 소피안의 반항은 치열하고도 완강했었고, 그이 개종도 늦어졌을 뿐만 아니라 마지못한 것이었다. 그의 새로운 신앙은 필요성과 이익으로 강화되었고, 그는 봉사하고 싸웠으며 그리고 아마도 신앙했던 까닭에, 무명(無明) 시기의 우마이야가의 죄장(罪障)은 그들의 최근의 공로로 보상되었다. 아부 소피안과 함께 혹독하고 박정하기로 소문난 한다(Handa/Henda)와의 사이에 태어

＊ 알리의 무덤위치에 관해서는 온건한 순니파(Sonnite派) 사이에서도 의견을 달리 하고 있지만, 쿠파의 지하매장소설을 대체로 채택하고 있다. 알리가 묻힌 도시는 오늘날 시아파의 성지중 하나인 나자프라는 곳으로서, 이곳은 폐허화된 쿠파로부터는 5～6마일(8～9.6km), 바그다드로부터는 남쪽 방향 120마일(193km)에 위치하며, 도시규모는 현대 예루살렘의 규모와 형태이다. 무덤은 1743년, 이란국 나디르 샤(Nadir Shar, 재위 1736～47. 아프샤르〈Afshar〉왕조의 창시자) 시대에 주민의 훼손으로 세상에 알려졌는데, 구리쇠로 덮인 둥근천장(dome)은 두껍게 금박칠이 되어 있어서 1마일 떨어진 곳에서도 햇빛을 받으면 반짝이는 광채를 알아 볼 수 있다고 한다. 겸하여 설명한다면, 알리와 파티마사이에서 태어난 마호메트의 둘째 외손자 후사인(al－Husain/Hosein 625?～80. 10. 10. 형 하산이 669년 사망한 후는 시아파의 중심인물이 되었다)의 묘소는 그의 생부 알리가 묻힌 묘소의 거리보다 더 크고 인구가 조밀한 곳, 즉 카르발라(Karbala)에 있다. 이곳은 바그다드로부터 30마일(48km) 상거한 곳이다. 그리고 이곳 역시 시아파 교도의 성지로 되어 있으며, 이 후사인의 자손은 「사이이드(Sayyid)」로서 특수한 사회적 지위를 얻고 있다.

난 아들인 무아위야는 매우 젊은 시기에 예언자의 비서된 직무 내지 자격으로 그 실력을 발휘하였다. 그리고 그는 우마르의 판단으로 시리아 통치를 위임받았는데, 이 중요한 지역을 40년 이상이나 부왕(副王. subordinate) 내지 수장(suprem-rank)으로서 지배하였다. 그는 무용과 관후의 명성을 잃음이 없이 인간애와 겸양의 평판을 자랑할 수 있었다. 은의를 입은 국민은 이 은인에게 심복하였고, 승리한 무슬림들은 키프로스(Cyprus)와 로도스(Rhodes)정복전에서 획득한 전리품으로 부자가 되어 있었다. 우스만을 암살한 자객들의 검색이라는 신성한 임무는, 그의 야심의 기동력 및 구실로 되었다. 순교자의 피묻은 내의가 다마스커스의 모스크에 진열되자, 우리의 태수(emir/amir/ameer)는 슬픔에 잠긴 그의 근친자의 운명을 슬퍼하였는 바, 이리하여 6만명의 시리아인이 충성과 복수를 서약하고 그의 군대에 참가하였다. 그러자 그 자신이 1개 군대인 이집트 정복자 암르는 그를 새로운 군주로 받아들인 첫번째 사람이 되었다. 또한 아랍의 칼리프는 예언자의 거리(메디나)이외의 그 어떤 장소에서 즉위한다 해도 하등에 상관없다는 위험한 비밀을 누설시키기도 하였다(저자는 여기서 타키투스〈Tacitus, Cornelius. 56~115이후. 로마의 첫째가는 사가, 『연대기』『역사』와 기타의 저서를 남겼다〉가 「역사《Historiae》」에서 강조한 말인, 「황제는 로마 이외의 땅에 있는 것도 가능하다는 제국의 비밀이 명백해졌다」라는 구절을 차용한 것이다 : 기번 원주). 무아위아의 책략은 그의 경쟁상대의 무용을 꺾뒤질렀으며, 알리가 죽은 후에는 그의 큰아들 하산(al-Hasan. 624?~69경. 아버지 사망 후 칼리프를 칭했으나 이라크 민중의 지지를 받지 못하자, 메디나로 은퇴하여, 우마이야왕조의 무아위야 1세로부터 주는 연금을 받아서 생활했다. 원래 암우하고 나약한데 더하여 소행이 나빠, 아내를 무려 100명이나 바꾼데서 별명이 「이혼자〈Mitlak〉」로 불리웠다. 그의 자손은 샤리프〈Sharif〉라고 불리우며 지금도 각지에서 특수한 사회적 지위를 차지하고 있다고)이 양위하고 물러나도록 주선하였다. 이 하산이라는 사람의 마음은 세계 통치에 대한 능력이나 흥미도 없었는데, 그는 별로 한숨도 내쉬지 않고 쿠파의 궁전으로부터 외할아버지 무덤가까운 곳의 허술한 암자로 은퇴하였다. 새로 칼리프가 된 이 무아위아의 자신만만한 야망은, 선거왕제로부터 세습왕제로의 개혁이라는 중대한 변경으로 최종적인 실현을 보게 되었다. 이런 제도변경에 대하여 자유 내지 광신에 입각한 얼마간의 불평이, 아랍인의 마음이 내키지 않음을 방증했고, 또 메디나의 시민 4명은 충성의 맹세를 거절하였다. 그러나 무아위아의 신호는 정력적·효과적으로 실행되어, 나약하고 타락하여 몸가짐이 방종한 젊은이었던 그의 자식 야지드가 신도의 통솔자로서, 신의 사도의 후계자로 선포되었다.

알리의 아들중 한사람(장남 하산)의 자비심에 관한 유명한 일화가 있다. 식사하는 자리에서 시중들던 한 노예가 멍청하게 그만 주인의 몸에 뜨거운 국그릇을 엎질렀다. 이 경솔한 노예는 벌을 모면하고자 꿇어 엎드려서『코란』의 1절을 반복 암송하였다.「천국은 자기의 노여움을 억제하는 사람의 것이니라.」—「나는 화나지 않았느니라.」—「그리고 잘못을 용서하는 사람의.」—「나는 너의 잘못을 용서한다.」—「그리고 악에 대하여 선을 베푸는 사람이니라.」—「나는 네게 일신의 자유와 은화 400매를 주겠노라.」이와 마찬가지로 경신(敬神)의 마음이 매우 두터운 하산의 동생 후사인(al-Hussain/Hosein. 625?~80. 10. 10. 형 하산이 669년에 사망한 후 메디나에 은퇴하여 시아파의 중심인물로 되어 있었다. 우마이야 왕조의 무아위야 1세가 죽은 후, 그의 아들 야지드 1세〈Yazid Ⅰ. 재위 680~83〉가 칼리프가 되자, 이라크 민중이 그를 싫어하고 후사인을 옹립하고자 여러번 초청하였다. 끝내 이를 수락하여 메시나에서 바그다드를 향하여 유프라테스 강변의 카르발라〈Kerbala/Karbela〉까지 당도했을 때, 이라크의 총독 우바이둘라〈'Ubaidu'llah〉의 부장인 우마르〈'Umar〉군에 포위되어 참살되고 말았다)도, 아버지가 가졌던 기질의 나머지 부분을 계승하여 콘스탄티노플을 공위했을 때는 그리스도교도들에 대한 분전으로 그 용명을 떨쳤다. 하셈가 직계자손이며 사도의 외손자라는 신성한 평판이 그의 한몸에 집중되었는데, 그는 일찍이 그 악덕을 경멸하고 있던 다마스커스의 찬탈자(무아위야), 그리고 그가 한번도 그의 칭호를 승인한 기억이 없는 야지드(Yazid Ⅰ)에게 자기의 권능을 인정케 하는 입장에 있었다. 때마침 이때 그의 대의에의 충성을 피력하면서, 만일 그가 유프라테스강변으로 출진한다면, 곧 그의 편이 되어 참전하겠다고 공언한 14만명이나 되는 무슬림의 명부가 비밀리에 쿠파(cufa)로부터 메디나에 전달되었다. 현명안 친구들의 충고를 무시하고, 그는 자기와 가족의 신병을 배신적인 국민의 손에 위탁하려고 결심하였다. 그는 여자 어린이들로 구성된 겁많은 수행원들을 데리고 아라비아 사막을 넘었다. 그러나 이라크 국경에 접근함에 따라 그는 이 국토의 쓸쓸하고 험악한 양상에 가슴이 섬칫해짐을 느꼈고, 아방군대의 이탈 내지 파멸을 우려하게 되었다. 그의 불안감은 적중하였다. 쿠파의 지사인 우바이둘라(Obeidollar/Ubaidu'llah)는 이미 반란의 첫번째 불꽃을 압살하고 있었다(후사인은 사전에 밀사를 쿠파에 잠입시켜서 자기의 지지자가 많음을 확인한 기초위에 출발했지만, 그런 직후에 이 밀사인 무슬림이 우바이둘라에게 적발 처형된 것이다). 그리고 후사인은 카르발라(Karbala/Kerbela, 쿠파 북서방향 25마일〈40.2km〉에 위치하고, 지금도 시아파의 성지이다) 평원에서 5천의 기병대에 포위되었는데, 도시와 하천과 통하는 그의 통로가 모두 차단당했다. 그는 여전히 이 단계에서도, 이전에 케사르(Caesar, G. J., BC 102~44. 로마의 최대정치가, 무장으로서 서양사에 최대의 영향을 남긴 인물. BC 47년에는 폼페이우스〈Pompeius, BC 106~48〉를 추격하여 소아시아에 轉戰했을 때, 폼페이우스와 협력하던 퐁투스왕 파르나케스 2세〈Pharnakes Ⅱ. 재위 BC 63~47〉까지 정토하면서 이 사막에서 싸운 바 있다)와 페르시아의 호스로(Khusru/Chosroes Ⅰ. Anushirvan. 재위 531~79와 그의 손자인 Khusru Ⅱ, Parvez, 재위 579~90은, 각각 동로마제국의 유스티니아누스〈Justinianus Ⅰ. 재위 527~65〉와 헤라클리우스〈Heraclius Ⅰ. 재위 610~41〉 황제들과 역시 이곳 사막에서 싸운 바 있다)의 군사력에 대항한 실적있는 사막속의 한 요새로 후퇴하여, 그의 방위를 위하여 용사 1만명이 대기하고 있을 것으로 되어 있는 타이족(Tai族)의 충성심에 의지할 수도 있었을 것이다. 그러나 그는 그렇게 행동하지 않고 적군의 수장과의 회담에서, 메디나로의 귀환을 승인하던가, 투르크군과 대치하는 최전선 수비대로 향하던가, 아니면 야지드 1세가 있는 궁전까지 안전하게 안내하던가, 세가지 방안중 명예있는 조건의 한가지를 충족시켜 줄 것을 제의하였다. 그러나 칼리프 내지 그의 막료의 명령은 준열하고도 절대적이었는 바, 후사인은 여기서 포로이며 죄인이라는 자격으로 순순히 신도의 통솔자의 손에 넘겨지던가, 아니면 그의 반란결과를 기대하던가 양자택일하라고 통고되었다. 「귀하는 나를 죽음으로 위협하려고 생각하는 것이요?」 하고 후사인은 되물었다. 그리고 짧은 한밤 사이의 유예기간에 그는 침착하고도 장중한 체념(諦念)으로 자기운명에 대처할 마음가짐을 굳혔다. 그는 다가오는 가계(家系)의 단절을 슬퍼하는 누이동생 파티마(Fatima)의 통곡을 제지시키면서 이렇게 말했다. 「우리는 오직 신만을 믿어야 한다. 천상과 지상의 구별없이 만물은 죽어서 창조주에게로 돌아가느니라. 나의 형, 우리 아버지와 어머니는 나보다도 뛰어나게 우수했고, 무슬림은 누구나가 예언자라는 모범을 가진단다.」 그는 동행한 친구들에게 지금 당장 이탈하여 신변안전을 도모하도록 설득했으나 그들은 자기들의 경애하는 주인을 저버리고 혼자 살아남는 것을 거부하였는데, 그들의 이런 용기는 열렬한 기도와 천국의 확신으로 강화되었다. 운명적인 날이 밝아오자, 이날 아침에 그는 한쪽손에는 검을, 다른쪽 손에는 『코란』을 들고 말에 올라탔다. 이 씩씩한 순교자의 일단이란 겨우 32명의 기병과 40명의 보병뿐이었다. 그러나 그들의 측면과 배후는 천막을 지탱하는 로프와

깊은 참호로 방위되어 있었는데, 그들은 아랍인의 습관에 따라 이 참호속에 불이 붙는 장작다발을 가득 채웠다. 적은 마지못하여 전진해 왔는데, 그들의 수장중 한명은 30명의 부하들을 이끌고, 이 불가피적인 죽음을 각오하고 있는 일단에게 가세하려고 이탈해 왔다. 개개의 접근전과 1대 1의 격투에서 파티마군(Fatimites)의 절망은 무적의 분전으로 나타났지만, 대군의 포위군은 먼 거리에서 화살을 비오듯이 쏘아댐으로써 기병과 보병을 차례차례로 쓰러뜨렸다. 양자 사이에서 기도드릴 시간동안의 휴전이 인정되었지만, 회전이 결국 후사인 동료들의 최종적인 전사로 막이 내려지자, 그는 홀로 부상당한 몸을 이끌고 쓸쓸하게 천막입구에 주저앉아서 휴식을 취하였다. 그가 물을 한모금 마시는 그 순간에 적이 쏘아댄 화살이 입술에 꽂혔다. 그는 자기의 미청년들인 아들과 조카를 자기의 무기로 죽였다. 그는 피묻은 양손을 하늘을 향해 추켜 올리고 살아있는 사람과 죽은 사람을 위하여 장송(葬送) 기도를 드렸다. 절망감으로 제정신을 잃은 그의 누이동생이 천막으로부터 나와 쿠파족 장군을 향하여, 자기가 보는 앞에서 후사인을 죽이는 흉내는 내지 말아주기 바란다고 간청하자, 그 장군의 위엄있는 수염에 한줄기 눈물이 흘러내렸다. 그리고 빈사상태에 있는 이 영웅이 그들의 대열을 향하여 돌진해 갔을 때는, 가장 대담한 병사들도 사방으로 흩어져 갔다. 신도들이 증오하는 이름인 냉혹무정한 샤메르(Shamer)가 이들의 겁먹은 태도를 질책하자, 마호메트의 외손자는 장창과 도검으로 33개소의 자살(刺殺)을 입고 살해되었다. 그들은 그의 시체를 발로 짓밟은 후에 그의 수급을 쿠파의 성안으로 가지고 돌아갔다. 비정무도한 우바이둘라는 죽은 사람의 입술을 지팡이로 매질하였다. 「아—, 슬프고 슬프도다(하고 한 늙은 무슬림이 외쳤다). 이 입술에서 나는 우리들의 신의 사도의 입술을 보았소이다.」 멀리 떨어진 시대와 풍토에서의 이 후사인 죽음의 비극적인 정경은, 가장 냉담한 독자의 동정도 불러 일으킴에 충분하다. 그가 순교한 해마다의 제삿날에 그의 페르시아 신도들은, 그의 무덤에의 경건한 순례로서 자기들의 영혼을 비탄과 분노의 종교적 발작에 내맡긴다*.

알리의 자매와 아들의 자녀가 다마스커스의 군주(야지드 1세)밑으로 호송되어 왔을 때, 이 칼리프는 이미 화해의 희망도 없을 정도로 깊은 상처를 입은 이 많은 인원의 적대적인 부족의 원념을 근절시키기 위해서는 이들을 모두 없애야 한다는 충고를 받았다. 그러나 야지드는 사면하는 것이 좋겠다는 조언을 채용한 바, 복상중의 이 가족은 정중한 예의를 갖추어 석방 및 송환됨으로써 메디나에 있는 그들의 친족들과 눈물로써 재회할 수 있었다. 순교의 영광이 장자상속(長子相續)의 권리를 빼앗겼지만, 한편 페르시아의 신조에 입각하여 12명의 이맘(Imam/imaum), 즉 대교장(大教長. pontiff. 종교상의 수령) 자리는 알리-하산-후사인과 후사인의 직계 9대손까지의 권리로 대체되었다. 이 이맘들은 무기도 재산도 또 신민도 가지고 있지 않음에도 불구하고, 이들은 대대로 민중의 존경을 내내 향수함으로써 군림하는 칼리프의 질투심을 북돋웠다. 메카와 메디나, 유프라테스 강변 또는 호라산(Chorasan)지방에 있는 그들의 분묘는, 지금도 그들 종파(시아파)에 속하는 무슬림들의 기도와 참배의 대상으로 되어 있다. 그들의

---

* 회교력(헤지라력. hijrah/Hegira曆)으로 61년 무하람월(Muharram. 제1월) 10일, 즉 서력 680년 10월 10일의 카르발라(Karbala)의 이 비극은, 시아파 성립의 결정적인 기연으로 되었고, 또 카르발라는 이 시아파의 성지로 되었다. 여기서 오늘날도 이슬람권에서 시아파 대 순니파라는 이슬람교의 2대 종파간의 항쟁이 그치지 않는 현실에 비추어 이 양파의 성립원인을 간단히 설명코자 한다.

시아파(Shi'a/Shiah派) : 이슬람교의 소수파로서 이의 대표적인 신봉국가는 이란이다. 이 종파는 마호메트의 4촌형제이자 사위이며 양자인 알리(Ali. 마호메트를 양육했던 그의 백부인 Abu Talib의 아들이며, 마호메트의 딸 Fatimah〈606경~34〉의 남편. ?~661. 1. 24. 제4대 칼리프 재위 656~61)를 신격화하여 정통 후계자로 생각하는 종파이다. 따라서 정통파 칼리프의 제1~3대, 즉 제1대 아부 바크르(Abu Bakr. 재위 632~34), 제2대 우마르(Umar. 재위 634~44) 및 제3대 우스만(Ùthman 재위 644~56)조차 교주로 인정하지 않으며, 물론 순니파의 칼리프도 정통파로 인정하지 않는다. 또한 「코란《Koran》」을 정경(正經 또는 正典)으로 삼는 것은 순니파와 마찬가지지만, 마호메트의 언행에 입각하여 만들어진 일종의 구전율법(口傳律法, 傳誦이라고도 한다)인 「순나《Sunna /Sunnah》」를 순니파와는 달리 정경으로 인정하지 않는다. 대체로 산적·노상강도·가축사육자 출신이 많다고 하며 아랍인들 사이에서는 신봉자가 많지 않으나, 이집트-시리아의 칼리프인 살라프-딘(사라딘이라고 통칭. an-Nasir Salahu'd-Din Yuruf. 재위 1173~93. Ayyub왕조〈1171~1250〉의 창시자. 쿠르드족 출신. 제3회 십자군〈1189~92〉과 싸웠다)과 같은 영웅도 나온 바 있다. 오늘날은 소수파로서 이란이 국교로 삼고 있다.

순니파(Sunnite) : 이슬람교의 다수파서 전교도의 9할을 차지한다. 순니파는 다시 말리크파(창시자는 Malik ibn Anas. 715?~95. 법학자로서 《Hadis》를 중시한다), 샤피파(창시자는 ash Shaff'i Muhammad, 767~820), 하나피스파(철자·창시자 인적사상 불상) 및 함바리파(철자·창시자 인적사항 불상)의 4개분파로 나뉘는데, 이집트는 말리크파와 샤피파가 주류를 이룬다고 한다. 순니파는 시아파의 알리와 대립하여 시리아의 수도 다마스커스에 본거지를 두고 창건한 우마이야(Umaiyah/Ummaya)왕조의 초대 칼리프인 무아위야 1세(Mu'awiya/Muawiyah I. Abu Sufyan/Sophian의 아들. ?~680. 4. 재위 661~80. 알리가 656년 제4대 칼리프로 취임하자 다마스커스에서 독립을 선언했고, 661년 그가 급사함으로써 칼리프직을 승계하였다. 교회재산을 국가재산으로 만들었고, 전제적 칼리프의 세습제를 확립하였다. 마호메트, 우마르와 비견되는 인물로 평가되고 있다)계통을 정통 칼리프로 하는 종파이다. 순니파는 「순나」도 「코란」과 동등하게 정경으로 본다.

이름은 종종 선동과 내란의 구실로 되었지만, 이 고귀한 성도들은 현세의 허식을 경멸하고, 신의 뜻과 인간의 부정(不正)에 한몸을 맡겼고, 자기들의 때묻지 않은 생명을 종교연구와 그 실천에만 바친 사람들이다. 이들의 마지막되는 제12대 이맘인 마흐디(Maḥdi/Mahadi. 이세상 종말에 앞서 나타난다는 회교의 구세주), 즉 지도자(Guide)라는 칭호로 이채를 발산시킨 이맘은, 그의 선임자들의 고독과 고결함을 능가하였다. 그는 바그다드에 가까운 한 동굴안에 몸을 숨긴 채 사망했으므로, 그의 죽음의 시기와 장소는 알려지지 않았다. 때문에 신도들은 그가 계속 살아남아서 최후의 심판일에 나타나, 반그리스도적인 다잘(Dejal. 이슬람교에서의 惡의 화신. 「하디스〈Hades〉」 속에 언급되어 있는 것)의 압제를 반드시 타도할 것으로 확신하였다(이것은 시아파중의 최대분파인 12 이맘파의 교의로 되어 있다). 2~3세기의 세월이 흘러가면서, 마호메트의 숙부이던 압바스(al-'Abbas, 579?~653경. 그의 아들인 압둘라 이브눌-압바스〈'Abdullah ibunu'l-Abbas. 668경 사망〉의 자손에서 후일 압바스 왕가가 창건되었다)의 자손이 3만 3천명으로까지 번성하였고, 한편 알리의 자손도 같은 정도로 증가했을 것으로 추정되었다. 이리하여 가장 비천하던 개인이 가장 위대한 1등급의 귀족이상가는 고귀한 존재가 되었는데, 그중에서도 가장 탁월한 사람들은 천사의 완전한 덕성조차 능가하는 것으로 상정되었다. 그러나 그들이 놓여진 역경과 이슬람 제국의 광대한 판도는 이 신성한 가문의 자손들과의 연결성을 주장하는 뻔뻔스럽고도 교활한 각종 사기꾼이 배출될 수 있는 폭넓은 여지를 제공하였다. 사실 스페인과 아프리카의 알-무와히드조 (al-Muwaḥḥid/Almohade朝. 1130~1269년간 통치), 이집트와 시리아의 파티마조(Fatima朝. 909~1171년간 통치), 예멘의 역대 설탄(Sultan)들, 페르시아의 소피왕조(Safawi/Sophi王朝. 1502~1736년간 통치)가 휘두른 왕홀은, 이처럼 막연하고도 애매한 칭호로 성화되어 왔다. 그들의 통치하에서 그들의 출생의 적법성을 논한다는 것은 위험천만한 일인 바, 사실 파티마조의 이들 칼리프중 한사람은, 이런 버릇없는 질문을 연월도를 뽑아 들고 위협으로 침묵시켰다. 「이것이 나의 족보요, 이것이(하고 손에 쥐었던 금화를 병사들에게 뿌리면서 모에즈〈Moez. 제4대 칼리프 재위 952~75〉는 외쳤다) 과인의 친족이요 또 자식이니라.」 왕후, 박사, 귀족, 상인 나아가서는 거지 등 다종다양한 계층속에서, 마호메트와 알리 혈통의 진짜와 가짜가 뒤섞인 자손의 대군이 족장(sheik/sheikh), 성지수호자(sherif/shereef. 마호메트의 딸 Fatima의 자손을 말하는데, Mecca의 수호자는 Grand shereef로 표기한다), 태수(emir) 등등 호칭으로 존경받고 있다.

오스만 제국(Ottoman empire. 1299년 Othman I〈재위 1299~1326〉에 의하여 창건되어 1923년에 공화국으로 된 오스만 투르크〈터키〉를 말하는 것)에서 그들은 특별한 녹색터반(green turban)을 머리에 두르고, 국고로부터 연금을 받으면서 자기네 부족 수장의 재판권에만 복종하는 치외법권적 은전을 입고 있었으며, 재력 또는 인격면에서는 아무리 천대받는다 해도 여전히 자기 출신가문의 자랑스러운 유래를 주장하였다. 칼리프인 하산(Hassan, 알리와 파티마사이의 장남)의 순수한 정통 가계인 300명 가족은, 메카와 메디나의 신성한 두 도시에서 오명과 의심을 전혀 받지 않는 상태에서 연면하게 유지되어, 1200년의 유위전변(有爲轉變)을 거친 오늘날도 여전히 그들의 신전관리와 고향땅에서 주권을 장악하고 있다. 마호메트의 명성과 공적은 평민적인 종족들조차 고귀하게 만들었는 바, 쿠라이시족의 오랜 혈통은 지금도 지상의 국왕들의 최근의 위세까지도 압도할 정도이다.

마호메트의 재능은 처음부터 우리들의 갈채를 받을만한 값어치가 있었지만, 그러나 그의 성공은 너무도 강하게 우리들의 감탄을 불러 일으키는 것 같다. 수많은 신도가 한사람의 웅변적인 독신가의 교리와 정열에 감화되었다는데, 대하여 우리들은 놀랐을까? 그리스도 교회내에서도 각종 이단이설이 나올 때마다, 동일한 유혹은 12사도 시대부터 종교개혁시대까지 끊임없이 반복하여 시도되어 왔다. 한 개인이 창검과 왕홀을 잡고 자기고국을 정복하였고, 그런 승승장구하는 무력으로 왕국을 건설한다는 것은 믿기지 않는 일일까? 동로마제국 여러 제통(帝統)의 주마등과도 같이 급변하는 환경속에서는, 수없이 행운을 붙잡은 많은 찬탈자가 전임자보다도 낮은 신분으로부터, 갑자기 출세하여 한층더 강력한 장해요소를 뛰어넘어 보다 광대한 제국 건설을 위한 정복을 실현시키기도 하였다. 마호메트는 설교와 전투의 양면에서 다같이 소질을 갖추고 있었는데, 이율배반적인 이 두가지 성질의 결합은 그의 공업(功業)을 높이는 동시에 그의 성공에 공헌하였다. 즉, 무력과 설득, 열광과 공포작용이 끊임없이 교호작용을 일으키는 과정에서, 모든 장해가 이런 불가항력적인 힘에 굴복하였다. 그의 목소리는 아랍인을 자유와 승리에로, 무장과 약탈에로, 그리고 현세와 내세에서 그들의 마음에 드는 정념의 충족에로 유도한 반면에, 그가 자신에게 부과한 억제는 예언자된 신용을 확립하여 민중의 복종을 붙들어 맬 필요가 있었다. 때문에 그의 성공의 유일한 장해는 신의 통일과 완전성에 관한 그의 이성적인 신조였다. 우리들의 감탄을 자아내게 하는 것은, 그의 종교의 확대라기 보다도 그것의 불변성이다. 그가 메카와 메디나에서 새겨넣은 순수하고도 완전한 감명은, 12개세기라는 장구한 세월을 거친 오늘날에 이르러서도 그대로 인도인, 아프리카인, 터키인 등『코란』에로의 개종자들에 의하여 보존되고 있다. 만일 성 베드로나 성 바울처럼 그리스도의 사도가 오늘날 바티칸 궁전에 돌아올 수 있다면, 그들은 아마도 이처럼 장려한 성당에서, 이처럼 신비스러운 의식으로 예배되고 있는 그 신은, 도대체 무엇이라는 이름을 가졌느냐 하고 물을 것이고, 옥스퍼드나 제네바에서의 그들의 놀라움이란 이보다야 얼마간 적을 것이라 해도, 역시 그들은 교회의 교리문답을 숙독한 기초위에, 그들 자신의 저작이나 그들의 조사(祖師)의 말씀에 관한 정통적인 주석자의 연구에 힘쓰지 않으면 안될 것이다. 이에 반하여 성소피아 교회의 투르크 원개(円蓋)는 그것의 광휘와 용적의 증대에도 불구하고, 여전히 마호메트의 손으로 메디나에 세워진 변변치 못한 막사의 재현인 것이다. 이슬람 교도는 지금까지 그들의 신앙과 숭경의 대상을, 인간의 감각이나 상상의 수준으로 끌어 내리려는 유혹에 시종일관 저항해 왔다. 「나는 하나의 신과, 그 신의 사도인 마호메트를 믿는다」는 이슬람의 단순하고도 불변의 신앙고백이 그것이다. 신의 지적(知的) 이미지는 그후 결코 어떤 모습있는 우상에로 타락하는 일도 없었고, 예언자에게 주어지는 명예도 인간적인 덕성의 척도를 결코 초월하는 일이 없었다. 이리하여 그의 살아있는 교훈은 그의 신도들의 감사의 정을, 이성과 종교의 테두리안으로 제한해 왔다. 확실히 알리의 신도들은 자기들의 영웅과 그의 처자의 유령(遺靈)을 신성시하였으며, 페르시아의 일부 학자는 신적(神的)인 본질이 이맘의 신체로 되어서 화신(化身)한 것이라고 주장하지만, 그들의 미신(迷信)은 순니파로부터는 널리 규탄되어 왔고, 그들의 불경(不敬)은 성도(聖徒)와 순교자 숭배에 대한 정당한 경고로 되어 왔다. 신의 속성과 인간의 자유에 관한 형이상학적인 문제가 이슬람 교도의 학원에서 논의되어 왔다는 것은, 그리스도 교도의 경우와 전혀 마찬가지지만, 그러나 전자에 있어서는 이 문제가 한번도 민중의 정열을 북돋우어 국가의 안녕을 교란시키는데 까지는 이르지 않았다. 이 중요한 차이의 원인은 속권(俗權)과 성권(聖權)의 분리와 통일의 차이에서 찾을 수 있을 것이다. 예언자의 후계자이며 신도의 통솔자인 칼리프에게는, 종교적인 온갖 개혁을 폭압(暴壓)하고 예방하는 것이 자기들의 이익에 부합되었으므로, 성직자의 교단과 규율, 그리고 그들의 현세적·영적 야심은 무슬림에게는 인연이 없었는 바, 율법의 현자(賢者)는 동시에 그들의 양심의 도사(導師)이며 그 신앙의 신탁 바로 그것이 되었다. 대서양에서 갠지스강에 이르는 광대한 지역에서, 『코란』은 단지 신학뿐만 아니라 민법과 형법의 기본 법전으로 승인되었고, 인류의 행위와 재산권을 규율하는 제법규는 신의 의사에 의한 불가류(不可謬)이고도 불가변(不可變)의 재가(裁可)로써 보호되고 있다. 이런 종교적인 예속에는 처음부터 얼마간의 실제적인 불이익이 수반되었다. 우리들의 무학(無學)의 입법자는 여러번 그 자신과 그의 모국의 편견으로 갈팡질팡했기 때문에, 아라비아 사막의 제반제도는 당연한 이야기가 되지만 이스파한(Ispahan. 이란의 중앙부. 그로스산맥속에 위치한다)과 콘스탄티노플의 부유층과 도시주민에게는 적용되지 못할 염려가 있다. 이런 경우에 법관(Cadhi/cadi. 하급재판관)은 공손하게 성전을 머리위에 올려놓고, 공정성의 제원리와 시대의 풍속이나 정책에 좀더 적합되는 교묘한 해석을 채용한다.

마호메트의 성격을 논함에 있어 마지막으로 고찰할 것은, 공공의 행복에 대한 그의 유익 또는 유해한 영향에 관한 문제이다. 그의 가장 완미하고도 격한 감정을 가진 그리스도 교도와 유태교도들도, 그들 자신의 교리만큼 완벽하지는 못하다 하겠지만, 그가 어떤 건전한 양식(良識)을 세상사람들에게 설하기 위하여 감히 거짓된 소명(召命)을 뽐내 보였다는 정도의 일은 승인할 것이다. 그는 자신의 종교의 기초로서, 그들의 선행적인 계시와 그 창도자의 덕행과 기적의 진리, 그리고 신성성을 공손하게 전제로 하였다. 이리하여 아라비아의 우상은 신의 옥좌앞에서 파괴되고, 인신공양의 피는 기도와 금식 그리고 희사 등 기특하고도 천진난만한 신앙의 기교로써 대체되었다. 내세의 응보는 그의 손으로, 무지하고 살벌한 세대에게 가장 잘 어울리는 영상으로 묘사되었다. 아마도 마호메트는 자기 동국인을 위한 도덕적·정치적인 체계를 구술하는 일까지도 이루지 못했다지만, 그럼에도 불구하고 신도사이에 자선과 우정의 정신을 고취하여 사회적 덕행의 여행을 권장하여 설교하였고, 그의 법규와 계율에 의하여 복수에 대한 충동이나 과부와 고아에 대한 억압을 억제하였다. 이리하여 적대적인 제부족은 신앙과 복종으로 통합되어, 지금까지 헛되게 국내항쟁에 낭비되어 온 용무(勇武)의 정신이, 이제 국외에 있는 적에 대하여 강력히 발휘되기에 이른 것이다. 가사 이런 충동이 좀더 미약했다 하더라도, 국내에서 자유롭고 국외에서는 공포의 대상이 된 아라비아는, 그의 대대로 이어온 토착적인 군주밑에서 번영하였을 것이다. 그런데 이 아라비아의 주권은 정복의 대규모성과 신속성으로 말미암아 상실되고 말았다. 아랍민족의 거주지는 동서 두 제국으로 확대되고, 그들의 피는 그들의 개종자와 심지어 포로의 피하고도 혼화하게 되었다. 3명의 칼리프가 다스린 후에 왕위는 메디나로부터 다마스커스의 골짜기로, 그리고 다시 티그리스강가(바그다드)로 이전하여 신성한 도시들은 불경신적인 전쟁으로 모독되고, 아라비아는 한 신하의, 아마도 한 외국인의 채찍(오스만 터키에 의한 설탄-칼리프 제도)밑에 지배되기에 이르렀고, 사막의 베두인족은 이제 그들의 지배에 대한 꿈에서 깨어나 오래되고 고독한 독립성을 되찾기 시작한 것 같다.

제51장 아랍인, 별명 사라센인에 의한 페르시아, 시리아, 이집트, 아프리카, 스페인의 정복－칼리프 즉 마호메트 후계자들의 제국－그들 통치하의 그리스도 교도와 기타의 상태

〈632～714〉

아라비아의 혁명은 아랍인의 성격까지는 변경시키지 못했다. 마호메트의 죽음이 독립의 신호가 되었는데, 이것은 그의 권력과 종교가 급히 지은 건조물을 그 밑바닥까지 동요시켰다. 소규모였던 그의 당초의 충실한 제자들의 일단은, 실제로 그의 웅변에 귀를 기울였고 또 그와 고난을 함께 겪었으며, 사도를 따라 메카의 박해로부터 도망치던가, 메디나 성벽에서 이 망명자를 받아들였던 것이다. 그런데 마호메트를 자기들의 왕이며 예언자로 승인하면서 급증된 대다수 사람들은, 그의 무기에 의하여 강제되었거나 그의 번영에 유혹된 도당들이다. 다신론자는 눈에 보이지 않는 고독한 신이라는 단순한 관념에 곤혹당했고, 그리스도 교도와 유태교도들의 긍지감은 살아있는 몸뚱이 가진 같은 시대에 사는 이 입법가의 멍에를 경멸하였다. 그들의 신앙과 복종습성이 십분 주입될 겨를이 없는 사이에, 새로 개종한 사람의 대부분은 아직도 모세 율법의 신성하고 장엄해진 고풍(古風), 가톨릭 교회의 의식과 성사, 또는 자기들의 이교적 조상의 우상과 희생의 제물, 그리고 즐거운 축제 등에 미련을 느꼈다. 아랍 종족간의 서로 대립된 이해관계와 세습적인 원념(怨念)이, 아직은 통합과 종속 체제에로 응집되어 있지 않았기 때문에, 만족들은 자기들의 정념을 억제하고 관행을 모독하는 가장 완만하고도 건전한 법규조차 참고 견디기 어려운 것으로 느끼게 되었다. 그들은 금주(禁酒)와 라마단달의 금식(禁食), 매일 다섯차례나

드리는 기도의 반복 등을 규정한『코란』의 종교적 계율을 마지못하여 받아들인 데 불과하였고, 메디나 국고(國庫)에 수납되는 희사와 10분지 1세는 통상 수치스러운 공납의 지불하고 그 명칭이 다르다는 점이외에는 전혀 구별이 가지 않는 것이었다. 마호메트의 성공은 광신 또는 만착(瞞着)정신을 이미 자극하고 있었으며, 그의 몇몇 경쟁자들은 이 살아있는 예언자의 행동을 모방하면서 그의 권위를 무시하고자 하였다. 이주자(fugitive, 메카로부터의 도망자)와 원조자(auxiliary, 메디나의 보조자)집단의 정검에 섰던 첫번째 칼리프의 권한은 메카와 메디나 그리고 타예프(Tayef) 등 3개 도시에 국한되어 있었으므로, 만일 쿠라이시족의 경거망동이 시의적절하게 행해진 질책으로 제지되지 않았더라면, 아마도 그들은 카아바 신전의 우상을 부활시켰을 것이다. 「너희들 메카의 무리들이여, 너희들은 이슬람의 종교를 가장 늦게 받아 들이고 가장 빨리 포기할 생각인고?」 아부 바크르는 무슬림들에게 신과 그 사도의 가호를 믿도록 설득한 후에, 반도들의 합류를 강력한 공격으로 저지시키고자 굳게 결심하였다. 여자와 아이들은 산악지대 동굴속에 안전하게 대피시키고, 전사들은 11폭의 군기를 나부끼면서 진군하여 그들의 무기의 공포성을 흩뿌리게 되자, 이 군대의 출현이 이윽고 신도들의 충성심을 부활시키고 또 확립케 하였다. 이리하여 두 마음을 가졌던 부족들도 겸허한 회오로서 기도와 단식 그리고 희사의 의무를 받아 들였는가 하면, 몇가지의 성공과 엄벌의 실례를 목격한 후에야, 가장 대담한 배교자들 또한 만군의 주(Lord)와 할리드(Caled/Khalid ibunu'l-Walid. 642사망)의 검의 위력앞에 굴복하였다. 홍해와 페르시아만 중간에 위치하면서, 메디나 그 자체에 결코 손색없으리만치 비옥한 예멘 지방에 무사일리마(Moseilama/Musailimah, Abu Thumamah. 633. 아라비아의 예언자)*라는 이름의 강력한 수장(首長)이 예언자라는 역할을 참칭하여 출현하자, 하니파족(Banu Hanifah族)이 그의 말에 귀를 기울였다. 한 여자 예언자(이름을 사자<Segjah>라고 하는 여자점성가였는데, 처음에 무사일리마의 교의에 심취하여 그의 애인으로 전락되었다. 그러나 무사일리마가 이슬람 세력에 의해 토멸되자, 그녀도 무아위야 치하에서 무슬림으로 개종하였고, 바스라<Bassora>에서 죽었다)는 그의 명성에 이끌려 그 교의에 심취한 나머지 그에게 귀의하자, 언어와 행동상의 예의일체를 일축하고 또 하늘의 총아로 자처하던 이 남녀 두 사람은 며칠 동안씩이나 신비적이고도 애욕적인 교접에 탐닉되곤 하였다. 그의『코란』이라고 일컬어지는 책의 애매한 문장이 지금도 남아 있지만, 이 무사일리마는 자기의 사명감에 대한 긍지에 입각하여 지상(地上)의 분할을 제의하였다. 이 제의는 마호메트에 의하여 경멸적으로 취급당했지만, 이 사기꾼 교의의 급속한 신장은 마호메트 후계자의 불안감을 북돋았다. 4만명의 무슬림이 할리도의 군기밑에 집결하였고, 이리하여 그들의 신앙이 존속하느냐의 여부는 한 결전의 귀추에 일임되기에 이르렀다. 무슬림군은 첫번째 회전에서 1200명의 병사들을 잃고 퇴각하였지만, 그들의 사령관의 기량과 끈기가 최후승리를 가져오게 하였는데, 그들은 자신의 패배를 1만명의 이교도 살륙으로 보복하였고, 무사일리마 자신도 이전에 마호메트의 숙부에게 중상을 입혔던 것과 꼭같은 투창을 맞고 이디오피아출신 노예에게 살해되고 말았다. 수령도 또 대의 명분도 가지지 못한 아라비아 각지의 반도들은 이 신흥왕국의 무력과 규율에 의하여 급속히 압복됨으로써, 국민전체가 또다시 「코란」종교의 신앙을 고백했고, 더욱 굳게 이것을 믿게 되었다. 역대 칼리프의 야심은 사라센 군대의 활발한 정신을 발동시킨 직접적인 동기가 되었는데, 그들의 무용은 성전(聖戰)수행에 통합되고, 그들의 열광은 저항과 승리에 의하여 한결같이 고무되었다.

사라센군의 이런 급속한 정복으로부터 초기 칼리프들은, 스스로 신도들로 조직된 군대를 진두지휘하면서 최전열에서의 순교의 영관(榮冠)을 얻고자 했다는 추측이 자연스럽게 성립된다. 아부 바크르, 우마르, 우스만의 용기는 확실히 우리의 예언자가 박해받을 때와 전쟁중에 크게 발휘되었고, 천국에 관한 개인적인 확신이 그들에게 현세의 쾌락과 위험을 경시(輕視)하게끔 가르쳤다는 것은 틀림없는 사실이다. 그러나 그들은 한결같이 노령기 또는 성숙한 연령

---

* 무사일리마라는 이름은 무슬림이 경멸해서 붙인 것으로서, 본명은 마슬라마(Maslamah)이고, 마호메트와 같은 시대에 중앙 아라비아의 야마마(Yamamah)지방에서 자기의 교리를 설하여 동족인 하니파족을 귀의시킨 예언자였다. 그의 교리내용은 상세하게 전해진 것이 없다. 요컨대 그리스도교의 영향을 받아서 천국의 존재를 시인했을 뿐만 아니라 그 자신이 바로 천국에서 하강한 사람이라고 칭하였는데, 후세의 이슬람교 역사가들이 비평한 것처럼, 단순히 마호메트의 교리를 모방한 것만은 아니고, 어느 측면에서는 독자적인 교의를 개발했던 것이라고 한다. 무사일리마의 교세가 확대되어 이것이 이슬람 팽창정책과 경쟁하게 되자, 이것을 우려하게된 메디나의 칼리프 아부 바크르(Abu Bakr/Abubeker. 정통파 초대 칼리프. 재위 632~34)는 무장 할리드(Khalid ibunu'l-Walid. 마호메트로부터 「신의 검」이라는 별명을 받았고, 「싸우기 위해서만 태어났을 뿐 다른 아무것도 배우지 않았던 사람」으로 평가되었으나, 만년은 불우했다)를 주장으로 정예 회교군을 파견하여 아크라바에서 그와 하니파족을 토멸시켰다(633년).

에 이른 다음에 왕좌에 올랐기 때문에, 종교와 정의에 대한 국내적 배려를 군주된 사람의 가장 중요한 의무로 생각하였다. 예루살렘 공위전에 대한 우마르의 참가(636년. 이에 관하여는 뒤에 나오는 p.143을 참조할 것)를 제외하면, 그들이 가장 먼길 원정에 나선 것은 메디나로부터 메카에의 거듭된 순례정도였는데, 그들은 예언자의 무덤앞에서 기도드리거나 설교하는 동안에 승리했다는 보고를 냉정하게 청취했던 것이다. 그들 생활의 엄격하고도 검소한 운용은 덕행 내지 관행의 결과이고, 그들의 간소성에 대한 자각은 지상의 제왕들의 허세부린 장려성을 모욕하였다. 아부 바크르는 칼리프의 지위에 취임할 때, 자기의 개인재산을 엄밀하게 기장해 두도록 딸인 아예샤(Ayesha)에게 명령하였는데, 이것은 그가 국가에의 봉사로 재산을 더 얻었는지 아니면 잃었는지를 확실하게 해두기 위한 마음가짐에서 나온 것이었다. 그는 자기의 급여로서 금화 3매의 고정급 이외는, 한마리의 낙타와 한명의 흑인노예에 대한 충분한 식량이나 먹이값만 받는 것이 타당한 액수라고 생각하였고, 그나마 매주 금요일에는 자기자신의 돈과 공금중 소비하고 남은 것을, 무슬림 가운데서 우선 가장 유능한 사람, 다음은 가장 가난한 사람에게 분배하였다. 그가 사후에 남긴 총유산으로서 허술한 상의와 금화 5매가 그의 후계자에게 인도되었는데, 이 후계자(우마르)는 자기로서는 이렇게 훌륭한 모범을 본받을 능력이란 전혀 없다고 한숨섞인 말로 겸허하게 비탄하였다. 그러나 이 우마르의 금욕주의와 겸손성은 결코 선임자 아부 바크르의 덕성에 손색있는 것이 아니었다. 그의 식사는 보리가루로 만든 빵과 대추야자의 열매였고, 마시는 것은 물이었다. 그는 12개소나 찢어져 더덜더덜하게된 법복으로 설교했다. 이런 지도자를 표경(表敬)방문한 페르시아의 한 지방총독은, 그가 메디나의 모스크 계단에서 다른 거지들과 함께 잠자고 있는 모습으로서의 그를 발견하고 깜짝 놀랐다. 절검(節儉)은 활수성의 원천이고, 세입의 증가는 우마르에게 충순하는 신도들의 과거와 현재 봉사에 대한 정당하고도 항구적인 보상제도 확립을 가능케 하였다. 그는 자기의 논공(論功)은 뒤로 미루고, 예언자의 숙부인 압바스(al-Abbas. 579경~653경)에게 은화 2만 5천 드라크마라는 가장 후한 제1등급의 급여를 지급하였다. 바데르(Bader)전투(624년. 바데르전투와 그 다음해에 있는 우후드〈Uhud〉전투에 대해서는 전장인 제50장 p.66이하를 참조할 것)에서 살아 남은 노병들에게는 1인당 5천 드라크마씩이 급부되었고, 마호메트의 교우(教友)중 최말단의 비천한 신분의 병사들에게도 3천드라크마씩의 연금이 지급되었다. 이전에 그리스인이나 페르시아인과의 최초전투에 참가했던 노병에게는 1천매씩의 은화가 지급되었고, 그의 공로와 연령에 따라 최저 은화 50매까지 단계적으로 차등주어진 수당이 우마르가 거느린 매개 병사들에게 지급되는 제도도 확립되었다. 그와 그의 전임자는 자기들의 치세하에서 동방의 정복자는 신과 민중의 충실한 종복이며, 막대한 공공재화는 평화와 전쟁을 위한 경비로 성별(聖別)하였고, 정의와 자애의 사려깊은 격률(格律)은 사라센군의 규율을 유지케 하였는데, 그들은 보기 드문 행운에 의하여 전제제도의 신속한 운용과 공공통치의 공정 및 질박(質朴)한 격률을 통합하였다. 알리의 영웅적인 용기와 무아위야(우마이야조 창시자. 재위 661~80)의 훌륭한 사려분별은 그들의 신하들의 경쟁심을 자극하였으며, 내적항쟁의 학원(學園)에서 발휘된 재능은, 예언자의 신앙과 지배를 위한 선전에 한층 유용하게 발휘되었다. 다마스커스 궁전의 게으름과 허영속에서 우마이야 왕조(Ommiyah家)의 역대군주는 한결같이 위정자 및 성인으로서의 자격을 상실하고 있었지만, 그럼에도 불구하고 미지의 나라들로부터 획득한 전리품은 끊임없이 그들의 왕좌 탑밑에 계속 헌상되었는 바, 이 아랍의 위대성에 관한 한결같은 상승은 이 때문에 그들의 수령의 능력이라기보다도 민족정신의 덕분으로 생각하지 않으면 아니된다. 물론 이들의 적의 허약성도 중요한 한 요인이다. 마호메트의 탄생은 다행하게도 페르시아인, 로마인 그리고 유럽의 제만족이 가장 타락되고 혼란했던 시기에 대응한다. 트라야누스(Trajanus, 재위 98~117. 5현제의 하나)는 더 말할나위도 없고, 콘스탄티누스(Constantinus I. 재위 324~337)나 샤를마뉴(Charlemagne I. 프랑크왕으로서 재위 768~814. 서로마황제로서는 Karl I der Grosse. 재위 800~14)가 다스린 제국들이라면, 의심할 바 없이 이들 맨손과 다름없는 사라센인의 공격을 격퇴했을 것이고, 그 결과로 이 광신의 분류(奔流)도 아라비아 사막속에서 알아주는 사람없이 소멸되었을 것이다.

로마의 공화정 당시인 승리의 시기에는 원로원의 의도가 그들의 군의(軍議)와 군단을 그때마다 단 하나의 전쟁에 한정하고, 첫번째 적을 완전무결하게 타파한 연후라야 비로소 다음 적대자의 적의를 도발하는 것이었다. 이들의 겁많은 이런 정책의 격률은 아랍 칼리프들의 아량 또는 열광에 의하여 경멸되었다. 그들은 똑같은 패기와 성공으로 한꺼번에 아우구스투스(Augustus. 재위 BC 27~AD 14)의 후예(동로마제국의 황제를 가리키는 것)와, 아르탁크세르쿠세스(Artaxerxes. 페르시아 아카이네메스 왕조의 왕. 1세〈재위 BC 465~24〉, 2세〈재위 BC 404~358〉, 3세〈재위 BC

358~36〉 등이 모두 통치를 잘했다)의 후예를 공격했는데, 이 원수지간의 두 제국은 똑같은 시기에 일찍이 그들이 오랫동안 경멸해 온 바로 그 적대자의 먹이가 되었다. 우마르가 통치한 10년동안(634~44)에, 사라센군은 3만 6천개의 도시 또는 성채를 이 칼리프의 지배하에 복속시켰고, 4천개소나 되는 이교도의 교회 또는 신전을 파괴했으며, 마호메트교의 예배를 위하여 1천 4백개소의 모스크를 건설하였다. 그가 메카에서 도망(헤지라. BC 622년)친지 100년 후에, 그의 후계자들의 무력과 통치는 인도로부터 대서양까지 확대되었는데, 이처럼 다양하고 광범한 지역은, ① 페르시아, ② 시리아, ③ 이집트, ④ 아프리카(본서에서 아프리카라고 말하는 지역은, 이집트를 제외한 지중해 연안의 북아프리카, 즉 오늘날의 바버리〈Barbary〉지방을 언제나 지칭한다), ⑤ 스페인이라는 항목으로 분류해도 좋을 것이다. 저자는 이런 대체적인 구분하에 이곳들의 역사적인 사적을 기술코자 한다. 이에 있어 멀리 떨어져 있고 또 비교적 흥미도 적은 오리엔트지역 정복에 대해서는 간략하게 기술하고, 이와는 반대로 이전에 로마제국의 판도에 포함되어 있던 국내적인 제국가에 관해서는 좀더 상세하게 기술하려고 한다. 그러나 저자는 자기 기술내용의 결핍이나 결함을, 나의 안내자들의 맹목성 정도와 불충분성에 대한 당연한 고충에 의하여 변명되지 않을 수 없는 것 같다. 논쟁할 문제가 많을수록 목소리를 높였던 그리스 국민도, 자기의 적대자가 승리한 기록에 관해서는 별로 열심히 아니었다. 1세기 동안의 무학문맹기간이 지난 뒤에야, 무슬림들의 최초 연대기가 대부분 구전(口傳)을 기초로 수립 편찬되었다*. 아랍과 페르시아 문헌의 적지 않은 편찬물로부터 지금까지 영국의 번역가들은 훨씬 더 새로

---

* 압바스 왕조의 역사가 타바리(Tabari. 본명은 Abū Ja'far Muhammad. 838~923. 이란계 인물 타보레스탄〈Taborestan〉에서 출생. 이집트·시리아·이라크 등지에서 수학 후, 바그다드에 정주하여 이슬람 전승의 법률학을 가르쳤다)가 915년에 편찬한 「예언자들과 제왕들의 역사(Akhbar ar-rusul wa'l-muluk)」를 가리키는 것. 기번은 여기서 타바리를 「아랍역사에서의 리비우스」(리비우스〈Livius, Titus, BC 59~AD 17〉는 로마의 역사가로서 142권이나 되는 방대한 「로마건국사〈Ab urbe condita libri〉」의 저자이다)라고 말하면서, 그가 3만 페이지나 되는 자료를 적당한 분량으로 압축한 공로를 높이 평가하고 있다. 그러나 타바리에 대한 베리 교수의 평점은 몹시 짜다. 베리는 그가 리비우스와 비교되는 것은 그 분량뿐이고, 사료비판 등에서는 그 능력이 제로나 마찬가지라고 말했는가 하면, 그의 손쉽고도 무비판적으로 주어모은 결과로 후세의 엘마킨(Elmacin)이나 아불페다(Abulfeda) 등이 주로 이 타바리의 책에 인용된 것을 또다시 그대로 인용했기 때문에 그 이전의 사료들이 망실되는 결과를 가져오게 했다고 신랄히 비판했다.

운 시기의 불완전한 단편들을 발췌해 왔다. 역사의 학예(學藝)와 정신은 지금까지의 아시아인에게는 전혀 미지(未知)의 분야였는데, 그들은 문헌비판의 법칙에 대해서도 역시 무지였었다. 똑같은 시기의 우리 수도사들의 편년지(編年誌)는 철학과 자유정신이 조금도 담겨있지 않은 그들의 가장 통속적인 저작과 동일한 수준일 것이다. 한 프랑스인 학자의 손으로 이룩된 『동양전서』(이것은 프랑스의 동양학자 에르벨로 드 모랑빌〈Herbelot de Molainville, Barthélemy d'. 1625~95. 루이 14세의 비서 겸 동방어 통역관〉의 주저《Bibliothéque orientale, ou dictionnaire universel contenant géneralement tout ce qui regarde la connaissance des peuples de l'Orient. 1697》을 가리키는 것이다)는 동방 이슬람세계에 대한 가장 박식한 법률학자들에게 까지도 도움을 줄 것이다. 아마도 아랍인은 이하의 기술로부터 소개될 그들 자신의 무공이야기에 대하여, 이만치 명료하고도 포괄적인 서술을, 그 어떤 단독의 역사가에게서도 발견하지 못할 것으로 생각된다.

(1) 페르시아 : 제 1 대 칼리프의 치세 첫해(632년)에, 그의 부관이며「신의 검(Sword of God)」또는「이교도의 채찍(scourge of the infidel)」이라는 별명으로 불리운 할리드(Khalid/ibnu'l－Walid. 영어로는 Caled/Chaled로 표기. 642사망)가 유프라테스 강가에 진출하여, 안바르(Anbar)와 히라(Hira)의 두 도시를 점령하였다(633년). 바빌론 폐허의 서쪽 사막 언저리에 일찍이 아랍의 정착부족이 주거를 정해 놓고 있었는데, 그들의 수도 히라에는 과거 600년 이상 그리스도교를 믿으면서 페르시아 왕권 지배에 종속되어 온 역대왕조(라훔 왕조)가 있었다. 이의 마지막 왕인 문다르(Mondars/Mundhir)는 할리드에게 패배하여 살해되고, 그의 아들은 인질로서 메디나로 송치됨에 이르러 그의 귀족들도 드디어 예언자의 후계자에게 굴복하고 말았다. 국민은 그들의 동국인(같은 아랍인이라는 뜻)의 모범과 성공에 유혹된 바, 이리하여 칼리프는 외국원정의 첫수확으로서 금화 7만매의 연공조(年貢租)를 받아 들였다. 정복자들 자신은 물론, 그들의 역사가들마저 자기들의 미래영광을 예고하는 이런 여명(黎明)에 대하여 깜짝 놀랐다.「할리드는 같은 해안에(하고 엘마킨〈Elmacin/al－Macin. 이집트의 역사가. 1205~73. 『세계사』라는 책을 썼다〉은 말한다) 수많은 눈부신 전승을 거두었다. 터무니없이 많은 인원수의 이교도가 살해되고 무한하고도 막대한 전리품이 승승장구하는 무슬림의 손에 획득되었다.」그러나 우리의 불패의 할리드는 머지않아 시리아 전쟁에로 전출하였지만, 페르시아 국경에로의 진공전이 그 보다는 무능력하고 조심성없는 지휘관들의 손으

로 수행됨에 이르러, 사라센군은 유프라테스강 도하작전에 실패하여 많은 손해를 입었다. 그들은 조로아스터교(拜火教)교도(Magian)들의 불손한 추적을 징계했다지만, 그의 잔존병력은 그후에도 여전히 바빌론 부근 사막에서 준동하였다.

페르시아 국민의 분격과 공포는 당분간 자기들의 내부항쟁을 중단시키는 결과를 가져오게 하였고, 호스로(Khusru Ⅱ. 628사망)의 사망과 헤라클리우스(Heraclius Ⅰ. 628년 페르시아와 화약을 맺고 철수)의 철수이래, 3~4년간에 차례차례로 출현했다가는 소멸된 잠시잠깐 동안의 찬탈자로서 그 여섯번째에 해당하는 아르제마(Arzema)여왕은, 승려와 귀족들의 일치된 판결로 추방되고, 그녀가 썼던 왕관(tiara)은 호스로 2세의 손자인 야즈데게르드(Yazdegera/Yezdigird/Yezdegerd Ⅲ. 재위 632~51. 사산왕조 마지막 왕. 637년과 641년에 사라센군과 싸워 패배한 끝에 메디아에 도피중 메르브〈Merv〉에서 암살되었다)의 머리위에 올려졌다. 그리고 때마침 한 천문주기(天文週期. astronomical period)에 암합(暗合)하는 것 같은 연시(年時)가 사산조(Sassan朝. 226~651년간 페르시아를 통치한 왕조)와 조로아스터교의 몰락을 기록하고 있다*. 이때 겨우 15세밖에 되지 않았던 이 국왕의 젊음과 무경험은 위험한 회전을 거부하는 결과를 가져오게 하여, 국왕의 군기가 그의 사령관 루스탐(Rustam)의 손에 맡겨지

---

* 이 대목은 너무 간결하고 추상적으로 기술되어 있으므로 얼마간의 보충설명을 가한다면, 요컨대 불길한 해에 불가피적으로 페르시아의 새왕이 즉위한 까닭에, 종국적으로 페르시아의 왕조가 붕괴되고, 그의 국교였던 조로아스터교(拜火教)도 몰락하여 전국토가 이슬람화하게 되었다는 것이다. 즉, 사산왕조의 마지막 왕이 된 야즈데게르드 3세가 즉위한 날이 태양력으로 정확히 서기 632년 6월 16일인데, 바로 이 632년이라는 해는 페르시아력상 120년마다 한번씩 있는 바 윤달(30일)이 삽입되어, 태양력과의 엇갈림을 보완하는 天文週期상의 소위 天文學의 해였다. 그런데 공교롭게도 바로 이해(632년) 6월 7일(8일설도 있다), 다시 말하여 야즈데게르드 3세가 즉위하기 9일(또는 8일)전에, 아라비아의 예언자 마호메트가 죽었던 것이다. 이와같이 복잡하고 또 예언자가 죽은 그런 불행한 해에, 사산조의 마지막 왕이된 야즈데게르드는 전임자(Arzema 여왕. 재위 631~32)가 제2대 칼리프 우마르가 보낸 사라센군에 저항할 수 없어, 본문에 있듯이 승려와 귀족의 압력으로 물러나게 되면서 불가피적으로 미성년의 나이로 왕위에 올라야만 했던 것이다.

여기서 독자들의 이해를 돕기 위하여 사족이나마 페르시아력(曆)에 대하여 간단히 설명코자 한다. 페르시아력은 기원전 7세기부터 사산조 몰락기까지 사용한 특유의 태양력이다. 이것은 1년의 평년을 365일(태양력은 1년을 365일 5시간 48분 46초로 정하여 매 4년마다 2월에 1일간의 윤일을 둔다)로 하되, 매월을 30일씩 1년을 12개월(360일)로 하고, 남는 5일은 해마다 12월말이나 8월말에 붙여서 넣었다. 그리고 윤년은 120년에 한번 두었는데, 30일(0.2425일×120년=29.064일≒1태음달)로 된 윤달을 넣어 1년을 13개월로 만들었는데, 1440년의 이런 윤달이 새해 12개월의 첫번째 달로 되는 해였다고 한다.

고, 3만의 정규군 잔존부대는, 진위(眞僞)야 어쨌든간에 대왕의 민간인 신하들과 동맹자 모두를 합쳐서 총인원 12만으로 팽창했었다고 한다. 이미 병력이 1만 2천에서 3만으로 증강된 이슬람군은 카데시아(Cadesia. 바그다드로부터는 약 293km, 쿠파〈Cufa〉로부터는 2역참. 옷타〈Otter〉에서는 약 72km거리에 있고 대추야자와 물의 공급원으로 되어 있는 곳)평원에 포진하고 있었다. 그들의 전열은 무신론자들의 볼품없는 대군과 비교하면, 비록 인원수에서는 적지만, 그러나 실제전투에 참가할 수 있는 병사의 수는 오히려 더 많았다. 이하에서도 여러번 반복기술되어야 할 사항이므로, 저자는 여기서 미리 한가지 주석을 달아 두고자 한다. 그것은 아랍군의 돌격이 그리스군이나 로마군의 전술처럼, 견고한 밀집대형의 보병주력적인 것이 절대로 아니라는 점이다. 아랍군은 주로 기병대와 궁사대(archers)로 편성되어 있다는 조건으로부터, 총력공격전에 의한 정면돌파와 같은 전법으로 싸우는 것이 아니라, 1대 1의 개인격투나, 치고 물러나는 식의 소규모 충돌전을 주된 전법으로 싸웠기 때문에, 아무런 결정적인 승패없이 전쟁은 종종 중단되었다가는 가끔 재개되는 등으로, 대회전없이 여러날 계속됨으로써 시간만 오래 끄는 것이었다. 카데시아에서 벌어진 전투는 여러 단계로 구분되는데, 그것들은 각각 고유한 명칭으로 불리운다. 최초회전은 시리아 원군 6천명의 시기적절한 내원에 의하여「구원의 날(day of succour)」로 명명되었고, 「혼란의 날(day of concussion)」은 아마도 대치하는 양군의 일방 또는 쌍방의 혼란의 표현일 것이다. 사흘째되는 날 밤의 야간전투는, 영악한 야수들의 희미한 포효소리에 비길 정도의 불협화적인 소요에 입각하여, 「짖어대는 밤(night of barking)」이라는 좀 색다른 이름을 얻었다. 그 다음날 아침에 페르시아의 운명은 끝난 바, 때마침 안성맞춤으로 일어난 사막의 회오리바람이 신심없는 무리의 얼굴에 사진(砂塵)을 냅다 뿌렸다. 검극(劍戟)의 맞부딪치는 소리는 루스탐의 천막에로 메아리쳤는데, 옛날 같은 이름의 영웅(피르다우시〈Firdausi. 본명은 Abu'l－Qasim. 920경～1020경. 이란의 서사시인. 사아디《Sa'di Shirazi. 본명 Mushar－rifu'd－Din. 1184경～1291. 그의 작품 「과수원」, 「장미원」은 각국어로 번역되었다》와 함께 이란의 민족시인으로서 세계에 알려졌다〉의 대서사시 「왕서《王書, Shanameh》」〈999～1010. 총 6만어. 이란건국에서 사산조의 멸망까지 여러 제왕의 이야기를 테마로 한 것〉의 주인공 이름이 바로 이 페르시아군 사령관 Rustam과 같다. 이 루스탐은 이란 태고때의 대호걸이다)하고는 조금도 닮은 면이 없는 이 사령관은, 나무 그늘 밑에 군용 또는 금은보화를 담은 고리짝들을 가득 싣고 줄줄이 매여놓은 나귀 대열

사이에 설치한 천막안에 편안히 누워서 잠만 자고 있었다. 그는 위험하다는 보고를 받자 깜짝 놀라 비로소 야전침대에서 벌떡 일어났지만, 그의 도주가 용감한 한 아랍병사에게 포착되었다. 상대방의 발목을 후려쳐서 넘어 뜨린 다음 사령관의 목을 잘라낸 이 병사는, 그것을 장창끝에 꿰어 나는듯이 싸움터로 돌아가, 밀집해 있는 페르시아 병사들의 전열에 높이 올려 전시함으로써 그들을 파멸과 경악의 분위기속에 몰아 넣었다. 사라센군측에도 7천 5백명의 전사자가 있었음을 시인한 이번의 카데시아 전투는, 바야흐로 완강하고도 잔학스러운 전투였다는 형용구로 기술되어 마땅하다(638년). 페르시아 제국의 군기는 전쟁터에서 내동댕이 쳐진 채 사라센군에 의하여 노획되었다. 이것은 그 옛날 페르시아의 해방자로서 이름을 떨쳤던 대장간의 휘장인 가죽제 앞치마지만, 이 영웅적인 빈궁(貧窮)의 상징물은, 이때는 값비싼 수많은 보석류로 뒤덮여져 바탕이 거의 보이지 않을 정도였다. 이번의 전승이 있은 후에, 이라크(Irak/Iraq) 또는 별명이 앗시리아(Assyria)라는 이 부유한 속주는, 칼리프의 군문에 항복하였고, 그의 지배권은 페르시아인의 통상과 항해를 언제나 제압해 오던 지점에서의 바스라(Bassora. 지금의 Basra)의 신속한 건설에 의하여 확립되었다. 페르시아만에서 80마일(약 129km) 거슬러 올라간 지점에서 합류하는 유프라테스와 티그리스의 두 강은, 적절하게도 아랍인의 강(the river of the Arabe)이라는 명칭으로 불리우는데, 이 강은 강폭이 넓고도 곧은 강줄기의 흐름으로 되어 있다. 유명한 이 두 강의 합류지점과 하구와의 중간부분 서안쪽에 새로운 거류지(바스라시)가 건설된 바, 이곳으로의 최초식민은 800명의 무슬림들로 구성되어 있었으며, 이곳 입지조건의 유리성은 머지않아 인구조밀하고 번영하는 수도의 탄생을 가져오게 하였다. 공기는 대단한 고온(高溫)이지만, 맑고, 깨끗하고, 목장은 야자나무와 가축무리로 뒤덮여 있다. 더욱이 인접된 계곡중의 한곳은 소아시아의 4대 낙원 내지 정원의 하나로 유명하였다. 초기 칼리프 치하에서 이 아랍식민지의 관할범위는, 페르시아 남부의 속주에까지 확대되었고, 이 도시는 교우들과 순교자들의 묘지로서 성화되었다. 그리고 유럽측의 상선단은 지금도 이 바스라항을 인도와의 무역의 알맞는 거점 또는 중계지로서 이용하고 있다.

카데시아에서의 패전에도 불구하고 하천과 운하가 교차하는 국토는 전승한 사라센 기병대의 넘기 힘든 장벽이었는데, 크테시폰(Ctesiphon) 또는 마다인(Madayn)의 성벽들은 이전에 로마군의 파성추(破城槌)에도 저항하였듯이 앞으로도 사라센군이 쏘아대는 화살에 충분히 견더낼 수 있었을 것이었다. 그러나 패잔한 페르시아군은 그들의 종교와 제국의 마지막날이 박두했다는 공포심으로 압도되었다. 철옹성같은 주둔지도 배신 또는 비겁성으로 포기되고, 국왕은 그의 가족과 재보의 나머지를 이끌고 메디아(Media)고원 기슭에 있는 훌완(Holwan)으로 도망쳤다. 전투가 시작된지 3개월째 되었을 때 우마르의 부관인 사이드(Said)는 저항을 받음이 없이 티그리스강을 건넜다. 수도는 급습으로 점령되고, 민중의 산발적인 저항은 쓸데없이 이슬람군의 칼드는 맛을 확인해 주는 효과를 발휘케 했는데, 그들은 종교적인 황홀감으로 「이것이야말로 호스로의 하얀 궁전이다. 이것이야말로 신의 사도의 약속이었던 것이다」하고 절규하였다. 사막의 무일푼의 도적떼는 갑자기 그들의 희망과 지식을 초월하는 터무니없이 많은 재보를 손아귀에 넣었다. 모든 방에서 교묘하게 숨겨져 있었거나 아니면 이것 보라는 듯이 전시되었던 재보가 속속들이 나타났다. 금은의 산더미, 그리고 다채로운 의상과 값진 가구류는 상상력 또는 계산에 의한 평가를 초월하는 것이었다(라고 아불페다〈Abulfeda〉는 말한다). 그리고 또 하나의 역사가(엘마킨〈Elmacin〉을 가리킨다)는 이처럼 계산불능의 거의 무제한의 축적을 금화 300만매라는 정말로 거짓말과 같은 수치로 정의하였다. 부(富)와 무지(無知)의 대조를 예증하는, 너무 사소한 일이지만 기묘한 일화 한가지를 소개한다. 동방 궁전에서 조명을 위하여 밀랍과 혼합해서 사용하는 대량의 장뇌(障腦)가 멀리 떨어져 있는 인도양의 섬들에서 수입되고 있었는데, 이 방향성 수지(樹脂)의 이름도 또 속성도 모르는 사라센인은, 이것을 소금으로 잘못 알고 빵가루에 섞었는데, 그 맛이 매우 쓴데 놀랐던 것이다. 궁전내의 한 방은 길이와 폭이 모두 60큐빗(Hashimi cubit. 腕尺. 팔꿈치에서 가운데 손가락 끝까지의 길이로서 보통은 45.72cm. 60큐빗이면 28.2m가 된다)이나 되는, 명주실로 짠 초대형 카펫으로 장식되어 있었다. 그런데 이것의 밑바탕에 그려진 파라다이스와 정원은 온통 화초와 과일, 관목의 도안으로 되어 있었지만, 그것이 금실로 수놓아져 있거나 값진 보석으로 묘사되어 있었으며, 네모꼴의 테두리는 그 가장자리가 다채로운 녹색으로 에워싸여 있었다. 아랍군 사령관은 병사들을 설득하여, 칼리프는 반드시 이 자연과 인공의 훌륭한 제작품을 보면 몹시 좋아할 것이라는 당연한 희망에 입각하여 그들의 권리주장을 단념케 하였다. 예술의 가치와 제왕의 화미성에 전혀 무관심하던 엄격한 성격의 우마르는 이 귀중품을 그의 메디나 동료들에게 분배함으로써 이 도안을 파괴하였다. 그러나 이것의 소재가 워낙 터무니없이 비싼 값의 것이기 때문에, 알리 한사람분의 분배몫만도 무려 2만 드라크마의 대가로 팔렸을 정도였다. 호스로의 왕관과 흉갑, 혁띠와 팔찌를 운반하던 나귀가 추격하는 사라센군에 붙잡혀, 이런 호사스러운 기념물이 역시 신도의 통솔자(칼리프인 우마르를 가리키는 것)에게 진상되었다. 이리하여 페르시아 대왕의 전리품으로 한번 몸을 치장해 본 이 늙은 영웅의 하얀 수염, 털이 많이난 팔, 볼품사나운 몸단장을 본 사람들은 가장 근엄한 동료들조차 자기도 모르게 미소지었던 것이다. 크테시폰의 약탈 후에는 그것의 유기(遺棄)와 점진적인 파괴가 뒤따랐다. 사라센군은 이 지역의 공기와 지형을 싫어했기 때문에, 우마르는 자기 사령관의 건의를 받아들여서 통치의 본부를 유프라테스강 서안쪽으로 옮기기로 결정하였다. 어느 시대에도 앗시리아 제도시의 건설과 파괴는 용이하고도 급속했다. 석재도 목재도 나지 않는 이 지역에서는, 가장 튼튼한 건축물도 햇빛으로 구어진 벽돌(지푸라기같은 섞음을 넣었다)을, 현지에서 생산되는 역청성(瀝青性) 시멘트로 잇고 메우고 또 쌓아 올려서 짓는 것이었다. 쿠파(Cufa/Coufah)라는 명칭은 원래 갈대와 진흙으로 지은 집이라는 뜻이다. 그러나 새 수도의 중요성은 입식된 노병의 수가 워낙 많은 것과, 또 막대한 재력과 그들의 타고난 천성에 지탱되었다는 것인데, 이곳에서의 그들의 방자함은, 무수한 창칼에 의한 반란의 폭발을 겁낸 현명한 역대 칼리프에 의하여 묵인되었다. 「너희들 쿠파의 주민들이여(하고 그들의 원조를 간청하는 알리는 말하였다), 여러분은 지금까지는 여러가지로 혁혁한 무용을 발휘하여 페르시아 왕을 타도하였고, 그 군대를 사방으로 흩어지게 했으며 그의 유산을 훌륭하게 상속하였다.」 이 장대한 정복은 잘룰라(Jalula)와 니하반드(Nehavend) 전투에 의하여 달성되었다. 야즈데게르드는 잘룰라에서 패배한 후에 홀완(Holwan)에서 탈출하여 이전에 큐로스(Kyros/Cyrus. BC 424경~401. 형인 아르탁크세르크세스 2세〈재위 BC 404~358〉의 왕위를 빼앗고자, 많은 페르시아병과 유명한 크세노폰〈군인 · 역사가 『아나바시스』의 저자〉을 포함한 그리스출신 1만명의 용병까지 동원하여 쿠나크사〈Kunaxa〉에서 일대 회전을 벌렸으나 패사한, 다레이오스 2세〈재위 BC 424~05〉의 막내아들)가 그의 용맹스러운 동지들과 함께 달려 내려갔던, 바로 그 파르시스탄(Farsistan) 산간지역으로 자기의 수치와 절망을 감추기 위하여 숨어 들어갔다. 국민의 용기는 국왕의 그것보다 좀더 오래 지속되어, 15만의 페르시아군은 별명이 하마단

(Hamadan)인 에크바타나(Ecbatana)남쪽 산간지대에 의거하여 자기들의 종교와 국토를 수호하는 세번째이자 마지막 저항을 시도하였다. 이 니하반드의 결전이야말로 아랍측에서는 승리중의 대승리로 이름붙인 뜻깊은 전투였다(641년). 그러나 그것은 사소한 사고에서 얻은 일대전과였다. 즉, 후퇴하던 페르시아군의 장군은 벌꿀을 가득 실은 수많은 나귀와 낙타대열을 이끌고 갔었는데, 워낙 많은 수의 이동인만치 전진이 여러곳에서 지체되었다. 그러나 이 귀중한 물자를 버리고 가는 것이 못내 아쉬웠던 장군은, 이 치종대열과 같이 행동한 나머지 사라센군에 추격당한 것이다. 만일 이 보고가 진실이라면 이것은 오리엔트군 상층부의 사치성이야말로 이런 사소하지만 기괴한 사고를 유발시킴으로써 결정적으로 패망케 했다는 움직일 수 없는 증거를 제공한 것이라 하겠다.

페르시아에 관한 지리는 그리스인과 라틴인에 의하여 막연하게 기술되어 있지만, 이곳의 도시들 중에서 가장 저명한 곳은 아랍인의 침입보다 훨씬 더 오랜 옛날에 출현한 바 있다. 하마단(Hamadan)과 이스파한(Ispahan), 카스윈(Caswin), 타우리스(Tauris) 그리고 레이(Rei) 등의 함락에 의하여, 그들은 점차 카스피해한까지 접근하였다. 그리고 메카의 웅변가들은 이미 북극곰의 모습을 놓치고, 거의 거주 가능한 세계의 경역(境域)을 넘어서 진격한 신도의 성공과 기개를 칭찬했을 것이다*. 그들은 또다시 서방과 로마제국으로 방향을 바꾸어 모술(Mosul)의 다리에서 티그리스강을 건너 아르메니아와 메소포타미아의 점령지역에서 그들의 동료들의 승승장구하는 시리아군과 서로 껴안고 기쁨을 나누었다. 마다인(Madayn. 옛수도 Ctesiphon)궁전으로부터의 그들의 동방에로의 진출도 이에 못지않게 신속하고도 광범하였다. 그들은 티그리스강과 페르시아만 연안을 따라 진격하였고, 또 산속의 고갯길을 넘어 별명이 페르세폴리스(Persepolis)인 에스타

* 아테네의 웅변가이며 열렬한 마케도니아 지지파였던 아이스키네스(Aischines. BC 390경~30이후. 데모스테네스〈Demosthenes, BC 384~22. 반마케도니아파〉의 논적. 데모스테네스에게 주어진 榮冠을 반대하여 BC 337년, 그와 논쟁하여 패배한 후 소아시아로 은퇴)는 아르벨라(Arbela)전투가 있은 다음해에 알렉산더 대왕(재위 BC 336~23)이 페르시아왕 다레이오스(Dareios Ⅲ. 재위 BC 336~30. 아카이네메스 왕조 마지막 왕. BC 333년 이쏘스〈Issos〉 협로에서 알렉산더 대왕과 싸워서 대패했고 아르벨라〈Arbela〉와 가우가멜라〈Gaugamela〉 사이에서의 전투에서도 패주하였다〈BC 331〉)를 추격하여, 히르카니아(Hyrcania)와 박트리아나(Bactriana)로 진격하고 있을 무렵에, 이미 이런 종류의 무지와 감탄의 말로서 대왕의 패업을 크게 찬양했던 것이다. 그런데 알렉산더 대왕이 카스피해를 넘어서 더이상 진격한 일은 사실상 없었다.

할(Estachal) 협곡으로 침투하여 조로아스터 제국의 마지막 성역을 더럽혔다. 우리의 호스로의 손자는 넘어지려는 기둥과 무참히 파괴된 소상(塑像)들 사이에서 — 페르시아의 과거와 현재의 운명을 말해주는 슬픈 기념물들이지만 — 겨우 위기를 벗어나, 좀더 도망치는 발걸음을 재촉하여 키르만(Kirman) 사막을 넘은 다음, 호전적인 세게스탄족(Segestan族)의 원조를 간청하여 터키와 중국(당시는 唐) 두나라의 국경지대에 얌전한 피난처를 구하였다. 그러나 승리의 군대는 피로를 몰랐다. 아랍군은 겁많은 적군의 추적을 위하여 병력을 분할해서 진격했는데, 그것은 일찍이 칼리프 우스만이 약속하기를, 옛날의 박트리아인(Bactria人)의 왕국이던 광대하고 인구가 많은 지역인 호라산(Chorasan)에 최초로 들어가는 장군에게는, 그 지역의 통치권을 맡긴다고 했기 때문이다. 이 조건은 장군들에 의하여 받아 들여졌는데, 사실 이 은상은 그런 공로에 해당하는 값어치가 있었다. 마호메트의 군기는 헤라트(Herat), 메로우(Merou) 및 발크(Balch)의 성벽위에 높이 세워졌고, 승리를 자랑하는 장군은 거품을 내뿜으며 땀에 젖은 기병대 말들이 옥수스강(Oxus江. 지금의 아무다르야〈Amudarya〉강)의 물을 마시게 되자, 비로소 정지하고 휴식을 명령했다. 국토전체가 무정부 상태에 빠졌기 때문에, 모든 도시와 성채의 독립된 지방장관들은, 개별적으로 조건부 항복을 실현시켰다. 그런데 그 항복조건은 일률적이 아니고 승리자의 경의(敬意), 배려(配慮) 또는 동정(同情)에 의하여 하사(下賜)되거나 강제된 것이었고, 단순한 신앙고백이 형제와 노예사이의 구별을 확정시켰다. 장렬한 방위전 끝에 아와즈(Ahwaz)와 수사(Susa)의 군주 내지 태수(satrap)인 하르모잔(Harmozan)은 그 자신의 신병과 그의 영토를 무조건적으로 칼리프에 넘겨주어야 하는 난처한 입장에 놓였었는데, 당시 이들 두 사람의 회견은 아랍인 습속(習俗)의 일면을 엿보게 한다. 즉, 이 쾌활한 오랑캐는 우마르의 면전에서 그의 명령으로, 금실로 수놓은 비단옷과 루비와 에머랄드로 장식된 왕관을 박탈당했다. 「귀하는 신의 심판을, 즉 불충실할 것이냐, 아니면 복종할 것이냐에 따라서 이렇게도 판이한 신의 보상이 있음을 이제와서야 깨달았소?」하고 정복자는 발가벗긴 이 포로에 대하여 물었다. 「슬픈 일이외다(하고 하르모잔이 대답하였다), 나는 이제 그것을 통렬하게 감지하였소이다. 우리가 다같이 무명(無明)했던 시기에 우리들은 고기덩어리의 무기로 싸워서 우리민족이 승리를 얻었는데, 그 사이에 신은 중립을 지켰지요. 신이 귀하의 전투를 지지하기 시작한 이후, 귀하는 우리 왕국과 종교를 전복하기에 이르렀군요.」 고통에 가득찬 대화에 압도된 이 페르시아의 장군은 견디기 어려운 갈증을 호소했지만, 동시에 그는 자기가 한잔의 물을 얻어 마시는 사이에 살해되지나 않을까하는 일말의 불안감을 느끼게 되었다. 「용기를 내시요(하고 칼리프는 말하였다). 물을 마시고 날 때까지 생명은 안전할 것이외다.」 노회한 이 태수는 그 약속을 받아 들이자마자 그 물그릇을 곧 땅바닥에 내동댕이쳤다. 우마르는 이런 사술(詐術)에 대하여 당장 복수하려 했지만, 그의 보좌관들이 서언(誓言)의 신성함을 주장하여 그것을 만류시켰다. 이런 결과로 하르모잔은 일찌감치 개종하고, 무조건적인 사면을 받았을 뿐만 아니라 금화 2000매의 봉급으로 고용되었다. 페르시아의 행정은 인구, 가축 그리고 토지로부터의 과실 등에 대한 실제조사에 입각하여 행해졌다. 역대 칼리프의 조심성을 입증하는 이 기념비는 어느 시대의 철학자들을 교화시키는데도 도움이 될 것이다.

도망가기를 거듭하던 야즈데게르드 왕은 마지막으로 인도의 산악에서 발원하여 카스피해로 흘러드는 바, 고금을 통하여 유명한 옥수스강(아무다르야강)과 야크사르테스강(Jaxartes江. 지금은 시르다르야〈Syrdarya〉강이라고 한다)들을 넘어 더 멀리 달아났다. 그는 야크사르테스강변에 전개된 비옥한 땅인 파르가나(大苑. Fargana)의 왕인 타르한(Tarkhan)의 정중한 영접과 대접을 받았다. 소그디아나(Sogdiana)와 스키티아(Scythia)와 같은 투르크계 부족들의 사마르칸드(Samarcand) 왕은, 이 몰락한 국왕의 비탄과 약속에 감동되었다. 게다가 그는 탄원사절을 통하여 한층 더 실질적이며 강력한 중국(唐)황제의 우정어린 도움을 간청하였다. 당나라 창건자인 고결한 태종(太宗. Taitsong. 李世民. 재위 626~49. 唐朝의 창건자는 高祖 李淵〈재위 618~26〉이고, 실질적인 창건자로서의 태종은 제2대 황제이다. 名君으로 유명하고, 「貞觀政要」와 「貞觀의 治績」으로 역사에 크게 기록되어 있다. 다만 645년, 고구려 침공에서는 前朝의 煬帝에 이어 실패했다)은, 로마제국의 두 안토니누스(안토니누스-피우스〈Antonimus Pius, 재위 138~61〉와 안토니누스-마르쿠스〈Antoninus Marcus. 재위 161~80〉) 황제들과 비견되는 훌륭한 인물이다. 그의 국민은 번영과 평화의 은혜를 향수하였고, 그의 지배권은 타타르(Tartary)만족 44개 집단에게까지 승인되어 있었다. 그의 가장 멀리 떨어진 오지의 요새인 카슈가르(Cashgar)의 호탄(Khoten)은, 야크사르테스강과 옥수스강변들에 거주하는 그들의 이웃들과 빈번하게 통상하면서 내왕하고 있었고, 페르시아에서의 새로운 거류민은 당나라에 조로아스터교의 천문학을 전달하고 있었기 때문에, 태종이 아랍인의 급속한 진출과 위험한 근접에 불안감을 가졌던 것은 결코 이상한 일이 아니었다. 어쨌든 당나라로부터의 압력과 원조가 야즈데게르드의 희망과 배화교도들의 열광을 부활시키자, 그는 투르크족 군대를 이끌고 사기조부의 고향땅 수복을 목표로 되돌아 왔다. 그러나 다시한번 행운을 잡은 무슬림들은 자기들의 검을 빼들기에 앞서, 그의 파멸과 죽음의 목격자가 되었다. 호스로의 손자는 자기의 시종자에게 배신당하여, 메로우(Merou)지방의 불온한 주민들로부터 모욕당한 다음 자기의 동맹자인 만족민에게 압박, 격파 및 추적당하였다. 그는 한 강가의 뚝에 겨우 도달하여 물방아간에 있는 조그마한 배를 보자 즉각 그 강을 건네달라고 하면서 자기의 반지와 팔지를 뽑아서 물방아간 주인에게 내밀었다. 이 시골사람은 국왕의 곤란한 처지를 알았던지 또는 몰랐던지 어쨌든 은화 4드라크마가 그의 물방아간에서 매일 올리는 수입이기 때문에 이런 손실이 보전되지 않는한 일손을 멈추고 뱃사공이 될 수는 없는 노릇이라고 대답하는 것이었다. 이렇게 우물쭈물하면서 강건너는 것이 늦어지자, 그 사이에 이 사산조 마지막 국왕은 투르크족 기병대에 추격당하여 그 자리에서 살해되고 말았다(이 페르시아왕의 최후에 대하여, 저자는 엘마킨〈Elmacin〉, 아불페다〈Abulfeda〉, 아불파라기우스〈Abulpharagius〉 등의 각각 엇갈린 기술을 조정하기에 노력하였다 : 기번 원주). 그의 불운의 치세 제19년째 되는 해의 일이었다(651년). 그의 아들이며 당나라 황제에게 몸을 의탁하고 있던 피루즈(Firuz)는 성장하여 황제의 경호대장의 직위에 취임하였고, 조로아스터교의 예배도 부하리아(Bucharia)속주에서 온 충성스러운 일단의 망명거류민들에 의하여 오랫동안 전해졌다. 그의 손자는 국왕칭호를 승계했지만 희망도 성과도 없는 불확실한 한가지 일을 기도해 본 끝에, 당나라로 돌아가 장안(長安. 지금의 西安) 궁전에서 마지막되는 나날을 보냈다. 사산왕조의 남자계는 이렇게 해서 단절되었지만, 페르시아 왕실의 딸들은 포로로 잡혀간 후에 예종 내지 결혼 형태로 정복자에게 바쳐졌는데, 그런 결과로 칼리프와 이맘들의 가문은 페르시아 왕가 모계(母系) 군주의 피로서 존귀성을 더하게 되었다(야즈데게르드의 두 딸은 각각 알리의 큰 아들 하산〈al-Hasan, 624?~69경〉과, 아부 바크르의 아들 모하메드〈Mohammed〉의 아내가 되었다. 또한 우마이야 왕조의 제6대 칼리프인 왈리드〈al-Walid. 재위 705~15〉는 피로우즈〈Phirouz〉의 딸과 결혼하였다).

페르시아 왕국이 몰락된 후 옥수스(아무다르야)강이 사라센인과 투르크족 영역간의 경계선으로 되었는데, 아랍인의 기개는 이 좁다란 국경선도 머지않아 넘어서 없애버렸다. 호라산(Chorasan)의 지방장관(뒤에 나오는 쿠타이바)은 그들의 끊임없는 침공을 확대하였는데, 그들의 전승중 하나는 투르크족의 여왕이 보하라(B-ochara. 지금의 부하라〈Bukhara〉)의 산간지대를 급히 넘어서 도망칠 때, 떨어뜨린 편상화의 유류품으로 장식되었다. 그러나 트랜스옥시아나(Transoxiana. 중앙아시아)의 최종적인 정복은 스페인의 그곳과 마찬가지로, 활발하지 못한 왈리드(al-Walid. 아라비아 우마이야 왕조 제6대 칼리프. 재위 705~15. 동왕조 전성기를 실현시켜 그 판도는 중앙아시아로부터 스페인의 이베리아 반도에 이르렀다. 성당들을 모스크로 개조했고, 주요관직에서 기독교도를 추방코자 아랍계 회교도로 보직함으로써 전 정복지역에 대한 이슬람화에 주력했다)의 영광스러운 치세를 위하여 유보되었고, 낙타몰이꾼이던 쿠타이바(Qutaiba ibn Muslim. 〈영〉 Catibah. 〈中〉 屈密屈底波. 669~715. 우마이야 왕조의 무장. 704년, 호라산의 총독으로 임명되어 중앙아시아를 정복했다. 중국의 『册府元龜』 등 사료에 의하면, 중국에까지 침공했던 것 같다)라는 이름은 왈리드의 부장(部將)으로서 그가 세운 혁혁한 무훈의 공적과 출신을 말해주는 것이다. 쿠타이바의 동료중 한사람이 인더스강(Indus江)강변에 최초로 마호메트의 깃발을 펄럭였을 때, 옥수스(아무다르야)와 야크사르테스(시르다르야)강들과 카스피해에 둘러싸인 광대한 영역은, 쿠타이바의 무력에 의하여 예언자와 칼리프에게로 복속당하였다. 금화 200만매의 공납이 이교도에게 부과되자, 그들은 우상을 파괴 또는 소각하고 이슬람으로 개종하였는데, 이리하여 무슬림의 이 수령은 하리즘(Carizme)의 새 모스크에서 설교하였다. 몇번인가의 전투끝에 투르크의 유목민은 사막쪽으로 되쫓겨 갔고, 당나라 황제는 승승장구하는 아랍군에게 화평할 것을 요청하였다. 옛날 사람들이 말하는 바, 소그디아나 속주의 번영은 대부분이 그들 자신의 근면의 소산이라고 생각된다. 그러나 토리와 기후의 뛰어남은 마케도니아 왕조의 치세이래, 내내 세상에 알려졌고 또 꾸준히 개량되어 왔다. 사라센군이 침공해 들어가기 전에는 하리즘, 보하라 그리고 사마르칸드는 북방 유목민들의 질곡하에서도 부유하게 살았으며 또 인구도 조밀했었다. 이 도시들은 2중 성벽으로 방위되었는데, 주변의 한층더 긴 외벽이 인근지구의 경작지와 정원을 둘러싸고 있었다. 인도와 유럽의 상호적인 수요는 소그디아나 상인들의 근면성에 의하여 충족되었고, 아마천을 종이로 변경시키는 귀중한 기술도 사마르칸드의 초지방(抄紙房)으로부터 서방세계에 전파된 것이다.

(2) 시리아 : 아부 바크르는 신앙과 통치의 합일을 회복하자마자 곧 아라비아

내 각 부족에게 회장(回章)을 돌렸다. 「가장 자비로운 신의 이름으로 참된 교우 제위에게. 모든 교우들에게 건강과 행복 그리고 신의 자애와 은총이 내리기를. 본인은 가장 위대한 신을 숭배하며, 그분의 예언자 마호메트를 위하여 기도드린다. 본인은 이교도들의 수중으로부터 시리아를 해방시키고자 참된 신도들을 파견키로 결정했다는 취지를 본 회장으로써 여러분에게 포고하는 바이다. 종교를 위하여 싸운다는 것은 신에게 복종하는 행동임을 본인은 모든 신자에게 말하는 바이다.」 그의 사자들은 이 회장이 각지에서 불러 일으킨 경건하고도 호전적인 열성의 보고서를 휴대하고 귀국하자, 용맹스러운 사라센인의 집단들이 속속 메디나의 군영으로 모여 들었는데, 그들 가운데서는 즉각적인 행동개시를 열망하는 사람들, 계절적으로 보아 더위가 심하다느니 식량부족을 불평하는 사람들도 있었다. 이들의 인원수가 목표에 도달하자 아부 바크르는 언덕위에 올라가서 병원과 마필, 무기 등을 사열한 다음, 그들의 사업의 성공을 기원하여 열렬한 기도를 드렸다. 그는 몸소 도보로 첫날행군에 동행하였다. 지휘관들이 무안해져 말에서 내리려 하자, 이 칼리프는 선교활동에 이바지하는 점에서는 말탄 사람이나 보행자가 전혀 똑같은 공덕을 가지는 것이라고 선언함으로써 그들이 양심의 가책받는 것을 제거해 주었다. 시리아에 대한 원정군 부장(部將)들에게 준 그의 훈시는, 현세적 야심의 목적물을 적극적으로 획득하는 동시에, 한편으로는 그런 것에 대한 경멸을 뽐내 보이는 듯한 호전적인 광신을 고취하는 것이었다. 이 마호메트의 후계자는 이렇게 말했다. 「여러분은 항상 신의 어전에 위치하면서도 죽음의 언저리에 놓여 있으며, 그리고 신의 판결과 천국에의 희망을 가져야 한다는 것을 잊지 말기 바라오. 부정(不正)과 억압을 멀리하고, 동료들과 협의하여 여러분의 군대의 사랑과 신뢰심을 붙들어 매도록 노력하시요. 우리 주님의 전쟁에서 싸울 때는 절대로 적에게 등을 보이지 말것이며, 대장부답게 행동하시요. 그러나 여러분의 전승을 부녀자와 어린이들의 피로 더럽혀서는 안되오. 야자수를 넘어 뜨린다든가 밭의 곡식을 불태워 버리지 마시요. 과일나무를 찍어 넘어뜨리거나, 가축을 식용할 경우를 제외하고는 이에 위해를 가해서는 아니되오. 상대방과 그 어떤 협약이나 약속을 맺었을 경우에는 그것을 존중하여 반드시 이행하시요. 아마도 앞으로 제장(諸將)께서는 수도원에 몸을 감추고 이런 방식으로 신에게 봉사코자 생각하는 몇몇 종교인들을 발견하게 될 것이외다. 그런 사람들에게는 절대로 손대지 마시요. 그들을 죽이거나 수도원을 파괴해서는 아니됩니다. 또한 여러분은 또하나의 다른 종류의 인간을 발견할 것이외다. 그들은 사탄(마왕)의 예배당에 소속하면서 머리를 깎은 사람들인데, 그들에 대해서만은 두개골을 부수어 버려도 괜찮겠지요. 그리고 이슬람으로 귀신(歸信)하던가 공납금을 지불하지 않는한 그들을 용서해서는 절대로 아니됩니다.」 불경스럽거나 경박한 모든 대화와, 옛날 싸움에 관한 위험스럽던 일체의 기억에 대해서는, 아랍인들 사이에서 회상하는 것이 엄중히 금지되었고, 군영지의 황망속에서도 종교상의 근행(勤行)만은 열렬하게 거행되었으며, 작전과 작전사이의 시간은 기도와 명상 그리고 『코란』공부에 충당되었다. 포도주의 과음은 물론이거니와 단순히 기호품으로 즐기는 일조차 발바닥에 80대의 회초리 때리는 형벌이 가해진 바, 당초에는 광신적인 열정이 흘러 넘쳤던 나머지, 뒤에 숨어서 이것을 마셨던 위반자들까지도 자기의 잘못을 자진하여 고백하면서 처벌해 주기를 요청하였다. 얼마간의 주저끝에 시리아군의 지휘권이 이전에 메카에서 마호메트와 동행하여 메디나로 탈출했던 이주자중 한사람인 아부 우바이다(Abu 'Ubaidah/Abu Obeidah)에게 위임되었다. 그의 성정(性情)의 현저한 온화성과 자애심은, 그의 신앙심과 헌신성을 감소시킴이 없이 사람들을 유화하게 만들어 갔다. 그러나 전쟁이 위기상황에 놓일 때마다 병사들은 우바이다 보다도 할리드(Khalid/Chaled. 642사망. 아라비아반도를 평정하고, 633년에는 시리아 원정의 主將으로서 대공을 세운 별명이 「신의 검」인 무장)의 한층 뛰어난 천재성을 요구하였는데, 군주의 선택이 누구를 결정하던 간에, 우리의 「신의 검」은 현실적이든 또 평판상으로든 사실상 가장 빼어난 지휘관인 것만은 틀림없었다. 그는 아부 우바이다에게 지휘권이 위임되었을 때, 아무런 주저없이 그에게 복종하였고, 누구에게도 질투됨이 없이 상담역을 담당하였다. 이 인간, 아니 이런 종류의 시대정신이 지배하는 상황하에서 할리드는 자기는 설사 신앙의 깃발이 어린애, 심지어 적의 손에 쥐어져 있다 해도 흠연히 그 깃발에 종군하겠다고 공언했던 것이다. 바야흐로 광영과 부유 그리고 지배권이 이처럼 승승장구하는 아랍인에게 약속되어 있을 때, 그는 설령 현세의 행복이 자기의 유일한 자극제라 하더라도, 자기로서는 그것을 유일의 보상이라고 생각하게끔 주의깊게 교육받고 있었다.

요르단강 동안에 위치한 경작지대인 시리아 15개주의 하나는, 일찍이 로마인의 허영심으로부터 아라비아의 이름으로 불리워 왔기 때문에, 사라센 군대의 첫번째 무력은 민족적 권리로서 보다도 구실로서 정당화되었다. 이 국토는 각종 통상상의 혜택으로 풍요로워졌고, 역대 로마 황제는 용이주도하게도 이 땅을 보루의 연결로써 엄호해왔다. 게라사(Gerasa), 필라델피아(Philadelphia), 보스라(Bosra) 등의 홍청거리는 도시들은 각각 견고하게 쌓은 성벽 구조덕분으로, 적어도 적의 기습공격의 위험으로부터는 보호되고 있었다. 이들 제도시의 맨뒤에 있는 도시가 메디나로부터 18번째 역참에 위치하고 있었는데, 그 가도는 이 속주와 사막의 풍부한 물자가 집산되는 시장을, 해마다 찾아드는 헤자스(Hejaz)와 이라크의 대상들에게 잘 알려져 있었다. 아랍인에 대한 끊임없는 경계심은, 이 지역 주민에게 언제나 무기의 준비를 게을리하지 않게 하였으며, 1만 2천명이나 되는 기병대는 시리아어로 이곳의 견고한 방위탑을 의미하는 보스라(Bosra) 성문으로부터 언제든지 출격할 수 있었다. 국경지대의 무방비적 도시와 분산배치된 부대에 대한 최초 성공에서 기세를 올린 바 4천명으로 편성된 무슬림 분견대는, 그 다음에 보스라 요새에 대한 항복권고와 공격길에 나섰다. 그들은 다수의 시리아군에 압도되어, 할리드가 지휘하는 1천 5백기의 내원(來援)으로 겨우 위기에서 빠져 나올 수 있었다(할리드에 의한 이 시리아 사막의 신속한 횡단은, 기적의 진군이라고 불리울 정도로 유명하다. 그런데, 그의 진로에 관한 세부사항에 대해서는 여러 문헌의 기술이 조금씩 다르다). 그는 세르야빌(Serjabil)의 경거망동을 나무랐고, 전열을 정비한 다음 공연히 신의 일자성(一者性)과 사도의 약속만을 믿고 행동하던 이 존경할만한 친구를 구출한 것이다. 잠깐 동안의 휴식을 취한 후에 무슬림군은 물대신에 모래로 목욕했는데, 그들이 말에 올라 앉았을 때, 할리드는 아침 기도문을 소리높여 봉창하였다. 보스라 시민들은 자기네 군대의 실력을 믿고 감히 성문을 열고 평원으로 부대를 이동시키고는 자기들의 종교를 위해서라면, 순교자가 되겠다고 맹세하였다. 그러나 이 평화의 종교는 사라센군의 대오속에서 반향되고 있는「싸워라 싸워라! 천국, 천국!」(Fight, fight! Paradise, paradise!) 하는 광신적인 노호에는 도저히 저항할 것이 못되었다. 도시의 소요, 난타하는 종소리, 승려와 수도사들의 절규는 그리스도 교도들의 경악과 혼란을 증폭시켰다. 230명의 희생자를 냈지만 아랍군은 여전히 전선을 사수하고 있었고, 한편 보스라 성벽에는 인간 또는 신의 원조를 기대하여 무수히 많은 성스러운 십자가와 봉헌된 정기(旌旗)가 줄지어 서 있었다. 총독인 로마누스(Romanus)는 이전부터 일찌감치 항복하는 것이 좋겠다고 권고하고 있었다. 그는 시민들에게 경멸당했고, 또 직무에서 해임된 후에도 여전히 보복할 의욕으로 기회를 기다리고 있었다. 어느날 밤의 회견에서 그는 적군에게 도시를 둘러싼 성벽밑에 자기 집에서 파놓은 지하통로를 가르쳐 주었다. 칼리프의 아들이 100명의 결사대를 이끌고 이 새로운 협력자의 신의에 신뢰감을 걸었다. 그들의 대담무쌍한 기도가 성공하였다. 이리하여 그들의 동료들은 손쉽게 시내로 침입하였다. 할리드는 예종과 공납조건을 부과한 다음에, 이 배교자 내지 이슬람교에의 개종자를, 민중앞에 내세우고 그의 배신적인 공로를 공표하였다. 「나는 앞으로 현세 및 내세를 통하여 여러분과의 교제를 거절하겠소(하고 로마누스가 말하였다). 나는 십자가에 못박힌 자와 또 그를 예배하는 사람 모두를 부인하고, 나의 주로서 참된 신을, 나의 신앙으로서 이슬람을, 나의 신전으로서 메카를, 나의 한패로서 무슬림들을, 그리고 나의 예언자로서 마호메트를 선택하는 바이요. 사실 마호메트야말로 우리들을 올바른 길로 인도하는 분으로서, 신을 무시하는 도배를 응징하여 바르고 참된 종교를 선포하도록 이 세상에 보내진 사도입니다.」

다마스커스로부터 4일 행정되는 보스라의 함락은, 곧 이어서 이 시리아의 오래된 수도를 포위하려는 생각을 아랍인들에게 일으키게 하였다. 그들은 이 감미로운 지역의 삼림과 샘사이에 위치하고, 성벽에서 얼마간 떨어진 곳에 군막을 설치한 다음, 마호메트의 신앙이냐 공납이냐 아니면 전쟁이냐의 세가지중 어느 한가지를 선택하라는 통례적인 통첩을, 바로 최근에 5천명의 그리스인 증원으로 무력이 강화된, 이곳 결사적인 시민들에게 보냈다. 군사기술이 퇴보한 시기에는 그것의 요람기와 마찬가지로, 적대적 도발이 가끔 사령관 자신에 의하여 제의되고 또 승락되는 법이다(역사표층〈歷史表層〉에 대하여 예민하고 생신〈生新〉한 전망을 시도한 볼테르〈voltaire. 본명 François Marie Arouet, 1694~1778〉는 자기의 대역사서인 「제국민의 풍습 · 정신론」〈1756〉속에서 초기 무슬림과 호메로스 작 『일리아드』의 영웅들, 즉 트로이성의 공위전과 이 다마스커스 공위전의 유사성에 감명을 받고 있음을 시사하고 있다 : 기번 원주). 이리하여 헤아릴 수 없으리만치 많은 창칼이 다마스커스 평원에서 부러지면서, 할리드의 개인적 무용은 포위된 시민의 첫번째 출격때 발휘되었다. 집요한 전투 끝에 그는 그리스도 교도군의 지휘관중 한사람인 완강하고도 훌륭한 적수를 넘어뜨려 포로로 잡자, 곧 팔뮤라(Palmyra)의 총독이 선물로 준 준마(駿馬)에 올라타고 전투의 최전선으로 달려나갔다. 「잠깐 휴식을 취하시요(하고 전우인 데라르〈Derar〉가 외쳤다). 내가 대신 나가리다. 이 사나이와의 격투로 이미 지쳐 있소.」「오- 데라르(하고 불굴의 이 사라센인은 대답한다), 우리는 어쨌든 내세에서 휴식하게 되오, 오늘 분투하는 자는 내일 휴식할 수 있소.」할리드는 전혀 피로의 기색없는 똑같은 열정으로 두번째 전사와 맞싸웠고, 그리하여 상대방을 또 넘어뜨렸다. 자기신앙의 포기를 거부한 이 두사람의 수급이 분연히 성안을 향하여 냅다 던져졌다. 몇번의 전체적 또는 국지적인 전투가 벌어진 끝에 다마스커스 시민은 좁은 지역의 방위전으로 몰리고 말았다. 그러나 그들은 성벽에서 파견했던 전령이 신속하고도 강력한 원군을 보내준다는 약속을 휴대하고 귀환하자, 시민들이 외치는 승리의 함성은 아랍군 진영에까지 이런 보고가 전달되었다. 얼마간의 협의가 있은 후에, 사령관들은 일단 다마스커스의 공위(攻圍)를 풀든가 중단하고 황제가 보낸 구원군과 일대 결전을 벌리기로 결정하였다. 퇴각할 때 할리드는 아마도 한층더 위험한 후위부서를 맡고 싶었겠지만, 그는 얌전하게 아부 우바이다의 의사에 따랐다. 그러나 위기에 처하여 그는 곧 6천의 기병과 1만의 보병을 이끌고 출격하여 어려운 환경에 놓여있던 그의 전우를 구원하였다. 그리고 그리스도 교도들 중에서 살아 남아 자기들의 패배상황을 다마스커스에 보고할 수 있었던 사람은 그 수가 극히 적었다. 이번 회전의 중요성은 시리아와 팔레스티나 전선에 넓게 산개해 있던 사라센군의 집결을 요청하였다. 그렇기 때문에 저자는 후일의 이집트 정복자가 된 암르(Amrou/Amr ibnu'l-'As. 663경 사망)에게 보내졌던 회장의 하나를 여기에 전사(轉寫)하면 다음과 같다. 「가장 자비로운 신의 이름으로 할리드로부터 암르에게 한마디 말씀드리는 바이외다. 귀하의 동포인 무슬림들이 이제부터 아이즈나딘(Aiznadin)에로 출격한다는 사실을 알아 두기 바랍니다. 그곳에는 신의 광명을 입김으로 불어서 꺼뜨리고자 우리들을 공격하기 위하여 대기중인 비잔티움군 7만이 있지요. 그러나 신은 이교도를 비웃으면서 광명을 유지할 것이외다. 그러므로 본 회장을 받는 즉시 수하병력을 이끌고 아이즈나딘으로 달려와 주기 바랍니다. 우리는 신의 의지대로 반드시 거기서 대기하고 있을 작정입니다.」 이 초청을 기꺼이 받아들이자 같은 날 같은 장소에 집합하고 있던 4만 5천의 무슬림들은 그들의 활력과 열정의 효과를 신의 은혜에 돌렸다.

페르시아 전쟁에서 승리한지 약 4년 후에 헤라클리우스와 동로마 제국의 평화는 다시금 새로운 적대자에 의하여 교란되었다. 동방의 그리스도 교도는 이 적대자의 종교가 가진 위력을 명확히 이해하고 있는 이상으로 강하게 피부로 느꼈다. 콘스탄티노플이나 안티오크의 궁전에서 황제는 시리아의 침공, 보스라의 상실 그리고 다마스커스의 위기에서 이런 위력을 감지한 것이다. 힘스(Hems), 즉 에메사(Emesa) 지방에 7만의 노병 또는 신규로 징모한 군대가 웨르단(Werdan)장군 휘하에 집결해 있었다(이 지휘관은 웨르단이 아니라 기실 황제 헤라클리우스의 동생 테오도루스〈Theodorus〉였다고 베리 교수는 보충주석을 달고 있다). 주로 기병대로 편성된 이 군대는 시리아군이라든가 그리스군 또는 로마군이라고 불러도 무방할 것이다. 즉, 그들은 그의 출신 또는 전장이라는 관점에서 말하면 시리아군이고, 그의 군주의 종교와 언어를 기준한다면 그리스군이며 또 여전히 콘스탄티누스 대제의 역대후계자라는 긍지감높은 호칭에 따르면 로마군이었다. 웨르단은 금제 굴레를 씌운 하얀 노새에 올라타고 군기와 정기에 둘러싸여서 위신있게 아이즈나딘 평원으로 출진했는데, 때마침 적정정찰을 위하여 이곳까지 나왔던 수색대로서, 대담하게 접근해온 용맹스럽고 맨손의 한 무장의 불의출현과 맞부딪혔다. 이 데라르(Derar)의 모험적인 무용은 그의 연령과 출생지의 열광에 고취되고 또 돋보이게 하고 있었다. 그리스도 교도들에 대한 증오심, 전리품 획득에 대한 욕심, 위험성에 대한 경시(輕視)가 이 불운한 사라센 사나이의 지배적인 정열이었는데, 지금도 죽음을 당할지 모르리라는 전망이 짙음에도 불구하고, 이것이 그의 종교적 자신감을 동요시키거나 그의 냉정한 결의를 교란시켜서 그의 솔직하고도 호방한 유모어같은 모험을 중단시키지 못했다. 그는 가장 절망적인 모험의 국면에서도 대담하고 세심했고 또 행운이었다. 수없이 많은 모험을 거듭하여 세번이나 이교도의 포로로 잡히면서도 끝내 살아남아서, 이처럼 시리아 정복원정에 참가하여 공적을 이야기하고 또 논공을 향수하는 몸이 된 것이다. 이 때도 그 혼자서 휘두르는 창이, 웨르단이 파견한 30명의 로마군 분견대에 대한 견제작전을 지탱하면서, 그중 로마병 17명까지를 살해하거나 낙마시킨 후에 데라르는 칭찬하는 그의 동료들이 있는 곳으로 무사히 귀환하였다. 사령관으로부터 그의 경거망동을 부드러운 좋은 말로 비난받은 그는 한 병사의 솔직성으로 이렇게 변명하였다. 「아니요(하고 데라르는 말했다), 내가 도전해서 시작된 것이 아니였어요. 그자들이 나를 포로로 잡으려고 달려 나왔을 때, 나는 등을 신에게 보이는 것을 겁내어 열심히 분투했을 따름입니다. 사실 신께서는 저를 도와 적에게 대항케 한 것이지요. 만일 당신의 명령을 위반할 우려가 없었더라면, 나는 이렇게 돌아오지 않았을 것입니다. 이미 나는 그들이 우리들의 수중에 떨어지리라는 것을 감지하고 있어요.」 양군이 대치하고 있는 사이에, 나이가 지긋한 한 그리스인이 대오에서 앞으로 나오더니, 화해를 위한 관대한 조건을 제시하였다. 사라센군이 후퇴한다면, 병사 1인당 1장씩의 터반과 상의 1벌, 금화 1매씩을 그리고 지휘관에게는 10벌의 상의와 금화 100매를, 또한 칼리프에게는 100벌의 상의와 1000매의 금화를 제공하겠다고 그는 약속하였다. 냉소와 분노의 웃음소리가 할리드의 거절을 표현하였다. 「제군과 같은 그리스도 교도들은 『코란』이냐, 공납이냐, 또는 검이냐를 선택해야 한다는 것을 알고 있을 터이다. 우리는 평화보다도 전쟁을 기뻐하는 민족인즉, 여러분의 그따위 째째한 희사따위는 경멸하오. 사실 우리는 여러분의 부(富), 여러분의 가족 그리고 여러분의 신병을 조속히 지배하게 될 것이요.」 상대방에게 이런 표면상의 경멸적인 모욕을 주었음에도 불구하고, 그는 자기진영의 위험성을 깊이 인식하고 있었다. 이전에 페르시아 전쟁에 종군하여 호스로의 군대를 보아온 노병들도 이 로마군처럼 무서우리만치 중무장한 적군은 일찍이 본 기억이 없다고 고백하였다. 여기서 이 사라센군의 책사(策士. 할리드를 말하는 것)는 우세한 적으로부터 자기 군대의 새로운 용기를 고무시키는 한가지 자극제를 이끌어 냈다. 「제군앞에는(하고 그는 말했다) 로마군의 연합된 병력이 있소. 제군에게는 도망칠 희망은 전혀 없지만, 그대신 어쩌면 시리아를 단 하루의 정복으로 이기면 오히려 살아남을 가능성은 있다고 하겠소. 이번 전쟁의 결과는 오로지 제군의 규율과 인내심에 걸려 있소. 저녁때까지만 전선을 유지하고 견뎌내시요. 우리들의 예언자는 언제나 저녁 때 해질무렵에 적을 압도했으니까.」 두번에 걸친 연속된 회전사이에 그의 절도있는 견고성은 적의 투창과 아군의 불만을 견뎌냈다. 드디어 로마군단의 사기와 시탄(矢彈)이 거의 떨어졌을 무렵을 가늠하여, 할리드는 돌격과 승리의 신호를 보냈다. 로마제국의 잔존병력은 안티오크(Antioch)나 케사리아(Caesarea) 또는 다마스커스(Damascus)에로 도망치고, 470명의 무슬림 전사들의 죽음은, 그들의 손으로 지옥에 보내진 이교도의 수가 무려 1만 5천명 이상이라는 추산에 의하여 보상되었다. 전리품은 막대한 양에 이르렀다. 금은제 군기와 십자가, 보석이나 귀금속으로 만든 말굴레와 무수히 노획한 호화스러운 갑옷과 의복 등의 모든 분배는 다마스커스 점령까지 보류되었고, 시의적절하게 입수된 무기는 다시 새로운 승리의 원인이 되었다(633년). 빛나는 전과에 관한 보고가 칼리프의 옥좌에 전달되자, 원래 예언자의 사명에 가장 냉담하거나 심지어 적대적이던 아랍의 여러 부족들조차 시리아에서 거둔 수확의 분배몫에 끼어들고자 기를 쓰면서 덤벼들었다*.

아이즈나딘 회전에서의 완패에 관한 비보가 비탄과 공포감을 수반하고 신속하게 다마스커스에 전달된지 얼마안되어 주민들은 곧 자기들의 성벽위에서 아이즈나딘의 영웅들이 쳐들어 오는 것을 목격하였다. 암르는 9천의 기병대 선두에 서서 선봉장으로 활동하고 있었다. 사라센 군단은 기가 막힐 정도로 연속 뒤를 이어 전진해 왔다. 후위는 검은 독수리 문양의 군기를 손에든 할리드 자신이 기습에 대비한 경계태세를 취하고 있었다. 그는 도시 주위를 2천기의 기병으로 순라시키면서 평원을 정찰하는 한편, 원군의 도래나 기타 정보에 대한 대응책을 강구할 임무는 과감한 데라르에게 위임하고 있었다. 이외의 아랍군 지휘관들은 다마스커스 성문앞 각자의 배치지역내 진지를 굳히고 있었는데, 이리하여 이 도시에 대한 공위전(攻圍戰)은 새로운 사기와 자신하에 재개되었다. 그리스인과 로마인의 전술과 노고 그리고 군사장비들은 물론 효과적이지만, 그러나 사라센군과의 단순한 작전에서는 거의 사용되지 못한 바, 아랍군측은 이 도시를 참호보다는 차라리 무기로 포위하면서, 성안으로부터의 시민의 출격을 그때마다 격퇴했고 또 책략이나 기습을 시도하였으며, 기아(饑餓)와 불만의 고조를 기대하는 것만으로 충분했던 것이다. 다마스커스는 아이즈나딘 회전의 시련을 황제와 칼리프 사이의 최종적이며 냉엄한 판결로 받아 들였을 터인데도, 시민의 용기는 헤라클리우스 황제와 혈족간이라는 개인적인 인연으로 유명하던, 그리스인 귀족 토마스(Thomas. 이 사람은 헤라클리우스의 두 부인중 하나에서 태어난 황제의 서자인 것으로 알려졌다)의 모범과 권위에 의하여 진작되고 또 고양되었다. 밤의 소란과 횃불은 다음날 아침의 출격을 계획하고 있음을 알리는 것이었다. 그리고 아랍인의 열광을 경멸하고 있음을 보여준 이 그리스도교의 영웅은 상대

---

* 이 아이즈나딘 회전에 관한 상황을 저자는 오클리(Ockley)의 「사라센사《History of the Saracens》」를 전거(典據)로 기술하고 있다. 그런데 이 영국인이 자기 저서에서 제1차 자료로서 인용한 것이 와키디(al-Wagidi/Wakidi. 747~823. 아라비아의 역사가. 소맥상인이었으나 파산후 바그다드에 가서 야하야〈Yahya〉에 인정되어 법관이 되었다)의 「마호메트의 정복사《Kitabu'l Maghazi》」라는 것인데, 오늘날에는 와키디의 이름을 사칭한 후세의 위작(「가짜 와키디」)임이 밝혀진 이상, 따라서 이것은 역사라기 보다도 차라리 데라르를 주인공으로 한 하나의 로만스 작품이라고 베리 교수는 경고하고 있다.

방이 쓰는 것과 꼭같은 미신적인 비장의 수단을 사용하였다. 즉, 양쪽 군대가 다같이 볼 수 있는 성곽 정문꼭대기에 높은 십자가에 못박힌 그리스도의 상을 세우고, 주교가 성직자 일행을 대동하고 행렬에 참가하여 『신약성서』의 두루마리를 예수의 상앞에 바쳤다. 그리고는 신의 아들이 그의 종들을 수호함으로써 자기의 진리를 입증해 달라고 기도드렸는데, 이 광경을 서로 바라본 적대하는 두 진영은 크게 화를 내거나 분발하였다. 전투는 끊임없는 맹위를 떨치면서 날뛰고, 용감무쌍한 사수(射手)인 토마스의 수완은 가장 용감한 사라센 병사를 차례차례로 쓰러뜨렸지만, 마지막으로 그들의 죽음은 한 여걸에 의하여 보복되었다. 낭군의 뒤를 쫓아서 이번 성전에 종군한 아반(Aban)의 아내는, 빈사상태에 빠진 그녀의 남편을 팔에 안고 절규하였다. 「내 낭군이시여, 우리 두 사람을 최초에 결합시켜준 후에, 이제 이것을 갈라놓으신 당신의 주님밑으로 가고자 하는 당신은 행복하도이다. 나는 당신의 죽음에 대한 원수를 갚기 위하여, 나의 힘이 미치는 한 나의 사랑하는 당신이 휴식을 취하는 그곳에 가려고 노력하오리다. 앞으로는 어떤 사나이도 나의 몸에 손대는 일이 없을 겁니다. 나는 이미 이 한몸을 신의 영광을 위하여 바쳤으니까요.」 신음소리도 내지 않고, 또 눈물도 흘림이 없이 그녀는 남편의 시신을 깨끗이 씻은 다음, 통상적인 의례에 따라서 그를 땅에 묻었다. 그리고는 일찍이 자기 고향에서 줄곧 사용하여 손때묻은 남자용 무구를 손에 잡자, 이반의 대담한 이 미망인은 그를 죽인 원수가 싸우고 있는 수라장으로 달려나갔다. 그녀의 첫번째 화살은 목표했던 기수의 손을 관통시켰고, 뒤이어 쏜 두번째 화살이 토마스의 눈을 맞혀서 그를 부상시켰다. 의기저상된 그리스도 교도들은 이미 자기군대의 깃발도, 지휘관의 모습도 발견하지 못했다. 그러나 다마스카스의 씩씩한 전사(토마스)는 자기 궁전안으로 후송되는 것을 거절하였으므로, 그의 상처는 성벽위에서 응급처지되면서 전투는 저녁때까지 계속되었다. 어둠의 장막이 내리자 시리아 병사들은 모두 자기의 무기를 안고 몸을 눕혔다. 그러자 한밤중의 정적속에서 난타하는 종소리가 출격신호를 전하였다. 성문이 일제히 열리면서 모든 성문으로부터, 시리아군의 서두르는 대열이 쏟아져 나와 곤하게 잠든 사라센군 진영을 덮쳤다. 깜짝 놀라서 맨처음에 깨어난 할리드는, 무기를 잡고 400명 기병대의 선두에 나서서, 가장 위험한 장소로 직행하였다. 그가 열렬한 목소리로 기도하는 사이에 그의 철의 뺨(iron cheek)으로 눈물이 흘러내렸다. 「오—, 절대로 잠자지 않는 신이여, 당신의 종들을 지키시어, 그들이 적의 손에 떨어지지 않도록 지켜주소서.」토마스의 분전과 승리는「신의 검」(할리드를 말하는 것)의 출현으로 저지당했다. 자기들의 위국(危局)을 자각한 무슬림들은 진열(陣列)을 재정비하자 공격하는 시리아군의 측면과 배후를 급습하였다. 이리하여 수천명의 병력손실을 입게된 그리스도 교도의 사령관은 절망적인 한숨을 내쉬고는 후퇴명령을 내려 성안으로 돌아 갔는데, 이때 이들을 추격하던 사라센군은 성벽위의 군사용구에 의하여 비로소 저지당했다.

70일간의 공위전 끝에 다마스커스 시민들의 인내력도 그리고 양식까지도 바닥이 났고, 그들의 가장 용맹스러운 수령들도 가혹한 운명의 지령에 그만 복종하지 않을 수 없었다. 거듭된 강화담판과 전투경험으로 그들은 할리드의 영맹성(獰猛性)에 공포심을 가지게 되었고, 아부 우바이다(Abu'Ubaidah/Abu Obeidah)가 온화한 덕성을 갖추고 있기 때문에 그것을 존중하고 이용할 방법을 알게 되었다. 깊은 밤중에 성직자와 민간인에서 선발된 100명의 대표가 이 온후한 사령관의 천막으로 안내되었다. 그는 이들을 정중하게 접견하고 나서 돌려보냈다. 이들은 모든 전투행위가 정지된 이상에는 자발적인 망명희망자는 휴대할 수 있는 범위의 재산을 가지고 성을 빠져 나가는 것이 허용되며, 또 칼리프에게 공납금을 지불하는 시민은 자기의 토지 · 가옥과 7개소의 교회의 사용 또는 보유를 인정받는다는, 마호메트의 친구된 자기의 신의에 입각하여 보증한다는 동의서를 휴대하고 성내로 돌아온 것이다. 이 협정에 입각하여 가장 신분이 높은 인질과 그의 군문에 가까운 성문이 그의 손에 인계되었다. 그의 병사들도 자기들의 수령의 온건한 방책을 본받았기 때문에, 그는 자기가 파괴로부터 구출한 민중의 유순한 감사를 향수하였다. 그러나 이 협정의 순조로운 진행과정은 시민들의 경계심을 이완시켰는 바, 같은 순간에 이 도시의 반대측 성문에서는 배신당하여 강력한 기습공격을 받았다. 즉, 100명의 아랍인으로 구성된 일단이, 동쪽 성문을 열어 제치고 냉혹한 행동으로 시내로 난입한 것이다.「용서하지 말라, 주님의 적대자에 대한 동정따위는 쓸데 없다」하고 피비린내 풍기는 강욕(強欲)의 할리드는 외쳤다. 그의 나팔소리가 울려퍼지자 다마스커스 시가지는 그리스도 교도들이 학살되어 흘린 피가 줄줄이 흘러 내렸다. 그는 성마리아 교회에 이르렀을 때, 자기 동료들의 온건하게 행동하는 모습을 보고 크게 놀랐고 또 격앙하였다. 그들은 모두 칼을 칼집에 넣은 채 수많은 성직자와 수도사들에게 둘러싸여 있었다. 아부 우바이다는 이 장군을 맞아 서로 뺨을 부벼 인사한 다음 이렇게 말했다. 「신은 이 도시를 항복이라는 수단으로 나의 손에 인도함으로써 전투를 벌리는 수고를 신도들에게 덜어주셨다네.」「그러나 저는 통솔자의 부관이 아니던가요? (하고 화난 할리드는 대답하였다) 제가 이 도시에 강습을 가한 것이 아니였던가요? 신심이 없는 무리는 검으로 멸망시켜야 합니다. 자 행동을 개시합니다.」 피에 굶주린 냉혹한 아랍병사들이라면, 의심할 바 없이 기쁜 마음으로 그의 명령에 따랐을 것이고, 만일 아부 우바이다의 자애심이 그의 고상하고도 위엄있는 결단으로 뒷받침되지 않았더라면, 다마스커스는 이때에 이미 초토화되었을 참이었다. 그는 벌벌 떨고 있는 시민들과, 혈기로 날뛰는 만족의 병사들 사이를 가로막고 나서면서, 신성한 신의 이름으로 그의 약속을 존중하여 일부 병사들의 격정을 진정시킨 다음, 자기네 수령들의 결정을 기다리도록 필사적으로 설득하였다. 수령들은 성마리아 교회로 물러나 급히 소집된 군의에서 격렬한 토론을 벌렸다. 여기서 할리드도 자기의 상관이자 동료인 아부 우바이다의 이성과 권위에 어느 정도 굴복하게 되었다. 아부 우바이다는 서약의 신성성을 강조하는 동시에, 무슬림이 자기들의 약속의 엄정한 이행으로부터 도출하게 될 이익과 명예, 그리고 이 서약을 파기했을 때에 야기될 시리아내 미해방 제도시의 불신과 절망의 결과로서, 자기들이 조우하게 될 것이 틀림없는 완강한 저항을 강조하면서 순순히 그를 타일렀다. 이리하여 검을 칼집에 넣고 아부 우바이다에게 항복한 다마스커스 지역은 곧 그의 항복조건의 은혜를 받아 들이겠다는 것, 그리고 최종적인 판단은 칼리프의 정의와 예지에 일임하겠다는데 동의하였다. 이리하여 시민의 압도적인 대다수가 관용과 공납의 조건을 받아 들인 결과로, 오늘날까지도 다마스커스에는 2만명의 그리스도 교도가 거주하게 된 것이다. 그러나 용감한 토마스와 그의 군기밑에서 싸운 애국자들인 자유민은, 빈궁과 망명의 선택지(選擇肢)를 골랐다. 인접한 초원에는 성직자와 평신도의, 병사와 시민의, 여자와 어린이의 천막이 무수히 가설되었는데, 그들은 자기들의 가장 귀중한 동산을 최대한으로 긁어 모은 다음, 소리높은 비탄, 혹은 침묵의 고뇌속에 자기들이 태어났고 정들었던 고향과, 즐거웠던 파르파르(Pharpar)강변을 황급히 버렸다. 할리드의 완미(頑迷)한 성정은 그들의 이런 어려운 광경을 보고도 아무런 감회를 느끼지 못하였다. 그는 다마스커스 시민들과 곡물창고의 소유권을 놓고 논쟁을 벌렸는가 하면,

수비대에게는 이번 협정의 혜택을 받을 여지를 전혀 주지 않도록 노력하였고, 또 피난민은 각자가 검 한자루든가 창 한대 또는 활 한벌만을 휴대하고 나가는 것을 마지 못하여 승인하되, 3일간의 휴전기간이 지난 뒤에는 이들이 무슬림의 적으로 간주되어 추적당하게 된다고 엄격히 선언하기도 했다.

시리아의 한 젊은이의 정열이 종국적으로 다마스커스 피난민의 파멸을 완성시켰다(이하에 서술된 이야기도 앞서의 난외주기에서 말한 것처럼 「가짜 와키디」에만 보이는 내용으로서 사실〈史實〉과는 무관하다고 본서의 권위있는 편집자 베리 교수는 말하고 있다). 요나스(Jonas)라는 이름의 이 도시의 귀족은 일찍이 유복한 가정의 처녀와 약혼한 사이였는데, 그녀의 양친이 그와 혼례식을 올리는 날짜를 천연시켰으므로, 이 처녀는 자기가 선택한 애인과 사랑의 도피를 강행할 생각을 가지게 되었다. 이리하여 두 남녀는 케이산문(Keisan門)의 야간경비병을 뇌물로 매수하여 성을 빠져 나가던중 앞장섰던 이 젊은이가 아랍인 기병대대에 포위되고 말았다. 그러나 그리스어로 「새는 잡혔다(the bird is taken)」는 그의 외침소리를 듣자, 뒤에 숨었던 이 처녀는 약속에 따라 급히 발길을 돌려 집으로 향했다. 죽음의 마왕 할리드 앞에서 이 불행한 요나스는 유일신과 그의 사도 마호메트의 신앙을 고백함으로써, 용서받은 다음, 그의 순교의 계절에 이르기까지 사라센군에 복무하면서 용감하고 진실된 무슬림의 의무를 계속 수행하였다. 이 도시가 함락됐을 때, 그는 그의 약혼녀인 에우도키아(Eudocia)가 몸을 감추고 있던 수도원에 달려갔으나, 그녀는 연인을 잊었을 뿐만 아니라 그를 배교자라고 비웃었다. 그녀는 자기의 고국보다도 자신의 종교를 선택한 것이다. 그리하여 할리드의 정의관은 자비하고는 전혀 인연이 없었지만, 그렇다고 해서 다마스커스의 남녀주민을 모두 폭력으로 구인할 수는 없었다. 이 사령관은 4일간, 협정의 의무와 그의 새로운 정복사업의 긴급한 용무로, 도시에 머물러 있게 되었다. 도망자들에 대한 유혈과 강탈을 위한 그의 추격욕구는, 경과한 시간과 멀리 도망친 거리를 계산하여 가망성이 없다고 생각하여 그의 의욕도 냉각되고 있던 참에, 마침 피로한 도망자들을 따라 잡는 것은 아직 가능하다는 생각을 가지게끔 확언하면서, 이제라도 곧 추격전을 벌릴 것을 간청하는 요나스의 건의를 그는 받아 들였다. 이리하여 할리드는 그리스도 교도의 아랍인으로 변장시킨 4천명의 기병대를 이끌고 추적하기로 결심하였다. 추격대는 기도드리는 순간만 잠깐 정지할 뿐, 시간을 아껴서 길을 재촉했고, 그들의 안내인은 이 근방의 지리에 아주 정통해 있었다.

먼 거리까지 뚜렷이 남아있던 다마스커스 피난민들의 발자국이 도중에 갑자기 없어졌다. 그러나 이 사라센 병사들은 대상(隊商)의 일행이 산속으로 들어 갔음이 틀림없으니, 머지않아 반드시 자기들의 먹이가 될 것이라는 확언으로 위로받았다. 이들은 레바논산맥을 넘자 끝없는 사막에서 참기 어려운 고통을 맛보게 되었는데, 이 노련한 광신자들의 식어가던 열의는 애인을 찾으려는 그 청년의 불요불굴의 정열로 겨우 지탱되고 또 고무되었다. 그들은 현지의 한 농부로부터, 일찍이 황제가 망명자의 일단에게 주저없이 해안에 연하여 콘스탄티노플로 통하는 길을 선택하도록 하라는 지령을 내린 바 있었다는 사실을 알아냈다. 이것은 아마도 안티오크의 병사와 시민들이 다마스커스 시민들의 재난의 광경과 실상을 보고 받고 의기소침해진 사태가 크게 염려되자 이렇게 길을 가르쳐 주었던 모양이다. 사라센 추격대는 가발라(Gabala)와 라오디케아(Laodicea)의 두 지역을, 이곳 두 도시의 성벽으로부터 관찰되지 않는 거리를 주의깊게 회피하는 길을 취하면서 안내되었다. 비는 계속 내리고 밤은 어두웠는가 하면, 산 하나를 사이에 둔 저쪽지점에는 로마군단이 주둔하고 있었다. 때문에 끊임없이 자기 부하대원들의 안전문제에 세심한 주의를 돌리고 있던 할리드는, 자기동료에게 방금 꿈에서 본 불길한 이야기를 그의 귀에 대고 말하였다. 날이 밝음과 동시에 시계(視界)가 또다시 열리자 그들은 전방의 아름다운 계곡에 다마스커스에서 도망친 시민들의 천막들을 멀리서 바라볼 수 있었다. 휴식과 기도의 짧은 시간만 지체한 뒤에 할리드는 그의 기병대를 4개 중대로 나누어서, 첫번째 중대를 자기의 충실한 용사인 데라르에게 지휘를 위임하고, 마지막의 그것을 자기가 직접 지휘하였다. 볼만한 무기도 가지지 못했고, 이미 비탄과 피로로 기진맥진해진 이 잡다한 군중을 사라센군은 차례차례로 강습한 것이다. 용서받아서 석방된 한 포로를 제외하고 남녀의 차이없이 그리스도 교도전원이 아랍인의 연월도에 의하여 학살된 것으로 믿은 그들은 만족감에 잠겼다. 다마스커스에서 이곳까지 가지고 오던 금은보화도 이 군영지 일대에 뿌려졌고, 낙타 300두의 등에 실려있던 국왕의 비단옷만도 헐벗은 이 만족민 군대 전원에게 입히기에 충분하였다. 요나스는 이런 학살극이 벌어진 혼란속에서 그의 추적목표를 샅샅이 찾아본 끝에 겨우 발견하였다. 그러나 그녀의 분노는 그의 배신의 마지막 행위에 불을 지른 격이 되었다. 그리하여 에우도키아는 그의 저주스러운 포옹에 저항하는 과정에서, 자기자신의 심장을 창으로 찔러서 자결하였다.

진위야 어떻든 간에, 또하나의 여인으로서 헤라클리우스 황제의 딸이라는 토마스(Thomas)의 미망인은, 생명보존을 허용받아 몸값지불없이 석방되었는데, 할리드의 이런 뜻밖의 관대성은 그가 〔토마스에 대하여〕 경멸한다는 효과를 노려서였다. 그리고 이 오만한 사라센인은 도전장을 냄으로써 역대 케사르의 왕좌도 모욕하였다. 이미 할리드는 150마일(240km)이나 깊숙한 곳까지 동로마 속주의 심장부에 침입해 있었지만, 그는 똑같은 은밀성과 신속한 행동으로 다마스커스로 귀환하였다. 우마르의 등극(634년)과 더불어 이 「신의 검」은 사령관직을 해임(635년) 당했지만, 이런 침공의 경솔성을 비난한 칼리프 자신도, 할리드의 그런 담력과 지휘능력에 대해서만은 칭찬하지 않을 수 없었다(이외에 635년에 페라와 마르지 알-스풀에서의 사라센군의 승리에 대해서는, 저자가 서술을 생략하고 있다고 베리교수는 보충하고 있다).

다마스커스 정복자들의 또하나의 원정도, 마찬가지로 현세의 재보에 대한 그들의 탐욕성과 경멸성을 한결같이 폭로하는 것이었다. 그들은 이 국토의 농작물과 공예품이 해마다 이 도시에서 약 30마일(48km) 떨어져 있는 아뷸라(Abyla) 시장에서 집산되었고, 또 한 경건한 은자(隱者)의 암자가 이와 같은 계절이면 수많은 순례자의 방문을 받았는데, 이처럼 교역과 종교상의 축제가 트리폴리(Tripoli. 지금의 레바논에 있는 트리폴리)총독 딸의 결혼식으로 이해에는 더욱 기품있는 행사가 될 예정이었다. 광영있는 신성한 순교자 쟈아파르(Jaafar)의 아들 압달라(Abdallar)가 500명의 기병대를 이끌고, 이런 이교도의 재산약탈이라는 경건하고도 유리한 약탈전의 실행을 위임받았다. 그는 아뷸라 시장에 접근하여 신부(新婦) 신변에서 그녀를 보호하는 5천명의 기병 호위대외에도, 유태인과 그리스도교도, 그리스인과 아르메니아인, 시리아 원주민과 이집트로부터의 여행자 등, 1만명이나 되는 많은 사람들이 모여 있다는 보고를 받고 깜짝 놀랐다. 여기서 사라센군은 일단 행군을 멈추었다. 「나 자신은(하고 압달라는 말하였다), 절대로 여기서 빈손으로 되돌아 가지는 않겠소. 확실히 적은 대군이고, 따라서 우리들이 겪어야 할 위험성은 크오. 그러나 우리가 받을 보상은 현세와 내세의 구별없이 장려하고도 확실한 것이요. 각자는 자기 의향대로 나와같이 전진하던지, 아니면 후퇴하던지 결정을 하시요.」 그러나 무슬림들은 한사람도 그의 군기밑에서 떠나려 하지 않았다. 「길안내를 계속하시요(하고 압달라는 그의 기독교도 안내원에게 말하였다). 예언자의 동지들이 과연 무엇을 할 수 있는지를 잘 보아두시요.」그들은 5개 중대로 나뉘어서 돌격해 들어갔다. 그러나 첫번째 기습에서 전과를 올린 뒤에, 그들은 수많은 적군에게 포위되고 압도되었는데, 이때의 그들의 형상을 사람들은 우스꽝스럽게 비유하기를, 이 용맹스러운 병단이 마치 검은색 낙타 몸뚱이에 난, 하나의 하얀 반점같았다고 말하였다. 해떨어지는 시간이 가까워지면서 그들의 무기가 손에서 떨어져 그들이 내세의 언저리에서 허덕이고 있던 바로 그때, 그들은 모래먼지가 자욱히 일어나면서 생기는 구름이 다가오는 것을 발견하고 기쁨의 타크비르(tecbir. 이것은 *Alla Acbar*, 즉 「신은 가장 위대하다〈*God is most mighty*〉와 같은 뜻이다)의 환성이 들려왔다. 그리고 그들은 머지않아 자기들을 구출하기 위하여 기병대를 이끌고 전속력으로 달려오는 할리드의 군기를 볼 수 있었다. 이리하여 그리스도 교도군은 그의 공격으로 분쇄되어, 트리폴리강까지 도망치는 사이에 거의가 학살되었다. 그들은 다종다양한 재보를 길바닥에 즐비하게 유기하였다. 매물로 내놓았던 상품, 상품구매를 위하여 준비해왔던 현금, 혼례를 치루기 위한 화려한 장식품, 총독의 딸과 그녀에게 딸린 40명의 시종여인 등. 과일, 식료품, 가장집물, 돈, 판금(板金), 보석을 말이나 낙타 그리고 나귀에 욕심껏 실은 다음, 이 성스러운 도적떼는 의기양양해서 다마스커스로 철수하였다. 이곳의 은자는 할리드와의 화난 짧은 논쟁끝에 순교의 왕관을 거절하고 유혈과 황폐해진 이 환경에서 고독하게 살아 나갔다.

대단히 오래된 옛시대부터 농경(農耕)으로 개량되어온 국토중 하나인 시리아는, 누구나가 당연히 살고 싶어하는 그런 땅이다. 기후상의 더위는 바다와 산에 가깝다는 위치와 무성하게 우거진 삼림과 하천의 혜택으로 완화되어 온난하고, 비옥한 토지가 생산하는 농작물은 인간이나 동물의 번성을 가능케할 뿐만 아니라 그것을 자극한다. 다비데(David. BC 10세기 이스라엘의 제2대 왕. 재위 BC 1010~971)시대로부터 헤라클리우스(Heraclius Ⅰ. 동로마 황제 재위 610~41)시대에 이르는 기간동안, 이 국토일대는 고대이래로 번영하는 도시들로 덮였고, 그 주민은 많고도 부유하였는데, 전제제도와 미신에 의한 완만한 황폐화, 그리고 최근의 페르시아전쟁(호스로 2세의 608년 이래의 시리아등 소아시아지역의 침공점령과, 이에 대해 623년 이래 헤라클리우스 1세의 보복적 탈환전과 페르시아 심장부로의 원정에서 628년 승리로 화약을 맺기까지의 전쟁)의 전화(戰禍)가 있는 뒤에 까지도, 시리아는 여전히 사막의 강욕적인 부족을 끌어당겨 매력적으로 보상을 줄 수 있는 여력이 남아 있었다. 다마스커스에서 알레포(Aleppo)와 안티오크(Antioch)에 이르는 10일 행정의 평원은, 그 서쪽이 구비친 오론테스(Orontes)강물로 적셔지는데, 이 오론테스강과 지중해 사이에는 레바논(Libanus)과 안티-레바누스(Anti-Libanus)의 두 산맥이 북에서 남으로 형성되어 있다. 하얀 눈을 뒤집어 쓴 이 두 산맥에 의하여, 같은 방향으로 간혀있는 길고도 풍요한 계곡은 오목한(hollow=Coelesyria)이라는 수식어가 붙여져 있었다. 시리아의 지리학과 정복역사속에서 그리스나 오리엔트식의 호칭으로 열거되는 제도시중에서, 우리는 특히 에메사(Emesa) 또는 힘스(Hems)라는 곳과, 별명이 바알베크(Baalbec)인 헬리오폴리스(Heliopolis)에 대하여, 전자를 평원의 중심지(metropolis)로, 그리고 후자를 이 계곡의 수도(capital)로 구별해도 무방할 것이다. 마지막 로마황제(헤라클리우스 1세를 가리키는 것. 이때까지는 시리아가 동로마 제국의 판도에 속했고, 그 이후는 이슬람권에 편입되었다는 뜻)밑에서도 이들 제도시는 강력하고 또 인구도 조밀하였으며, 건물의 작은 탑들은 멀리서 보아도 반짝반짝 빛났고, 넓은 공간은 공사(公私)간의 여러 건축물들로 뒤덮였으며, 시민은 그들의 정신, 적어도 자기들의 긍지감으로, 또는 자기들의 부, 적어도 그의 사치성으로 세상에 알려졌다. 이교도 시대(그리스도교 이전시대)에는 에메사도, 또 헬리오폴리스도 다같이 바알(Baal. 별칭은 Melqart/Milkon/Kemos/Molok 등. 서셈족의 최고신. 가나안의 신으로서는 하늘, 특히 태양신으로서 陽柱〈hammanim〉가 모셔지고, 튜로스시에서는 하늘의 괴물과 싸우는 태양신으로 숭배했으며, 기타 지방과 시대에 따라 여러 부족이 여러 형태의 신으로 숭배하였다), 즉 태양신 배례에 열중했지만, 이 두 도시의 미신과 광휘의 쇠퇴는 운세의 현저한 차이로 나타났다. 시적(詩的)인 표현에서 레바논산맥의 봉오리들로 비유되던 에메사 신전의 유적이 오늘날에는 전혀 남아 있지 않은데 반하여, 고대 역사가들의 눈에는 띄지 않았던 바알베크의 폐허는 오늘날 유럽으로부터 오는 여행자들의 호기심과 경탄을 불러 일으키고 있다. 이 신전의 규모는 세로 20피트(6m)에 가로 100피트(30m)이며, 정면은 8개 원주가 2열로 세워진 낭하로 장식되었고, 양측에도 각각 14개씩의 원주가 세워졌음이 헤아려졌다. 그리고 높이 45피트(13.5m)의 원주는 각각 세토막씩의 암석 또는 대리석으로된 거대한 토막으로 만들어졌다. 코린트 기둥식(the Corinthian order〈柱式〉. 건축에서 기둥머리를 아칸더스〈acanthus〉의 잎사귀처럼 장식한 것이 특색인 화려하고 섬세한 양식)의 비율과 장식은 그리스인의 건축기술을 나타내고 있으나, 바알베크가 한번도 군주의 거주지로 된 시기가 없었다는 데로부터, 우리는 이런 장대한 구조물의 건축비가 어떻게

해서 개인적 또는 지방적인 희사로 조달되었을까 하는데 이해하기 어려운 문제로 된다. 다마스커스를 정복한 뒤에 사라센인은 헬리오폴리스와 에메사로 진출하였다. 그러나 저자는 이미 대규모 형태로 수행된 출격과 전투의 양상을 반복기술하는 문제는 삼가하기로 한다. 전쟁수행시의 그들의 정략(政略)은 그들의 무력에 못지 않게 효과적이었다. 그들은 짧은 기간의 개별적인 휴전으로 적측의 단결을 와해시켜, 시리아인들로 하여금 자기들과의 적대행위와 화평에 대한 득실문제를 스스로 비교 고려해보는데 익숙케한 기초위에 자기들의 언어, 종교, 풍속에 관한 관념을 심어주었고, 게다가 내막적인 매수에 의하여 자기들이 미구에 포위공격할 예정도시내의 창고와 무기고를 텅 비게 하였다. 그들은 부유하거나 또는 완강한 도시에 대한 공납액을 인상했는데, 예를 들면 칼키스(Chalcis)1개 도시만으로 금 5천온스(155.5kg), 은 5천온스(155.5kg), 비단옷 2천벌 그리고 5천두의 나귀에 실을 분량의 무화과와 올리브를 부과하였다. 그러나 휴전 또는 개성조건만 충실히 이행하면, 포위된 바알베크 성안에는 들어가지 않는다고 약속했던 칼리프의 부장(部將)은, 방휼지쟁(蚌鷸之爭)격으로 실제로 이 도시의 서로 싸우는 당파가 외국군주의 조정을 간청할 때까지는 자기진영에 조용히 머물러 있었다. 시리아의 평원과 계곡에 대한 정복은 2년이 채 못되어 완성되었다. 그러나 신도의 통솔자는 그들의 전진이 지지부진함을 비난하였고, 사라센군의 병사들은 자기들의 이런 과오를 비분과 회오의 눈물로 슬퍼하면서, 지휘관들이 하루 빨리 우리 주님의 전투를 수행하게끔 자기들을 이끌고 진군하도록 호소하였다. 에메사의 성벽밑에서 사람들은 최근 전투에서 할리드의 4촌형제되는 아랍 청년이 다음과 같이 소리높이 부르짖는 것을 들었다. 「나는 검은 눈동자의 소녀들이 나를 쳐다보고 있는 것으로 생각한다. 만일 그런 여성들중 한사람이라도 이 세계에 나타난다면, 그녀는 모든 남성이 그녀를 연모하여 죽을 지경이 될 만큼 미인이다. 그리고 나는 녹색 명주천으로 지은 손수건과 보석이 수놓아진 모자를 손에 든 그중의 한 처녀가 나를 손짓으로 부르면서 『이리 오셔요, 빨리. 나의 사랑하는 사람이여』하고 부르는 것을 보고 있어요.」 이런 말을 외치면서 그는 그리스도 교도의 진영으로 돌격해 들어가서는 닥치는 대로 적을 쓰러 뜨렸는데, 마지막으로 힘스의 총독에게 발견되어 그가 던진 장창이 그의 몸을 꿰뚫자 그자리에서 전사하였다.

로마황제는 거듭되는 패전으로 말미암아, 사막의 방랑인들이 이제 정규적이며 영속적인 정복사업에 나섰으며, 또 머지않아 그런 야망을 달성할 것이라는 교훈을 받게 되었는데, 사라센군도 황제의 무력과 맞부딪치려면 자기들의 무용과 열광의 모든 능력을 발휘해야 할 필요성에 직면하였다. 유럽과 소아시아의 제속주로부터 8만의 군단이 육해로를 통하여 안티오크와 케사리아에 파견되었는데, 그중 육군의 경기병대는 가싼족(Gassan族)의 그리스도교도 아랍병사 6만명으로 편성되어 있었다. 그들은 이곳 최후의 영주인 쟈발라(Jabalah)의 군기밑에 선두에 나서서 진군했는데, 이것은 그리스인의 격언인 「다이아몬드 연마에는 다이아몬드가 가장 적합하다(For the purpose of cutting diamond, a diamond was the most effectual)」(以夷制夷와 같은 뜻)는 신념에서 나온 전술이었다. 헤라클리우스 황제는 전장(戰場)의 위험으로부터는 몸을 피했지만, 이 속주와 전쟁의 귀추를 단 한번의 결전으로 결정지어야 한다고 한 다짜고짜의 명령은, 그의 자신감, 어쩌면 그의 실의(失意)의 표현이기도 했다. 시리아병은 로마와 십자가의 기치밑에 결집하였지만, 이곳 귀족과 시민 그리고 농민은 이미 자기들을 피지배자로서 억압하며, 타향인 및 외국사람으로서 감히 자기들을 경멸하는 방종적인 군대의 무도함과 잔인성에 분격하였다. 적이 강대하고 전쟁준비가 완전무결하다는 정보가 에메사에 군영을 설치하고 있는 사라센군에게 보고되자, 부장(部將)들은 결전의 각오를 단단히 다졌지만, 그래도 일단 회의가 소집되었다. 아부 우바이다의 열성에서 나온 발언은, 곧 이곳 전선에서 옥쇄로써 순교의 영광을 얻을 것을 꿈꾸는 것이었지만, 할리드의 심모원려(深謀遠慮)에서 나온 발언은, 일단 팔레스티나와 아라비아의 후방기지로의 명예로운 전술적 퇴각을 행한 후에, 우군의 내원과 이교도에 대한 공격기회를 기다리는 것이 좋겠다는 방책을 제의하는 것이었다. 이 제안은 받아들여졌다. 메디나 왕좌에로 파견된 급사(急使)는 머지않아 우마르와 알리의 축복, 예언자 미망인의 기도와 무슬림 병사 8천명의 원군을 대동하고 돌아왔다. 그들은 이렇게 전장으로 달려오는 도중에, 이미 그리스군 1개 지대를 격파하고 있었는데, 야르무크(Yermuk)에서 이들이 우군과 합류했을 때는, 할리드가 이미 가싼족의 그리스도 교도출신 아랍군을 격파분쇄했다는 기쁜 소식을 듣게 되었다. 헤르몬산(Mt. Hermon)에서 발원되는 샘물은 보스라(Bosra)가까이에서는 급류가 되어 데카폴리스(Decapolis), 즉 10개 도시가 있는 평원에로 흘러 내리지만, 야르무크(Yermuk)라는 지명에서 순수성을 잃은 히에로막스(Hieromax. Yermuk를 가리키며, the Holy Land라는 뜻)라는 흐름은 짧은 유로(流路)를 흐른 뒤에 티베리아스호(Tiberias湖)로 흘러든다. 눈에 별로 띄지 않던 내가의 제방은 이제 길고도 피비린내나는 전투로 말미암아, 그 이름이 세상에 알려지게 되었다. 이런 중대한 위기국면에 처하여 여론의 목소리와 아부 우바이다의 겸허성은, 지휘권을 무슬림중에서 가장 적절한 사람의 손에 반환케 하였다. 이리하여 할리드는 〔총사령관직을 맡으면서〕 정면에 진지를 구축하는 한편, 그의 동료(아부 우바이다를 가리키는 것)에게는 후진에 머물면서 무질서한 탈주병이 그의 위엄있는 얼굴과 그리고 이전에 하이바르(Chaibar)성벽에서 마호메트가 내걸었던 황색 깃발로써, 도주하는 것을 저지시키는 임무를 부여하였다. 최후미의 전열은 데라르의 누님이, 이번 성전에 참가한 아랍 여인들과 함께 진지를 굳히고 있었다. 그녀들은 일찍이 활쏘기와 창다루기에 숙달되어 있었고, 포로가 되었을 때도 할례하지 않은 강도로부터 자기의 순결성과 종교를 끝까지 지켜낸 실적도 가지고 있었다. 장군들의 훈시는 짧고도 힘있는 것이었다. 「제군앞에는 천국이 있고, 제군 등뒤에는 악마와 지옥의 겁화가 있다.」 그러나 로마 기병대의 강대한 압박으로 말미암아, 아랍군의 우익은 격파되어 주력부대로부터 분단되었다. 그들은 세번씩이나 대열을 흐트리고 퇴각하였는데, 세번째로 물러났을 때, 그들은 여인네들의 비난과 매질에 의하여 되돌려 보내지자 비로소 반격으로 전환하였다. 전투와 전투사이를 틈타서 아부 우바이다는 아군진영을 방문하여, 한번에 두가지씩 따로따로하는 1시간분의 기도를 반복함으로써 그들의 휴식시간을 연장시켜 주었다. 그는 자기손으로 부상병에게 몸소 붕대를 감아 주면서, 이교도들도 이와 꼭같은 고통을 겪고 있지만, 그러나 보수는 똑같이 받지 못한다는 해설로서 그들을 간호하고 또 위로했다. 무슬림군은 4,030명의 전사자를 냈는데, 아르메니아 궁사대원들의 활솜씨는 700명의 적병들로 하여금, 자기들의 이런 명예로운 활약과정에서 한눈을 잃케했다고 자랑스럽게 이야기하게 했다. 시리아 전쟁의 고참병은 이번이야말로 자기들이 경험한 가장 곤란하고도 절망적인 전투였음을 시인하였다. 동시에 이것은 가장 결정적인 전투이기도 하였다. 무수히 많은 그리스군과 시리아 병사가 아랍군의 창검에 의하여 희생의 제물로 바처졌고, 많은 병사가 패전 후에 숲과 산속에서 학살되었다. 게다가 여울목인줄 잘못 알고 걸어서 건너려다 야르무크강에서 익사한 사람도 그 수를 헤아릴 수 없으리만치 많았다. 그리하여 이런 손해가 아무리 과장되었다 해도 그리스도교도의 사가들은, 그들의 죄에 대한 이 피비린내 나는 겁벌(劫罰)을 사실로서 인정하여 비탄하고 있다(테오파네스〈Theophanes〉의 「크로노그래프〈Chronograph〉」참조). 로마의 장군 마누엘(Manuel)은 다마스커스에서 전사했던가, 아니면 시나이산(Mt. Sinai)에 있는 수도원에 몸을 감추었다. 비잔티움 궁정으로 망명한 쟈발라(Jabalah)는 아랍인의 풍기를 개탄하면서도, 그 자신이 그리스도교로 개종한 것을 후회하였다. 쟈발라는 그전에는 이슬람의 신앙을 고백하고 있었으나, 메카를 순례했을 때, 우연히 동료의 한사람을 때렸기 때문에 칼리프가 엄격하고도 공정한 판결을 내릴 것에 겁을 먹고 망명했던 것이다. 승승장구하는 사라센군은 다마스커스에서 1개월간의 쾌락과 휴식을 마음껏 즐겼다. 전리품은 아부 우바이다의 재량에 입각하여 분배되었는데, 병사와 그 마필에는 균등한 분배몫이 인정되었을 뿐만 아니라 고귀한 아랍종 준마(駿馬)에는 2인분의 분배몫이 배당되었다(636년 8월).

야르무크의 전투가 있은 후 로마군은 이미 전쟁터에서는 모습을 보이지 않았다. 때문에 사라센군은 자기들 공격의 최초목표로서 시리아내 성새도시(城塞都市)들 중 임의의 것을 선정할 수 있었다. 그들은 케사리아와 예루살렘중 어디로 진격할 것인지에 대하여 칼리프에게 문의했더니, 알리의 충고가 곧장 후자에의 공위를 결단케 하였다. 속세 사람들의 눈에는, 예루살렘은 팔레스티나 지방의 첫번째 또는 두번째 도시에 지나지 않았지만, 경건한 무슬림들은 이곳을 모세, 예수 그리고 마호메트 자신의 계시로 성화되어온 신성한 토지의 성전으로서, 메카와 메디나 다음으로 외경(畏敬)하고 참배해왔던 것이다. 맨처음에 아부 스피안의 아들이 5천의 아랍인을 이끌고 급습이냐 휴전이냐를 떠보기 위하여 파견되었지만, 그로부터 11일째 되는 날, 이 도시는 이미 아부 우바이다의 전군단에 의하여 포위되어 있었다. 그는 아엘리아(Aelia. 예루살렘의 별칭이다. 이 Aelia Capitolina는 예루살렘의 법제상의 라틴 명칭이다. 이것은 하드리아누스 황제〈Hadrianus, Publius Aelius. 재위 117~38. 132~35년간 유태인의 반란을 진압하였다〉의 가문 이름인 Aelius에서 유래된다) 위수사령관들과 주민에게 통례적인 항복권고문을 발포하였다. 「올바른 길을 걷는 사람은 행복하니라. 우리는 신이 오직 한분이라는 것, 그리고 마호메트는 그의 사도라는 것의 선서를 제군에게 요구하는 바이다. 만일 이것을 거부한다면, 제군은 공납지불에 동의하면서 곧바로 우리들에게 복속할지어다. 그렇지 않으면 우리는 제군이 음주와 돼지고기를 즐기기 보다도 한층더 열렬하게 죽음을 사랑하는 전사들을 제군에게 파견할 것이다. 그리고 제군에게 편드는 자 모두를 격파하고 제군의 자식들을 남김없이 노예로 할 때까지는 신의 뜻에 따라 제군의 곁을 떠나지 않을 것이다.」그러나 이 도시는 사방이 깊은 골짜기와 험한 벼랑으로 방위되어 있었다. 사라센군의 시리아 침공이후 이 지방의 성벽과 답은 정성껏 수복(修復)되었고, 야르무크 전투의 패배자 중 가장 용감한 병사들도 가장 가까운 피난처에 머물러 있었기 때문에, 그리스도의 분묘를 방위하는 일이라면, 현지주민과 외국인에게도 사라센군의 가슴속에서 그처럼 강렬하게 불타오르고 있는 열광과 꼭같은 불꽃을 얼마간이나마 타오르게 했을 것이었다. 예루살렘의 공위전은 4개월간이나 계속되었다. 그간 출격 또는 습격이라는 그 어떤 형태의 전투가 벌어지지 않았던 날이라곤 단 하루도 없이 내내 계속되었다. 보루위로부터의 투석전은 잠시도 쉬지 않고 계속되었고, 아랍인에게는 엄동설한의 추위가 전투이상의 고통이며 파괴적이었다. 그리스도교도들은 최종적으로 공위군의 인내심에 굴복하였다. 대주교인 소프로니우스(Sophronius)는 성벽위에 모습을 나타내어 통역의 입을 통하여 회견을 요청하였다. 그는 칼리프의 부장에게 그의 불경신적인 시도를 간지(諫止)하려다가 실패한 끝에, 안전을 보장할 조항은 우마르 자신의 권위와 입회에 의하여 재가되어야 한다는 특별조항을 포함하는 공정한 항복조건을 민중의 이름으로 제의하였다. 이 의제는 메디나의 협의회에서 토의되어, 이 장소의 신성성과 알리의 충고로 칼리프도 자기 병사와 적군 쌍방의 희망을 수용할 결심을 굳혔다. 그리하여 〔칼리프는 예루살렘으로 향하게 되었는데〕 그의 여행의 검소함은 허영과 억압을 과시하는 국왕의 통례적인 행렬보다도 몇갑절이나 더 깊은 인상을 주었다. 페르시아와 시리아를 정복한 이 칼리프는 빨간색 낙타에 올라타고 있었는데, 낙타등에는 그의 앞과 뒤에 곡물 1부대, 대추야자열매 1부대, 나무접시 한장과 가죽제 물주머니 하나가 실려 있었다. 그가 정지할 때마다 반드시 병사들은 전원이 차별없이 칼리프와 변변치 않은 식사를 함께 하도록 초정되었고, 이 회식은 신도를 통솔하는 그 사람의 기도와 훈계에 의하여 성별(聖別)되었다. 그렇지만 이번 원정 내지 순례 행각에서 그의 권세는 정의의 여행(勵行)으로 과시되었다. 즉, 그는 아랍인의 부도덕한 1부다처제를 바로 잡고, 공납자를 착취나 학대에서 구출하며, 사라센인이 입고 있는 값진 비단 옷을 벗게 하는 동시에 그들의 먼지와 땀으로 얼룩진 평소의 얼굴을 그대로 유지케 함으로써, 그들의 사치성을 징계하였다. 칼리프는 예루살렘을 멀리서 바라 볼 수 있는 지점에 도착하자, 「신은 위대하다. 오— 나의 주님이시여, 평화리에 정복사업을 저희들에게 완수케 하소서」하고 큰소리로 외친 다음, 머리털로 제조한 페르트로 천막을 세우고는 조용히 땅위에 앉았다. 그는 강화조약에 서명한 후에, 두려움도 또 경계함도 없이 성안으로 입성하여, 이 땅의 종교적인 구적(舊蹟)에 관하여 대주교와 친밀하게 대담을 나누었다(637년). 소프로니우스는 이 새로운 주인앞에 허리를 굽히고는 남몰래 다니엘(Daniel. BC 6세기초의 유다야의 예언자. 그의 저술로 알려진 「구약성서」의 「다니엘」기는, 기실 후세〈BC 165경〉의 작품이라고 한다)의 말로, 「성지를 황폐화시킬 이 가증스러운 놈」(「다니엘」 9 : 26 및 「마태복음」 24 : 15에 나오는 말. 이전에 안티오코스〈Antiochos Ⅲ. 마케도니아계 시리아왕. 재위 BC 223~187. BC 202~198년에 팔레스티나에 침입한 바 있다〉와 로마군 때문에, 두차례에 걸쳐 이용되어 온 이 예언이 이제 이 一神論者〈單性論者〉의 가장 심원한 신학자인 소프로니우스 대주교에 의하여 적용되었다 : 기번 원주)이라고 중얼거렸다. 기도시간에 두 사람은 성부활교회안에 함께 나란히 서 있었지만, 칼리프는 자기로서는 그리스도교식 예배의 여행을 거부하고, 콘스탄티누스 교회 돌계단위에서 기도하는 것으로 때웠다. 그는 대주교(소프로니우스)를 향하여 그의 총명하고 명예로운 동기를 이야기하였다. 「내가 만일 귀하의 소청을 받아 들였더라면, 나의 선례를 답습한다는 구실로, 장래의 무슬림이 협정을 파기할런지도 모를 일이외다 」하고 우마르는 말하였다. 그의 명령으로 솔로몬 신전의 땅이 모스크건설을 위하여 준비되었는데, 그는 10일 동안 체재하는 사이에 그의 시리아 정복지에 대한 현재와 장래방침을 정비조정하였다. 어쩌면 이 칼리프가 예루살렘의 신성성이나 다마스커스의 아름다움에 귀국을 만류당하는 것이나 아닌가 하고 질투하던 메디나 시민의 괘념은, 사도가 잠든 묘소로의 그의 재빠르고도 자발적인 귀환으로 깨끗이 불식되었다.

칼리프는 아직 남아 있는 시리아전쟁의 뒷처리를 위하여 2개 병단을 별개로 편성하고 있었다. 암르('Amr ibnu'l—'As, 663경 사망. 아라비아의 무장 · 정치가 · 이집트 정복자 겸 통치자)와 야지드(Yazid Ⅰ. 재위 680~83. 알리의 아들 하산으로부터 양위받았던 우마이야조 초대 칼리프 무아위야〈Mu'awiya Ⅰ. 재위 661~80〉의 아들)휘하의 정예분견대는 팔레스티나의 군영지에 그대로 남았지만, 아부 우바이다와 할리드의 군기를 따르는 나머지 주력부대는, 북쪽의 안티오크와 알레포를 목표로 진발하였다. 이 후자, 즉 그리스인이 말하는 베뢰아(Beroea)는 당시는 아직 속주 내지 왕국의 수도로서 유명하지 않았고, 주민은 미리 항복을 제의하여 자기들의 빈곤성을 주장함으로써, 자기들의 생명과 종교를 위하여 온화한 타협을 실현시켰다. 그러나 이 도시와는 구별된 알레포의 성은 높은 인공적인 토루(土壘) 위에 우뚝 서 있었고, 사암으로 축성된 측면은 모든 벼랑들과 마찬가지로 깎아지른 듯 했으며, 폭넓은 해자는 언제든지 근방의 샘에서 끌어들일 수 있는 물로 가득 채울 수 있었다. 무려 3천명의 전사자를 낸 뒤에도 수비대는 방위를 계속하였는데, 그들의 용감한 세습적 총독인 유키나(Youkinna)는, 감히 평화를 말하면서 항복개성할 것을 주장하던 자기 형제분이며 성직계에 몸담고 있는 수도사를 참수함으로써, 자기의 굳건한 저항의지를 과시해 보이고 있었다. 4~5개월에 이르는 이번 시리아전쟁 최대의 격전에서는, 사라센군의 전사상자도 막대한 수에 이르렀다. 그들이 1마일 후방으로 퇴각했지만, 유키나의 경계심은 좀처럼 해이해지지 않았으며, 성벽밑에서 300명의 포로들이 참수당하는 광경을 보고도, 그리스도교도측의 전의(戰意)는 조금도 떨어지지 않았다. 아부 우바이다의 침묵, 그리고 마지막으로 그의 고충은, 드디어 자기들의 희망과 인내심이 이 난공불락의 성새밑에서 소진되고 말았다는 것을 칼리프에게 보고케 하였다. 「과인은 제군의 성공과 실패의 들쭉날쭉한 성과에 대하여 여러가지로 걱정을 하고 있소이다. 그러나 과인은 제군에게 절대로 성의 공위(攻圍)를 풀지 말라고 명령하는 바이외다. 제군이 철퇴하면 우리네 무력에 대한 세상사람들의 평판이 땅에 떨어질 것이며, 그 결과는 이교도들이 위압적인 태도로 나오면서 사방으로부터 제군에게 공격을 가하게 할 것입니다. 신께서 최후의 결과를 결정할 때까지 알레포 전면에 머물러 있으면서, 주변지역에서 마량(馬糧)을 징발하도록 하시오」라고 우마르는 회신을 보냈다. 신도의 통솔자가 보낸 이 훈령은 각지에 있는 아랍 의용군의 증파로 강화되었는데, 그들은 말이나 낙타를 타고 군영에 도착하였다. 그 가운데는 비록 출신은 미천한 계층에 속하지만 거대한 체구에 불굴의 정신을 가진 용사 다메스(Dames)도 들어 있었다. 그는 군대에 복무하기 시작한지 겨우 47일째 되는날, 불과 30명의 수하병사들과 함께 적의 성벽을 급습하는 것을 허락하도록 건의하였다. 할리드의 경험과 증언은 그의 제안을 추장(推奬)하는 것이었고, 아부 우바이다도 자기 동료들에게 고백하기를, 자기 자신도 만일 공무에 대한 배려를 포기할 수만 있다면, 기꺼이 이 노예출신자의 지휘밑에서 싸우고 싶다고 말함으로써, 다메스의 미천한 태생을 경멸해서는 아니된다는 것을 훈시하였다. 그의 기도는 전군이 마치 퇴각하는 것처럼 겉보기로 은폐시켜, 사라센군의 본영을 알레포에서 1리그(약 3마일=약 5km)정도 떨어진 지점에 구축함으로써 실행에 옮겨졌다. 성새 밑에는 30명의 모험가들이 복병으로서 몸을 숨겼고, 다메스는 그의 그리스군 포로의 무지성에 애를 먹으면서도 끝내 그의 조사목적을 달성하는데 성공하였다. 이 문맹자인 아랍인은 이렇게 외쳤다. 「빌어먹을 녀석들 같으니라구, 그리스놈들은 기묘한 야만인들의 말로 무엇이라고 지껄이고 있는 거야!」 3경의 한밤중에 그는 자기가 일찍이 세심하게 조사해 놓은 바 가장 손붙일 곳이 많은 등반위치, 즉 석축모양새가 얼마간 불규칙하고, 구배도 약간 민틋하며, 수비대의 경계심이 소홀한 지점으로 기어 올랐다. 가장 완강한 체구의 사라센 병사 7명이 차례차례로 목말태우기로 인간 사다리를 만들었는데, 이 인간기둥 전체의 총중량은 이 거한의 노예출신 병사의 넓적한 근육질 등으로 받쳐졌다. 이런 힘든 등반의 맨앞의 사람이, 겨우 성곽 흉벽(胸壁)의 최하층을 손으로 잡고 그것을 뛰어 넘어 성벽위에 오르자, 그들은 말없이 보초를 찔러죽여 성밑으로 떨어뜨렸다. 30명의 병사들은 「오-, 신의 사도시여, 우리들을 구원하소서」라는 경건한 기도를 반복하면서 자기들의 터반을 풀어 차례차례로 길게 끈으로 매서는 동지들을 위로 끌어 올렸던 것이다. 다메스는 신중하고도 대담한 발걸음으로 총독의 관저를 찾아다녔다. 총독은 이때 성의 해방을 축하하는 일대 향연을 베풀어 장병을 위로하고 있었는데, 참석자들은 모두가 난잡하게 떠들면서 흥겹게 놀고 있었다. 그는 거기로부터 자기 동료들이 있는 곳으로 되돌아와 안쪽으로부터 성의 입구를 급습하였다. 그들은 호위병들을 압도하여 성문의 빗장을 벗기고, 도개교(跳開橋, drawbridge)를 내린 다음, 새벽녘에 할리드가 도착하여 이들의 위험성을 구하고 그들의 정복을 확정짓게 할 때까지의 사이에, 이 좁은 통로와 성문을 끝까지 지켜냈다. 강력한 적수였던 유키나도 적극적으로 유용한 개종자가 되었고, 한편 사라센군의 장군은 다메스가 입은 바, 명예로운 부상을 치유할 때까지 군대를 알레포에 머물게 함으로써 이처럼 가장 비천한 출신이지만, 이번 전투의 최고 공로자에게 경의를 표명하였다. 시리아의 수도는 여전히 아자스(Aazaz)성과 오론테스(Orontes)강의 교량으로 엄호되고 있었지만, 이런 요새들이 함락되고 로마군의 마지막 부대가 패배한 후에는 안티오크의 영화도 동요하여 굴복하고 말았다. 이 도시의 안전은 금화 30만매로 속상(贖償)되었는데, 알렉산드로스(알렉산더 대왕) 역대 후계자의 수도이며, 오리엔트에서의 로마제국 통치의 근거지로서, 그 옛날 케사르에 의하여 자유·신성·불가침 등등의 칭호로 장식되어 있던 이 도시는, 이제 칼리프의 멍에하에 단순한 1개 지방도시라는 2류급 지위로 격하된 일을 감수해야 할 운명에 놓인 것이다.

헤라클리우스(재위 610~41) 생애에서 페르시아 전쟁의 영광은 그의 그 이전과 그 이후시기의 불명예와 허약성으로 말미암아 양쪽으로부터 퇴색된 감을 준다. 마호메트의 후계자들이 전쟁과 종교의 칼을 빼어 들었을 때, 그는 고난과 위험의 끝없는 전망에 경악하게 되었다. 그의 천성적인 게으른 성격은 이미 이 황제의 심약해지고 냉담해진 노년에, 또다시 분투의 불꽃을 점화시킬 여지는 사라지고 없었다. 면목없는 자각(自覺)과 시리아인의 간절한 소망이 한때나마 그의 전투무대로부터의 창황한 도망을 방해하였지만, 이미 영웅의 형모를 잃고 있었다. 다마스커스와 예루살렘의 상실, 그리고 야르무크와 아이즈나딘 평원에서 벌어졌던 피비린내나는 전투는, 어느 정도까지 이 군주의 현장부재 내지 잘못된 지휘에 책임이 있었다고 말해도 좋을 것이다. 그리스도의 분묘를 방위하는 것은 고사하고, 그는 교회와 국가를 신의 의지의 통일성에 관한 형이상학적 논쟁에 휘말려 든 바, 그 결과로 헤라클리우스는 그의 두번째 결혼으로 얻은 아들에게 왕관을 씌워주고 있는 사이(이에 대해서는 제Ⅷ권 p. 197~8을 참조할 것)에 그의 상속재산의 가장 귀중한 부분을 무기력하게 상실하고 말았다. 그는 안티오크의 대성당에서 주교들이 쭉 늘어서 있는 자리에서 십자가밑에 꿇어 엎드려 군주와 국민의 죄를 슬퍼했는데, 그의 고백은 신의 심판에 대한 저항이 소용없는 일일뿐만 아니라 불경신(不敬神)적 행동이기도 하다는 사실을 세상 사람들에게 가르쳤다. 사라센군이 전투에서 무적의 위력을 나타내는 것은, 그들이 그의 신념에서 무적이기 때문이며, 유키나 총독의 기교(棄教)나 그의 위장적인 회오와 거듭되는 배신은, 황제에게 자기는 기회만 있으면 자기 자신의 신병과 자기들의 조국을 그리스도교도의 적에게 팔아 넘기고자 공모하는 모반자와 배교자들에게 둘러 싸여 있다고 말한 시의(猜疑)를 정당화시켰던 것이다. 전황이 불리해지면서 그의 미신은 왕관이 떨어진 흉조의 악몽으로 한층더 강화되었다. 그리고 그는 시리아에 영원한 이별을 고한 후에 소수의 심복신하들만 데리고 비밀리에 배를 타고 수도로 향함으로써, 신민의 충성의무를 해제했던 것이다(헤라클리우스 황제가 수도로의 귀환도중 토로스산맥〈Taurus Mts. 터키 남해안 키프로스섬 대안에 있는 산맥〉을 넘을 때, 「잘 있거라 시리아여, 이곳은 적에게 있어 그 얼마나 멋진 나라일까」

라고 말한 그의 영원한 이별사는 유명하다). 헤라클리우스의 장남인 콘스탄티누스(Constantinus)는 그때까지 팔레스티나지역 3개 주의 민정(民政) 중심지인 케사리아(Caesarea)에, 5만의 병사들과 함께 체재하고 있었는데, 그러자 황제의 개인적인 이해가 그를 비잔티움 궁정으로 불러 들이게 됨에 따라, 사실상으로 이 지역에서 부친이 도망한 이후의 그는, 칼리프의 통합된 병력에 대항할 기력을 아주 잃고 있었다. 사실 그의 전위부대는 한 겨울에 레바논 산맥 설봉(雪峰)에 기어 올랐던 300명의 아랍인과 흑인노예들의 과감한 강습을 받았고, 게다가 이어진 할리드 자신의 상승부대가 공격해 온 것이다. 안티오크와 예루살렘의 사라센 군대는 남북 두 방향으로부터 해안선을 따라 진격하였는데, 그들의 군기는 페니키아내 여러도시의 성벽밑에서 합류하였다. 트리폴리(Tripoli. 레바논에 있는 항구도시)와 튜로스(Tyros/Tyre)는 내부의 배신적 통모(通謀)로 함락하였고, 5척의 수송선으로 구성된 로마군측 선대는 적에게 점령되어 있는 항만으로 경계심없이 입항하여 나포됨으로써 사라센군에게 무기와 식량을 때마춤으로 보급해준 격이 되었다. 그들의 용전분투도 케사리아의 뜻밖의 항복으로 종말을 고하였다. 로마측 군주는 이미 야음을 타고 탈출했기 때문에, 무방비상태의 시민은 금화 20만매의 제공으로 자기들의 사면을 성립시켰다. 그 이외의 속주내 도시들 ― 람라(Ramlah), 별명이 아크레(Acre)인 프톨레마이스(Ptolemais), 시켐(Sichem. 별명은 네아폴리스〈Neapolis〉), 가자(Gaza), 아슈켈론(Ascalon), 베류토스(Berytus), 시돈(Sidon), 가발라(Gabala), 라오디케아(Laodicea), 아파메아(Apamea), 히에라폴리스(Hierapolis)는 이미 정복자의 의사에 저항하려고 하지 않았다. 이리하여 폼페이우스(Pompeius Magnus. BC 106~48. BC 62년, 폰투스왕 미트리다테스 6세〈Mithridates Ⅵ. 재위 BC 120~63〉를 격파하여 그의 구령과 시리아 및 팔레스티나를 합병하여 로마령 시리아 속주를 설치한 바 있다)가 마케도니아의 마지막 왕을 퇴위시킨지 700년 후에 시리아는 칼리프의 왕홀에 굴복하는 운명으로 되었다.

6회에 걸친 원정에서의 포위공성과 회전은 이미 무슬림 병사의 몇만명이라는 생명을 희생시키고 있었다. 그들은 순교자라는 명성과 희열을 가지고 죽어갔다. 그들의 신앙의 소박성은 생명의 마지막 순간에, 자기 여동생과 어머니의 이름을 부르면서 내뱉은 한 아랍 청년의 말에서 잘 나타나 있다. 「내가 종교의 대의에 이 한몸을 바칠 생각을 가지게 된 것은 시리아에서의 쾌락도, 현세의 덧없는 희열에서도 아니었다. 나는 다만 신과 그 사도의 은총을 구할 따름이다.

그리고 나는 실제로 그 예언자의 동지 중 한분으로부터, 순교자의 혼백은 천국의 과일을 먹고, 또 그 쥬스를 마신다는 파랑새의 먹이주머니속에 깃들게 된다는 말을 들었다. 잘 있거라. 우리는 신께서 스스로 선택하신 사람들에게 유보시키고 있는 저 숲과 샘물사이에서 재회하게 될 것이다」라고 그는 말하였다. 포로로 잡혀간 신앙심 두터운 사람도 비록 수동적이긴 하지만 한층 열렬한 결심을 실천에 옮겼는 바, 예컨대 마호메트와 4촌 형제간되는 한 청년은, 3일간이나 단식끝에 이교도가 악의로서 내놓은 유일한 음식물인 포도주와 돼지고기를 거절한 것은 유명한 이야기이다. 심약한 일부 신도의 결점이 광신의 집념강한 정신을 자극하였는 바, 실제로 신의 약속과 예언자의 중개성을 부인한 결과로, 그리스도교의 성직자와 부제(副祭)들과 함께 지옥의 맨밑바닥층에 떨어진 이들의 배교와 저주를 아메르(Amer)의 아버지는 몹시 감상적인 어조로 비탄해 하였다. 전쟁에서 요행으로 살아남아서 자기의 신앙을 끝까지 지켜낸 한층더 행복한 아랍인도, 그들의 금욕적인 지도자에 의하여 번영에로의 혹닉(惑溺)을 억제당했다. 아부 우바이다는 3일간의 휴식끝에 자기군대를 안티오크의 해로운 사치향락의 오염으로부터 격리시킴으로써 자기들의 종교와 덕성이 곤궁과 노동의 가혹한 단련에 의해서만 비로소 유지될 것임을 칼리프에게 확언하였다. 그러나 우마르의 덕성은 자기 자신에 대해서는 극도로 엄격했지만, 동료에게는 관후하고도 친절하였다. 정당한 칭찬과 감사의 말을 진술한 후에, 그는 동정의 눈물을 흘리면서, 조용히 땅바닥에 앉아서, 자기 부장(部將)의 엄격성을 타이르는 답서를 기초하였다. 「신은 반드시 현세의 좋은 사물의 향수를 신심(信心) 깊은 사람들과 선행(善行)을 쌓은 사람들에게 금지한 것은 아니외다(하고 예언자의 이 후계자는 말하였다). 그렇기 때문에 귀하도 그들이 휴식을 취하면서 이 나라가 생산하는 좋은 물산을 자유로이 향수하는 것에 허가를 주었어야 했어요. 만일 아라비아에 가족을 가지고 있지 않는 사라센인이 있다면, 그는 시리아에서 결혼을 해도 좋았고, 여자노예를 소유하고 싶다고 생각하는 자가 있다면, 재력이 허락하는 범위에서 몇사람이고 사들여도 괜찮을 것이외다.」 정복자들은 이 온정있는 허가의 실행, 나아가서는 남용할 결심을 굳혔지만, 그들의 전승의 해는 인간과 가축의 사망률이 두드러지게 높아서 모두 2만 5천명의 사라센인이 시리아 보유의 기회를 박탈당했다. 특히 아부 우바이다의 죽음은 그리스도 교도들까지도 애도의 정을 자아내게 했던 모양이지만, 그의 동료들은 그가 예언자로부터 천국의 상속인으로 지명되고 선정된 10명중의 한사람이었음을 상기하였다. 할리드는 그의 동료보다도 약 3년간 더 장수하였는데, 이 「신의 검」이라고 일컬어졌던 인물의 무덤은 에메사 교외에서 찾아 볼 수 있다. 아라비아와 시리아에 칼리프의 제국을 건설한 그의 용기는 특별한 천우신조(天佑神助)의 신념으로 강화되어 있었는 바, 그는 마호메트에게 축복된 모자를 쓰고 있는 한 이교도의 비오듯이 쏟아대는 화살속에서도 불사신이라고 스스로 믿었던 것이다.

최초의 정복자들과 교대하여 그들의 자식과 동국인의 새로운 세대가 되자, 시리아는 우마이야(Ommiyah)왕조의 중심지와 그 기반이 되었는데, 이 강대한 왕국의 세입과 군대 그리고 선박은 이 칼리프의 제국을 사방으로 확장시키는 사업에 투입되었다. 그러나 사라센인은 마치 쓸데없는 명성을 경멸이나 하듯이 그들의 역사가는 자기들의 승리적 진군의 광휘와 신속성속에 매몰된 부차적인 정복사업에는 거의 언급하려고도 하지 않았다. 시리아의 북쪽에서 그들은 토로스 산맥을 넘어 역대 앗시리아왕의 옛 기념비인 수도 타르소스(Tarsos)와 함께 킬리키아(Cilicia)속주를 복속시켰다. 그들은 같은 산맥의 제2의 지맥(支脈)을 넘어 멀리 흑해해안과 콘스탄티노플 근교까지, 종교의 빛이라기 보다도 전쟁의 불길을 확대시켰다. 동방에로는 유프라테스와 티그리스 두 강의 강뚝과 그것들의 수원지까지 전진을 거듭하였는데, 그 결과로 오랫동안 싸워온 로마와 페르시아의 경계는 영원히 소멸됨으로써, 이전에 샤푸르(Sapor/Shapur/Shahpuhr Ⅱ. 재위 310~79)와 호스로 1세(Khusru/Chosroes Ⅰ, Anushirvan. 재위 531~79)병력과 무기에 저항했던 에데사(Edessa)와 아미다(Amida), 다라(Dara)와 니시비스(Nisibis)의 성벽은 모두 후폐(朽廢)하여 평평하게 헐리었고, 아브가루스(Abgarus)의 신성한 도시도 이미 그리스도의 서간(書簡)이나 화상(畵像)을 그리스도교를 믿지 않는 정복자에게 제시하는 것이 헛된 일로 되었다(제Ⅷ권 p.286를 참조할 것). 시리아 왕국은 서쪽으로는 바다에 면하여 있어서, 이 해안의 작은 섬 내지 반도인 아라두스(Aradus)의 파괴는 10년동안만 연기되었다. 그러나 레바논의 산지(山地)는 목재가 풍부하고, 페니키아의 무역은 숱한 선원을 육성한 바, 1700척의 범선으로 편성된 선단이 사막의 원주민의 손으로 건조되고 또 운용되기에 이르렀다. 이들의 모습을 보고, 로마제국의 해군은 팜필리아(Pamphylia)의 바위들로부터 헬레스폰트(Hellespont)해협으로 후퇴하였다. 그러나 헤라클리우스 1세의 손자되는 황제(콘스탄스 2세〈Constans Ⅱ. 재위 641~68〉)의 전의(戰意)는, 싸움이 시작되기도 전에 일찌감치 나쁜 꿈과 말재롱(pun. 신소리. 콘스탄스 2세가 때마침 텟살로니카〈Thessalonica〉에 머물고 있을 때 꿈을 꾼 황제에게, 그의 점복사가 그 꿈을 해석하여 말하기를, 「승리를 타인에게 양보하라〈θὲς ἄλλῳ νίκην, Give to another the victory)」라고 했다는 것이다)으로 크게 저상되고 있었다. 사라센군이 제해권을 장악한 결과로 키프로스(Cyprus). 로도스(Rhodes) 그리고 큐클라데스(Cyclades)의 섬들이 연이어 그들의 약탈적인 침공에 노출되었다. 그리스도교 기원 300년 전에 데메트리오스(Demetrios/Demetrius Ⅰ. 마케도니아왕. 재위 BC 294~83. BC 305, 로도스 공략전에서는 성공하지 못했지만, 이때의 전술에 의해 攻城者〈Poliorketes〉의 이름을 얻었다)에 의한, 그러나 유명하지만 성공을 거두지 못한 로도스섬에 대한 공위는, 이 해상공화국에게 전승기념비의 주제(主題)와 소재를 낳게 했었다. 높이 70큐빗(35m정도)에 이르는 태양신 아폴로(Apollo. 시가 · 음악 · 예언 따위를 관장하는 것으로 생각했던 옛그리스와 로마의 남신)의 조상(彫像)이 그리스의 자유와 예술의 기념비로서 항구 입구에 건설되어 있었다. 56년간 서있은 후에, 이 로도스의 거대한 조상은 지진으로 그만 도괴되었지만, 묵직한 동체와 그 파편은 그후 8세기 동안이나 지면에 가로 누워 있어서 자주 고대세계의 불가사의중의 하나로 기술되어 왔다. 사라센인들은 부지런하게 이것들을 주어 모아서 에데사의 한 유태 상인에게 팔았는데, 그는 이 놋쇠로 된 무거운 화물을 운반하는데 900두의 낙타를 사용했다고 전해진다. 그러나 이 터무니없이 무거운 중량속에는 우리가 이 태양신의 도시의 번영을 장식했던 100개나 되는 거대한 조각품과, 3000개나 되는 조상(彫像)을 포함시켜야 할 것이다.

(3) 이집트 : 이집트의 정복경위는 동포들 중에서도 가장 천민으로 태어난 사람들까지, 열광적인 정신으로 자기 본래 이상의 능력을 발휘한 영웅시대의 사라센 민족의 지도자들 중 한사람인 상승의 사라센인 성격으로써 설명할 수 있다. 암르의 출신은 비천하고도 고귀하였다. 저명한 창부(娼婦)였던 그의 모친은 5명의 쿠라이시족 남자들 중 과연 누가 그의 진짜 아버지인지를 결정할 수 없을 정도이지만, 얼굴의 닮은 꼴에 의한 증거는, 이 아들을 가장 나이많았던 애인인 아아시(Aasi)의 아들로 판정케 하였다. 암르(Amrou/Amr ibunu'l-'As-as-Sahmi. 663경 나이 90여세에 이집트 태수로 있으면서 사망한 아라비아의 무장 · 정치가 · 이집트 정복자)의 청년기는 그의 부족의 정열과 편견으로 고무추동되었다. 그의 시적(詩的)인 천분은 마호메트의 인격과 교의에의 풍자적인 시구절에서 발휘되었

고, 그의 기민성은 지배적 파벌에 의하여 이디오피아 궁정으로 피난해 있던 종교적 망명자의 추구에 활용되었다. 그러나 그는 이런 사명으로부터 남몰래 개종자가 되어서(629년경) 귀국하였다. 그의 이성 또는 이해가 그에게 우상숭배의 부인을 결심케 하였는데, 그는 친구인 할리드와 손잡고 메카를 탈출한 결과, 우리들의 메디나 예언자는 자기 대의의 가장 강력한 두 사람의 옹호자를 동시에 포용하는 만족을 맛보았다. 신도들로 구성된 군대를 통솔하고 싶다는 조급히 서두르는 암르의 마음을 우마르는 질책으로 억제하였는데, 이 칼리프는 그를 향하여, 오늘날은 신하된 신분이지만 내일에는 왕후가 될런지도 모르니 절대로 권력과 지배력을 욕구해서는 아니된다고 충고하였다. 그러나 그의 실력이 마호메트의 최초 두 후계자(아부 바크르와 우마르)에게 무시된 것은 결코 아니다. 사실 그들의 팔레스티나 정복은 그의 무공 덕택이고, 시리아에 대한 모든 전투와 공위전에서 그는 지휘자의 기상과 모험을 즐기는 병사들의 용기를 통합했던 것이다. 칼리프는 메디나를 방문했을 때, 그처럼 많은 그리스도 교도의 전사들을 쓰러 뜨린 그 칼을 이 눈으로 보고 싶다는 소망을 전하였다. 아아시의 아들로부터 흔해빠진 일반적인 짧은 연월도가 내놓여지자 우마르는 놀라움을 금치 못했는데, 이를 알아차린 이 겸손한 사라센인은 이렇게 말하였다. 「슬픈 일입니다만, 이것을 소유하는 사람의 칼쓰는 솜씨를 빼버린 검 그 자체는, 그것의 예리성도 무게도 시인 파라즈다크(al-Farazdaq Hamman. 641~728경. 우마이야 왕조의 대표적인 시인. 「그가 없었더라면 아라비아 어휘는 1/3을 잃었을 것이다」라고 평가되리만치 시적천분이 많았으나, 한편 파렴치한 면과 무절제하다고 비평되기도 했다)의 검과 전혀 다를 바 없는 것입니다.」 그는 이집트를 정복(640~42년경)한 후에 칼리프 우스만의 질투로 한때 소환당했으나(645경), 병사로서, 정치가로서, 그리고 웅변가로서의 이 사나이의 야심은, 그 후의 소란의 와중에서 결코 한 사인(私人)의 지위에 머물러 있지 않았다. 협의회와 전장(戰場)이라는 두 방면에서의 그의 강력한 지지는, 우마이야 왕조를 확립케 하는데로 이끌었는데, 이집트의 행정권과 세입은 신분을 초월한 이 충실한 벗에 대한 무아위아의 감사의 표시로서 반환되었는 바, 암르는 그 후 그가 나일강변에 건설한 도시의 궁전안에서 죽음을 맞이하였다. 아이들에게 남긴 그의 마지막 임종의 말은, 후세 아랍인들로부터 웅변과 예지의 표본으로 우러러 받들렸고, 그 자신은 자기의 젊은 시절의 잘못을 슬퍼했지만, 여전히 시인의 허영심에 물들었던 것 같은 이 회오자는 어쩐지 자기의 불경신적인 작품의 해악을 과장하고 있는 듯하다(타키투스〈Tacitus, Cornelius. 56~115 이후. 로마 제1의 사가. 『연대기』, 『역사』의 2대저서를 남겼다〉의 저서를 읽은 사람에게는, 이 무아위아와 암르의 사이가 마치 로마의 베스파시아누스〈Vespasianus, 재위 69~79〉황제와 그의 부장 무키아누스〈Mucianus〉와의 친밀했던 관계를 상기할런지 모르지만, 여기서 닮은 것이란 상황일뿐 사람들의 성격은 결코 아니다 : 기번 원주).

암르는 팔레스티나의 군영으로부터 이집트를 침공하라는 칼리프의 명령을 받고 놀랐거나 어쩌면 예기하고 있던 것 같다. 관대한 우마르는 호스로(페르시아측)와 케사르(동로마측) 양쪽의 제위(帝位)를 뒤흘러 온 그의 신앙심과 그의 검의 위력을 믿지 않은 것은 아니지만, 어쩐지 불안한 무슬림의 병력을 이 기도의 웅대성과 비교함에 이르러, 그는 자기의 경솔성을 충고하는 겁많은 동료들의 목소리에 귀를 기울였다. 『코란』의 독자에게는 파라오(Pharaoh. 일반적으로 전제적인 이집트 국왕이나 폭군을 의미한다)의 자부심과 강대성이란 이미 주지된 사실이었다. 한 예로 이스라엘의 백성 60만명이, 승리는 고사하고 탈출의 성공을 위해서만도 10회에 걸친 이상(異象)의 반복만으로는 결코 충분하지가 못했다(『구약성서』「출애굽기」 제12장 37절에는, 「이스라엘 자손이 유아외에 보행하는 장정이 60만 가량」이라고 쓰여 있다). 이 이집트의 수많은 도시들은 인구도 많거니와 그 건축물들은 강력하고도 견고하며, 게다가 무수히 많은 지류(支流)를 가진 나일강 그 자체는 하나의 넘기 어려운 장벽으로 되어 있었다. 로마 황제의 영토인 이 곡창(穀倉)지대를 로마군은 반드시 완강하게 사수할 것이었다. 곤혹스러운 상황에 부딪히자 이 신도 통솔자는, 끝으로 우연히 그러나 그의 의견으로는 신의(神意)에 모든 것을 맡길 결심을 굳혔다. 두려움을 모르는 암르는 불과 4천의 아랍인 수병(手兵)만을 통솔하고, 이미 가자(Gaza)의 자기 본영을 진발했을 때, 우마르가 보낸 사자의 뒤쫓음을 받았다. 「만일 귀하가 아직 시리아에 머물러 있다면(하고 애매한 그의 훈령에는 쓰여 있었다), 곧 군사를 되돌리시요. 그러나 이 지령서를 받았을 때 귀하가 이미 이집트 국경에 도달해 있다면, 자신(自信)을 가지고 전진하여, 신과 우군의 구원을 믿으시오.」 암르의 경험, 어쩌면 비밀정보가 메디나 궁정의 조석변화의 가능성을 그에게 지실(知悉)케 하였으므로, 그는 그대로 전진을 계속하여 명백히 이집트 영내에 군영이 설치된 곳에서, 그는 장교들을 소집한 자리에서 칼리프의 명령서를 개봉하여, 그것을 숙독한 기초위에 천천히 자기들이 멈춰있는 지점의 명칭과 위치를 물어 본 다음(그곳은 알-아리시라는 곳이었고, 때는 639년말 경이었다), 자기는 칼리프의 명령에 기꺼이 복종할 생각이라고 선언하였다. 30일간의 공위전끝에 그는 별명이 펠루시움(Pelusium)인 파르마(Farmah)를 점령하였는데, 옛날부터 정당하게 정의되어 온 것처럼 이집트로 들어가는 이 관문의 점령은, 이 국토를 헬리오폴리스(Heliopolis)의 폐허와 지금의 카이로(Cairo. Fustat라고도 하며, 처음에는 Lui-Tkeshrama라는 한촌이었다)근교까지 석권하는 돌파구가 되었다.

피라미드들로부터 동쪽으로 얼마안되는 거리, 그리고 델타 3각주 지대로부터 얼마간 남쪽으로 내려간 나일강 서안에 이르는 주위 150펄롱(furlong. 거리단위로서 1/8마일=201.17m. 150펄롱은 30km남짓의 거리)의 멤피스(Memphis)는, 고대 왕족위세의 강대성을 나타내고 있었다. 프톨레마이오스 왕조(Ptolemaios王朝. 알렉산더 대왕의 부장으로서 이집트 총독으로 있던 중 대왕 사망후 이집트를 통치한 왕조. BC 323~30년간 통치)와 역대 로마 황제(Caesar) 치세하에서는, 정치의 중심이 해안(알렉산드리아)으로 옮겨갔기 때문에, 이 고대도시는 알렉산드리아(Alexandria)의 학술과 은부(殷富) 앞에 퇴색됐다. 궁전에 이어서 마지막에는 모든 신전까지도 사는 사람없이 황폐화되는 상태 그대로 방치되었지만, 그러나 아우구스투스(Augustus. 로마초대황제. 재위 BC 27~AD 14)와 콘스탄티누스(Constantinus Ⅰ. 재위 324~337)시대가 되어서도 멤피스는 속주 제도시 가운데서는 인구가 가장 많은 최대의 거리로 되었다. 이 지점에서 강폭이 3천피트(900m)의 나일강 양안은, 정원과 주택으로 뒤덮인 강가운데의 모래톱인 조그마한 섬 라우다(Rouda)를 사이에 두고, 각각 60척과 30척의 배다리(舟橋)로 연결되어 있다. 이 배다리의 동쪽 끝에는 바빌론(Babylon)의 거리와 로마군단의 군영이 있는데, 이것이 나일강의 통행과 이집트 제2의 도시를 방위하고 있었다. 당연히 멤피스 또는 미스라(Misrah)의 일부라고 일컬어져야 할 이 중요한 보루는, 우마르의 부장(部將. 여기서는 암르)의 무력으로 포위되었는데, 이윽고 4천명의 사라센군 증원부대가 그의 본진에 도착했지만, 이 성벽을 파쇄한 군사장비는 아무래도 그의 시리아 동맹군의 창의와 노고의 산물인 것으로 생각된다. 그러자 포위가 7개월간이나 계속되는 동안, 경솔한 침공군은 나일강 홍수에 포위되어 위험한 상태에 놓이기도 했다. 드디어 그들의 최종적이며 필사적인 공격이 성공을 거두었다. 그들은 방위군측이 쇠철못을 박은 철책으로 요새화시킨 수로를 건너서, 사닥다리를 놓고「신은 위대하다」는 함성을 지르면서 보루안으로 돌입하여, 잔존하던 비잔틴군을 보트나 라우다섬으로 쫓아 버렸다. 이 지점은 그후 페르시아만과 아라비아반도와의 연락의 편리성으로 말미암아 정복자에게 대단히 소중한 곳으로 여겨졌다. 멤피스의 기타 지역은 유기되고, 아랍인의 천막은 항구적인 주거로 모습을 바꾸었으며, 최초의 모스크도 세워져 그의 헌당식은 마호메트의 교우 80명의 임석으로 축복되었다. 나일강 동안에 위치한 그들의 군영지에는 새로운 도시가 출현하였고, 바빌론과 포스타트(Fostat)라는 서로 인접한 지역은 오늘날의 쇠퇴한 상태로서는 그 옛날의 미스라, 즉 카이로(Cairo)라는 호칭에 포함되어 이 도시의 광대한 교외를 형성하고 있다. 그러나「승리의 거리(town of victory)」라는 뜻의 카이로라는 이름은 좀더 엄밀하게 말한다면, 10세기가 되어 파티마 왕조(Fātima王朝. 14대 909~1171년간 존속)의 칼리프가 창건한 근대적인 수도에 속한다. 이 도시는 점차 강안으로부터 후퇴했지만, 주의깊은 관찰자에게는 세소스트리스(Sesostris. 이집트식 정식이름은 센-우스레트 Sn-wśr · t/Sen-usret Ⅰ세는 이집트 제12왕조의 왕으로서 생존연대는 BC 1971~29. 리오폴리스에 대신전을 세웠고, 리슈트〈Lisht〉의 피라미드에 묻혔다)의 기념비로부터 살라딘(Saladin/Salahu'd-Din Yusuf. 이라크 태생. 1138~93. 재위 1171~93. 아라비아 Ayyub朝의 始祖. 〈아이유브조는 9대 1171~1252년간 이집트를 통치〉, 시아파에서 순니파로 전향. 북아프리카, 서부 아라비아, 시리아, 메소포티미아까지 지배권을 확대했고, 1187년에 예루살렘을 점령하자, 여기서 제3회 십자군이 원정하게 되면서 이 십자군과 싸운 끝에 1192년 화의하였다. 이슬람 세계에서는 명군으로 알려져 근대 서유럽문예작품에도 많이 형상화 되었다)의 그것에로의 건물의 연속성을 더듬어 볼 수 있을 것이다.

이런 아랍인도 만약에 이 국토 내부에서 강력한 동맹자를 발견하지 못했더라면, 그들은 빛나는 유익한 사업을 이룩한 끝에 틀림없이 사막쪽으로 철수하지 않으면 안되었을 것이다. 그 옛날 알렉산드로스(알렉산더 대왕)의 신속한 이 나라 정복(BC 331년경)은 토착민의 미신과 반란에 도움을 받아서 였다. 그 당시 그들은 일찍이 이집트의 신전을 불태워 버리고, 성물모독적인 식욕으로 아피스(Apis. Hep〈Hp〉라고도 한다. 멤피스시에서 숭배된 聖牛)신의 고기를 즐겨서 먹은 조로아스터(배화교)교도의 제자들에 해당하는 페르시아의 압제자를 증오했었는데, 그로부터 10세기가 지난 뒤에도 똑같은 혁명이 비슷한 원인으로 재현된 바, 콥트파(Copt派. 이집트의 기독교도. Copt는 이집트의 토인) 그리스도 교도는 불가해적(不可解的)인 신조의 지지를 위하여, 이와 꼭같은 열렬함을 발휘하였다. 저자는 이미 단성론(Monophysite)논쟁을 통하여, 역대 로마황제가 박해로써 1개 종파를 국민에로 바꾸어 버렸으며, 그 결과로 이집트를 그들의 종교와 통치로부터 이간시키기에 이른 발단과 경위를 앞서 설명한 바 있다(제 Ⅷ 권 제47장 참조). 사라센인은 야콥파(Jacobite. 야콥은 Jacob Baradai/Jacobus Baradaes. 578년에 사망)교회의 해방자로서 받아 들여져, 멤피스 공위전이 한창일 때도 승리의 군대와 노예국민들 사이에는 비밀적이고도 유효한 협상이 개시되었다. 모카우카스(Mokawkas)라는 부유한 이집트 귀족이, 일찍이 속주의 행정권을 확보할 목적으로 자기신앙을 거짓으로 고백하고 있었는데, 그는 페르시아전쟁의 혼란기를 틈타서 독립을 기도하였고, 마호메트의 사절도 그를 독립군주의 한사람으로 인정하기에 이르렀다(모카우카스는 631년 이후, 알렉산드리아의 대주교 겸 이집트 민정총독인 큐로스〈Kyros〉와 동일인물임이 틀림없다고 베리 교수는 보충주석을 달고 있다). 그러나 그는 값진 선물과 애매한 간살로써 새로운 종교의 제의를 거절하였다. 그에 의한 신탁(trust)의 남용은 헤라클리우스 황제의 분노를 불러 일으켰지만, 그의 굴복은 존대성과 공포로 연기되고, 그의 양심은 사리사욕으로 촉구되면서 끝내 국민의 애정과 사라센인의 지지에 매달리게 되었다. 그는 암르와의 첫번째 회견에서는 『코란』이냐 공납이냐, 아니면 칼이냐 하는 통례적 선택에 관한 조건을 얌전하게 듣고 있었다. 「그리스인은(하고 모카우카스는 말하였다), 처음부터 검으로 자웅을 결정할 각오를 굳히고 있었지만, 나 자신은 이 세상에서도 또 내세에서도 그리스인과의 정신적 교제를 일체 원하지 않아요. 나는 영원히 비잔티움의 압제자와 그의 칼케돈 종교회의, 그리고 그의 노예인 멜키테스(Melchites. 황제파 그리스도 교도)를 부인하오. 나와 나의 동료들에 관하여 말한다면, 우리는 복음서와 그리스도의 일자성(一者性)을 고백하면서 살고 또 죽을 결심인즉, 우리가 당신의 예언자의 계시를 신봉할 여지는 거의 없소이다. 그러나 우리는 평화를 원하기 때문에 기꺼이 그의 현세적인 후계자에 대하여 공조를 지불하고 복종하는 길을 택하는 바이외다.」 공납은 그리스도 교도 1인당 금화 2매로 결정되었는데, 노인, 수도사, 부인네와 16세 이하의 남녀 미성년자는 이 인두세가 면제되었다. 한편 멤피스의 상류와 하류 지역의 콥트인은 칼리프에의 충성을 맹세하고, 자기네 국토를 통과하는 무슬림 여행자 전원에 대하여 3일간 환대할 것을 약속하였다. 이 안전보장에 관한 협약에 의하여 멜키테스의 교권적·민사적인 전제제도는 붕괴하고, 성큐릴로스의 저주(the anathemas of St. Cyril. 제 Ⅷ 권 제44장 참조)가 모든 설교단으로부터 울려 퍼졌고, 신성한 건물은 교회의 가산과 더불어 야콥파 신도의 민족적 공동재산에로 반환된 바, 그들은 이 승리와 복수의 순간을 싫증남이 없이 향수하였다. 암르로부터의 강경한 출두명령에 따라 그들의 총대주교인 벤야민(Benjamin)이 사막에서 나와 모습을 나타냈는데, 그러자 예의바른 이 아랍인(암르)은 첫번째 회담이 있은 후에, 자기는 지난날 이이상 순수한 태도와 우아한 용모를 가진 그리스도교 성직자와 대화한 기억이 없다고 감히 선언하였다. 멤피스로부터 알렉산드리아에로 진격함에 있어 이 우마르의 부장은 일신의 안전을 이집트 원주민의 열성과 감은(感恩)을 신뢰하였다. 도로와 교량이 정성들여 수복(修復) 되었을 뿐만 아니라, 그는 진출한 어느 지점에서도 반드시 식량과 정보의 제공을 기대할 수 있었다. 그 인원수가 토착민수의 거의 1할에도 미치지 못하는 이집트 국내거주의 그리스인은, 민중의 전면적인 이반에 압도되고 말았다. 그들은 그전부터 증오되고 있었지만, 지금은 두려운 대상으로 여기지 않게 된 바, 이리하여 총독은 그의 정청을, 그리고 대주교는 자기의 설교단을 포기했고, 멀리 떨어져 있는 수비대는 그 주변에 사는 주민의 습격을 받았고 또 양도(糧道)를 절단당하고 있었다. 만일 나일강이 해상에로의 안전 · 신속한 수송을 보장해 주지 않았다면 출신 · 언어 · 직무 · 종교에서 그리스라는 꺼림칙한 이름과 결부되어 있던 사람은 단 1명도 탈출할 수 없었을 것이다.

상부 이집트(Upper Egypt) 여러 주들로부터 비잔티움군의 철퇴로 말미암아 델타 지대의 섬에는 상당한 병력이 집결하게 되었고, 나일강의 자연적 · 인공적인 수로는 몇겹이나 되는 강력한 방위거점을 형성해 주는 것이었으므로, 알렉산드리아에로의 길은 22일간에 이르는 전면적 내지 국지적인 전투들에서 사라센측의 승리에 의해서만 간신히 소탕 및 개통되었다. 그들의 정복에 관한 연대기속에서 알렉산드리아의 공위전은 아마도 가장 곤란하고도 중대한 기도로 기록되었을 것이다. 이 세계 최대의 무역도시에는 생존과 방위의 수단이 풍부하게 축적되어 있었고, 많은 주민은 인권 · 종교 · 재산 등등 둘도없이 소중한 것들을 위하여 싸웠던 것이다. 원주민의 적개심은 평화와 관용이라는 공통된 은혜를 그들에게 거절하는 것처럼 보였다. 해상루트만은 마지막까지 개방되어 있었으므로, 만일 헤라클리우스 황제가 이런 국가적인 위난사태에 조금이라도 배려하고 있었다면, 로마병과 만족민으로 편성된 새로운 병력을, 이 나라 제2의 수도를 구출하기 위하여 투입시켰을 것이다. 확실히 10마일(16km)주위는 그리스군 병력을 분산배치코 적극과감한 적의 전술을 괴롭혔는지는 모르지만, 이 장방

형의 두 측면은 해양과 마레오티스호(Maraeotis湖)로 방위되고, 2개소의 좁은 선단(先端)은 불과 10펄롱(2km)정도의 정면만을 노출시키고 있었다. 아랍군의 분전은 최종적으로 공격의 곤란성을 극복하고 이 귀중한 요충지를 제압하였다. 우마르는 메디나의 왕좌로부터 눈을 이 도시와 군영지로 고정시켰고, 그의 목소리는 아랍 제부족과 시리아쪽 노병들의 전의를 고무하는 한편으로 이집트의 특별한 평판과 비옥성에 의하여 성전(聖戰)의 가치가 자못 크다는 것을 강조하는 것이었다. 충성스러운 원주민은 전제자의 타도 또는 배제를 위하여 암르의 군대에게 협력하여 노무를 제공하였다. 사라센군 사기(士氣)의 불꽃은 어느 정도까지 자기네 동맹자의 모범을 보고서야 불붙어 오르게 되었다는 면이 있었고, 모카우카스의 낙관적인 희망은 재빨리 자기의 무덤을 알렉산드리아의 성요하네 교회로 정하고 있었다. 대주교인 에우튜키우스(Eutychius)도 사라센군의 사자분신(獅子奮迅)의 전투모습을 이야기하고 있지만, 사실 공격군은 농성병사들이 거의 매일과 같이 반복하는 출격을 격퇴한 끝에, 이번에는 일전(一轉)하여 도시의 성벽과 탑을 습격하였다. 어느 공격전에서도 암르의 기치인 검은 무슬림군의 맨앞에서 햇빛에 반사되어 번쩍이곤 하였다. 어느 잊을 수 없는 날의 일이지만, 그는 자기의 무모한 용기로 말미암아 스스로 묘혈(墓穴)을 파는 격이 되었다. 그를 뒤따라 요새로 돌입한 부하가 격퇴되면서 이 사령관은 한사람의 동료 및 노예와 함께 그리스도교도의 손에 붙들렸다. 암르가 총독앞으로 끌려가는 도중에, 자기의 위엄성은 잊지 않고, 포로로 잡혔다는 현실상황은 잊고 행동했기 때문에, 그의 이런 존대한 태도와 의연한 말투는 곧 이 칼리프의 부장된 신원을 노출시키는 것이었으므로, 이때 한 병사의 전부(戰斧)가 이 호담한 포로의 머리를 내리치고자 막 치켜올려졌다. 그가 용케도 생명을 건질 수 있었던 것은, 임기응변의 재치를 발휘한 그의 노예가 그 자리에서, 주인의 뺨을 후려갈기면서, 상관들 앞에서는 조용히 하라고 분노한 말투로 명령했기 때문이다. 이것을 본 얼간이 그리스 병사는 감쪽같이 속아넘어가고 또 추켜세워지자, 휴전제의에 귀가 솔깃해지면서 한층더 고위층에 속하는 휴전교섭사절이 올것이라는 희망으로 이 포로들을 그자리에서 석방했던 것이다. 군영의 환성과 갈채는 자기네 장군의 무사귀환을 고하였고, 이교도들의 어리석음을 비웃었다. 14개월간의 공위전과 2만 3천명의 희생자를 낸 끝에, 사라센군은 승리를 거두었고, 그리스군은 전의를 잃은 잔존병사들을 배에 태운 바, 이리하여 마호메트의 군기는 이집트의 수도 성벽에 게양되었다. 「소인은 서방세계의 대도시를 점령하였습니다(하고 암르는 칼리프에게 보고하였다). 그의 부(富)와 미(美)는 도저히 필설로 형용하기 어렵기 때문에, 소인은 단지 여기에는 4천의 궁전, 4천의 욕장, 4천의 극장 내지 오락시설, 야채 등 식품을 파는 1만 2천의 상점, 그리고 5만의 유태인 예속민이 포함된다는 것으로 주리고자 합니다. 이 도시는 아무런 협정 내지 조건부 항복없이 무기의 힘만으로 정복된 것입니다. 때문에 무슬림은 자기들의 승리의 과실을 얻고자 필사적입니다.」(640년). 신도 통솔자는 이런 약탈행위의 시사를 단호하게 거절하고, 알렉산드리아의 부와 수입을 공공목적과 신앙전도를 위하여 유보하도록 이 부장에게 명령하였다. 주민의 인구조사가 실시되어 공납금이 부과되고, 야곱파의 열광과 분격은 억제되었지만, 아랍의 명에에 복종한 멜키테스는, 그래도 자기들의 예배를 내밀적이긴 하지만, 안전하게 행할 수 있는 허가를 받았다. 이 불명예스럽기 이를데 없는 비참한 결말에 관한 보고는, 그렇지 않아도 쇠약해졌던 황제의 건강에 직격탄을 가한 격이 되어, 헤라클리우스는 알렉산드리아가 상실된 후 약 7주일 후에 수종증(水腫症)으로 사망하였다(641년 2월 10일). 그의 손자가 미성년으로 있는 동안, 일상생활의 필수품인 식량을 빼앗긴 국민의 불만의 목소리가 비잔티움 궁정으로 하여금 이집트 수도탈환기도를 강행케하는 결과가 되었다. 이리하여 4년사이에 두번씩이나 알렉산드리아의 항만과 보루가 동로마군의 선단과 군대에 점령되었지만, 이들은 트리폴리(Tripoli. 지금의 리비아 수도)와 누비아(Nubia. 수단국의 홍해에 면한 지방. 메카의 대안) 등 멀리 떨어진 전선으로부터 급히 소환된 암르의 무용에 의하여, 이 국내의 위험은 두번 모두 격퇴되었다. 그러나 습격의 용이성과 공격의 반복, 그리고 저항의 완강성으로 애먹은 나머지, 그는 앞으로 세번째로 또 공격이 있을 때는 이교도들을 바다속으로 처넣은 다음, 알렉산드리아를 마치 창부들이 모여 있는 유곽처럼 사방으로부터 누구나가 모두 자유로이 출입할 수 있도록 만들어 놓겠다고, 마음속으로 맹서하는 심정으로까지 되었다. 그는 이 공약을 충실히 지켜서 사실 성벽과 탑의 몇군데를 해체하였다. 그런데 그가 이 도시에 대하여 징벌을 가할 때, 시민들은 위해를 모면했고, 승리의 사령관이 자기 군대의 광포성을 제지시켰던 지점에는 자비스러운 모스크를 건립하여 감사의 뜻을 표하였다.

여기서 저자가 저 박식한 아불파라기우스(Abulpharagius/Abu'l-Faraj al-Malati. 원래

의 이름은 바르－헤브라에우스〈Bar－Hebraeus. Yuhanna Gregorius〉 1226～86. 소아시아의 Malatia태생 유태계 의사로서, 유태교에서 기독교로 개종하였다. 1242년 몽골인의 침입으로 부자가 함께 시리아의 안티오크로 피난이주하여 야콥파의 수도사가 되었다)가 기술하고 있는 알렉산드리아 도서관(the Alexandrian library)의 운명에 대하여 한마디 언급하지 않고 지나간다면, 독자의 기대를 배신하는 결과가 될 것이다. 암르의 성격은 그의 동료들에 비하여 한층 많은 호기심과 관용성이 풍부한 바, 사실 이 아랍인 장군은, 틈만 있으면 암모니우스(Ammonius. Saccas/Ammonios, Sakkas. 175경～242경. 알렉산드리아의 철학자. 신플라톤학파 창설자의 하나)의 마지막 제자로서, 문법과 철학의 정력적인 연구로부터 「필로포누스(Philoponus)」라는 별명을 얻고 있던 저 요하네스(Johannes/John)와의 대화를 즐겼다(이 Philoponus에 관한 에피소드는 시대가 맞지 않으므로 사실이 아니라고 베리 교수는 말하고 있다). 이런 친한 교제에 용기를 얻은 필로포누스(요하네스)는 단단히 마음먹고, 자기의 개인적인 의견으로서는 자기들에게 있어 이 이상 더 귀중한 것이 없지만, 만족민에게는 아무런 값어치도 없는 것이 확실한 재보의 하사를 간청해 보았다. 사실 이 왕립 도서관만은 알렉산드리아의 수많은 전리품 가운데서 예외적으로 정복자에 의한 점검과 봉인(封印) 대상에 들어 있지 않았다. 암르는 이 문법학자의 소청을 들어주고 싶다고 생각했지만, 천성적인 엄격한 고지식함으로 설사 가장 하찮은 물건이라도 칼리프의 승인을 받지 않고서는 양도하는 것을 거절하였다. 우마르의 유명한 회답은 광신자의 무지에 의하여 고취된 것이었다. 「만일 그리스인의 이런 저작들이 신의 서적과 일치된다면, 그것들은 무용지물인 까닭에 보존의 필요성이 없다. 이와는 반대로 그것과 일치되지 않는다면, 그것은 당연히 유해하기 때문에 파기되지 않으면 아니된다.」 이 판결은 맹목적인 복종으로 집행되어, 종이 내지 양피지에 쓰여진 만권의 서책이, 시내에 있는 4천개소의 욕장에 분산 운반되었는데, 믿을 수 없을 정도로 많은 그 분량때문에 이 귀중한 자료가 연료로 완전히 소각될 때까지 거의 6개월이 소요되었다고 한다. 아불파라기우스(바르－헤브라에우스)의 『제왕조 약사《Kitab mukhtasaru'd－duwal》』는 라틴어역의 형태로 세상에 전해지고 있기 때문에, 이 일화가 몇번씩 전사(轉寫)될 때마다 학자들은 경건한 분노로 이 고대학문과 예술, 그리고 천재작품들의 회복할 수 없는 파괴를 개탄해 왔다. 그러나 저자 자신은 이 사실과 그 결과의 양쪽을 강력하게 부인하고자 생각한다. 이런 서술은 그 자체가 처음부터 좀 이상하다. 「읽고 의심하라！(Read and wonder!)」는 바로 이 역사가(아불파라기우스) 자신이 한 말이고, 메디아(Media) 국경에서 사건이 있은지 600년이 지난 후에 쓰여진 바 외국인 중 단 한사람만의 이 보고는, 그 보다도 이전에 생존하였고 다같이 그리스도 교도이며, 또 이집트 원주민이던 두 사람의 연대사가들의 침묵에 의하여, 이상의 사실이 무력한 것으로 되어 있을 뿐만 아니라, 그중에서도 한층더 옛날의 인물인 에우튜키우스(Eutychius, 「연대기《Annal》」을 저술했다) 대주교는 알렉산드리아 정복을 상세하게 기술한 사람이지만, 역시 이곳 도서관의 운명에 관한 이야기는 없다(이에 관한 일화는 엘마킨〈Elmacin. 「사라센인의 역사」를 저술했다〉, 타바리〈Tabari. 838~923. 아라비아 압바스 왕조의 역사가·법학자. 「여러 예언자와 여러 제왕의 역사」의 저자〉, 이븐 압둘하캄〈Ibn 'Abdulhakam. 871사망. 이집트의 역사가. 「이집트와 마그리브의 정복」의 저자〉의 저서들에서도 찾아 볼 수 없다). 대저 우마르의 엄격한 판결이라는 것 자체가 이슬람 결의론자(決疑論者. casuist)의 건전하고 정통적인 교훈과 모순되는 것이다. 그들은 명확히 전쟁의 권리에 의하여 획득한 유태교도와 기독교도의 종교적 문헌을 절대로 불속에 집어 넣어서는 안되며, 역사가와 시인, 의사나 철학자의 손으로 이룩된 세속적인 지식에 관한 책들을 신자가 이용한다는 것은 합법적이라고 선언하고 있다. 마호메트 초기의 후계자는 어쩌면 이보다도 한층더 파괴적인 열광성을 가졌었는지 모르지만, 이 경우에는 분서(焚書)의 불기운이 물자부족에 의하여 곧 꺼졌을 것이 틀림없다. 저자는 이 대목에서 케사르(Caesar. Gaius Julius, BC 102~44. 그는 BC 47, 이집트왕가 내홍에 간섭하여 알렉산드리아 시민과 곤란한 전쟁을 수행한 일이 있다)가 자기방위를 위하여 본의아니게 방화하여 일으킨 화재, 우상숭배의 기념물 파괴에 기를 썼던 그리스도 교도들의 유해한 미신 등등으로, 알렉산드리아 도서관이 비운을 겪어야만 했던 내용은 굳이 말하고자 생각하지 않는다. 그러나 우리는 두 안토니누스 황제(Antoninus Pius. 재위 138~161와 Antoninus Marcus. 재위 161~180)시대로부터 테오도시우스 1세(Theodosius Ⅰ. 재위 379~395)에로 서서히 내려옴에 따라, 일련의 동시대인들의 증언으로부터 알 수 있듯이, 왕궁과 세라피스(Serapis/Sarapis. 프톨레마이오스 1세에 의하여, 그리스인과 이집트인을 하나의 신앙으로 결합시키기 위하여 창조된 신. Osiris신에, Zeus, Haides〈Hades〉, Asklepios〈Asclepius〉신들의 성격을 가미한 것. 알렉산드리아의 그리스인에게는 받아들여졌으나 이집트 원주민은 외면했다)의 신전은, 이미 이전의 프톨레마이오스왕조(Ptolemaios王朝. 알렉산더 대왕의 부장이며 이집트 태수였던 프톨레마이오스 1세〈재위 323~285〉가 창건하여 BC 30까지 15대 약 300년간 존속된 왕가)의 호기심과 활수성이 수집했던 40만권 또는 70만권이라고 일컬어지던 서책을 소장하고 있지 않았다는 사실을 알 것이다. 어쩌면 역대 대주교의 성당과 그 주교관이 많은 서적을 수장하고 있었을런지 모르지만, 만일 아리우스 논쟁과 단성론 논쟁에 관한 방대한 문헌이, 현실적으로 공중목욕탕에서 불태워졌다면, 그것은 궁극적으로 인류를 위하여 오히려 유익했을 것이라는 철학자들로부터의 미소섞인 용인으로 갈채될 것이다. 저자는 로마제국의 멸망과 운명을 같이한 바, 이 보다도 훨씬 더 귀중한 여러 문고의 상실을 진심으로 유감으로 생각하는 것이지만, 그러나 나는 시대의 경과, 무지에 의한 황폐화, 전쟁의 참화 등등을 진지하게 계산할 때, 잃은 것보다도 전해진 재보가 많음에 오히려 놀라지 않을 수 없는 것이다. 물론 진기하고 흥미로운 많은 사실이 망각속에 파묻혀 버렸고, 로마시대의 위대한 3대 역사가(타키투스〈Tacitus, Cornelius. 56~115이후, 로마 제1의 역사가. 2대저서로서 「연대기《Annales》」, 「역사《Historiae》」가 있다〉, 폴류비오스〈Polybios/Polybius. BC 201경~120경. 그리스의 역사가지만, 많은 마케도니아인과 함께 인질로서 로마에 보내진 후, 고대 로마의 장군인 Aemilius Paullus, Lucius Macedonicus, BC 160사망의 비호를 받았고, 소 스키피오〈Publius Cornelius Scipio Aemilianus Africanus Minor Numantinus, BC 185?~129〉의 존경을 받았다. 「역사《Historiae》40권이 있다〉 및 리비우스〈Livius, Titus/Titus Livy, BC 59~AD 17. 로마의 역사가. 40여년에 거쳐 142권의 「로마건국사《Aburbe condita libri》」를 편찬했다〉의 세사람을 가리킨다)들도 알맹이를 빼어버린 내용들은 우리들에게 전해줌에 불과하며, 우리는 그리스의 서정시, 극시(劇詩), 풍자시 등 즐거운 작품의 대부분을 잃어 버렸다. 그러나 우리는 시기와 우연이 불러 일으킨 불운에 의해서도, 고대인의 판단이 한결같이 천재성과 영광의 제1등급 위치를 부여해 온 고전적 제작품의 대부분이, 멸실됨이 없이 남아 있다는 것을 고맙게 상기하여야 할 것이다. 오늘날까지 전해지는 고대학문의 교사들은, 그들의 선행자들의 저작을 숙독하고 또 교정(校正)해 왔기 때문에, 예술 또는 자연에 관한 그 어떤 중대한 진리 또는 유용한 발견이 근대의 호기심으로부터 빼앗겨 왔다고 유추한다는 것은 반드시 공정한 결론이 아닐 것으로 생각한다.

암르는 이집트를 통치함에 있어 정의와 편의(便宜)라는 두가지 요구, 즉 신에 의하여 방위되는 법률상의 백성의 이해와, 인간에 의하여 보호되는 동맹체 백성의 이해를 조정하였다. 정복과 해방과정에서 야기된 최근의 소란속에서 속주의 안녕질서중 가장 유해로웠던 것은 콥트인의 변설과 아랍인의 검이었다.

전자에 대하여 암르는 파벌(派閥)과 허위(虛僞)는 2중의 벌을 받는다, 즉 암르가 개인적인 적수로 증오하는 이들 고발자에 대한 단죄와, 나아가서는 이런 부류에 속하는 무리의 선망이 기를 쓰면서 침해하고 또 배제하고자한 그런 티없는 동포의 등용으로써 치벌된다고 선언하였다. 또한 그는 아랍인이 종교와 명예라는 동기에 입각하여 자기들의 인격의 위엄성을 유지하고, 신과 칼리프에 대한 겸허성과 온화한 태도에 의하여 스스로의 평판을 높이고, 그들의 신앙에 복속하는 민중을 어루만지고 보호하여 그들의 승리의 정당하고 빛나는 보수로 만족하도록 격려하였다. 재정운영에서 그는 인두세라는 단순하지만 압도적인 방식을 폐지하고, 농업과 교역의 순익으로부터, 각 부문에 대하여 일정비율의 조세 징수를 당연한 방식으로서 채용하였다. 공납의 3분지 1은 공공복지사업에서 가장 긴요한 수로와 운하의 해마다의 수리를 위하여 충당하였다. 그의 행정에서 이집트의 비옥성은 아라비아의 기근을 구제하였고, 곡물과 식량을 실은 낙타 행렬은 멤피스로부터 메디나에로의 긴 가도를 거의 간격을 두지 않을 정도로 계속 이어졌다. 암르의 천재성은 미구에 이전에 파라오와 프톨레마이오스 왕조, 케사르들이 시도하거나 실행해 온 해상교통을 부활시킨 것인데, 적어도 그는 나일강으로부터 홍해로 나가는 길이 8마일(약 13km)의 운하도 개통시켰다. 지중해와 인도양을 직결시켰을 이 내륙항로는, 얼마후에 무익하고도 위험한 것으로 판단되어 폐지되었다. 왕좌가 메디나로부터 다마스커스로 이전한 뒤에도, 그리스 선단은 아라비아의 신성한 제도시에의 통로를 탐험했는지 모른다.

우마르는 자기의 이 새로운 정복지에 대하여 세상사람들의 명성과 『코란』의 전승을 통한 불충분한 지식밖에 가지고 있지 못했다. 그는 자기 부장(部將)에게 이 파라오와 아말레크인(Amalek人, 아말레크는 이집트의 거리. 이스라엘 최초의 왕인 사울〈Sa'ul/Saul. 재위 BC 1025~10〉에 의하여 멸망당했다. 「구약성서」「사무엘 상」 제15장 7절 참조)의 왕국에 대하여 상세히 보고하도록 요청하였다. 이에 대한 암르의 대답은, 이 독특한 국토에 대하여 상당히 정확하고도 생생한 모습으로 묘사하고 있다. 「오— 신도의 통솔자시여, 이집트는 풍화(風化)한 산악과 붉은 모래사이에서 만들어진 검은 토양과 녹색식물의 합성입니다. 세네(Syene)에서 해안까지의 거리는, 말을 타도 1개월의 행정(行程)입니다. 계곡을 따라서 흐르는 강에는 가장 위대한 천제(天帝. repose)들의 축복이, 매일 저녁 때와 아침의 두차례씩 내려지고, 태양과 달의 회전에 수반되어 수위(水位)가 오르내립니다. 해마다의 신의 배제(配劑)가 대지를 적셔주는 수원(水源)을 개방할 때, 나일강은 이집트 전토에 대하여 불어난 수류(水流)로 울러 퍼지는 물소리를 내면서 쏟아 내려 보냅니다. 농경지가 영양분 풍부한 홍수로 뒤덮이면, 촌락들은 서로의 사이를 빨갛게 칠한 돛단배로 왕래합니다. 홍수가 물러간 뒤에는 다양한 씨앗을 받아들이는 비옥한 진흙이 퇴적하게 되는데, 이런 땅을 경작하기 위하여 농토를 온통 새까맣게 뒤덮은 농군의 무리는 흡사 부지런한 개미의 대군(大群)을 방불케할 정도입니다. 그리고 그들의 타고난 나태성은 감독의 채찍과 풍요로운 농작물의 꽃과 과일의 수확이라는 전망으로 자극받습니다. 실제로 그들의 희망은 좀처럼 배신당하지 않지만, 그들이 밀 · 보리 · 쌀 · 콩 · 과수나무 · 가축에서 끌어내는 부(富)는 근로자와 소유주 사이에서 불평등하게 분배됩니다. 계절의 변화에 따라 국토의 표면은 은빛 물결, 에머랄드 초록빛, 황금 수확기의 짙은 회색으로 장식됩니다.」그러나 때로는 이런 자비스러운 질서도 교란되어, 정복 첫해의 나일강 증수기(增水期)의 지연과 그런 뒤의 갑작스러운 홍수는, 아무래도 교훈적인 우화의 한가지 자료로 되었던 모양이다. 해마다 바치는 처녀인 신공양은 우마르의 경신이념에 의하여 금지되었기 때문에, 나일강은 얕은 하상(河床)에서 기분이 몹시 상하여 휴식을 취하던 중, 칼리프의 지령서가 이 온순한 흐름에 던져지자마자, 수위는 하루밤 사이에 16큐빗(약 8m)높이로 갑자기 올라갔다고 야단이 났다. 새로운 정복지에서의 그들의 놀라움은 아랍인의 낭만적인 정신의 방자성을 산생케한 바, 사실 이집트에는 2만의 도시 또는 촌락이 조밀하게 형성되어 있는데, 인구조사 결과에 의하면 그리스인과 아랍인을 제외한 토착적인 콥트인 담세자(担税者) 인원수만도 600만이고, 노유남녀의 총수는 무려 2천만에 이르렀는 바, 해마다 칼리프의 금고속에 불입되는 금은화가 3억매에 이른다는 따위의 기술을, 우리는 가장 성실한 문필가의 저작에서 발견할 수 있다(기번은 이에 관한 자료를 에우티키우스나 엘마킨의 저작물들에서 인용하고 있다). 이런 종류의 터무니없는 주장에 대하여 우리들의 이성은 경악함을 금치 못하는 바, 우리가 거주가능한 토지범위를 상정하고, 그 면적을 계산할 경우에, 이런 것은 한층더 명백해질 것이다. 북회귀선으로부터 멤피스에 이르는 계곡은, 거의 모든 곳에서 너비가 20마일(약 32km)에도 미치지 못하며, 2100평방리그(1평방리그=약 3마일〈4.8km〉×4.8km=23.04km². ∴2100평방리그=48 384km²)의 평탄한 지표면인 델타(삼각주)지대는 프랑스 면적(1980년 현재는 547,026km²)의 12분의 1밖에 되지 않는다. 한층더 엄밀한 조사는 좀더 합리적인 평가를 뒷받침할 것이다. 한 서기의 잘못으로 작성된 금은화 3억매라는 숫자는 급기야 430만매라는 상식적인 수입에로 끌어 내려지는데, 그중 90만매는 병사에 대한 급여로 소비된다. 금세기(18세기)와 12세기의 권위있는 두가지 통계치에서는, 도시와 촌락수가 2700이라는 타당한 범위내에서 자리를 잡고 있다. 한 프랑스 영사는 오랫동안 카이로에 주재한 후에, 믿을 수 없는 것은 아니지만 좀 넉넉하게 잡은 이집트의 총인구를 이슬람교도, 기독교도, 유태교도를 모두 합하여 약 400만명이라고 말하였다.

(4) 아프리카 : 나일강에서 대서양에 이르는 아프리카 정복은 처음에는 칼리프 우스만(Othman/Uthman. 재위 644~56)의 무력에 의하여 시도되었다. 이 경건한 계획이 마호메트의 동료(여기서는 敎友)와 부족 수장(首長)들에 의하여 비준되어, 2만명의 아랍인이 신도 통솔자의 선물과 축복을 받고 메디나를 출발하였다. 그들은 멤피스 군영지에서 그들의 동국인 2만명과 합류하였는데, 전쟁의 지휘권은 최근의 이집트 정복자이며 부장이던 암르의 뒤를 막 승계한 자이드(Zaid/Said)의 아들이며, 칼리프와는 젖형제(foster-brother)에 해당하는 압달라(Abdalah)에게 위임되었다. 일찍이 그는 군주의 총애와 본인의 훈공을 가지고도 도저히 말살시킬 수 없는, 그런 중대한 배교죄(背敎罪)를 저지른 바 있었다. 그러나 압달라가 재빠르게 다시 개종하여 교우로 돌아온 것과, 그의 필력이 높이 평가되어 사도로부터 『코란』초고의 전사(轉寫)라는 중요한 임무가 맡겨졌다. 그러나 그는 이번의 신임도 배반하였다. 『코란』본문을 개악함으로써 스스로 저지른 과오를 비웃었으며, 그리하여 예언자의 심판에서 도피하는 동시에 그의 무지성을 폭로하기 위하여 메카로 도망쳤다. 메카가 정복(630년)된 후에, 그가 마호메트의 발밑에 꿇어 엎드려 눈물로써의 속죄와 또 곁에서 우스만이 좋은 말로 거들어 주었으므로, 마호메트도 마지못하여 사면해 주었지만, 이때 예언자는 오랫동안 사면을 주저하였는가 하면, 그러는 사이에 열광적인 한 제자가 자기들의 스승님이 받은 모욕을 이 배교자의 피로써 설욕할 기회를 기다린다고 말했음을 그에게 일러 주었다. 지금으로서는 압달라도 이슬람교를 내동댕이치는 것이 자기에게 불이익이 된다는 것을 알게 되었으므로, 이 종교를 위하여 표면상으로는 충실하고도 효율적으로 봉사하고 있었다. 그의 태생과 재능은 미구에 그로 하여금 쿠라이시족 중에서도 명예로운 지위에 취임케 하였는 바, 압달라는 기마민족들 중에서도 아라비아의 가장 용감하고, 가장 숙달된 기수라는 명성을

떨치게 되었다. 이리하여 4만명 무슬림들의 선두에 나선 그는 이집트에서 미지의 아프리카 서부지역으로 출격하게 된 것이다. 로마군단이라면 아마도 돌파하지 못할 바르카(Barca/Barqah)의 사막지대도, 충실한 낙타무리를 앞세운 사막민족인 아랍인에게는 별로 불안감을 주지 않는 친숙된 땅과 기후였을 따름이다. 곤란한 진군 끝에 그들은 트리폴리(Tripoli. 지금의 리비아 수도)성벽 앞에서 천막을 쳤다. 해안에 면해 있는 이 도시에는 이미 속주의 평판(name)과 부(富)와 주민이 집중하여, 지금으로서는 이곳이 바버리(Barbary. 이집트를 제외한 나머지 옛 아프리카의 이름) 지방에서 제3의 큰 도시로 팽창해 있었다. 사라센군은 그리스의 증원부대를 해안선에서 급습하여 이미 사지사방으로 흩어지게 하였지만, 트리폴리 성새는 첫번째 습격을 격퇴하였으므로, 그의 지휘부는 이제 비잔티움 궁정이 파견한 사령관 그레고리우스(praefect Gregorius)가 접근하고 있다는 정보를 입수하자, 공위전의 노고를 포기하고 성공이냐 실패냐의 결정적인 한판 회전을 벌릴 것을 바랐다. 만일 압달라의 군기밑에 12만명의 병사가 참가하고 있었더라면, 비잔티움 제국의 정규군은 사라센군의 주력 내지 그의 대부분을 형성하고 있던 이 많은 아프리카인과 무어인의 무장없는 맨손에다 무질서하기 까지한 군중속에 파묻혀 버렸을 것이다. 그레고리우스는 『코란』이냐 공납이냐의 선택을 분격으로 거절하였다. 그리하여 며칠동안이나 양군은 아침 동틀무렵부터 정오까지 서로 맞붙어 싸웠지만, 결국은 양쪽 다 피로와 극단적인 더위 때문에 각자의 본진으로 후퇴하여 휴식과 보급을 받아야 하는 처지가 되었다. 아름다움과 용기로 견줄 사람이 없는 처녀인 그레고리우스의 딸은, 자기 아버지옆에서 싸웠다고 전해진다. 그녀는 아주 어렸을 때부터 말을 타고 활을 쏘며 연월도를 휘두르는 무예를 닦아 왔었으므로, 그녀가 입은 옷과 손에든 무기는 전쟁터 최전열에서 한층 뚜렷하게 빛났다. 아랍군 사령관의 수급을 가져오는 사람에게는 금화 10만매에 더하여, 자기 딸을 그의 아내로 내주겠다고 포고하자, 아프리카의 젊은이들은 이 빛나는 포상을 받고자 모두가 분발하였다. 압달라는 자기 동포들의 간절한 요청에 따라 최전방에서는 일단 물러났다. 그러나 사라센 병사들은 자기네 지휘관의 전선 이탈과, 대등하거나 어쩌면 불리한 전황의 계속으로 그만 사기가 떨어지게 되었다.

후일 알리의 적수가 되었고, 칼리프의 아버지이며, 일찍이 이집트 정복전에서는 크게 무공을 세운 바, 아랍인 귀족인 조바이르(al-Zobeir/Zobair)는 바빌론 성벽에 줄사닥다리를 놓은 최초의 사람이었다(al-Zobair는 제50장 p.92에도 언급되었지만, 656년에 낙타의 전투에서 알리에게 패하여 전사하였다). 아프리카 전쟁에서 그는 한때 압달라의 군단으로부터 분견대를 이끌고 다른 지역에서 싸우고 있었다. 전투가 벌어졌다는 소식을 듣자 조바이르는 12명의 동지들을 이끌고, 그리스 병사들의 군영을 돌파하여 식사나 휴식을 취할 여유도 없이, 동포의 위난을 구출코자 주야겸행으로 전진하였다. 그는 전장(戰場)을 둘러보고 외쳤다. 「우리의 사령관은 어디에 계시오?」「천막속이요.」「무슬림 사령관의 위치가 천막이란 말이요?」 압달라는 얼굴이 빨개지면서 그 자신의 생명의 중요성에 대하여 로마군 총독이 내걸은 현상금의 유혹성에 대하여 실토하였다. 「그렇다면 이교도들에게 그들의 비열한 기도를 되받아 넘겨쳐요. 병사들에게 만일 적장 그레고리우스의 머리를 딴 사람에게는, 포로가 된 그의 딸을 아내로 주는 동시에 같은 금액인 금화 10만매를 상금으로 준다고 말이외다.」 칼리프의 이 부장(部將)은 조바이르의 용기와 분별력을 신뢰하여 그 자신이 자기 전술을 실행에 옮기도록 위임하였다. 이런 결과로 오랫동안 형세가 불투명하던 전국(戰局)이 사라센측의 승리방향으로 기울었다. 병력의 부족을 기민성과 책략으로 보완하면서 천막에는 일부 수병(手兵)만을 남겼을 뿐 나머지 주력부대는 아침 태양이 솟아 오를 때까지 적군과의 작은 전투를 계속케 하였다. 양군은 무거운 발걸음으로 후퇴하였는데, 병사들은 말 굴레를 벗기고, 자기의 갑옷도 벗은 다음, 마치 저녁의 휴식과 내일의 결전에 대비하는 듯한 모습을 보여 주었다. 바로 그런 때에 갑자기 돌격신호가 울려 퍼지면서 아랍군 본진으로부터 새로운 전력으로 편성된 과감한 용사들의 일대가 출격한 것이다. 이 기습을 받은 그리스병과 아프리카 병사들의 길다란 대열은, 어쩌면 열광자의 눈에는 필시 하늘에서 내려온 천사의 일단처럼 비쳤음이 틀림없는, 이 무슬림의 새 전력의 불의강습을 받고 격멸되었다. 그레고리우스 총독자신은 조바이르의 손에 걸려서 죽었고, 복수와 죽엄을 요구했던 그의 딸도 사라센군에 포위되어 붙들렸다. 패잔병들은 아랍인의 창칼에서 겨우 빠져나가 수페툴라(Sufetula)에 도달했는데, 이 거리도 이 때문에 그들의 패배에 말려들게 되었다. 이 수페툴라는 카르타고(Carthage) 남쪽 150마일(약 240km)지점에 위치하고, 완만한 구배는 강물에 씻기면서 노간주나무숲으로 뒤덮여 있는데, 지금도 우리는 개선문과 주랑(柱廊), 코린트 양식으로 지은 3개소의 신전 유구(遺構)에서 옛 로마인의 장대성에 호기심과 감탄을 금하지 못한다. 이 부유한 도시가 함락된 후에 속주민과 만족은, 각지에서 정복자(압달라)의 자비를 빌게 되었다. 그의 허영심 또는 열성은 공납이냐 아니면 신앙고백이냐의 제시로서 만족을 느꼈을런지 모르지만, 그의 손실과 피로 또한 전염병의 만연이 본격적인 주둔을 방해하였으므로, 사라센군은 15개월에 이르는 외정(外征) 후에, 이 아프리카 원정에서 획득한 포로와 재보를 휴대하고 이집트 국경으로 철퇴하였다. 칼리프의 5분의 1의 분배몫인 금화 50만매는 명목상의 지불조건으로 한사람의 총애하는 신하에게 하사되었지만, 실제적인 배분에서 보병 1인당 1000매, 기병은 1인당 3000매씩을 받았다면, 이 국토는 이런 약탈품의 잘못된 처리로 2중의 피해를 입은 것이 된다. 그레고리우스를 화살로 쏘아 맞친 사람은 당연히 승리의 가장 값진 보상을 요구할 것으로 기대되었기 때문에, 당초에는 그의 침묵에 의하여 그는 전사한 모양이라는 소문이 나돌았을 때, 조바이르의 얼굴을 알아본 총독의 딸이 흘린 눈물과 비명으로 이 용감한 병사의 감투와 겸허성이 비로소 모두에게 알려지게 되었다. 이 불운한 처녀는 노예로서 제공되었는데, 그러자 자기의 검은 종교에의 봉사를 위하여 바쳐진 것이라고 냉정하게 선언하였을 때, 하마터면 이 처녀의 아버지를 살해한 사람(조바이르)은 이것을 거절할뻔 하였다. 자기의 노고가 덧없는 현세의 미인의 매력이나 부보다도, 몇갑절 고상한 보상을 받기 위해서라고 고백한 그의 성정에 어울리는 포상은, 칼리프인 우스만에게 자기의 무공을 직접 보고하는 명예로운 임무 그것이었다. 동료와 여러 수장들, 그리고 민중이 메디나의 모스크에 집합하여 조바이르의 흥미진진한 무공담을 들었다. 그리고 이 웅변가는 자기의 군략과 작전에 관한 수훈이야기를 뺀 나머지의 모든 것을 상세히 전했기 때문에, 압달라의 이름은 아랍인 사이에서 할리드와 암르의 영웅적인 이름과 병칭되기에 이르렀다.

사라센군에 의한 서방정복은 우마이야 왕조성립에 의한 그들 내분이 해결될 때까지 20년 가까이나 중단되었는데, 그러자 칼리프인 무아위야(Muawiyah/Moawiyah/Mu'awiya Ⅰ. 우마이야 왕조 창시자. 재위 661~80)는 아프리카 주민 자신의 목소리에 촉구되었다. 헤라클리우스의 후계자들도 아프리카인이 아랍인에게 부득이 지불하게 된 공납금에 관한 내용을 물론 알게 되었는데, 그들은 민중의 곤궁한 처지를 불쌍히 여겨서 그들을 구제해야 하겠다는 생각을 가지게 되기는커녕, 이와는 반대로 벌금 내지 보상으로서 같은 액수의 조세를 다시 부과한 것이다.

비잔티움 궁정의 대신들은 그들의 곤궁이나 파멸을 한탄하는 목소리에는 귀를 기우리려고도 하지 않았다. 절망끝에 그들은 한사람의 주인에 의한 지배가 그나마 아직 낫다고 생각하게 되면서, 군 · 정 양면의 권력을 휘두르는 카르타고 총독의 착취로 말미암아, 이 로마속주에 뿌리내린 이단적인 종파는 물론이거니와 심지어 가톨릭 교도들까지도 자기들의 압제자의 권력, 나아가서는 종교까지도 부인하기에 이르렀다. 무아위야의 최초 부장은 정당한 명성을 획득하여 중요한 도시들을 함락시키면서, 3만명의 비잔티움 군대를 격파하고 8만명의 포로를 납치함으로써, 시리아와 이집트의 담대한 모험가들로 하여금 약탈품으로써 큰 부자가 되게 하였지만, 그러나 아프리카 정복자라는 칭호는 한층더 정당하게 그의 후계자인 우크바(Ukbah/Akbah)에게 돌아가야 할 것이다. 우크바는 최정예부대인 1만의 무슬림을 이끌고 다마스커스를 진발하였는데, 이 부대의 중핵적인 병력은 무수한 현지만족의 망서리는 원조와 개종으로 확대되어 나갔다. 우크바가 진군한 정확한 발자취를 더듬는다는 것은 어려울 뿐만 아니라 불필요하기도 하다. 지금까지 아프리카 내륙지역은 동양인종이나 가공적인 군대, 상상상의 성채로 가득차 있었다. 잡(Zab)과 누미디아(Numidia)의 호전적인 속주에서는 8만명의 원주민이 무장하고 집결하여 있다는 소문이고, 도시가 모두 360이라는 숫자는 농업에 대한 무지 내지 쇠미현상과는 도저히 양립되지 않으며, 이 내륙국가의 옛 수도였던, 별명이 람베사(Lambesa)인 에르베(Erbe)의 유구(遺構)도 주위가 3리그(약 14.5km)였다는 숫자를 도저히 뒷받침하지 않는다. 우리가 해안에 접근함에 따라 부기아(Bugia)와 탕지르(Tangier)라는, 세상에 잘 알려진 두 도시가 사라센군 승리의 가장 확실한 경계선을 획정해 준다. 오늘날에도 통상의 흔적이 남아 있는 양항(良港) 부기아는, 크게 번영했던 왕년에는 가구가 약 2만에 이르렀다고 일컬어지는데, 확실히 이곳 근린지역 산에서 채굴된 풍부한 철광은, 용감한 민중에게 방위수단을 공급했는지 모른다. 멀리 떨어져 있는 팅기(Tingi) 또는 탕지르라는 곳의 그 숭엄하기까지한 고아성(古雅性)은 그리스와 아랍의 여러가지 우화로 장식되어 왔는데, 그 성벽이 놋쇠로 축조되고, 지붕들은 금은으로 덮여있다는 아랍인의 비유적인 형용은, 힘과 부유의 상징으로 해석할 수 있을 것이다. 마우리타니아 팅기타나(Mauritania Tingitana)라는 주도(州都)의 이름을 붙인 속주에는 이전에 이곳의 일부를 발견한 로마인이 정착했는데, 모두 5개소의 거류지는 하나의 좁다란 지역으로 한정되고, 그 이남지역은 상아(象牙)와 불수감(佛手柑, citron. 과육은 없으나 향내가 좋다)나무를 구하여 삼림을 탐험하거나, 자주빛 조개(purple shell－fish)를 찾아 해변가를 뒤지고 다니던 일부 사치품 탐색가들 이외의 일반인으로부터는 전혀 주목받지 않았다(기번은 플리니우스〈Gaius Plinius, Secundus. 23?～79. 로마의 저술가〉의 「자연지《Naturalis historia》」의 서술를 인용하여 주해하기를, 로마의 남자들사이의 이와같은 목재나 조개에 대한 어리석은 취미의 유행을, 여인들의 진주에 대한 열의와 비교하여 기술하고 있다). 두려움을 전혀 모르는 우크바는 이 국토의 오지 깊숙한 곳까지 헤치고 들어갔는데, 후일 그의 후계자들이 페즈(Fez)와 모로코(Morocco. 오늘날의 모로코국 마라케시〈Marrakech〉)의 장려한 수도를 건설하게 되는 황야를 횡단하여 마지막으로 대서양과 대사막의 언저리까지 진출하였다. 수스강(Sus江)은 애틀라스 산지(Mt. Atlas)서쪽에서 발원하여 나일강과 마찬가지로 그 유역을 적신 끝에, 별명이 다행제도(多幸諸島. Fortunate Is.)인 카나리아(Canarias)제도로부터 멀지 않은 지점에서 바다로 흘러든다. 이 양안에는 법도 규율도 또 종교가 무엇인지도 모르는 만족인 무어인(Moor人) 잔존자가 살고 있었지만, 그들은 동방에서 온 무력의 기묘하고도 불가항력적인 공포성에 깜짝 놀랐다. 그리고 금도 은도 소유하지 않은 그들로부터의 가장 값진 전리품은 아름다운 여자포로였는데, 현실적으로 그중에는 후에 금화 1000매로 팔려간 여인도 있었다. 우바크의 광신은 불변이지만 그의 전진이 무제한(無際限)의 대양조망(大洋眺望)으로 가는 길을 저지당하자, 그는 타고 있던 말을 바다속으로까지 몰고 들어가 하늘을 우러러 보면서 광신자의 말투로 절규하였다. 「오－, 신이여. 제가 가는 길이 이 큰 바다로 차단당하지 않았더라면, 저는 다시 서쪽의 알려지지 않은 왕국에 진출하여, 당신의 신성한 이름을 불러 유일신임을 설하면서, 당신 이외의 신을 숭경하는 괘씸한 국민을 모조리 베어 없앴을 터인데－.」 그러나 신세계를 찾아 한숨지었던 이 이슬람판 알렉산드로스(알렉산더대왕)도 자기의 최근정복지를 확보하는데에는 실패하였다. 그리스인과 아프리카인의 전면적인 이탈에 의하여 그는 대서양 연안으로부터 소환되었는데, 그의 주위의 군중은 그에게 명예로운 죽음의 수단밖에 남겨놓지를 않았다. 그의 최후의 장면은 국민적 덕성의 모범으로 위엄지어졌다. 이전에 그와 지휘권을 다투었다가 실패한 한 야심적인 부장(部將. 아부 무하지르라는 사람이었다)이 포로가 되어서 이 아랍군 사령관의 진영에 끌려왔다. 반란분자들은 이 사령관의 불만과 복수심을 각오하고 있었다. 사령관은 포로들의 제의를 무시하고 그들의 계획을 폭로하였다. 위험이 박두한 순간에 우크바는 기쁜 마음으로 상대방의 족쇄를 풀어 주면서 물러가도록 충고했다. 그러나 반란집단의 두목은 자기의 경쟁상대자의 깃발밑에서 죽는 길을 택하였는 바, 이리하여 두 사람은 벗이며 순교자로서 서로 상대방을 포옹하면서 각자의 연월도를 빼들고 그 칼집을 망가뜨린 다음, 집요한 1대 1의 결투를 벌린 끝에, 마지막에는 두사람 모두가 자기군대 전사자 명단에 마지막 사람으로 이름을 올리면서 쓰러졌다. 아프리카 원정군의 제3대 사령관겸 총독 주하이르(Zuhair)는 그의 전임자(우크바)의 운명에 보복하였지만, 그 역시 같은 비명으로 쓰러진 것이다. 즉, 그는 많은 전투에서 원주민을 제압하였지만, 콘스탄티노플이 카르타고 구원을 위하여 파견하고 있던 강력한 군대에 압도된 것이다.

무어인 부족이 전부터 써온 상투적인 수법은, 침략자에게 동조하여 약탈품 분배에 한몫 끼어들고, 신앙을 고백하면서도 무슬림군의 최초퇴각이나 패배라도 있으면 그런 정세에 편승하여 곧 반란을 일으켜, 자기들의 원래의 독립과 우상숭배의 야만상태로 되돌아가는 일이었다. 우크바는 현명하게도 아프리카 오지에 아랍인 거류지의 건설계획을 수립하고, 이로써 야만민족의 경거망동을 견제하면서 만에 하나라도 전쟁이 발발했을 때는, 사라센군의 재산과 그 가족을 보호하는 피난소로서 도움이 되게 하고자 생각하였다. 이런 전망에 입각하여 그는 헤지라력 50년에 대상(隊商)의 역참(驛站)이라는 수수한 명칭으로 이런 거류지를 창설하였다. 오늘날에는 매우 쇠미한 상태에 있지만, 이런 거류지가 카이로안(Cairoan)에서는 튀니스(Tunis) 남방 약 50마일(80km)지점에 있는데, 여전히 튀니스 왕국 제2의 도시라는 지위를 차지하고 있다. 해안에서 12마일(약 19.2km)쯤 서쪽으로 들어간 그곳 내륙의 상황은, 이 도시를 그리스와 시칠리아의 함대로부터 보호해 왔다. 야수와 큰 뱀이 절멸된 숲이라기 보다도 황야가 개간되었을 때, 로마 거리의 유적이 모래로 덮인 평야속에서 발견되었다. 카이로안에서는 야채와 같은 식품류는 먼곳에서 운반되었고, 수맥(水脈)의 결핍은 주민들로 하여금 믿을 수 없는 빗물의 공급을, 물웅덩이나 물탱크로 확보하는 것을 불가피하게 하였다. 이와같은 장해요소는 우크바의 정려(精勵)로써 극복되었다. 즉, 그는 3600보의 거리 주위를 따라 이곳을 벽돌담으로 둘러쌌는데, 5년 후에는 총독의 공관도 상당수의 민간인 주택으로 둘러싸이게 하였다. 굉장히 큰 모스크는 500본이나 되는 화강암이나 반암(斑岩) 그리고 누미디아산 대리석 원주로 받쳐지는 등, 이제 카이로안은 제국의 수도이며 학예의 도시로 건설되었다. 그러나 이것은 후세에 이룩된 영광으로서 새로 개척될 당시의 이 거류지는 우바크와 주하이르의 연이은 패퇴로 동요하였고, 서방에로의 원정 또한 아랍왕국의 내부항쟁 때문에 중단되었다. 용감한 주하이르의 아들*은 우마이야 왕조에 반항하여 12년간의 전쟁과 7개월간의 공위(攻圍)를 끝내 견뎌냈다. 이 압둘라('Abdullah ibnu'z-Zubair, 622?~92)는 마치 사자의 영맹성(獰猛性)과 여우의 교활성을 함께 구비한 사람으로 평가된 바, 그는 아버지의 용기만은 이어받았지만, 그의 관후성(寬厚性)은 이어받지 못한 것 같다.

국내평화의 회복은 칼리프인 압둘-말리크('Abdu'l-Malik/Abdalmalek. Marwan의 아들. 647~705. 우마이야 왕조 제5대 칼리프. 재위 685~705. 왕조 중흥의 명군으로 칭송된다)에 의한 아프리카 정복의 재개를 가능케 하였다. 군기는 이집트의 총독 하싼(Hassan)의 손에 수여되고, 이 왕국의 수입은 4만명의 병력과 함께 이 중대한 사명에 충당되었다. 전쟁의 각시기의 귀추에 순응된 내륙의 제속주는 번갈아가며 사라센군 손에 떨어지거나 탈환되곤 했지만, 해안 연안지대만은 여전히 그리스군 손에 확보되어 있어서, 하싼의 전임자들은 카르타고라는 이름과 그 방색(防塞)에 두려움을 느꼈는데, 실제에 있어 이 도시의 수비병력은 카베스(Cabes)와 트리폴리로부터의 패주자들로서 증강되고 있었다. 하싼의 군대는 그리스군 보다는 한층 과감하고 또 행운이었다. 그는 그의 아프리카 수도를 평정하고 약탈했

---

* 압둘라의 아버지는 아라비아의 귀족이다. 즉, 아버지는 예언자 마호메트와 4촌형제간이고, 그 자신은 정통파의 초대 칼리프인 아부 바크르(Abu Bakr. 재위 632~34)의 손자이며, 또 마호메트의 미망인인 유명한 아예샤(A'ishah. 별명 Umm 'Abdullah, 613?~78)의 조카뻘 된다. 635년, 14세때에 시리아 정복전인 야르무크강 결전에 참전하고 이집트와 북아프리카 원정에도 참가하여 무공이 있었다. 제3대 칼리프 우스만 치세때는 「코란」편찬명령을 받은 4명의 신학자 중 한명이었다. 우마이야조 창건자인 무아위야 1세(Mu'awiya Ⅰ. 재위 661~80)가 사망한 후에 이 왕조에 반대하는 태도를 명확히 하여 야지드 1세(Yazid Ⅰ, 재위 680~83)에 저항하였고, 정통파 제4대 칼리프 알리(Ali. 재위 656~61)의 차남 후사인(al-Husain, 625?~80. 우마이야조의 무장 우마르에 의하여 참살당했다)이 살해당한 뒤는 메카로 돌아가 681년, 스스로 칼리프의 지위에 올라 「信徒의 首長」이라고 칭했다. 9년간 우마이야조와의 무장투쟁에서 견뎌낸 후, 이라크·남부 아라비아 및 시리아의 일부까지 복속시켰으나, 692년 우마이야조 제5대 칼리프 압둘-말리크('Abdu'l-Malik, 재위 685~705)의 부장 핫쟈즈 이븐 유수프(al-Hajjaj ibn Yusuf. 661~714)에게 메카를 포위당하여 용전했으나 전사하였다. 무덤은 메디나의 마호메트 묘부근에 있다. 그의 우마이야 왕조 반대투쟁은 요컨대 시아파 대 순니파간의 투쟁이며 이슬람교의 주도권 다툼의 초기투쟁형태였다.

지만, 공성(攻城) 사닥다리에 관한 언급이 없다는 것은 그가 정규적인 공위(攻圍)라는 좀더 시간이 오래 걸리는 작전에 선행하여, 이 성새를 기습했던 모양이라는 상정을 십분 뒷받침한다. 그러나 정복자의 기쁨은 이윽고 그리스도교도 증원군의 출현으로 싹 지워졌다. 경험과 명망을 갖춘 지위관인 총독 요하네스(Johannes/John)는 콘스탄티노플에서 동로마제국의 병력을 승선시켰는데, 이 군대는 시칠리아에서 다시 이곳의 선단 및 병사들과 합류했을 뿐만 아니라, 또한 강력한 고트인 증원부대가 스페인 국왕의 공포와 종교에 입각해서 원군으로 참가하게 된 것이다. 연합선단의 중량(重量)이 항망입구를 가로지른 쇠사슬을 파괴하면서, 아랍병은 카이로안이나 트리폴리로 퇴각하였다. 그리스도 교도들이 상륙하자, 시민은 십자가의 깃발을 환영하여 한해 겨울을 쓸데없이 승리 또는 해방의 기쁨으로 허비하고 말았다. 그러나 아프리카는 결국 영원히 기독교도들의 손에서 떨어져 나갔다. 즉 이슬람 신도 통솔자의 열광과 분격이, 다음해 봄에 육해 양면으로 대부대의 파송을 준비케 하였고, 이와는 반대로 총독은 부득이 카르타고의 주둔지와 요새로부터 철수하지 않을 수 없었다. 우티카(Utica)근교에서 새로운 전투가 전개되었지만, 그리스군과 고트군은 거듭 패배하였는데, 그들의 군영의 취약성과 더불어 허술한 방어시설의 보루를 포위하고 있던 하싼의 창검으로부터, 그들은 황급히 배안으로 도망쳐 들어감으로써 간발(間髮)의 차이로 겨우 목숨을 거졌다. 카르타고에 남아 있던 건물은 남김없이 불질러지고, 디도(Dido)*와 케사르의 거주지는 그 이후 200년 이상이나 황폐화되는 그대로 방치되던 끝에, 초대 파티마 왕조(Fatima王朝. 909~1171년간 통치. 창시자

---

* 디도(Dido)는 별명을 Belus/Elissa라고 하며, 로마 제1의 시인 베르길리우스(Vergilius BC 70~BC 19)의 필생의 대작인 「아에네이스《Aeneis》」에 묘사되어 있는, 그리스 전설상의 카르타고 건설자이며 여왕이다. 카르타고 건설에 관한 전설은 다음과 같다. 그녀는 튜로스의 왕 벨로스(Belos)의 딸로서 대부호 슈카이오스(Sychaios)와 결혼하였다. 그녀의 오라버니인 퓨그말리온(Pygmalion)이 매제의 재산을 탐내고 질투하여 그를 죽였기 때문에, 그녀도 신변의 위험을 느끼고 북아프리카의 풀루사로 도피한 다음, 현지주민에게 쇠가죽 1장을 덮을 정도만의 땅을 달라고 간청하여 그런 허가를 받았다. 그녀는 쇠가죽 1장을 가느다란 노끈으로 길게 잘라서 그것으로 땅을 둘러쳤는데, 이렇게 얻은 광대한 토지에 도시를 건설한 바 이것이 카르타고였다. 여기서 풀루사는 「쇠가죽」, 카르타고는 「도시」를 의미한다고 한다. 좀더 부언하면, 트로이전쟁에서 패망하자, 아에네이스는 도망쳐 이곳 카르타고에 이르렀는데, 그러자 이 여왕 디도와 사랑에 빠지게 되었다. 그러나 상업의 신 메르쿠리우스(Mercurius/Mercury. Hermes신에 해당)의 충고로 아에네이스가 그녀곁을 떠나 로마로 향하자, 실연한 디도는 스스로 분사(焚死)했다고 한다.

는 Abu Muhammad 'Ubaidu'llah al-Mahdi. 재위 909~34)의 칼리프에 의하여 그 일부 — 겨우 옛성곽의 20분의 1밖에 안되는 면적에 재식민이 이루어졌다. 16세기 초엽에 아프리카 서쪽 제2의 수도는 하나의 모스크, 학생없는 하나의 대학, 25내지 30개의 점포, 그리고 절망적인 빈곤속에서 카르타고 원로원 의원의 오만성을 체험한 500명 농부들이 사는 오두막집들로 대표되고 있었다. 이 작은 촌락도 후일 카를 5세(Karl V. 母系의 스페인왕〈재위 1516~56〉이었고, 1519년에는 父系의 왕위도 승계하여 독일황제가 되었다. 그의 치세는 루터〈Luther, Martin. 1483~1546〉의 종교개혁이 시작되어 유럽이 종교전쟁에 휘말려 들었던 때로서, 당시 최성기에 있던 오스만 터키의 술레이만 1세〈Suleiman I. 재위 1520~66〉의 유명한 비엔나 포위군을 격퇴〈1529〉했지만, 북아프리카의 스페인령 거점들은 남김없이 오스만 터키군의 수중에 빼앗기고 말았다)가 골렛타(Goletta)요새에 주둔시키고 있던 스페인군에 의해 소탕되어, 카르타고는 또다시 폐허화되고 소멸되었다. 만일 호기심많은 여행자의 발길이, 아치형으로 파괴되어 있는 한 수로를 더듬어 보지 않았더라면, 옛날의 이 도시의 위치조차 알지 못한 채 지나갔을지도 모른다.

비잔티움군은 비록 격퇴되었지만, 아랍인들이 아직도 이 국토를 완전히 지배하게 된 것은 아니었다. 당초에 케사르 통치하에서는 유순하던 대륙의 속주주민인 무어인, 즉 별명이 베르베르인(Berber人)들은 비잔티움 황제를 몹시 애먹인데 이어서 이번에도 마호메트 후계자의 종교와 권세에 대하여 비정규적, 게릴라전적인 저항을 계속하였다. 독립한 여러부족들은 자기들의 여왕 카히나(Cahina)의 깃발밑에 어느 정도의 통합과 규율을 실현시키고 있었다. 그리고 무어인들은 한 무리의 여성에게 예언자의 역할을 인정하고 있었으므로, 그들은 〔그녀의 예언에 따라〕 침략군측(아랍측)의 그것에 뒤지지 않는 열광으로 적군을 공격하였다. 하싼의 노병들도 아프리카 방위가 불가능하게 되자, 오랜 세월에 걸쳐서 쌓아온 성과를 드디어 단 하룻동안의 전투로 잃어버리고 말았다. 이리하여 분류(奔流)에 압도된 이 아랍군 부장(部將)은 이집트 국경까지 후퇴한 끝에, 칼리프가 약속한 증원부대의 도착을 무려 5년간이나 기다렸다. 사라센군이 물러간 뒤에 승리에 도취한 이 여자예언자는, 무어인 부장들을 모아놓고 기묘하고도 야만적인 정책을 제의하였다. 「우리들의 도시와 거기에 수장되어 있는 금은보화는 끊임없이 아랍인의 무기를 유혹하여 끌어당기고 있어요(하고 그녀는 말한다). 이런 저속(低俗)한 금속은 절대로 우리네 욕망의 대상이 아니지요.

우리에게는 땅에서 나는 검소한 생산물로 충분히 만족할 수 있어요. 때문에 우리는 이런 도시들을 파괴하고 그 유해로운 재보를 그 폐허속에 묻어 버립시다. 적군의 탐욕심을 자극시키는 재보가 없어지면, 그들도 우리 상무(尙武)민족의 평안을 교란시키는 일을 그만둘 것입니다.」이 제안은 이의없이 갈채로서 승인되었다. 이리하여 탕지르에서 트리폴리까지의 건물, 적어도 요새는 모두 파괴되고 과수목은 베어졌으며, 생활의 방편은 소멸되었고, 비옥하며 인구조밀하던 녹지대도 사막으로 변했는 바, 후세의 사가들은 이들 선조들의 번영과 황폐의 거듭된 흔적을 찾아볼 수 있었다. 이것이 근대 아랍인에 의한 이야기인데, 이것은 그들의 고대역사에 대한 무지(無知)와 괴이담(愧異譚)에 대한 편애, 그리고 만족의 철학을 칭찬하는 풍습이 도나티스트(Donatist. 4세기 카르타고에서 활동한 Donatus의 교의를 받은 기독교의 한 종파. 죄있는 성직자의 세례수여는 무효이므로 자파 성직자의 재세례를 주장했다. 제 Ⅲ 권 p. 213이하 및 p. 272이하를 참조할 것)와 반달인(Vandal人)들의 최초 폭위(暴威)가 있은 이래, 300년간의 재난을 하나의 의도적인 줄거리로 체계화시킨 것이 틀림없는 것으로, 저자는 강한 느낌을 가지게 되었다. 반란이 진행되는 과정에서 의심할 바 없이 카히나(cahira)여왕은 이런 파괴활동에서 커다란 역할을 수행했을 것이고, 일단은 그녀의 천한 멍에에 마지 못하여 복종했던 여러 도시들도, 이런 전체적인 파괴라는 공포심을 자아내게 되자 급기야 반기를 들었을 것이다. 그들은 이미 그전에 통치하던 비잔티움 수장(首長)의 복귀는 희망도 또 기대도 하지 않았다. 그들의 지금의 예종상태는 무엇 한가지도 질서나 사법의 혜택에 균점(均霑)됨이 없었으므로, 가장 열렬한 가톨릭 교도들 조차도 무어인의 메부수수하고도 맹목적인 우상숭배보다는『코란』의 불완전한 진리를 선택했음이 틀림없다. 이리하여 사라센군 사령관이 재차 속주의 해방자로 영입되고, 시민사회의 지지자들이 이 땅의 만족민들에 대하여 궐기한 결과, 예언자였던 그 여왕은 최초전투에서 살해됨으로써 그녀의 미신과 왕국의 근본없는 구조물은 무너졌다. 하싼 후계자의 시대에도 또한번 같은 정신이 불타 올랐는데, 이것은 무사(Musa ibn Nusair, 640~716. 인적사항 후술)와 그의 두 자식들의 활약에 의하여 최종적으로 진압되었다. 이때의 포로가 30만이었다고 하니, 이것으로도 당시의 이 반란의 규모를 상상할 수 있을 것이다. 그중의 6만명이 칼리프의 5분의 1되는 분배몫으로서 국고(國庫)의 수입을 위하여 매각되었다. 3만명의 만족출신 젊은이들은 군대에 징발되었고,『코란』의 지식과 실행을 가르치려고 한 무사의 경건한 노력은 아프리카인에게, 신의 사도와 신도통솔자에게 복종케하는 풍습을 배양하였다. 방랑하는 무어인은 그들의 기후와 통치, 그들의 식생활과 주거라는 점에서 사막의 베두인(Bedoween)과 몹시 닮았다. 그들은 종교와 더불어 아랍어와 이름, 출신을 자진하여 대대적으로 사용하게 되었으며, 이방인과 토착민의 피는 점차 혼합되어, 동일민족이 유프라테스강에서 대서양까지, 즉 아시아와·아프리카내 사막의 평원에 널려있다는 외관을 띠워보이게 하였다. 그러나 저자는 순수한 아랍인 5만호의 천막이 나일강을 넘어서 리비아 사막지대까지 운반되어 온 후, 널리 확산되었을지도 모른다는 그런 가능성을 부인할 수가 없다. 그리고 나는 5개의 무어인 부족이 지금도 그들의 야만적인 현지언어를 보존하면서 아프리카 백인(white African)이라는 호칭과 성격을 그대로 유지하고 있는 사실을 모르는 바가 아니다.

(5) 스페인 : 북과 남으로부터의 정복과정에서 고트족(Goths)과 사라센군은 유럽과 아프리카의 경계선 지점에서 서로 만났다. 사라센군측의 견해에 의하면 종교의 차이는 적의(敵意)와 전쟁의 당연한 이유로 된다.

일찍이 우스만(재위 644~56)시대에 그들의 해적선단이 안달루시아(Andalusia. 스페인 남부지방. 옛 무어인 문화의 중심지) 해안지역에 침구하여 약탈하고 돌아간 사실이 있고, 한편으로 그들은 고트족 내원에 의한 카르타고 해방을 잊지 않았다. 그 당시도 그렇거니와 지금도 역대 스페인 왕들은 헤르쿨레스 기둥(Columns of Hercules. 지브로올터 해협 동쪽 해안에 서로 대립해서 우뚝 솟아있는 2개의 바위를 말한다. 그리스 신화상, 12년간에 12개의 난제를 해결함으로써 속죄했다는 영웅 헤라클레스〈Herakles/Hercules/Heracles〉에 의하여 한 바윗돌이 2개로 쪼개졌다는 전설에 의한다)의 하나이며, 좁은 해협(동서길이 60km, 너비 13~40km)에서 대안의 또 하나의 유럽측 지주 내지 지점으로 대응하고 있는 세우타(Ceuta. 베리 교수는 세우타가 서고트족의 스페인왕에 속해 있었다는 기번의 기술은 중대한 사실오인이고, 이곳은 기실 로마황제의 직할령이었다고 주기하고 있다) 요새를 확보하고 있었다. 때문에 마우리타니아(Mauritania)라는 아프리카의 이 작은 부분은, 여전히 아프리카의 정복지로부터 남겨져 있었으므로 승리에 거만해진 무사(Musa ibn Nusair. 640~716? 스페인의 정복자. 처음에 제5대 칼리프 압둘-말리크〈Abdu'l-Malik. 재위 685~705〉로부터 바스라 지방의 地租징수관을 제수받고 근무중, 착복한 혐의를 받자, 이집트로 도피하여 태수인 압둘-아지즈〈Abdu'l-Aziz〉의 보호를 받아 오던 중, 698년경부터 알제리, 튀니지 지방의 평정을 명령받고, 그곳을 차례로 평정하여 그 세력을 모로코까지 뻗쳤다. 711년, 자기 部將인 타리크

이븐 지야드〈Tarik ibn Ziyad. 8세기 아라비아의 무장. 베르베르족 출신〉를 스페인에 파견하여 그곳을 정복케한 바, 그의 대성공을 보고 불안감을 느낀 나머지, 712년 자신이 직접 스페인에 건너가 나머지 지역을 평정하고 탈리크를 징계하였다. 715년, 다마스커스에 타리크를 데리고 개선했으나, 제7대 칼리프 술라이만〈Sulaiman. 재위 715~17〉의 미움을 받아 불우한 환경속에서 사망했다) 도, 고트군 장군인 훌리안 백작(Count Julian)의 경계심과 용기에 의하여 세우타 성벽으로부터 격퇴되었다. 그러자 실의와 당혹감으로 나날을 보내던 무사는, 자기의 요새와 신병(身柄) 그리고 무기까지 통틀어서 마호메트 후계자에게 넘겨주는 동시에, 그들의 군대를 스페인의 심장부로 안내하겠다는 수치스러운 명예를 자청(自請)하고 나온 이 그리스도교도 출신 부장(部將)의 뜻하지 않았던 서신을 받고, 경악하고 또 광희(狂喜)하였다. 오늘날 우리들이 그의 배신행위의 원인을 탐색하는 계제에 이르면, 스페인 사람들은 반드시 그의 딸 카바(Cava)와 관련된 익히 다 아는 이야기, 즉 처녀가 그녀의 주군에게 유혹 내지 강간당했으므로, 그녀의 부친이 복수에 대한 일념에서 자기의 종교와 국토를 버리게 된 것이라는 이야기를 반복할 것이다. 물론 귀족들의 정열은 이따금 변덕스럽고 파괴적이지만, 이 세상에 유포된 바 그 자체가 로맨틱한 이야기는, 외적인 증거로서는 충분히 뒷받침되지 않고, 그런 것보다는 스페인의 역사가 이 노련한 정치가의 가슴속에서 타산된 한층 어울리는 이해와 정책동기가 있었던 것을 암시하고 있다. 위티자(Witiza)가 사망 내지 퇴위당한 후에 훌리안의 두 아들은, 고트족의 귀족 로드리고(또는 로드릭. Rodrigo/Roderick. 711경 사망. 스페인의 서고트족 최후의 왕. 아랍군과의 전쟁에서 패사, 익사〈溺死〉했다느니 또는 포르투칼로 도망쳤다는 등, 설이 많다)의 야심에 의하여 왕위계승권자 명단에서 배제되었다. 이 인물은 한 속주의 영주 내지 주지사였던 부친을, 전대의 압제의 희생자로 살해당한 피해자였다. 그런데 왕위는 여전히 선거제였지만, 옥좌의 발밑에서 교육받은 위티자의 두 아들로서는 일개 사인(私人)의 지위에 강등된 것을 도저히 참고 견뎌낼 수가 없었다. 그들의 원념(怨念)은 궁정에서 야비다리치기로 분식되어 있었기 때문에 한층 위험하게 되었는데, 이들을 지지하는 사람들은 총애의 기억과 혁명에 대한 전망으로 떨쳐 일어선 것이다. 게다가 이들의 숙부인 톨레도(Toledo)와 세빌레(Seville. 지금의 Sevilla)의 대주교인 오파스(Oppas)는 교회의 제1인자이며 국정의 두번째 실력자였다. 아무래도 훌리안 백작은 이처럼 패배한 파벌의 불운한 언걸입음으로 되어, 이 새로운 통치를 두려워했을지언정 아무런 희망도 가지지 못했고, 다른 한편으로 경망스러운 국왕 로드리고도 그 자신과 가계(家系)가 이전에 그들에게서 받았던 학대를 잊지도, 또 용서할 수도 없었으리라는 저간의 사정이 고려된다. 이 백작의 실력과 영향력은 그를 유익하거나 또는 두려운 신민으로 만들고 있었다. 그의 영지는 광대하고 그의 부하는 많고도 과감하였다. 그의 안달루시아와 마우리타니아 지역에서의 지휘권에 의하여, 그가 스페인 왕국의 운명을 한손에 거머쥐고 있었다는 사실은, 실제에 있어서 너무도 비극적으로 입증되었다. 그러나 자기 혼자만의 무력으로는 군주(로드리고)에게 대항할 수 없었던 그가, 외국병력의 원조를 요청했기 때문에 그에 의한 무어인과 아랍인에의 경솔한 초청은, 800년에 이르는 재난을 가져오게 하고 말았다. 그는 자기의 서신 또는 개인적인 회담석상에서 자기나라의 부유성과 무방비, 인기없는 군주의 약체성과 유약한 국민의 방종성을 털어 놓았다. 이 무렵의 서고트족은 이미 그 옛날 로마의 교만성을 분쇄하고 여왕의 손에서 제국민을 구출하여, 다뉴브강에서 대서양 연안까지 진출하면서 승리를 뽐내던 그런 강의한 민족이 아니다. 피레네 산맥(Pyrenees Mts.)에 의하여 외부세계로부터 격리된 알라리쿠스(Alaricus/Alaric Ⅰ. 서고트왕 재위 395~410. 발칸반도를 약탈하고, 401년에는 이탈리아에 침입했다가 패배후, 410년, 재차 침입하여 5일간 로마시를 약탈하였고, 남부 이탈리아 원정 도중에 급사. 상세 내용은 제Ⅴ권 제30, 31장을 참조할 것)의 후계자들은, 장구한 세월의 평화속에서 내내 하는 일없이 낮잠만 잤으니, 여러 도시의 성벽은 무너지고, 젊은이들도 무기쓰는 법을 잊어버린지 벌써 오래된 형편이었다. 그들의 왕년의 교만성은 그들을 전쟁터에서 침입자의 첫번째 공격의 먹이가 되게 할 것이 틀림없었다. 이 야심적인 사라센인(무사)은 이 계획실현의 용이성과 중요성에 활기를 띠었다. 그러나 이것의 실행은 신도통솔자와의 협의가 끝날 때까지 연기되었다. 이리하여 그의 사자는 미지의 서방측 여러 나라들도 칼리프의 종교와 왕좌에 병합시키라는 왈리드(al-Walid. 우마이야조 제6대 칼리프. 재위 705~15)의 허가서를 휴대하고 돌아 왔다. 무사는 탕지르에 있는 공관에서 내밀적이고도 공들인 통신연락을 훌리안과 계속 유지하면서 침공준비를 서둘렀다. 그러나 그의 공모자의 양심의 가책은, 무사가 영광과 전리품만으로 그저 만족할 뿐, 설마 아프리카와 유럽을 가로막는 해협 대안에 무슬림의 국가를 건설할 생각 따위는 없다는, 그의 거짓약속에서 얼마간의 위안을 받았다.

무사는 이슬람 신도의 군대를 이국땅의 배신자이며 이교도에게 위탁함에 앞서 상대방의 병력과 전의에 대하여 사전시험을 시도하기로 하였다. 100명의 아랍병과 400명의 아프리카 병사를 태운 4척의 배가 탕지르 또는 세우타로부터 바다를 건너갔다. 해협대안의 이들의 상륙지점은 그들의 지휘관인 타리프(Tarif)의 이름으로 지금도 불리우는데, 이 기념할만한 사건의 일자는 헤지라력 91년의 라마단달(Ramadan, 제9월), 즉 케사르의 스페인력으로는 748년 7월이고*, 그리스도교 기원으로서는 710년에 해당한다. 그들은 이 첫번째 거점으로부터 구릉지대를 통하여 18마일(28.8km) 떨어져 있는 훌리안의 성과 거리로 진출하였다. 그들은 해면으로 돌출해 있는 녹색의 곶을 연관시켜서 이곳을 녹색섬(the Green Island)이라고 이름지었는데, 그것은 오늘날도 같은 뜻인 알헤시라스(Algezire)라고 불리운다. 이들이 받은 따뜻한 환대, 그들의 군기에 합류한 기독교도, 비옥하고 무방비상태의 속주에의 그들의 침공, 그들이 획득한 전리품의 막대함, 그들의 무사귀환 등등은 그들의 동료들에게 승리의 가장 반가운 전조(前兆)로 비쳤다. 그 다음해(711년) 봄, 5천의 노병과 지원병은 타리크(Tarik ibn Ziyad. 'Abdullah의 아들. 8세기 아라비아의 무장. 베르베르〈무어〉족 출신. 바르바테〈Rio Barbate〉강 하구에서 서고트왕 로드리고군을 괴멸시키고, 반년후에, 이베리아 반도를 석권했다)의 지휘하에 승선했는데, 그의 무적이고도 유능한 병사들은 그의 상관의 기대를 훨씬 상회하는 능력을 발휘한 바, 이에 필요한 수송선은, 그들의 충실한 동맹자의 정려(精勵)로 조달되었다. 사라센군은 유럽측의 헤르쿨레스 기둥 또는 곶에 상륙했는데, 지벨 알 타리크(Gebel al Tarik/Gibraltar. 지금의 지브로올터)라는 순수성을 잃은, 그리고 일반사람이 잘 알고 있는 명칭은, 「타리크의 산(the mountain of Tarik)」. (아랍어로는 「자발 알-타리크〈Jabal al-Tarik〉」라고 한다. 다만 베리교수는 이 어원의 설명을 일반적으로는 믿고 있지만, 기실 확실치는 않다고 하였다)을 의미하며, 또 그가 군영(軍營)으로 사용한 참호는 후에 우리의 동국인(영국인)이 부르봉(Bourbon)왕가의 기술과 권력에 저항한

---

* 스페인에서는 14세기까지 정식으로 채용하고 있던 케사르 기원을, 그리스도 탄생전 38년을 원년으로 하고 있었다. 그러나 저자는 제1차 3두정치(BC 60년, Caesar〈BC 102~44〉, Crassus〈BC 114~53〉 및 Pompeius〈BC 106~48〉의 공동통치제가 성취되었던 것)에 의한 잠깐동안의 평화가 이 법제를 성립시켰던 것으로 생각한다. 옥타비아누스(아우구스투스〈Augustus〉의 전의 이름. Gaius Octavius/Gaius Julius Caesar Octavianus. BC 63~AD 14. 초대황제 재위 BC 27~AD 14)의 속주로 되었던 스페인의 타라고나(Tarragona)는 동방세계를 모방하여 아우구스투스 숭배의 신전을 건립한 것 같다 : 기번 원주.

바로 그 요새의 최초청사신인 것이다 *. 인근 속주의 총독들도 아랍군의 상륙과 진격을 톨레도 궁정에 보고했지만, 자기분수도 모르는 이 무모한 외국군을 포위하고 또 포박하고자 파견된 그의 부장 에데코(Edeco)의 패배는, 로드리고 왕에게 위험성이 매우 크다는 것을 경고하는 것이었다. 국왕의 명령으로 고트 왕국의 여러 영주와 백작들, 주교와 귀족들은 각자의 수병을 이끌고 집결하였다. 아랍의 한 사가가 사용한 바, 로마인들이 말하는 왕(King)이라는 호칭은, 스페인 제민족사이의 언어 · 종교 · 풍습의 밀접한 유사성에 의하여 이번 경우에 용인되어서 무방할 것이다. 9만 내지 10만의 병사들로 편성된 그의 군대는, 만일 그들의 충성심과 규율이 군세(軍勢)에 적합하고 또 적절하게 적용되었더라면 틀림없이 가공할 세력이 되었을 것이다. 다른 한편으로 타리크가 통솔하는 군대는 사라센병 1만 2천으로 증강되고 있었다. 그러니 그리스도 교도군의 불만분자는 훌리안의 영향에 지배되었고, 그 많은 아프리카 병사들은 가장 탐욕적으로『코란』의 현세적인 은혜를 맛보았다. 카디스(Cadiz)부근에 있는 헤레스(Xeres. 카디스에서 6마일정도 떨어져 있는데, 16세기에는 곡창지대였고, 이곳의 포도주는 유럽 여러나라에 잘 알려져 있었다)거리는 오늘날까지도 왕국의 운명을 결정한 이곳의 대회전으로 유명한 곳이다. 항만안으로 흘러드는 구아달레테(Guadalete. 지금은 구아달키비르강)강의 흐름은 양군을 떼놓고 3일간에 이르는 휴식없는 유혈의 전진과 퇴각의 소규모 전투들을 내내 보아왔다. 4일째 되는 날, 양군은 한층더 격렬한 결전에 돌입하였다. 그러나 알라리쿠스(알라릭)가, 만일 그의 수치스러운 후계자가 머리에 진주박힌 왕관을 쓰고, 금실과 명주실로 수놓은 헐렁한 옷을 어색하게 몸에 걸치고는, 2마리의 흰 노새가 끄는 마차위에 설치된 바 상아로 만든 가마안에 의젓이 앉아 있는 모습을 보았다면, 아마 그는 불연(怫然)듯 얼굴을 붉혔을 것이다. 사라센군은 분전했음에도 불구하고 고트군 대군의 중압하에

* 영국군이 부르봉 왕조(Bourbon王家, 5대 1589~1792년간 통치)에 저항한 것은, 1704년(이해 8월 4일, 영국군이 지브로울터를 점령했다)에 시작된 스페인 왕위계승전인데, 영국군의 지브로울터 점령에 대하여 주민은 저항을 계속했지만, 유트레헤트조약(Utrecht條約. 스페인 계승전쟁의 결과로, 1713년 네덜란드의 유트레헤트에서 영국과 동맹국을 일방으로 하고, 스페인과 프랑스를 타방으로 하여, 네덜란드의 독립을 승인하고, 스페인왕으로 루이 14세의 후손인 Philip공을 승인하도록 맺은 조약)에 의하여 영국이 지브로울터, 미노르카섬(Minorca島), 기타를 이양받아 이곳이 영국영토로 되었다.

의기저상되었는데, 헤레스의 평원은 이들의 시체 1만 6천구로 온통 뒤덮여 있었다. 「병사들이여(하고 타리크는 살아남은 동지들에게 외쳤다), 적군은 눈앞에 있고 등뒤는 바다다. 제군은 어디로 도망치려는가? 제군사령관의 뒤를 따르라. 나는 이 한목숨을 잃든가, 항복한 로마인의 국왕을 유린하든가, 한가지 일을 하기로 마음을 굳혔느니라.」 그는 절망을 지렛대로 삼는 한편에서, 훌리안 백작이 내밀적으로 위티자(Witiza)의 두 아들과 자기 동생(오파스 대주교)하고 통모하여 야밤중에 회담한 것에 큰 기대를 걸고 있었다. 결국 가장 중요한 부서를 지키고 있던 귀족 2명과 톨레도지방 대주교의 시의적절한 이탈이 그리스도 교도의 대열을 분열시켰다. 사태가 이렇게 되면, 개별적인 용사들도 공포심 또는 의심으로 자기 일신의 안전을 우선적으로 생각할 기분이 들게 마련이다. 이리하여 고트군의 나머지 병사들은 계속된 3일간의 패주와 추격과정에서 소탕되고 격파되었다. 전부대가 혼란의 와중에서 로드리고 국왕은 자기의 가마에서 뛰어내려 가장 준족(駿足)의 애마인 오렐리아(Orelia)에 올라탔다. 그러나 그는 병사로서의 전사(戰死)를 모면한 대신 베티스(Baeti) 즉 구아달키비르강(Guadalquivir江)에서 익사하는 한층더 보기 흉한 비운을 겪었다. 고트왕의 왕관과 의상 그리고 애마는 제방에서 발견되었잔, 그의 시체는 물결에 가라 앉았으므로, 칼리프의 체면 내지 무지성은, 비천한 자의 적당한 수급 하나를 다마스커스 궁전앞에 이것 보라는 듯이 효수하는 것으로 만족했을 것이다. 「바야흐로 이것이 전장(戰場)에서 몸을 숨긴 국왕의 운명이다.」 아랍의 한 영웅적인 사가가 사서에서 쓴 말이다.

훌리안 백작은 이미 죄악과 오욕행위에 너무도 깊숙히 빠져 들었기 때문에, 지금으로서는 조국의 멸망이야말로 그의 유일한 희망으로 되기에 이르렀다. 헤레스 회전이 있은 후에, 그는 승리한 사라센군 사령관에게 가장 효과적인 전략을 일러 주었다. 「고트왕은 전사하고 그의 귀족들은 사방으로 흩어져 버렸어요. 군대는 궤멸했고 국민은 지금 망연자실 상태에 빠져 있지요. 충분한 병력을 파견하여 베티카 지방의 제도시를 점령토록 하세요. 그러나 귀하는 이제 곧 수도인 톨레도(Toledo)로 진격하여 혼란에 빠진 그리스도 교도들에게 새로운 국왕을 선거할 시간과 마음의 여유를 허용하지 않도록 하는 것이 좋겠군요.」 타리크는 그의 충고를 경청하였다. 이전에 칼리프 자신의 손으로 해방된 이 로마군의 포로이며 개종자인 타리크는 700명의 기병을 이끌고 코르도바(Cordova)

에 먼저 기습공격을 가했다. 그는 강(구아달키비르강)을 헤엄쳐 건너서 이 도시에 강습(強襲)을 가한 다음, 그리스도 교도들을 큰 교회당에 몰아넣었는데, 이들은 이 속에서 3개월 이상이나 농성을 계속하면서 저항하였다. 또 하나의 별동대는 베티카의 해안지방을 평정하였는데, 이 지역은 무어인 권력의 마지막 시기에 이르러서도 그 좁은 지역에 그라나다(Granada)의 인구조밀한 왕국을 구성하고 있었다(1492년에 스페인의 그리스도 교도는, 이 그라나다를 점령함으로써 북아프리카 원주민인 무어인의 유럽 지배를 종식시켰다). 베티스강(Baetis江)에서 타구스강(Tagus江. 지금의 타호〈Tajo〉강)에로의 진격은, 안달루시아(Andalusia. 스페인의 남부지방. 무어인 문명의 중심지)와 카스틸리아(Castilia/Castille. 스페인의 중부지방)지방을 구획하는 시에라 모레나(Sierra Morena)산맥을 횡단하여, 그로 하여금 톨레도 성벽밑에 무장하고 나타나게 하였다. 가장 열렬한 가톨릭 교도는 성도(聖徒)의 유물만을 안고 이미 도망치고 없었다. 굳게 닫힌 성문은, 승리자가 공평하고 이성적인 항복조건에 서명함에 이르러 일찌감치 개방되기에 이르렀다. 자발적인 망명자는 재산을 휴대하고 출발하는 것이 허용되고, 그리스도교의 예배를 위하여 7개소의 교회가 배당되었으며, 대주교와 성직자들에게는 자기의 직무를 관장할 자유, 그리고 수도사에게는 참회를 이행 또는 해태(懈怠)할 자유가 인정되었고, 게다가 고트인과 로마인에게는 모든 민사 및 형사재판에서의 자신의 법률과 판사에 의한 하위재판권이 부여되었다. 그러나 타리크의 정의는 이처럼 그리스도 교도들을 보호하는 한편으로, 그는 자기의 가장 중요한 정패(征覇)에서 내밀적 또는 공공연하게 원조를 아끼지 않은 유태인들에게 감사의 표시와 더불어 정책적으로 그런 봉사를 보상해 주었다. 버림받은 유태민족은 일찍이 그들에게 추방이냐 세례냐의 양자택일을 재삼 강제해 온 스페인 국왕과 종교회의의 박해에 대하여 보복할 기회를 노리고 있었던 것이다. 그들 자신의 과거와 현재상태를 비교하는 것만으로도 그들의 충성심은 이제 확보되었으므로, 모세의 제자와 마호메트 사도간의 이 동맹은, 그들이 다 같이 추방되는 마지막 순간까지 유지되었다. 아랍의 지도자는 이 톨레도 왕도(王都)로부터 북쪽으로 오늘날의 카스틸리아와 레온(Leon)지방 일대에로 정복의 군사를 진격시켰는데, 여기서 그의 접근만으로 항복한 도시수를 헤아린다든지, 그 옛날 로마인의 손으로 오리엔트지방에서 이곳까지 반입되었던 로마의 많은 전리품과 함께, 고트인에게 취득된 끝에 다시 아랍인에 의하여 다마스커스의 칼리프에게 헌상된 에머랄드제 탁자에 얽힌 에피소드 등을 상세히 기술할 필요성은 없을 것이다. 아스투리아스 산맥(Asturian Mts. 지금의 칸타브리아<Cantabrian>산맥)을 넘어 해안가에 있는 항구도시 히혼(Gijon)이, 이 무사의 부관(타리크)이 도달한 종착점이 되었는데, 결국 타리크는 여행자와도 같은 빠른 발걸음으로 지브로올터의 기둥으로부터 비스카야만(Bay of Bicay)에 이르는 700마일(1120km)거리를, 파죽지세로 진군을 거듭한 계산이 된다. 정복할 땅이 더는 없었기 때문에 그는 부득이하게 군을 되돌렸지만, 동시에 사령관 부재중에 한 왕국을 정복한 자기의 전단행위의 석명을 위하여 톨레도에 소환된 것이기도 하였다. 이전에 좀더 미개하여 혼란상태 하에서 200년동안 로마군의 무기에 저항해 온 스페인은, 이제 사라센군 병력에 의해 불과 수개월 사이에 괴멸된 것이다. 국민은 서로 앞다투어 열렬하게 항복과 협약쪽을 선택하였고, 코르도바의 총독만이 아무런 조건없이 적의 포로로 붙잡힌 유일한 영주였다고 기록되어 있다. 확실히 고트족의 대의(大義)는 이미 헤레스 벌판에서 결정적으로 땅에 떨어졌고, 국민적인 방심상태에 빠진 왕국내 각지역은, 전국민의 통합된 병력을 분쇄한 적과의 대결을 거부하였다. 이 국민의 활력은 아마도 계속된 2년간의 기근상태와 전염병으로 거의 고갈되어 있었고, 또 투항할 생각이 앞섰던 총독들은 공위전에 대비한 식량의 확보문제가 몹시 곤란하다는 조건을 과장했을 것이다. 미신까지가 공포분위기를 조성함으로써 그리스도 교도들의 전의(戰意)를 좌절시키는 일면의 역할을 수행했던 것이다. 영리한 아랍인은 꿈, 전조(前兆), 예언 등에 관한 소문, 예컨대 왕궁의 한 사실(私室)에 들어 갔더니, 거기에는 미래의 스페인 정복자로 예정되어 있던 사람의 초상화가 걸려 있었다는 따위의 이야기를 유포시켰다. 그러나 활활 타오르는 생명의 불꽃도 여전히 생명을 이어갔는 바, 불굴의 일부 망명자들은 아스툴리아스 계곡들에서의 빈곤과 자유로운 생활을 선택하였는데, 이 용감한 산악주민이 칼리프의 노예들을 격퇴함으로써 펠라기우스의 검(the sword of Pelagius)을 가톨릭 국왕의 왕홀로 변모시켰다.

이 급격한 성공에 관한 보고를 받은 무사의 칭찬은 급기야 선망으로 변질하여, 어쩌면 타리크가 자기를 위해 정복할 아무런 땅도 남겨두지 않을까 하는 것을 한탄하기 보다도 두려운 생각을 가지게 되었다. 그는 아랍군 1만과 8천의 아프리카인을 통솔하여 스스로 마우리타니아에서 스페인으로 건너갔다. 그의 동료 지휘관은 쿠라이시족의 최고귀족이었고, 그 자신의 맏아들은 자기 부재중의 아프리카 통치를 위하여 잔류하였지만, 그의 나머지 세 아들들은 아버지의 대담무쌍한 기도에 참가할 수 있는 연령과 기상을 가진 사람들이었다. 그는 알헤시라스(Algeziras/Algezire. 지금의 알헤디라스〈Algediras〉)에 상륙하여 훌리안 백작의 따뜻한 환대를 받았다. 이 인간은 내심에서 울어 나오는 양심의 가책을 애써 감추고, 아랍병사의 승리로 그들에 대한 자기의 가세의의와 기분이 하등에 감소된 것이 아니라는 취지를 말과 태도의 양면에 확실하게 보여주었다. 무사의 검을 위하여 정복되어야 할 적은 아직도 얼마간 남아 있었다. 고트인의 뒤늦은 회오는 그들에게 아군의 병력과 침입군의 그것을 비교케 하였고, 타리크가 전진을 유보했던 제도시는 자기들을 불패의 도시로 생각케 했으며, 용감한 애국자들은 세빌레(Seville. 지금의 세빌랴〈Sevilla〉)와 메리다(Merida)의 보루를 방어하였지만, 이런 곳들도 자기의 군영을 베티스강에서 아나스강(Anas江)에로, 또 구아달키비르강에서 구아디아나강(Guadiana江)으로 옮긴 무사의 노력앞에 차례차례로 포위되어 함락하고 말았다. 그는 고대 루시타니아(Lusitania. 지금의 포르투칼에 해당. 옛날에는 로마의 1개 속주였다)수도의 교량 · 수로 · 개선문 · 극장 등, 로마의 위대성의 상징이던 유물들을 바라보면서 자기의 동료 4명에게 이렇게 술회하였다. 「인류는 이 도시건설에 그들의 기술과 권세의 모든 것을 통합시켰음이 틀림없는 것 같군. 이 도시의 지배자가 된 사람은 행복하리다.」 그는 이런 행복을 동경했지만, 퇴각자들은 이 기회에 한하여 아우구스투스 노병군단의 자손된 사람들로서의 명예를 발휘하였다. 그들은 성벽안에서의 농성을 떳떳하지 못한 것으로 생각하여, 벌판으로 출격하여 아랍군과 대결했지만, 채석장 또는 유구(遺構)의 그늘뒤에서 튀어나온 복병이 이들의 경솔성을 징벌하였고, 또 귀로를 차단해 버렸다. 공성용(攻城用) 나무로 만든 이동식 망루는 성벽 바로 밑에까지 이동해 왔지만, 메리다시의 방위는 완강하고도 장기에 이르게 되면서 이곳은 「순교자의 성」이라는 호칭을 얻게 되었는 바, 이것은 영속적인 무슬림군 손해의 증언이기도 했다. 농성군의 인내심은 마지막으로 기아와 절망으로 압도되었는데, 노회한 승리자는 자기의 설레이는 마음을 자비와 존경이라는 이름으로 감추었다. 추방이냐 공납이냐의 양자택일이 허용되어, 교회는 2대 종교사이에 분배되고, 공위전 도중에 전사했거나 갈리시아(Gallicia)로 철수한 병사들의 재산은 몰수되어 신도들에 대한 포상금으로 충당되었다. 메리다와 톨레도와의 중간지점에서 무사의 부관(타리크)은 이 칼리프의 대리인(무사)을 출영하여 역대

고트왕이 살던 궁전으로 그를 안내하였다. 두 사람의 첫번째 회견은 냉담하고도 형식적이었고, 스페인 재보에 관한 엄격한 보고를 요구받은 타리크의 인격은 시의(猜疑)와 악다구니로 모욕되었다. 이 영웅은 투옥되고 매도된 다음, 무사 자신의 손이나 또는 명령에 의하여 무참하게 채찍질 당했다. 그러나 초기 무슬림의 규율은 더없이 엄격하였고, 그 열성은 어디까지나 순수하며 또 정신도 유순하였던 바, 이것은 타리크가 이런 공적인 오욕을 당한 후에도 타라고나(Tarragona)속주를 평정하라는 명령을 받고 종군했던 것으로도 알 수 있다. 사라고사(Saragossa/Zaragoza)지방에는 쿠라이시족의 헌금으로 모스크가 건설되었고, 바르셀로나(Barcelona)항은 시리아 선단에게 개방되었으며, 고트족은 피레네 산맥(Pyrenees Mts.) 저쪽에 있는 셉티마니아(Septimania), 즉 랑궤독(Languedoc)의 갈리아 속주까지 추격당했다. 카르카손느(Carcassonne)의 성마리아 교회에서 무사는 7구의 순은제 기마상(騎馬像)을 발견하고는, 어김없이 그것을 몰수하여 자기의 것으로 하였다. 결국 그는 나르봉느 기둥(Column of Narbonne)의 종착점에서 발길을 돌려 대서양쪽 갈리시아와 루시타니아 해안에 귀환하였다. 그의 아들 압델-아지즈(Abdelaziz)는 아버지의 부재중에 세빌레(세빌랴)의 반란자들을 징벌하여 말라가(Malaga)에서 발렌시아(Valentia/Valencia)에 걸친 지중해 연안지방을 평정하였다. 신중하고 용감한 테오데미르(Theodemir)와의 그의 당초협정은 이 시대의 풍습과 정책을 여실히 나타내는 것이었다. 「누사이르(Nusair)의 아들인 무사(Musa ibn Nusair)와 또 그의 아들인 압델-아지즈하고, 고트족의 영주 테오데미르 사이에서 합의되고 서약된 강화조건. 더없이 자애로운 신의 이름으로 압델-아지즈는 이하의 제조건에 입각하여 강화를 맺는다. 테오데미르의 영주로서의 신분은 변경되지 않으며, 그리고 기독교도의 생명과 재산, 아내와 아이들, 종교와 신전에는 절대로 위해를 가하지 않을 것, 테오데미르는 자발적으로 그의 7개 도시들 — 오리웰라(Orihuela), 발렌톨라(Valentola), 알리칸트(Alicant), 몰라(Mola), 바카소라(Vacasora), 비헤라(Bigerra. 지금의 Bejar), 오라(Ora. 지금의 Opta), 그리고 로르카(Lorca)를 넘겨 줄 것, 그는 칼리프의 적을 원조 또는 비호해서는 아니되고, 그들의 적대적인 기도를 알게 되면, 그 내용을 충실하게 통보할 것, 그와 고트귀족은 예외없이 매년 금화 1매, 밀과 보리를 각각 4두량(measure), 벌꿀 · 기름 · 식초의 일정량씩을 공납할 것, 또한 그들의 봉신(封臣)은 예외없이 위의 공납액의 절반씩을 부담할 것. 헤지라력 94년의 라합의 달(Rajab/Regeb. 제7월) 4일

(서력 713년 4월 5일)에 기초. 4명의 무슬림 증인의 입회하에 서명.」 테오데미르와 그의 신하는 특별한 관용적인 처우를 받았지만, 공납률은 그리스도 교도의 복종 내지 반항정도에 따라서 10분지 1에서 5분지 1까지 차등부과됐던 모양이다. 이 혁명에서는 광신자의 현세적 또는 종교적인 정열에 의하여, 여러가지의 부분적인 재해가 가해진 결과로, 일부 교회는 새로운 예배로 모독당했고, 일부 성유물이나 성상은 우상과 혼동되었으며, 몇몇 사람은 모반인이라 하여 참살당했는가 하면, 한 도시(코르도바와 세빌리아 사이에 있는 무명의 장소)는 온통 파괴되었다. 그러나 우리는 이것을 고트인에 의한 스페인 침입과, 카스틸리아(Castilia/Castile)와 아라곤(Arragon) 두 나라 왕들*에 의한 그의 국토 및 주권회복(1492년)과 비교할 때, 아랍 정복자들의 온당원만함과 엄격한 규율을 칭찬하지 않으면 안될 것이다.

무사는 그의 하얀 콧수염을 빨간 분으로 칠하여 자기의 나이를 속이려고 안간힘을 썼는데, 과연 그의 위업은 그의 만년에야 달성되었다. 그러나 행동과 영광을 사랑하는 그의 가슴에는 여전히 젊은이의 열정이 깃들어 있어서, 스페인의 점령은 단지 유럽왕국 건설의 제1보로 생각하였을 뿐이다. 그는 육해의 강력한 무비를 갖추고 또다시 피레네산맥을 넘어 갈리아와 이탈리아에 있는 프랑크족과 롬바르드족의 빈사상태에 있는 두 왕국을 평정하고, 바티칸(Vatican)

---

* 이 두나라 왕들이란 아라곤(Aragon. 스페인 동북부에 위치한 옛왕국)왕 페르난도 5세와 카스틸리아(Castilia. 스페인 중부에 있던 옛 왕국)의 페르난도 5세의 아내인 유명한 이사벨 1세를 가리킨다. 이들은 콜럼부스(Columbus, 1446년경~1506)의 탐험사업을 원조하여 아메리카 대륙을 발견(바로 그라나다를 점령한 1492년에 발견)케한 것으로도 유명하지만, 두 사람의 통치령을 통합하여 통일스페인을 이룩한 다음, 지중해 연안지방에 유일하게 남아있던 이슬람 세력인 그라나다국과 1482년부터 전쟁을 통하여 1492년, 최종적으로 그라나다시를 점령함으로써 전국을 통일하고 국권을 완전회복한 군주들로 역사에 기록되어 있다. 참고삼아 양인의 인적사항을 간단히 소개한다. 페르난도 5세(Fernando V, el Catolico, 1452~1516)는 아라곤왕 Juan Ⅱ(재위 1458~79)의 아들로서 시칠리아왕·카스틸리아왕·아라곤왕·나폴리왕을 겸하면서, 1469년 카스틸리아왕 Enrique Ⅳ(재위 1454~74)의 매씨인 유명한 이사벨 1세(Isabel Ⅰ. 통칭 la Catolica, 1451~1504. 카스틸리아왕으로 재위 1474~1504)와 1469년에 결혼하였고, 그녀의 오라버니 Enrique Ⅳ가 사망하자, 그녀가 이를 승계하였는데, 남편과 주권의 평등을 유지하면서 카스틸리아를 공치하게 되었다. 이 두 사람은 교황으로부터 「가톨릭왕(Los Reyes Catolicos)」이라는 칭호를 받았을 정도로 가톨릭적 성격이 강했고, 종교재판제도를 도입하였다. 한편 귀족을 정신화(廷臣化)하여 귀족세력을 억제하고, 사법행정제도를 확립하며, 농노해방을 촉진하는 등 절대주의의 기초를 구축하였다.

의 제단에서 유일신에 대하여 설교하고자 패기에 넘쳐 있었다. 그는 거기서부터 더욱 전진하여 게르마니아의 만족들을 정토한 다음, 다뉴브강의 수원지로부터 강줄기를 따라 흑해로 내려가 콘스탄티노플의 비잔티움 내지 로마의 제국을 정복한 후에, 유럽으로부터 또다시 아시아로 돌아와 자기의 새로운 정복지를 안티오크 및 시리아 속주들과 통합시키겠다고 발원하였다. 그러나 어쩌면 쉽게 실행에 옮겨졌을런지도 모를 그의 이 원대한 기도도, 저속한 정신에는 터무니없는 짓으로 비쳤음이 틀림없었는데, 이 몽상적인 정복자는 머지않아 그의 의존(依存)과 예속(隸屬)이 무엇인지를 깨달아야만 하였다. 타리크의 친구들은 이미 그의 봉사와 학대받은 사실을 효과적으로 보고하고 있었기 때문에, 무사의 행위는 다마스커스 법정에서 비난되었고, 그의 의도 또한 의심하게 되었다. 이리하여 그는 소환되었는데, 첫번째 초청시의 그의 지체는 한층더 가열하고도 엄격한 재소환령으로 처벌되었다. 칼리프의 대담무쌍한 사자는 갈리시아 지방에 설치된 그의 루고(Lugo) 진영에 들어가, 사라센인과 그리스도 교도들이 보고 있는 앞에서 그의 말의 재갈을 잡고 움쭉못하게 붙들었다. 그 자신과 그의 군대의 충성심이 복종의 의무를 자각시켰는데, 그의 치욕은 그의 원수(타리크를 말하는 것)의 소환과 그 자신의 두 아들인 압달라(Abdallah)와 압델-아지즈에 대한 두가지 행정권의 이양허가에 의하여 경감되었다. 세우타(Ceuta)에서 다마스커스에로의 그의 멀고먼 개선행진에서는 아프리카에서 획득한 전리품과 스페인의 재보가 과시되었다. 금제의 작은 보관(coronet)과 띠를 두른 400명의 고트 귀족이 이 행렬에서 특히 이채를 띠었으며, 그의 출생이나 미모에 기준을 두고 선발된 남녀 포로총수는 1만 8천명이었다느니 또는 3만명이라고도 일컬어졌다. 그는 팔레스티나의 티베리아스(Tiberias)에 도착하자마자 칼리프의 동생이며 그의 지위의 후계예정자인 술라이만(Sulaiman. 재위 715~17)의 개인적인 사자로부터 칼리프의 병환이 위독상태임을 통보하면서, 이 때문에 개선식의 영광스러운 행사를 자기자신의 등극뒤로까지 연기해 달라는 요청을 받았다. 만일 왈리드(al-Walid, 우마이야조 제6대 칼리프 재위 705~15)가 회복된다면, 무사의 지체는 범죄로 규정되기 때문에 그는 진군을 계속하여 다마스커스에 도착해 보니, 이미 칼리프 자리에 자기의 적대자가 취임하고 있음을 발견하였다. 인기있는 적수(무사를 가리키는 것)에 대한 일방적인 재판에서 그는 허영심과 불성실의 죄를 선고받았는데, 만일 금화 20만매의 벌금으로도 그의 빈곤이 바닥을 들어내지 않았다면, 이 사실은 그의 탐욕심을 입증하는 것이었다. 타리크에 대한 이전의 확대는 똑같은 모욕에 의하여 복수되었는데, 이 고참 사령관(무사)은 공개적인 태형에 처해진 후에, 궁전 정문앞 뙤약볕밑에서 만 하룻동안 세워져 민중의 구경거리가 되었다. 그리고나서 그는 겨우 메카에로의 순례라는 위선적인 명목의 겉모양을 꾸려서 유형에 처해졌다. 칼리프의 분노는 무사의 파멸로써 만족하여 가라 앉았을런지 모르지만, 그의 공포심은 상처입은 그의 일족의 절멸까지를 요구하였다. 아프리카와 스페인에 있는 칼리프의 충실한 앞잡이들에게 그 일족에 대한 사형지령이 신속하고도 내밀하게 전달되었다. 이 피비린내나는 처형에서는 정의(正義)의 내실(內實)이야 어쨌든 간에, 수속절차는 전혀 무시되었다. 코르도바의 모스크인가 아니면 궁전에서 압델-아지즈는 음모가들의 검으로 자살(刺殺)되었는데, 음모자들은 이 총독이 왕족의 명예를 참칭하였다고 고발했다. 실제에 있어 로드리고(Rodrigo/Roderick/Roderic. 서고트족 최후의 왕. 711경 사망)의 미망인 에힐로나(Egilona)와의 그의 파렴치한 결혼은, 그리스도 교도와 무슬림 양진영 사람들의 편견을 불러 일으켰고 불쾌하게 했던 것이다. 이 아들의 수급은, 아주 정성들인 잔혹성으로, 당신은 이 반역자의 얼굴을 기억하고 있느냐 하는, 모욕적인 질문과 함께 그의 아버지(무사)앞에 제시되었다. 「나는 이 얼굴을 알고 있소(그는 분노를 이기지 못하여 절규했다). 나는 그의 무실(無實)을 주장하며, 그리고 그의 죽음의 하수인에게 동일한, 아니 한층 더 정당한 운명이 내려질 것을 기도하고 또 요구하는 바이요.」 무사의 노령과 절망에 대해서는 국왕의 권력도 이 이상으로는 손을 더 대지 못하게 하였는데, 그러자 그는 메카에서 실의의 고민속에서 절명하였다(무사가 그의 공적을 질투당하여 처벌됐다는 것은 전설일뿐, 그는 칼리프 술라이만의 총신인 야지드의 비호를 받았다는 증언이, 발라주리〈Baladhuri. 892 사망. 이란계 압바스조의 역사가. 『諸國征服書』『貴人의 家系』 기타의 저서가 있다〉의 저서에 있다 : 베리 보충주석). 그의 경쟁상대인 타리크는 이 보다는 좀더 온화하게 취급되어, 그의 공로를 보아서 용서받았을뿐만 아니라 노예들속에 섞이는 것이 허용되었다. 저자는 훌리안 백작이 설사 사라센인의 손에 의해서가 아닐지언정, 그의 반역행위에 대한 당연한 보상으로서 사형으로 처벌되었는지의 여부에 대하여는 알지 못한다. 그러나 위티자(Witiza)의 아들들에 대한 사라센인의 배은망덕이라는 전승(傳承)만은 더없이 확실한 증거에 의하여 부정되고 있다. 실제로 이 왕족출신 두 젊은이들은 부친의 구영토를 회복하였다. 그러나 형인 에바(Eba)가 죽었을 때, 그의 딸은 숙부인 시헤부트(Sigebut)의 폭력으로 마땅히 그녀가 상속해야 할 영지를 부당하게 박탈당했다. 이 고트족 소녀는 칼리프인 히샴(Hisham/Hishem. 우마이야조 제10대 칼리프. 재위 724~43)앞에서 자기의 권리를 주장하여 끝내 자기의 상속재산을 되찾았다. 그리고 그녀는 종시 아랍인 귀족과 결혼하였으며, 이들이 낳은 두 아들들인 이사아크(Isaac)와 이브라힘(Ibrahim)은 스페인에서 그들의 출신과 재산에 어울리는 존경을 받았다.

승리한 국가에 병합된 어떤 속주가 빠르게 동화되는 것은, 이방인의 내왕이 많은 것과 토착민의 모방정신 여하에 달려 있다. 때문에 지금까지 연이어 카르타고인, 로마인, 고트인의 피가 섞여온 스페인은 이제 불과 수세대 사이에 아랍인의 이름과 그 습속(習俗)까지 흡수하게 되었다. 초기 정복자들과 그를 뒤이은 20명의 역대 칼리프의 부장(部將)들은, 좁은 고향땅보다도 멀리 떨어진 곳에서의 행운을 선호한 수많은 문예인과 무관들을 수행원으로 데리고 부임했기 때문에, 사적·공적인 수입은 신도들의 거주지 확립에 의하여 증진되었는데, 그런 결과로 스페인 국내의 여러 도시는 그들의 동방의 선조되는 부족과 그 국토를 자랑스럽게 기념하게 되었다. 타리크와 무사의 승승장구하는 혼성부대는 「스페인사람(Spaniard)」의 이름으로, 자기네 정복지라 하여 당초실적을 권리로서 주장하는 동시에, 그들은 이집트내 자기들의 같은 패거리에 대하여 무르시아(Murcia)와 리스본(Lisbon) 거주지로의 이주를 용인하였다. 이리하여 다마스커스의 근위군단은 코르도바에 정착하게 되었고, 에메사의 부대는 세빌랴아에, 키니스린(Kinnisrin), 즉 칼키스(Chalcis)의 부대는 하엔(Jaen)에, 팔레스티나의 그것은 알헤시라스(Algeziras)와 메디나 시도니아(Medina Sidonia)에 정착하는 식으로 입식되었다. 예멘과 페르시아의 원주민은 토레도와 내륙 국토주위에 분산정착하였고 그라나다의 비옥한 대지(台地)는 아랍 부족 중에서도 가장 순수한 귀족의 아이들인 시리아와 이라크의 1만 기병대원에게 배당되었다. 그러므로 때로는 바람직하지만, 대개는 위험하기 이를데 없는 대항의식이 이런 전통적인 파벌들에 의하여 조성되었던 것이다. 정복 10년 후에 해안, 하천, 항만, 주민과 도시, 기후, 토양, 지하광물자원 등등에 관한 이 스페인 속주관계의 지도가 작성되어 칼리프에게 바쳐졌다. 2세기 동안, 이런 자연의 혜택은 근면한 국민의 농업·공업·상업으로 개량되었는데, 그들의 근로성과는 그들의 방자한 공상에 의하여 과장되기에 이르렀다. 스페인 코르도바에 군림한 우마이야(Ummaya)왕조의 초대 칼리프(압두르-라하만 1세〈'Abdu'r-Rahman Ⅰ. 무아위야 Mu'awiya의 아들. 재위 756~88〉를 말한다. 750년에 14대 90년간 지속된 우마이야조가 멸망하고 그 일가가 압바스가에 의하여 학살될 때, 바로 그 해에 과감히 위기에서 탈출하여 북아프리카에서 방랑끝에, 756년 스페인에 들어가 코르도바 후작의 아미르 왕국을 건설했다. 이것이 24대 275년간〈756~1031〉 통치한 코르도바의 우마이야 왕조의 시조이다)는, 그리스도교의 지지를 호소하는 한편, 평화와 보호를 약속하는 그의 칙령으로 금 1만 온스(311kg), 은 1만 온스(311kg), 말과 노새 각각 1만두, 흉갑과 철제 투구 그리고 창을 각각 1천명분이라는 비교적 적은 공조의 부과로서 만족하였다. 그의 후계자 중에서 가장 강력하던 칼리프(제8대 칼리프인 압두르-라하만 3세〈'Abdu'r-Rahman Ⅲ. 재위 912~61. 「救世의 칼리프〈al-Khalifa, an-Nasir〉」칭호를 받은 英主. 수도 코르도바를 중세기에 가장 문화수준이 높은 중심지가 되게 하는 善政을 베풀었다〉를 말하는 것)는, 같은 왕국으로부터 해마다 공조로서 금화 1240만 5천 디나르, 즉 약 600만 파운드(정화, sterling)를 부과했는데, 이것은 10세기 당시니 만치, 틀림없이 그리스도교 전체왕국의 세입총계를 능가하는 세금을 이끌어낸 것이었다. 그의 왕도인 코르도바(Cordova)는 600개소의 모스크, 900개소의 욕장, 20만동의 가옥을 헤아렸으며, 그는 일류급 도사 80과 2~3류급 도시 300을 자기 의사에 복종시켰으며, 구아달키비르강의 비옥한 유역을 1만 2천에 이르는 촌락으로 장식하였다. 아랍인의 진상을 과장시켰다고는 하지만, 그들이 스페인의 부유화와 농경면 그리고 인구의 가장 번영된 시대를 실제로 창조하였고 또 그것을 기록에 남긴 것만은 확실하다.

무슬림들의 전쟁은 예언자에 의하여 성화(聖化)되어 왔지만, 역대 칼리프들도 예언자 생존시의 각종 교훈과 모범속에서 이교도의 저항을 약화시키는데 유효하다고 시사된 관용의 교훈에 관한 기술들을 골라 내었다. 아라비아는 마호메트가 섬긴 신의 신전이 있고 또 세습재산이지만, 그러나 마호메트는 지상의 다른 제민족을 강렬한 질투심이나 애정을 가지고 본 것은 아니다(박해의 대상인 우상숭배자와 무신론자하고, 관용할 수 있는 따라서 장차 개종시킬 수 있는 백성과의 경계선을 엄격히 규정한 것은, 압바스조의 제7대 칼리프 마아문〈al-Ma'mun. 재위 813~33. 정치적·종교적으로는 친이란정책을 시행하여 순니파를 박해하고 시아파를 두둔한 탓으로, 각지에서 불만분자의 반란을 야기시켰으나, 문화적으로는 학예를 적극장려하여 문화의 최성기를 이루게 했다〉의 치세때이다: 기번 원주). 그의 이름을 모르는 다신론자와 우상숭배자가 그의 신도에게 절멸되는 것은 확실히 합법적이었는데, 이제 현명한 정책이 이런 정의의 의무로 대체되면서, 현실적으로 힌두스탄(Hindustan/Hindostan. 인도, 특히 Deccan고원의 북부지방에 대한 페르시아적 명칭)을 정복한 무슬림들은 비관용적인 당초의 광신행위끝에, 그 후에는 이 경건하고 인구조밀한 국토에서의 불탑(佛塔) 파괴행위를 중지하였다. 아브라함(Abraham. 처음에는 Abram으로 일컬었다. 독신자의 전형이요, 기독교에서는 신학사상의 대상으로 한다. 이스라엘 민족의 시조), 모세, 예수 그리스도의 각지 제자들은, 한층 완벽한 마호메트의 계시를 받아들이라고 공손하게 권고받았다. 그러나 한정된 공납금 지불에 동의하는 한, 그들은 양심과 종교적 예배의 자유를 인정받았다. 전쟁터에서 포로가 되어 몰수됐던 생명은 이슬람교의 신앙고백만으로 그것을 되 사올 수 있었다. 여성은 그녀 주인의 종교를 신봉하는 의무를 부과당하였고, 포로가 된 영아는 교육을 통하여 진지한 개종자로 만듦으로써 신도수를 증가시켜 나갔다. 그러나 충실한 아랍 원주민의 부대를 팽창시킨 무수(無數)라고 하리만치 많은 아프리카와 아시아인 개종자들이, 하나의 신과 그의 사도 마호메트라는 신앙고백을 받아들인 것은, 강제라기 보다도 자발적인 권유에 입각했음이 틀림없다. 단순히 한 문장의 복송(復誦)과 표피의 상실(할례를 받는 것)만으로도, 신하도, 노예도 또 포로나 범죄인도 순간적으로 의기양양한 무슬림들의 자유롭고도 평등한 동지로서 거듭 태어났던 것이다. 모든 죄는 씻겨지고, 일체의 계약은 해지되며, 독신(獨身)의 맹세는 인간의 허약성에 대한 참작에 의하여 파기되었다. 이리하여 수도원에서 잠자고 있던 적극적인 정신은 사라센인의 나팔소리로 각성하게 되었고, 세계적 동란속에서 이 새로운 사회성원은 모두가 각자의 능력과 용기의 본래적인 수준에 올라서게 되었다. 군중의 마음은 아랍예언자가 주는 내세뿐만 아니라 현세의 은혜에 정신이 쏠렸다. 때문에 그의 신도의 대부분은 그의 계시의 진리와 신성함을, 진심으로 확신한 것이라고 우리는 따뜻한 마음으로 해석할 수 있지 않을까. 그것은 호학적(好學的)인 다신론자의 눈에도, 인간과 신의 본성에 썩 어울리는 것으로 비쳤음이 틀림없다. 조로아스터교(拜火敎)의 체계보다도 한결 더 순수하고, 모세의 율법보다도 한층 더 관용적인 모호메트의 종교가 7세기에 복음서의 소박성을 오염시키고 있던 비적(秘蹟)과 미신의 신조보다는, 이성에 모순되는 요소가 훨씬 적은 것으로 보였을 것이다.

페르시아와 아프리카의 광대한 영역을 통하여, 민족종교는 이미 마호메트의 신앙에 의하여 근절되고 말았다. 조로아스터의 애매한 신학은 오리엔트의 제종파 사이에서는 독자적인 것이었지만, 그의 세속적인 저작을 아브라함이라는 거룩한 이름밑에 신의 계시라는 연쇄속에 교묘히 끼워넣는 것은 가능한 일이었다. 그들이 말하는 아리만(Ahriman. 배화교 2원론에서의 「암흑의 원리」로서, 모든 惡의 대표. 앙그라 마이뉴〈Angra Mainyu : Angra는 靈, Mainyu는 敵이라는 뜻〉라고도 한다. 이에 대한 「광명의 원리」인 善神, 全和의 主를 「아후라 마즈다〈Ahura Mazdah〉」라고 한다) 이라는 악령은, 광명신의 적수 내지 피조물(被造物)로 해석할 수 있다. 페르시아의 신전은 우상을 모시지 않지만, 태양과 불에 대한 예배는 터무니없는 범죄적인 우상숭배와 같은 것이라고 단죄되었을런지 모른다. 그러나 마호메트의 실제행동과 역대 칼리프의 신려(愼慮)는 보다 온화한 감성쪽을 채용하였다. 이리하여 조로아스터교도는 유태교도와 기독교도와 나란히 「경전(經典)의 백성(the people of the written law)」으로 인정되었는데, 헤지라력 3세기가 되어도 헤라트(Herat. 현재 아프가니스탄 서부에 위치. 조로아스터의 고향?)의 거리는 사적인 열광과 공적인 관용의 생생한 대조를 보여주었다. 해마다의 공납만 지불하면 이슬람법은 헤라트의 조로아스터교도에게 시민적·종교적 자유를 보장했기 때문에, 최근에 건설된 빈약한 모스크는 그것에 인접해 있는 불의 신전의 엄숙하고 장려함에 압도되고 있었다. 광신적인 이맘(Imam/Imaum. 司式僧, 導師)이 자기설교에서, 이런 수치스러운 대조를 개탄하여 신도의 무기력함과 무관심을 규탄하자, 그의 목소리에 선동된 민중이 모여서 봉기하였는 바, 이리하여 기도소 두 곳이 곧 화염에 싸여서 불타자, 그 불탄자리의 공터를 즉각 새로운 모스크 건설에 충당하였다. 피해를 입은 조로아스터 교도들이 호라산(Chorasan)에 있는 군주에게 상소했더니, 그는 처벌과 구제를 약속하였다. 그러나 모두가 침착한 성격의 소유자이며 분별있는 연령에 있던 헤라트의 4천여 시민들은, 이구동성으로 우상숭배의 신전따위는 지금까지 존재하지 않았다고 선서했기 때문에 규탄은 중지된 바, 그들의 양심은(하고 사가 미르호완드〈Mirkhwand/Mirchond. 본이름은 Muhammad, 1432경~98. 티무르조 후기의 아라비아 역사가. 『淸淨의 庭園』을 썼다〉는 기술하고 있다) 이 신성하고도 기특한 위증(僞證)에 의하여 만족하게 되었다. 그러나 페르시아내 신전의 압도적인 대부분은 그의 신도들의 언제인지도 모를 전체적인 이교(離敎)에 의하여 황폐해졌다. 이것은 곧 특정시기와 장소하고 결부된 박해나 저항기억이 없기 때문에 알려지지 않았다는 뜻으로서, 시라즈(Shiraz)에서 사마르칸드(Samarcand)에 이르는 전지역이 「코란」의 신앙을 받아 들인 까닭에 전체적인 것이다. 현지언어의 보존은 페르시아 이슬람 교도의 내력을 나타낸다. 다만 산악지대와 사막에서는 완미한 비신도의 일단이 그들의 조부들이 믿던 미신을 고집한 까닭에 조로아스터 신학의 얼마간의 전통이 인더스강 연안지역인 키르만(Kirman)지방과 수라트(Surat)의 망명자들 사이에서, 그리고 전세기에 이스파한(Ispahan) 문전(門前)에 압바스 1세('Abbas I/Shaw Abbas. 이란의 사파위〈Safawi〉왕조 제5대 칼리프. 재위 1587~1629. 중흥의 영주. 12 Imam파를 국교로 하였다)가 건설한 거류지에서 계속 살아 남았다. 종정(宗正. chief of pontiff)은 예즈드(Yezd)시에서 18리그(약 86km)떨어진 엘부르즈 산지(Mt. Elbourz. 지금의 이란국 테헤란에 가까운 카스피해 남부지방)로 은퇴하였고, 영원한 불은(여전히 계속 불타고 있지만) 평신도는 근접할 수 없으며, 그의 주거는 지금도 조로아스터 교도의 학원(學園)이요 신탁(神託)이며 순례지(巡禮地)이다. 그리고 이곳 사람들이 제일적(齊一的)으로 험상궂게 생긴 용모는, 그들의 혈통이 다른 인종과 혼합되지 않고 순수성을 유지하고 있음을 말함이다. 장로(elder)들의 관리하에 있는 그들 6만의 가족은 지금도 천진난만하고 근면하게 생활하고 있는데, 그 생활의 원천은 몇가지의 진기한 공예품과 수작업 세공품에서 얻고 있으며, 종교적 의무의 열정으로 토지를 경작하고 있다. 그들의 무지성은 조로아스터의 예언서 제출을 위협과 고문으로 강요한 압바스 1세의 전제행위조차 참고 견뎌내게 하였다. 그리고 이 세상에서 알려지지 않은 조로아스터 교도의 생존자는, 그들의 현재 수장(首長)이 베푸는 온정과 모욕에 의하여 묵인되고 있는 것이다.

아프리카 북부해안은 한번은 오랫동안 완벽하게 확립되어 있던 복음의 광명이, 그 뒤에는 아주 완전히 소멸되어 버린 유일한 지역이다. 일찍이 카르타고와 로마로부터 전해진 학술은 오랫동안 무지의 먹구름에 감싸여, 키프리아누스(Cyprianus, Caecilius Thascius, 200경~58. 카르타고의 주교, 성인, 가톨릭교 옹호를 위해 싸웠고 로마교회 조직에 공이 있었다)나 아우구스티누스(Augustinus/Augustine, Aurelius, 354~430. 고대그리스도교 교부 · 성총박사. 방탕생활과 마니교에서 개종하여 힙포에서 성직자로 있었다. 「신의 나라」「참회록」 기타의 저서가 있다)의 교의도 배울 기회가 없었다. 500이나 되는 감독교회들은 도나투스파(Donatist. 제 III 권 p. 213~214 및 272~275 참조), 반달인, 무어인의 적대적인 원념으로 전복되었다. 성직자의 열의나 인원수도 줄었거니와 규율도 지식도, 또 희망도 잃어버린 민중은, 얌전하게 아랍 예언자의 멍에에 굴종하였다. 비잔티움 군대가 물러간 후, 50년도 채 지나지 않았지만, 아프리카의 부장(部將)은 칼리프에게, 이교도의 개종에 의하여 그들의 공납이 전폐되었다고 보고하였다(아프리카 총독 압둘-라만〈Abdoulrahman〉이 압바스조 초대 칼리프 아불-압바스 앗-사파하〈Abu'l-'Abbas as-Saffah., 재위 750~54〉에게 보낸 서한 : 기번 원주. 그런데 인두세는 비무슬림에게만 부과되었다). 그가 자기의 기만성과 반란음모를 의식적으로 은폐시키고자 했더라도, 그의 그럴듯한 이런 구실은 이슬람 신앙의 급속하고도 광범한 전파에 뿌리박고 있었음을 말한다. 그 다음 시대에 5인의 주교들로 구성된 특별사절단이 알렉산드리아에서 카이로안(Cairoan)에 파견된 바 있었다(837년). 이들은 야콥파(Jocobite. 제 Ⅷ 권 p. 175이하를 참조할 것)의 총대주교가 빈사상태에 빠진 그리스도교들중 겨우 살아남은 불씨를, 어떻게 해서든지 보존하고 또 재흥시킬 목적으로 임명한 사람들이었다. 그러나 라틴인하고는 아무런 인연도 없는 사람이며, 가톨릭 교도의 적이기도 한 타국 총대주교에 의한 간섭이라는 이 사실 자체가, 아프리카 종교계의 위계제도가 이미 쇠미하고 해체된 것을 암시하였다. 성 키프리아누스의 후계자가, 종교회의에 참집한 많은 대표들의 선두에 나서서, 로마교황의 야심과 대등한 입장에서 항쟁을 유지할 수 있었던 시대는 이제 옛날의 이야기로 되었다. 11세기가 되자, 카르타고의 폐허에 임명된 불운한 성직자는, 바티칸에 대하여, 무력과 보호를 간청했다 하여 사라센인들로부터 옷을 벗기우고 알몸뚱이에 채찍질을 당했을 뿐만 아니라, 지금으로서는 그의 권위가 심지어 그의 왕좌의 위태위태한 지지자들인 4명의 부감독들에 의해서 조차도 부인되기에 이르렀다는 강한 불만을 말하였다. 그레고리우스 7세(Gregorius Ⅶ. 로마교황. 성인. 재위 1045~46. 교황령 27조를 내고 1077년, 신성로마제국의 하인리히 4세〈Heinrich Ⅳ. 재위 1056~1106〉에 대하여 유명한 「카놋사〈Canossa〉의 굴욕」을 준 교권신장론자)의 2통의 서한은, 가톨릭 교도의 고난과 무어인 수령의 체면을 위무하기 위한 것이었다. 교황은 자기 서한속에서 설탄(sultan. 회교국 군주)에 대하여, 우리 두 사람은 다 같이 신을 예배하기 때문에 반드시 아브라함의 가슴속에서 만나게 되리라는 희망을 피력하고 있지만, 동료를 서품해야할 3명의 주교가 이미 보이지 않게 되었다는 한탄은, 감독교회제도의 급속하고도 불가피적인 해체를 나타낸다. 아프리카와 스페인의 그리스도교도들은 이미 오래전부터 할례하는 관습과 포도주 및 돼지고기에 대한 법적금기사항을 받아들이고 있었으며, 그들의 시민적 또는 종교적 복종 때문에 모자라브인(Mozarabe/Mostarabe人)(양자격의 아랍인)이라는 호칭이 적용되었다. 12세기 중엽에는 그리스도교의 예배와 목자(牧者)의 승계제도가 바바리(Barbary. 오늘날 이집트를 제외한 북아프리카 지방에 대하여 지칭하는 말인데, 이것이 바로 기번이 말하는 아프리카에 해당한다) 해안에서도, 또 코르도바, 세빌랴(세빌레), 발렌시아 및 그라나다 등의 왕국들에서도 폐절되었다. 알-무와히드조(al-Muwahhid/Almohades朝. 13대 140년간〈1130~1269〉 군림한 아프리카의 이슬람 왕조), 즉 유일신파(Unitarians))의 왕좌는 가장 과격한 광신주의를 기반으로 창설되었는데, 그들의 이상하리만치 엄격함은 시칠리아와 카스틸리아, 아라곤과 포르투갈 여러 왕들의 최근의 전승(戰勝)과 비관용적인 열광에 자극되어서 정당화된 것 같다. 아랍인 양자(모자라브인)의 신앙은, 교황 선교사절에 의하여 가끔 부흥하였는데, 카를 5세(본장 p. 175의 할주 참조)가 상륙할 때는, 일부 라틴인 그리스도 교도의 가족들이 튀니스(Tunis)와 알제이(Alger/Algiers)에서 궐기를 기도한 일도 있었다. 그러나 복음의 씨앗은 트리폴리에서 대서양에 이르는 긴 지역에서 지금으로서는 로마의 언어와 종교의 모든 기억을 상실하기에 이르렀다.

11개 세기라는 긴 세월이 흐른 뒤에, 터키 제국안의 유태인과 그리스도 교도들은 오늘날 역대 아랍인 칼리프가 용인하는 바 양심의 자유를 향수하고 있다. 정복의 최초시기에는 멜키테스(Melchites)라는 호칭이, 비잔티움 황제에 대한 그들의 마음속의 애착심을 표현하는 가톨릭 교도의 충성이라 하여 칼리프가 시의(猜疑)하였던데 반하여, 황제의 숙적이던 네스토리우스파(Nestorius派. 제 VI 권 제37장의 p. 167의 할주와 그 이하를 참조)와 야콥파(Jacob派)는, 이슬람 정부의 진지하고도 자발적인 지지 협조세력이라는 실적을 보여주었다. 그러나 이 국부적인 질투심도 시간의 흐름과 복종에 의하여 사라지고, 이집트 교회에 대한 가톨릭 교도들의 참가가 인정되면서, 동방의 모든 종파는 한결같이 공통된 관용혜택을 받았고, 대주교나 주교와 같은 성직자의 품계와 특권 그리고 관할권은 문민통치자에 의하여 보호되었다. 학술분야에 조예있는 개인은 서기와 의사 직업에 종사하였고, 떡고물많은 조세징수인으로 가산을 모았거나, 때로는 그의 공로로 도시와 속주의 수장(首長)으로 승진한 사람도 있었다. 압바스 왕조의 어떤 칼리프는, 페르시아를 통치하는데서는 그리스도 교도를 가장 신뢰할 수 있다고 공언하였다. 「무슬림들은 현재의 그들의 재산을 탕진할 것이고, 조로아스터 교도들은 옛날의 영화의 꿈만 뒤쫓고 있다. 그리고 유태교도는 오로지 자기들의 다가오는 해방만을 대망하고 있을 뿐이다」라고 말하였다. 그러나 전제정치의 노예는 반드시 은고(恩顧)와 실총(失寵)의 양자택일에 노출되게 마련이다. 이들 동방의 포로와도 같은 교회는 항상 그들 지배자의 탐욕심 내지 완미한 신앙에 계속 고통을 받아왔다. 일상적인 법률상의 제한은 그리스도 교도의 열성 내지 체면상 정말로 견뎌내기 어려웠음이 틀림없다(그리스도 교도에 대한 억압자로서 우마르 2세〈Umar/Omar Ⅱ〉와 무타왓킬〈al-Mutawakkil, Ala'llah. 압바스조 제10대 칼리프. 재위 847~61. 순니파를 중용하여 시아파를 압박했고, 유태교·기독교도를 차별대우했다〉이 널리 알려져 있다). 마호메트가 죽은지 약 200년 후에, 그들은 다른 동포들보다 한층더 보기 흉한 색깔의 터반 또는 띠로 분류되었고, 또 말과 노새가 아니라 당나귀에 여자가 타는 방식으로 타고 다니도록 선고되었다. 그들의 공사적(公私的)인 건조물은 이슬람계통의 그것보다 한단계 작은 치수로 지어야 하고, 길거리와 욕장에서는 최하층 무슬림에게까지 먼저하도록 자리를 양보하면서 머리를 숙이도록 의무화되었다. 올바른 신앙자의 이익을 해칠 우려가 있을 때는, 그들의 증언도 부인되고, 예배에서는 행렬의 화려함과 종을 치거나 찬송가를 부르는 일도 금압되었으며, 그들의 설교나 대화에서는 민족신앙(마호메트교)에 대하여 적절한 경의 표시가 요구되었고, 모스크안에 들어가거나 무슬림을 유혹하는 성물 파괴적인 기도는 처벌대상으로 되었다. 그러나 평화와 정의의 시기에 그리스도 교도는, 한번도 복음서의 부인 내지 『코란』신앙을 강제당하지 않고 무사했지만, 일단 마호메트의 법을 고백한 후에 이교(離敎)한 배교자에게는, 사형이 적용되었다. 코르도바의 순교자들(850년 전후에 박해가 몇번인가 반복된 일이 있었다)은 그들의 두 마음의 공공연한 고백이나, 예언자의 인격과 종교에의 격렬한 독설을 퍼부은 까닭에 무슬림 법관의 판결을 유발했던 것이다.

헤지라력 1세기 마지막 무렵에 칼리프는 지상에서 가장 강력한 절대군주로 되었다. 그들의 대권은 권리상이나 실제상으로 무엇 한가지도 귀족의 권세, 서민의 자유, 교회의 특권, 원로원의 투표, 자유로운 국헌에 관한 기억 등에 의한 제한을 받지 않았다. 마호메트 교우(敎友)들의 권위는 그들의 생명이 끝남과 동시에 소멸되고, 아랍부족의 수장이나 태수(emir/amir)들은 사막속에 평등과 독립정신을 방치한 채 잊어버리고 있었다. 마호메트의 후계자 그 한사람에게 국권과 교권의 우두머리라는 두 권능이 통합하게 되자, 설사 『코란』이 그들의 행동이 규범이라 해도, 그들은 이 성전(聖典)의 최고판정자이며 해석자였다. 그들은 정복권리에 의하여 동방 제민족위에 군림하였지만, 실제에 있어 그들 자신조차도 모두가 자유라는 이름을 한번도 알거나 맛보지 못한 바, 이 때문에 자기자신들의 희생으로 행사되는 전제자의 폭력과 탄압행동을 찬양하는 습성의 소유자로 되고 말았다. 아랍 제국의 판도는 우마이야 왕조 마지막 칼리프(마르완 2세《Marwan Ⅱ, 재위 744~50》) 시대에 동서간이 200일 행정(行程), 즉 타타르와 인도의 변경으로부터 대서양 연안에 이르는 거리로까지 확대되어 있었다. 우리가 만일 아압의 사가가 말하는 이른바 겉옷(robe)의 소매에 해당하는 아프리카의 길고도 좁은 영지를 잘라버린다면, 파르가나(Fargana)에서 아덴(Aden)까지, 그리고 타르소스(Tarsus)에서 수라트(Surat)까지의, 견고하고도 탄탄한 통치체가 동서남북에 걸쳐 대상(隊商)에 의한 4~5개월 행정거리(行程距離)로 얼마간 정리될 것이다. 우리가 옛날의 아우구스투스 황제나 두 안토니누스 황제들의 통치에 침투해 있던 저 분해될 수 없는 통일(indissoluble union)과, 자발적인 복종을 〔이 사라센제국에서〕 찾는다는 것은 헛수고일 것이다. 그러나 마호메트교의 진전은 이 광대한 판도에 풍속과 사상의 전체적인 유사성을 확산시켰다. 『코란』의 언어와 법률은 사마르칸드와 세빌랴에서 똑같이 열심히 연구되었고, 무어인과 인도인은 메카 순례에서 동국인 및 형제로서 서로 포옹하며, 아라비아어는 티그리스강 이서지역 모든 속주에서 민중의 일상용어로서 채택되고 있다.

제52장 아랍군에 의한 두 차례의 콘스탄티노플 포위공격—그들의 프랑스 침입과 카를-마르텔에 의한 패퇴—우마이야 왕조와 압바스 왕조간의 내전—아랍인의 학술—칼리프들의 영화—크레타 · 시칠리아 · 로마에의 해상모험—칼리프 제국의 쇠퇴와 분열—역대 비잔티움 황제의 패배와 승리

〈668~975〉

아랍인은 맨처음에 자기들이 사막에서 출력했을 때, 자신의 성공의 용이성과 신속성에 아마 자신들도 놀랐음이 틀림없다. 그러나 그들이 전승의 연속에 의하여 인더스강 유역과 피레네산맥에까지 진출한 단계에서는, 그리고 그들이 연월도의 드는 맛과 그들 신앙의 활력을 거듭 확신하고 있는 동안, 그들은 자기들의 무적의 군대에 저항할 수 있는 그 어떤 민족이 있고, 예언자의 후예의 패권을 한정시키는 그 어떤 국경선이 있음을 알고는, 다시 놀랐을 것이다. 그들 병사와 광신자들의 자부심이 결코 무리하지 않았다는 것은, 오늘날 냉정한 역사가로서의 저자가 사라센군의 급격한 진군자취를 뒤쫓아 보는 과정에서, 도대체 어떤 이유로 교회와 국가가 이처럼 절박한 궁지에 몰렸고, 또 아무리 보아도 불가피적인 위험으로부터 구출되었는지에 대하여, 그 설명을 찾기에 고심한데서부터 생각하여도, 당연하다고 하겠다. 스키티아와 사르마티아(흑해 북부지역)의 사막은 그곳의 광대성, 나쁜 풍토, 빈곤성과 북방 유목민의 용기에 의하여 방위되었을 것이고, 중국은 이들이 좀처럼 접근할 수 없는 원격한 지역에 위치하고 있었다. 그러나 온대(溫帶)에 속하는 지역의 압도적 부분은 이슬람 정복자에게 복속했고, 비잔티움 국민은 전쟁재해와 그들의 가장 풍요한 속주의 상실로 크게 피폐해 있었으며, 유럽의 만족들도 고트왕국의 순식간의 멸망을 보고 당연히 전율했을 것이다. 이하의 규명에서 저자는 브리텐(Britain)의 우리네 선조와 갈리아(Gaul)의 우리들의 이웃국민을 『코란』의 사회적·종교적인 멍에로부터 구출한 사건, 로마의 위엄을 보호하고 콘스탄티노플의 함락을 지연시킨 사건, 그리스도 교도의 방위의욕을 고취하며 적들 사이에 불화와 쇠미의 씨앗을 뿌린 사건들을 밝혀 보고자 한다.

마호메트의 메카 탈출 후 46년(AD 667?)만에, 그의 신도들은 콘스탄티노플 성벽밑에 무장한 모습으로 나타났다(기번은 「7년간에 걸친 콘스탄티노플의 포위공격전이 673년에 시작되고 4년 후에는 강화가 성립되었다」고 한 테오파네스〈Theophanes〉의 「연대기」의 논리상 모순된 기술을 지적한 다음, 엘마킨〈Elmacin〉은 그것이 AD 672년 1월 8일〈헤지라력 52년〉이라고 주장한데 대해, 아불피다〈Abulfeda〉가 이것은 668년 2월 20일〈헤지라력 48년〉이라고 고증한 것은 가장 간편하고도 믿을만한 것으로 생각한다고 주기하였다). 역대 케사르(황제)의 도시를 최초로 포위한 군대에게는 그들의 죄가 허용된다는 진위성(眞僞性)은 알지 못하면서도, 예언자의 말에 의하여 그들은 기세를 올렸다. 지난날의 일련의 로마군 승리의 영광은 당연히 이 새로운 로마(콘스탄티노플)의 정복자에게 승계되었을 것이고, 제국민의 부는 제위(帝位)의 권위와 통상(通商)을 통하여 이 선정된 수도에 집중적으로 축적되어 있었다. 때문에 칼리프인 무아위야(우마이야조 창시자. 재위 661~80)는 그의 경쟁자를 압복시켜 자기의 왕권을 확립 및 강화하자마자, 자기의 신성한 외정(外征)의 성공과 영광으로 국내에서의 유혈죄를 씻고자 의도하였다. 그의 육해로부터의 침공준비는 이런 목적의 중요성에 꼭 어울리는 것이었다. 그의 군기는 역전의 용장 수피안(Suphian/Sophian. 이번 원정군의 첫번째 사령관은 「신의 검」으로 일컬어졌던 용감한 할리드〈khalid〉의 아들 압드 에라흐만〈Abd Errahman〉이었다. 그가 우마이야조 창건자인 무아위야 1세의 질투로 죽게된 후에 수피안이 임명된 것이다)에게 인계되었지만, 군대는 신도통솔자(무아위야 1세)의 아들이며 후계 예정자인 야지드 1세(Yazid I. 재위 680~83)의 모범과 참전에 감격하여 분발하였다. 한편 비잔티움측은 콘스탄티누스 대제(Constantinus I. 재위 324~337)의 이름을 더럽히고, 조부되는 헤라클리우스(Heraclius I. 재위 610~41)의 치욕에 찬 연대(年代)를 모방하는 것 같은 지금의 황제(콘스탄티누스 4세, 재위 668~85)의 용기와 조심성으로부터, 무엇 하나도 희망을 가질 수 없었고, 그들의 적대자들도 콘스탄티노플측을 겁낼 하등의 이유를 가지지 않고 있었다. 사라센 해군은 오늘날(18세기 후반기) 무질서한 터키국 정부밑에서도 수도의 자연적인 보루로서 유지되고 있는 취약한 헬레스폰트(Hellespont. 지금의 Dardanelles해협의 옛 그리스 명칭)의 무방비적 해협을, 지연전술로 또 저항도 받음이 없이 무난히 통과하였다. 이 아랍선단은 수도에서 7마일(11.2km)밖에 떨어져 있지 않은 헵도몬(Hebdomon)궁전 가까이에 닻을 내리고 군대를 상륙시켰다. 며칠 사이에 새벽부터 저녁때까지, 공격군의 전열은 금문(金門)에서 동부의 곶까지 확대되었고, 최전선 용사들은 후방 종대(縱隊)의 중압과 활동으로 압박감을 받았다. 그러나 공위군(攻圍軍)은 콘스탄티노플의 저력과 비축을 과소평가하고 있었다. 견고하고 높은 성벽은 규율있는 대부대로 호위되고, 로마군의 사기는 그들의 종교와 제국의 마지막 위기에 직면하여 불타올랐다. 정복된 속주들로부터 온 망명자들은, 다마스커스와 알렉산드리아에서 전개했던 방위전을 한층더 교묘하게 반복실시하였을뿐만 아니라, 사라센군은 새로 보는 인공적인 불(artificial fire. 본권 p.208에 나오는 「그리스의 불」을 참조할 것)의 기괴하고도 놀라운 효과에 그만 혼비백산하였다. 이런 견고하고도 효과적인 저항에 부딪히자, 그들은 그의 병력을 프로폰티스(Propontis, 지금의 Marmara해의 그리스 명칭)해를 사이에 두고 유럽과 아시아의 양쪽해안지대의 약탈이라는 한층 용이한 기도에로 돌렸다. 그리고 4월에서 9월까지 해상을 유익(遊弋)한 끝에, 그들은 겨울철이 다가옴과 함께, 일찍이 그들이 약탈품과 식량창고를 건설하고 있던 큐지쿠스섬(Cyzicus島)의 기지로, 수도에서 80마일(128km) 후퇴하였다. 이상하리만치 인내심 강한 집념과 작전의 완만성 때문에, 그들은 이에 이어서 똑같은 공격을 여름에 반복하면서 자연적으로 희망과 기력을 서서히 감퇴시키는 사이에, 이번에는 난파와 질병, 검과 불의 불운으로 결국 이런 수확없는 불모의 작전을 포기하지 않을 수 없는 처지에 놓이게 되었다. 그들은 콘스탄티노플 공위전에서 전사한 3만의 무슬림 병사 상실을 슬퍼하던가 순교를 추도했을 것이고, 아부 아유브(Abu Ayub/Abu Ayyub al-Ansari. 669사망. 마호메트의 教友로서, 그가 메카에서 탈출하여 메디나에 갔을 때 맨처음에 그 일행을 자기집에 맞아들였고, 후일 그의 군기의 기수가 되었다. 이번 원정군에서는 고문으로 종군하여 콘스탄티노플 부근에서 陣沒. 사라센군 철군후 기독교도가 그의 무덤에 사당을 세우고, 가뭄에는 기우제를 지냈다. 오스만-터키가 1453년 콘스탄티노플을 점령한 후에는, 이 사당을 회교사원〈masjid〉으로 크게 개축했다. 기독교도와 회교도 양쪽으로부터 다 같이 신성시되는 인물로서 유명하다)의 엄숙한 장례식은 그리스도 교도자신의 호기심을 자아냈다. 마호메트 교우(敎友)의 마지막 한사람이던 이 존경할만한 아랍인은, 도망쳐온 예언자를 감추어준 메디나 구원자인 안소르(ansor), 즉 원조자 집단의 한사람이었다. 그는 소년시절에 신성한 깃발밑에 바데르(Bader/Beder)와 우후드(Uhud/Ohud)에서 싸운 이래, 장년일 때는 알리의 벗으로서 그의 지지자였고, 그의 체력과 생명의 마지막 남은 여생은 『코란』의 적들에 대하여 원격한 지역에서 벌어진 위험한 전쟁으로 소모시켰던 것이다. 그의 죽음은 애도되었고, 그가 묻힌 장소는 후일 메흐메트 2세(Meḥmet/Mohammed Ⅱ, 오스만 터키의 제10대 살탄, 재위 1451~81. 콘스탄티노플을 1453년에 함락시키고 비잔티움 제국을 멸망시킨 후, 이곳으로 수도를 옮겼다. 오스만 터키제국의 보통법전 「카눈 나메《Kānūn Nameh》」의 제정자. 「정복자〈Fatih〉」「대제〈Buyuk〉」의 칭호를 얻고 있다)에 의한 콘스탄티노플 정복시까지 780여년 동안 돌보지 않았기 때문에 위치조차 알려지지 않았다. 시기를 얻은 한 환영(幻影. 모든 종교가 이런 종류의 환영을 만들어 낸다)이 항구안쪽 성벽기슭에 있는 신성한 지점을 밝혀주었다. 그리고 아부 아유브의 마스지드(Masjid. 모스크)는 그때 이래 터키국 역대 살탄의 검소한, 과연 군인다운 취임식 장소로 당연한듯 선정되고 있다.

이 공위전의 결과는 동서 양쪽세계에 대하여 로마군대의 명성을 재흥시켰고, 따라서 사라센군의 영광을 일시적이나마 그늘지게 하였다. 비잔티움 궁정의 대사는 다마스커스의 쿠라이시족 수장회의에 정중하게 초청되어 두 제국사이에 30년간의 평화 내지 휴전협정을 체결하였는데, 해마다 아랍측이 혈통좋은 50필의 말, 50명의 노예 그리고 금화 3천매의 공조를 콘스탄티노플에 바치도록 한 이 약조는 사실 신도 통솔자의 권위를 실추시키는 것이었다. 늙은 칼리프는 이로써 자기의 판도를 그대로 유지한 채 평안하고도 무사하게, 생애를 마치고 싶다고 바란 것이다. 무어인과 인도인이 그의 이름을 겁내어 전전긍긍하고 있는 사이에, 그의 궁전과 다마스커스의 도성은 제국의 가장 견고한 방벽인 레바논 산맥의 마론파(마르다이테스)(Maronite/Mardaites. 본서 제Ⅷ권 제47장의 p.178~180를 참조할 것)에게 공격당하였으나, 이들은 후에 그리스인의 질투심에서 나온 정책에 의하여 무장해제되어 다른 곳으로 이주당했다. 아라비아와 페르시아가 이반한 후의 우마이야 왕조의 판도는, 시리아와 이집트 두 왕국으로 축소되었고, 그들의 고난과 공포심은 그리스도 교도측의 강압적인 요구에 대한 타협안을 그들에게 강요한 결과로, 공조(貢租)는 태양력 1년인 365일의 매 1일에 대하여 노예

1명당 말 1필과 금화 1천매로 증액되었다. 그러나 제국이 압둘－말리크('Abdu'l－Malik/Abdalmalek. 우마이야조 제5대 칼리프. 재위 685~705. 우마이야조 중흥의 명군. 재위 전기간을 통하여 동로마제국과 싸웠고, 핫자즈 이븐 유수프〈al－Ḥajjaj ibn Yūsuf. 661~714. 북아프리카의 태수가 되어 우마이야조에 절대충성하면서 베르베르족·로마인·무어인 등 반대파와 비협력자 12만을 살륙함으로써 후세 사가의 비난 대상이 된 냉혈한〉를 등용하여 북아프리카와 동방에 세력을 뻗쳤다)의 무력과 정책에 의하여 재통일되자마자, 그는 즉각 자기의 체면보다도 양심에서 견더내기 힘든 이 예종적인 휘장(徽章)을 부인하고 공납지불을 중지하였다. 비잔티움측은 분격했지만, 유스티니아누스 2세(Justinianus Ⅱ. 재위 685~95 및 705~11)의 미친사람과도 같은 전제와 국민의 정당한 반란, 그리고 그에 대한 적대자와 계승자의 잦은 교체때문에 행동으로 옮겨지지 못했다(제Ⅷ권 제48장 p.204~209참조). 사라센인은 압둘－말리크의 치세까지는 호스로(Khusru/Chosroes/Khosrau. 여기서는 6세기와 7세기초의 페르시아 왕조를 가리킨다)와 케사르(Caesar. 여기서는 비잔티움 제국을 가리킨다)들의 상(像)이 들어있는 페르시아와 로마 금화의 자유로운 보유로서 만족하고 있었지만, 이 칼리프의 명령으로 금은화를 독자적으로 주조하는 국가적인 조폐창이 건설되었는데, 여기서 주조된 화폐인 디나르(Dinar. 지금도 이라크·요르단·튀니지·신유고 등의 화폐단위로 되어 있다. 보충설명한다면, Dinar는 원래 동로마의 金貨인 데나리우스〈denarius 또는 solidus. 한편 銀貨의 denarius 는 Dirham이라고 했다〉를 가리켰는데, 이로부터 denier, danaro, dinheiro 등등의 화폐명이 파생하였다)의 명각(銘刻, inscription)은, 일부 소심한 결의론자(決疑論者, casuit)들에 의하여 비난될 여지는 있었지만, 마호메트의 신의 일자성(一者性. 즉 唯一性)은 천명된 셈이다*. 칼리프인 왈리드(al－Walid. 제6대 교주. 재위 705~15. 우마이야 왕조 전성기를 이룬 칼리프. 다마스커스의 성요하네 성당을 몰수하여 모스크로 개조한 후 「독수리의 円蓋〈Qubbatu'n－Nasr〉」라고 불렀다)의 치세가 되자, 국가재정의 기록으로부터 그리스어와 그 문자는 모두 추방되었다. 만일 이런 변경이 우리가 오늘날 이른바 아라비아 내지 인도 숫자로 일컫는 것의 발명 내지 일반화를 동시에 출현시켰다면, 한 관청의 규제가 산술, 대수학 등 수학에 관한 제과학의 가장 중요한 발견을 촉진시킨 것이 된다**.

칼리프인 알－왈리드가 하는 일없이 다마스커스의 옥좌에 앉아 있고, 그 사이에 그의 부장들이 트랜스옥시아나(Transoxiana. 오늘날의 중앙아시아, 우즈베크의 지방)와 스페인 정복을 달성할 무렵, 사라센의 제3의 군대는 소아시아의 여러 속주를 석권하여 수도 콘스탄티노플 근방에까지 도달하였다. 그러나 두번째 공위기도(攻圍企圖)와 그것의 실패는, 그의 야심이 좀더 적극적이며 호전적인 정신으로 고무되었던 그의 동생 술라이만(Sulaiman/Soliman)에 의하여 재촉되었던 것이다. 압제자 유스티니아누스 2세가 보복처형(711년)된 후, 비잔티움 제국의 변전과정에서 아나스타시우스(Anastasius Ⅱ, 본명은 아르테미우스〈Artemius〉, 재위 713~15)라는 하위직인 일개 서기로 있던 사람이, 우연 또는 실력에 의하여 공위(空位)로된 제위에 올려졌다. 그는 전쟁소문에 가슴을 조이고 있었는데, 마침내 다마스커스로부터 돌아온 그의 사절이, 사라센군이 지난 시대의 경험이나 현대의 상상을 넘어서는 규모의 육해군에 대한 군비를 추진시키고 있다는 놀라운 보고를 가져왔다. 이에 대한 아나스타시우스 2세의 대항조치는 과연 그의 지위와 절박한 위험에 한결같이 어울리는 것이었다. 그는 3년간의 공위전에 견뎌낼 수 있는 식량을 준비할 수 없는 사람들은, 예외없이 도성에서 물러가라는 무조건적인 명령을 발포하는 한편, 국가의 곡물창고와 무기고를 충분하리만치 가득 채웠고,

---

* 명각이 문제화되었다는 것은, 명각의 문구가 예언자 마호메트의 대리인, 즉 칼리프로서의 지배자로 된 것이 아니라, 무엄하게도 신의 대리인(칼리프)이라고 화폐에 새겨넣은 문구였다고 한다. 칼리프 알-왈리드가 714~15년간에 사상 최초로 이슬람권의 화폐를 발행했는데, 8대 칼리프인 압둘-아지즈('Umar ibn 'Abdu'l-Aziz. 재위 715~20)가 AD 719(헤지라력 즉 回教曆 96년)에 발행한 금화 앞뒷면의 명각을 소개하면 다음과 같다.

〔앞면〕

평면 :「알라신외에 신없고, 알라신은 유일신으로서, 配偶神을 가지지 아니한다.」

원주 :「마호메트는 알라의 사도로서, 알라는 참된 인도(引導)와 신앙을 마호메트에게 주셨으니, 다른 모든 신조보다 한층 더 이것을 현시(顯示)하신 것이니라.」

〔뒷면〕

평면 :「알라는 유일하며, 알라는 영겁불멸(永劫不滅)이다. 알라는 낳음이 없고 또 낳게하심이 없나니라.」

원주 :「비스밀라(bismillah. 『신께 맹세코』라는 회교도의 맹세문구), 본 디나르는 96년(서기로는 719년에 해당)에 주조되었다.」

** 오늘날의 아라비아 숫자(Arabic ciphers)는 원래 6세기경 인도에서 발명된 것으로서, 아라비아에는 압바스조 제2대 칼리프인 만수르(al-Mansur. 재위 754~75)시대에 인도의 천문학 및 수학과 함께 전해졌다. 인도에서는 이 숫자가 산스크리트(Sanscrit)어 알파벳에서 전와(轉訛)된 것으로서, 아직 0(zero)이 발명되지 못한 것이었는데, 이것이 아라비아에 전해진 후에 0이 발명되어 10개 숫자로 되었다. 아라비아 숫자가 이탈리아에 도입된 후, 레오나르도 피사노(Leonardo Pisano. 본명은 Leonardo Fibonacci. 1180경~1250경. 이탈리아의 수학자. 『주판의 서《Liber abaci》』에서 인도식 계산법을 기초로 초등대수를 풀었고, 아라비아의 記數法을 소화하여 유럽에 소개했다)와 게르베르트(Gerbert) 등에 의하여 숫자형태가 개량되면서, 15세기 말기에야 지금의 모양으로 되었다고 한다.

성벽을 보수하여 강화했으며, 돌·화살·불을 발사하는 포문을 성벽을 따라 배치하는 동시에, 급속히 증강시킨 범주선(帆走船)에도 이것들을 장비케 하였다. 원래 적의 기선을 제압한다는 것은 내공한 적을 격퇴시키는 일보다 훨씬 안전하고 또 명예로운 법이다. 이리하여 통상적인 로마병의 정신에는 그런 생각이 떠오르지 않았던 적군의 해사저장물(海事貯藏物)의 파괴, 즉 레바논 산맥에서 찍어내어 이집트함대의 의장(艤裝)을 위하여 페니키아 해안선을 따라서 쌓아놓았던 실삼나무재의 소각이라는 기발한 방책이 세워졌다. 이 용감하고 웅대한 계획은 아깝게도 당시 제국의 새로운 호칭인「옵시키안 테마」(Obsequian Theme. 군관구제, 이 테마에 대해서는 다음 장의 p. 268를 참조할 것)로 불리우는 군관구 병사들의 겁약(怯弱) 내지 배신으로 수포화되었다. 그들은 자기네 수장(首長)을 살해하였고, 로도스(Rhodes)섬에 자기들의 군기를 유기하는 한편, 이곳과 가까운 대륙에 흩어진 다음에 한 소박한 재무관에게 자의(紫衣)를 입힘으로써 자기들의 죄를 사면 내지 보상받으려고 하였다. 테오도시우스(Theodosius)라는 이름은 그를 원로원과 민중에게 호감을 주었는지 모르지만(제 Ⅷ 권 제48장의 p. 210 참조), 수개월 후에 그는 수도원으로 몸을 감추고, 수도와 제국의 긴급한 방위 임무를 이사우리아인(Isauria人)인 레오(Leo Ⅲ, 본명은 Conon. 재위 717~41. 717~18년과 726년 이래의 아랍군 공위를 막아냈다)의 한층 강력한 수완에 위양(委讓)해야만 하였다. 사라센인 가운데서 가장 두려워했던 칼리프의 동생 마슬레마(Maslemah/Moslemah)는 이미 대부분이 말이나 낙타를 탄 12만의 아랍과 페르시아 병사를 이끌고 진격하고 있었는데, 이들은 튜아나(Tyana), 아모리움(Amorium) 및 페르가무스(Pergamus) 등의 공위전 성공은 그들의 기능을 갈고 닦게 하였으며, 희망을 높여주는데 충분히 오랫동안 그것을 지속케 하였다. 헬레스폰트(다다넬즈)해협을 바라보는 유명한 아뷰도스(Abydus)의 좁은 해협을 이슬람군대는 역사상 처음으로 아시아측에서 유럽측으로 도하하였다. 이 지점에서부터 마슬레마는 프로폰티스(마라마라)해에 연한 트라키아(Thracia)의 제도시를 우회하여 콘스탄티노플을 육지쪽으로부터 포위하면서, 자기 군영을 참호와 보루구축으로 강화하였고, 공격용 포문을 거치함으로써 만에 하나라도 포위된 군대의 집요한 저항이 계속된다 해도, 다음해 봄의 파종과 수확시기가 돌아올 때까지 기다리겠다는 인내심 강한 결의를 말과 행동으로 선언하였다. 아마도 비잔티움측은 도시주민 1인당 금화 1매씩의 벌금 내지 조세를 기꺼이 자기들의 종교와 제국을 위하여 보상하고자 생각했을 것이다. 그러나 이 관대한 제의를 콧방귀로서 거부했는데, 당시 마슬레마의 자부심은 이집트와 시리아 원주민으로 편성된 증원군의 신속한 접근과 불패의 진용에 의하여 크게 고양(高揚)되었던 것이다. 그들의 총병력은 함선이 1800척에 달했다고 한다(앞서 말한 것처럼 이외에 육군 병력이 별도로 12만명이나 동원되고 있다). 이처럼 수가 많다는 것은 배의 크기가 작음을 말하는 것이고, 그 커다란 선체가 선각(船脚)의 속도를 방해한 것이라고 전해지는, 20척의 튼튼하고 당당한 위용의 선박도 승무원은 1척당 중장비를 갖춘 병사 100명정도였다고 한다. 이 거대한 함대는 순풍을 받고 잔잔한 바다를 보스포러스(Bosphorus) 해협 입구를 향하여 전진했는데, 그리스인들의 말에 의하면, 이 함대의 위세란 마치 해협의 수면이 움직이는 삼림으로 뒤덮인 감이었다는 것이다. 그런데 이 운명적인 날의 밤은 사라센군 사령관에 의하여 육해 양면을 통하여 총공격의 D-day로 정해져 있었다. 황제는 적군의 자신감을 더욱 부추길 목적으로 통상적으로는 항구의 출입구를 막기 위하여 쳐두는 쇠사슬마저 철거시켰던 것이다. 적군이 이런 절호의 기회를 이용할 것인가, 아니면 어떤 함정이 있을 것으로 생각하여 진입을 정지시킬 것인가의 판단을 내리지 못하고 망서리고 있는 그 사이에, 파괴의 마수가 이미 뻗쳐온 것이다. 즉, 그들을 향하여 비잔티움군의 화공선단(火攻船團)이 기습을 가하였다. 아랍군은 병사와 선박할 것 없이 모두가 일대화염에 휩싸였고, 허둥지둥 도망치려던 승무원들은 서로 충돌하던가 바다에 떨어져 파도에 삼켜지고 말았다. 로마라는 이름조차 말살할 것으로 보일만치 공포의 대상이던 이 거대한 함대는 이렇게 해서 남김없이 물고기밥이 되었고, 선박은 파손·침몰되었다(717년). 게다가 한층더 결정적으로 수복이 불가능하리만치 크게 입은 손실은, 시리아의 키니스린(Kinnisrin), 별명이 칼키스(Chalcis)라는 곳 가까이에 설치했던 진영에서 동방의 나머지 무력을 이끌고 콘스탄티노플을 향하여 막 출발하려던 참에, 소화불량으로 칼리프 술라이만(Sulaiman, 우마이야조 제7대 칼리프. 재위 715~17)이 사망한 그것이다. 마슬레마의 형(술라이만)의 왕위는 그의 친척되는 사람이며 이념적으로 적대되는 우마르('Umar ibn 'Abdu'l-'Aziz. 제8대 칼리프. 재위 717~20. 제5대 칼리프인 압둘-말리크〈'Abdu'l-Malik. 재위 685~705〉가 그의 백부이다. 경건한 신도로서 알라신에 대한 군주로서의 책임을 완수함에 전생애를 바쳤다. 쾌락을 물리치고 검소하게 생활했고, 검에 의한 포교대신 평화적인 전도를 주장했고 또 실행함으로써 전이슬람 교도로부터 聖徒로서 숭앙된 바, 압바스조에 의한 우마이야조 멸망 후,

모든 칼리프의 무덤이 능욕당했으나 그의 무덤만은 무사했다)가 계승하였는데, 적극적이고도 유능한 이 군주의 왕좌도 한때 수구파(守舊派)의 유해무익한 덕성으로 왜소화되었다. 깜짝 놀란 칼리프가 수구파의 맹목적인 소위 양심의 가책을 타이르고 또 설득하는 사이에도, 우마르의 결단이라기 보다도 태만으로 콘스탄티노플에 대한 공위전은 한해 겨울동안 계속되었다. 그런데 이해 겨울은 예년과 달리 유별나게 추위가 심하여, 지면은 100일 이상이나 두꺼운 눈으로 뒤덮였던 것이다. 그리하여 이집트와 아라비아 등 더운지방의 풍토에 살던 원정군인들은 콘스탄티노플의 엄혹한 추위의 군영에서 거의 죽은듯이 웅크리고 있을뿐 움직이지 못했다. 회춘과 더불어 원기를 회복한 그들을 위하여 두번째되는 지원노력이 이루어져 이들의 고난은 곡물과 무기와 그리고 군대를 가득 실은 2대선단, 즉 하나는 알렉산드리아로부터 400척의 수송선과 갤리선이, 또 하나는 아프리카 여러 항구로부터 징발된 360척의 선박이 도착함으로써, 한숨 덜게 될 것으로 보였다. 그러나 이번에도 또다시 비잔티움군의 화포가 발사되어 혼란에 빠졌는데, 이번 손해가 비교적 경미했다면, 그것은 무슬림들이 안전한 거리를 유지하라는 교훈을 배우게 된 경험에서 나왔거나, 아니면 선단을 인솔한 그대로 그리스도교 황제편으로 귀순한 이집트출신 수병들의 배신 덕분이었다. 수도의 통상과 교통은 부활되고 어획고는 주민의 욕망, 나아가서는 사치생활을 만족시켰다. 이윽고 마슬레마의 군대는 기아와 전염병의 재난에 견디기가 어렵게 되었는데, 그들은 굶주림쪽은 그나마 어떻게든 견뎌냈다지만, 굶주린 그들이 극단적으로 불결하고도 부자연스러운 음식물로 건강하지 못한 자양분을 취했던 까닭에, 돌림병이 무서운 기세로 만연하기 시작하였다. 정복의, 나아가서는 열광의 정신도 소멸되었다. 뿐만아니라 사라센 병사들은 이미 그들이 전열을 단독이건, 또는 소부대 단위이건 간에, 단 한발자국만이라도 이탈하면 그것이 곧 끝장으로서, 그 즉시 트라키아 농민의 무자비한 보복행위에 노출되었다. 불가리아 군대가 레오 3세의 선물과 약속에 의하여 다뉴브강변에서 이곳 전선으로 이동배치되었는데, 이 야만적인 증원부대는 소아시아출신 병사 2만 2천명을 격멸 또는 살륙함으로써 종전에 그들이 비잔틴 제국에 가해온 위해를 얼마간 보상하였다. 게다가 라틴세계 미지의 백성인 프랑크족도 그리스도의 대의를 방위하기 위하여 육해에 걸쳐서 방비책을 갖추고 있다는 소문이 교묘하게 퍼졌는데, 그들의 겁나는 원조는 군영과 도시에서 이와는 아주 다른 감각으로 기대되었다. 13개월(717~718년간)에 이르는 공위전 끝에 희망을 잃은 마슬레마는 드디어 칼리프로부터 철퇴하라는 기쁜 허가를 받았다. 헬레스폰트(다다넬즈)해협을 건너서 아시아 속주를 통과하는 아랍 기병대의 행군은, 지체와 방해없이 수행되었다. 그러니 그들의 우군부대는 비튜니아지방 사면(斜面)에서 섬멸되고, 나머지 선단도 폭풍우와 화재로 몇번이나 타격을 받은 끝에, 겨우 5척의 갤리선만이 알렉산드리아 항구로 돌아가 닻을 내리고, 그들이 겪은 바 각양각색의, 거의 믿기 어려운 파국경위를 보고하였다.

두번에 걸친 공위전에서의 콘스탄티노플의 방위와 사라센군의 격퇴는 주로 「그리스 불(Greek fire)」(중세기와 비잔티움 역사에 관한 우리들의 불가결의 안내자인 듀 캉쥬〈Du Cange, Charles du Fresne, 1610~88. 프랑스의 고전학자〉의 「중세라틴어사전」과 「그리스어사전」 속에 있는 「그리스 불」을 참조할 것 : 기번 원주)이라는 신무기의 공포와 그것의 현실적인 전과에 돌려도 좋을 것이다. 이 인공적인 불을 합성하고 유도하는 중요한 비밀은, 칼리프 진영으로부터 황제 진영으로 망명해 온 시리아의 헬리오폴리스(Heliopolis)출신 칼리니쿠스(Callinicus)에 의하여 발명되었다. 한 화학자와 기술자의 두뇌는 몇개의 함대와 군단의 내원에 필적하는 위력으로 되었는데, 이 군사기술의 발명 또는 개량은, 다행스럽게도 타락해 버린 동로마인이 사라센의 호전적인 열광과 젊디젊은 활력과 싸울 의욕을 상실하고 있던 비참한 시기를 위하여, 소중히 간직해 두었던 것이다. 이 이상한 합성물의 분석을 시도해 보려는 역사가는, 언제나 이상적(異象的)인 것에 치우치는 나머지 진상기술에는 퍽 무신경인 주제에, 이번 경우에 한해서는 진리를 필사적으로 감추려는 비잔티움 사가들이나, 그 자신의 지식부족을 경계하지 않으면 안된다. 그들의 애매하고도, 어쩌면 고의적으로 거짓된 암시로부터 상상하는 한, 「그리스 불」의 주요성분은 나프타(naphtha. 오늘날 석유화학에서 말하는 나프타는, 석유 · 콜타르 · 頁岩油의 증류로 얻어지는 저비점 탄화수소의 혼합물로 된 기름을 말한다), 즉 액체역청(液體瀝靑)이라는 가볍고 점성(粘性)있는 가연성 기름으로서, 지상에서 발사하면 그것이 비행도중에 공기와 마찰하여 발화하는 물질인 것으로 믿어진다. 이 나프타를 어떤 방법과 비율로 합성하는지는 모르지만, 유황과 상록(常綠)의 전나무에서 추출되는 수지(樹脂)와 혼합해서 얻어지는 혼합물은, 짙은 연기와 커다란 폭발음을 내면서 강력하고도 집요하게 화염을 발산시키는데, 이 화염은 단순히 수직으로 상승할 뿐만 아니라, 똑같은 기세로 동시에 아랫쪽 또는 옆으로 연소하면서 확산하였다. 그것은 물을 끼얹어도 꺼지기는 커녕, 오히려 화세(火勢)가 부치어져 한층 강해지기 때문에, 그리스인이 「액체의 불」 또는 「해상의 불」이라고 적절하게 부른 이 강력한 약제(藥劑)의 맹위를 진정시키는 특효수단은, 오직 모래, 오줌, 식초뿐이었다. 적군의 고민의 씨앗은 이것이 육해 양쪽에서, 그리고 회전(會戰)이나 공위전(攻圍戰)에도 한결같이 효과적이었다는 점이다. 그것은 성벽에서 커다란 물통으로 내리 붓는다든지, 돌 또는 철제의 빨갛고 뜨거운 공속에 재어 넣고 발사하거나, 이 가연성 기름을 듬뿍 적신 아마천이나 삼베뭉치를 활이나 투창에 감아서 발사하거나 던졌다. 때로는 한층 대규모적 보복수단으로서 희생적인 화공주정(火攻舟艇)에도 장약했지만, 대개의 경우는 갤리선 선수(이물)에 장치하는 바, 이처럼 격렬하게 모든 것을 불태워버리는 이런 불은, 병사들은 통상 야수적인 괴물의 입을 해학적으로 모방해서 제작한 구리제 긴 통으로 발사하였다. 이 중요한 기술은 콘스탄티노플에서 국가의 수호신으로 전해졌다. 갤리선과 포병대가 이따금 로마의 동맹국에 대여된다 해도 이 「그리스 불」의 성분만은 가장 엄중한 경계심으로 비익되었으므로, 적방의 공포심은 그들의 무지와 경악 때문에 더욱 증폭되었다. 『제국행정론《*de Administrat Imperii*》』 가운데서 이것의 저자인 황제(콘스탄티누스 7세〈Constantinus Ⅶ, Porphyrogenitus. 재위 913~59〉를 말하는데, 이에 대해서는 후술하는 제53장 모두(p. 263이하〉와 제Ⅷ권 p. 362~63을 참조할 것)는, 만족들의 불성실한 호기심과 집요한 요구를 어름거려 넘기는 가장 좋은 해답과 변명하는 요령을 기술하고 있다. 예컨대, 「그리스 불」에 대한 비밀은 천사에 의하여 콘스탄티노플의 초대 황제인 콘스탄티누스 대제(재위 324~37)에게 계시된 것이기 때문에, 하늘의 이 선물, 즉 로마인에게만 고유하는 이 재보를 여하한 외국인에게도 누설시켜서는 안되는 것인즉, 따라서 군주건 신민이건 할 것 없이 한결같이 세심한 침묵을 지키도록 의무화되어 있다. 그런 까닭에 이런 의무의 침범은 반역과 성물파괴라는 현세와 내세 양쪽의 벌을 받게 되며, 또 이런 종류의 비경신적인 기도는 반드시 돌연적 및 초자연적 그리스도 교도의 진에(瞋恚)를 초래하게 된다고 그들에게 말해주면 된다, 운운. 이와같은 조심성 덕분으로 이에 대한 비밀은 400년 이상이나 동로마 국민들 사이에서 유지되었는데, 11세기 말경에 해양에 관한 모든 기술에 통효(通曉)하였던 피사(Pisa)의 상인들 조차 이 「그리스 불」에 관한 성분을 알지 못했기 때문에 피해를 입었다. 이것은 마지막으로 이슬람 교도에게 발견되었거나 아니면 도난당하여, 시리아와 이집트에서의 성전(聖戰)에서 그들은 자기에게 향해져서 고안됐던 이 신무기를 이번에는 그리스도 교도의 머리위에 퍼부음으로써 보복한 것이다(12세기 이후의 십자군에 대하여). 사라센군의 칼과 창을 경멸했던 한 기사는, 그리스의 불, 좀더 옛날에 표현한 프랑스 문필가의 말로는, feu Gregeois의 분류(奔流)를 발사한 저주스러운 기계의 모습을 보고 또 그 소리를 들었을 때, 그 자신과 그의 동료들의 공포심을 실감넘치는 말로 묘사하고 있다. 그것은 큰 통의 굵기만치 크고, 날개가 달렸으며, 긴 꼬리를 가진 용의 형태로서, 우뢰와도 같은 소리를 내면서 번갯불의 속도로 날아왔는데, 야밤중의 암흑은 이 굉장한 광명으로 날아갔다고 죠앙빌(Joinville, Jean de. 1224경~1317. 프랑스의 사가. 루이 9세〈Louis Ⅸ, 聖王. 재위 1226~70〉의 제6회 십자군〈1248~54〉에 종군하여, 이집트에 향했으나, 1248년 거기서 포로가 되었다. 후일 석방되어 1254년에 귀국. 연대기인 《Histoire de Saint Louis》〈1874 출판〉을 썼다)은 쓰고 있다. 그리스의 불, 지금으로서는 차라리 「사라센 불」이라고 해야할 이 불의 사용은, 14세기 중엽까지 계속되었는데, 이 시대에는 질산칼리, 유황, 목탄의 학술적 또는 우연적인 합성이 전쟁기술과 인간역사에 새로운 혁명을 불러 일으켰다.

콘스탄티노플과 「그리스 불」은 유럽의 동쪽 입구로부터 아랍인을 격퇴했을런지는 모르나, 서쪽방면의 피레네산맥 경사면에서는 갈리아 속주가 스페인 정복자들의 침입이라는 위협을 받았다. 프랑크 왕국의 쇠미는 만족할 줄 모르는 이슬람 광신자들의 공격을 유발하였다. 클로비스(Clovis Ⅰ. 메로빙조 프랑크왕 재위 481~511. 프랑크족을 통일시켰고, 기독교로 개종)의 자손들은 이미 그의 용맹스럽던 무용의 기상이라는 유산을 잃고 있었는 바, 그들의 불운 내지 무능력은 메로빙왕가(Merovinger. 19대 323년간〈428~751〉 통치) 말기 국왕의 게으름뱅이라는 별명을 정착시켰다. 그들은 권력을 가지지 않고 그저 왕위에 올랐을 뿐이고, 또 이름을 남김이 없이 무덤속으로 침몰하였다(『샤를마뉴전《Vita Coroli Magni》』의 저자인 아인하르트〈Eginhart, 770경~840. 동프랑크의 역사가. 카를 1세 · 루드비히 1세 · 로타르 1세 등에게 봉사〉가, 메로빙 왕가출신 여러 왕들의 약체성을 과장하고 있는 것을, 근대학자들도 역시 그것을 되풀이 비난하고 있는 것은, 마치 프랑스의 독자들이 보왈로-데프레오〈Boileau-Despreaux, Nicolas. 1636~1711. 프랑스의 시인 · 비평가 · 변호사〉의 에로스 코믹〈eros commic〉시인 『譜面台《Lutrin》』〈1674~83〉의 아름다운 단시를 언제까지나 되풀이하고 있는 것과 같은 것으로서 아주 부당하다 : 기번 원주). 콤피에뉴(Compiegne/Compendium/Mamaccae. 파리 동북쪽에 위치한 거리) 가까이에 있는 행궁은 그들의 주거라기 보다도 감옥으로 되어 있었는데, 매년 3월이나 5월에, 그들은 우차(牛車)를 타고 이곳에 이르러 프랑크족 민회(assembly)에 출석하여 외국 사신들을 접견하였고 또 궁내부 장관(mayor of palace)이 제출하는 법률을 재가하였다. 이리하여 궁내부 장관인 내무대신(domestic officer)이 국민의 대신인 동시에 또한 군주의 주인이기도 하였다. 공식적인 관직이 한 사인(私人)의 가족재산화 함으로써, 노 피핀(老 Pipin Ⅱ. 프랑크의 分國인 아우스트라시아〈Austrasia〉의 궁내부 장관. 714년 사망. 老피핀이란 短軀王 Pipin Ⅲ〈714~68〉와 구분하기 위하여 붙인 것인데, 이 카롤링 왕통의 가계는 Pipin Ⅱ－Karl Martell－Pipin Ⅲ〈단구왕〉－Karl〈Charlemagne〉 Ⅰ. der Grosse로 이어졌다)은 성년에 이른 국왕(다고베르 3세〈Dagobert Ⅲ. 재위 711~15〉를 가리키는 것인지?)을 자기의 미망인과 자기 아들(카를－마르텔)의 후견하에 두고 죽었는데, 이 약체정권은 노 피핀의 서자이며 가장 과감한 인물(카를－마르텔을 가리키는 것)에 의하여 강제적으로 그 왕좌에서 추방되었다(Dagobert Ⅲ의 후임으로 등극한 것이 共治王들인 실페릭 2세〈Chilperic Ⅱ. 재위 715~20〉와 클로테르 4세〈Clotaire Ⅳ. 재위 717~19〉이다. 그러나 이들도 곧 폐위되고, 3년간의 공위시대를 거쳐 티에리 4세〈Thierry Ⅳ. 재위 722~41〉가 왕위에 올랐다). 절반은 야만적이고 그 나머지 절반은 타락된 정체(政體)는, 사실상 해체되어 봉신제후(封臣諸侯)와 지방 백작들, 그리고 지방의 영주(領主)들은, 이 군주국가의 약체성을 경멸하여 궁내부 장관의 야심을 자연스럽게 모방하게 되었다. 이런 독립된 제후들 가운데서 가장 대담하고, 가장 강력하던 아퀴타니아(Aquitania. 프랑스 서지역인 지금의 라모지, 클레르몽페랑, 보르도의 제도시를 포함한 일대)의 유드 공작(Eudes duke)은, 남부 갈리아 속주에서 국왕의 권위, 나아가서는 국왕칭호까지 스스로 사용하였다. 고트인, 가스코뉴인(Gascony人), 프랑크인은 모두가 그리스도 교도인 이 영웅의 깃발밑으로 참집하였다. 그는 사라센군의 최초침입을 격퇴시켰는데, 이때 칼리프의 부장(部將)인 자마(Zama)가 툴루스(Toulouse)성 밑에서 자기생명과 군대를 모두 잃었다. 그의 후임자의 야심이 복수심으로 불타오르자, 그들은 새로운 정복의 수단과 결의를 가지고 또다시 피레네산맥을 넘어 왔다. 이전에 로마의 최초 식민지로서 나르본(Narbonne. 그리스의 사가 폴류비오스〈Polybios. BC 201경~120경〉시대에는 로마시 건설이래 630년 동안 세계에서 가장 북쪽에 위치하며, 저명한 켈트족의 도시로 알려졌던 곳 : 기번 원주)이 선정되었던 것처럼, 그곳의 유리한 지형이 또다시 무슬림들에 의하여 선정되었는데, 그들은 셉티마니아(Septimania), 즉 랑궤독(Languedoc) 속주를 스페인 왕국(사라센 왕국)의 정당한 부속지로서 요구하였다. 가스코뉴의 포도원과 보르도(Bordeaux)의 거리는 다마스커스와 사마르칸드의 군주들에 의하여 점령되고, 가론강(Garonne江) 하구에서 론강(Rhone江)까지의 남프랑스는 아라비아의 풍습과 그 종교로 염색되기에 이르렀다. 그러나 이 좁은 지역은 칼리프인 히샴(Hisham/Hasheme. 우마이야 왕조 제10대 칼리프. 재위 724~43)이, 스페인의 병사와 민중의 요망에 부응하여 재차 임명한 압달-라만(Abdalrhaman) 또는 압데라메(Abderame)라는 사람의 눈에는 이곳이 별로 대단한 지역으로는 보이지 않았다. 이 대담한 역전의 사령관은 아직 정복되지 않고 남아있는 프랑스와 유럽지역 전체를 예언자의 지배하에 복속시켜야 한다고 선언하고, 이런 판결을 실행에 옮기고자, 자연과 인간의 어떠한 장해도 모두 극복하겠다는 자신만만한 야망을 품고 대군을 통솔하여 침공해 들어온 것이다. 그의 첫번째 목표는 가장 중요한 피레네의 험로를 지키는 자기나라 모반자들을 격멸하는 일이었다. 즉, 무어인의 부장인 무누사(Munuza)는 일찍이 아퀴타니아 공국과의 동맹관계를 받아들이고 있었는데, 당시 유드 공은 공사(公私) 어느 쪽의 이익을 고려하여, 이 아프리카 이교도에게 자기의 아름다운 딸을 시집보내어 그를 사위로 삼고 있었다. 그러나 최강의 세르다뉴(Cerdagne) 성채가 우세한 적군에게 포위되었고, 그리하여 이 반도의 장군도 산악지대에서 체포된 후 살해되었으며, 과부가 된 유드공의 딸은 신도 통솔자의 욕망, 또는 허영심을 만족시키기 위하여 다마스커스에 압송되었다. 압데라메(압달-라만)는 지체없이 피레네산맥으로부터 론강의 도하와 아를르(Arles) 공위(攻圍)를 위하여 출격하였다. 그리스도 교도의 군대는 이 도시의 구출을 시도해 보았다. 그리하여 이들 지도자의 무덤은 13세기까지 아직 남아 있었고, 몇천이라는 그들의 시체는 론강의 급류를 타고 떠내려가 지중해로 운반되었다. 압데라메 군대의 승리는 대서양측에서도 이에 못지 않게 현저하였다. 그는 보르도만에서 합류되는 가론느(Garonne)와 도르도뉴(Dordogne) 두 강을 하등에 방해받음이 없이 도하했는데, 이 두강을 건너선 지점에서야 용맹스러운 유드의 군영을 겨우 발견한 것이다. 당시 유드는 재빨리 자기군대를 재건하고 있었지만, 그때까지 거듭 참패한 그는 그리스도 교도들의 생명을 빼앗아간 이번 전투에서의 전사자 총수가 얼마인지는, 아마도 신만이 알고 계실 것이라고 그들 자신이 비장하게 고백했을 정도로 많은 인명손실을 보고 있었다. 승승장구하는 사라센군 사령관은 아퀴타니아 속주를 석권한 다음 지명까지 고쳤는 바, 이 지역의 갈리아식 호칭인 페리고르(Perigord), 생통쥬(Saintonge), 포와

투(Poitou) 등은 오늘날도 그들이 고쳤던 그 이름 그대로 소멸되지 않고 남아 있다. 그의 군기는 투르(Tours)의 상스(Sens) 성벽위에, 적어도 성문앞에 올려졌고, 그의 분견대는 부르고뉴 공국(Kingdom of Burgundy)을 리용(Lyons)과 베산송(Besanson)의 저명한 제도시가 있는 지점까지 제압하였다. 국토와 민중에게는 조그마한 자비도 베풀지 않았기 때문에, 압데라메가 이 지역을 유린한데 대한 기억은 오랫동안 전설로서 전해져 내려오면서, 무어인 또는 이슬람 교도들의 프랑스 침공사실(侵攻史實)을, 그후 기사도에 관한 로만스 속에서 터무니없이 의곡된 바, 그것은 특히 이탈리아 시신(詩神)에 의하여 매우 우아하게 분식되어 온 갖가지 이야기의 밑바탕이 되었다. 사회(社會)와 기술(技術)이 쇠미해가는 과정에서 유기된 여러 도시는, 사라센군 병사들에게도 볼만한 약탈품을 남겨놓지 않았으며, 따라서 가장 값비싼 전리품은 교회와 수도원안에서밖에 발견되지 않았으므로, 그들은 그곳의 장식품을 떼낸 다음에 불을 질러서 태워버렸다. 이로 말미암아 포와티에(Poiters)의 성 힐라리우스(St. Hilarius/Hilary. 310경~67. 성인. 포와티에의 주교 · 교회박사. 「서유럽의 아타나시우스」로 불리우는 정통파 교리를 고수하고 아리우스파를 반대했다. 라틴어 찬송가를 만들었다)와 투르의 성 마르탱(St. Martin. 4세기의 주교) 등 수호성인(tutelar saint)들도 그들 자신의 분묘를 방위할 기적의 힘을 잊고 있었다. 사라센군의 승리적인 진군거리는 이미 지브롤터의 기둥으로부터 르와르강(Loire江) 언덕까지 1,000마일(1609km) 이상이나 뻗쳤는 바, 만일 이와 똑같은 거리가 다시 연장되면, 사라센군은 폴란드 국경이든가 스코틀랜드 고지지대까지 도달하게 되는 셈이다. 라인강은 나일강이나 유프라테스강들 만큼이나 건너기 힘든 장해물이 아니므로, 아랍 선단은 아무런 해전같은 것을 치루지 않고도 템즈강(Thames江) 하구까지 침입할 수 있었을 것이다. 그렇게 됐더라면 아마도 지금쯤은 옥스퍼드 대학의 학위시험에서는『코란』이 부과되며, 이 대학의 설교단은 할례받은 국민에게 마호메트가 계시한 신성한 진리를 논증하는 그런 장소로 되어 있을 것이다.

그리스도교 세계는 이런 종류의 재액으로부터 한 사람의 천재성과 무운에 의하여 구출되었다. 노 피핀의 서자인 카를(카를-마르텔)은 프랑크족의 궁내부장관(714년, 아우스트라시아의 mayor 또는 duke라는 부친 Pipin Ⅱ의 직위를 물려받았다)이라는 칭호에 만족하였지만, 그후에 일련의 국왕 가계의 조상될 자격을 획득하게 되었다(프리젠, 작센, 바이에른, 알레마넨의 제후를 정복하였고, 732년에는 포와티에에서 사라센군을 격파함으로써 카롤링 왕조〈Carolingiens. 15대 236〈751~987〉년간 통치〉의 기초를 다진 것을 의미한다).
24년간에 걸친 고생많은 통치과정에서 그는 왕위의 위엄성을 부활 및 유지한 바, 게르마니아와 갈리아의 반도들은 연이어 엘베강과 론강 그리고 대서양 연안의 세 방면에 대하여, 동시에 원정의 군기를 펄럭인 이 용시의 무력에 의하여 압복 궤멸당했다. 국가위기의 와중에서 그는 국민의 목소리로 소환되었던 것인데, 그의 경쟁자인 아퀴타니아 공(公)도 망명자 내지 탄원자의 한사람으로서 그의 앞에 출두하지 않을 수 없었다. 「아— 슬프도다(하고 프랑크인들은 외쳤다), 이 무슨 불운이며, 이 무슨 불명예란 말인고! 우리는 오랫동안 아랍인의 이름과 그들의 정복소식을 들어왔다. 우리는 지금까지는 동쪽으로부터의 그들의 공격이 있을 것을 겁내어 왔었는데, 이제 그들은 스페인을 정복한 기초위에 우리 국토를 서쪽으로부터 침략하고 있는 것이다. 그들은 인원수나(그들은 둥근방패를 가지지 않으므로), 무력상으로도 우리보다 뒤지고 있는데도 말이다.」「만일 당신이 나의 조언을 받아 들인다면(하고 이 노련한 궁내부 장관은 대답한다), 그들의 진군을 저지시키거나 황급히 공격을 가하지 않는 편이 좋을 것이요. 지금의 그들은 분류와도 같은 기세인만치, 그들의 전진을 저지시킨다는 것은 위험해요. 부(富)에 대한 갈망과 승리에의 자신감이 그들의 사기를 높여 주고 있어요. 병사들의 사기는 무비나 병사수보다 좀더 결정적인 요소지요. 그들이 부의 무게에 짓눌려서 잘 움직이지 못할 때까지 잠자코 참으시요. 부의 획득은 반드시 그들의 작전계획을 분열시키면서 우리의 승리를 보장해 줄 것이외다.」 이 정묘한 계획은 틀림없이 아랍저술가들의 지나친 생각이다. 현실적으로 카를-마르텔의 상황은 작전을 지연시켜야할 빼도 박도 못할 이기주의적인 동기, 즉 반도인 아퀴타니아 공의 체면을 손상시키면서 그의 영지를 황폐화시키려는 감추어진 저의(底意)가 있었음을 암시하고 있다. 카를-마르텔의 이런 지연전술은 불가피적이며 또 본의가 아니였다고 하는 것이 어쩌면 한층더 진상에 가까울 것이다. 상비군은 제1대(代)와 제2대(代)(메로빙조와 카롤링 양조를 가리키는 것인지?)치하에서는 알려지지 않았으며, 국토의 절반이상은 이제 사라센군의 강점하에 있었다. 네우스트리아(Neustria)와 아우스트라시아(Austrasia)의 두 프랑크족은, 양자가 각기 처한 상황에 따라 절박한 위험성에, 지나치게 겁을 먹었던가 또는 너무도 무관심했다. 게피데족과 게르만족의 자발적인 원군은, 그리스도 교도의 지휘관이 내걸은 정기로부터 너무 먼 거리에 있었지만, 그는 자기병력을 집결시키자 마자, 재빨리 투르와 포와티에 사이의 프랑스 중심부에서 적군을 수색하여 그것을 발견하였다. 그의 적절한 지휘하의 진군이 산맥의 그늘에 감추어졌으므로, 압데라메는 적의 불의 출현에 적이 놀란 것으로 보였다. 아시아와 아프리카 그리고 유럽의 제민족도 세계사를 일변시키게 되는 이번 대회전에 앞다투어 출진하였다(투르-포와티에 대회전은 732년에 있었다). 산발적인 조그마한 전투가 단속적으로 전개된 최초 6일간은, 동방(사라센측)의 기병대와 궁사대가 우위를 확보하였으나, 7일째되는 접근공격전에서 동방군대는 게르만군의 강력한 위력에 압복되었다. 게르만군은 강인한 심장과 철완(鐵腕)으로 자기들의 후예의 시민적·종교적 자유를 옹호하였다. 카를이라는 이름에 부가된 마르텔(Martel), 즉 「망치(hammer)」라는 별명은, 그의 엄숙하고도 무게있는 무적의 타격을 표현하는 것이다. 유드 공의 용기도 비분과 경쟁심으로 비로소 발휘되기에 이르렀다. 그리고 그의 동료들은, 역사의 눈으로 볼 때, 프랑스 기사도의 진정한 권화(true Peers and Paladins. Paladin은 샤를마뉴 대제의 12용사중의 한 사람이다)였다. 압데라메(압둘 라만)자신도 전사하게 된 이번의 유혈전투에서, 사라센군은 저녁때가 되자, 자기들의 진영으로 퇴각하였다. 어두운 밤의 혼란과 절망속에서 예멘과 다마스커스, 그리고 아프리카와 스페인의 각지에서 온 갖가지 부족들은 서로가 서로의 무기를 상대방에게 겨누어서 맞싸우는 혼란된 상황에 놓였던 바, 이리하여 그들의 주력부대 중 잔존부대가 갑자기 분해되면서, 그들의 각개 태수(emir)는 당황망조한 나머지 단독으로 현장을 이탈하여 걸음아 나 살려라는 식으로 도망쳐 갔다. 승리한 기독교군은 새벽녘이 되어 이상하리만치 적진이 고요함을 깨닫고, 수색대를 파견하여 수색한 다음 그의 보고에 입각하여 무인의 천막속에 남겨진 적군의 재보탐색전을 전개하였다. 그러나 전리품은 얼마되지 않았다. 승리자는 그중 저명한 유물 몇가지를 제외하고 나머지를 죄없는 합법적인 원소유주에게 반환하였다. 이런 기쁜 소식은 머지않아 가톨릭 세계 전체에 퍼져 나갔는데, 이탈리아의 수도사들은 카를-마르텔의 망치로 압살당한 이슬람교도의 수가 35만 내지 37만 5천명인데 반하여, 투르 야전에서의 그리스도 교도의 전사자는 1,500명에 불과했다(이 숫자는 저자가 아퀼레이아의 부제인 폴 바르네프리드〈Warnefrid. Paul〉와 로마교회의 사서인 아나스타시우스〈Anastasius〉에서 인용했다고 주석을 달고 있다)는 따위로 진심으로 전하고 있었다. 그러나 믿을 수 없는 이런 이야기는, 추격전에 얽힌 함정이나 돌발사고의 발생을 염려한 프랑크군 사령관이, 그의 게르만인 동맹군 병사들을 고향의 숲에서 제대시킨 신중성으로부터도 충분히 부정된다. 승리자의 이런 자제심은 전력과 병력이 결핍되었다는 증좌인 바, 사실 가장 잔혹한 전과는 전쟁터에서의 전열에서가 아니라, 패주하는 적병의 등뒤에서 가한 타격에서 올랐다. 프랑크군의 승리는 완전하고도 결정적이었다. 아퀴타니아는 유드 공 군대의 손으로 수복되었는데 이후 아랍군은 두번 다시 갈리아를 정복하려는 생각을 품지 않았다. 그들은 머지않아 카를-마르텔과 그의 용감한 민족에 의하여 피레네산맥 저쪽으로 격퇴되기에 이르렀다. 이 그리스도교 세계의 구출자는, 현재 자신들의 존재를 이 사람의 창검에 힘입고 있는 성직자들로부터 감사의 마음을 가득 담아서 아마도 성인반열에 올려졌거나, 적어도 크게 찬양되고 있는 것으로 누구나가 예상하고 있었겠지만, 그러나 이 궁내부 장관은 국가의 위기에 임하여 주교와 수도사의 재보, 적어도 그 수입을 국가의 구제와 병사들에 대한 은상에 충당해야하는 딱한 처지에 몰렸던 것이다. 이런 결과로 그의 공적은 망각되고 그의 성물모독만이 기억되기에 이르면서, 갈리아의 종교회의는 카롤링 왕가(Karolinger/Carlovingians)의 한 왕(샤를마뉴 대제의 손자인 루드비히〈Ludwig der Deutsche 재위 843~76〉를 가리키는 것)에게 보낸 편지속에서, 그의 선조가 지옥에 떨어질 큰 죄를 받았다는 것, 그의 무덤을 파헤쳤을 때의 입회인이 지옥에서 타는 불길의 악취와 가공할 용의 모습을 보고 자기도 모르게 질렀다는 것, 그리고 그 당시의 한 성인이 카를-마르텔의 영혼과 육체가 나락의 밑바닥에서 영원의 겁화로 불태워지고 있는 반가운 환영을 보고 기뻐했다고 감히 선언하고 있을 정도이다(동프랑크 국왕 루드비히에게 보낸 이 교회서간의 필자 이름은 랑스〈Rheims〉와 루엔〈Rouen〉지방의 대주교인 힌크마르〈Hincmar. 806경~82. 당시의 정치적 · 종교적 사건에 여러번 관여하였다〉였고, 발송일자는 858년으로 되어 있다 : 기번 원주).

서방세계에서 1개군대 내지 1개속주의 상실보다도, 다마스커스 궁정에 한층 더 큰 위협을 준 것은 국내 경쟁상대의 출현과 성장이었다. 역대 우마이야 왕조(Ummaya王朝. 661년부터 14대 750년까지 약 140년간 통치)의 칼리프는 시리아인들 이외에서는 단한번도 민중의 사랑과 지지의 대상이 되어 본적이 없었다. 마호메트의 생애는 시리아인의 오랜 세월에 걸친 우상숭배와 모반에의 집착기록인데, 사실 그들의 개종은 마지못했던 타의적인 것이었고, 이에 더하여 그들의 등극은 변칙적이고도 당파적이었으며(우마이야조 창건자의 아버지인 아부 소피안〈Abu Sufyan〉

은 쿠라이시족의 중심인물로서 마호메트가 630년 메카입성 당시 개종하였으나 끝까지 마호메트를 박해하고 괴롭혔다. 이에 대해서는 본권 제50장 p.60이하 및 p.93이하를 참조할 것). 그들의 이 왕좌는 아라비아의 가장 신성하고도 고귀한 피(마호메트의 외손자이며 알리의 차남인 알-후사인〈al－Husain 625～81〉이 초청받아 이라크로 가던 도중 유프라테스강가인 카르발라에서 우마이야조 제2대 칼리프 Yazid Ⅰ〈재위 680～83〉의 휘하인 이라크 총독군에게 학살된 사건. 제50장 p.97이하 참조)로써 굳혀진 것이다. 그들의 일족 중에서 가장 선량한 인간이며, 경건한 우마르(Umar ibn 'Abdu'l－Aziz. 우마이야조 제8대 칼리프. 재위 715～20. 이슬람교도로부터 오랫동안 聖徒로 숭앙되었다)도, 그 자신의 칭호에 대하여 불만이었지만, 사실 그들의 개인적인 공적 따위는 계승순위의 변경을 정당화시키는 조건이 되지 못하였다. 때문에 신도들의 시선과 소망은 하셈(Hashem)가계와 신의 사도 마호메트의 친족들에게로 향해졌다. 그 가운데서 파티마가(Fatimah家. Fatimah는 마호메트와 그의 첫째부인 하디자〈Khadijah bint khuwailid. 619경 사망〉와의 소생의 딸이며 정통파 제4대 칼리프인 알리〈Ali. 재위 656～61〉의 아내. 형제자매 중 유일하게 생존하여 마호메트의 임종을 지켜보았고, 알리와의 사이에 하산과 후사인의 두 아들을 두었다. 마호메트의 자손은 이 두 외손을 통하여 Sharif 및 Sayyid로서 오늘날까지 그 혈통이 이어지고 있다)는, 경솔하거나 겁이 많았던데 대하여, 압바스가(Abbas家. al－'Abbas〈579경～653경〉는 마호메트의 숙부. 처음에는 마호메트의 종교운동에 반대했으나 후에는 협력했다. 그의 아들 'Abdullah ibnu'l－'Abbas〈668년경 사망. 마호메트 언행에 관한 전승, 즉 『하디스』의 권위자〉의 자손에서 압바스 왕조〈37대 750～1258년간〉가 창건되었다)의 자손은, 자기들의 열려 가는 행운에 대한 희망을 용기와 분별로써 키워 나갔다. 그들은 시리아 변방에 있는 주거지로부터, 비밀리에 자기의 앞잡이와 사자(使者)를 파견하여 동부속주들에서 자기들의 불가양도적인 세습권리를 널리 주장하고 또 확산시켰다. 예언자 마호메트의 숙부되는 압바스의 아들인 압둘라의 아들 알리(Ali)의 또 그 아들인 모하메드(Mohammed. 압바스의 증손자가 된다)는 호라산(Chorasan)지역 대표들을 접견하고, 그들로부터 금화 40만매의 자유로운 헌금을 받았다. 모하메드가 죽은 뒤에는 이미 압바스가의 신호와 지도자만을 기다리는 수많은 지지자 집단이, 그의 아들인 이브라힘(Ibrahim)에 대한 충성을 맹세하였다. 호라산의 총독은 자기의 경고에도 불구하고 다마스커스에서 안온하게 수잠만 자고 있는 역대 칼리프의 태도를 슬퍼했으나, 결국 그 역시 그의 지지자들과 함께 반도인 아부 무슬림(Abu Muslim/Abu Moslem. 727경～55. 이란인. 747년, 압바스조 창건을 위하여 우미이야조 반대자를 규합하여 반란을 일으켜 메르부, 니샤푸르를 함락시킴으로써 압바스조 창건에 공을 세웠다. 호라산의 태수로 754~55년간 재직했으나 제2대 칼리프 알-만수르〈al-Mansur. 재위 754~75〉에 소환되어 참살당했다) 이 규합한 군대에 의하여 마루(M-aru)의 도시와 궁전으로부터 추방되었다. 이 국왕 제조인, 즉 압바스 왕조 초청의 주역으로 칭송된 인물은, 끝으로 그의 공로의 자부심에 대하여 궁정으로부터 통례적인 감사로서 보상되었다. 비천한 신분 — 아마도 외국인 출신(그는 페르시아인이다)이라는 신분도, 아부 무슬림의 불타오르는 활력을 저지시키지 않았다. 자기 처첩들을 위로하고 재산을 활수하게 나누어주며, 자기자신과 다른 사람들의 피를 태연스럽게 흘리게 한 그는 자기손으로 적병 60만명을 격멸했다고 즐겨 자랑했지만, 어쩌면 이것은 정확한 숫자일 것이다. 그의 기상과 또 두려움을 모르는 용모의 엄숙성은 전투하는 날 이외에는 그의 웃는 얼굴을 볼 수 없었다고 일컬어졌다. 눈으로 쉽게 식별할 수 있는 구별표지로서, 녹색은 파티마 가문에, 우마이야 왕조에는 백색이, 그리고 압바스 가문에는 가장 적대적 색채인 검은색이 자연스럽게 할당되었다. 그들의 머리의 터반과 입은 의상은 이 불길한 색깔로 온통 염색되었는데, 9 큐비트(약 50cm×9=4.5m) 길이의 장창자루에 달아맨 2폭의 검은 깃발은, 아부 무슬림군의 맨앞에서 높이 펄럭였고, 또 밤(night)과 그늘(shadow)이라는 그것들의 비유적인 호칭은, 하셈가의 굳은 단결과 영속적인 계승의 상징이었다. 인더스강에서 유프라테스강에 걸친 동부지역은 백색과 흑색의 두 종파간의 항쟁으로 뒤흔들렸다. 대개의 경우 압바스측이 우세했지만, 그들의 전반적인 승리는 그들의 수령이 부딪힌 불운에 의하여 흐려졌다. 긴 수잠상태에서 깨어난 다마스커스 궁정은, 이브라힘이 예언자와 국민의 양쪽에게 호의를 보이기 위하여, 굉장한 수행원들을 이끌고 메카 순례차 출발했다는 소식을 듣자 이를 저지시킬 결심을 굳히고, 한 분견대를 급파하여 그의 진로를 포착함으로써 그의 신병을 구속하였다. 군주가 되려던 포부가 좌절된 불행한 이브라힘은, 우마이야조에 의하여 하란(Haran) 토굴속에서 족쇄가 채워진 채 절명하고 말았다. 그의 동생되는 사파하(Abu'l-'Abbas as-Saffah. 압바스조 초대 칼리프. 재위 750~54. 호라산에서 기병하여 쿠파에서 우마이야조 격멸을 지도했다)와, 알-만수르(al-Mansur Abu Ja'far 'Abdullah. 제2대 칼리프 재위 754~75. 사파하의 동생으로서 우마이야조 토멸에 큰 공을 세웠다. 각지의 반란을 진압하고 압바스조의 기초를 다졌고, 바그다드를 도성으로 정했다)의 두사람은 압제자의 탐색으로부터 잠복 도피하여 쿠파(Cufa)에 몸을 숨겼다가, 민중의 열광과 그의 동부지역 지지자들의 내원이 있고서야,

비로소 이들의 출현을 고대하는 공중앞에 모습을 나타냈다. 즉, 금요일에, 사파하(as－Saffaḥ)는 칼리프로서의 정장을 한 다음, 자기종파의 색깔(검은색)로써 종교적·군사적으로 화려하게 꾸민 모스크에 나타난 다음, 설교단에 올라가 마호메트의 정통파 후계자로서 기도하고 설교하는 동시에, 열성적인 지지군중에게 자기가 죽은 뒤에도 자기일족에 대한 충성맹세를 받아놓았다. 그러나 이런 중요한 혁명의 승패는 쿠파의 모스크에서가 아니라 자브강(Zab江)강변에서 결정되었다. 처음에는 모든 요건, 예컨대 현재의 통치자라는 권위, 우마이야조군의 총병력이 12만으로서 압바스가측 병력총수가 이것의 6분의 1밖에 안된다는 전력상의 차이, 칼리프인 마르완(Marwan Ⅱ. 재위 744~50. 제14대 칼리프로서 우마이야왕조의 마지막 칼리프. 이어서 본문에도 나오지만, 750년 1월, 티그리스강의 한 지류인 자브강 좌안에서 1만 2천명의 병력밖에 안되는 압둘라〈앗－사파하〉군과 일대 격전을 벌린 끝에 완패하였다. 도성인 다마스커스까지 함락〈750년 4월 26일〉되자 이집트의 부쉬르〈Busir〉에 도망쳐 기독교의 한 성당에 잠복했었으나 추격군에 발각되어 살해되었다〈동년 8월 5일〉) 자신의 직접적인 출전과 그의 무용에 관한 영예가, 백색종파인 우마이야 왕조 제14대째 되는 마지막 칼리프에게 유리하게 전세가 전개되는 것으로 보였다. 이 마르완 2세는 즉위하기 이전에는 구르지야 전투에서 「메소포타미아아 당나귀(the ass of Mesopotamia)」라는 명예로운 별명을 얻었을 정도로 불요불굴의 무장이었던만치, 아불-피다(Abul－Fida/Abulfeda, Isma'il 1273~1331. 시리아의 호족. 역사가·지리학자. 아버지가 몽골군 침입으로 시리아로 피난한 까닭에 동지에서 출생하여, 12세 때부터 십자군과 싸웠다. 이집트의 Ayyub왕가로부터 공로에 의해 「하마트」에 봉작되었다. 『人類史綱要』, 「諸國誌」의 2대 저서가 있다)가 지적한 것처럼, 만일 영원한 규칙이 그의 가계(家系)가 파멸되는 이 순간을 정해놓지 않았더라면, 그는 반드시 가장 위대한 군주의 한사람이 되었을 것으로 믿어진다. 그러나 신의 이 결정에 대해서는 인간의 어떠한 현명성이나 강의성도 이것을 변경시키는 방법이란 없다. 마르완 2세의 명령은 무시되었거나 아니면 오인되었다. 그가 불가피적인 용무로, 우연하게 말안장에서 내려왔을 때, 이 말이 자기 혼자서 돌아왔던 것이, 그가 전사했다는 소문을 퍼뜨렸고 또 그런 인상을 준데 반하여, 흑색 여단의 열의는 사파하의 경쟁자되는 숙부 압둘라('Abdullah/Abdallah)의 유능한 지휘로서 크게 발휘되었다. 칼리프는 수복이 불가능할 정도로 철저히 패배하여 모술(Mosul)로 도망쳤지만, 이곳 성벽에도 이미 압바스가의 상징인 검은색 깃발이 나부끼고 있었다. 그는 갑자기 티그리스강을 건너

하란(Haran)에 있는 자기의 원래 성을 우울한 눈초리로 바라보면서 지나친 다음, 다시 유프라테스강을 건너 다마스커스에 이르렀지만, 여기서도 쫓기게 되자, 도성을 포기하고 남하하여 팔레스티나를 그대로 통과하여, 마지막으로 자기의 운명적인 군영을 나일강 연안의 부쉬르(Busir/Busiris)에 설치하였다. 압둘라군의 추격전이 한발자국씩 다가옴에 따라 그의 병력과 성망은 더욱 확대되었는데, 이리하여 숨을 돌릴 틈도 없이 급히 추적함에 비례하여 그 역시 도망치는 발걸음을 빨리했는데, 백색파의 잔존부대는 이집트에서 최종적으로 격멸되었는 바, 마르완의 생명과 심적고통에 최후의 일격을 가한 그 창끝은, 물론 승리한 측의 수장을 기쁘게 했지만, 그와 똑같은 정도로 이 패전장군 자체로부터도 환영받았음이 틀림없는 것 같다. 정복자의 인정사정없는 규문(糾問)은 이 적대자 일족의 가장 먼 혈족들까지도 근절시켰다. 그들의 뼈는 흩뿌려졌고, 그들의 이름이 비방됨으로써 알-후사인(앞서 말한 바 카르발라〈Karbala〉 비극의 주인공)의 순교는 그의 전제자들의 모든 후예들 위에 남김없이 복수되었다. 정복자측의 은정(恩情) 또는 신뢰성을 기대하여 투항해온 80명의 우마이야 일족은, 다마스커스에서 열린 연회석에 초대되었지만, 이 환대의 신의(信義)는 무차별적인 살륙으로 침해되었는데, 그들의 시체위에 식탁이 놓여지고, 손님들의 밝고 쾌활한 소동은, 그들의 빈사적 고민의 음악으로 더욱 활기를 띠웠다. 내란의 결과로 압바스 왕조는 학고하게 확립되었지만, 그리스도 교도측은 다만 마호메트의 사도들이 상호적인 증오와 공통적인 손해를 본데 대하여 기뻐하는 것으로 이것을 지켜보았을 뿐이다.

만일 이 혁명의 결과로 사라센 제국의 통일과 권세의 해체현상이 야기되지 않았다면, 전쟁무기로 섬멸된 몇만이라는 인구는 다음세대에 신속하게 보충되었을 것이다. 우마이야 왕족의 추방된 사람중에 압두르-라하만(Abdalraḥman/'Abd-u'r-Raḥman I. 24대 756~1231년간 집권한 스페인 우마이야조의 시조. 재위 756~88. 코르도바〈Cordova〉의 메스키타〈La Mezquita〉에, 서방 이슬람교도의 성지 순례자를 끌기 위해, 예배당을 세웠다)이라는 이름의 젊은 왕자 한사람만이, 이 방랑의 망명자를 찾고자 유프라테스강가로부터 알타스 산맥(Altas Mts.)의 협곡에 걸쳐 샅샅이 수색한 적측의 원념(怨念)을 교묘히 빠져 나갔다. 그가 스페인 근방에 나타난 것은 백색파의 열광을 소생시켰다. 원래 압바스 왕조의 이름과 대의(大義)는, 당초에 페르시아인이 주장한 것이기 때문에, 서방지역은 이번 내란과는 관계가 없었는 바, 따라서 추방된 왕가의 종자(從者)들은, 여전히 자기가 상속한 토지와 정부의 관직을 위태로운 권능에 의하여 유지하고 있었다. 그렇기 때문에 그들은 은의·분노 그리고 공포심에 강하게 촉구되어, 이 칼리프 히샴(Hisham. 우마이야조 제10대 칼리프 재위 724~43)의 손자에게 선조의 왕위를 계승하도록 초청하게 되었는데, 그 결과로 절망적인 상황하에서의 그의 극단적인 경솔성은 또한 극단적인 신중성과 거의 같은 결과를 산생시켰다. 국민은 갈채로서 그의 안달루시아(Andalusia) 해안에로의 상륙을 환영하였는데, 이리하여 전투에서 승리를 거둔 압두르-라흐만('Abdu'r-Raḥman Ⅲ. 재위 912~41)은 코르도바(Cordova/Cordoba)에서 왕위에 오름으로써(우마이야 왕조 멸망후 6년이 지난 756년, 스페인의 우마이야조의 정복자는 929년까지는 칼리프라는 칭호를 사용하지 않고 자신들은 태수〈emir/amir〉라고 불렀다. 따라서 제8대 칼리프 압두르-라하만의 치세중인 929년까지는 서방의 카리프라고 부르는 것이 정확하지가 않고「코르도바의 태수」(통상 코르도바 侯國이라고 번역한다〉가 정확한 호칭이다), 그 후 대서양에서 피레네산맥에 걸쳐, 250년 이상 스페인을 통치한 스페인의 우마이야 왕조를 창건한 것이다. 그는 선단과 군대를 통솔하여 자기 영토내에 침입한 압바스 왕조군의 부장(部將)을 전쟁터에서 전사케 했는데, 이 알라(Ala)라는 장군의 수급은 소금과 장뇌(camphire)로 절여서 용감한 사자로 하여금 메카궁전앞에 매달아 놓게 하였다(메카가 아니라 카이로안〈Cairoan〉일 것이라고 베리 교수는 말하고 있다). 칼리프인 알-만수르(압바스조 제2대 칼리프 재위 754~75)는 이처럼 터무니없는 적으로부터 자기가 산과 바다너머 멀리 떨어져 있는 자기의 안전에 대하여 비로소 안도감을 가지게 되었다. 이들 양파에 의한 기습공격의 상호적인 계획과 선언은, 아무런 결과도 가져옴이 없이 증발하고 말았으며, 이리하여 스페인은 그후 유럽 정복에 나서려는 생각은 엄두도 내지 못하고, 제국의 동체(胴體)로부터 절단되어 동방에 대한 끊임없는 적대행동으로 시종일관하면서, 콘스탄티노플과 프랑스의 그리스도교 군주들 하고는 평화와 우정을 서로 맺게 되었다. 이 우마이야 왕조의 범례는, 알리(Ali. 마호메트의 사위이며 정통파 제4대 칼리프)의 진짜인지 가짜인지도 분명치 않은 자손들, 즉 마우리타니아(Mauritania. 모로코 동부지역)의 이드리스조(Idris朝. 788~985년간 존속)나, 아프리카와 이집트의 한층더 강력한 파티마조(Fatima朝. 909~1171년간 존속)에도 답습되었다. 10세기에 마호메트의 의자(chair)는 각각 바그다드, 카이로안(Cairoan. 지금의 튀니지국의 수스 또는 모나스티르시), 코르도바에 군림하여 서로가 서로를 파문선고하면서, 이단자는 이교도 보다도 한층더 꺼림칙하고도 범죄적이라는 불화의 원칙에서만, 서로 의견이 일치되는 3명의 신도 통솔자인 칼리프들 사이에서 싸우는 자리로 변질되어 있었다.

메카는 하셈가계의 전승의 땅이지만, 압바스 왕조는 결코 이 예언자의 출생지 내지 도시에 도성을 정할 생각을 가지지 않았다. 다마스커스는 우마이야조가 수도로 선택함으로써 상처를 입힌 곳이고 또 그 피로 더럽힌 도시였다. 때문에 얼마간의 주저끝에 사파하의 동생이며 그의 후계자인 알-만수르는 그 후 500년이나 통치하는 동안, 그의 자손의 제국의 수도가 된 바그다드(Bagdad)* 에 정초(定礎)하였다. 선정된 이 땅은 마다인(Modain)의 유적지에서 상류쪽으로 약 15마일(24km)지점인 티그리스강 동안에 해당한다. 2중성벽을 원형으로 쌓았는데, 지금은 1개 지방도시로 쇠퇴한 이 도시도 당시는 급격히 발전한 바, 한 인기있는 고덕(高德)의 성인 장례식에는 바그다드와 그 인근농촌에서 80만의 남자와 6만의 여인네가 참석했을 정도로 번성했다고 전해진다. 이 동방지역의 부가 축적된 「평화의 도시(city of peace)」에로 수도를 정한 압바스 왕조는, 머지않아 초기 칼리프들의 금욕과 절검(節儉)을 경멸하여 페르시아 국왕의 영화와 대항하는 것을 동경하게 되었다(마디나 알-살렘〈Medinat al Salem〉으로 이름지어진 바 제2대 칼리프 알-만수르가 조영한 대원형 궁전은 그가 지은지 50년 후에는 벌써 유기되었지만, 도시로서의 바그다드는 칼리프의 수도로서 계속 남아 있었다). 알-만수르는 그의 전쟁수행과 궁전 건조후에도 유산으로서 금은으로 약 3000만 파운드(正貨)를 남겼는데, 이 재보는 불과 몇년사이에 그의 자식들의 악덕 내지 미덕으로 탕진되고 말았다. 그의 아들 마하디(al-Maḥdi. 'Abu Abdullah Muhammad. 재3대 칼리프, 재위 775~85. 동왕조 명군의 한사람으로 국민에게 존숭되었으나, 동로마제국과는 전치세기간을 통하여 격렬하게

---

* 바그다드는 티그리스강에 의하여 두 부분으로 갈라져 있다. 도시는 강서안 지대에 기본적으로 건설되었으나, 궁전은 11세기에 도시 중심에서 볼 때는 일종의 교외이며, 좀더 중요한 동쪽 제방 구역으로 옮겨졌다. 바그다드는 서기 762년(헤지라력 145년)에 건설되었고, 1258년(헤지라력 656년) 2월 20일 압바스 왕조 마지막 칼리프가 몽골인에게 죽음을 당할 때까지 수도로 있었다.

본문에서도 말한 것처럼 바그다드는 「평화의 도시(city of peace)」(아랍어로는 Medinat al Salem/Dar al Salem)라고 했는데, 비잔틴의 저술가들은 이것을 좀더 깔끔하게 복합용어로서 urbs pacis, **Εἰρηνόπολις (Irenopolis)** 로 표현하였다. Bagdad의 어원을 찾아 본다면, 이것의 첫번째 음절은 페르시아어로 정원(garden)을 의미하는 것으로 되어 있다. 즉, 그리스도교의 은둔자인 Dad(father라는 뜻?)의 정원을 말하는데, 그의 암자가 바로 이 지점의 유일한 주거로 존재하였다는 데서 Bagdad의 이름이 생긴 것이라고 한다(본서 C. Dawson판 주석의 종합).

항쟁했고, 또 호화사치풍조를 도입했다)는, 단한번의 메카 순례에서 금화 600만 디나르의 돈을 썼다. 그가 700마일(1120km)의 주요가도에 설치한 저수지와 역참의 건설은 경건하고도 자비심깊은 동기에서 였다고 정당화시킬런지 모르지만, 그가 낙타행렬에 눈을 실어 나르게 했다는 것은 단순히 아라비아 원주민을 놀라게 하는 한편, 궁정에서 개최되는 연회에서 과일과 음식물을 차갑게 하려는 의미밖에 없었다. 등자에서 발을 뽑고 말에서 내리기에 앞서 한 속주의 총수입의 5분의 4에 해당하는 금액인 금화 240만 디나르를 백성들에게 나누어준 그의 손자 알－마아문(al－Ma'mun, 'Abu'l－'Abbas 'Abdullah. 압바스조 제7대 칼리프. 재위 813~33 친이란경향으로서 이란인 알－파즐 이븐 사할〈al－Faḍl ibn Sahl〉을 재상〈Wazir〉으로 앉혔기 때문에, 아랍인의 반감을 사서 각지에 반란이 일어나게 되었다. 문예진흥, 특히 그리스의 학예도입에 공헌했다)의 활수성을, 조정의 모든 신하들은 확실히 그를 칭찬했을 것이다. 같은 군주의 혼례식때도 특대형 진주가 수없이 신부의 머리를 장식했는가 하면, 토지와 가옥의 추첨분배는 변덕스러운 재산하사였음을 보여주었다. 궁정의 광휘는 제국의 쇠퇴와 더불어 퇴색하는 것과는 반대로 오히려 한층더 화미해진 바, 그리스의 한 사절은 약체군주로 알려진 무크타디르(al－Muqtadir. 제18대 칼리프. 재위 908~32)의 장려성(壯麗性)에 대하여 경탄 내지 연민의 정마저 품은듯 하다. 「칼리프의 군대는 기병과 보병을 합하여 남김없이(하고 역사가 아불피다〈Abul－Fida/Abulfeda〉는 말한다), 무장을 갖춘 총병력이 13만이다. 그의 관료와 마음에 드는 노예들이 성장(盛裝)을 하고 그의 옆에 도열하고 있었는데, 그들의 장식요대는 금과 보석으로 빛나고 있었다. 그의 주변에는 다시 7천명의 노예가 있는데, 그중에서 4천명은 백인이고, 나머지는 흑인이다. 문지기 내지 수위만도 총수 700명에 이르며, 2층달린 유람선과 보트가 더할나위없이 아름답게 장식되어 티그리스강을 유익(遊弋)하고 있었다. 물론 궁전 그 자체도 이에 못지 않게 화려함의 극치를 이루고 있는 바, 3만 8천장의 색무늬 든 금수단이 벽에 걸려 있었는데, 그중 1만 2,500매는 바탕이 금실로 자수를 놓은 비단이었다. 바닥에 깔은 융단은 모두 2만 2천장이나 되었고, 100두의 사자를 기르고 있었는데, 매 사자 한마리마다 사육사가 붙어 있었다. 기타 놀랍고도 사치스러운 구경거리로서는 커다란 가지가 18개나 뻗어있는 금은제 수목이었다. 매 가지와 기타 좀더 작은 나무가지에는 한결같이 귀금속으로 만든 여러가지 종류의 새와 나무잎이 달려 있었다. 기계장치로써 자동적으로 움직이는 이들 새는 모두가 그

본래의 울음소리로 지저귀고 있었다. 비잔티움 궁정의 사절은 이런 경이로운 광경을 통과하여 대신의 안내로 비로소 칼리프의 왕좌앞으로 유도되었다.」 서방에서 스페인의 우마이야 왕조도 신도 통솔자의 지위를 압바스 왕조와 똑같은 화려함으로 보강하였다. 대왕인 압두르-라하만 3세('Abdu'r-Raḥman Ⅲ, 제8대 칼리프. 재위 912~61. 「구세의 칼리프」라는 칭호를 받았을 정도로 영명한 군주로서, 중세기에 문화수준이 가장 높은 善政국가를 건설했다)는 코르도바에서 3마일 떨어진 곳에 자기의 사랑하는 애첩인 제라(Zehra)를 기념하여 도시 · 궁전 · 정원을 건설하였다. 창건자는 25년이라는 세월과 300만파운드(正貨) 이상을 소비하였는데, 이때 그는 희떠운 취미로 당대의 가장 우수한 조각가와 건축가인 콘스탄티노플의 예술가들도 초빙하였다. 건물은 스페인 · 아프리카 · 그리스 · 이탈리아 등 각지산 대리석제 1천 2백본의 원주로 장식하거나 지주로서 세워졌다. 알현실로 되어 있는 넓은 홀은, 금과 진주로 벽면이 온통 덮여 있고, 중앙의 커다란 수반(basin. 水盤. 아랍어로는 buhayrah/bahrah. 동양가옥의 가운데 뜰에 설치하는 작은 연못이나 저수지같은 것)은 새와 짐승의 진기하고 값비싼 조각으로 둘러싸여 있었다. 정원안의 광대한 건물에서는 이런 수반과 샘의 하나가 물이 아니라 수은으로 가득 채워져 있었는데 무더운 풍토에서는 더없이 쾌적한 환경이었다. 압두르-라하만의 후궁(seraglio/harem), 즉 그의 처첩과 흑인 노예는 총수가 무려 6,300명이나 되었다. 그가 일단 출진할 때면 10만 2천의 기병이 신변을 호위하였는데, 그들의 장식요대와 연월도에는 금의 장식핀이 박혀있었다.

한 사인(私人)의 신분에 불과한 우리들의 욕망은, 대개 끊임없이 궁핍과 종속에서 압박당하고, 이와는 반대로 이 무수히 많은 평민의 생명과 노역은 전제군주에 대한 봉사로 바쳐지게 마련이며, 그의 법률은 맹목적으로 집행되면서 그의 의사가 곧장 충족된다. 우리들의 상상력은 이처럼 장려한 광경에 현혹되어, 이성으로서는 아무리 냉정하게 판단한다 해도, 우리는 너 나 할 것없이 한번쯤은 국왕의 열락(悅樂)이나 배려(配慮)를 시험삼아 경험해 보고 싶은 생각이 들 것이다. 때문에 저자도 여기서 이의 장려함이 우리의 감탄과 선망을 틀림없이 자아내어온 이 압두르-라하만 자신의 경험을 빌려서, 이 칼리프가 죽은 뒤에 그의 사실(私室)에서 발견된 바, 본인이 직접 쓴 수기를 인용하는 것도 얼마간 의미가 있을 것 같이 생각된다. 「나는 지금까지 약 50년동안 신민으로부터는 사랑을 받았고, 적에게는 공포의 대상이었으며, 동맹자에게는 존경을 받으면서 승리와 평화속에서 군림해 왔다. 부와 명예, 권력과 쾌락은 언제든지 나의 자유였는 바, 지상의 행복으로서 내가 향수할 수 없는 것은 아무것도 없었다. 이런 상황속에서 나는 나에게 할당된 순수하고도 진정한 행복의 날짜를 곰곰히 계산해 보았다. 그랬더니 그것은 겨우 14일간이었다. 오－, 인간들이여, 이 세상에는 당신의 신뢰를 두지 말지어다.」* 그 개인의 행복에 있어 이다지도 무의미했던 칼리프의 호화삼매경의 사치생활은, 결국 아랍제국의 활력을 위축시켰고, 또 발전을 끝나게 하고 말았다. 마호메트의 초기 후계자들은 오로지 지상적·정신적인 정복사업에만 정신을 집중시켰기 때문에, 그들 자신의 기본생활욕구를 충족시킨 뒤의 전수입을, 통틀어서 그의 건전한 용도에 착실하게 지출했던 것이다. 그러나 압바스 왕조는 역대 칼리프의 터무니없이 큰 욕망의 충족과,그들의 근검절약에 대한 모멸감에 의하여 빈곤해졌다. 야심적인 대목적을 추구할 대신에 그들의 한가함과 애정, 그리고 정신활력은 허식과 쾌락으로 위안받았고, 분전의 보상은 여자와 노예들에게 횡령당했으며, 국왕의 군영(軍營)은 궁전의 화미성으로 말미암아 진퇴유곡에 빠졌던 것이다. 이와 똑같은 심리는 칼리프의 신하들 사이에도 널리 퍼져 나갔다. 그들의 가열한 열광은 시간의 경과와 번영에 의하여 유약해진 바, 그들은 산업에 종사하여 부를 추구하거나 문예분야에 정진하여 명성을 얻으려 하였고, 또 가정의 안태속에서 행복을 탐구하였다. 전쟁은 이미 사라센인의 정열을 쏟을 대상이 아니었고, 급여의 증액과 은상(恩賞)의 반복하사는, 그전에는 전리품과 천국에의 희망하에 아부 바크르(정통파 초대칼리프. 재위 632~34)나 우마르(동 제2대 칼리프. 재위 634~44)의 군기밑으로 참집케했던 자발적인 전사들의 자손들을, 지금은 이미 매혹시키지 못했다.

---

* 「현세의 무상함에 관한 이런 종류의 한탄은, 그 옛날 솔로몬 대왕(Solomon. 이스라엘 왕. BC 971경~32경. 다비데의 아들. 그의 치세를 황금시대. 그 왕을 호사영화의 상징으로 평가한다)의 술회와 존슨(Johnson. Samuel, 1709~84. 영국의 문학가)박사가 쓴 소설의 주인공의 대사에 못지않게 부당하고도 독선적인 위선이다. 개인의 행복의 분량에 대하여 판단할 수 있는 것은 두말할 나위도 없이 나 개인에 대해서만이지만, 나는 자신의 체험에 입각하여, 자신의 행복의 분량이 이런 종류의 보잘것 없는 범위를 훨씬 넘는 것이라고 감히 단언하는 바이다. 그리고 나 자신의 이런 즐거움의 원천은 다름아닌 바로 나의 저술을 써내려 가는 과정에서 얻어진 것이다.」: 기번 원주

우마이야 왕조 통치하에서의 무슬림들의 학문은, 『코란』의 해석과 모국어로 된 웅변 그리고 시문(詩文)으로 한정되어 있었다. 전선에서 끊임없이 위험에 노출되어 있는 국민은 당연히 의약품, 나아가서는 외과적 수술의 치료능력을 중시하여야만 했는데, 아라비아의 굶주린 의사들은 훈련(訓練)과 금주(禁酒)가 자기들의 손님을 대부분 빼앗아 간것이라는 불만감을 품고 있었다. 그들의 집안끼리의 내전이 끝나자 압바스 왕조의 신하들은, 이런 정신적인 무감각상태에서 눈을 뜨면서 세속적인 학문을 개발하기 위한 여가를 발견했고, 또 그에 대한 흥미를 느끼게 되었다. 이런 정신은 처음에는 먼저 이슬람 법학에 관한 지식과 나란히 천문학 연구에 정진하여, 그 지식을 체득하게된 신도 통솔자 알-만수르(제2대 칼리프)에 의하여, 학자들은 격려되었다. 그러나 그 왕위가 압바스 왕조 제7대째인 알-마아문에게 승계됨에 이르러, 그는 조부의 기도를 완수하여 시문의 여신을 그녀들의 옛 거주지로부터 초청해 왔다. 콘스탄티노플 주재 그의 사절과 또 아르메니아, 시리아, 이집트에 있는 그의 일선기관원들은 지시에 따라 그리스 학문에 관한 서적들을 수집하였다. 그의 명령으로 이것은 가장 숙달된 번역원의 손으로 아라비아어로 번역되었고, 그의 신하들은 이런 교훈적인 서적들을 열심히 숙독하도록 강력히 권고되는 동시에, 마호메트의 후계자 자신도 학자들의 집회와 토론석에 열심히, 그리고 겸허한 자세로 참석하였다. 「칼리프는 이런 학자들이야말로 신의 선량(選良)이며, 자기의 이성적 능력개발에 생애를 바치는 신의 가장 유용한 종복이라는 사실을 모를리가 없었다(하고 아불파라기우스〈Abulpharagius. 시리아 이름은 Bar-Hebraeus, Yuhanna Gregorius. 1226~86. 시리아 학자 · 의사 · 동방교회 야콥파 대주교. 『세계사요』〈『제왕조 약사』는 이것의 아랍어판이다〉와 기타의 저서가 있다〉는 기술하고 있다). 중국사람과 터키인의 저속한 야심은, 자기들의 수작업 작품이나 동물적 욕망의 충족을 자랑할런지 모른다. 그러나 이런 재주있는 기술자라 해도 꿀벌통의 6각형집이나 피라미드형을 본다면 감탄한 나머지 경쟁의욕을 잃고 말것이 분명하다. 이처럼 강의한 영웅들도 사자나 호랑이의 폭위에는 두려움을 느낄 것이고, 성애의 왕성이라는 점에서는 가장 거칠고 비열한 네발짐승에 비하면 현격하게 떨어진다. 때문에 예지를 가르치는 사람이야말로 세계의 참된 권위자이며 입법가인 바, 그들의 도움이 없으면 세계는 또다시 무지와 야만의 경역에 빠져들고 말것이다.」 알-마아문(al-Ma'mun)의 열의와 호기심은 압바스 왕조의 후속 칼리프에 인계되었을 뿐만 아니라 그들의 경쟁상대인 아프리카의 파티마 왕조와 스페인의 우마이야 왕조도 이 신도 통솔자에게 뒤지지 않는 학술의 비호자가 되었다. 여러 속주의 독립적인 태수(amir)들도 똑같이 국왕과 같은 대권을 주장하고 있었기 때문에, 그들의 경쟁은 사마르칸드(Samarcand)나 보하라(Bochara)로부터 페즈(Fez)와 코르도바에 이르는 각지에, 과학에 대한 취미와 성과를 확산시켰다. 한 살탄(sultan)의 대신은 금화 20만매를 바그다드에 학원 설립에 기증했을 뿐만 아니라, 해마다 1만 5천 디나르의 세비까지 바쳤다. 이들의 연구성과는 아마도 각이한 시기에 귀족의 자제들로부터 장인(匠人)의 아이들에 이르기까지 6천명이나 되는 여러계층의 신분을 가진 학생들에게 전달되었으며, 빈궁한 학자들에게는 충분한 수당이 지급되었고, 교수의 업적 내지 정려(精勵)는 충분한 녹봉으로 보상되었다. 모든 도시에서 아랍문학작품이 학문에 힘쓰는 사람들의 취미와 부자들의 허영심에 의하여 복사되고 수집되었다. 한 개인적인 박사(a private doctor)는 보하라의 살탄 초청에 대하여, 장서를 운반하는데는 자그마치 낙타 400두가 필요하다는 이유를 들어서 거절하였다. 파티마 왕조의 왕립도서관은 아름답게 필사되고 호화롭게 제본된 고본(稿本)을 모두 10만권이나 소장하고 있었는데, 이것들은 카이로의 학생들에게 어렵지 않게 대출되었다. 그러나 우리가, 스페인의 우마이야 왕조는 모두 60만권의 장서를 가졌는데, 그중 44권이 단순한 목록으로 소비되었다는 말을 믿는다면, 이곳의 수집도 한정된 것으로 보임이 틀림없다. 그들의 수도인 코르도바는 그의 인근도시들인 말라가(Malaga), 알메리아(Almeria) 및 무르시아(Murcia)를 합하여 300명이상의 문인을 냈는데, 이 안달루시아(Andalusia) 제도시에는 70개소 이상의 공공도서관이 있었다. 아라비아의 학예시대는 몽골족의 일대침공(1258년, 징기스칸의 손자 훌라구 칸〈Hulagu Khan. 旭烈兀 1218경~65. 일칸국의 창건자. 구빌라이〈Kubilai. 忽必烈〉의 동생〉에 의하여 바그다드가 점령되면서 압바스 왕조가 멸망하였다)까지 약 500년동안 계속되었는데, 이것은 유럽 연대사로 볼 때, 가장 암흑의 시대, 가장 나태했던 시기에 해당한다. 그러나 서방세계에서 과학발전의 태양이 솟아오르자, 그때 이후의 오리엔트의 학술은 쇠퇴하고 또 타락되고 말았다.

유럽의 도서관들과 마찬가지로 아랍인의 그것들도, 무수한 장서들 중의 압도적인 부분은, 다만 지방적인 가치나 가공적인 쓸모밖에 안되는 것들이었다. 즉, 그 서가에 수없이 꽂혀있는 것은 그 문체가 그들 동국인의 취미와 풍습에 적응하는 웅변가와 시인들, 그리고 그 세대마다에 있었던 새로운 인물이나 사건을 재료로 해서 쓴 통사(通史) 내지 개별적인 사서(史書), 예언자의 율법에서 그 권위성이 도출되는 법령이나 법학의 주해서와『코란』및 정통적 전승의 해설서, 나아가서는 논쟁가 · 신비가 · 철학자 · 도학자 등등 각양각색의 신학관계 부류의 책들인데, 이것들은 회의론자 내지 신심가(信心家)의 판단기준에 따라서 최저 내지 최고의 저술가로 평가분류되었다. 사변(思辨) 또는 학술성과는 철학 · 수학 · 천문학 · 의학의 4개 분야로 압축시킬 수 있을 것이다. 그리스현자들의 저작은 아라비아어로 번역 및 주해된 바, 아리스토텔레스 · 플라톤 · 에우클레이데스(Eukleides/Euklid. BC 300경의 알렉산드리아의 수학자 유클리드 기하학의 대성자. 주저에 유명한「원론《Stoicheia》」이 있다) · 아폴로니오스(Apollonios/Apollonius, Perge의. BC 3세기의 그리스의 수학자. 주저는「원추곡선론《Konikon biblia》」전8권이다) · 프톨레마이오스(Ptolemaios Klaudios, 2세기의 그리스의 천문학자 · 지리학자. 알렉산드리아에서 천체를 관측하여「천문학대저《Megale syntaxis/Almagest〈아랍어판〉》」을 저술하여 지동설을 주장했고, 기타 수학 · 과학 · 음악 · 지구학에 관한 저서들을 남겼다) · 히포크라테스(Hippokrates. BC 460경~375경. 그리스의 의학자. 「의학의 아버지」임상관찰과 경험을 중시하는 과학적 의학의 건설자. 「히포크라테스의 書」는 그의 저서가 아니라는 설이 유력하다) · 갈레노스(Galenos/Galenus/Galen. 129경~119. 그리스의 의학자 · 해부학자 · 철학자. 마르쿠스-아울레리우스 황제의 초청으로 로마에 정주하였고, 수학 · 문법 · 철학, 특히 의학에 정통하여 의학의 과학적 기초를 구축하였다) 등의 저작을 소유하고 또 연구해온 오리엔트 여러나라에서의 번역에 의하여, 오늘날 그 원본이 없어진 몇몇 저작도 이 번역물에 의하여 복원되어 왔다. 시대의 풍습과 함께 변화하는 것이 항례인 이념체계 속에서, 아랍인은 어느 시대의 독서가에게도 이해하기가 쉽거니와 동시에 난해하기도 한「스타게이라 사람」(Stagirite. 고대그리스의 Macedonia지방 Stageira의 사람. 학술적으로는 통상 Aristoteles/Aristotle〈BC 384~22. 그는 Khalkidhiki반도에 있는 작은 도시 Stageiros에서 태어났다〉를 속칭한다)의 철학을 채용하였다. 플라톤은 아테네사람들(Athenians)을 위하여 글을 썼기 때문에, 그의 풍유적(諷喩的)인 천분은 그리스의 언어와 종교하고 너무도 밀접하게 결부되어 있었다. 페리파토스 학파(Peripatetics. 逍遙學派. 즉 아리스토텔레스 학파를 말하는 것. Aristoteles가 Lyceum의 Peripatos〈소요로〉를 거닐면서 제자들을 가르친데서 유래된다)는, 그리스의 종교가 멸망당한 후에, 자기들의 지방적인 무대로부터 바깥세계로 나가 오리엔트내 여러 종파간의 논쟁에 채용되었는데, 그들의 시조는 훨씬 후세에 내려와서 스페인의 이슬람 교도들의 손에 의하여 라틴 학파(Latin schools)로서 부활된다. 물리학은 아카데메이아(Akademeia/academy. 아카데미 학파, 즉 Plato의 학당을 말한다)와 류케이온(Lykeion/Lyceum. Aristoteles가 철학을 가르친 아테네의 학원)을 통하여, 관찰로서가 아니라 논증에 입각하여 구축되어 있었기 때문에 실제적으로 지식의 전진을 저해하였고, 무한 내지 유한 정신의 형이상학은 너무도 여러번 미신의 노비(奴婢)로 이용되었다. 그러나 인간의 능력은 변증법의 기교와 실습을 통하여 도야(陶冶)되었고, 아리스토텔레스의 「10범주」(ten predicament, 아리스토텔레스 논리학의 「범주론〈Kategoriai〉」를 분류한 것으로서, 그것은 실체·분량·성질·관계·장소·시간·위치·상태·능동·수동의 열가지이다)는 우리들의 관념을 집약하여 방법화하였으며, 마찬가지로 3단논법(syllogism, 형식논리학에서 간접추리를 대표하는 것으로서, 前提에 2개의 판단, 결론에 1개의 판단을 가진 간접추리법)은, 논쟁의 가장 예리한 무기로 되었다. 이것은 실제에 있어 사라센인 학교에서 교묘히 운용되었지만, 그러나 원래 이것은 진리탐구보다도 오류발견에서 한층 더 유효한 논법인 까닭에, 새 세대의 학승과 그 제자들이 끊임없이 논리적 논증의 똑같은 순환속에서 개미 쳇바퀴 돌듯 아무런 진전이 없었던 것은 별로 놀라운 일이 못된다. 수학은 시간의 흐름속에서 항상 전진이 있을 뿐 결코 후퇴가 없다는 고유의 특권으로 눈에 띄게 두드러졌다. 그러나 저자의 지식에 착오가 없다면, 고대의 기하학은 15세기 이탈리아인에 의하여 옛날 상황으로 재흥되었는데, 그 이름의 유래야 무엇이든 간에 대수학이라는 학문은 아랍인 자신의 겸허한 증언에 의하여, 그리스인 디오판토스(Diophantos/Diophantus. 250〈275〉경 알렉산드리아에서 활동한 수학자. 數論 및 代數學의 걸출한 저작으로 평가되는 「산수론《Arithmetika》」〈전13권 중 6권만이 현존〉을 남겼다)의 공적에 돌아간다. 그들은 천문학이라는 인간의 마음을 고양시키고, 그가 살고 있는 미소한 유성(遊星)과 자기의 잠깐동안의 짧은 인생을 달관(達觀)하도록 그에게 가르쳐 준, 숭고한 학문연구에서 한층 더 좋은 결과를 얻어냈다. 천체관측을 위한 값비싼 기구는 칼리프인 알-마아문(al-Ma'mun. 압바스조 제7대. 재위 813~33)에 의하여 조달되었고, 칼데아인(Chaldean. 칼데아는 바빌로니아 남부지방의 옛이름인데, 이곳 사람들은 점성술을 매우 좋아했다. 때문에 Chaldean하면 점성가라는 뜻도 있다)이 사는 땅은 옛날과 마찬가지로 지금도 여전히 똑같은 광대한 평원과 아주 맑고 탁트인 지평선을 가지고 있다. 시나르(Sinaar)의 평원(이라크의 평원)과 그리고 또다시 쿠파(Cufa)의 평원에서 칼리프의 수학자들은 지구의 큰 궤도(circle) 길이를 정확히 측정하여, 우리들의 천체주위 전체를 2만 4천 마일(38,400km)로 결정하였다. 압바스 왕조의 치세로부터 티무르(Timur. 帖木兒. 1336~1

405. 9대에 걸쳐 131〈1369~1500〉년간 중앙아시아의 광대한 지역을 지배한 티무르 왕조의 시조. 1386~87년간에 메소포타미아 지역까지 정복했다가 1401년 재차 바그다드를 함락시킨 바 있다)의 자손들(특히 제3대 살탄 샤 루흐〈Shah Rukh. 재위 1404~47. 명군으로 평가된다〉와 그의 아들 울루그-베그〈Ulugh-Beg. 1393~1449. 재위 1447~49. 그의 수도 사마르칸드는 우즈베크인에게 유린당했지만, 티무르왕조 문화의 찬란한 중심지로 되어 있었다〉를 가리킨다. 제60장에 상론되니 참고할 것) 시대까지, 별들은 망원경의 도움없이 계속 열심히 관측되어 바그다드, 스페인, 사마르칸드 천문학관계 수치의 미세한 오차가 보정되어 왔지만, 프톨레마이오스(지동설을 주장한 사람)의 가설을 부정하는 용기를 가지지 못했기 때문에, 태양계 발견에로 일보 전진하는 것은 불가능하였다. 동방궁정에서의 과학적인 진리는, 다만 무지함과 우매성에 의해서만 칭찬되었기 때문에, 천문학자들은 자기 자신의 예지 내지 성실성을 점성술의 공허한 예언으로 품질을 떨어뜨림이 없이는, 세상에서 중용되지 않았을 것이다. 그러나 약학분야에서 아라비아인들은 정당한 칭찬을 받았다. 이븐 마사와이히(Ibn Masawaihi/Mesue〈라틴 이름〉. 777~857. 압바스조의 의학자. 알-마아문과 기타 칼리프의 侍醫. 그리스어 문헌을 아랍어로 번역했고 「의학기담」, 「눈의 불화」기타의 저서를 남겼다)와 지베르(Geber/Abu Musa Jabir. 8세기 압바스조의 화학자·연금술자. 주석·납·철·구리 등의 비금속을 모종의 신비물로써 금·은으로 바꿀 수 있다고 생각하여 그에 관한 연구에 몰두했는데, 그의 성과는 후일 아시아-유럽의 화학발전에 큰 영향을 주었다), 라지스(Rhazes. 아라비아 이름은 Abu Bakr Muhammad. 865~925. 아라비아 의학자. 트랜스옥시아나와 이란을 지배한 사만조〈Saman朝. 10대에 걸쳐 125〈874~999〉년간 지배〉의 제7대 군주 만수르 이븐 이스하크〈Mansur ibn Ishaq. 재위 961~76〉에게 초청되어, 그를 위해 「만수르 醫書」 「천연두와 홍역」, 「포괄」 기타를 저술했다. 연금술에 관한 저술도 있는 바, 그의 「秘傳書」는 유럽에 화학지식의 기본으로 되었다), 그리고 이븐 쉬나(Ibn Sina/Abu 'Ali al-Husain/Avicenna. 980~1037. 아라비아의 철학자·의학자. 신학·수학·천문학·언어학에 통달하고 詩作에도 일가견을 가졌다. 약관 17세에 사만조의 8대 군주 누흐 2세〈Nuh Ⅱ. 재위 976~97〉의 난치병을 치료해주고 그 궁정에 출입하면서 풍부한 문헌을 이용하여 「의학규범」의 대저를 썼다. 「학문의 장로」, 아리스토텔레스에 이은 「제2의 스승」이라는 경칭을 받았다)의 이름들은, 그리스의 거장(巨匠)들에 비견(比肩)되고 있는데, 당시 바그다드 시에서는 860명의 의사들이 자기자신의 영리적인 개업을 할 수 있는 인가를 받고 있었다. 스페인에서 가톨릭 군주의 생명은 사라센인 의사들의 기술에 맡겨져 있었는데, 당시 직계자손인 살레르노(Salerno) 학파는 이탈리아와 유럽에서 치료기술의 교범을 부활시키고 있었다. 개별적인

교수들의 성공은 개인적 · 우연적인 원인에 영향을 받았음이 틀림없지만, 우리는 해부학 · 식물학 · 화학에 대하여 그들의 이론과 실천의 3중기초에 관한 그들의 전체적인 지식을, 좀더 실증적으로 평가할 수 있을 것이다. 죽은 사람에 대한 미신적인 존엄성이 원숭이와 네발 짐승에 대한 해부범위로 한정시킨 것은 그리스인이나 아랍인에게 공통적이었지만, 좀더 실질적이며 눈에 보이는 부분에 대한 지식은, 갈레노스(Galenos. 129경~199) 시대에 획득되었고, 보다 미세한 인체부분의 연구는 근대기술자의 현미경과 주사침을 위하여 유보되어 있었다. 식물학은 현재도 발전과정에 있는 학문이고, 열대지방에서의 발견품종은 디오스코리데스(Dioskorides/Dioscurides. Pedanios. 기원 1세기의 로마의 식물학자. 군의관으로서 네로와 베스파시아누스 황제에 사관하였다. 그의 저서 《Materia medica》〈전5권〉는 약 600종의 식물을 소개하여 16세기까지 약초분야와 식물학의 권위서로 되어 있었다)의 식물표본은, 그후 2000종의 새 종류를 증가시켰을 것이다. 모종의 신비로운 지식은 이집트의 신전과 수도원에 전해져서, 기술과 제작이라는 실제면에서 유익한 많은 경험이 획득되었는가 하면, 화학이라는 학문은 그것의 기원과 진보과정을 전적으로 사라센인의 정려(精勵)에 힘입고 있다. 그들은 처음에 증류시킬 목적으로 증류기(alambique/alembic)를 발명하고 또 명명하여, 자연계 3세계 물질 분석에 이용함으로써 여러가지 알칼리와 산류에 대한 구별과 유사성을 시험하여, 유독성 화합물을 보드랍고도 위생적인 약품으로 전환시켰다. 그러나 아랍인에 의한 가장 열성적인 화학적 탐구는, 금속의 변성(變成)과 불로불사(不老不死)의 영약을 만들려는 것이었다. 많은 사람들의 이성과 재산이 연금술의 도가니속에서 증발되었는데, 이 위대한 사업의 완수는 신비와 우화 그리고 미신의 유능한 조력(助力)에 의하여 뒷받침되었다.

그러나 무슬림들은 그리스와 로마와의 밀접한 왕래의 주요은혜인, 고대의 지식과 취미의 순화(純化), 사유(思惟)의 자유만은 결국 받아들이지 않았다. 자기네 모국어의 풍부성을 과신한 아랍인은 외국어의 학습을 경멸하였다. 그리스도 교도의 신민들 속에서 그리스어 번역자가 추려졌는데, 그들의 번역은 가끔 그리스어 원전에 의거했다기 보다도 대부분을 시리아어 역본에서 중역한 것이고, 또 천문학자와 의학자의 저술이 수없이 소개된데 반하여, 그리스의 시인과 웅변가, 아니 역사가들에 관한 저작조차 누구 한사람도 사라센인의 국어로 이야기할 수 있도록 가르침을 받은 실례가 없었다. 아마도 호메로스(호머)

의 신화는 용서할 줄 모르는 이들 광신자들의 반감을 샀을 뿐이었는데, 그들은 마케도니아인의 식민지와 카르타고 및 로마의 옛 속주를 나태와 무지상태에서 보유하고 있었다. 플루타르코스(Plutarchos/Plutarch. 46경~120이후. 말기 그리스의 도학자·역사가. 그의 저서 『대비열전《vitae parallerae》』 속칭 『영웅전』은 지금도 많이 읽히고 있다)와 리비우스(Livius, Titus/Titus Livy, BC 59~AD 17. 로마의 역사가 40여년의 각고로 『로마건국사《Ab urbe condita libri》』〈전 142권 중 35권만 현존〉를 편찬했다)가 소개한 영웅들은 망각의 그늘 속에 묻어 버렸고, 마호메트 이전의 세계역사는 겨우 역대 족장·예언자·페르시아 왕들의 짧막한 전설로 압축시켜 버렸다. 우리가 받은 그리스·라틴학교의 교육이 우리들의 마음에 독선적인 취미의 표준을 확립한 것이라고 생각할 여지는 확실한 바, 저자는 나 자신이 이해하지 못하는 언어 사용국민의 문학이나 판단력을 비방할 생각은 전혀 없다. 그러나 저자는 그리스와 라틴의 고전들이 사람들에게 많은 것을 가르쳐줄 보배를 간직하고 있다는 사실을 알고 있으며, 따라서 오리엔트 사람들이, 예컨대 문제의 절도있는 품위, 예술의 아름다운 균제(均齊), 감각적 및 지적 미의 형식, 성격과 정념의 정확한 묘사, 설화나 논증의 수사(修辭), 서사시와 극시(劇試)의 규칙바른 구성 등등 학습해야할 많은 것을 가졌다고 확신한다. 진리와 이성의 영향력에는 불분명한 요소란 매우 적다. 아테네와 로마의 철학자들은 사회적 및 종교적인 자유의 은혜를 향수하며 또 그런 권리를 주장하였다. 그들의 도덕적·정치적인 저작은 아마도 동방 전제주의의 질곡을 천천히 완화시키면서, 관용의 자유정신을 보급시킴으로써 아랍의 현자(賢者)들에게도, 그들의 칼리프가 압제자이며 그들의 예언자가 사기꾼일지도 모른다는 의문에 각성시켰을런지 모른다*. 미신의 본능은 추상적인 과학을 도입한 것조차 겁먹었기 때문에, 법의 가장 엄격한 박사들은 칼리프 알-마아문의 경솔하고도 유해로운 호기심을 규탄하였다(알-마아문은 그리스

---

* 아라비아의 철학자들은 종전부터 아베로에스(Averroes/Ibn Rushd. 1126~98. 스페인의 아랍계 철학자·의학자. 그는 법학·의학·철학·천문학에서 희유의 천분을 가졌었는데, 『의학개설』외에 신학·철학분야의 저서로서 『파괴의 파괴』, 『단정의 설』〈2중진리설을 설한 것이었으나 교회로부터 이단사상으로서 배척된 것〉을 썼다)를 그가 유태인과 그리스도교도 그리고 이슬람 교도의 종교를 경멸하고 있다고 논란해 왔다. 그러나 이 종도(宗徒)들도 어느 것이나 모두가 자기를 제외하고 다른 두가지에 대해서는 아베로에스의 경멸은 당연한 것이라고 일치해서 인정할 것이다 : 기번 원주

철학의 영향을 받은 자유사상가들인 무타질라〈Mutazila〉파의 학설을 국교〈國教〉의 위치로 끌어 올려서 정통주의인 순나〈Sunna〉파를 박해하였다). 우리는 군주와 국민의 뽑아버릴 수 없는 열광의 원천을, 순교에 대한 갈망, 천국에 대한 환영(幻影), 예정된 신념 등에서 구해야 하지만, 사라센의 청년들이 군영으로부터 학원으로 이동하고, 신도의 군대가 감히 독서와 사색하는 습관을 몸에 익힘에 따라 그들의 검의 위력은 감퇴되고 말았다. 그러나 그리스인의 어리석은 허영심은 자기들의 학문을 자기들만이 독점하여, 신성한 불을 동방의 제만족에게 전하는데는 별로 마음이 내키지 않는 것으로 생각하였다.

그리스인은 우마이야 왕조와 압바스 왕조간의 거듭되는 사투(死鬪)에 편승하여 그들이 이전에 입은 손해에 보복하고 또 국경을 확대시킬 좋은 기회를 얻고 있었는데, 이리하여 새왕조 제3대 칼리프인 마하디(al－Mahdi. 재위 775～85)는 이에 대하여 극렬하게 반격으로 나섰다. 여자와 그녀의 아들, 즉 이레네(Irene. 레오 4세의 비로서 콘스탄티누스 6세의 섭정으로 있었으나, 797년 아들황제의 두눈알을 후벼버리고 불구폐위시킨 후 스스로 대권〈797～802〉을 장악했고, 프랑크의 샤를마뉴 대제와 결혼하려했으나 실패하고 니케포루스 1세에게 추방되었다. 그러나 우상숭배제도를 재흥시켰다하여 희랍정교에서는 성인반열에 올렸다)와 콘스탄티누스 6세(Constantinus Ⅵ. 재위 780～97. 이 모녀의 정치관계는 제Ⅷ권 p.217이하를 참조할 것)가 비잔티움 궁정의 제위에 있는 좋은 기회를 역용하여, 그는 페르시아와 아랍의 병력 9만 9천의 대군을 자기의 둘째 아들 하루누르－라시드(Harunu'r－Rashid/Harun al－Rashid. 압바스조 제5대 칼리프. 재위 786～809. 비잔티움 제국과는 791～809년간 줄곧 교전했다. 압바스조에서는 명군의 한사람으로 평가된다)의 지휘하에, 티그리스강에서 트라키아－보스포러스해협으로 진격케 하였다. 이때 대안의 크류소폴리스(Chrysopolis), 즉 스쿠타리(Scutari)고지에서의 그의 진지구축은 콘스탄티노플 궁전에 있는 이레네에게 그녀의 군대와 속주의 상실을 인식시켰다. 대신들은 그들의 군주인 여제(이레네)의 동의 또는 묵인하에 굴욕적인 강화조건을 받아 들였고, 군주 상호간의 몇가지 선물교환이라는 겉모양 꾸밈이 있었지만, 로마제국이 강요당한 해마다의 금화 7만 디나르의 공납금 실체는 말로 걸발라 넘길 수만은 없었다. 사라센군은 본국에서 멀리 떨어져 있는 적지 깊숙한 곳까지 너무도 경솔하게 침공해 있었으므로, 그들의 퇴각이 충실한 안내인과 풍부한 보급품의 제공약속이 간청되었지만, 험준한 산악지대와 상가리우스강(Sangarius江) 사이의 반드시 통과해야할 지점에서, 피로한 적군을 포착하면 그것의 섬멸도 가능하다고 건의할 용기조차 그리스인들 중에는 어느 누구도 가진 사람이 없었다. 이 원정이 있은지 5년후에 하루누르-라시드는 그의 부친과 형(알-하디〈al-Hadi. 제4대 칼리프. 재위 785~86)이 앉았던 왕위에 올랐다. 압바스 왕조에서 가장 강력하고도 정력적인 이 군주는 서방에서는 샤를마뉴(Charlemagne I. 카롤링조 프랑크왕 재위 768~814. 서로마황제로서는 Karl I〈der Grosse〉 재위 800~14)의 맹우로서 유명하며, 또『아라비안 나이트(千一夜話)』*의 일관된 주인공으로서 가장 나이 어린 독자들에게도 그 이름이 익숙해져 있다. 알-라시드(Al Rashid)란「정의의 인간」(the Just)을 의미하는데, 이 이름에 대한 그의 자격은 온당하였는 바, 아마

---

* 우리나라에도 익숙된 알리-바바, 신도바드, 알라딘 등의 이름이 나오는「아라비안 나이트」또는「천일야화」에 대하여 좀 상세히 주석을 가하여 독자들의 이에 대한 흥미를 충족시키고자 한다.

이것은 기원 10세기에, 압바스조의 수도 바그다드를 중심으로한 중근동 일대에서 찬란하게 꽃핀 회교(이슬람)문화에서 배양된 세계 최대 기서(奇書)중의 하나로서, 아랍 전승(또는 설화)문화(folklore)의 백미(白眉)로 평가되고 있다. 원래 이것은 옛 아랍어로서는《Alf Laylar wa Laylar》(alf=千, laylar=laila=夜, wa=and=와 라는 접속사)라는 것으로서, 엄밀히 말하면 the book of the thousand nights and a night의 뜻인「千夜와 一夜」이므로, 이것을「千一夜話」로 번역해도 적합치 않은 것이다. 통상「아라비안 나이트」라는 말은 이 이야기가 처음으로 서유럽에 소개될 때「아라비아밤의 즐거움」이라는 뜻에서《Arabian Nights Entertainment》라는 책이름으로 출판된데서 유래된다. 이 이야기의 기원에는 많은 이설(異說)이 있지만, 오늘날에는 이란의 전설화집인「하자르 아프사나(千의 이야기)」에서 유래되는 것으로 생각되고 있다. 작자(차라리 편자라고 함이 타당)는 알려지지 않았다. 현재까지 판명된 10여종의 사본과 4종류의 간행본을 검토한 결과, 작자는 최소한 2명 이상이고 내용도 8세기에 시작하여 현재의 체제를 갖추게 된 것은 13세기 경으로 추정되나, 그후 16세기에서 17세기까지도 계속 내용이 새로 발굴추가되었고, 또 보완되었다. 최초작자가 쓴 원문은 한권도 현존하지 않으며, 아라비아어로 번역된 것은 서기 850년경으로 추정되고, 이것이 서방세계에 최초로 소개된 것은 원전의 축어적(逐語的)번역이 아니라 다만 원전의 취지를 살려서 유려한 문장으로 의역(意譯) 또는 번안하여 출판된 것이 갈랭(Galland, Antoine. 1646~1715. 프랑스의 동양학자. 대사의 비서로서 콘스탄티노플에 근무할 때, 본서에 관심을 가지게 되었다)의「千一夜 아라비아 이야기《Les mille et une nuits, contes arabes》」(전12권 1704~17)이고, 이것의 영역본은 그로부터 7년 후에, 역자 미상으로 런던에서 출간되었다. 그후 각국에서 여러사람이 각이한 번역판을 냈지만, 오늘날 대략 결정판으로 되어 있는 것은 영국의 버튼 경(Burton, Sir Richard Francis. 1821~90. 영국의 탐험가. 동양학자)이 브라질 주재 영사라는 한직에 보직되어 있을때, 1865년부터 정리하여 번역출판한 버튼판 전17권인《the Book of the Thousand Nights and a Night》인 것 같다. 내용은 압바스조 제5대 칼리프인 하루누르-라시드(Harunu'r-Rashid. 재위 786~809)를 형상화한 중국·인도의 제왕 샤하리아르(Shahriyar)궁정의 한 대신(wair)의 장녀인 샤하라자드(Shahrazad)가, 왕이 먼저번 왕비에게 배신당한 보복으로 여성을 증오하게 된 나머지, 수청드는 모든 여자를 모조리 죽여 버렸는데, 이런 공포분위기 속에서 자진하여 그에게 출가하여 1,001일간에 걸쳐 밤마다 모두 169편의 길고 짧은 재미있는 이야기를 들려 주면서 자기를 죽일

도 무실(無實) 했던 바르마크족(Barmecides) 절멸**에 의하여 얼마간 더럽혀 졌을지 모르지만, 그러나 다른 한편에서 그는 그의 군대의 약탈을 받은 한 과부가, 『코란』을 인용하면서 이런 직무태만의 전제군주와 신을 고발하자, 후세의 판결을 위협하는 말에 가만히 귀를 기우린 아량도 가지고 있었다. 그의 궁정은 화미(華美)와 과학(科學)으로 장식되어 있었다. 그러나 23년간의 치세를 통하여 그는 기회있을 때마다 호라산(Chorasan)으로부터 이집트에 이르는 그의 여러 속주를 순수(巡狩)하였고, 메카에의 순례만도 모두 9회에 이르렀다. 그는 로마제국 판도내에 8회나 침입했는데, 상대방으로 하여금 공납금 지불을 거절했을 때마다 1개월간의 그의 침구(侵寇)와 약탈이, 무려 1년간의 굴복보다 더 값비싸게 먹힌다는 사실을 뼈저리게 느끼도록 교훈을 받게 하였다. 그러나 콘스탄티노플의 몰인정한 어머니(이레네를 가리킨다)가 퇴위하지 않을 수 없는 처지로 몰렸으며 결국 추방당하자, 그녀의 후계자인 니케포루스(Nicephorus Ⅰ. 재위 802～11. 재무장관에서 추거되어 제위에 올랐다. 재정을 정비하고 종교상의 과격파를 눌렀으나, 불가리아인 토벌전중 전사)는 이런 예속과 치욕의 휘장을 지워버리기로 마음먹었다. 칼리프에게 보낸 황제의 친서는 당시 이미 페르시아를 거쳐 그리스에까지 전해진 체스(서양장기)***놀음의 비유로 수식되어 있었다. 「여제(이것은 이레레를 지칭하는 것이다)는 귀하를 차(rook. 말의 하나)로, 그녀 자신을 졸(pawn)로 생각하였지요.

기회를 주지 않았을 뿐만 아니라 그간 세 왕자까지 낳아 바침으로써 왕의 심경을 일변시켜, 드디어 정식결혼식을 올리게 되었다는 것. 『천일야화』의 내용을 분류하면, 연애이야기, 범죄이야기, 여행이야기, 신선담(神仙譚), 역사이야기, 교훈담, 우화(寓話) 등이다. 이것의 서술형식은 일관하여 서화(緖話)로부터 일정한 틀에 넣은 형식(frame－work)의 교묘한 구성으로 되어 있는 것도 특징으로 되어 있다.

** 제5대 칼리프 하루누르－라시드(하룬 알－라시드)의 생모는 원래 노예출신 하이주란(Khaizuran)이라는 여인이다. 형인 알－하디(al－Hahdi)가 1년여의 재위(785～186)로 죽자 23세에 칼리프에 즉위했으나, 바르마크가(Barmak家. 이란계의 명문)의 야하야(Yahya)를 재상으로 앉히고 정치의 전권을 위임하고 있었다. 그러나 803년 1월 27일, 만 40세 때 갑자기 재상 야마야의 아들인 자아파르 이븐 야하야(Ja'far ibn Yahya al－Barmaki〈792～93년간 이집트 태수, 796년 시리아란 평정, 796년이래 호라산 태수〉가 메카 순례에서 돌아오는 것을 유프라테스 강변에 있는 그의 숙소에서 참수형에 처하고 친정체제에 들어갔다. 그의 죽음의 원인은 알려지지 않았지만, 칼리프의 여동생 앗바사('Abbasah. 쟈아파르 이븐 야하야의 명목상의 아내로서 출가했지만, 약속을 어기고 그의 아이를 낳았기 때문에 남편에게 살해되었다. 아라비아 문학작품에 자주 등장한다 고)와의 결혼생활에 의한 것이라는 소문이 있다. 쟈아파르의 아버지(Yahya)와 그의 형 파들(Fadl)도 이 사건과 관련하여 유폐된 후 옥사하였는데, 이로서 바르마크가는 멸문하고 말았다.

이 겁장이 여성은 자기가 공조의 2배금액을 만족민들로부터 징수할 수 있을 것으로 기대하여 공납지불약속에 굴복했던 것이지요. 때문에 귀하는 이 부정의 과실을 반환하든가 아니면 검에 의한 재판의 결과를 기다리는 것이 좋겠소.」이 말로써 사자는 왕좌앞에 한묶음의 도검을 던져서 도전한 것과 마찬가지가 되었다. 이런 협박에 미소지은 칼리프는 역사 또는 전설상으로 저명한 삼사마(samsamah)라는 자기의 명검을 빼자마자, 칼날을 뒤집거나 또는 칼날의 담금질 상태를 무디게할 겨를도 주지 않고, 그 그리스 사절의 약하디 약한 팔을 단칼에 잘라 버렸다. 그리고나서 그는 터무니없이 간결한 문서를 쓰도록 구술하였다.「가장 자비심 깊은 신의 이름으로, 신도 통솔자인 하루누르－라시드(하룬 알－라시드)로부터 강아지새끼같은 니케포루스에게. 오－, 불신심자이며 인비인(人非人)이여. 너의 서간은 틀림없이 읽었노라. 과인은 답서를 쓰지 않겠다. 그대신 이제부터 그 내용을 보여주겠노라.」실제로 그것은 프류기아(Phrygia)평원에서, 피와 불의 문자로 쓰여졌다. 이 아랍군의 질풍노도와도 같은 진공은 콘스탄티노플측의 기만적인 책략과 회오하는듯한 의태(擬態)로써 겨우 억제되었다. 전승한 칼리프는 유프라테스 강변에 조용한 애용의 궁전으로 물러나, 원정의 피로를 풀고 있었는데, 적과 500마일(800km) 떨어졌다는 거리와 살을 에이듯이 추운 날씨는, 그의 적수로하여금 평화를 침범할 생각을 불러 일으키게 하였다(더욱이 전술한 바 바르마크 일족의 학살로 하루누르－라시드는 바그다드에서는 극도로 인기를 잃고 있었다). 이처럼 냉혹한 엄동기에 타우루스 산맥(Mts. Taurus)의 눈길을 넘은 신도통솔자의 대담무쌍하고도 신속한 전진에 니케포루스는 대단히 놀랐다. 그의 전술은 전쟁과 정책 양면에서 모든 방책이 무력해지자, 이 배신의 비잔티움 황제는 자기 신민 5만명의 시체로 뒤덮인 전장으로부터 3개소의 부상을 입고 패주하였다. 그래도 황제는 항복하는 것을 수치스럽게 내세우자, 칼리프는 여기서 최종승리를 결의하기에 이르렀다. 이리하여 13만 5천의 정규군이 급여

＊＊＊ 체스(서양장기)는 두 사람이 각각 16쪽씩의 말을 써서 두는 장기이다. 일방이 운용하는 장기쪽의 명칭과 수는, king(將, 將軍)1, queen(女王)1, bishop(비숍. 우리네 馬처럼 날일자형으로 가는 말)2, knight(나이트)2, castle 또는 rook(城將. 우리네 車처럼 행동)2, pawn(卒)8개이다. 체스도 서로 공방전을 벌려 상대방의 king을 가두어 승부를 겨루는 것으로서 한국장기와 비슷하나 그보다 훨씬 단순하다. 이것의 원형은 고대 인도에서 발명되어 점차 페르시아에 전해졌는데, 서유럽에 전해진 것은 15세기 스페인이라고 한다. 지금은 각국에 보급되어 있다.

를 받고 군대에 등록되면서 각 교파로 편성된 30만 이상의 인원이 압바스가의 검은색 정기밑에서 진군하였다. 그들은 튜아나(Tyana)와 안큐라(Ancyra)를 훨씬 지나서 소아시아 지대를 짓밟고, 그전에는 매우 번영한 곳이었지만, 지금은 조그마한 거리로 몰락한 폰투스－헤라클레아(Pontus Heraclea)에 침입하였다. 이때 이곳 시민들은 낡은 성벽에 의지하여, 동방의 군대를 상대로 1개월간의 포위공격전을 굳게 버티고 또 견뎌냈지만, 결국 성은 함락되었다. 파괴는 완벽하고, 전리품은 막대한 금액의 것이었으나, 만일 하루누르－라시드가 그리스인의 이야기를 알고 있었다면, 그는 곤봉·활·전통·사자가죽 등등 모든 소지품이 순금으로 조각된 헤라클레스(Heracules. 그리스 신화상 열두가지의 난제를 해결하여 속죄했다는 힘센 영웅)의 조상(彫像)을 놓쳐버리고, 몹시 분하게 생각했을 것이다. 흑해에서 키프러스섬에 이르는 육해 양면에서의 황폐화의 진행은, 황제 니케포루스의 오만한 도발을 철회시키도록 강요하는 것이었다. 새로운 강화조약에서는 폰투스－헤라클레아의 폐허는 교훈 및 기념으로서 영구히 방치되며, 공납할 주화에는 하루누르－라시드 자신과 그의 세 아들(그 이름은 al－Amin〈제6대 칼리프 재위 809～13〉, al－Ma'mun〈제7대 칼리프 재위 813～33〉 및 al－Mutasim〈제8대 칼리프 재위 833～42〉이다)의 초상과 명(銘)이 새겨지도록 규정되었다. 그러나 이처럼 몇사람씩이나 군주를 나열한다는 것은 오히려 로마라는 이름의 오욕을 불식시키는 효과를 발휘케한 것이 되었는지 모른다. 그들의 부친이 죽은 뒤에 이 칼리프의 계승자들은 내부항쟁에 휩쓸려 듦으로써, 승리를 거둔 온후한 알－마아문은 국내평화의 회복과 외국과학의 도입만으로도 힘에 겨운 상태였다(알－아민과 이복형 알－마아문간의 항쟁은 제3차 이슬람 내란이라고 일컬어졌는데, 결국 알－마아문이 6대 칼리프인 알－아민을 죽이고 칼리프가 된 것이다).

바그다드의 알－마아문(재위 813～33)이나 콘스탄티노플의 말더듬이인 미카엘 2세(Michael Ⅱ, Stammerer. 재위 820～29. 제Ⅷ권 p.222～225참조)의 치세시기에, 크레타와 시칠리아 두 섬이 아랍인에게 정복되었다. 이 두 섬에 대한 정복사업 가운데서, 전자를 유피테르(Jupiter. 모든 신의 우두머리로서 하늘의 지배자. 그리스 신화의 Zeus신에 해당)와 미노스(Minos. 그리스 신화상의 크레타왕. 바다에서 올라온 황소를 왕비 Pasiphae가 이와 통정하여 半人半牛의 괴물 Minotauros를 낳았는데, 왕은 그를 Daidalos가 설계한 미궁에 유폐시킨 후, 매년 젊은 선남선녀 7명씩을 아테네에서 데려다 먹여 살렸다. 이런 소문을 듣고 Theseus가 그런 인신공양될 사람의 하나로 끼어서 크레타섬에 이르러, 미노스왕의 딸 Ariadne의 사랑을 얻었고,

또 그녀가 내준 실꾸러미를 풀어놓으면서 괴물이 갇힌 미궁안에 들어가 그 괴물을 퇴치하고 그 실을 따라 무사히 미궁에서 빠져 나왔다. 그후 미노스왕은 시칠리아섬에 이르러 그곳왕 Kokalo에 기만당하여 살해된다)의 명성을 모르는 아랍 자체의 역사가는 무시하고 있지만, 이제 겨우 그들 자신의 시대를 정확히 보기 시작한 비잔티움의 역사가들은 과연 그대로 보아 넘기지 않았다. 스페인의 풍토 또는 사라센인 통치에 불만을 품은, 안달루시아 의용병의 일대가 해상모험에 나섰는데, 그들의 실제세력은 기껏해서 10척인가 20척의 갤리선뿐이었으므로, 그들의 전투는 해적행위로 낙인 찍혀서 마땅한 것이다. 그들은 백색파(우마이야 왕조파)의 신민이며 신도였기 때문에, 흑색파(압바스 왕조파)의 칼리프 영토를 합법적으로 침공할 수 있었다. 그들은 반란분자의 안내로 알렉산드리아에 침공하여, 적아의 구별없이 또 상대방을 누구누구 가릴 것 없이 모조리 베어서 쓰러 뜨렸고, 교회와 모스크를 무차별적으로 약탈했으며, 기독교도출신 포로 6천명이상을 팔아서, 이곳 이집트 수도에 기지를 구축하였지만, 마지막에는 바그다드의 칼리프 알-마아문 자신이 통솔하는 병력에 압도당하였다. 그 결과로 나일강 하구로부터 헬레스폰트 해협에 이르는 섬과 해안은 그리스인과 무슬림의 구별없이 그들의 약탈에 노출되었다. 그들은 크레타섬의 비옥성을 보고 선망하였는데, 실제로 약탈에 맛을 들였기 때문에, 머지않아 40척의 갤리선을 의장(艤裝) 시키고, 한층더 본격적인 공격전으로 되돌아 왔다. 안달루시아의 사람들은 이 땅을 마치 자기네 것인양 철저히 휩쓸고 돌아다닌 끝에, 약탈품을 휴대하고 해안으로 내려오자 자기들의 선대가 불타고 있는 것을 보았다. 그들의 수령인 아부 카아브(Abu Caab)가 기실 자기가 불태운 것임을 고백하자, 그들은 큰소리로 미치광이가 아니면 배신자로서 그를 규탄하였다. 「제군은 무엇이 불만인가?(하고 교활한 태수는 대답하였다). 나는 제군을 우유와 꿀이 흐르는 땅에 데려 왔다. 제군의 참된 국토는 바로 여기인 것이다. 자, 고생살이랑 이제 그만두고 우리가 태어난 저 불모의 고향따위는 잊어 버리자.」「제군의 아름다운 포로는 훌륭하게 제군의 아내 대신이 될 것이다. 그리고 그녀들을 품안에 안고 있는 동안에 제군은 새자손의 선조가 될 것이니라.」 최초의 거주지는 수다(Suda)의 후미진 해안으로 흘러드는 개천가에 성벽을 둘러쌓은 그들의 군영이었지만, 한 배교적인 수도사가 그들을 섬 동쪽의 한층더 쾌적한 지점으로 안내하였는데, 그런 결과로 그들의 보루와 거류지였던 칸닥스(Candax)라는 지명이 근대의 와음화된 칸디아(Candia)라는 호칭하에 그들은 이 섬 전체로 확산되기에 이르렀다(826년). 미노스왕 시대에 있던 100개의 도시는 30으로 줄어들었지만, 그중에서 단 한곳, 아마도 큐도니아(Cydonia)만이 실질적인 자유와 그리스도교의 신앙고백을 감연히 지켜 나갔을 뿐이다. 크레타섬의 사라센 병사들은 이윽고 자기들이 불태워 버렸던 해군을 수복한 바 이다산(Mt. Ida. Zeus신이 탄생했다는 전설이 있는 크레타섬의 산)의 목재가 대해에 함선으로 만들어져서 뜨게 되었다. 138년간의 역경시기를 통하여 역대 콘스탄티노플의 군주는, 이런 방탕한 사조직의 약탈선단을 불충분한 무기와 불모의 원념으로 이따금 공격했던 것이다.

시칠리아의 상실은 어리석게도 다음과 같은 미신적인 엄격성에서 취해진 행위로 말미암아 야기된 것이었다. 즉, 황제는 수녀원으로부터 한 수녀를 유괴한 어떤 호색적인 사나이에게 형벌로써 그의 혀를 절단하라는 판결을 내린 바 있었다. 이 에우페미우스(Euphemius)가 도망쳐 아프리카를 정복한 사라센인의 이성과 정책에 호소하여 상소한 결과로, 그는 머지않아 황제의 자의(紫衣)와 함께 100척의 선단, 700의 기병과 1만명의 보병으로 편성된 군대와 함께 귀환하였다. 그들은 옛 셀리누스(Selinus)의 폐허 가까운 마자라(Mazara. 이 섬의 서쪽끝 가까운 곳)에 상륙하였다. 1827년, 그리고 부분적인 승리를 거둔 뒤에 그리스군은 시라쿠사(Syracusa)를 해방시키고, 배교자를 그 성문앞에서 처형하였는데, 당시 그들과 한편이던 아프리카인 부대는 자기 자신들의 말고기를 먹으면서 겨우 생명을 이어갔던 것이다. 이번에는 입장이 뒤바뀌어 그들이 안달루시아에서 온 그들 동료들의 강력한 증원군에 의하여 구출되었다. 섬의 주요부분인 서쪽지역이 점차 평정되면서 팔레르모(Palermo)의 양항이 사라센군 육해병력의 기지로 선정되었다. 시라쿠사는 종전부터 그리스도와 케사르(황제)에게 맹세해 온 신앙을 약 50년간 유지해온 곳인데, 이제 최후의 운명적인 공위전(攻圍戰)에서 시민들은 그 옛날부터 아테네와 카르타고의 권력에 저항해오던 정신의 얼마간을 발휘하여 약 20일간이나 공격군의 파성추(battering－ram)와 투석기(catapultae), 갱도작전(mine)과 귀갑(龜甲)엄호(tortoise)등에 저항했다. 때문에 만일 동로마제국 함대의 승무원이 성마리아 교회의 건축으로 콘스탄티노플에 발이 묶여있지 않았더라면, 이 도시는 계속 지탱되었을 것이다. 테오도시우스(Theodosius) 보제(deacon)는 주교와 다른 성직자들과 함께 제단에서 쇠사슬에 묶이어 팔레르모에 압송된 후, 지하감옥에 투옥되어 죽음이냐 아니면 배교자가 되느냐 하는 위난에 끊임없이 노출되어 있었다. 그의 비통한 그리고 결코 볼꼴 사납지 않은 애소(哀訴)는 그의 조국에 대한 묘비명(墓碑銘)으로서 모든 국민에 의하여 읽혀져도 좋을 것이다. 로마인에 의한 최초정복이래 이번에 마지막 재난이 일어날 때까지, 시라쿠사는 점차 쇠미해져 옛날의 오르튜게이(Ortygea) 섬만으로 축소되어 버렸다. 그러나 유물만은 여전히 풍부했던 바, 대성당의 헌금접시만도 은제로서 5만 파운드(18.65톤)중량의 것이었으므로, 전체적인 전리품은 금화로 100만매(약 40만 파운드 정화)로 추산되었고, 포로의 수는 타우로미나(Tauromenium)에 침구약탈했을 당시 노예로서 아프리카로 이송되어간 그리스도 교도 1만 7천명이라는 숫자를 훨씬 능가했던 것만은 틀림없다. 시칠리아에서는 그리스인의 종교와 언어가 근절되었고, 게다가 새세대는 매우 유순했으므로 1만 5천명의 소년이, 파티마 왕조(Fatima王朝. 이집트의 회교도 왕조로서 14대 909~1171년간 존속) 칼리프의 아들과 같은 날에 할례를 받고 성인식을 올렸을 정도였다. 이때부터 아랍의 전단(戰團)은 팔레르모, 비제르타(Biserta) 및 튀니스(Tunis)항으로부터 출격하여, 칼라브리아(Calabria. 이탈리아반도 발뒤꿈치쪽 지역)와 캄파니아(Campania. 지금의 이탈리아 서해안의 나폴리 · 실레르노 · 폼페이 지역)의 150개 도시를 공격하여 약탈을 자행했는데, 당시 로마의 교외지역조차 케사르와 사도(성 베드로를 말하는 것)의 이름으로 방어되는 것이 거의 불가능했다. 만일 모든 이슬람 교도가 굳게 단결하여 있었다면, 이탈리아는 함락되어 예언자 제국에의 손쉽고도 영광에 빛나는 부속물이 되고 말았을 것이다. 그러나 바그다드의 칼리프는 이미 서방에서의 권위를 잃고 있었는 바, 아글라브 왕조(Aghlab王朝. 튀니지에 세력을 뻗쳤던 이슬람 왕가. 800~909년간 존속)와 파티마 왕조는 아프리카의 속주들을 찬탈하였는데, 그들의 시리아 태수까지가 자립하기를 노렸기 때문에, 정복과 지배기도는 이제 약탈목적의 침공에로 퇴화하기에 이른 것이다.

굴종한 이탈리아의 고뇌속에서 로마의 이름은 장중하고도 우수에 가득찬 회상을 소생시켰다. 아프리카 해안에서 진발한 사라센 함대가 티베르강(Tiber江) 하구에 침입(846년)하여, 지금도 여전히 그리스도교 세계의 수도로 숭경(崇敬)되고 있는 영락한 이 도시에로 감히, 접근해 왔다(846년). 성문과 성벽이 벌벌 떨고 있는 시민들에 의하여 경호되고 있었다지만, 성베드로와 성바울의 분묘와 성당이 있는 바티칸 언덕과 오스티아 가도(Ostia way)의 교외부분은 이미 무방비의 유기상태에 놓여 있었다. 이들의 보이지 않는 신성성은, 지금까지 고트족, 반달족, 롬바르드족과 같은 만족에게 영험성을 발휘해 왔지만, 아랍인은 복음과 그것의 전승을 한결같이 모멸할 뿐만 아니라, 그들의 약탈정열은 『코란』의 규칙으로 재가되어 있는만치 매우 활기를 띠였다. 이리하여 그리스도의 우상앞에 바쳐진 값비싼 헌상품들은 약탈당했는가 하면, 성베드로 성당내의 은제 설교단도 철거 반출되고 말았다. 건물 전체가 겨우 원형 그대로 남겨진 것은, 사라센인의 주저에 의해서가 아니라 성급함 때문이었다. 그들은 압피아 가도(Appia街道)를 따라 진격하면서 푼디(Fundi)를 약탈한 다음, 다시 괴타(Gaeta)를 포위했지만, 로마 성벽을 앞에 두고 그들의 내부분열로 말미암아 반전(反轉)함으로써, 카피톨리누스의 신전은 메카의 예언자가 씌우려던 멍에를 모면할 수 있었다. 똑같은 위험은 여전히 로마 시민의 머리위에 드리워져 있었는데, 그들의 국내병력으로서는 아프리카 태수의 공격을 좀처럼 지탱해 낼 수 있는 것이 아니었다. 그들은 자기들의 라틴 군주의 보호를 당연히 요구하였지만, 카롤링 왕가(Carolingians. 서프랑크〈프랑스 왕국〉의 왕통. 15대 751~987년간 존속)의 군기는 만족군의 한 지대(支隊)에 의해 타도되었다. 그들은 비잔티움 황제의 복위를 진지하게 생각하고 있었지만 이런 기도는 모반일뿐만 아니라, 구원의 손길은 먼곳에 있는 동시에 불확실했다. 그들의 고뇌는 이 정신적·현세적인 수장들의 사망으로 한층더 심각성을 더한 것으로 보였다. 그러나 위기의 절박성은 선거라는 형식과 모의로써 밀어젖히는 결과를 가져온 바, 교황 레오 4세(Leo Ⅳ. 재위 847~55)의 전원일치에 의한 추대는, 교회와 도시의 안전을 보전할 수 있었다. 이 교황은 토박이 로마인으로서 공화정 초기시대의 용기가 그의 가슴속에 가득 차 있었다. 조국이 파멸국면에 처하자, 그는 로마 중앙광장의 잔해속에서도 우뚝 솟아 있는 견고하고도 숭고한 원주처럼 혼자서 의연히 일어섰다. 그의 치세의 첫번째 나날은 유물의 정화(淨化)와 철거, 기도와 행렬, 기타 적어도 대중의 상상을 고치며 희망을 회복시키는데 이바지할 각종 종교의식에 바쳐졌다. 도시의 방위는 평화에 대한 신뢰심에서가 아니라, 시대적인 참해(慘害)와 빈곤탓으로 오랫동안 방치되어 왔었다. 고래의 성벽은 그의 재력(財力)의 핍박과 여가시간의 부족이 허용하는 한도내에서 레오 교황의 명령으로 수복되었고, 가장 공격목표가 되기 쉬운 주둔지의 15개 탑이 신축 내지 개조되었는데, 이런 탑들 중의 2개가 티베르강 양안을 감시할 수 있었다. 그리고 적의 해군 함정이 강을 거슬러 올라오는 것을 저지하기 위한 쇠사슬이 강속으로 건너 질러졌다. 로마시민은 이미 괴타시의 공위전에서 실패한 적군의 일부가, 약탈한 성물(聖物)과 함께 바다에 빠져 물고기밥이 되었다는 기쁜 소식을 듣고 자기들의 해방도 가까워졌음을 확신하게 되었다.

때마침 예년에 비하여 늦게 찾아온 폭풍우가 이윽고 배가된 폭위(暴威)로 내습하였다. 아버지로부터 재보와 군대를 승계하여 아프리카에 군림하고 있던 아글라브조(Aghlab朝)의 왕(무하마드 1세〈Muhammad Ⅰ〉재위 840~56) 휘하의 아랍인과 무어인의 선단은, 사르디니아섬에 위치한 항구에 잠깐동안 기항하여 보급을 받은 후 출항하여, 수도에서 16마일(25.6km) 떨어진 티베르강 하구에 투묘하고 있었는데, 그들의 편성과 병력은, 이번은 단순한 일시적인 침입이 아니라 정복과 지배의 진지한 기도임을 낱낱이 드러내고 있었다. 그러나 레오 교황의 형안은 사전에 이것을 예견하고 비잔티움 제국의 종속국들인 괴타, 나폴리(Naples), 아말피(Amalfi) 등 자유 해양국들과 동맹을 맺고 있었는데, 이번 위기에 처하여 그들의 갤리 선단이, 일찍이 사라센군 선단과 싸워서 그것을 격파한 실적을 가진 나폴리 공의 아들로서, 고귀하고도 용감한 청년인 케사리우스(Caesarius)의 지휘하에 오스티아(Ostia. 로마의 外港)항으로 내원하였다. 주요 참모들과 함께 케사리우스가 라테라노(Laterano)궁전에 초청되자, 노련한 교황은 그들의 용무를 자세히 물어본 기초위에, 신의 뜻에 부합되는 그들의 구원행위를 환희와 경탄으로 받아 들이는 제스처를 써 보였다. 무장한 시민군의 일대가 오스티아항까지 교황을 호위수행하였는데, 교황은 여기서 친절한 구원자들을 사열한 다음 축복을 내렸다. 병사들은 교황의 발에 입맞추고, 군인다운 경신(敬神)으로 교황으로부터 성체를 배령한 다음, 그 옛날 성베드로와 성바울이 탔던 항해선박을 가호하셨던 바와 같은 신이, 이 성스러운 이름의 신을 반대하는 적대자를 맞이하여 이제 막 싸우려는 이 용사들도 반드시 보호하실 것이라는 레오 교황의 기도를 경청하였다. 한편 무슬림군측도 똑같은 축복을 받은 후에 이에 뒤지지 않는 용기로 그리스도 교도들이 탄 갤리선단을 공격하기 위하여 항진하였다. 그리스도 교도측은 해안에 연한 유리한 위치를 확보하고 있었는데, 때마침 가장 다부진 수병의 숙련성과 용기도 좌절시키는 그런 폭풍우의 갑작스러운 내습으로, 승리의 여신은 별로 자랑찬 공로없이 도시동맹군측에게 미소를 보냈다. 그리스도 교도측이 자기측 항구안으로 급히 피난한데 대하여, 아프리카측 군세는 적국 해안의 암초와 섬들 사이에 사지사방으로 흩어져 파쇄되고 말았다.

난파선과 굶주림으로부터 겨우 도망친 자들도 그들에 대한 분노로 이글거리는 추적자들의 손에서 빠져나갈 수는 없었다. 검과 교수대가 포로 중 위험인물의 숫자를 주린 후에 겨우 살아남은 사람은, 그들이 파괴하기로 마음먹었던 그런 신성한 건물의 복구수리를 위하여 한층 유용한 사역에 동원되었다. 교황은 시민과 동맹군의 선두에 서서, 사도들이 묻힌 전당에서 감사의 기도를 드렸고, 이번 해전의 승리로 획득한 전리품으로서 순은제 아랍식 활 13벌이 갈릴레아(Galilea) 어민들의 제단주위에 걸렸다. 레오 4세의 치세는 로마 국가의 방위와 성당을 장식하는 방향으로 향해져, 모든 교회가 개축되고 또 정비되었다. 4천 파운드(1492kg) 가까운 은이 성베드로 성당의 손괴보수에 충당되었는데, 이 사도가 묻혀있는 성역은 교황과 황제의 초상을 양각으로 새긴 그 둘레를 진주알을 꿰맨 염주로 둘러친 216파운드(80kg) 무게의 황금제 헌금접시로 장식되었다. 그러나 이런 허영심에서 나온 것 같은 장려한 장식품보다도 레오 교황의 평판을 높인 것은, 호르타(Horta)와 아메리아(Ameria) 성벽을 재건한 일과, 해안에서 12마일(19.2km) 떨어진 곳에 그가 새로 건설한 거리인 레오폴리스(Leopolis)에로, 켄툼켈레(Centumcellae)의 유랑민을 옮기는데 보여준 교황의 온정어린 배려이다. 그의 호의로 처자를 포함한 코르시카섬 사람들의 거류지가 티베르강 하구의 포르토(Porto) 주둔지에 만들어졌고, 쇠미해진 도시는 그들을 위하여 수리되고, 전답과 포도밭도 이 새로운 입식자들에게 분배되었는데, 더욱이 소와 말의 하사로 그들의 개간의 노고가 훨씬 경감되자, 사라센인에 대한 복수의 일념으로 불타고 있는 메부수수한 망명자들은, 새삼스럽게 성베드로의 깃발밑에서의 생사를 맹세하는 것이었다. 사도의 궁전을 방문했던 서방과 북방의 제민족이, 바티칸 교외에 크고 번화하는 거리를 천천히 형성하게 됨에 따라, 그들의 다채로운 부락은 당시의 말로서 그리스인, 고트인, 롬바르드인, 작센인 등의 부락으로 특정되었다. 그러나 이 존엄한 지역은 여전히 성물파괴적인 공격에 노출되어 있었으므로, 권력이 명령을 내리고, 희사(喜捨)가 공급할 수 있는 한의 온갖 노력이 이곳을 성벽과 탑으로 둘러쌀 계획에 집중되었는데, 이리하여 4년간에 걸친 이 경신적(敬神的)인 사업은 매계절, 아니 매시간마다 이 불요불굴한 교황의 진두지휘로 강력히 추진되었다. 명성에 대한 욕망이라는 고상하지만 세속적인 정열은, 이 교황이 바티칸 거리에 부여한 「레오의 도시(Leonine city)」라는 명칭에 노정되어 있을런지 모르지만, 헌당이라는 이 자랑은 그리스도교도다운 회오와 겸양으로 완화되었다. 교황은 재를 뒤집어 쓰고 참회복으로 갈아 있은 다음, 성직자 일동을 대동하고 맨발로 경계선을 한바퀴 돌았고, 개선(凱旋)의 노래는 찬송가를 부르는 것과 연도(連禱. litany. 사제가 먼저 읊는 기도문을 따라 신도들도 읊는 형식)로서 부드러워졌다. 성벽에는 성수(聖水)가 뿌려지고, 의식은 사도와 천사의 군대의 비호하에 신구 두 로마의 앞으로의 영원한 순결, 번영, 불멸을 바라는 기도로서 마감되었다.

「말더듬이(Stammerer)」 미카엘 황제의 아들인 테오필루스 (Theophilus . 재위 829~42)는 콘스탄티노플에 군림한 중세기의 군주들 가운데서, 가장 적극과감하고 고매한 인격의 제왕중 한사람이었다. 그는 공방전의 여러 전쟁속에서 스스로 다섯번이나 사라센군을 상대하여 진격하였는데, 그의 공격전에서는 용맹스러웠고, 그의 패배와 실패에서도 적으로부터 칭찬을 받았다. 그의 마지막 원정(837년?)에서 그는 시리아에 침공하여 인적드물고 마을에서 멀리 떨어진 소조페트라(Sozopetra)라는 거리를 포위한 바 있었다. 칼리프인 알-무우타심(al-Mu'tasim/Motassem. 압바스조 제8대. 재위 833~42. 이슬람교 자유사상파〈Mu'tazila〉를 지지하고, 다른 종파를 박해했으며, 수도를 바그다드에서 티그리스강 상류의 수라 만 라아〈Surra Man Ra'a : 사마르라〉로 옮겼다)이 우연하게도 이곳에서 태어난 것은, 그의 부친인 하루누르-라시드(Harunu'r-Rashid. 제5대. 재위 786~809)가 그의 많은 처첩들 가운데서 가장 사랑하던 여인을 평화시와 전시의 구별없이, 언제나 자기 신변가까이에 데리고 다녔기 때문이다. 이 시기에 때마침 칼리프는 페르시아의 한 사기꾼의 반란으로 애태우고 있었는데, 알-무우타쉼은 자기가 특별한 애착심을 가지는 이 출생지를 확보하기 위하여 〔황제에게 물러가 주도록〕 애원하는 것이 고작이었다. 동로마 황제는 이 간청을 듣자 상대방 체면에서 가장 민감한 부분에 상처를 입히기로 결심하였다. 이리하여 소조페트라 거리는 흔적도 없으리만치 철저하게 파괴되고, 여기서 잡힌 사라센군 포로는 특별히 잔혹한 오욕으로 손발이 절단되었고, 1000명에 이르는 여자 포로는 이 지역일대에서 추방되었다. 이들속에 포함된 압바스 왕가와 인연이 있는 한 여인이 절망적인 고민으로써 알-무타쉼에게 직소했기 때문에, 이런 비잔티움군의 잔학행위로 그녀와 한집안인 칼리프는 자기 체면에 걸고서라도 자기의 불명예를 씻는 동시에, 그녀의 호소에 대답해야할 처지에 몰린 것이다. 두 형(6대 칼리프인 알-아민〈al-Amin〉과 7대 칼리프인 알-마아문〈al-Ma'mun〉)들의 치세하에서 이 막내동생의 상속재산은 아나톨리아(Anatolia), 아르메니아(Armenia), 구르지아(Georgia) 및 키르카시아(Circassia)로 축소되어, 그의 최전선 주둔지는 일찍이 그의 군사적 재능이 발휘되었던 장소였다. 「8자 투성이의 사나이(the name of Octonary)」(그의 통치기간이 8년 8개월 8일간이고, 압바스조 제8대 칼리프이며, 아들 8명, 딸 8명, 8천명의 노예와 800만매의 금화를 남겼기 때문이다)라는 별명의 우연한 근거가 운데서, 그의 가장 저명한 공적은, 그가 『코란』의 적들을 상대로 싸워서 승리한 여덟차례의 회전이다. 이 개인적인 항쟁에서 이라크, 시리아, 이집트의 군대는 아랍과 터키의 유목민 부족에서 보충되었기 때문에, 근위기병 총세 13만기라는 숫자를 우리가 상당히 에누리해서 추정해야 한다고 하지만, 그래도 그의 기병대는 상당히 강력하였는 바, 장비에 드는 경비가 무려 400만 파운드(정화로) 또는 10만 파운드의 금중량(37,300kg)으로 계산된다. 사라센군은 집결거점인 타르소스(Tarsos/Tarsus)에서 3개 사단으로 나뉘어져 콘스탄티노플을 향하여 공도를 따라 전진했다. 알-무우타쉼 자신은 중앙부대를 지휘하고 선봉대의 지휘권은 아들인 압바스(Abbas)에게 위임하였다. 그를 임명한 것은 이번의 첫번째 출진에서 무운이 좋으면 자기의 영광을 한층 빛낼 것이고, 설사 실패한다 해도 하등에 면목없는 일이 되지 않는다는 배려에서 였다. 칼리프는 자기의 오욕을 설욕하기 위하여 같은 종류의 모욕으로 보복할 준비를 갖추었다. 테오필루스의 아버지(미카엘 2세)는 프류기아(Phrygia)의 아모리움(Amorium) 출신인데, 이 왕조(이사우리아〈시리아〉황통)의 발상지는 일찍부터 특권과 기념비로 장식되어 있었는 바, 민중에게는 전혀 인연이 없었겠지만 황제와 궁정의 입장에서 볼 때, 이 왕가의 교향 땅은 콘스탄티노플 그 자체에 뒤지지 않는 인연을 가지고 있었다. 이리하여 사라센군의 방패에는 아모리움의 지명이 새겨졌고, 그들의 3개 병단은 이 운명적인 도시의 성벽밑에서 다시 합류하였다. 현명한 측근이 아모리움을 적에게 내주되, 주민을 모두 철수시켜 무인의 성곽으로 만듦으로써 만족의 공허한 분노에 양보하는 것이 좋겠다고 건의하였지만, 황제는 선조의 고향을 포위와 전투로 방위하겠다는 한층 고매한 결의를 굳혔다. 이슬람군이 접근했을 때, 그 대열의 선두가 창과 투창으로 한층 밀집되어 있는 것처럼 로마병사들의 눈에는 비쳤다. 그러나 승패의 귀추는 어느쪽 국민군에게도 결코 명예가 되는 것이 아니었다. 아랍군은 격파되었지만, 그것은 비잔티움 제국내에 정주하면서 종군하고 있던 3만명의 페르시아 출신 용병들의 창검에 의한 전과였고, 다른 한편에서 비잔티움군측이 패퇴하여 붕괴된 것은 투르크족 기병대의 궁시(弓

矢)탓이였는데, 만일 그들의 활시위가 밤새도록 내린 비로 습기를 먹어서 느슨해져 있지만 않았던들, 황제와 더불어 전쟁터에서 이탈할 수 있던 그리스도교도의 병사들은 거의 없었을 것이다. 그들은 3일행정의 거리나 떨어진 도률레움(Dorylaeum)에 도착한 다음에야 겨우 한숨돌렸다. 공포심으로 아직도 벌벌 떨고 있는 자신의 사단을 열병하면서, 테오필루스는 군주와 국민의 공통적인 패퇴를 허용하지 않을 수 없었다. 자군의 이와같은 열세를 발견한 후의 아모리움의 운명을 구해보려는 그의 희망은 사라진 바, 가차없는 칼리프는 상대방의 기원과 약속을 경멸하여 무정하게 거절하고, 그의 철저한 복수의 증인으로 삼기 위하여 이 성안에 머물러 있던 로마의 사절까지 탈출을 만류시켰다. 그들은 본의아니게 그의 치욕의 증인이 될 참이었다. 충성스러운 총독, 잘 훈련된 수비대, 필사적인 시민은 55일간이나 칼리프의 격렬한 공격에 저항하였는데, 만약에 성안에 있는 배신자가 사자와 황소상으로 장식된 성벽의 가장 취약한 개소에 관한 비밀을 알려주지 않았던들 사라센군은 어쩌면 포위망을 풀고 물러갔을 것이다. 이리하여 알-무우타쉼의 맹세는 인정사정없는 가혹성으로 수행되었다. 그는 파괴에 만족했다기 보다도 싫증났기 때문에 바그다드 근교에 있는 사마라(Samara)의 새 궁전으로 철수한데 대하여, 불운한 테오필루스는 자기의 서방동맹자인 프랑크인 황제에 대하여, 시기를 놓쳤을 뿐만 아니라 믿을 수도 없는 원군을 간청하였다. 그러나 아모리움 공위전에서의 무슬림군의 전사자도 7만명 이상에 이르렀는데, 이 손실을 칼리프는 그리스도교 병사 3만명에 대한 학살과, 같은 수만큼의 포로들에게 가장 극악스러운 범죄인들에게나 적용하는 그런 학대행위로 고통을 가함으로써 보충하였다. 교전쌍방의 긴급한 필요성이 때로는 포로교환이나 속상금(贖償金) 지불로 포로의 인수를 강요하는 상황을 만들어 내는 경우도 있지만, 이 두 제국의 민족적·종교적인 사투속에서는 강화조약이라는 신뢰성을 수반하지 않은 바, 전쟁은 적당한 조치를 취하지 못하게 하였다. 전쟁터에서는 거의 편의를 봐주는 일이 없었고, 칼날에서 벗어난 자는 절망적인 예종이나 공들인 고문에 걸려들었다. 한 가톨릭 황제는, 산채로 가죽을 벗기거나 열탕이 끓고 있는 커다란 가마솥속에 던져서 처형한 크레타섬 침입 사라센 병사들의 운명을, 아주 만족하다는 마음으로 이야기한적도 있다. 알-무우타쉼은 단지 자기의 체면을 위해서만, 번영하던 한 도시와 20만이나 되는 생명과 몇 100만인의 재산을 희생시켰다. 이런 칼리프지만 다른 한편에서는 짐실은 낙타를 끌고 가다가 그만 도랑에 굴러 떨어진 바, 늙어서 몸도 잘 가누지 못하는 노인의 어려움을 구해주기 위하여 몸소 말에서 내려 그를 부축해줄 때, 용포를 더럽힌 일도 있었다. 그가 죽음의 사자에게 끌려갔을 때, 이 두가지 행위중에서 그는 과연 어느쪽에 자긍심을 가졌을까?

압바스 왕조 제8대 칼리프인 알－무우타쉼 시대에, 그의 왕가와 국민의 영광은 소멸되었다. 동방지역을 석권했던 아랍의 정복자가 페르시아·시리아·이집트의 굴종적인 대중과 혼화(混和)하게 되자, 그들은 부지불식간에 사막의 자유민으로서의 상무(尙武)의 기상을 잃어버렸다. 남방주민의 용기는 기실 훈련과 선입관에 의한 인위적(人爲的)인 과실인 것이다. 이미 열광의 적극적인 능력이 침체상태에 빠진 결과로, 칼리프의 용병대는 그 용기가 조야(粗野)하고 자생적(自生的)인 작물인 북방풍토로부터 보충되기에 이르렀다. 옥수스강(Oxus江. 지금의 아무다리아강)과 야크사르테스강(Jaxartes江. 지금의 시르다리아강)들의 유역에 거주하는 투르크족의 옹골찬 장정들은, 전쟁에서 포로로 붙잡히던가 금전으로 매수된 후, 전장에서의 훈련과 이슬람교의 신앙고백에 대한 교육훈련을 받았다. 이리하여 무장한 투르크인 친위대가 그들의 은인의 왕좌주위를 굳게 경호하는 상황이 조성되었고, 그리하여 그들의 대장이 궁정과 제속주의 지배권을 찬탈하기에 이르렀다. 이런 위험한 집단의 포용에 관한 최초 고안자인 알－무우타쉼은 수도에만도 5만명 이상의 투르크인을 끌어 들였는데, 그들의 방자한 행동은 국민의 분격을 불러일으켰고, 칼리프는 병사와 민중의 항쟁으로 말미암아 바그다드를 탈출하여, 이 평화의 도시로부터 티그리스강 상류쪽 약 20마일(32km) 지점인 사마라에 자기자신의 주거와 편애하는 외국인 병사들의 군영을 조영할 생각을 가지게 된 것이다(사마라에로의 천도는 836년에서부터 55년간 뿐이다). 그의 아들인 알－무타와킬(al－Mutawakkil. ‘Ala'llah. 제10대 칼리프. 재위 847～61. 지금까지 국교적 주류파였던 무타질라파〈Ma'tazila派. 합리주의파로서 시아파에 해당〉를 탄압하고 정통파인 순니파를 보호하여 무타질라파의 대법관 아하마드〈Ahmad〉를 해임했고 정통파 제4대 칼리프 알리〈Ali〉와 시아파의 敎長〈ja'afar〉 알－후사인〈al－Husain. 625?～80. 위의 알리의 2남〉의 무덤을 파헤쳤다. 투르크족 용병을 중용함으로써 맏아들 문타시르〈al－Muntasir〉의 선동을 받은 투르크족 용병의 손에 살해됐을 뿐만 아니라 압바스왕실을 이후 투르크족 군벌의 괴뢰화시켜 왕조쇠망의 원인을 만들었다. 「땅에 떨어진 신의 그림자」의 별명을 얻었을 정도로 성격이 혹박기교〈酷薄奇矯〉하고 변덕스러워서 신하의 미움을 받았다)은 질투심이 강하고, 잔인한 전제자였다. 신하들의 미움을 받은 그는 다른 도리가 없어서 타국인(투르크인)의 충성심에 의지했지만, 불안감으로 벌벌 떠는 야심적인 외국인 용병들은 혁명의 풍부한 약속에 유혹되었다. 그의 아들의 사주, 적어도 그의 대의명분으로 그들은 점심시간에 그의 개인적인 방에 난입하였는데, 여기서 칼리프(알-무우타씸)는 바로 얼마전에 자기의 생명과 왕위의 경호자들에게 나누어 주었던 그 칼로 갈가리 찢기고 말았다. 문타시르(al-Muntasir. 제11대 칼리프. 재위 861~62)는 아직 아버지의 피자국으로 흐려져 있는 왕좌로 의기양양하게 안내되었지만, 그는 6개월간의 치세기간동안 줄곧 양심의 가책으로 고민만을 겪었을 따름이다. 만일 그가 호스로(Chosroes/Khosrau Ⅱ, Parvez. 페르시아왕 재위 579~90. 자기 아들인 쿠바드〈Qubad Ⅱ〉에 의해 퇴위당한 후 살해되었다)의 자식이 저지른 죄와 벌을 묘사한 옛 색무늬의 금수단(tapestry)을 보고 울었기 때문에, 그의 생명이 비탄과 회오로 단축되었다는 소문이 진실이라면, 자기는 현세와 내세를 모두 잃었다고 고통스러운 죽음의 침상에서 외쳤다는 이 살부자(殺父者)를 우리는 얼마간 가엾게 생각할 기분도 들게 된다. 이 모반행위가 있은 뒤에, 왕좌의 휘장(徽章)인 마호메트의 웃옷(garment)과 지팡이(walking staff)는 외국인 용병의 손에 의하여 멋대로 주고 받게 되었는데, 그들은 불과 4년사이에 무려 3명의 신도 통솔자를 창조하고 또 추방하거나 살해하였다(제11대 al-Muntasir〈861~62〉, 제13대 al-Mu'tazz〈866~69〉 및 제14대 al-Muhtadi〈869~70〉의 4대가 이렇게 폐립되었다). 투르크 병사들이 공포·분노·탐욕에 불타 오를 때마다, 이들 칼리프는 그들에게 발목을 잡혀서 끌려나와, 작열하는 태양빛 아래 나체로 만들어진 다음, 쇠막대로 매맞은 끝에, 자기들의 지위를 포기하겠다는 선서와의 교환으로 불가피적인 운명의 순간적이나마 살해되는 시간의 지연을 사들이는 방법외에 다른 행동을 할 수가 없었다. 그러나 이런 폭풍우의 맹렬한 위세도 마지막에는 진정되든가 다른 방향으로 빗나가게 됨으로써, 압바스조의 칼리프는 얼마간 평정(平静)을 회복한 바그다드의 궁전으로 돌아왔다. 투르크인의 횡포는 그들보다 한층더 강경하고도 교묘한 팔뚝으로 억제되고, 그들의 병력은 외정(外征)으로 분단되고 또 파괴되었다. 그러나 오리엔트의 제민족이 이미 예언자의 후예들을 무시하는 맛을 알게된 이상, 국내평화는 치안과 규율의 이완에 의해서만 확보되었다. 군사독재의 비참성이란 어디나 획일적이기 때문에, 저자는 로마 근위병에 관한 이야기를 반복하고 있다는 착각에 빠질 정도이다.

열광의 불길이 시대의 정무(政務)·쾌락·학문에 의하여 축축히 적셔지고 있는 동안에, 그것은 현세와 내세 쌍방의 지배권을 노리는 선택된 소수자들의 즐거운 가슴속에서 집중적인 열기로 타올랐다. 예언의 서(the book of prophecy)가 메카의 사도(마호메트)에 의하여 제아무리 꼼꼼하게 봉인되었다 해도, 열광심의 원망(願望), 나아가서는 이성(理性. 이렇게 말하면 이 말을 모독하는 것일까?) 조차 당연히 아담(Adam), 노아(Noah), 아브라함(Abraham), 모세(Moses), 예수(Jesus), 그리고 마호메트(Mohammed)의 연속된 소명(召命) 뒤에, 같은 신은 시간이 지나서 한층더 완전하고 항구적인 율법을 반드시 계시할 것이라고 믿어도 무방할 것이다. 헤지라력 277년에 쿠파(Cufa) 근교에 카르마트(Carmath, Hamdan. 카르마트파는 시아파 과격분자들의 종파인 이스마일파 가운데의 한 분파이다)라는 이름의 아랍인 설교사가 나타나, 자기는 메시아(Messiah. 구세주)가 인간 모습으로 나타난 바로 그 분과 친밀하게 이야기를 나눈 사람으로서,그의 안내인(Guide)이며 지도자(Director)요, 논증인(Demonstration), 복음(Word)과 신령(Holy Ghost), 낙타(Camel), 메시아의 전령(Herald)이며 마호메트(Mohammed)의 대리인(representative)일뿐만 아니라 알리(Ali)의 아들, 세례자 성 요하네스(St. Johannes/Johon), 그리고 대천사 가브리엘(Gabriel)의 대리인이기도 하다는 등 당당하고 그 속성을 인식할 수 없을 정도의 자격을 꾸며대는 것이었다. 그가 쓴 신비로운 책속에서는 『코란』의 규칙이 좀더 영적(靈的)인 사리분별로 세련되어 있었는데, 예컨대 그의 손으로 목욕, 금식, 순례의 의무는 완화되었으며, 포도주와 금단의 음식물에 대한 무차별적인 섭취도 인정되어 있었다. 그는 매일 50회의 반복적인 기도를 통하여 자기 제자들의 열정을 조장하였다. 거칠고 난폭한 대중의 나태성과 소요가 쿠파 위정자들의 주의를 환기시켰지만, 이에 겁을 먹고 가한 박해는 이 새종파의 진전을 오히려 조장하고 말았는 바, 이 예언자의 이름은 그 사람이 타계한 후에 한층더 존숭(尊崇)되기에 이르렀다. 그의 12사도는 「한결같이 이성도, 종교심도 결여되어 있었다」고 아불피다(Abulfida)는 말했지만, 그러나 카르마트의 교리는 베두인족(B-edoweens/Bedouin族. 사막에서 유목생활을 하는 아라비아 사람들)사이에 확산되었는 바, 그들의 설교의 성공은 아라비아의 새로운 혁명을 유발하는 것처럼 보였다. 카르마트파는 원래 압바스 왕통의 권리를 부인하고 바그다드의 역대 칼리프의 현세적인 화미성과 사치함을 증오했기 때문에, 당장 반란에 떨쳐 일어 나도록 호소하기라도 할 기세였고, 또 신과 민중의 목소리로 예언자의 역할을 수행하도록 분부받은 그들의 이맘(Imam/Imaum. 종교적 수령)에게 이슬람은 맹목적·절대적인 복종을 맹세하고 있었기 때문에, 일정한 규율을 유지하고 있었다. 그는 법제상의 10분지 1세(十一租)에 대신하여 그들의 재산과 전리품의 5분의 1을 요구하였다. 가장 파렴치한 범죄라곤 하지만, 이것은 불복종의 과시외 아무것도 아니었다. 그리하여 그의 일파 신도들은 비밀을 엄수한다는 서약으로 단결되고 또 몸을 감추어 버렸다*.

격렬한 항쟁끝에 페르시아만에 면한 바레인주에 세력기반을 구축한 사막민들은, 광범한 지역을 지배하게된 아부 사이드(Abu Said aj-Jannabi, 914사망. 공산주의적 조직의 이슬람교 일파인 카르마트 교단의 지도자로서, 아라비아 동부의 하사지방에 의거한 다음, 900년에 압바스조의 토벌군을 바스라 남방에서 격파했고, 902년에는 시리아까지 점령하였다)와, 그의 아들 아부 타히르(Abu Tahir Sulaiman. 944사망. 자기 아버지의 위업을 이어받아 930년에는 메카를 점령하고 카바 신전의 검은돌〈Black stone〉을 하사에 옮기는 등의 맹위를 떨치던중 암살되었다. 단 그 검은돌은 951년에 메카의 원위치에 되돌려졌다)의 왕홀 —— 라기 보다도 창검에 복속되었지만, 이처럼 반란한 이맘(Imam)부자는 한때는 10만 7천명의 광신자들을 전쟁터에 모으기까지 하였다. 압바스조의 칼리프가 고용한 용병대는 온정을 요구하지도 또 받아들이지도 않는 그런 적병의 접근에 깜짝 놀랐다. 그리고 이 양대 진영의 강의성과 인내심의 차이는 3세기의 번영이 아랍인의 성격에 일으킨 변질성을 여실히 나타냈다. 이런 부류의 용병대는 회전이 있을 때마다 패배하였는 바, 이리하여 라카(Racca)와 바알벡(Baalbec), 쿠파(Cufa)와 바스라(Bassora) 도시들이 곧 점령되고 또 약탈당했다. 바그다드는 경악했고 칼리프는 궁전창문의 커텐뒤에 숨어서 벌벌 떨었다. 아부 타히르는 티그리스강을 건너 대담하게 진출하여 500기에 불과한 기병대를 이끌고 수도 성문가까이에 나타났다. 무크타디르(al-Muqtadir. 재위 908~32. 제18대 칼리프)의 특별명령으로 교량은 사전에

---

* 본문에 있는 바 「같은 신은 시간이 지나서 한층더 완전하고 항구적인 율법을 반드시 계시할 것」이라는 문제와 관련하여, 본문에 소개된 카르마르파에 관한 것외에 근대에 있은 다른 한가지 사례를 더 소개한다면, 1844년, 이슬람교 시아파 계통에서 파생하여 독립한 바하이교(Bahai教)를 들게 된다. 이의 교의는 이란의 청년 알리 무하마드(ali Muhammad)에서 유래된다. 그는 새시대의 도래를 예언하였는데, 그러자 그의 제자 미르자 후세인(Mirza Husein)은 1863년에 자기 자신을 하하우라(신의 영광)로 선언하면서 바하이 교리를 설하고 나섰다. 그의 교리는, 모든 인간은 신의 아들 딸이고, 사랑이 첫번째 의무라고 했고, 또 모든 종교를 긍정하는 혼합종교적인 색채를 띠었다. 현재도 일부 이란과 이라크 지방에서 신봉되고 있지만, 정통 이슬람교로부터는 이단시되고 있다.

파괴되어 있었는데, 이 신도 통솔자는 반도 수괴의 신병이나 그의 수급을 가져오기만 학수고대하고 있었다. 그런데 그의 부장(部將)은 공포심 내지 연민의 정에서 나온 행동이겠지만, 아부 타히르로부터 들은 바, 그의 목숨의 위태로움을 가르쳐 주면서 속히 도망치도록 권고하였다. 도대체가 두려움을 모르는 이 카르마트파의 이맘은 칼리프에게서 온 사자에게 이렇게 말했던 것이다.「너희 주인은 틀림없이 3만의 군대를 통솔하고 있을 것이외다. 그러나 그의 군대에는 이런 3명의 병사가 없을 것이요.」이렇게 말하고 나자 그는 자기의 동료 세사람쪽을 향하여 돌아선 다음, 첫번째 사람에게는 단검으로 자기 가슴을 찌르도록 명령하고, 두번째 사람에게는 티그리스강속으로 뛰어들라고 했고, 마지막 사람에게는 벼랑 끝에서 몸을 내던지라고 명령한 것이다. 그들은 모두가 아무런 불평도 내뱉음이 없이 그의 명령에 복종하여 그렇게 행동한 것이다.「당신이 방금 본 일의 전말을 돌아가서 보고하오(하고 이맘은 말을 이었다). 저녁때까지 당신의 지휘관은 반드시 우리네곁에 쇠사슬에 묶여 있을 것이외다.」사실 저녁때가 채 되기 전에 군영이 강습당하여 이 협박은 실행되었다. 카르마트 종파의 강탈행위는, 메카 숭배에 대한 그들의 반감에 의하여 더욱 격심해졌는 바, 순례자들로 구성된 대상(隊商)에 대한 그들의 습격으로 2만명이나 되는 경건한 무슬림들이 작열하는 사막의 한복판에서 굶주림과 목마름으로 죽어갔다. 또 다른 해에 그들은 순례단을 저지시킴이 없이 전진케 했지만, 아부 타히르는 바로 예배하는 축제일 당일에 신성한 도시(메카)를 습격하여 마호메트 신앙에서 가장 유서깊은 유물(카바신전의 검은돌)을 유린하였다(930년). 3만의 시민과 외국인의 피가 도랑을 이루어 흘렀고, 신성한 경역은 3천구의 시체매장으로 오염되었다. 젬젬(Zemzem)의 샘은 피로 넘쳐 흘렀고 금으로 만든 샘물꼭지는 뽑혔는가 하면, 카아바(Caaba)신전의 베일은 찢기여 이 불경신의 종도(宗徒)들 사이에서 분배되었고, 민족의 제1등급 기념비인 검은돌(the black stone)은 의기양양하게 그들의 수도로 반출되었다. 그들은 이런 성물파괴와 잔학행위를 감행한 뒤에도 여전히 이라크, 시리아, 이집트의 국경지대를 약탈하며 돌아다녔다. 그러나 이런 광신의 활력원리는 이미 그 원천이 고갈되고, 그들의 주저 내지 탐욕이 또다시 메카 순례를 묵인함에 이르러, 카아바 신전의 검은돌도 반환되었다. 그들이 어떤 파벌로 분열되고, 어느 누구의 칼에 의하여 최종적으로 절멸되었느냐 하는 규명은 불필요하다. 이 카르마트파 사건은 칼리프의 제국이 쇠망하는 과정에서 두번째로 눈에 띄는 주요원인으로 생각될 수 있다.

세번째의 가장 자명(自明)한 쇠망원인은 제국 그 자신의 무거운 짐과 덩치이다. 칼리프인 알-마아문(제7대. 재위 813~33)이 자기에게 있어 동서 두 제국의 통치는 2피트 평방의 체스판에서 장기쪽을 움직이는 정도밖에 안되는, 이른바 누워서 떡먹기라고 호언장담한 기분은 알겠지만, 그러나 저자는 그가 이 양쪽 게임에서 다같이 결정적인 많은 오류를 범한 것이 아니였나 하고 생각한다. 사실 나는 이 압바스 왕조 최초의 가장 강력하던 칼리프의 권위조차, 멀리 떨어져 있는 속주에서는 벌써부터 약체화되어 있었다는 것을 알고 있다. 전제주의는 군주가 자기의 전권을 자기 대리인에게 위임하는 것이라고 유추된다. 예컨대 권한의 분립과 균형은 반드시 복종의 습관을 이완시켜, 묵종적인 신민에게도 시민정부의 기원과 운용에 대한 관심을 불러 일으키는 처지에 놓이게 한다. 대저 황제의 아들로 태어난 사람이 통치능력의 소유자일 경우란 퍽 드문 일이지만, 이와는 반대로 한 개인, 예를들어 농민 또는 노예신분으로부터의 승진과 등극은 그의 큰 용기와 능력을 추정케하는 강력한 증거이다. 원격한 지역에 위치한 왕국의 부왕(riceroy. 또는 태수)이라면, 자기자신의 위태위태한 신탁(信託)인 영유지와 그것의 계승권을 확보하고자 바랄 것이고, 현지의 국민도 자기들의 수장이 현지에 거주하는 것을 기뻐할 것이 틀림없다. 따라서 군대와 재보에 대한 자유로운 권한은, 그의 야망의 목표인 동시에 수단으로도 된다. 칼리프의 부장들이 자기의 대리인으로서의 각자의 직위에 만족하고 있는 한에서는 변화란 거의 표면에 나타나지 않는다. 그러나 장기간에 걸친 세습권력의 행사과정에서 그들은 당연히 국왕된 프라이드와 속성을 몸에 지니게 마련이다. 강화냐 전쟁이냐, 보상이냐, 처벌이냐에 대한 선택은 전적으로 그들의 의사 하나에 의거하게 되고, 그들의 통치를 위한 세입은 지방적인 용도 내지 사적(私的)인 장려성(壯麗性)을 취하기 위하여 유보되게 마련이다. 이리하여 인원과 금전의 정기적·규칙적인 교체와 조달에 대체하여, 이제 예언자의 후계자는 코끼리나 한쌍의 매, 비단으로 만든 한세트의 벽걸이, 또는 몇 파운드의 사향(麝香)이나 호박(琥珀)과 같은, 야한 선물로 회유되곤 했다.

압바스 왕조의 현세적·영적인 수장권으로부터 스페인이 이반한 후에는, 불복종의 첫번째 징후가 아프리카 속주에서 나타났다. 빈틈없는 엄격한 하루누르-라시드(제5대 칼리프. 재위 786~809)의 부관이던 아글라브(Aglab)의 아들 이브라힘

(Ibrahim)은, 아글라브 왕조(Aghlab王朝. 튀니지와 기타를 지배하던 왕조로서 800~909년간 존속)에게 자기 이름과 권력의 상속을 유증하였다. 칼리프의 무기력 내지 책략은 이런 손실과 모욕을 묵과하고, 단지 대서양 연안에 페즈(Fez)왕국과 도시를 세운 이드리스 왕조(Edris/Idris王朝. 모로코지방을 지배한 왕조로서 788~985년간 존속)의 창설자만을 집요하게 추구하였다. 한편 오리엔트의 첫번째 왕조는, 타히르(Tahir Dhu'l－Yaminain. 압바스조 제7대 칼리프인 마아문의 명장으로서 이라크계 노예를 조상으로 한다. 호라산 태수로 있을 때 압바스조에 대한 臣從을 맹세하고, 특허에 의해 주권을 확보하여 사실상 독립하였는 바, 이것이 타히르 왕조〈5대, 820~72〉인데, 그의 재위는 820~22년간이고, 통치 50여년 후에 이란의 사파르조〈Saffar朝. 3대 867~903년간 존속〉에 의하여 멸망되었다)왕가, 즉 하루누르－라시드 아들들의 내란 당시, 둘째 아들인 알－마아문을 열렬히 지지하여 그를 도움으로써 크게 이름을 높였던 용사 타히르의 후예가 차지했다. 이 타히르는 옥수스강(아무다리야강)유역의 사령관이라는 허울좋은 명목으로 추방되었지만, 호라산 지역에서 4대에 걸쳐 독립을 유지해온 그의 자손은, 그들의 겸손하고 존경할만한 태도, 그들의 백성들의 행복, 그 국경선 보전에 의하여 참작되었다. 이 왕가는 후일 오리엔트의 연대기에 여러번 등장하는 것처럼, 놋갓장이 노릇을 내동댕이치고 도둑질 전문직업으로 전향한 모험가 중 한사람에 의하여 타도되었다(이것이 이 왕가를 사파르〈Saffar/Soffar. 銅細工師라는 뜻〉라는 이름을 붙이게 된 연유이다). 라이스(Laith/Leith)의 아들인 야쿠브(Ya'qub bin Laith. 영어표기로는 Jacob. 878사망. 이란의 시스탄에서 사파르 왕조를 창건한 사람. 재위 867~78. 처음에 압바스조 시스탄 태수에 봉사했고, 후에 스스로 태수가 된 후, 인근지역을 빼앗아 바그다드 칼리프에 대항했다. 642년, 사산조 멸망후 225년만에 이란에서 최초로 이란인계 이슬람왕국을 세운 것)는, 어느날 밤 시스탄(Sistan) 태수의 보물창고에 잠입할 때, 소금덩어리에 발부리가 채워 넘어지면서 뜻하지 않게 소금을 혓바닥으로 핥게 되었다. 동방 사람들 사이에서 소금은 환대의 상징이므로, 이 기특한 도둑은 아무런 위해도 가함이 없이, 또 아무것도 훔치지 않고 빈손으로 돌아갔다. 이 명예로운 행동이 폭로되자, 야쿠브는 태수의 사면을 받았을 뿐만 아니라 오히려 신임을 얻게 되었는데, 그는 당초에는 자기가 이끄는 군대를 은인인 태수를 위하여 통솔했지만, 나중에는 자기 멋대로 이 무력을 움직여서 페르시아 지방을 평정하고 압바스 조정의 본거지에 압박을 가했다. 바그다드 진격도중에 이 정복자는 그만 열병에 걸렸다. 그는 병상에 누워서 칼리프의 사절과 회견하였다. 그의 옆에 놓인 탁

자위에는 나도신(裸刀身)의 신월도(연월도)와 한조각의 검은빵, 한다발의 양파가 놓여 있었다. 「만일 내가 죽으면(하고 그는 말했다), 너희들의 주군은 공포에서 해방된다. 그러나 만일 내가 살아난다면, 이것으로 우리들의 승패는 결정된다. 만일 내가 싸워서 패배하면, 나는 부끄러운 기색없이 젊은날의 검소한 생업으로 되돌아 갈것이다.」 그가 차지하고 있던 유리한 지점으로부터의 강습(強襲)은 결코 온화하거나 무해(無害)했을리가 없었으므로, 그의 때를 맞춘 사망은 본인 자신의 안면(安眠)뿐만 아니라 칼리프의 그것도 실현되었다. 칼리프는 매우 값비싼 양보의 대가를 지불하고 시라즈(Shiraz)와 이스파한(Ispahan)궁전으로부터의 그의 동생 아므르(‘Amr ibn Laith. 재위 878~900)의 철퇴를 실현시켰다. 이제 싸울만한 실력도 없는 주제에, 그래도 용서한다는 말을 함부로 내뱉음으로써 너무도 허영꾼이 되어 버린 압바스조는, 사만가(Saman家. 트랜스옥시아나와 이란을 9대 874~999년간 통치한 왕조. 시조인 사만은 발흐〈Balkh〉의 귀족으로서, 고향에서 추방되자 호라산의 태수 Asad bin ‘Abdu'llah의 원조를 받아 배화교에서 이슬람교로 개종하여 사만왕조 창건의 기초를 닦았고, 또 이란민족 부흥의 단서를 열었다)의 강력한 군주(제2대 군주인 이스마일 이븐 아하마드〈Isma'il ibn Ahmad. 재위 892~907〉를 가리킨다)를 초청하기에 이르렀는데, 그들은 1만의 기병대를 이끌고 옥수스강(아무다리야강)을 넘어왔다. 워낙 가난하기 때문에 등자(鐙子)조차 목제였던 그들은, 용감한 전투로 자기병력의 8배나 되는 사파르조의 강력한 군대를 격파하였다. 이 전투에서 아므르 이븐 라이스는 체포되어 감사의 공물(貢物)로서 바그다드 궁정으로 호송되었다. 그리고 이 승리자는 트랜스옥시아나(Transoxiana)와 호라산(Chorasan/Khurasan)지역의 지배만으로 만족했기 때문에, 페르시아 영토는 잠깐동안 칼리프에의 충성으로 되돌아 갔다. 시리아와 이집트의 속주들은 그들의 투르크인 노예들인 툴룬(Toulun/Tulun, 5대에 거쳐 868~905년간 지배)과, 이흐시드(Ikshid/Ikhshid. 역시 5대에 거쳐 935~69년간 지배)의 두 부족에 의하여 2회나 바그다드의 지배로부터 분리되었다. 종교와 습속에서 마호메트와 동국인인 이 만족은 궁전내의 피비린내나는 파벌투쟁으로부터 지방적인 지배권과 독립된 왕위에로 오른 것인데, 그들의 이름은 그 당시는 세상에 널리 알려져 공포의 대상이었다. 그러나 이처럼 강력한 두 왕조의 창건자들은 언어 내지 행동상으로 자기들의 야심의 공허성을 고백하였다. 전자는 그가 죽음의 침상에 누워서, 자신의 분수도 모르고 날뛴 죄인에 대한 자비를 빌었고, 후자는 40만의 병사와 8천명의 노예를 보유하면서도 자기가 잠자려는 개인 침실을 그 어떤 사람도 보지 못하도록 하였다. 그들의 자식들은 국왕의 악덕속에서 키워졌는데, 이집트와 시리아는 30년동안에 압바스 왕조의 지배하에 얼마동안씩 가끔 회복되고 또 영유되었다. 칼리프 제국의 쇠미로 메소포타미아는 모술(Mosul)과 알레포(Aleppo)라는 중요한 두 도시를 포함하여, 한 아랍인 부족의 수령인 하마단(Hamadan)에게 점령되었다. 이들의 후안무치한 궁정시인들은, 그들이 조화의 신에 의하여 아름다운 용자(容姿)와 웅변에 적합한 언어, 그리고 관용성과 용기에 어울리는 완력을 부여받았다고 노래하였지만, 그 하마단왕조(Hamadanites. 944~1003년간 지배)의 융흥과 통치의 실제적인 모습은 배신, 살인, 살부(殺父)의 무대를 연출했을 뿐이다. 똑같은 운명적인 시기에 페르시아 왕국은 다시 딜레미족의 족장(族長) 부와이(Buwaih)가 창시한 왕조(932~1055년)의 무력으로 찬탈되었다. 그들 3형제(알리 빈 부와이〈'Ali bin Buwaih. 부와이조 파루스派 창시자〉, 무잇줏－다울라〈Mu'izzu'd－Daulah. 부와이조 이라크파 창시자〉 및 루크눗－다울라〈Ruknu'd－Daulah. 부와이조의 한 支朝를 통치〉)는 이른바 국가의 지주요 토대라는 등 여러가지로 칭송되면서, 카스피해에서 인도양까지의 넓은 땅에서 자기이외의 전제자를 인정하려 하지 않았다. 그들의 치세하에서 페르시아의 언어와 국민성이 부활되었는데, 이리하여 아랍인은 마호메트가 죽은지 304년만에 동방의 왕홀을 잃었다.

압바스 왕조의 제20대 칼리프이며, 마호메트의 제39인째 후계자되는 라디(ar－Radi. 재위 934~40)는, 신도통솔자의 호칭에 어울리는 마지막 사람, 즉(하고 아불피다는 말한다) 민중에게 설득시키고, 학자들과도 간담(懇談)을 나눌 수 있었던 마지막 인물, 그리고 그의 가정(家政) 지출에서 고대 칼리프의 부와 장엄성을 대표한 마지막 칼리프였다. 그 이후의 동방세계의 수장은 가장 굴종적인 비참성에 노출되어 예종적인 상황하에서 타격과 모욕을 감수해야만 하였다. 계속되는 속령들의 이반으로 그들의 지배권은 바그다드 성벽안으로 한정되었다. 그러나 이제 이 수도는 자기들의 지난날의 영광을 추억하여 현상에 분만을 품었으며, 이전에는 여러 국민들로부터의 공납과 전리품으로 차고 넘쳤던 국고로부터의 요구로 압박받는 수많은 군중만을 포용하고 있었다. 그들의 방탕은 파벌투쟁과 논쟁으로 조장되었는데, 엄격한 한발(Ahmed Ebn Hanbal. 헤지라력〈A. H.〉으로 164~241. 바그다드 태생. 고전적 이슬람 법학의 하나인 한발학파의 시조. 「창조된 『코란』」을 주장한 무타지라파를 반대하였다)의 추종자들은, 경신(敬神)이라는 가면아래 가정생활의 행복을 증오시하여, 평민과 귀족들의 집에 난입하여 포도주통을 엎어버리며, 악기를 망가뜨리고 악사에게 매질하는가 하면, 미소년을 친구로 삼은 자들에게 악랄한 혐의를 씌워서 그들의 명예를 손상시켰다. 정원이 2명인 동업단체라면 그중 한사람이 알리의 당파(시아 알리, 즉 후일의 시아파)이고, 다른 한사람은 그의 적대자일 정도로 사회는 두 파로 갈라져 있었다. 압바스 왕조도 자기들의 왕위를 부인하고 그 선조를 저주하는 동료들의 소란스러운 불만의 목소리에 비로소 각성하게 되었다. 소란을 즐기는 민중은 군대의 실력행사로써만 억압될 수 있었다. 그런데 도대체 어느 누가 이 용병대 자체의 탐욕심을 만족시키고, 그들의 규율을 확립케 할 수 있단 말인가? 아프리카와 투르크족출신 친위대는 상호간에 검을 뽑아들고, 싸웠는가 하면, 역대 알-옴라(the emir al-Omra. 로마 역사상 황제, 대장군, 군사령관을 의미하는 Imperator/Imperatorum이나 이슬람제국의 대 아미르〈大 amir/emir〉라는 의미의 지위. 이것은 압바스조 20대 칼리프 ar-Radi/Rahdi〈재위 934~40〉에 의하여 제정되고, 남부이란과 이라크를 통치한 부와이조〈Buwaih/Bowide朝. 932~1055〉와 셀주크조〈Seljuq/Seljuk朝. 1037~1300〉로 인계되었다. 대〈大〉옴라는 바그다드 점령 후, 이 칭호밑에 실질적으로 칼리프의 권한을 행사하였다)는, 그들의 군주를 투옥 또는 폐위시켰으며, 모스크(mosch/mosque. 회교사원)와 하렘(harem/haram. 부인방 또는 규방의 여자들)의 성역을 침범하였다. 칼리프가 이웃한 영주의 군영이나 궁정으로 도망친다 해도, 그의 탈출은 또다른 예종에의 변화에 불과했다. 결국 그들은 절망한 나머지 페르시아의 살탄인 부와이 왕조를 불러들이게 되었는데, 그들은 불가항력적인 무력으로 바그다드의 제당파를 굴복시켰다. 문무의 권력은 3형제 중 둘째인 무잇줏-다울라(Moezaldowlat/Mu'izzu'd-Daulah. 본명은 Abu'l-Husain Ahmad. 967사망. 이란의 부와이왕조 이라크파의 창시자. 재위 932~67. 3형제가 협력하여 934년 실라즈를 빼앗고, 다시 킬만에서 바그다드에 입성〈945〉하여 칼리프에게 명목상으로 신종하면서 실권을 장악했다. 종교적으로는 시아파에 속했다. 그의 형인 이마둣-다울라〈Imadu'd-Daulah. 별명 Ali bin Buwaih〉는, 독립하여 남쪽으로 세력을 확장해서 역시 시아파에 속한 부와이조를 창건하였다. 재위 932~49. 동생 루크눗-다울라〈Ruknu'd-Daulah. 본명 'Abu Hasan〉는 부와이조의 한 支派를 창시하고 932~76년간 레이·하마단·이스파한을 영유하였고, 시아파의 신자였다)에게 장악되었는데, 그는 관대하게도 신도 통솔자의 개인적인 경비로서 6만 파운드(正貨)의 급부금을 지급하였다. 그러나 그로부터 40일 후에 칼리프는 호라산에서 온 사절을 접견하는 자리에서, 벌벌 떨고 있는 대중의 환시속에 이 외국인(무잇줏-다울라)의 명령으로 그의 딜레미족(Dilemi族)의 거치른 손에 의하여 옥좌에서 내려져 토굴속으로 끌려갔다. 그의 궁전은 약탈되고,

그의 두 눈알은 후벼졌는데, 이리하여 압바스 왕조의 비굴한 야망은 위험과 오욕에 가득찬 공위(空位)에 매달리게 됐을 뿐이다. 역경(逆境)이라는 학교에서 사치만을 추구하던 칼리프도 이제 왕조 초창기의 중후하고 금욕적이던 덕성을 회복하였다. 즉, 그들은 갑옷과 비단옷을 빼앗긴 처지가 되면서, 금식하고 기도하며, 『코란』과 순니파(Sonnite/Sunnite)의 전통을 학습함으로써, 열렬하고도 박식(博識)하게 그들의 성직상의 직무를 이행하였다. 제민족의 경애심은 여전히 율법의 신탁이며 신도의 양심이라고 일컬어진 사도 후계자에게 향해져 있었으므로, 그들의 전제자의 약체화 내지 분열기회에 편승하여 압바스 왕조는 가끔은 바그다드의 수장(首長)지위로 복귀하곤 하였다. 그러나 그들의 불운은 진위(眞僞)를 분별하기 어려운 알리의 후예임을 참칭하는 파티마 왕조(Fatimite/Fatima王朝. 14대 909~1171년간 존속. 시아파내 이스마이르파의 「이맘」을 자칭하던 우바이둘라 알-마하디〈'Ubaidullah al-Mahdi/Abu Muhammad 'Ubaidu'llah al-Mahdi. 본명은 Sa'id Husain. 파티마조의 창업주. 재위 909~34〉는 시리아 북부에 있는 이스마이르파 본거지에서 아프리카 서북부로 잠입하여, 포교사 시이〈ash-Shi'i. 901년에 결국은 우바이둘라 알-마하디에게 살해되었다〉와 협력하여 튀니지의 아글라브조〈Aghlab朝. 800~909〉를 멸망시켰다. 이맘 Ubaidu'llar al-Mahdi를 칭하여 예언자 마호메트의 딸 파티마〈알리의 부인〉의 혈통을 이어받은 것으로 인정받아 카이로완 근교에서 북아프리카 전역을 평정한데 이어, 알렉산드리아 · 델타지방 및 시리아까지 정복하였고, 920년경에는 튀니지 해안의 신도시 al-Mahdiyah를 건설하고 천도했다. 그의 자손은 967년, 이집트를 정복하고 지금의 카이로를 건설하고 다시 천도했다)의 승리로 더욱더 심한 고통을 받았다. 아프리카 변방에서 일어난 이 재수좋은 경쟁자는 이집트와 시리아에서 압바스조의 정신적 · 현세적인 권위를 소멸시킨 결과로, 이 나일강변의 새 군주의 권위로 말미암아 티그리스강변의 조그마한 관장(管長)의 체면은 완전히 손상되고 말았다.

테오필루스(Theophilus. 재위 829~42)와 무우타심(al-Mu'tasim. 8대 칼리프 재위 833~42)의 전쟁(837년)이 있은 이후, 지난 100년간의 칼리프 세력 쇠미기에 있은 이 양대 제국간의 적대적인 접촉은, 양자의 직접적인 근접과 불식하기 어려운 증오의 과실로서 육해를 통한 약간의 조그마한 무력충돌들로 한정되어 있었다. 그러나 동방의 이슬람세계가 격동기를 맞이하여 붕괴됨에 이르러, 비잔티움 사람들은 정복과 복수의 희망으로 동면상태에서 다시 눈을 떴다. 바실리우스 제통(마케도니아조. 공치제를 포함하여 17대, 867~1057년간 지배)이 성립된 이후에, 비잔티움 제국은 평화와 위엄속에서 휴식을 취하고 있었으므로, 그들은 그의 배후를 이슬람교 신앙의 국민적 적수에게 습격당하고 위협받는 조그마한 태수들의 전선을 총력을 기우려서 압도하기에 이르렀다. 「샛별」이니 「사라센인의 사신(死神)」이라는 숭고한 칭호는, 군영에서는 유명하였지만, 수도에서는 평판이 좋지 않던 니케포루스 포카스(Nicephorus Ⅱ Phocas. 재위 963~69. 961년에는 크레타섬을 점령해방시켰고, 969년에는 시리아 북부의 안티오크와 알레포를 수복했다)에 대하여 공식적인 환호의 함성으로 사용되었다. 그는 동방의 대장군 또는 「위대한 하인」이라는 종속적인 지위에 있으면서, 크레타섬의 정복을 완수함으로써 그때까지 오랫동안 제국의 위엄을 무시하면서 발호도량해온 해적 일당을 섬멸했던 것이다. 그의 군사적인 천분은, 종전에 여러번의 실패가 막대한 불명예와 손해를 가져왔던 그런 작전지휘와 전투의 성공에서 여실히 발휘되었다. 사라센군은 그가 주정(舟艇)에서 해변으로 들여 놓은 평탄하고도 안전한 교량에 의하여 부대를 상륙시킨데 대하여 망연자실했던 것이다. 칸디아(Candia)공위(攻圍)에는 7개월이 소비되었는데, 그간 현지 크레타인의 절망은 아프리카와 스페인에 있는 자기 동포들의 거듭되는 내원으로 고무추동되었다. 그리고 비잔티움군이 튼튼한 성벽과 2중의 해자를 돌파한 후에도, 시내의 여러 가로와 옥내로 핍박당한 사라센군은 여전히 희망없는 항쟁을 계속했으므로 비잔티움군은 이에 시달려야만 하였다. 수도의 제압으로 섬 전체가 평정되면서 복속하게된 민중은 얌전하게 정복자에 의한 세례를 받아들였다. 이리하여 콘스탄티노플 시민은 오랫동안 잊고 있던 성대한 개선식 축전에 갈채를 보냈다. 그리고 니케포루스 2세의 이런 공적에 보답하고 그의 야망을 만족시킨 유일한 보수는 황제의 왕관이었다.

바실리우스(마케도니아)제통의 제4대 직계 후계자인 로마누스 2세(Romanus Ⅱ. 재위 959~63)가 사망한 후, 그의 과부인 테오파노(Theophania/Theophano. 970경 사망)는 연이어 이 시대의 두 영웅인 니케포루스 포카스와 또 그를 암살한 요하네스 지미스케스(Johannes Ⅰ. Zimisces. 재위 969~76)하고 결혼하였다. 그들은 다함께 그녀의 아직 영아였던 자식들의 보호자 겸 동료로서 군림했지만, 이 두 사람은 자기들의 군사적 지휘하의 12년간의 비잔티움 연대기에서 가장 장려한 시대를 출현시켰다(제Ⅷ권 p. 242~246참조). 그들이 전쟁에서 이끌었던 신민과 동맹자는 적어도 적병의 눈에는 총세가 20만이나 되는 대병력으로 보였는데, 그중의 약 3만은 흉갑(cuirass)으로 무장하고 있었다. 4천두의 노새 행렬이 그들의 전진에 뒤따랐고, 그들의 야간군영은 철제 큰 못으로 둘러박혀서 정연하게 방위되었다.

일련의 피비린내나는 소규모 전투들은 이윽고 수년간이나 계속되는 사이에, 마치 자연스럽게 되어가는 형편에서 달성된 사업의 선취물에 지나지 않았다. 여기서 저자는 캅파도키아의 구릉지대로부터 바그다드의 사막에로, 두 황제가 수행한 외정(外征)을 간단히 기술코자 한다. 킬리키아(Cilicia)의 몹수에스티아(Mopsuestia)와 타르수스(Tarsus)의 공위전이 처음으로 그들의 군대의 기량과 인내심을 입증한 바, 저자는 당시의 그들의 활약상에 대하여 과연 로마군이라는 이름을 부여하는데 조금도 주저치 않는다. 사루스강(Sarus江)으로 양분된 몹수에스티아의 2층으로된 거리에서, 20만이나 되는 무슬림들은 죽음이냐 예종이냐 하는 운명이 예정되었다. 그것은 놀랄만치 많은 인구였으므로, 적어도 거기에는 종속지역의 주민들도 포함시켜야만 할 것이다. 그들은 포위되었을 뿐만 아니라 강습을 받았으므로, 타르수스는 기아상태의 완만한 진행으로 압복당했다. 사라센군은 명예로운 조건으로 투항하였지만, 이와 거의 때를 같이 하여 멀리 해상에 나타난 이집트로부터의 해군의 내원모습을 헛되게 바라보고는 원통함을 통탄하였다. 그들은 통행증을 붙여서 시리아 국경에로 옮겨졌다. 이전에 일부 그리스도 교도들이 아랍인들의 지배하에 얌전하게 살고 있었는데, 그들의 비어있던 주거가 새 식민으로 채워진 것이다. 그러나 모스크는 마구간으로 전용되었고, 설교단은 불속에 던져졌다. 소아시아 여러 교회로부터의 전리품인, 무수한 금과 보석을 박아넣은 십자가는 황제의 경신(敬神) 내지 탐욕에 대하여 감사에 가득찬 선물로서 보내졌는가 하면, 황제는 또한 몹수에스티아와 타르수스의 두 성문을 콘스탄티노플로 옮겨서, 그것을 승리의 영원한 기념비로서 수도 성벽에 박아 넣었다. 두 사람의 동로마 황제들은 아마누스산맥(Mt. Amanus. 시리아북부에 있는 산맥)의 좁은 고갯길을 돌파하여 이 지역을 확보한 뒤에, 몇번에 걸쳐 시리아 오지쪽으로 군을 진공시켰다. 그러나 안티오크의 성벽을 공격하는 대신, 황제 니케포루스 포카스의 인정(人情) 내지 미신은 이 동방의 고대수도를 경애하는 것처럼 보였다. 즉, 그는 도시주위를 참호로 둘러싸는 것만으로 만족하고, 자기 부장(部將)에게 포위군을 남겨두고 인내성있게 봄이 돌아오는 것을 기다리도록 일렀다. 그런데도 한겨울의 어느 비오는 날의 어두운 한밤중에, 무공을 서두르던 한 장교가 300명의 병력을 이끌고 보류에 접근하여, 줄사다리를 걸고 성벽에 기어올라가 곧 옆에 있는 2개의 감시탑을 점령하고, 군중의 압박에 대하여 용감하게 자기 부서를 사수하고 있는 사이에, 별로 마음이 당기지 않게 생각하던 사령관의 늦기는 했지만 효과적인 내원으로 무사히 해방시켰다. 살육과 약탈의 최초 소동이 진정되고, 케사르와 그리스도교의 통치가 회복되자, 시리아 육군과 아프리카 선대로 구성된 사라센군 10만의 분전도 안티오크 성벽앞에서 헛되게 소모되고 말았다. 알레포의 왕도(王都)는 하마단(Hamadan)왕조의 사이프에도울라트(Saifeddowlat. 재위 944~67)가 지키고 있었는데, 그는 이 왕국과 수도를 로마의 침입자에게 황급히 넘겨주고 퇴각함으로써 과거의 영광에 오점을 남겼다. 알레포 성벽 외곽에 우뚝 치솟은 그의 호화로운 궁전에서, 비잔티움군은 무기가 산더미로 쌓인 창고와 1400두의 노새가 들어 있는 마구간, 그리고 300부대에 가득 채워진 금은화를 발견하고 크게 기뻐하였다. 그러나 도시의 성벽은 그들의 파성추에 의한 공격을 튕겨 버렸으므로, 공위군은 하는 수 없이 근방의 자우샨산(Jaushan山)에 천막을 쳐야만 하였다. 그들의 철퇴는 도시주민과 용병간에 싸움을 야기시켰는 바 이리하여 성문과 성벽의 방비는 포기되었다. 그리고 그들이 시장바닥에서 서로가 결적지근하게 말다툼을 하고 있는 사이에, 그들은 공통의 적군에게 급습을 당하여 그들의 창검에 의해 격멸되었다. 남자들은 창칼로써 살해되고, 1만명의 젊은 이들은 포로가 되었다. 값진 전리품의 무게는 네발짐승이 운반하기에는 그 숫자와 힘이 부족하였으므로, 나머지의 처치곤란한 물품들은 불속에 던져졌다. 동로마군은 10일간에 이르는 방자스러운 점거끝에 시민이 없어진 이 유혈의 도시로부터 철수하였다. 그들은 시리아 침공시 농민에게 명령하여 토지를 경작시킨 다음, 이듬해에 그들 자신이 그 열매를 거둬들일 것을 계획하였다. 100개 이상의 도시가 복종하고, 주요 모스크중 18개의 설교단은 마호메트 사도들에 대한 성물파괴의 보복으로서 불태워졌다. 히에라폴리스(Hierapolis), 아파메아(Apamea) 및 에메사(Emesa) 등의 고전적인 도시들도, 짧은 기간동안이나마 점령지 명단속에서 부활되었다. 요하네스 지미스케스 황제는 다마스커스의 천국(天國)에 숙영하면서 굴복한 민중의 속상금(贖償金)을 받아 들였다. 노도와도 같은 로마군의 진군은, 페니키아 해안의 난공불락의 트리폴리(Tripoli)성새에 의하여 겨우 저지되었다. 헤라클리우스 시대이후 타우루스 산맥의 고개보다도 하류에 위치한 유프라테스강은 비잔티움 병사들에게는 건너기 힘든, 아니 거의 눈으로 볼 수 없는 지역이었지만, 이제 이 강도 승승장구하는 지미스케스(황제)에게는 하등에 장해물이 되지 않았다. 역사가인 저자도 그가 이전에 유명했던 사모사타(Samosata),

에데사(Edessa), 마르튜로폴리스(Martyropolis), 아미다(Amida) 및 니시비스(Nisibis) 등 고대에는 제국의 국경을 이루었던 티그리스강변의 제도시를 유린한 그런 신속성을 흉내내어 붓을 빨리 달리기로 하자. 그의 열정은 에크바타니아(Ecbatania)의 처녀재보를 획득하려는 욕망에 자극되었다. 덧붙여 말한다면, 널리 알려진 바이 에크바타니아라는 이름밑에 비잔티움 역사가는 압바스 왕조의 수도를 은폐해 왔다(디아코누스 레오〈Leo, Diaconus. 950년경 출생, 동로마 제국의 사가. 바실리우스 2세의 불가리아족과의 전쟁〈986〉에 성직자로서 참전. 동로마제국의 역사를 썼다〉와 기번의 원주. 그의 화려한 묘사가 꼭 들어 맞는 것은 바그다드 뿐이다. 그런데 이런 종류의 기술법은 키케로〈Cicero. Marcus Tullius. BC 106~43. 로마의 정치가·웅변가·도덕철학적 에세이스트. 로마 사법계의 제1인자로서 「조국의 아버지」라는 칭호를 받았다〉에 의하여 미트리다테스(Mithridates Ⅵ. BC 120~63 폰토스왕으로 재위. 세차례나 로마와 싸웠으나 결국 폼페이우스에게 쫓기어 크리미아반도까지 가서 자살〉가 살던 그의 수도 묘사에 사용되었다고 한다). 도망자의 경악이 이미 그의 이름의 공포증을 확산시키고 있었지만, 기실 꿈속에서 본 바그다드의 재보는 이미 영내(領內)에 있던 전제자의 탐욕과 낭비에 의하여 탕진되어 있었다. 민중의 애원과 부와이 왕조 부장(部將)의 엄격한 명령은, 도시의 방위준비를 갖추도록 칼리프에게 강제한 것이었는데, 어찌할 바를 모르던 무티(al-Muti. 압바스 왕조 제23대 칼리프. 재위 946~74)는, 자기의 무력과 수입 그리고 속령 등 모든 것을 적에게 탈취당한 현재상황하에서 자기가 유지할 여유가 없는 칼리프의 지위를 기꺼이 내놓고 싶다고 대답하였다. 그러나 태수가 이것을 완강히 거절하면서 받아 들이지 않자, 칼리프는 궁전의 가구를 팔아 금화 5만매라는 돈을 마련했는데, 이것은 금세 개인적인 일락으로 낭비되고 말았다. 그러나 바그다드의 걱정은 그리스군의 퇴각으로 해소되었다. 목마름과 배고픔이 메소포타미아 사막을 방위하며, 영광에 기분이 좋아진 황제는 오리엔트로부터 획득한 전리품을 산더미처럼 싣고 콘스탄티노플로 귀환하였는데, 그 개선행진에서는 비단과 향료 그리고 금은화 300만매가 전시되었다. 그러나 동방의 권력은 이 일과성 폭풍우로 한때 흔들리기는 했지만, 그러나 붕괴되지는 않았다. 동로마군이 철퇴한 후 망명했던 군주는 모두가 다 자기들의 수도로 돌아왔고, 신민은 동로마에 대한 자기들의 본의 아닌 충성의 맹세를 철회하였다. 무슬림들은 또다시 자기들의 신전을 깨끗이 정비하고 그리스도교의 성인과 순교자들의 우상을 철거시켰다. 네스토리우스파와 야곱파는 정통파의 주인들 보다도 사라센지배자쪽을 선호하였다. 그리고 멜키테스(Melchites)의 인원수와 사기(士氣)는 교회와 국가 방위에는 불충분하였다. 이런 광대한 정복지중에서 오직 안티오크와 킬리키아의 제도시, 그리고 키프로스섬만이 로마제국의 유용하고도 항구적인 새 영지로서 회복되었다.

제53장 10세기 동로마 제국의 현황—판도와 구분—부와 세입—콘스탄티노플 궁전—칭호와 관직—황제의 자존심과 권한—비잔티움, 아랍, 프랑크군들의 전술—라틴어의 소멸—그리스인의 학술과 고립

〈733~988〉

한줄기의 역사적 광명이 10세기의 암흑사회로부터 비치기 시작한 것으로 생각된다. 우리는 호기심과 경의의 염(念)을 담고 장년(壯年)에 도달한 콘스탄티누스 포르퓨로게니투스(Constantinus Ⅶ Porphyrogenitus〈자색룸 태생 황제〉, 재위 911~59. 7세에 즉위했으나, 38세에야 겨우 정무를 담당했다. 제국의 전통 복귀, 영구불역제도 재흥을 염원하여 『역사백과』, 『궁전의전서』, 『제국행정론』, 『농업백과』, 『의술백과』 등을 집필하고 『聖誌百科』를 편찬했다)가, 자기 아들(로마누스 2세〈Romanus Ⅱ. 재위 959~63〉)의 교육을 목적하여 저술한 바, 동로마 제국의 현황을 그의 평화와 전쟁의, 그리고 국내와 국외 두 측면의 정책을 상술하겠다고 약속하고, 황제 자신이 친필 저술한 여러가지 저서들을 여기서 살펴보고자 한다. 이런 저서들의 첫번째 노작속에서, 그는 콘스탄티노플의 교회와 궁전의 장엄한 의전행사를, 그 자신의 관행과 선임자들의 그것에 따라 첫번째로 상세히 기술하였다(『궁전의전서』). 두번째 저술에서 그는 유럽과 아시아 양쪽의 군관구들 — 당시의 호칭에 의하면 테마(the Theme. 본장 p. 263참조)의 정확한 개관을 시도하고 있다(『테마제도에 대하여』). 로마 군사전술의 체계, 군대의 규율과 편성, 육해의 군사작전, 그리고 콘스탄티누스(Constantinus. 어느 황제를 가리키는지 불상)와 자기 아버지인 레오(Leo Ⅵ. 재위 886~912. 《*Basilica*》60권을 편찬하는 등 「철학자」의 칭호를 얻었다)의 손에 의하여 저술된 것으로 생각되는 교육적인 편찬물에 관한 내용은 세번째로 쓴 책자에서 설명된다(『전술론』). 제국의 행정통치를 논한 네번째 저서에서, 그는 비잔티움 궁정이 이 땅위에 살고 있는 제민족과의 우호적 또는 적대적인 접촉정책의 비밀을 명백히 하고 있다(『아들 로마누스에게』, 통칭 『제국행정론』), 법이나 농업 그리고 역사라는 실제적인 제 제도에 관한 그 시대의 문헌적인 그의 제노작은, 사실 신민의 이익에 부합되고, 마케도니아 제통 군주의 명예에 이바지한 것으로 평가된다. 민법학에 관한 법전과 학설총람인 『바실리카《*Basilica*》』*전 60 권은 이 번영한 마케도니아 왕조의 최초 3대 치세(867~959년간)에서 조금씩 형성되었다. 농업기술은 고대의 가장 현명

---

* 「바실리카《Basilica/τὰ βασιλικά》」는 비잔티움 법률의 완전한 법전이다. 이것은 원래 「구법규의 개정 《The Revision of the Old Laws/ **Επαναγογὴ τῶν νόμων** 》」이라는 표제하에 바실리우스(Basilius Ⅰ. 재위 867~86. 마케도니아 제통의 창립자)에 의하여 884년에 공포되었다. 그것은 40권으로 나누어져 있었지만, 그런데도 바실리우스 황제는 「프로키론《Prochiron/**πρόχειρος νόμος**》」에서 새로운 법전(the new Code)은 60권으로 구성될 것이라고 언명한 바 있다. 그런데 비잔틴 법률의 좀더 완전한 개정에 이바지한 바실리우스 1세의 입법분야를 대별하면, 다음의 3개 법전으로 요약된다. ① 「프로키론《Prochiron》」(법과학에 대한 입문서로서 이바지하고자 편집한 편람), ② 「바실리카(Basilica)」(옛 법률을 개정한 것), ③ 『에파노고그《Epanogog》』(「바실리카」가 나온 이후에 공포된 「프로키론 편람《Prochiron Manual》」의 두번째 개정판). 그러나 이 법전은 「철학자」황제로 칭송된 레오 6세(Leo Ⅵ. 재위 886~912. 바실리우스 1세의 아들)에 의하여 905년 이래 또다시 개정되고, 또 크게 보완되었는데, 그러자 레오 6세의 아들인 콘스탄티누스 7세(Constantinus Ⅶ Porphyrogenitus. 재위 911~59) 치세초인 911년(당시 이 황제의 연령은 겨우 5세였다) 때, 그의 명의로 공포되었다. 오늘날 우리가 「바실리카」 또는 제국의 법률이라는 타이틀로 보유하고 있는 이 새로운, 그리고 개정된 법전은 바로 이것이다. 바실리우스 1세 황제가 초기에 편찬한 법전은 지금은 전혀 보이지 않는다. 유스티니아누스(Justinianus Ⅰ. 재위 527~65)의 「로마대법전《Pandicts》」(530~533)과 마찬가지로 「바실리카」는 비잔티움의 모든 권위있는 법률의 전서이다. 이것은 유스티니아누스 법전의 그리스어 번역서로부터 취사선택한 것과 또 비잔틴 법률학교들이 시인한 바 그리스어로된 비평논문의 내용들도 여기에 수록된 것이다. 이것은 유스티니아누스 법전의 라틴어 텍스트로부터의 새로운 번역이 아니지만, 그러나 3세기 이상이나 존재 및 적용해 온 그것에, 새로 그리스어 텍스트를 배합하여 구체화시킨 법전이다. 이 법전은 여러가지 제목으로 구분된 60권의 전서인데, 각권은 다시 여러 장절(章節)로 세분화되어 있다. 매개 제목은 대개 그것의 내용표시의 정확성을 기하여 붙여졌고, 또 「법학개요《Institutions》」, 「로마법대전《Pandects》」, 「유스티니아누스 법전《Code》」 및 「신법《Noveles》」에 있는 주제들과 모두 관련성있는 법률이지만, 이전에는 여러 갈래로 흩어져 있던 것을, 위에서 말한 4가지 법전들에서 이런 것들을 추출하여, 여기서는 하나의 주제법령으로 제정하고 있다. 「바실리카」는 「법규유취《Corpus Juris》」에서 발견되는 모든 것을 포함시키지 않고 있다. 그러나 고대 법학자들의 의견에 관한 수많은 단장(斷章)과 유스티니아누스 법전 편집에 포함되어 있지 않은 제국의 국헌과 관련된 것이 여기에는 포함되어 있다. 「바실리카」의 공포로 동방에서는 유스티니아누스가 편찬한 법전 원전을 점차 적용하지 않게 되었다. 그러나 로마법은 이처럼 동유럽과 서부아시아 지역에서 확고하게 확립되었다. 「바실리카」는 투르크족에 의한 비잔티움 제국의 정복(1453)이 있을 때까지 그의 법률로서 내내 존재하였다.

하고 우수한 시인의 여가를 즐겁게 하였고, 따라서 그로하여금 붓을 휘둘러 시를 짓게 하였지만(여기서는 로마의 첫째가는 시인 베르길리우스〈Vergilius, Maro Publius, BC 70~BC 19〉의 농경생활을 노래하고, 노동의 공덕을 찬양한 「농경시《*Georgica*》」전4권을 의미한다), 이들 추리고 또 뽑아낸 교훈이 콘스탄티누스 7세의 『농업백과(농학서)《*Geoponica*》』 전12권에 수록되어 있다. 그의 명령으로 미덕과 악덕의 역사적 실례가 전53권으로 정리(『사서발췌』인데, 오늘날 남아있는 것은 善惡論외 1개장의 것 뿐이다)되었는데, 이것은 시민이라면 누구나가 과거에 있는 사건에서 얻을 수 있는 교훈 내지 경고를, 그 자신 또는 동시대인에게 적용시킬 수 있는 것이다. 이와같이 동로마제국의 군주는 입법자로서의 존엄한 성격으로부터, 일개 교사이며 또 서기라는 남의 눈에 퍽 띄지않는 역할에로 자기자신을 낮추고 있었다. 설사 그의 후계자와 신민이 그의 아버지다운 배려를 무시하려 해도, 우리는 이 영속적인 유산을 승계하여 향수하는 것이 허용될 것으로 생각된다 *.

한층더 면밀하게 점검해 보면, 확실히 이런 선물의 가치와 후세의 감사하는 마음은 감퇴된다. 즉, 우리는 모처럼 제국의 이런 재보를 보유하면서도 여전히 자신의 무지성과 빈곤함을 한탄하는 바, 이런 서적들이 발산하는 저자의 희미한 광휘는 무관심 내지 멸시로써 소멸되었다. 『바실리카』는 사실 유스티니아누스 법전(본시리즈 제Ⅶ권 제44장 p.285이하 참조)의 그리스어 번역본의 단편적인 발췌사본, 그의 부분적이며 알맹이를 빼어버린 것이라 해도 좋은 것인 바, 여기서 옛날 민법학자들의 양식은 왕왕 편벽한 신앙심의 영향으로 구축(驅逐)되고, 이혼 · 축첩 · 이자의 절대적인 금지는 통상(通商)의 자유와 사생활의 행복을 압살하고 말았다. 역사서적에 접한 콘스탄티누스 치하의 신민들은 그리스와 로마의 추종을 불허하는 덕성을 감탄할 것이고, 옛날에는 인간의 성격이 어느 정도로 높은 활력과 존엄성에 영향을 받았는지를 배울 수도 있었을 것이다.

---

* 이하의 서술에 대하여 독자들은 역사가이기도 한 콘스탄티누스 7세가, 이와같은 자기자신의 저술활동 이외에도, 자기의 보랏빛 잉크 담당관(the keeper of the red and purple ink)인 요세푸스 게네시우스와 기타 「테오파누스 이후의 역사가들」을 독려하여 자기의 조부 및 부친인 바실리우스 1세와 레오 6세에 관한 황제열전을 쓰게 했다는 사실에 유의해야 할 것이다. 그리고 말하자면, 반(半)공식적인 이 정사(正史)는 이사우리아(시리아)왕조의 빛을 흐리게 하면서 마케도니아 왕조의 영광을 찬양하고, 자기의 조부인 바실리우스 1세의 등극을 정당화할 의도하에 황제 자신의 손으로 바실리우스 1세의 전기가 쓰여졌다는 것을 염두에 두어야 할 것이다(베리 교수의 보충주석).

그러나 대(大)로고테테(the great logothete. 뒤의 p.283에 나오는 본문 참조), 즉 제국의 재상(chancellor)이 그것의 편집을 명령받아서 엮은 바, 성도들의 생애(the lives of the saints)에 관한 신판본(新版本)을 읽는 사람들의 마음에, 이와는 반대되는 효과가 나타났던 것은 틀림없는 일이었고. 미신적 관습의 어두운 온축(蘊蓄)은 직역자(Metaphrast)인 시메온(Simeon. 949~1022. 동로마의 기독교적 신비사상가. 「새 신학자」로 불리웠다. 그의 설교내용의 중심은, 신의 내재와 신성한 「정안〈靜安〉의 체험인 바, 이것은 동방교회 신앙에 적지 않은 영향을 주었다. 『성도열전』외에도 연대기를 썼다)의 거짓말 같고도 저속하며, 겉을 번지르르하게 꾸민 신화적인 성도열전으로 풍부해졌다. 속계(俗界)에 있는 성현의 눈으로 보면, 교회력(Calendar. 여기에는 많은 성인들에 대한 축제일이 올라 있다)에 올라 있는 성인 전체의 공덕과 기적에 관한 이야기는, 자기동포의 생활상의 식량을 만들며, 또 창조신의 은혜를 확대시키는 일개 농부의 노고만한 값어치에도 미치지 못한다. 그러나 『농업백과(농학서)』의 저자인 우리의 황제는, 크세노폰(Xenophon. BC 430경~354. 그리스의 군인 · 역사가. 원정기『아나바시스《Anabasis》』의 저자)시대 이래, 시종일관 영웅과 국왕의 기술로서 교육되어온 파괴적인 기량의 가르침(전술론과 군사학을 말하는 것)에 대한 해설에 한층더 열심이었다. 그러나 레오 6세와 콘스탄티누스 7세의 『전술론』에는 그들이 살았던 시대의 좀더 비천한 요소가 혼입되어 있다. 거기에는 독창적인 천성이 결여되어 있다. 그들은 다만 승리에 의하여 확증된 규칙과 격언을 맹목적으로 전사(轉寫)한데 지나지 않을 뿐만 아니라, 문체나 방법의 적정성이라는 점에서도 미숙한 것이었다. 실제로 그들은 가장 멀리 떨어져 있는 곳의 전혀 이질적인 군의 편성, 예컨대 스파르타(Sparta)의 밀집대형과 마케도니아의 그것을 카토(Cato, Censorius, Marcus Porcius. BC 234~149. 로마의 정치가. 포에니전쟁이래 많은 전쟁에 종군하여 군공이 많았다. 문필가로서는 라틴 산문문학의 시조로 일컬어진다)와 트라야누스(Trajanus. 로마황제로서 재위 98~117. 로마제국 최대판도를 이룩한 바 동서지역에 대한 정복황제)의, 그리고 아우구스투스(Augustus. 초대황제. 재위 BC 27~AD 14)와 테오도시우스(Theodosius Ⅰ. 재위 379~395. 두 아들에게 제국을 동서로마로 분할해 주었다)의 군단을 무비판적으로 혼동하고 있다. 그러므로 이 군사적 교범의 효용, 적어도 그것의 중요성 자체는 의문시할 여지가 있는 것이다. 즉, 병술의 일반이론은 바로 이성(理性)의 지시 그것인데, 기실 그것의 요체와 곤란성은 그것의 실제응용면에 존재한다는 점이다. 병사들의 규율이 학술보다도 훈련에 의하여 형성되는데 반하여, 사령관의 능력은 군대와 국민의 운명을 결단짓는, 냉정하지만 신속한 천부의 정신에 바로 그것이 깃든다. 전자가 생활상의 습관인데 반하여, 후자는 일순간의 번득임이기 때문에, 전술교훈에 입각하여 승리한 전투는 비평원칙으로부터 창작되는 서사시와 똑같은 범주에 속하는 것이다. 『궁전의전론』은 교회의 순수성과 국가권력이 완만하게 변질 및 쇠퇴하기 시작한 이후, 이 양자를 오염시켜온 가련한 허식의 따분하고도 지루한, 그러면서도 불완전한 해설서이다. 「테마」* 즉 군관구제에 대한 개관은 여러 도시의 기원에 관한 전승적인 우화와 그곳 주민의 악덕스럽고 악의있는 경구(警句)의 종류가 아니라, 통치자의 호기심에서 처음으로 수집한 정확하고도 유용한 정보를 제공하는 것으로 되어 있었다. 역사가이기도 한 콘스탄티누스 7세는 아마도 이런 종류의 정보를 기록하고자 유의했을 것인 바, 수도와 제속주의 인구, 조세와 수입에 관한 금액, 제국군대에 편입된 신민과 외국인의 총수 등, 가장 흥미로운 사항들이 설사 철학자 황제인 레오 6세와 그의 아들 콘스탄티누스의 기술에서 누락되어 있다 해도, 그런 것의 탈락은 결코 비난될 일이 아니다. 그의 국가행정에 관한 저작도 이와 동일한 결함을 가졌지만, 그러나 다른 한편으로는 더말할 나위없이 대서특필할 장점을 가지고 있다. 야만적인 여러 민족의 유래와 천성이 설사 가공적이며 수상한 것이지만, 만족세계의 지리와 습속에 관한 것은 세밀하고도 정확하게 서술되어 있다. 이들 만족 중에서 다만 프랑크족 하나만이 자기들 입장에서 동방의 수도를 관찰하고 기술한 실적을 가지고 있다. 오토 대제(Otto I 〈der Grosse〉, 독일왕으로는 재위 936~73. 초대 신성로마황제로서는 재위 962~73)의 사절로 파견되었던 크레모나(Cremona)지구의 주교 류트프란드(Liutprand/Liudpand, 922경~72경. 이탈리아의 문학가 · 역사가. 961년부터는 크레모나의 주교로 있었다. 주저는 「속죄」이고, 「콘스탄티노플 사절 보고기《Legatio Constantinopolitana》」와

---

* 제 Ⅷ 권 p. 203에도 언급되었고 또 본장 p. 268에도 설명될 「테마」에 대하여 여기서 보충설명코자 한다. 10세기에 동로마 제국은 얼마간의 테마(theme/Θέμα—군관구, company) 또는 프로빈스(province. 원래는 로마시대부터 이탈리아 국외의 영토로서 태수관구, 대교구 등을 일컬었다), 즉 속주로 나뉘어져 있었는데, 각 테마에는 지휘관 1명이 있어서 그것을 통할하였다. 테마의 기원은 7세기로 소급되는데, 그것은 8세기와 9세기를 통하여 내내 유지되었다. 비잔티움 제국의 테마, 즉 군사적인 대관구의 명단은 다음의 9개소이다.

① 아르메니아(the Armeniacs), ② 아나톨리(the Anatolics), ③ 옵시키온(the Opsikion), ④ 마리네(the Marines), ⑤ 트라키아(Thrace), ⑥ 헬라디크스(the Helladics), ⑦ 이탈리아(Italy), ⑧ 시칠리아(Sicily), ⑨ 아프리카(Africa).

《Historia Ottonis》 등의 저서도 있다)는, 10세기 중엽에 콘스탄티노플의 현상을 묘사하고 있다. 그의 문체는 활력에 넘쳐있고, 그 기술은 생동감이 있으며, 관찰도 예리한 바, 여기서는 저자(류트프란드)의 편견과 감정까지도 자유와 천성의 원초적인 성격으로 채색되어 있다. 저자가 수집참고한 바, 이처럼 빈약한 내외의 자료로부터 나는 앞으로 비잔티움 제국의 형식과 내실, 즉 제속주와 그의 부, 문민통치와 군사력, 그리스인의 성격과 문물을 헤라클리우스(Heraclius Ⅰ. 재위 610~41. 동방 제속주가 페르시아에 빼앗긴데 대하여 보복적으로 페르시아 심장부에의 대원정에 성공〈622~68년간〉)의 치세로부터 프랑크족, 즉 라틴인의 침입과 승리에 이르는 600년 기간을 통하여 관찰할 것이다.

테오도시우스 대제의 두 아들 사이에서의 제국의 최종적인 분할(395년의 일. 제Ⅴ권 제29장 참조)이 있은 후에, 스키티아(Scythia. 흑해북부지방)와 게르마니아(Germania. 독일·폴란드 지방)의 만족 대군은, 고대 로마의 여러 속주들을 석권함으로써 제국을 소멸시켰다(476년, 서로마 제국을 멸망시킨 것, 제Ⅵ권 제36장 참조). 그후 콘스탄티노플의 약체성은 지배판도의 광대성으로 은폐되었고, 그의 경계선은 불가침으로까지는 되지 않았더라도 적어도 현상을 유지하였을 뿐만 아니라, 유스티니아누스(재위 527~65)의 제국은 아프리카와 이탈리아에 대한 화려한 외정에 의하여 확대되었다. 그러나 이런 새로운 정복지의 획득이 일과성(一過性)이고도 불확실하였는가 하면, 동로마 제국의 거의 절반의 국토면적은, 그후 사라센군의 무기에 의하여 쥐어뜯겼다. 시리아(636~39년)와 이집트(640~42년)는 아랍의 역대 칼리프에게 제압되고, 아프리카가 평정된 후(709년까지) 그들의 부장(部將)은 당시 고트 왕국으로 바뀌어 있던 로마제국의 스페인(히스파니아) 속주에 침공하여 그곳을 정복하였다(711~13년). 지중해의 여러 도서들도 그들의 해군력에 의하여 점령되어, 아랍 역내의 충성 또는 반란한 태수(emir)가 재삼 동로마의 제위(帝位)와 수도의 존엄성을 모욕했을 때도, 그들의 근거지는 크레타섬의 항만과 킬리키아(Cilicia)성채 등 가장 멀리 떨어진 변방지역에 있었다. 황제에게 여전히 계속 복종해 온 기타의 속주들도 새로운 주형(鑄型)에 주탕(注湯)되면서 총독(president), 대리총독(Consular) 또는 백작(count)의 사법권은, 헤라클리우스 1세(재위 610~41)의 후계자 밑에서 발생하여 우리 황제의 붓으로 그려진 테마(theme), 즉 군관구제의 성립으로 그 지위를 빼앗겼다. 유럽지역에는 12, 소아시아에 17, 모두 합하여 29개 있는 테마의 유래는 애매하고, 그것의 어원은 의심스럽던가 자의

적(恣意的)이며, 그 영역도 변덕스럽고 유동적이지만, 우리들의 귀에 가장 기묘하게 들리는 일부 특수한 명칭은, 그 각개지역의 부담하에 이것을 방위할 목적으로 유지된 군대의 성격과 속성에 유래한 것이다. 비잔티움 역대 군주의 허영심은, 과거 정복의 그림자와 잃어버린 속주의 기억에 관한 기록에 각별히 열심이었다. 신 메소포타미아가 유프라테스강 서안에 창설되고, 시칠리아라는 명칭과 총독(praetor)이 칼라브리아(Calabria)의 좁은 사면(斜面)에로 이동당했으며, 베네벤툼(Beneventum) 대공령(大公領)의 한 단편(斷片)은 롬바르드(Lombard)의 테마라는 존칭으로 승격하였다. 아랍제국이 쇠퇴기에 들어서자 콘스탄티노플의 후계자는 자기들의 긍지감을 좀더 득의양양해서 공언할 수 있었다. 니케포루스, 요하네스 지미스케스, 바실리우스 2세(Basilius Ⅱ. 재위 960~1025. 시리아·발칸반도·코카사스 남부·이탈리아 남부와 시칠리아 등지를 정토함으로써 최대판도에 지배권을 확립했다)의 전승은 로마라는 이름의 영광을 부활시키면서 그 영역을 확대하였다. 킬리키아 속주, 수도 안티오크, 크레타섬과 키프로스섬은 또다시 그리스도와 케사르에게 충성을 바치는 입장으로 되돌아왔고, 이탈리아 반도의 3분의 1 지역은 콘스탄티노플 제위에 편입되었다. 불가리아 왕국을 합병함으로써(1019년) 마케도니아 왕조(867~1057년간 존속)말기의 군주들은 자기들의 패권을 티그리스강의 수원지로부터 로마 근방 지역으로까지 신장시켰다. 11세기에 들어서자 이런 전망은 새로운 적과 또다른 불운으로 다시 흐려진 바, 이탈리아의 나머지 지역은 노르만인 모험가에게 탈취되고, 소아시아 지역의 모든 가지는 투르크인 정복자(셀주크 터키)의 손으로 로마라는 줄기에서 잘려 나갔다. 이런 곳들이 떨어져 나간 뒤에도 콤네누스(Comnenus)왕조의 황제들은 다뉴브(도나우)강에서 펠로폰네소스(Peloponnesus. 그리스 남단에 있는 반도)까지, 그리고 벨그라드(Belgrade/Beograd)에서 니케아(Nicaea/Nice. 지금의 터키국 이즈밋시?), 트레비존드(Trebizond. 터키국 흑해 동남해안의 폰투스지방)와 구불구불한 메안데르강(Meander江. 프류기아 속주에 있다)까지의 지역에 계속해서 군림하였다. 트라키아(Thracia. 지금의 불가리아·루마니아의 흑해연안 지방), 마케도니아(Macedonia. 발칸반도의 몬테네그로·마케도니아·알바니아지방), 그리스(Greece)의 광대한 속주들은 그들의 왕홀에 복속했고, 키프로스(Cyprus), 로도스(Rhodes/Rodhos), 크레타(Crete)섬들의 점령에는 에게해, 즉 신성한 바다(Holy Sea)의 50이나 되는 도서가 수반했으므로, 그들의 제국의 나머지 부분은 여전히 지금의 유럽 제국가운데서 최대판도를 자랑하는 국가의 면적을 능가하고 있었다.

동일한 황제는 당시의 모든 그리스도교권내 군주들 중에서, 자기가 가장 위대한 도시와 가장 윤택한 수입, 인구가 가장 많고 번영하는 국가를 가졌다고 자긍심을 가지고 정당하게 주장할 수 있었을 것이다. 서방세계의 여러 도시들은 제국(서로마)의 쇠미 멸망과 운명을 같이 했으므로, 로마의 폐허는 물론 파리나 런던의 토담과 판자집, 좁디좁은 경역(境域) 등은, 라틴의 이국인에게 콘스탄티노플의 상황과 광대성, 그의 장려한 궁전과 성당, 무수한 민중의 기예와 사치성을 비교고찰할 마음의 여유를 주지 못했다. 이 수도의 막대한 재보는 어떤 면에서는 페르시아와 불가리아의, 또 아랍과 러시아인의 과감한 침공을 유발할 위험성이 있었지만, 그러나 그의 신선한 국력은 아직은 그들의 공격을 격퇴할 수 있었고 또 격퇴할 수 있을 것으로 믿어져 왔다. 확실히 속주들은 수도만큼은 안전하지도, 또 행복스럽지도 않았는 바, 사실 거의 모든 지역과 도시는 재보를 보유할 희망도 가지지 못했기 때문에,전적으로 약탈만을 일삼는 일부 영맹(獰猛)스러운 만족들에게 침해당했다. 유스티니아누스(재위 527~65)이후, 동로마제국은 지금까지의 융성으로부터 서서히 밑으로 가라앉고 있었다. 파괴의 위력은 개량의 그것보다 한층 더 활발하며, 전쟁의 참해는 민정과 교권 양면에서 전제가 나타내는 한층 더 영속적인 피해로 말미암아 심해져 가기만 했다. 만족으로부터 도망쳐 나온 포로들은 번번히 그의 수장의 공복(公僕)의 손으로 재산약탈과 투옥이라는 쓰라림을 겪었고, 그리스인의 미신은 기도에 의하여 정신을 이완시키고, 단식에 의하여 신체를 쇠약케 하였다. 무수히 많은 수도원과 축제일은, 많은 노동력과 적지 않은 시간을 인류에 대한 현세적인 봉사로부터 빼앗아 갔다. 그러나 비잔티움 제국의 신민은 여전히 제민족 중에서 가장 현명하고도 근면한 인종이고, 그들의 국토는 토양·기후·위치상의 유리한 자연의 온갖 혜택을 입고 있었다. 그들의 인내심 강하고 또 온화한 성정(性情)은 유럽의 호전적인 정신과 봉건적인 무질서보다도, 학예(學藝)의 유지와 부흥에 있어서 한층 유용하였다. 여전히 제국에 복속하던 제속주는, 영구히 적에게 빼앗긴 속주로부터 탈출한 불행한 망명자들에 의하여 인구와 부유함을 증대시켰다. 칼리프의 멍에로부터 도망쳐 나온 시리아·이집트·아프리카의 가톨릭 교도는, 그들의 군주에 대한 충성과 그들의 동신자(同信者)와의 교유(交遊)에 되돌아 왔다. 억압자의 징발을 모면한 갖가지 동산은, 그들의 망명생활에 부수됨으로써 그들의 곤란함을 경감해 주었는데, 콘스탄티노플은 알렉산드리아와 튜레(Tyre. 고대 페니키아〈레바논〉의 항구도시)로부터의 망명 동포들도 받아들였다. 적대적 또는 종교적인 박해에서 도망쳐 나온, 아르메니아와 스키티아의 부장(部將)들은 따뜻하게 맞아 들여지고, 그들의 부하들은 신도시 건설이나 황무지 개간에 열심히 노력했는데, 유럽과 아시아 양쪽의 수많은 지역이 이런 망명자들의 민족적 거류지라는 이름과 풍습, 적어도 그에 관한 기억을 보존하였다. 제국 영토내에서 무장하고 주류하던 만족의 여러 부족들까지도, 서서히 교회와 국가의 법에 친숙해졌는데, 이들이 그리스인과 분리되어 있는한 그 후예가 충성스럽고도 유순한 병사집단을 공급하였다. 만일 우리가 비잔티움 제국의 29개소나 되는 모든 테마(theme)를 통람할 수 있는 충분한 자료를 가지고 있다면, 우리는 그로부터 하나의 샘플을 골라내어 우리들의 호기심을 만족시킬 수 있을 것이다. 다행스럽게도 여기에 펠로폰네소스(Peloponnesus)라는 가장 흥미로운 속주에 관한 자료가 있어서, 매우 명확한 지식을 얻게 되었는데, 이제 이 펠로폰네소스라는 이름은 고전에 친숙한 독자들의 흥미를 새삼스럽게 불러 일으킬 것으로 믿는다.

일찍이 8세기의 우상파괴자들(예컨대 이사우리아 출신 레오 3세〈재위 717~41〉는 726년에 최초로 우상숭배 금지령을 발포하고 교황 그레고리우스 3세〈Gregorius Ⅲ. 재위 731~41〉와도 불화관계가 있었다)의 소연한 치세에, 그리스 나아가서는 펠로폰네소스 반도가 불가리아 왕군을 압도한 일부 슬라브족(Sclavonian/Slav族)에게 석권당했다. 카드모스(Kadmos/Cadmus. 델포이 신탁으로 테바이에 성벽을 축성하여 카드메이아로 명명하였고, 동굴의 샘물을 얻기 위하여 큰 뱀을 죽이고 그 이빨을 뽑으니, 무사들이 나타나 서로 죽인 끝에 5명만이 살아남은 바, 이들이 테바이 귀족의 조상이 되었다는 그리스 신화의 주인공), 다나오스(Danaos/Danaus. 다나오스와 그의 쌍둥이인 아이규프토스〈Aigyptos〉에게는 각각 50명씩의 딸과 아들이 있었는데, 이들이 성장하자 서로 결혼시키기로 했다. 그런데 이 두 사람은 서로 왕권을 다투는 사이였으므로, 다나오스가 자기 딸들에게 각각 단도를 주어 신랑들이 잠든 사이에 살해케 했다. 다만 그 중 휴페르메스트라〈Hupermestra〉만이 신랑인 륜케우스〈Lynkeus〉가 자기의 처녀성을 지켜주었기 때문에 살려주었다. 다른 딸들은 신랑살해의 벌로서 지옥에 떨어져 밑빠진 물독에 물을 가득 채우도록 영원한 노역의 처벌을 받았다는 그리스의 신화), 나아가서는 펠롭스(Pelops. 프류기아의 왕. 어렸을 때, 아버지 탄탈로스〈Tantalos〉가 그를 죽여서 신들의 식탁에 내놓음으로써, 과연 신들이 인육인지의 여부를 식별할 수 있는가를 테스트하는 재료로 되었다. 신들의 도움으로 소생된 후, 성년에 이르러 힙포다메이아〈Hippodameia〉에게 구혼한 바, 그녀의 아버지 오이노마오스〈Oinomaos.

에리스의 왕)가 딸을 너무 사랑한 나머지 그녀의 결혼을 싫어하여, 자기와 전차경주에서 이긴 사람에게 딸을 주겠지만, 만일에 지면 죽인다는 조건을 붙여 이미 13명의 구혼자를 죽였다. 펠롭스는 여기서 왕의 마부를 매수하여, 그의 전차의 브레이크를 뽑아 버리게 함으로써 경기 도중에 왕의 전차가 전복하여 왕이 죽게한 다음에 힙포다메이아를 데려갔다는 그리스의 신화)처럼, 아득한 옛날의 외래자는 모두가 이런 비옥한 토양위에 정책과 학술의 씨앗을 뿌렸던 것인데, 이번의 북방만족은 이 취약하고 말라빠진 뿌리의 나머지마저 모두 파괴해 버린 것이다. 그들의 난입에 의하여 국토와 주민은 변모하고, 그리스인의 피는 더럽혀져, 펠로폰네소스의 긍지감높은 귀족은 오히려 이방인 그리고 노예라는 낙인이 찍혔다. 그후 역대군주의 정려(精勵)로 이 지역은 이들 만족들로부터 얼마간이나마 구출되고, 나머지의 비천한 만족은 복종과 공납 그리고 군역(軍役)에의 맹세를 부과당했지만, 그들은 갱생의 기회가 있을 때마다 이것을 침범하였다. 파트라스(Patras. 펠로폰네소스 반도의 북부지역. 지금의 이름은 파트레. 805년에 슬라브인과 사라센인이 협력하여 반란을 일으켰다)의 공위전은, 펠로폰네소스의 슬라브인과 아프리카의 사라센군과의 기묘한 협력으로 야기되었다. 시민이 최종적으로 궁박(窮迫)한 입장에 처하게 되었을 때, 코린트(Corinth)총독의 내원이라는 경건한 허구가 그들의 용기를 불타오르게 하였다. 그들의 용감한 출격은 성공하여 침공군은 배를 타고 탈출했고, 반란자는 항복하였는데, 이 승리의 영광은 사도인 성 안드레(St. Andreas/Andrew. 그리스도 12제자의 한사람. 베드로의 형제. 소아시아 · 스키티아 · 그리스에서 전도하였고 「안드레 십자가」에 결려서 순교했다)의 역할을 맡고 최전선에서 분전한, 한 망령 내지 이방인의 덕택이라고 감사를 드렸다. 그 사람의 유물을 수장하는 신전은 승리의 기념비로 장식되었고, 포로가 된 종족은 영구히 파트라스 대주교좌 교회(metropolitan church)에 부속된 노예신분으로서 봉사하도록 바쳐졌다. 헬로스(Helos)와 라케다이몬(Lacedaemon)가까이에 있던 두 슬라브족의 반란으로 펠로폰네소스 반도의 평화는 자주 교란되었다. 그들은 가끔 비잔티움 정권이 허약해진 기회를 틈타거나 억압에 저항하였지만, 최종적으로 그들의 적대적 동포의 접근이 이 에제리인(Ezzeri人)과 밀렝기인(Milengi人)의 권리의무를 정의한 황금칙령(golden bull)의 공포를 이끌어 내게한 바, 그들의 연간 공납액은 금화 1200매로 규정되었다. 우리의 황제 지리학자(콘스탄티누스 7세)는, 극심한 박해를 받아온 헬롯(Helot. 고대 스파르타의 선주민인 농노나 천민)의 피를 얼마간이라도 이어 받은 국내의 아마도 본래의 토착인종을, 이들 이방인과 정확하게 구분하고 있다. 로마인, 특히 아우구스투스(재위 BC 27~AD 14)의 선정은 이곳의 해안도시들을 스파르타의 지배로부터 해방시키고 있었는데, 동일한 은혜의 연장으로서 그들은 엘러우테로(Eleuthero), 즉「자유 라코니아인(Free-Laconians)」(Laconia는 스파르타에 지배되고 있던 펠로폰네소스 반도의 중앙부 지역을 말한다)이라는 매우 자랑스러운 명칭을 얻었다. 그들은 콘스탄티누스 포르퓨로게니투스 황제치하(재위 911~59)에서는 마이노테스(Mainotes)라는 이름을 얻었는 바, 그들은 암초가 많은 해안에서 난파한 모든 난파선에 대한 비인간적인 약탈로서 자유의 대의를 더럽혔던 것이다. 곡식은 자라지 않지만 올리브나무만은 무성한 그들의 국토는 말레아곶(Cape of Malea)까지 확대되었는데, 그들은 비잔티움 궁정의 총독이 임명한 부족장 내지 영주(prince)를 받아들였으며, 금화 400매라는 상징적인 공납은 그들이 종속되어 있었다기 보다도 사실상 자유의 휘장이라는 의미를 가진 것이었다. 이 라코니아의 자유민은 로마인의 성격을 가졌고, 오랫동안 그리스인이 신봉하던 종교에 귀의하고 있었다. 황제 바실리우스 1세(재위 867~86)의 열의로 결국 그들도 그리스도교의 신앙을 받아들이기는 했지만, 베누스(Venus. 그리스 신화상 풍요의 여신인 Aphrodite와 동일시되는 로마신화상의 여신)나 넵투누스(Neptunus/Neptune. 그리스의 Poseidon과 동일시되는 로마 전설상의 水神)를 모신 신전에서, 이들 신은 그것이 로마 세계 안에서 금지억압되기 시작한 후에도, 500년간이나 메부수수한 이곳 신도들에 의하여 존숭(尊崇)되어 왔다. 펠로폰네소스의 테마(theme)에는 지금도 40개의 도시가 헤아려지는데, 10세기 당시의 스파르타, 아르고스 및 코린트의 쇠운상(衰運狀)은 고대에 찬란했던 이곳들의 광휘와 지금의 황폐상의 두 극단중 꼭 그 중간에 위치하고 있었다고 말할 수 있다. 본인 내지 대리인에 의한 군복무의 의무가, 이 속주에서는 소유토지 내지 성직록(聖職祿. benefice)에 대하여 부과되었고, 유력한 소작농은 각자가 금화 5매를, 그리고 이들보다 지위가 좀더 낮은 호주는 이것과 같은 액수의 인두세를 몇명이 나누어서 분담하였다. 이탈리아 전쟁(노르만인의 남부 이탈리아 침입과 이에 대한 항전 1016년)이 발발했을 때, 펠로폰네소스인은 100파운드(37.3kg)무게의 금괴(영국정화로는 4,000파운드)와 1,000두의 마필, 그리고 이에 부수되는 무구와 장식용 마구(馬具)의 자발적인 헌납에 의하여 군역(軍役)에서 면제되었다. 교회와 수도원들도 각각 응분의 헌금을 행하였다. 성직상의 영예를 매각함으로써 성물 모독적인 이득이 강요된 바, 아무것도 없는 적빈의 레우카디아(Leucadia) 주교조차 금화 100매의 연공(年貢)을 바치도록 부과당했다.

그러나 속주의 부와 세입의 관리는 통상(通商)과 제조(製造)의 공정하고도 풍부한 생산량에 입각하여 행하여 졌는데, 우리는 펠로폰네소스의 선원이나 양피지 및 자색염료 제조인에 대해서는 인두세를 일체 면제한다고 규정한 법률에서 이것의 공정한 정책에 관한 얼마간의 증거를 발견할 수 있다. 이 규정은 아마포, 모직물, 특히 비단 제조직인들에게도, 당연한 일이지만, 적용 내지 확대되었을 것이다. 이들 중 최초의 두가지는 호메로스(Homeros/Homer)시대의 오랜 옛날부터 그리스에게 크게 성업을 이루었지만, 마지막 비단생산은 아마도 유스티니아누스(재위 527~65)의 치세 당시에 처음으로 도입된 것 같다. 코린트, 테베, 아르고스에서 행해진 이런 제조기술들은 무수한 주민에게 식량과 일자리를 주었는데, 남녀 할 것 없이, 어른과 아이들은 연령과 체력에 따라서 작업량이 배분되었는 바, 이들의 대다수는 가내노예였지만, 이런 작업을 지휘하고 이익을 독점하던 두목은 명예로운 자유신분의 소지자였다. 부유하고 활수한 펠로폰네소스의 한 여자귀족이 자기의 양자인 황제 바실리우스에게 보낸 선물(제Ⅷ권 p.232참조)은, 의심할 바 없이 그리스제 직기로 짜낸 것이었다. 이 여자귀족 다니엘리스(Danielis)가 선물한 카페트는 가느다란 양모사로 짠 것으로서, 그 크기는 그리스도와 대천사 미카엘(Michael. 이스라엘 민족의 수호천사. 후일 그리스도교의 교회보호성자로 존경받게 되었다), 그리고 예언자 엘리야(Elijah/Elijjahu. BC 9세기 이스라엘의 예언자) 등 세분의 이름으로, 새로 얻어진 교회의 넓은 마루바닥을 온통 덮어 깔 만큼 크고, 또 거기에는 공작새 꼬리털에 있는 반점을 본떠서 수놓은 무늬가 들어 있었다. 그녀는 여러가지의 용도와 명칭의 비단과 아마천 600매의 직물도 선물했는데, 이 비단은 티리안 염료(Tyrian dye. 페니키아 해안인 튜레〈티루스〉에서 바다조개로 생산되는 보랏빛 염료. 제Ⅶ권 p.37의 본문 및 난외주기 참조)로 염색되고, 바느질이라는 노력으로 곱게 꾸며졌고, 또 아마포는 더없이 가는 실로 직조되었기 때문에 한장의 아마포를 돌돌 말으면 사탕수수깡속에 집어 넣을 수 있을 정도였다. 한 시칠리아의 역사가는 그리스의 공예품을 기술함에 있어, 그 값을 명주실의 무게와 품질, 옷감의 쫀쫀함, 빛깔의 아름다움 그리고 자수의 멋과 재료에 의하여 구분하였고, 한가닥, 아니 두가닥이나 세가닥 실을 합쳐서 짠 천은 일반적인 상품으로서 충분하다고 생각한데 반하여, 여섯가닥의 겹으로 짠 천은 숙달되고 고도의 기능을 가진 직인이 짠 예술적인 제품이라고 말하였고,

또 여러가지 색깔가운데서도, 진홍빛의 불꽃과 같이 밝고 녹색의 부드러운 광택의 것을 웅변적인 어조로 칭찬하고 있다. 자수는 명주실이나 금실로 놓되, 줄무늬나 동그라미같은 단순한 장식보다는 화초와 같이 한층 정밀섬세한 모양의 것이 귀하게 여겨졌다. 궁전이나 제단에서 착용되는 예복이나 법의에는 흔히 보석이 박히는데, 그것의 도안은 오리엔트산 진주알을 실로 꿰매서 수놓여진다. 12세기에 이르기까지 그리스도교 국가들 중에서 오직 그리스만이 이런 우아한 사치품을 제조하는 천부의 재능을 가진 곤충과 그 기술을 체득한 직인들을 보유하고 있었다. 그러나 이런 비밀은 재빨리 아랍인의 재치와 정려(精勵)에 의하여 훔쳐내어진 바, 동서 두 칼리프는 자기들의 가구와 의상을 이교도로부터 차용하는 것을 거절한 결과로, 스페인의 두 도시인 알메리아와 리스본은 비단의 제조와 사용, 그리고 수출로서 유명해졌다. 이것은 노르만인의 손으로 처음으로 시칠리아에 전해졌는데, 이런 직인의 이동은 로제르(Roger Ⅰ. 1031~1101. 노르만의 시칠리아 정복자. 1060년이래 형 기스카르〈Guiscard, Robert. 1015경~85. 남이탈리아 · 시칠리아를 정복하여 시칠리아에 노르만 왕국을 건설했다〉를 도와 메시나 · 팔레르모 등을 공략하여 시칠리아 백작에 봉해졌고 사라센으로부터 몰타섬을 탈취했다. 제56장에 다시 나온다)의 승리를, 언제나 볼 수 있는 그런 획일적인 불모(不毛)의 전투로부터 구별케 하는 것이다. 코린트, 아테네, 테베를 약탈한 후에 그의 부장은 포로로 잡은 남녀 직공과 장인(匠人)의 태반을 배에 태우고 철수한 것이다. 비잔티움 황제에게는 불명예스러운 일이지만, 그들의 주인에게는 영광스러운 기념비가 된 바 이 선물의 진가를 간파한 이곳 시칠리아 왕이 포로교환에 있어 테베와 코린트출신 남녀 직인을 제외시킨 결과, 그들은 마치 다레이오스(Dareios Ⅰ/Darius. 페르시아 아카이메네스 왕조의 창건자. 재위 BC 522~486. 이집트 · 인도 · 소아시아 · 그리스 등지를 정복했으나, BC 492년이래 그리스와는 육해전에서 참패, 중앙집권적 권력체제 확립으로 150년간 지속된 왕조의 기초를 구축했다)에게 봉사한 옛날의 에리트리아인(Eretria人. 에리트리아는 오늘날의 이디오피아를 말한다)처럼, 야만적인 영주밑에서 고역에 종사하게 되었다고 한 비잔티움 사가(이 사가란 아코미나토스〈Akominatos, Niketas, 1150~1215. 프류기아 태생, 십자군의 콘스탄티노플 점령시는 니케아로 도피〉이다. 요아네스 2세〈Joannes Ⅱ. 재위 1118~43〉로부터 1206년에 이르는, 동로마 제국역사《Chronike diegesis》를 썼다)는 말하였다. 팔레르모(Palermo. 시칠리아섬 북안에 위치)의 궁성안에 이 근면한 거류민이 사용하는 커다란 건물이 지어졌고, 그 기술은 서방세계의 증대되는 수요를 충족시키기 위하여 그들의 자녀와 제자들의 손으로 전수(傳受) 및 확대되었다. 이 시칠리아섬에서의 기직업(機織業)의 쇠미는 아마도 이 섬의 혼란과 이탈리아 제도시와의 경쟁탓일 것이다. 서력 1314년에는 형제 공화국들 중에서 루카(Lucca. 이탈리아 북부의 서해인 리구리아해에 면했고, 지금의 피사와 라스페치아사이에 끼여있는 내륙쪽 조그마한 공화국)만이 이익많은 독점을 향수하고 있었다. 국내혁명은 피렌체(Firenze/Florence), 볼로냐(Bologna), 베네치아(Venezia/Venice), 밀라노(Milano/Milan) 나아가서는 알프스산 이북에 있는 여러나라에 제품을 확산시킨 결과로, 이런 일이 있은지 13년 후에 모데나(Modena. 공국. 지금의 이탈리아 중서북부지방의 라스페치아와 모데나시를 중심으로 한 지역)의 법령은 뽕나무 재배를 의무화하고, 원료인 명주에 대하여 관세를 부과하였다. 북부의 기후는 양잠에는 별로 적합하지 않지만, 프랑스와 영국의 산업은 현재 이탈리아와 중국으로부터 원료를 공급받아 견직물 직조업을 번창시키고 있다.

이 시대의 기록의 애매성과 빈약성 때문에 우리는 비잔티움 제국의 조세, 세입, 자원 등에 관한 정확한 평가를 무엇 한가지도 얻을 수 없다는 불평을, 저자는 여기서 다시 반복하지 않을 수 없다. 유럽과 아시아의 모든 속주로부터 유입되는 황금과 은의 작은 냇물은, 풍부하고도 항구적인 흐름을 제국의 저수지속으로 쏟아 넣었다. 근간(根幹)으로부터의 여러 가지의 분리로 콘스탄티노플의 비중은 증대하였는가 하면, 전제정치의 격률(格率)은 국가를 그 수도에로, 수도를 궁전에로, 궁전을 황제 한 개인에게로 압축시켰다. 12세기에 동로마 제국을 방문한 한 유태인 여행자는 비잔티움의 부를 목격하고 감탄의 말까지 읊고 있다. 「비잔티움 제국의 온갖 공납(貢納)이 해마다 쌓이는 곳은(하고 투델라〈Tudela〉의 벤야민〈Benjamin ben Jona. 스페인계 유태인 여행가·상인. 유럽인으로서 최초로 지중해 연안의 이란, 이라크 등을 1160~73년간 여행하고 그 여행기로서 《Massaoth schel Rabbi Benjamin》〈1543〉을 썼는데 이것은 근동무역사 및 12세기 유태사의 중요 사료로 되어 있다〉은 쓰고 있다), 도시 중의 여왕이라고 일컬어지는 이 도시이다. 그리고 높은 탑은 모두가 비단, 자의(紫衣), 황금 등 귀중한 저장품으로 차고 넘쳤다. 콘스탄티노플은 매일 그 군주에게 총계 2만매씩의 황금을 헌납한다고 하는데, 이것들은 도시의 점포와 술집, 시장, 나아가서는 해륙으로부터 수도를 방문하는 페르시아나 이집트, 러시아나 헝가리, 이탈리아나 스페인 상인들에게 부과되는 것이다.」 도대체 금전적인 문제에 관한 유태인의 권위는 의심할 바 없이 존중해야 하겠지만, 365일이 700만 파운드(正貨로)를 넘는 세입액을 가져온다고 한다면, 저자는 여기서 적어도 그리스 달력에서 그렇게도 많은 축제일 분만은 공제하고 싶은 생각이 든다. 테오도라(Theodora. 테오필루스 1세〈Theophilus Ⅰ. 재위 829~42〉의 황후이고, 미카엘 3세〈Michael Ⅲ. 재위 842~67〉의 모후)나 바실리우스 2세(Basilius Ⅱ. 재위 960~1025)가 축적한 방대한 재보는, 그들의 지출과 재원에 관한 불명확하지만, 장려한 윤곽을 방불케하는데 충분하다. 미카엘 3세의 모후는 수도원으로 은퇴하기에 앞서, 그녀의 배은망덕한 패륜아들의 낭비산재버릇을 제지 내지 폭로하고자, 그가 계승할 부를 자발적이고도 충실하게 보고하였다(제 Ⅷ 권 p. 180참조). 그녀 자신과 선제(先帝)가 절검(節儉)한 과실은, 금이 10만 9천 파운드(40, 657kg), 은 30만 파운드(111. 9ton)에 이르렀다. 또한 바실리우스의 탐욕성은 그의 용감성이나 강한 운수에 조금도 뒤지지 않을 만큼 현저하다. 그의 전승의 군대는, 그가 사전에 궁전 지하금고에 보관해 두었던 금 20만 파운드(정화로는 약 800만 파운드, 무게로는 74. 6ton)의 재원에는 손도 대지 않은 채 고스란히 지불되고 또 보상되었다. 물론 이런 종류의 재보축적은 근대 정책의 이론과 실제에 의하여 부인될 것이고, 우리는 국부(國富)의 척도를 공적인 신용의 활용 내지 낭비에 의하여 측정하는 것이 보통이지만, 이 고대의 격언은 오늘날에도 적이 두려운 상대로 여기는 군주와 동맹자로부터 신뢰받는 공화국에서 신봉되고 있는데, 이 양자는 모두가 군사상의 강대성과 국내평화라는 두가지 목적을 실현시켰다.

당면한 필요성으로 소비되거나, 국가장래의 사용으로 유보되는 부분이 얼마가 되든 간에, 첫번째이자 가장 신성한 사용처는 황제의 화미(華美)와 쾌락인데, 그의 이와같은 개인적인 출비의 한도를 결정하는 것은 오로지 그의 재량뿐이었다. 콘스탄티노플의 역대군주는 자연적인 소박성으로부터 멀리 떨어진 존재였지만, 그래도 계절이 바뀔 때면 각자의 취미 내지 유행에 따라 수도의 매연(煤煙)과 훤소(喧騷)에서 도피하여 깨끗한 공기를 요구하였다. 그들은 포도수확기에 농촌에서 지내는 축제를 진심으로 즐겼거나 또는 즐기는체 하였다. 그는 수렵을 통한 운동이나 좀더 조용한 낚시질로 시간보내기를 즐겼고, 여름의 무더위때는 해변가의 나무그늘진 곳을 찾아 바닷가의 서늘한 바람으로 기분을 새롭게 하였다. 아시아와 유럽의 해안과 섬들에는 그의 호화롭고 장쾌(壯快)한 행궁이 줄지어 세워져 있었다. 그러나 자선의 기교를 감추고 자연의 풍광을 돋보이게 하고자 남몰래 노력하는 그런 겸허한 기술과는 반대로, 그들이 조성한 정원의 대리석 구조물은 쓸데없이 집주인의 부와 건축기사의 노고를 자랑해 보이는 효과를 과시했을 따름이다. 계승과 몰수라는 연이은 우발사고는 이들 도시나 교외의 장려한 많은 저택의 존귀한 소유주의 수를 감소시켰는 바 그중의 12개소는 국가의 고관대작의 손에 옮아 갔지만, 황제가 살고 있는 중심건물인 대궁전은 11세기 동안 대경마장(hippodrome)이나 성소피아 대성당과 함께 몇 층씩이나 되는 테라스를 내려가 프로폰티스해(마르마라해) 바닷가로 통하는 온통 정원으로 둘러싸인 동일한 장소에서 전혀 움직이거나 변동이 없었다. 콘스탄티누스 1세(재위 306~337. 콘스탄티노플 건설자)가 건축한 당초의 건물은 고대로마의 그것의 모사 또는 대항물에 지나지 않았지만, 그의 후계자들의 점진적인 개량은 고대세계의 경이(驚異)와 겨룰만한 기세의 성과였던 바, 10세기의 비잔티움 궁전은, 그것의 견고성, 위대성, 장려성에서 의심할 바 없는 우월성으로 적어도 라틴인의 감탄을 자아내게 하였다. 그러나 수많은 시대를 거치는 동안 그 시대마다의 노동력과 재력은 거대하고 볼품없는 퇴적물을 만들어 내는 결과로 되었고, 분리된 개별적인 건물들은 각각 그것의 건설자의 시대와 성격을 표현하는가 하면, 〔도성내의〕 공간 부족은 역대군주가 아마도 내심으로는 만족을 느끼면서도 선임자의 건물을 파괴철거시킬 구실을 만들어내게 했을 것이다. 테오필루스(재위 829~42)황제의 재력은 그의 가정내의 사치와 광채에 한층더 자유롭고도 광대한 여지를 부여하였다. 자기의 자존심과 활수성을 과시하여 압바스 왕조의 역대 칼리프를 놀라게하기 위하여, 황제는 총신 중 한사람을 사절로 파견했는데, 그 사절은 바그다드의 칼리프가 최근 티그리스강변에 막 건설한 궁전(앞서 나온 제52장의 p. 222이하를 참조할 것)의 모형을 선물로 받고서 귀임하자 황제에게 바쳤다. 이 모형은 곧 모사(模寫)되고 또 그것을 능가하는 새 궁전이 지어졌다. 테오필루스가 건설한 새 건조물에는 여러 형태의 정원과 5개소의 교회가 부속되어 있었는데, 그중의 한 곳은 그 크기와 아름다움으로 특히 사람들의 눈을 놀라게 하였다. 그것은 3개의 둥근지붕(도움)을 가졌고, 이탈리아산 대리석 원주위에는 금물을 칠한 놋쇠지붕이 덮였으며, 벽면에도 각종 색깔의 대리석이 끼워 있었다. 교회 정면에는 그리스 문자인 시그마(Sigma : Σ)형상과 이름의 반원형(半円型) 현관이, 프류기아산 대리석으로 된 15개의 원주로 받쳐졌고, 그 지하 저장고도 이와 똑같은 구조였다. 이 시그마 성당앞 광장에는 분수대가 만들어졌는데, 이 연못 가장자리는 한면이 은식기로 둘러처져 있었다. 계절이 바뀌는 초입 때마다 이 연못은 물이 아니라 가장 진귀한 과일들로 가득 채워졌는 바, 그것은 대중이 걸신들린 사람들처럼 먹어 대는데 맡겨졌다. 그런데 이런 광경을 내려다 보는 것이 또한 황제의 커다란 즐거움이었다. 즉, 그는 이런 터무니없는 광경을, 대리석 계단위에 한층더 높다란 노대(露台)를 만들게 하고, 거기에 갖은 금은보석을 박아넣은 보좌를 내다 놓고 거기에 높이 앉아서 내려다 보았던 것이다. 이 옥좌 아래쪽에는 황제 경호대의 장교들과 고관대작들, 경마장의 당파(청색당과 녹색당을 말하는 것. 상세내용은 제 Ⅶ 권 p. 27~36참조) 수령들이 쭉 늘어 앉았고, 다시 이 계단 아랫부분에는 민중이, 그리고 다시 그 밑의 지면에는 무희와 가희, 팬터마임 배우의 일단이 자리잡았다. 이 광장주위에는 법원과 무기고를 비롯하여 행정업무처리와 오락관계의 각종 사무실이 늘어서 있었는데, 그곳의 보랏빛 방은 여기서 황후가 해마다 손수 진홍빛과 보랏빛 의상을 나누어 준데서 이런 명칭이 생겼다. 길게 늘어선 일련의 방들은 각각 계절을 상징하는 것들로 구분되어, 대리석과 반암(斑岩), 그림과 조각이나 모자이크, 그리고 차고 넘칠만큼 많은 금은보석들로 장식되었다. 장대한 것을 공상하기 좋아하는 황제는 시대가 허용하는 한 예술가의 기능과 끈기를 동원하였는데, 아테네 시민들의 취미는, 황금으로 나무를 만들고 거기서 뻗어난 가지와 잎에는 온통 금박칠을 한다음, 그런 나무가지에 각종 새들이 무수히 앉아서 기계장치에 의하여 지저귀게 하거나, 자연생 크기와 똑같은 두마리의 야생종 사자들이 사람을 노려보며 포효하는 조상을 순금으로 만들어 놓고 즐기는, 그런 저속하고도 사치스러운 콘스탄티노플 궁정인들의 노고를 아마도 경멸했음이 틀림없다. 테오필루스나 그 뒤의 바실리우스, 그리고 콤네누스 제통의 후계 황제들도 자기들이 살았던 주거지의 추억거리가 될만한 건물을 세상에 남겨놓고자 선임자들에게 뒤지지 않는 기세로 지었는 바, 궁전내 가장 존귀하고 호화찬란한 부분은 황금제 「트리클리니움(triclinium)」(3면에 긴 안락의자를 둘러 놓은 식탁 또는 그런 식탁이 있는 식당. 별명은 「行列進發의 방」이고 원래는 유스티니아누스 2세〈재위 685~95, 705~711〉가 건설했고 테오필루스 황제가 호화판으로 꾸민 것)이라는 별명으로 불리운 식당 시설이다. 부자인 비잔티움 귀족들도 자기들의 수장인 황제보다는 한차원 낮지만, 어쨌든 각각 자기 신분에 상응하게 황제의 사치성을 본받는 경쟁을 벌렸던 탓으로, 그들이 비단바탕에 화려하게 수놓은 상의를 입고, 말위에 높이 올라앉아 거리라도 지나갈 때면, 아이들은 이들을 국왕으로 잘못 알고 경의를 표하기도 했다. 마케도니아 제통의 창시자인 바실리우스(재위 867~86)가 왕조창건의 새

싹으로 자라날 무렵에, 그의 행운을 소중히 여겨서 펠로폰네소스의 여자귀족 (다니엘리스 p. 274참조)은 애정 내지 허영심에서, 이처럼 그 지위가 인신(人臣)을 극한 자기 양자를 찾아보고자 하였다. 파트라스(Patras)로부터 콘스탄티노플까지 500마일(800km)의 긴 여행길에서는 그녀의 노령 내지 권태가 말이나 마차의 피로를 거절했으므로, 다니엘리스가 탄 편한 가마가 10명의 건장한 노예들의 어깨에 메여지게 되었다. 그리고 그들은 적당한 거리에서 교대하곤 했으므로 총수 300명의 교꾼이 이 봉사를 실현시키기 위하여 선발되었다. 그녀는 비잔티움 궁전에서 효심에 가득찬 경의와 여왕으로서의 명예로 환대되었는데, 그녀의 재산의 유래가 어떻게 된 것이든 간에, 이번에도 그녀의 선물은 제왕의 품위를 욕되게 하지 않았다. 저자는 앞에서 아마실과 명주실 그리고 양모를 원료로 하는 펠로폰네소스의 정교하고도 진귀한 제조품에 대하여 한마디 썼지만, 그녀의 이번 헌상품중에서 가장 호화로운 것은 100명의 환관(宦官)을 포함하여 모두 300명이나 되는 미소년들이었다. 「여름철의 파리에게는 양치는 낙농장이야말로 마침가락의 살기 편한 곳이지, 이 곤충에게는 결코 궁전내의 공기가 기분에 맞지 않는다는 것을 그녀는 잘 알고 있었다」라고 역사가는 기술하고 있다(앞서 인용한 류트프란드의 평. 단, 이 다니엘리스의 여행기는 콘스탄티누스 7세가 쓴 「바실리우스의 생애」에 의거한 것이라고 원저자는 주기하고 있다). 그녀는 생전에 펠로폰네소스에 있는 자기 영지의 거의 전부를 바실리우스 1세에게 증여했을 뿐만 아니라 다시 그의 아들인 레오 6세를 유언으로서 그녀의 포괄적인 상속인으로 지정하였다. 이 유산의 양도가 끝난 후에는 80개소나 되는 별장 내지 농지가 황제의 소유영지에 첨가되고, 다니엘리스가 사용하던 3천명의 노예들이 그들의 새로운 주인의 손으로 해방되어 거류민으로서 이탈리아 해안으로 이주당했다. 우리는 일개 사인(私人)이던 이 귀부인의 실례로부터, 역대황제의 부와 장려성(壯麗性)을 상상할 수 있다. 그러나 우리 인간의 향락은 대개 좁은 범위로 한정되고, 생활의 참된 사치는 그 가치의 크고 작음에 관계없이 일반적으로 공적인 재산관리자 보다는 자신의 재산소유자가 오히려 한층더 안전하고도 무해(無害)하게 향유될 수 있다.

귀족과 평민의 출신신분의 차이를 없애려는 절대적인 전제통치 제도하에서는, 주권자 한사람만이 명예의 유일한 원천이기 때문에, 그의 자의적인 의사로 수여 또는 박탈되는 작위와 관직에 의하여, 궁정안이나 제국내에서 위계질서가 확립된다. 베스파시아누스(Vespasianus, 재위 69~79. 네로 자살후 군대에 의하여 황제로 추대되자, 내란으로 손상된 국가위신 회복과 재정정비 및 국내치안 재건으로 또다시 제국의 질서와 번영을 가져오게 했다)로부터 알렉시우스(Alexius Ⅰ, Commenus. 재위 1081~1118. 노르만인, 페체네그인, 투르크인의 침입을 격퇴했고, 제1회 십자군과 협력하여 소아시아의 서부실지를 회복했다)황제까지 1천년 이상동안이나 케사르(Caesar)라는 칭호는, 아우구스투스(Augustus)라는 최고의 작위가 좀더 자유롭게 현황제의 아들과 그 형제들에게 부여된 이후부터는, 적어도 이보다 한단계 낮은 차위(次位)의 위계를 의미하게 되었다. 강력한 공치자인 누이동생 남편(매제)에 대한 약속을 파기함이 없이 회피하고, 또 자기와 동등한 권한을 부여하지 않고도 동생인 이사키우스(Isaacius/Isaac)의 협력에 보답하기 위하여 빈틈없는 알렉시우스 코메누스는 위인설관(爲人設官)식으로 새로운 최고직위를 개재시켰다. 즉 그리스어가 가진 절묘한 탄력성은 그에게 「아우구스투스(Augustus)」 또는 「황제(Emperor)」라는 뜻의 그리스어인 「세바스토스(Sebastos)」와 「아우토크라토르(Autocrator)」의 두 명칭의 혼화(混和)를 가능케 한것이다. 이리하여 만들어진 합성어가 「세바스토크라토르(Sebastocrator)」라는 어감이 좋은 칭호이다(제Ⅷ권 제48장 p.262~67참조). 이 「세바스토크라토르」라는 지위는, 황제지위에 가장 가까운 존재로서 케사르의 상석을 차지하며, 공식적인 환호에서는 그의 이 칭호가 반복되며, 그와 황제와는 두부(頭部)와 족부(足部)에 대한 불과 두 세가지의 특정장식에 의해서만 겨우 구별되는 그런 자리이다. 즉, 자주빛 또는 빨간색 반 장화와 페르시아 국왕의 의상을 모방한 것으로서 두건처럼 위가 닫힌 왕관(close diadem) 내지 3중관(tiara)을 착용할 수 있는 것은 오직 황제뿐이다. 이것은 무수한 진주나 보석 때문에 바탕이 거의 보이지 않는 면포 또는 비단으로 만든 통이 높은 피라미드형 모자인데, 왕관부는 황금제 수평원(水平円)과 2개의 아치(arch)형으로 되어 있고, 이것들이 교차하는 정점에는 구체(球體) 또는 십자가가 놓여지며, 그 양쪽에는 진주알을 꿰맨 끈 또는 단이 내려져 있다. 세바스토크라토르와 게사르의 반 장화는 진홍빛이 아니라 녹색이고, 위쪽이 열린 그들의 왕관 또는 화관(花冠)에는, 귀금속이나 보석이 얼마간 적게 박혀져 있다. 알렉시우스 황제의 이런 창의성은 케사르 칭호와 나란히 그 밑에, 그리스인의 귀에는 그 음감과 의미가 충분히 납득되는 「판휴페르세바스토스(*Panhypersebastos*)」와 「프로토세바스토스(*Protosebastos*)」라는 두 가지의 새 명예칭호를 창설하였다. 이것들은 「아우구스투스」라는 소박한 칭호를 능가하는 우위 내지 상석(上席)을 의미하는 것인데, 이리하여 이 로마 군주의 신성하고도 본래적인 칭호는, 이제 비잔티움 궁정내 황제의 친족과 관리들에게까지 싸구려로 마구 붙여졌다. 알렉시우스 황제의 딸(안나 콤네나〈Anna Comnena, 1083~1148경. 1097년 Nicephorus Bryennius와 결혼하였고, 1118년 부황 알렉시우스 1세가 사망했을 때 남편과 더불어 제위에 오르려 했으나 실패한 후 수도원으로 추방되었다. 남편이 미완성으로 남기고 사망한 후, 부황에 관한 역사인 『알렉시아드《Alexiad》』라는 13편의 서사시풍 역사책을 썼다〉를 말하는 것)은 이와같은 희망과 영예의 교묘한 등급매김을 동정적인 심정에서 칭송하고 있지만, 원래 언어의 학문이란 무능력자에게도 조작이 가능한 까닭에, 이런 공소(空疎)한 어휘는 그의 후계자의 자존심에 의하여 한층더 내용이 풍부해졌다. 그들은 마음에 드는 자식과 형제들에게 원래라면 주님(Lord)을 의미하는 한층더 고귀한 「데스포트(Despot)」라는 호칭을 나누어 주었는데, 이 지위는 새로운 장신구와 특권으로 장식되어 황제 바로 밑에 위치하였다. 이와같이 ① 데스포트, ② 세바스토크라토르, ③ 케사르, ④ 판휴페르세바스토스, ⑤ 프로토세바스토스의 새 칭호가 생겼다. 이 5개 칭호는 통례로 황제와 혈연관계에 있는 귀족에게 한정하여 수여된 바, 이는 바로 황제의 지상권(至上權) 발산으로 생각되었다. 그러나 이런 칭호를 받은 사람은 누구 하나도 정규적인 직무를 수행하지 못하고, 순전히 명예직이었기 때문에, 그것들의 존재는 무의미하였고 또 그 권위는 애매모호하였다.

그러나 모든 군주국가에서의 통치의 실질권력은, 궁전이나 국고를 관장하는 대신과 육해 양군 지휘관의 손에서 분리 행사되는 것이 일반적인 현상이다. 변화하는 것은 관직명뿐이고, 옛날의 집정관(praetor)이나 재무관(quaestor)에 해당하는 백작(count)과 총독(Praefect)들은 시대의 변혁과정에서 점차 그 지위를 잃었고, 그 대신에 그들의 부하가 자기의 상관들을 추월하여 국가 최고의 명예로운 지위에 올랐다. (1) 모든 대상이 군주 한사람과의 관련에서 처리되는 전제군주국가에서는, 궁전의 관리(管理)와 의전(儀典)이 가장 고귀한 직무를 구성한다. 유스티니아누스 1세(재위 527~65)시대에 그처럼 고명하던 「쿠로팔라타(Curopalata)」는 처음에는 단지 의상관리(wardrobe) 직무만으로 한정되어 있던 「프로토베스티아레(Protovestiare)」(우리나라 조선조시대의 官制라면 尙衣院이나 尙衣司에 해당한다)에 의하여 「쿠로팔라타」의 직무가 대체되기에 이르렀다. 이때 이래 「프로토베스티아레」라는 관직은 허식 내지 사치스러운 일을 수행하는 수많은 하인들을 감독하는 직무를 수행하게 되었는데, 그는 황제가 공식적으로 사람을 접견하는 석상에서, 은제 관장(管杖, wand)를 집고 그 자리에 배석하게 되었다. (2) 옛날은 콘스탄티누스 대제(재위 324~37)의 새로운 체제에서 「로고테테(Logothete)」, (韓末의 관직이라면 會計司·會計院의 卿이나 長에 해당), 즉 출납관(accountant)이라는 직책은 문자 그대로 세입의 수납으로 한정되었고, 그의 주요관리는 영지(領地 domain), 체송(遞送. posts), 군무(軍務. army), 공사간의 재보(private and public treasure) 등 분야별「로고테테」로 나누어져서 업무를 분장하였고, 법과 세입전반에 대한 최고 감독관인 대 로고테테(*the great Logothete*)는 라틴 군주국가들의 대법관(chancellor)에 비유되었다. 그의 날카로운 눈길은 민정전반에 이르렀고, 황제의 적당한 종속적인 지위에서 그 직무를 보좌하는 사람들이 곧 수도장관(praefect of the city/eparch), 비서실장(the first secretary), 그리고 국새(國璽)·문서, 황제개인의 신성한 서명에 사용하는 적색 또는 자색잉크의 보관책임자(the keepers of the privy seal, the archives, and the red and purple ink which was reserved for the sacred signature of the emperor alone. 영국의 國璽尙書에 해당) 등이다. 외국사절의 안내와 통역을 담당하는 직위명칭이 터키어에 기원을 가진「대(大) 캬우스(great *Chiauss*)」와「드라고만(*Dragoman*, 통역)」인데, 이 호칭은 오늘날 오스만-터키 궁정에서 여전히 일상적으로 사용하고 있다. (3) 근위병(guard)을 의미하는 겸손한 명칭과 임무로부터「도메스티크(Domestic)」는 점차 장군(general)의 지위를 지칭하는 것으로 격상되었다. 동서 두 방면의 군사적 테마(theme. 군관구), 즉 유럽과 아시아의 군단이 자주 분리된 결과로 최종적으로는「대 도메스티크(*great Domestci*)」가 모든 지상군에 대한 전체적·절대적인 지휘권을 부여받았다. 「프로토스트라토르(*Protostrator*)」의 본래기능은 황제가 말에 올라탈 때, 거들어드리는 사람으로서의 역할이었는데, 이것도 그후 점차 전쟁터에서「대 도메스티크」의 부관 지위로 격상되면서, 그의 직권은 마굿간과 기병대의 관리로부터 수렵과 매사냥에서 황제의 수행원 역할로까지 확대되었다. 「스트라토페다르크(*Stratopedarch*)」는 군영(軍營)에서의 대법무관(great judge)이고, 「프로토스파타이레(*Protospathaire*)」는「근위부대 지휘관, 「콘스타블레(*Constable*)」, 「대 에테리아르크(great *Aeteriarch*)」, 그리고「아콜류트(Acolyth)」는 각각 프랑크족, 만족, 바랑기족(Varangi), 즉 영국인 병단의 지휘관 명칭인데, 이것들은 국민적 사기의 쇠퇴시기에 비잔티움 군대에 활력소로 되어 있던 외국용병군단들이었다. (4) 해군력은「대 도메스티크」의 지휘하에 놓여져 있었는데,

그의 부재시는 함대의「대 드룽가이레(great Drungaire)」또는 그의 대리인인 에미르(Emir), 즉「아드미랄(Admiral)」이 사령관직을 맡았다. 이 사라센어에 어원을 가진 통칭은 그후 유럽의 모든 근대어에 도입(「해군대장」이니「제독」이니 하는 용어)되었다. 동로마 제국 문무백관의 위계제도는 이런 장교들, 그리고 기타 일일이 예거할 수 없을 정도로 많은 관리에 의하여 구성되어 있었다. 그들의 서훈(叙勳)과 대우, 제복과 칭호, 그들 상호간의 경례형식과 개개인의 서열 등등은, 자유로운 민중의 헌법제정상 필요한 것으로 여겨지는 것 이상으로, 한층더 정묘한 고심하에 균형을 이루게끔 배려되었다. 그리고 이 오만하고도 예종의 기념비라고 말할 공중의 일대누각이 제국의 멸망으로 영원히 매몰되었을 때는, 그 법규가 거의 완벽하게 만들어져 있었다.

인간의 신앙심이 지고(至高)한 존재에 주어온 가장 숭고한 칭호와, 가장 겸허한 자세는, 아부와 공포심으로 말미암아 심지어 우리들과 똑같은 본성을 가진 피조물에게도 자기이익을 위하여 낮추게 한다. 지면에 꿇어 엎드려 황제의 발에 입맞추는 경의표시(adoration)형식은, 디오클레티아누스(Diocletianus. 재위 284~305. 제국의 4분통치제〈tefrarchy〉를 도입하며, 전제군주정치〈Dominatus〉를 시행했고, 오리엔트식의 의례제도를 채용하여 군주의 존엄성을 높였으며, 기독교도를 박해했다)가 페르시아의 예종적인 관행 등을 차용한데서 시작된 것인데, 이것은 비잔티움 군주제도의 마지막시대까지 한층더 노골적인 형태에서 계승 적용되었다. 종교상의 체면이라는 동기로 제외되는 일요일을 제외하고 이런 굴종적인 궤배(跪拜) 예의법은 황제에게 배알하는 모든 사람, 즉 왕관과 자의착용이 허용된 국내의 왕후(王侯)들로부터, 아시아·이집트·스페인의 모든 칼리프와 프랑스 및 이탈리아의 국왕들, 고대로마를 승계한 라틴 황제 등등, 독립한 주권자를 대표하는 온갖 사절에 이르기까지 예외없이 강요되었다. 크레모나(Cremona)의 주교인 류트프란드(Liutprand)는 그가 콘스탄티노플에 사절로 파견되어 외교 교섭할 때, 프랑크인으로서의 자유기개와 주군인 오토(Otto Ⅰ. 〈der Grosse〉, 독일왕 재위 936~73. 신성로마황제 재위 962~73)의 위엄을 옹호 유지하였다. 그러나 그의 정직하고 가식없는 태도는, 그의 첫번째 황제 배알시에 겪어야 했던 굴욕이란 말씀이 아니였다. 그가 옥좌로 다가가자 황금제 나무에 앉은 새들이 지저귀기 시작하였고, 금으로 만든 두 마리의 사자가 이에 곁들여서 포효하였다. 두 사람의 동료들과 함께 류트프란드는 머리를 조아려 큰 절을 올리고 또 꿇어엎드리도록 강제당했는데, 그는 세번이나 땅바닥에 이마를 대야만 하였다. 그가 몸을 일으키자, 이 짧은 한 순간에 옥좌는 일종의 기계장치로 마루바닥에서 천장쪽으로 올려져, 황제의 모습이 한층더 새롭고 현란하게 보였는데, 회견은 오만하고도 존엄한 침묵으로 끝났다(이상의 기술은 Liutprand의 「콘스탄티노플에의 사절보고기」에 의거한 것이다). 이 정직하고 진기한 보고서에서 우리의 크레모나 주교는 비잔티움 궁정의 의전관계도 묘사하고 있는데, 이것은 지금도 오스만-터키 조정에서 실제로 행해지고 있으며, 또 최근의 모스크바(Muscovy), 즉 러시아(Russia) 대공(duke) 시대에도 보존되어 왔다. 이 대사(류트프란드)는 베네치아(베니스)로부터 콘스탄티노플까지 육해를 통한 길고긴 여행끝에 금문(golden gate. 콘스탄티노플시의 테오도시우스 2세황제 장벽에서 마르마라 해변가에 난 성문. 제 III 권의 부록지도 「콘스탄티노플 약도」참조)에 도착하자, 그의 숙소로 지정된 궁전으로 영접나온 관리에 의하여 정식으로 안내되었다. 그러나 이 궁전은 일종의 강금소로서, 방심하지 않고 그를 감시하는 간수는 본국이나 현지주민과의 일체의 사교적인 접촉이나 연락을 금지하였다. 그는 첫번째 접견에서 주군으로부터의 선물, 즉 노예들, 금제 단지, 값비싼 갑옷을 바쳤다. 그의 눈앞에서 보라는 듯이 행한 관료들과 군인들에 대한 급여 지급은 제국의 부의 풍부성을 엿보게 하였다. 그가 참석한 바 황제주최의 연회석에는 각국에서 온 사절이 그리스인에 의한 존경 또는 경멸의 정도에 따라서 좌석이 지정되었으며, 황제는 가장 우악(優渥)한 은고(恩顧)로서 자기자신의 자리에서 자기가 맛본 요리접시를 돌리게 하였고, 그의 마음에 드는 손님에게는 옷을 하사해서 물러가게 하였다. 매일 아침이나 저녁때 할 것 없이 그의 문무백관은 궁전안에서 직무를 수행하는데 그들의 활동상은 군주의 시선, 어쩌면 미소로서 보상받았다. 황제의 명령은 고개를 끄떡이거나 손짓으로 전달되었다. 또 그의 앞에서는 지상의 모든 위대한 것이 침묵하고 복종하였다. 그는 수도에서 벌어지는 정례 또는 특별행렬이 있을 때에만 민중앞에 모습을 나타냈다. 정책상의 의식이 종교의 그것과 결합되어, 주요한 교회에의 그의 행행(行幸)은 비잔티움 달력의 축제일에 의하여 규제되었다. 이런 행렬이 있을 그 전야에, 군주의 경건하고도 우악한 의도가 포고인(布告人)의 손에 넘겨지면, 가로는 깨끗이 청소되고 포도(鋪道)는 꽃으로 가득 깔리며, 창문과 발코니에는 더없이 값비싼 가구와 금은제 식기, 비단으로 만든 커텐이 진열되거나 쳐지며, 그리고 하층민의 소란을 단속하거나 금압하기 위하여 엄중한 경비체제가 취해졌다. 행진은 군대를 인솔하는 육군장교가 선도역을 담당하고, 그뒤에 정부 문민의 고관과 대신의 길다란 행렬이 따랐다. 황제자신은 그의 환관과 근위병들에 호위되고, 교회 입구에서는 총대주교와 성직자 일동의 공손한 영접을 받아 안으로 모셔진다. 환호의 화창(和唱)은 군중의 메부수수하고도 자발적인 목소리에만 맡기지 않고, 그 행사의 성격이나 환경에 가장 알맞게끔 그때마다 경마장의 응원단인 청색당이나 녹색당의 두 파벌 중 하나가 자리를 차지하도록 배치된다. 그 옛날 이 수도를 뒤흔들었던 그들의 광포한 항쟁은 점차 예종의 경쟁에로 타락하고 말았다. 그들은 양측에서 서로 화답하는 선율로써 황제를 찬미하는 노래를 불렀는데, 그들의 시인이나 음악가들이 이런 합창을 지휘하였고, 황제만세와 승리라는 가사는 어느 노래를 막론하고 그 말미에서 반드시 반복 화창되었다. 똑같은 갈채는 황제알현 석상, 연회 때 그리고 교회에서도 반복되었으며, 게다가 무한한 세위(勢威)의 증거로서 라틴어 · 고트어 · 페르시아어 · 프랑스어 나아가서는 영어로 이들 민족의 진실 또는 가공적인 역할을 지지하는 용병들에 의하여, 이런 갈채가 반복 화창되었다. 콘스탄티누스 7세(Porphyrogenitus. 재위 911~59)의 붓으로 이런 체제와 추종의 과학이 거드름을 피우는, 그러면서도 공허한 책속에 종합되었는데, 후세의 허영심은 어쩌면 이것을 방대한 증보판으로 만들것이다. 그러나 군주는 냉정한 기분에서 뒤돌아 볼 때, 이와같은 갈채가 어떠한 인간, 또는 어떠한 치세하에서도 행해져 왔다는 사실에 생각이 미칠것이다. 그리고 만일 그가 미천한 신분에서 몸을 일으켜 최고지위에 오른 사람이라면, 그런 사람일수록 그는 자기 전임자의 행복을 선망하거나 그의 생명을 노렸을 때, 자기가 외친 그 목소리가 가장 높았고 또 가장 열렬하게 찬미한 내용이었다는 사실을 상기할 것이다(이 대목은 저자 기번이 타키투스〈Tacitus, Cornelius, 56~115이후. 로마 제1의 사가〉의 「역사《Historiae》」에서, 근위병의 반란을 선동하여 선제를 대신하여 3개월간 스스로 황제자리에 올랐다가 자살한 오토〈Otho. Marcus Salvius. 재위 AD 69. 1. 15~69. 4. 15간 크레모다 동쪽 Badriacum에서 Vitellius, Aulus 15~69에게 전패하여 자살〉의 심리묘사 대목을 인용한 것이다).

북방의 나라들, 즉 신의도 명성도 가지고 있지 못한 민족의 군주는, 그들이 황제와 혈연관계에 있는 처녀와 결혼하던가 그들의 딸이 로마 군주에게 시집옴으로써, 케사르가의 피를 자기들의 혈통에 혼합시킬 것을 간절히 바란다고 콘스탄티누스 포르퓨로게니투스는 말한다. 이리하여 이 늙은 황제는 아들에 대한 교훈가운데서, 정책과 위엄에 대하여 내밀적인 격률을 해명하면서, 이런 종류의 불순하고도 부당한 요구를 물리쳐야할 지극히 고상한 이유를 개진한다. 이 사려깊은 황제에 의하면, 어떠한 동물도 그의 본성에 의하여 자기가 속하는 같은 종류의 동물 중에서 합궁상대를 고르게 마련이다. 그런데 인류는, 언어, 종교, 습속의 차이에 의하여 여러 부족으로 나뉘어진다. 때문에 혈통상 순결에 대한 정당한 배려야말로, 공사(公私)간의 생활상 조화를 보존하는 열쇠인 바, 만일 외부의 핏줄기가 여기에 혼입되면 혼란과 불화의 강력한 온상으로 밖에는 되지 않는다. 고대로마의 현자(賢者)들의 의견과 실천은, 바로 그렇기 때문에 그들의 법제가 시민과 이방인의 혼인을 금지한 것이다. 자유와 덕성시대의 원로원 의원은 설마 자기 딸과 황제와의 혼인따위는 생각하지도 않았을 것인즉, 마르쿠스－안토니누스(Marcus Aurelius Antoninus. 121～80. 재위 161～80. 안토니누스－피우스〈Antoninus Pius. 86～161, 재위 138～61의 양자, 하드리아누스〈Hadrianus. 재위 117～38〉황제의 원칙)의 영광은 이집트여인을 황후(이름을 클레오파트라〈Kleopatra〉라고 했다. 그런데 마르쿠스－안토니누스는 24세〈145년〉당시, 안토니누스－피우스황제의 막내딸 소〈小〉파우스티나〈Faustina, Annia Galeria. 125경～176경. 마르쿠스－안토니누스와는 사촌간. 170년이후, 남편황제를 따라 북방과 동방 지역전선에 나갔으므로「軍營의 어머니」로 불리웠고, 역시 전선에서 사망했다〉와 결혼했으므로, 이집트 여인과는 176년경 상처후의 재혼일 것이다)로 맞이함으로써 더럽혀졌고, 티투스 황제(Titus. 재위 79~81)는 민중의 비난으로 마음내키지 않아 하는 베레니케(Berenice. 유태인 출신)를 본의아니게 이별하지 않으면 안되게 되었던 것이다. 이 항구적인 금혼령은 콘스탄티누스 대제(재위 324~37)의 전설적인 재확인 및 재가에 의하여 정당화되었다. 이때 여러 국가들, 그중에서도 특히 이교국가(異教國家)의 사절은, 이런 종류의 기묘한 결연이 이곳의 교회와 도시 창건자에 의하여 지탄되고 있다고 장중하게 통고되었다. 그리고 이 폐기불능의 법규는, 성소피아 대성당 제단에 각인되어, 자의(紫衣)의 위엄을 더럽히고자 한 불성실한 군주는 로마인의 사회적·교회적인 교류로부터 따돌림을 당하였다. 그런데 만일 사절단이 그 누군가 좋지 못한 한 패거리 사람들로부터 비잔티움 사실(史實)에 대하여 간사한 꾀를 일러 받을 경우, 그들은 이 가공적인 법규를 위반한 세가지의 중대한 사례를 들어 항변할런지도 모른다. 그것은 레오 4세(재위 775~80)라기보다도 그의 아버지인 콘스탄티누스 5세(재위 741~75)와 호자르족(Chozar族)왕의 딸과의 결혼, 로마누스 1세(Romanus Ⅰ. Lecapenus. 재위 919~44)의 손녀와 불가리아 왕자와의 혼인, 그리고 프랑스 내지 이탈리아의 여인인 베르타(Bertha)와 젊은 로마누스 2세(재위 959~63), 즉 콘스탄티누스 포르퓨로게니투스 자신의 아들과의 결연(943년의 일)을 말한다. 이와같은 이론(異論)에 대하여 세가지 답변내용이 준비되고, 따라서 곤란한 점이 제거되면서 법규가 새삼스럽게 확인되었다. (1) 콘스탄티누스(5세) 코프로뉴무스의 행위와 죄상은 천하주지의 사실이다. 세례반의 신성함을 욕되게 하였고, 성상에 대한 전쟁을 포고한 이 이단자인 이사우리아인은, 틀림없이 만족출신의 아내를 맞이하고 있었다. 이런 불경신적 결연으로 그의 범죄를 극단으로까지 밀고나간 결과로, 그는 교회와 후세의 정당한 비난의 표적이 되었다(제 VIII 권 제48자 p.212~15 참조). (2) 로마누스 1세는 도저히 정통파 황제라고는 볼 수 없는 황제이다. 그는 군주국의 법규를 몰랐고, 명예가 무엇인지도 분별하지 못하는 무식한 평민출신(그는 아르메니아 군관구소속 1개 병사를 아버지로 하고, 그 자신도 1개 水兵이었다. 그는 제위에 오른 뒤에도, 공식적으로는 콘스탄티누스 7세〈911~59재위〉, 알렉산데르스〈912~13재위〉와 함께 共治帝였고, 섭정이었는데, 딸 헬레나〈Helena〉를 콘스탄티누스 7세에게 시집보냄으로써 「皇父」칭호를 받고 공치제가 됐던 것이다)의 찬탈자였다. 때문에 문제의 새색시(불가리아 왕자와 결혼한 로마누스의 손녀)의 친아버지이며 로마누스 1세의 맏아들인 크리스토포루스(Christophorus/Christopher)는 황족사이에서는 서열이 세번째 위계에 해당하였고, 모반인인 아버지의 신하인 동시에 공범자였다. 한편 그의 사돈되는 불가리아왕은 진지하고도 신심깊은 그리스도 교도였는데, 로마누스는 제국의 안전을 몇 천명이나 되는 포로에 대하여 속상금(贖償金)을 지불하고 그 신병을 인수함에 있어서도, 이런 비상식적인 결혼에 크게 의존했던 것이다. 그러나 여하한 고려도 콘스탄티누스 대제의 금지법규로부터의 면제이유로는 될 수 없었으므로, 성직자, 원로원 의원 그리고 민중이 이런 로마누스 1세의 행위를 비난했기 때문에, 그는 살아 생전은 물론 죽은 후에도 국가적 치욕의 책임자로서 지탄받았다(제 VIII 권 제48장 p.239~41참조). (3) 그 자신의 아들이 이탈리아왕 유구(Hugues de Provence. 재위 926~46. 아를르백, 프로방스공을 거쳐, 브루고뉴왕 루돌프 2세를 격파하고 이탈리아 왕위에 올랐다. 신성로마제국 황제가 되고자 했으나 실패)의 딸과의 혼인에 관하여 콘스탄티누스 7세는 한층 명예로운 항변자료를 만들어냈다. 신성한 콘스탄티누스 대제는 일찍이 프랑크족의 충성심과 용감성에 주목하여, 그의 예언자적인 정신이 그들의 장래의 위대성에 관한 환영을 보았다. 때문에 그들만이 일반적인 통혼 금지 대상으로부터 제외되었다. 프랑크왕 유구는 샤를마뉴(Charlemagne the Great/Karl der Grosse. 742~814. 프랑크왕〈768~814재위〉겸 서로마황제〈재위 800～814〉)의 직계후예이고, 그의 딸 베르타(Bertha)는 그녀의 가계(家系)와 민족의 특권을 상속한 셈이다. 진실과 악의가 내는 목소리는 서서히 이런 종류의 제국궁중의 기만 또는 착오를 폭로해 왔다. 즉, 유구가 시대혼란에 편승하여 프로방스(Provence)의 주권을 찬탈하여 이탈리아 왕국에 침입한 사실은 부인할 수 없다하더라도, 그의 상속재산은 프랑크 왕국으로부터 아를르(Arles)의 일개 백작령으로 축소되었다. 그의 부친은 일개 사적영주(私的領主. private noble)에 지나지 않았는데, 만일 베르타가 어머니쪽으로부터 카롤링 왕가의 핏줄기를 이어받고 있다 하더라도 그것은 매발자국마다 서출(庶出)과 배덕(背德)으로 오염되어 있음을 말하는 것이다. 유구의 조모는 로타르 2세(Lothair/Lothar Ⅱ. 프랑크왕 재위 855～69. Lothar Ⅰ의 遺領 1/3을 상속하였다)의 아내였다기 보다도 첩실이던 유명한 발드라다(Valdrada)인데, 이 로타르의 간통, 이혼 그리고 재혼은 그에 대한 바티칸궁의 위협을 초래하였던 것이다. 그리고 그의 어머니인 통칭 대 베르타(great Bertha)는 연이어 아를르 백작과 토스카나(Tuscana)후작의 아내가 되었는가 하면, 프랑스와 이탈리아 사람들은 그녀의 정사(情事)에 정나미를 떨구었던 것이다. 사실 60세에 이를 때까지 모든 위계에 있던 그녀의 정부(情夫)들은, 그녀의 야망을 실현시키기 위하여 열심히 거들었다. 이런 모계(母系)의 음란의 표본은, 이 이탈리아왕에게도 유전된 바, 이를 모방한 유구가 총애한 3명의 첩실은 베누스(Venus. 로마 신화상 풍양의 여신), 유노(Juno. 로마 신화상 여성의 수호신) 및 세멜레(Semele. 그리스 신화상. Zeus신의 귀여움을 받아 회임한 여신)라는 고전적인 이름으로 장식되었다(기번은 류트프란드의 저작에서 이런 사실들을 인용한 다음, 이 크레모나의 주교가 뭇사람의 추문을 퍽 즐긴 점은 유의할 필요가 있다고 주기하고 있다). 이 베누스가 낳은 딸이 비잔티움 궁정의 간청에 따라서 시집보내진 것인데, 베르타라는 그녀의 이름을 에우독시아(Eudoxia)로 바꾸어서 동로마 제국 장래의 상속인인 젊은 로마누스 2세와 결혼이라기 보다도 약혼한 것이다. 이 외국인의 딸과의 결혼은 당시 두 사람이 아직 연소하기 때문에 연기된 끝에, 그로부터 5년후에 약혼녀의 사망으로 결합이 해소되었다. 로마누스 황제의 두번째 아내(이름은 테오파노〈Theophano〉. 제Ⅷ권 제48장 p.242～43 참조)는 평민출신이지만, 로마태생이었고, 이 두사람 사이에서 태어난 두 딸인 테오파노(Theophano)와 안네(Anne)는 다같이 지상의 군후(君侯)들에게 출가하였다. 언니(테오파노)는 무기(武器)와 외교절충으로 결연을 간청한 오토 대제 장남(독일왕 Otto Ⅱ. 재위 861～83. 신성로마황제로서의 재위는 967~83. 테오파노와는 972년에 결혼)에게 평화의 보증으로서 결혼이 허용되었다. 작센인이 어디까지 프랑크족된 특권에 해당하느냐 하는 문제는 법률상으로 논의할 여지가 있지만, 모든 의심은, 이 서로마 제국을 부흥시킨 영웅(Otto I〈재위 936~73〉를 가리키는 것. 그는 3번 이탈리아를 원정하여, 로마의 질서를 정돈하고, 962년 로마황제라는 제위에 올랐다. 이것이 신성로마제국의 시작이다)의 명성과 경신(敬神) 앞에서 침묵하고 말았다. 그녀의 시아버지와 남편이 죽은 후에 테오파노는 그녀가 낳은 아들인 오토 3세(Otto Ⅲ. 3살 때 독일왕〈983~1002 재위〉이 되고, 성인후인 16세에 신성로마황제〈995~1002 재위〉가 되었으나, 모친과 조모의 후견을 받았다. 기독교를 기초로 하는 세계지배를 꿈꾸었으나 일찍 사망했기 때문에 성취하지 못했다)의 미성년 기간동안, 로마·이탈리아·독일을 통치했지만, 라틴인들은 한층더 고차적인 의무를 위하여 그녀의 조국에 대한 회상을 희생시킨 이 여왕의 공덕을 칭송해 왔다. 그녀 동생인 안네의 결혼문제에 대해서는 필요불가피적인 사정과 공포심이라는 한층더 강력한 논증으로 모든 편견이 침묵되고, 모든 위엄에 대한 배려도 압살되었다. 북방의 이교도이며 러시아 대공인 블라디미르(Vladimir I. Svyatoslavich. 〈기번은 Wolodomir로 표기하고 있다〉. 키예프 및 러시아의 대공 재위 978경~1015. 성인. 안네 공주와의 결혼을 계기로 희랍정교를 채택하여 주민에게 집단세례를 받게 함으로써 러시아의 비잔티움화에 영향을 주었다. 그는 오래된 민족서사시「뷜리나《Bylina》」에서 칭송되고 있다)는, 로마의 자의(紫衣) 입은 사람의 공주와 결혼하기를 열망하였는데, 그의 요구는 전쟁의 협박, 개종약속(블라디미르는 988년에 약속대로 기독교로 개종했다), 내부의 반도를 소탕할 강력한 원군제공에 의하여 강행되었다. 결국 이 비잔티움 궁전의 황녀는, 그녀의 종교와 고국의 안전을 위한 희생양으로서 선조대부터 살아온 궁전에서 격리되어 보류스테네스강(Borysthenes江. 지금의 드네프르〈Dnepr〉강) 강변이나 북극권 가까운 야만인들이 사는 지역의 통치와 희망없는 유배지로 보내지기로 정해졌다. 그러나 안네의 결혼은 운이 좋았고 또한 다산(多産)이었다. 그녀의 손자인 야로슬라프(Yaroslav/Jeroslaus I. 키예프 대공. 재위 1019~54. 폴란드·그리스 등과 싸워 1036년, 전러시아의 지배자가 되었다. 키예프에 소피아 성당을 건립한 것을 비롯하여 문화·경제상의 각종 시설을 건설함으로써 독일의 카를 1세에 비유된다. 러시아 법전인 「루스카야 프라브다《Russkaya Prabda》」중에서 가장 오래된 부분은 그가 편집시킨 것이다)의 딸(이름은 Anna)이, 이 황제(로마누스 2세를 말하는 것)의 핏줄기를 끌고 있다는 것이 마음에 들어서, 프랑스왕 앙리 1세(Henri/Henry I. 재위 1031~60)는 유럽과 그리스도 교권에서도 최오지에 속하는 이곳

러시아 땅에서 자기의 배필을 맞아들였다.

비잔티움 궁전내에서의 황제는, 말 한마디와 몸짓 한가지까지도 규정함으로써 자기자신을 궁정에 칭칭 얽어 맬뿐만 아니라, 전원(田園)에서 보낼 수 있는 자기의 고독한 여가조차 침해받는 번잡한 옛날의 의식과 전례를 연구해야하며, 또 자신이 자기에게 부과하는 의례에 대하여 첫번째로 지켜야 하는 노예이외에 아무것도 아닌 것이다. 그러나 무수한 백성의 생명과 행복은 거의 그의 자의적(恣意的)인 의사 하나에 걸려 있었다. 허식과 사치에 대한 유혹에 빠지지 않는 극히 견고한 정신도, 자기의 동포를 자기 뜻대로 움직이게 하는 한층더 활동적인 쾌감에는 이기지 못할 것이다. 입법과 행정의 전권은 군주 한사람에게 집중되고, 원로원 권위의 마지막 흔적도 철학자 황제인 레오 6세(재위 886~912)에 의하여 최종적으로 말살되었다. 이미 예종의 무감각이 그리스인의 정신을 마비시키고 있었는 바, 그들은 반란의 가장 격렬한 봉기때조차 자유로운 국가제도라는 이념에의 동경 따위도 감히 생각하지 않았는데, 이리하여 그들의 공적인 행복의 유일한 원천과 척도는 군주의 개인적인 성격뿐이었다. 미신(迷信)은 그들의 쇠사슬을 고정시켰는 바, 이리하여 황제는 성 소피아성당에서 총대주교의 손으로 엄숙하게 제관을 씌워받는 것이 관례화되었다. 신하들은 제단에 선 그의 발밑에서 황제의 정부와 그 가족에 대하여 수동적이고도 무조건적인 복종을 선서하고, 황제측도 가능한한 사형이나 4지절단과 같은 극형제도를 제한할 것이라는 취지를 약속하였다. 그의 정통적인 신조는 그 자신의 손으로 서명하는 한편, 그는 신성한 교회의 일곱번에 걸친 종교회의의 포고와 교회법의 준수를 서약하였다. 그러나 이런 자비(慈悲)의 확약은 애매하고도 무원칙하였다. 뭐니뭐니해도 그는 자기국민에 대해서가 아니라 모습이 보이지 않는 판사(an-invisible judge)에게 선서했기 때문에, 보상이 불필요한 이단의 대죄를 제외하고, 천계(天界)의 사목자들은 일관하여 그들의 군주가 가진 불가침의 권리를 설교하여, 또 그의 사소한 위반은 유면(宥免)하는 짜임새로 되어 있었다. 도대체가 그리스의 성직자들이 속계 수장의 신하인 이상, 주교들은 흔히 전제자의 의사 하나로 임명되고 전출되며 또 추방된 끝에, 불명예스러운 사죄로 처단되었다. 그들의 부나 영향력이 아무리 크다해도, 그들은 끝내 라틴교회의 성직자들처럼 하나의 독립된 세계를 확립하는데 성공하지 못했는 바, 사실 콘스탄티노플의 총대주교는 그의 로마 형제분의 지상적인 위대성을 표면상 비난하면서도, 내심으로는 선망하였다. 그러나 무제한적인 전제주의의 행사도 다행스러운 일로서 자연·필연의 법칙에 의한 제약을 받게 마련이다. 즉, 제국의 주권자는 그의 예지와 덕성에 따라서 자기의 신성하고도 노고가 큰 의무수행에 전념하게 되는데, 만일 그렇지 못하면 그의 악덕과 우행에 비례하여 그는 자기가 다루기 힘든 무거운 왕홀을 손에서 떨구게 된다. 황제라는 닮은 모습의 행동은 통상 그 누군가 특정한 대신 또는 총애하는 신하의 눈에 보이지 않는 실로 조종되는데, 이런 배후조종자들은 자기의 사리사욕을 채우기 위하여, 그것이 마치 공무수행인양 위장시켜서 민중억압에 정려(精勵)한다. 그런 까닭에 모종의 위험한 순간에는, 가장 절대적인 군주도 노예국민의 이성 또는 변덕성에 공포심을 가져야 하는 처지에 놓이게 되는만치, 왕권의 지배력 확대가 어쩌면 그것의 안전과 확실성이라는 면에서의 감퇴를 야기시킬 수 있다는 사실을 경험은 입증하고 있다.

전제자가 설사 어떤 명분을 참칭하고 또 어떤 권리를 주장한다 해도, 그가 내외의 적으로부터 자기 일신을 지키는 최종적인 수단은 당연히 검의 위력이다. 샤를마뉴 대제시대(재위 768~814)로부터 십자군(Crusade. 제1회 십자군 원정은 1096~99년간이다)시대에 걸쳐 세계(멀리 떨어진 중국 제국은 제외하고)는 비잔티움, 사라센, 프랑크의 3대제국 내지 국민에 의하여 점령되고 또 쟁탈되었다. 그들의 군사력은 그들의 용기, 그들의 기술과 부유성 그리고 국가의 전체활력을 동원하는 최고지휘관에 대한 그들의 복종심 비교에 의하여 우열이 판정될 수 있었다. 그리스인은 첫번째 조건에서는 다른 두 조건에 비하면 각별히 취약해 보이지만, 이런 전쟁수행능력의 둘째, 셋째 조건에서는 프랑크인들 보다도 우월하였고, 적어도 사라센인의 그것에 비견되었다.

그리스인의 재력은 그들이 가난한 여러 국민의 군역(軍役)을 사들여서, 자국의 해안경비와 적군의 교란을 목표로 한 해군력을 유지하는 것도 가능케 하였다. 상호적인 은혜의 교환은, 콘스탄티노플이 황금을 가지고 슬라브인과 투르크인, 불가리아인과 러시아인의 피를 사들이는 것이 가능했는데, 사실 그들의 분전은 니케포루스와 찌미스케스(Zimisces)의 승리에 공헌하였다. 원래 그 어딘가의 적대적인 국민이 너무도 강하게 국경을 압박할 경우, 보다 원격한 지역에 있는 부족으로서 속마음이 통하는 공세에 의하여 그들은 곧 자국의 방위와 평화에 대한 희구로 다시 불러들여지곤 했다. 타나이스강(Tanais江. 지금의 돈〈Don〉강)

하구로부터 헤라클레스의 기둥(Columns of Heracules. 지브로울터를 말하는 것)에 이르는 지중해의 제해권을, 콘스탄티누스 대제의 역대 후계자들은 항상 주장하였고, 사실 여러번 확보하였다. 그들의 수도에는 주정(舟艇)을 건조할 용재와 노련한 기술자들이 차고 넘칠만큼 많았고, 그리스와 소아시아의 지리적 위치, 긴 해안선, 깊이 후미진 만, 그리고 그 많은 섬들은, 그들의 신민을 자연스럽게 항해상의 실무에 숙련케 하였는데, 베네치아와 아말피(Amalfi)와의 통상은 제국선단의 선원 양성소 역할을 수행하였다. 펠로폰네소스전쟁(BC 431~404)과 포에니 전쟁(제3차 포에니 전쟁은 BC 149~146간) 이후는, 활동무대가 전혀 확대되지 않았을뿐만 아니라 조선기술에 이르러서는 오히려 저하퇴보된 것으로 보인다. 후에 점차 높아지거나 또는 낮아져간 3 내지 6 또는 10열의 노젓는 사람을 배치하는 터무니 없이 큰 대형선박의 건조기술은, 오늘날의 기계공들과 마찬가지로 콘스탄티노플의 조선 기술자들에게는 미지의 기술이었다. 비잔티움 제국의 드로몬드(dromond. 중세기에 지중해에서 쓰던 대형 고속범선. 3층으로 노가 달린 갤리선은 trireme라고 한다), 즉 경갤리선(light galley)은 가로 2층 노가 고작이었는데, 그의 1층은 25개의 노젓는 좌석으로 구성되어 있었다. 2명의 노젓는 사람이 각각 횡단(横段) 양쪽 끝에 앉아서 선박의 양현에 설치한 노를 저었다. 우리는 이에 더하여 작전시는 갑옷받드는 병사를 대동하고, 선미루(船尾樓)에 우뚝 올라선 함장 또는 100인대장과, 조타륜(操舵輪)을 조작하는 2명의 조타수, 이물에서 한사람은 닻을 다루고, 다른 한사람은 2명의 장교지시에 따라 액화통(液火筒)을 적함을 향하여 발사하는 전투요원들을 꼽아야 한다. 조선(操船)기술이 겨우 발달하기 시작하던 이 무렵에는, 승무원 전체가 수부(mariner)와 병사(soldier)의 두가지 역할을 수행하였다. 그들은 전원이 공격과 방어의 무기, 즉 상갑판에서 사용하는 활과 화살, 하갑판의 현창(舷窓)에서 밖으로 내밀고 찌르는 쌍날창 등으로 무장하였다. 물론 때로는 이보다 각별히 크고 튼튼한 구조의 군함도 사용되었고, 전투와 항해의 고역이 70명의 병졸과 230명의 수부사이에 좀더 규칙적으로 분업되는 경우도 있었다. 그러나 대개의 경우 그들의 선단은 조종하기 쉬운 경량(輕量)의 함선들로 편성되었고, 당시는 고대 펠로폰네소스의 말레아곶(Malea岬)의 공포가 아직도 사람들의 기억에 남아 있었기 때문에, 제국의 선단은 코린트지협(Corinth地峽)을 넘어 5마일이나 육송(陸送)되었다. 해양전술의 원리는 투큐디데스(Thucydides/Thoukydides, BC 460?~400년경. 그리스의 역사가. 펠로폰네소스전쟁에서 실패한 후, 20년간 추방되었다. 펠로폰네소스 전쟁을 주제로한 정치·군사 역사서 8권을 저술했으나 제8권은 미완)시대이후 별로 변화 발전상을 보이지 않았는 바, 갤리선단은 여전히 초승달 대형으로 전진하여 정면으로 육박한 다음, 적선단의 취약한 측면을 겨냥하여 자기의 뾰족한 충격뿔(beak)로 박치기하려고 노력하였다. 갑판 중앙에는 돌과 투창을 발사하는 기계장치가 강인한 재목으로 조립되어 있었고, 또 적선에 쳐들어가는 작전은 무장병을 태운 바구니를 달아올려서 적선에 내리는 기중기로 실행되었다. 근대인의 해전교범에서는 지극히 명석하고 또 세밀하게 규정된 신호언어는 사령깃발의 여러가지 색깔과 위치로서 불완전하게 표현되었다. 어두운 야간에는 추적·공격·정선·후퇴·이탈·정렬 등에 관한 동일명령을 선두의 갤리선이 발하는 불빛으로 전달되었다. 지상이라면 이런 발화신호는 산봉우리에서 봉우리로 전달되어 500마일(800km)거리를 8개소의 중계점 연쇄(chain)가 커버함으로써, 콘스탄티노플은 타르소스에 있는 사라센군의 적대적인 움직임도 불과 수시간내에 파악할 수 있었다. 비잔티움 황제의 병력에 대해서는 크레타섬 제압에 동원된 군비의 흥미진진하고 상세한 보고로부터 어느정도의 평가가 가능할 것 같다. 총계 112척의 갤리선단과 75척의 팜풀리아형(Pamphylia型) 주정이 수도와 에게해의 여러 도서 그리고 아시아·마케도니아·그리스 각지의 여러 항구에서 의장(艤裝)되었고, 총병력은 3만 4천명의 수부, 7천 340명의 병사, 700명의 러시아인과, 게다가 그들의 부모가 레바논산맥에서 이주당했던 마르다이테스인(Mardaites) 5천 87명으로 구성되어 있었다. 이들에 대한 1개월분의 급여는 아마도 금 34센티너리(centenary), 정화(sterling)로 약 13만 6천 파운드로 추산된다. 우리들의 심상(心象)은 조그마한 섬의 제압에는 불충분하지만, 번영하는 식민지의 설영(設營)에는 아마도 남아돌 정도로 충분한 무기와 병기, 피복과 섬유제품, 인간의 식량과 마필의 사료, 각종 저장품과 주방용품 등 끝없이 이어지는 보고서를 읽고 망연자실해지는 심정이다.

그리스 불(Greek fire. 앞서 나온 제52장의 p.159참조)의 발명은 화약의 위력만큼은 전쟁의 기술혁명적인 변화를 가져오지 못했다. 그렇지만 콘스탄티누스 대제의 수도와 제국은 틀림없이 이런 액상(液狀)의 가연성 물질덕분으로 사라센군의 공격에서 방위되었는 바, 그것은 공위전과 해전에서 가공할 위력을 발휘했던 것이다. 그러나 이것은 화약처럼 개량의 여지가 없었고 사실 개량되지 못하고 끝났으므로, 투석기·노포(弩砲)·파성추(破城槌) 등 옛날부터 내려오는 무기가 성채공격과 방어에서 가장 번번하고도 유효하게 사용되었다. 게다가 전투의 귀추는, 적의 같은 종류의 불에 대해서는 갑옷따위로는 방어가 불가능한 일렬(一列) 보병대에 의한 급격하고도 다량의 화공(火攻) 따위로는 결정되지 않았다(즉 경장비한 병사에 대해서는 유효하지만 육전전반에 대해서는 전술상의 의의가 없었다는 뜻). 강철과 선철은 여전히 파괴와 호신의 일반적인 용구의 재료였고, 10세기의 투구와 둥근방패 그리고 흉갑은 그것들의 형태나 실질에 있어 그 옛날 알렉산드로스(Alexandros/Alexander the Great, 마케도니아왕, 재위 BC 336~23)나 아킬레우스(Achilleus/Achilles, 호메로스〈호머〉작《*Iliad*》의 주인공)의 군대를 보호했던 무구와 본질적으로 크게 달라지지 않았다. 그러나 근대의 그리스인은 옛 군단과 달라서, 이처럼 유용한 중장비의 일상적·습관적인 사용을 중지하고, 진군에 추수(追隨)하는 경2륜전차(light chariot) 속에서는 이런 갑옷을 벗어 놓지만, 막상 적과 맞닥뜨리게 되면 이 비상용의 무거운 호신구를 마지 못하여 서둘러 착용하였다. 그들의 공격용 무기는 검·전부(戰斧)·긴창으로 구성되어 있었는데, 마케도니아식 창은 길이가 4분의 1만큼 짧아져 한층더 조작하기 쉬운 12큐비트(cubit, 腕尺, 약 6m) 또는 12피트(3.6m)로 줄였다. 스키타이인과 아랍사람들의 화살의 날카로움은 일찍이 비잔티움군 병사들 모두가 경험으로 통감해온 바이지만, 역대 황제는 궁술의 퇴보가 국가쇠미의 원인이라고까지 개탄하면서, 군인장정에게 40세까지는 열심히 궁시훈련(弓矢訓練)에 정려(精勵)하도록 충고 또는 명령형태로 추장(推奬)하고 있다. 부대는 통례로 300명 단위의 편성이지만, 레오(Leo)와 콘스탄티누스(Constantinus)의 보병부대는 4열과 16열이라는 두 극단의 중간치로서 8열로 편성되었다. 이에 대하여 기병대는 최선두의 중압(重壓)이 최후열의 말의 압력으로 가중되지 않는다는 합리적인 고려로부터 4열로서 돌격하였다. 만일 보병 또는 기병대 대열이 가끔 배증(倍增)되었을 경우, 기실 이런 조심스러운 배치는, 인원의 증가로 전열의 위용이 높아졌다 해도 만족병들의 긴창이나 검따위를 무릅쓰고 용감히 싸우는 부대는, 거의 한줌밖에 안되는 적은 인원뿐일 것이라는, 군단 사기에 대하여 남모르게 감추려는 불신의 표현이었다. 전투대형은 그때 그때의 지형, 목적, 적의 병력 등에 따라 여러가지로 변화했음이 틀림없지만, 그들의 통상적인 2열과 예비군이라는 배치형태는, 그리스인의 성정(性情)과 판단력에 가장 적합한 희망과 만일에 대한 대비책으로 취하는 것이다. 즉, 패퇴할 경우에는 제1열이 재빨리 제2열사이에로 후퇴하고, 예비

군단은 2대로 나뉘어져 측면을 우회하여 승리를 확보하던가 후퇴를 엄호하였다. 권위가 명령할 수 있는 한도내의 행동은, 적어도 이론상으로는 군영과 진군 또는 훈련과 전개에서, 그리고 비잔티움 군주의 포고령이나 교서로써 실행에 옮겨졌다. 철공소와 직조기, 또 실험장의 기술이 만들어 낼 수 있는 한도내의 모든 무기와 보급품은 군주의 재정력과 그의 많은 노무자의 근로에 의하여 윤택하게 공급되었다. 그러나 그 어떠한 권위, 여하한 기술을 가지고도 병졸이라는 가장 중요한 기구의 생산만은 불가능하기 때문에, 콘스탄티누스 7세의 『궁전의전서』가 항상 전쟁터로부터의 황제의 무사하고 광휘에 넘치는 개선을 상정하고 있는 반면에, 그의 『전술론』은 어떻게 해서든지 패배를 회복하고 전쟁을 천연시키는 방편이상으로는 거의 탁월한 논리를 전개하지 못하고 있다. 일시적인 전승에도 불구하고 결국 비잔티움군은 그들 자신과 이웃사람들의 평가에서 떨어졌다. 「차가운 손과 말많은 혀(a cold hand and a loquacious tongue)」라는 평판이 이 국민에 대한 통속적인 관점인 바, 『전술론』의 저자는 그의 수도가 포위되고, 사라센군 또는 프랑크군이라는 이름만 들어도 벌벌 떠는 말기(末期)의 만족민들도, 그들이 콘스탄티노플의 유약한 군주의 손에서 억지로 빼앗아 낸 금은메달을 보라는듯이 자랑해 보였다고 하였다. 그들의 정부와 국민성이 조달할 수 없었던 전의(戰意)는, 어느정도 종교의 감화를 통하여 고무추동되었는지 모르지만, 그러나 그리스인의 종교는 일편단심 인고(忍苦)와 복종을 가르쳤을 뿐이었다. 아주 잠깐동안만 로마명의의 규율과 영광을 부활시킨 황제 니케포루스(Nicephorus Ⅱ. 재위 963~69. 종교적으로는 신비주의자로서 아토스 수도원의 건설자인 아나스타시우스〈Anastasiu〉에 사사하였다)는, 이교도와의 성전에서 생명을 잃은 그리스도 교도들에게 순교자라는 명예를 부여할 것을 원하였다. 그러나 이런 정책적인 법률은 총대주교와 주교들, 그리고 주요 원로원 의원들의 반대로 유산되고 말았다. 즉, 반대자들은 군인이라는 피비린내나는 직업으로 더럽혀진 자는 누구를 막론하고 3년간 신도들과의 교제에서 격리되어야 한다고 한 성 바실리우스(St. Basilius/Basil. 330경~79경. 그리스도교 교부 · 성인. Nyssa의 St. Gregorius〈331경~96. 동방교회의 교부 · 성인. 가톨릭의 정통신앙, 특히 3위일체론에 철학적 기초를 부여한 권위있는 신학자이며 「캅파도키아의 三星」중 한사람〉와 형제분, 여러곳에 주교 겸 勅任太守로도 있었으나 동방교회의 수도생활을 규제하는 「바실리오회 회칙」을 제정한 것으로 유명하다)의 규칙을 강경하게 앞세운 것이다.

지금까지도 그리스인의 이와같은 소심성은, 초기 이슬람 교도가 출전을 거부당했을 때에 흘린 눈물과 비교되었는데, 이런 저급한 미신과 활기에 넘치는 광신과의 대조는, 철학자의 눈에는 상대되는 이 2개의 국민이 걸어온 역사를 뚜렷이 밝혀주는 것으로 비쳤다. 확실히 말기 칼리프시대의 신도들은 예언자의 교우(생전에 마호메트와 행동을 같이 했던 사람들을 가리키는 것)의 이런 종류의 열광과 신앙심으로부터 타락되어 있었다. 그러나 그들의 호전적인 신조는 여전히 전쟁의 주역이 신이라고 규정하고 있었고, 잠재적이긴 하지만 광신주의의 활기찬 그 불꽃은, 그후에도 그들 종교의 핵심으로서 계속 불타올랐는 바, 특히 그리스도교도국과의 국경지역에 사는 사라센인들 사이에서는, 어떤 사건이 일어날 때마다 맹렬한 불길로 되어 활활 타올랐다. 그들의 정규군은 자기들의 주군의 신변을 수호하며, 그 군기를 따라서 싸우도록 주입당한 용감한 노예들로 편성되어 있었고, 시리아와 킬리키아, 아프리카와 스페인의 무슬림 민중은 이교도에 대하여 성전(聖戰)을 알리는 나팔소리로 눈을 떴다. 부자들은 신의 의(義)를 위하여 죽음 또는 승리를 희구하고, 가난한 사람은 약탈할 희망으로 활기를 띠었다. 노인이나 병자 심지어 부녀자들도 자기들을 대신할 사람을 무기와 말을 딸려 주면서 전쟁터에 내보냄으로써 자기들의 기특한 봉사자의 역할을 분담하였다. 이들의 공격과 방어용 무기는 위력과 성능에서 로마인의 그것에 손색이 없었고, 기마전시 궁시(弓矢)의 조작에서는 로마인들을 월등하게 능가하였다. 그들의 말의 뱃대끈과 재갈 그리고 검에 묵직하게 박아넣은 은붙이는 융성하는 국운의 장려성을 과시하는 것이었는데, 이리하여 남부 여러 나라의 일부 흑인사수 이외의 아랍인들은, 이제 그들의 선조가 맨손으로 싸웠던 그런 분전상을 경멸하기에 이르렀다. 사실 그들은 초기에 4륜마차 대신에 낙타와 노새 또는 나귀의 긴 행렬을 이끌고 다녔으며, 이들의 손에 들린 깃발과 기치(旗幟 streamer)로 선도되는 이들 수송짐승의 대군은 병력규모와 화려성을 증대시키는 것으로 보였고, 적측의 기병대는 여러번 동방지역 낙타군의 이런 이상한 모습과 악취로 혼란에 빠지곤 했었다. 갈증과 더위에 견뎌내는 그들의 사기(士氣)도 겨울의 혹한에는 얼어 붙었고, 또 그들이 앉아서 조는 버릇에 대한 근심은 야습에 대비하는 가장 엄중한 경비를 그들에게 강요하였다. 그들의 전투대형은 앞줄이 궁사대, 뒷줄이 기병대로 형성되는, 두텁고도 견고한 2열 병사(兵士)의 긴 4각형이었다. 해륙에서 일대회전이 벌어지기라도 하면, 그들은 완강하고도 인내성강하게 적의 공격의 맹위를 지탱하면서 돌격할 기회만을 꾹 참고 기다린 연후에, 적군이 피로해진 것을 확인하면 역공으로 나가서 그것을 제압하였다. 그러나 그들은 격퇴되고 분쇄당하면 대형을 재정비하여 전투를 다시 시작하는 방법을 알지 못하였는데, 그들의 이런 낭패는 신의 재판이 자기들의 적군에게 편들었다는 미신적인 지레 단정으로 증폭되는 것이었다. 칼리프 체제의 쇠망은 이런 두려운 견해를 뒷받침하는 결과가 되었는데, 이슬람교도와 기독교도의 각지 진영내에서는 자기들의 교호적(交互的)인 패배가 있으리라는 애매한 예언이 여러가지 소문으로 퍼지곤 했다. 아랍 제국의 통일은 이미 소멸됐다고는 하지만, 개별적으로 독립한 파편들은 그래도 인구가 많은 강대한 왕국에 필적하는 존재였는 바, 사실 알레포와 튀니스의 태수는 육해군의 무비에서 결코 깔 볼 수 없는 기능(技能), 정려(精勵), 재력(財力)을 과시해 보였다. 사라센군과의 화전(和戰)처리과정에서 콘스탄티노플의 역대 황제는, 이들 만족민이 그의 규율이라는 점에서 조금의 야만적인 요소도 가지고 있지 않으며, 설사 그들이 독창적인 천분에는 결여되어 있다 하더라도, 호기심과 모방에서는 날카로운 정신의 소유자라는 사실을 싫증이 나도록 깨닫게 되었다. 물론 표본보다는 모조가 한층 불완전한 이상, 그들의 주정(舟艇), 병기, 성채는 구조라는 점에서 못해 보였고, 사실 그들도 아랍인에게 혀(舌)를 주신 동일한 신이 중국인의 손과 그리스인의 두뇌를 한층 정교하게 만들었다고 주눅들음이 없이 고백하였다.

라인강과 베제르강(Weser江. 베를린-울프스부르크-브레멘을 흐르는 강)사이의 지역에 살면서, 어떤 게르만 부족의 이름으로 불리우던 사람들이 갈리아, 게르마니아, 이탈리아의 대부분 지역을 파죽지세로 제압하고 있었는데, 그리스인과 아랍인은 프랑크인이라는 공통된 이름으로 이 라틴교회소속 그리스도 교도들을 호칭하고 있었다. 이 서방의 제국민은 이미 그들의 지식을 넘는 대서양 해안까지 영토를 확대시키고 있었다. 이 거대한 제국은 샤를마뉴(Chalemagne/Karl Ⅰ. 프랑크왕으로서는 재위 768~814. 서로마 황제로서는 재위 800~14. 영·불에서는 Charlemagne라 하고, 독일에서는 Karl로 표기하는 예가 많다)라는 지도자에 의해 고취되고 또 통합되었지만, 그후 그의 일족의 불화대립과 타락은 아마도 비잔티움 황제에 길항(拮抗)하여 그리스도의 이름에 가해졌던 오욕을 설욕했음이 틀림없었을 이 제국의 권력을 소멸시키고 말았다. 공적인 재원의 지출과 상공업자의 군역(軍役)에의 동원,

여러 속주와 군대의 상호원조, 엘베강(Elbe江. 베를린－함부르크를 흐르는 강)하구로부터 티베르강(Tiber江. 테베레강이라고도 한다. 로마를 거쳐 지중해로 흐르는 강)하구까지 정규적으로 배치되어 있던 해군함대를, 적군은 이미 전혀 두려워하지 않게 되었고 백성들도 신뢰하지 않았다. 10세기 초엽까지에 샤를마뉴 대제의 혈통은 이미 거의 단절되고, 그의 제국은 서로 적대시하는 수많은 독립된 국가들로 분열되었다. 가장 야심적인 수령은 임금을 참칭하였는데, 그들의 반란은 무질서와 불화의 길다란 종속계열(從屬系列)에서도 모방되었다. 모든 속주의 영주가 자기들의 수장을 무시하여 자기들의 봉신(封臣)을 억압하고, 자기의 동배(同輩)나 이웃에 대하여 끊임없는 적대행동을 반복하였다. 통치의 골격을 망가뜨린 그들의 사투(私鬪)는 국민의 호전적인 기상을 키웠다. 근대 유럽체제 속에서 검의 위력은 적어도 사실상 다섯 내지 여섯되는 열강에 의하여 행사되었다. 그들의 작전은 그의 생애를 군사전략과 기술의 연구와 실무에만 전념하는 한줌밖에 안되는 인간집단의 명령으로, 그것도 아득히 먼 국경지대에서 수행되기 때문에, 그 이외의 국토나 사회는 전쟁이 한창 벌어지고 있을 때도 평화의 고요함을 향수한 바, 설사 그 책임을 분담한다 해도 기껏하여 조세액의 증대 또는 감소로서 겨우 정세변화를 감지하는데 지나지 않았다. 이에 반하여 10세기와 11세기의 동란기에는 모든 농부가 병사였고, 모든 촌락이 곧 보류로, 모든 삼림과 협곡이 살육과 약탈의 무대로 되었으니, 각 성주들은 좋든 싫든간에 군후(君侯)이며 용사된 역할을 수행하지 않을 수 없게 되었다. 그들은 자기가족의 안전과 영지보호, 그리고 자기손해에의 복수를 모두 자기자신의 강의성과 외교정책에 거리낌없이 호소하였지만, 물론 〔전쟁이라는 수단에 호소하는〕 보다 대규모적인 정복자와 마찬가지로 그들도 방위전쟁의 특권을 위반하였다. 정신과 육체의 능력은 위험의 존재와 결단의 필요성에 의하여 단련되었고, 벗을 저버리는 것을 거부하는 똑같은 정신이, 적에 대한 유면(宥免)을 거절하였다. 행정책임자의 비호자적인 배려밑에서 안면(安眠)을 즐길 대신에, 그들은 오히려 법의 권위를 자긍심높게 경멸하였다. 봉건적인 무정부 상태에서 농업과 기예의 용구는 유혈을 위한 무기에로 변형되고, 속계와 교회신도 사이의 평화로운 생업은 폐절되고 또 부패하였다. 주교는 자기의 주교관(mitre)을 투구로 바꾸어 썼는데 이것은 그의 직무상의 의무라기 보다도 시대기풍에 좀더 강하게 촉구된 결과이다.

자유와 전투에 대한 애착심은 프랑크족 자신에 의하여 자부심높게 자각된 바, 이것은 그리스인들로부터도 모종의 경의와 공포심같은 것을 가지고 주목받게 되었다. 콘스탄티누스(포르퓨로게니투스)황제는 말한다. 「프랑크족은 분별없이 무모한 영역에서까지 대담하고 용맹스러운 바, 그들의 두려움을 모르는 정신은 위험과 죽음에 대한 경멸로서 지탱된다. 전쟁터에서의 근접 공격에서 그들은 아군의 병력이나 적군의 그것도 계산함이 없이 무모하게 전선에 진출하고, 또 적진을 향하여 쏜살같이 육박한다. 그들의 진열(陣列)은 혈연이나 우정의 튼튼한 결합으로 굳혀지고, 그들의 분투는 자기의 가장 사랑하는 전우를 돕거나, 그의 원수를 갚으려는 결심으로 촉구된다. 그들의 눈에는 퇴각은 수치스러운 도망이고, 도망은 씻을 수 없는 치욕으로 비친다.」이처럼 고귀하고도 불기(不羈)의 정신으로 무장한 민족은, 만일 그들의 강점이 갖가지 중대한 결점으로 상쇄되지 않는다면 반드시 백전백승했을 것이다. 그들의 해군력의 쇠퇴는 교란과 보급이라는 모든 목적달성에 부응하는 제해권을, 비잔티움군과 사라센군에게 보유케 하였다. 기사도가 확립되기 전시대에 프랑크족은 아직도 기병활동에 익숙해지지 못했고 또 조포(粗暴)하였으므로, 이런 무지성을 자각한 그들의 병사 중에는 온갖 유사위험성에 처하여 급기야 말에서 내려 도보로 싸웠을 정도였다. 창쓰는 일과 날으는 도구의 사용법이 서툴렀던 그들은, 그의 검의 길이, 갑옷의 무게, 방패의 크기에 방해받았고, 또 만일 저자로 하여금 저 무미건조한 그리스 병사의 풍자를 빌어 반복하여 표현케 한다면, 그들은 자기 자신도 감당할 수 없는 무궤도성으로 진퇴유곡에 빠졌던 것이다. 그들의 독립불기의 기상은 종속이라는 멍에를 경멸하였는 바, 만일 수령이 그들과의 약정 또는 봉사기한을 넘겨서 병사들을 전쟁터에 남겨두고자 한다면, 그들은 곧 그 군기를 내버려 두고 돌보지 않았다. 그들은 이르는 곳마다에서 자기들보다도 겁장이지만 한층더 교활한 적수의 함정에 빠지곤 했다. 그들 만족민은 돈으로 쉽게 매수되었는가 하면, 야간의 엄중한 노영(露營) 또는 불침범 근무를 태만함으로써 적의 급습을 받기도 하였다. 어느해 여름에 있은 외정(外征)의 피로는, 그들의 체력과 인내심을 탕진시켰는데, 그들은 포도주와 식량의 풍부한 징발로 자기들의 탐욕스러운 식욕이 충족되지 못할 때는 절망의 늪에 빠지곤 하였다. 프랑크족의 이와같은 전체적인 성격은 토착민과 외국인 양자의 눈에 강렬하게 인상지어진 모종의 민족적 · 지방적인 특색이었지만, 저자는 이것이 풍토에서 유래된 것이라기 보다도 우연한 환경의 산물로 생각한다. 오토 대제(Otto I der Grosse. 독일왕 재위 936~73. 신성로마황제 재위 962~73)의 사절(앞서 말한 류트프란드〈Liutprand. 922경~72경. 이탈리아 문학가·역사가·크레모나의 주교〉를 말하는 것)은 콘스탄티노플 궁전에서, 이런 작센인은 붓보다는 검으로 싸우는 것을 주의주장으로 하며, 싸움터에서 적에게 등을 보이는 것을 불명예라기 보다도 한발자국 더 나아가 불가피적인 죽음쪽을 선택한다고 선언하였다. 프랑크족 귀족들에게 있어, 자기들의 변변치 못한 영지내에서의 전쟁과 약탈은, 생활의 유일한 오락이요 배타적인 생업이며 또 명예였다. 이 귀족들은 그리스인 자신이 보더라도, 고대 롬바르드족이 자유와 무용에서 퇴보해 버린 그런 이탈리아인의 궁전과 연회의 화려함, 그리고 그 우아한 예의범절을 본받은데 대하여 노골적으로 비웃도록 영향을 받았던 것이다.

카라칼라(Caracalla. 본명은 Marcus Aurelius Severus Antoninus. 전의 이름은 Bassianus. 재위 211~17. 카라칼라는 그가 애용한 갈리아지방의 긴 겉옷에 유래하는 별명. 내치에서 항복자〈dediticii〉를 제외한 로마제국내 모든 자유민에게 시민권을 부여함으로써 조세수입증가를 도모하였으며, 화폐를 悪鑄했고, 거대한 카라칼라 욕장을 건설하여 음란일락에 빠졌다)의 유명한 칙령(Constitutio Antoniana. 212년)에 의하여, 그때 이래 그의 신민은 브리텐으로부터 이집트에 이르기까지 누구나가 로마인의 이름과 특권의 자격이 부여되었기 때문에, 각지의 민족적인 수령은 이 공통된 국토내 어느 속주에서도 자신의 일시적·항구적인 주거를 정할 수가 있었다. 동서로의 로마제국의 양분(395년)에 의해서도 이념상 통일만은 정성껏 보존되었는데, 아르카디우스(Arcadius. 동로마 제국의 첫번째 황제. 재위 395~408)와 호노리우스(Honorius. 서로마 제국의 첫번째 황제. 재위 395~423)의 후계자들은 자기들의 칭호, 법률, 칙령에서 그들이 로마의 세계와 도시의 동일권한을 가진 공치(共治)의 주권자이며, 동일관직의 불가분의 동료라고 고지하였다. 서로마 제국이 멸망한 후에(476년), 자의(紫衣)의 주권은 콘스탄티노플 수장에게만 귀속하는 결과가 되었는데, 그들 중에서도 유스티니아누스(Justinianus I. 재위 527~65)는 60년간의 분리가 있은 후에 최초로 고대로마의 지배권을 부활시켜, 정복의 권리에 입각하여 로마인 황제라는 고귀한 칭호를 자칭하였다. 그후 그의 후계자 중 한사람인 콘스탄스 2세(Constans II. 재위 641~68. 소아시아·아프리카·아르메니아를 사라센군에게 침공당하고, 로도스·크레타·고스의 여러섬도 아랍에게 빼앗기자, 만년의 5년간은 시칠리아섬을 대이슬람 공격기지로 삼아서 아랍세력에 대항하려 했으나 암살되었다)는, 허영심 또는 불만의 동기로 트라키아와 보스포러스 지역을 포기하면서까지 티베르 강변에 대한 원초적인 명예회복을 꾀했던 것인데, 이에 대하여 악의에 찬 한 비잔티움의 사가는, 마치 수줍어하는 아름다운 소녀를 내버려 두고, 주름살투성이의 추한 노파의 나체를 사람들 눈에 노출시키려는 것과 꼭같은 터무니없는 행동이라고까지 지탄하였다. 그러나 그의 이탈리아 정주에 대한 롬바르드족 무력의 반대에 부딪쳐, 그는 정복자가 아닌 망명객으로서 로마에 입성한 후, 불과 12일간의 채재와 약탈 끝에 고대세계의 수도를 영원히 버렸다. 이탈리아의 최종적인 반란과 분리는, 유스티니아누스의 정복사업이 완성된지 약 2세기 후에 완료되었는데, 우리는 라틴어의 완만한 퇴각이 그의 치세때부터 시작되었다고 생각해도 무방할 것이다. 이 입법자는 『법학제요《*Institutes*》』, 『유스티니아누스 법전《*Code*》』 및 『로마법 대전《*Pandects*》』을, 로마통치의 고유하고도 공식적인 문체이며, 콘스탄티노플의 궁정과 원로원, 동방지역내 모든 군영과 법정의 신성한 언어로 찬미되는 언어, 즉 라틴어로 제정한 바 있다. 그러나 이 외래방언과도 같은 라틴어는 소아시아 여러속주의 민중과 병사들에게는 통용되지 않았고, 심지어 법률 전문가와 국가관리의 대부분에게도 거의 이해되지가 않았다. 짧은 기간의 항쟁이 있은 뒤에, 자연과 관습은 끝내 인간의 권력이 만들어낸 고색찬연한 약정에 대하여 승리하였다. 이리하여 유스티니아누스는 신민의 전체적인 편의를 위하여 그의 『신법《*Noveles*》』을 두가지 언어로 발포하게 되었다. 그후 그의 방대한 법제 중 몇몇 부분이 연이어 〔그리스어로〕 번역되었는데, 그러자 원문은 망각의 세계로 돌려지고 번역문만이 연구된 바, 그것의 내실적(內實的)인 장점으로부터 생각하여 당연히 채용하여야 할 그리스어가 이번에는 비잔티움 제국안에서 민중의 용어일 뿐만 아니라 법률용어로서도 그 지위가 확립되기에 이르렀다. 그의 후계군주의 태생과 거주는 그들을 로마의 언어로부터 더욱 소원시켰는 바, 여기서 티베리우스(Tiberius. 재위 578~82)는 아랍인들로부터, 그리고 마우리키우스(Mauricius. 재위 582~602) 황제는 이탈리아인들로부터 초대 비잔티움 황제, 즉 새로운 왕조와 제국의 창건자로 간주되었다*. 헤라클리우스(Heraclius Ⅰ. 재위 610~41)가 죽기이전부터 이미 조용한 혁명이 진행되어, 라틴어**의 잔해는 겨우 법학상의 용어와 궁전의 갈채에서만 어슴프레하게 보존되었다. 샤를마뉴(재위 768~814)와 오토(재위 936~73)에 의하여 서로마제국이 부흥된 후에, 프랑크족과 라틴인이라는 명칭은 똑같은 의미와 외연(外延)을 획득하였는데, 이 오만한 만족들은 어느정도 정당한 이야기지만, 로마의 언어와 지배권에 대한 자기들의 우선적인 권리를 주장하였다. 그들은 로마인의 복장과 언어를 포기하고 있던 동방의 이민족을 모욕하였는데, 사실 그들의 이성적인 관행은 그리스인이라는 흔히 사용되는 호칭을 정당화시키는데 충분하였다. 그러나 이 용어가 향해진 바로 그 군주와 국민은 이 모멸적인 호칭을 분연히 거절하였다. 시대가 흐름에 따라 그 어떤 변화가 도입되었다 할지라도, 그들은 어

---

* 후세의 사가들에 의하여 동로마 제국이 「비잔티움 제국」 또는 「그리스 제국」이라고 불리우게 된 것은, 로마 제국의 수도가 콘스탄티누스 대제(재위 324~37)에 의하여 334년에 로마에서 콘스탄티노플로 옮겨지고, 또 395년에는 테오도시우스 대제(재위 379~95)의 불의 사망으로 제국이 동서양 제국으로 분할된 이후에도, 180년이상이 지난 티베리우스 2세(재위 578~82)의 치세 당시인 것으로 본문에도 쓰여 있다. 그러나 비잔티움이라는 도시는 이미 BC 666년경에 뷰자스(Byzas)라는 사람의 지도아래, 당시 그리스의 메가라(Megara)에서 식민된 사람들이 이곳에 식민시를 건설하였고, 2세기에는 로마의 자유도시로서 크게 번영했는데, 당시는 이 도시를 최초 건설자인 Byzas의 이름을 붙여서 「비잔티움」이라고 하였다. 그러던 것을, 334년에 콘스탄티누스 대제가 수도로서 이곳을 크게 건설하여 천도한 후는, 역시 건설자의 이름을 따서 「콘스탄티노플(Constantinople/Constantinopolis. 콘스탄티누스의 도읍)」로 부르게 된 것이다. 이 동로마 제국을 별명 비잔티움(그리스) 제국으로 부르게 된 것은, 상술한 바와 같이 콘스탄티노플시의 원래명칭에서 따온 점도 있거니와, 그 영토가 거의 그리스인의 옛 판도에 한정되어 있었기 때문이다. 이 비잔티움 제국은 옛날부터 내려오는 로마제국의 정치적인 전통, 그리스의 문화 및 그리스도교 등 3대요소를 독자적인 형태로 결합시켜 서로마 제국이 멸망(476년)한 후에도 970여년이나 독립을 유지하였고 또 번영하였는바, 이것의 발전시기를 다음과 같이 3개기로 분류하는 학자가 있다.

초기 — 콘스탄티누스 대제의 천도로부터 콘스탄티누스 3세까지〈334~641〉

중기 — 콘스탄스 2세로부터 바실리우스 2세까지〈641~1025〉

후기 — 콘스탄티누스 8세로부터 멸망시까지〈1025~1453〉

콘스탄티노플 건설에 대해서는 제Ⅲ권 제17장의 앞부분을 참조할 것.

** 오늘날 라틴어족, 즉 이탈리아어를 비롯하여 프랑스어, 스페인어, 포르투갈어, 루마니아어 그리고 스위스의 제4공용어인 로트·로마어 등 라틴계 언어의 모어(母語)를 라틴어(lingua latina/Latin language)라고 한다. 라틴어는 인도-유럽어족에서 켄툼어(centum language)에 포함되는 것으로서 Italic(이탈리아어계)에 속한다. 라틴어를 사용한 민족은 이미 BC 1000년경, 이탈리아반도에 침입하여 원시적인 농업에 종사하던 사람들인데, 이 언어는 BC 400년경부터 티베르(Tiber/Tevere) 강변에 전개된 라티움(Latium)평원에 살던 사람들의 언어라는 뜻으로 정착되었다. 로마자는 라틴어의 표기수단인데 이것은 페니키아(Poenicia. 지금의 레바논지방) 문자에서 발전된 그리스(Greece)문자, 그 중에서도 특히 서(西) 그리스문자(동 그리스문자는 Ionia문자라고 한다)를 모방하여 BC 7세기 무렵부터 라틴어를 표기하기 시작한 것이 오늘날의 라틴문자라는 로마글자이다. 이 라틴어는 앞서 말한 라틴어족의 모어일뿐만 아니라 의학·생물학 기타 주로 자연과학의 학술용어로 쓰이고 있으며, 로마문자는 국제전보, 우편물, 라디오·TV호출을 위한 기호와 부호로 사용되며, 영국·프랑스·독일·이탈리아·남북미주·호주·뉴질랜드·터키·필리핀·베트남·인도네시아·말레지아·북부아프리카를 제외한 아프리카 대륙의 대부분 국가들에서 사용되고 있다.

디까지나 아우구스투스(초대황제)와 콘스탄티누스(콘스탄티노플 수도의 건설자)로부터 중단되지 않고 면면히 이어져 내려오는 정통계보에 속한다고 주장하였고, 타락과 쇠미의 밑바닥에 놓여있던 시기에도 로마인이라는 이름은, 콘스탄티노플 제국의 마지막 파편에 계속해서 붙어 있었다.

동방의 통치가 라틴어로 처리되고 있던 기간중에도 그리스어는 문학과 철학상의 용어였기 때문에, 이 풍부하고도 완벽한 언어를 사용하는 국민은, 결코 자기들의 제자격인 로마인의 이른바 재탕한 학문과 모방적인 취미를 선망할리가 없었다. 이교(異教)의 소멸, 시리아와 이집트의 상실, 알렉산드리아와 아테네 학당들이 단절된 후의 그리스인의 학예는, 점차 일부 정규 수도원, 그중에서도 특히 이사우리아인 레오(Leo Ⅲ. 이사우리아 제통의 창시자. 재위 717~41)의 치세기간중에 불탔지만, 콘스탄티노플 국립대학으로 점차 집결하게 되었다. 점잖빼는 시대기풍에 따라 이 시설의 총장은 학문의 태양(the Sun of Science)으로 호칭되고, 분야별 기예와 학부별 교수들인 12명의 동료들은 황도(黃道) 12궁(signes of the zodiac)에 비유되었다. 3만 6천 500권의 서책이 있는 도서관은 그들의 탐구를 위하여 개방되었는데, 이 도서관에는 터무니없이 거대한 뱀의 창자라고 이야기된 길이 120피트(약 36m)의 양피지 두루마리에 기록된 바 호메로스(Homeros/Homer. 그리스 최고·최대의 서사시《Ilias/Iliad》와 《Odysseia/Odyssey》의 작자. 연대는 기원전 1159년 내지 686년 설들이 있어서 확실치 않으나 적어도 BC 800년 이전이어야 한다고 한다. 현재 유포되는 상기 책들은 그리스의 문헌학파, 특히 Aristarchos〈BC 217?~145?. BC 145경. 알렉산드리아 도서관장 역임〉의 교합본에 가까운 것이라고 한다) 작품의 고대사본이라고 일컬어진 것도 소장되어 있었다. 그러나 7세기와 8세기는 불화와 암흑시대로서, 도서관은 소실되고 학원은 폐쇄되었으며, 우상파괴자들은 오히려 고대학술의 적으로 지탄됨으로써 문예분야에 대하여 야만스럽기 이를데 없는 무지성과 경멸풍조가 헤라클리우스 제통(610~717)과 이사우리아 황통(717~867)에 속하는 군주들의 명예를 계속해서 더렵혔던 것이다.

우리는 9세기에 들어서면서 문예부흥(르네상스)의 최초서광을 찾아보게 된다. 아랍인의 광신이 진정되면서 역대 칼리프도 제국의 속주를 정복하기 보다는 학예분야 정복에 의욕을 불태우게 되었는데, 그들의 관후한 호기심은 그리스인의 경쟁심을 자극 및 재연(再燃)시킴으로써 이들도 장서에 쌓여있던 지난날의 먼지를 털어내게 되었다. 즉, 이들은 지금까지는 연구의 즐거움과 진리의 탐구만으로 자기들의 노고에 대한 보상을 찾으려고 했던 철학자의 참된 가치를 인식하게 되면서 자기들의 공로를 현창(顯彰)하도록 촉구받은 것이다. 미카엘 3세(Michael Ⅲ. 재위 842~67. 제Ⅷ권 p.228참조)의 숙부인 부황제 바르다스(Bardas)는 문예분야의 관후한 비호자였는데, 오늘날 그의 이름이 사람들에 의하여 기억되고, 또 그의 야망이 너그러이 용서받는 이유도 오로지 이때문인 것이다. 그의 조카의 재보중 일부분이 때로는 이 바르다스의 악덕과 어리석은 행위에서 나온 탐닉으로 유용됨으로써 마그나우라(Magnaura)궁전에 학원이 개설되었는데, 이곳의 교사와 학생들의 경쟁심은 바르다스의 임석으로 더욱 자극되었다. 그들의 선두에는, 텟살로니카(Thessalonica)의 대주교이며 철학자인 레오(Leo, Diaconus. 950년경에 출생한 동로마제국의 역사가. 986년, 불가리아 전쟁에 성직자로서 참전. 동로마제국사를 썼다)가 있었는데, 천문학과 수학에 관한 그의 해박한 학식은, 오리엔트의 이방인들로 하여금 감탄을 자아내게 하는 동시에, 이 불가해(不可解)한 학문은 자기가 풀 수 없는 지식이 예외없이 모두 영감 내지 마술의 산물이라고 겸허하게 상상하는 속중(俗衆)의 경신(輕信)에 입각해서 찬양되었다. 이 부황제의 애절한 간청으로 그의 친구인 유명한 포티오스(Photios/Photius. 820경~91경. 콘스탄티노플 총대주교. 교회정책상의 문제로 로마교황과 논쟁하여 서로가 서로를 파문함으로써 동서교회의 분열단서를 만들었다. 이에 관해서는 제60장에서 상술될 예정이다)는, 속계에서의 학구생활의 자유를 포기하고 총대주교좌에 오른 바, 그 결과로 동방과 서방의 종교회의에 의하여 번갈아가며 서로가 서로 파문되고 또 사면되었다. 성직자의 증오의 고백에 의해서 조차도, 사색(思索)에서의 심원(深遠), 독서에서의 불요(不撓), 강화(講話)에서의 웅변가(雄辯家)로 일컬어진 바; 모든 학문분야에서 태두(泰斗. 포티오스를 가리키는 것)가 오직 시문(詩文) 한가지만을 제외하고 전체기술(技術)학문에 통효(通曉)하였다는 사실은 전혀 부정되지 않았다. 「프로토스파타이레(protospathaire)」, 즉 경호대 대장의 직무를 수행하고 있을 때 포티오스는 바그다드의 칼리프에 사절로서 파견된 일이 있었다. 추방의 아마도 유폐생활의 진저리나는 시간을 그는 도서지(Library. 圖書誌), 즉 자기의 박학과 문헌비판의 살아있는 기념비에 대한 황급한 제작으로 얼버무렸다. 모두 280명에 이르는 문인 · 역사가 · 웅변가 · 철학자 · 신학자들을 그 어떤 명확한 기준과 방법에 의하여 비평한 것이 아니라, 그는 이 학자들의 기술(記述) 또는 설교(說敎)를 요약해서, 그의 문체와 성격을 음미하고, 교회 교부들과 시대의 미신을 여러번 타파하려는 절도있는 솔직성으로 논평한 것이다(저자 기번은 이 포티오스의 유일한 저술로서 문헌학상 중요한 『万卷抄《Myriobiblion seu Bibliotheca》를 들고 있다). 자기자신의 학문의 부족을 슬퍼한 바실리우스 1세 황제(재위 867~86)가 자기 아들이며 후계자인 「철학자」레오(Leo VI. 재위 886~912)의 교육을 이 포티오스의 배려에 일임한 결과, 이 군주와 또 그의 아들인 콘스탄티누스 7세(Constantinus VII Porphyrogenitus. 재위 911~59)의 치세는 비잔티움 문예의 가장 광휘있는 시기중 하나를 형성하고 있다(제 VIII 권 제 48 장 p. 240~41 참조). 이들의 관후한 정책에 의하여, 고대의 재보는 궁정도서관에 수집되어 그들 또는 그 제자들의 붓으로, 이들 문서가 게으른 공중을 압박함이 없이 이런 것들에 대한 흥미를 유발할 수 있도록 발췌 또는 초본(抄本) 형태로 공간되었다. 법률의 집대성인 『바실리카』외에도 농사와 전쟁, 즉 인류의 육성과 파괴에 관한 기술도 마찬가지로 열렬하게 보급되었고, 그리스와 로마의 전 역사는 모두 53개 항목 내지 표제로 요약되었지만, 그중에서 사절(使節. embassies)과 덕부덕(德不德. virtues and vices)이라는 겨우 2개 항목만이 시대의 파괴를 모면하여 오늘날까지 전해지고 있다. 독자들은 누구든지 자기의 놓여진 지위에 따라 과거세계의 영상을 상기하면서, 매 페이지마다의 교훈 내지 경고를 자기의 처세술에 적용시켜, 가능하면 옛날의 빛나던 시대의 표본을 찬상(讚賞)하고 또 모방하는 것을 배우게 될 것이다. 저자는 고대 저작가들의 고심한 연구성과로 말미암아 그들에 대한 근대인의 기억과 감은(感恩)에 어느 정도 공헌해온 비잔티움 제국 그리스 학자들의 저작을 여기서 새삼스럽게 상술할 생각은 가지고 있지 않다. 덕택으로 현대의 학자들은 지금도 여전히 스토베우스(Stobaeus/Stobaios, Ioannes. 5세기경의 그리스 詞華集〈anthology〉편집자)의 철학비망록, 수이다스〈Suidas〉의 문학역사사전*, 1만 2천행에 600편의 이야기를 수록한 체체스(Tzetzes, Johannes, 12세기 콘스탄티노플의 학자. 주저로서 그리스학 전서와도 같은 《Chiliades》가 있다)의 『킬리아데스(千年記)』, 그의 풍요의 뿔(horn of plenty=cornucopia. 그리스 신화상, 아직 갓난아기였던 Zeus신에게 젖을 먹였다는 염소의 뿔)로부터 400명의 문인이름과 전거(典據)

---

* 수이다스(Suidas)는 종전에는 10세기말에 완성된 그리스 사전의 편집자인 것으로 알려져 왔다. 그런데 최근의 연구에서는 이것이 사람인 것이 아니라 百科事書의 명칭이고, suda는 원래 城塞라는 뜻이라고 한다. 이 『수이다스』는 종래의 사전에 기초를 둔 문학사적 백과사전으로서, 고대 그리스 연구에 필요한 자료를 담고 있다고 한다.

를 밝힌 텟살로니카의 대주교 에우스타티오스(Eustathios/Eustathius, 1194경 사망. 문헌학자. Pindaros〈BC 522?~442? 그리스 합창대용 서정시를 쓴 시인〉, Homeros, 기타의 저작에 대한 주석서와 종교상의 저작을 남겼다)는 호메로스(호머)에 관한 주석 등에 대하여 도움을 받았다. 이들 원전으로부터 또는 주석가와 비평가들의 무수한 존재로부터, 우리는 12세기의 문학적인 부(富)를 어느정도까지 평가할 수 있다. 콘스탄티노플은 호메로스와 데모스테네스(Demosthenes, BC 384~22. 그리스의 웅변가·정치가. 반마케도니아주의자)의, 그리고 아리스토텔레스와 플라톤의 천재성에 의하여 계몽되었다. 그리고 오늘날 이런 지적재보의 향수(享受)나 멸실속에서 우리는 테오폼포스(Theopompos/Theopompus BC 378경 출생. 그리스의 역사가. 소크라테스의 제자. 「그리스 역사《Hellenica》」〈12권〉, 「필립사《Philippica》」〈58권〉가 유명하나 지금은 단편만 현존)의 역사, 휴페레이데스(Hypereides/Hyperides, BC 389~22. 아테네의 웅변가. 소크라테스의 제자. 철저한 반마케도니아파)의 웅변, 메난드로스(Menandros/Menander, BC 342?~291? 그리스의 후기희극작자. 100여편의 작품을 썼으나 지금은 단편만이 잔존)와 알카이오스(Alkaios/Alcaeus, BC 620경 출생. 에게해 레스보스〈Lesbos〉섬 뮤틸레네〈Mytilene〉시의 귀족시인) 및 삽포(Sappho, BC 612년 역시. 레스보스섬 뮤틸레네에서 출생. 그리스의 여류시인)등의 송시를 읽을 수 있던 세대를 선망해야 할것이다. 거듭된 주석의 노고는 그리스 고전의 존재뿐만 아니라 그것이 세상에서 널리 애독되었다는 사실의 증명인데, 이 시대의 전체적인 지식수준은 황족의 몸으로서 수사학과 철학이라는 교양과목을 닦은 두사람의 여성학자들, 즉 여제인 에우도키아(Eudocia, Constantinus X〈재위 1059~67〉의 황후. 그녀의 저서로 알려진 것은 후세의 위작〈僞作〉으로 판명되었다)와 황녀인 안나 콤네나(Anna Comnena, 1083~1148경. Alexius I〈재위 1081~1118〉의 딸이며, Nicephorus Bryennius의 처. 아버지가 죽은뒤 부군과 함께 제위에 오르고자 획책했으나 실패후 수도원에 보내졌다. 남편의 미완원고이며 알렉시우스 1세전기인 《Alexiad》를 완성시켰다)의 실례로부터도 추측할 수 있을 것이다. 수도에 사는 일반민중의 일상용어가 메부수수하고 야만스러웠다지만, 아티카(Attica, 고대 그리스 동남부에 있던 州이름)범례의 순수성에 대한 모방을, 때로는 교회와 궁전에서 일부러 자랑해 보이려는 사람들의 회화와 강화, 적어도 문서에서는 훨씬 정확하고도 정묘한 문체로 사용되어 왔다.

현대의 우리네 교육에서는 이미 사어화(死語化)되어 있는 이 두가지 언어의 필수적이긴 하지만 고통스러운 습득은, 젊은 학도들의 시간을 소비케하여 그들의 공부하려는 의욕을 감쇠시킬런지도 모른다. 시인이나 웅변가는 서방세계에 있는 우리 선조들의 조화나 세련되지 못한 야만적인 토착어에 오랫동안 구속된 나머지, 그들의 천성은 교훈도 독본도 없이 그들 자신의 판단과 취미의 타고난 능력에 일임되었던 것이다. 그러나 콘스탄티노플의 그리스인은 인간예술의 최고언어인 자기들의 고대언어에서 불순요소를 순화시켜 자유로이 사용함으로써, 사상 최초의 문명국민을 기쁘게 하였고, 또 계몽한 저 숭고한 문인들의 유산이며 친근감가는 지식을 흡수 소화하였다. 그러나 이것들의 장점은 타락된 이 국민의 치욕과 비난을 오히려 한층더 강화시키는 요인으로 되었다. 그들은 자기들의 생기없는 손아귀에 부조(父祖)가 남긴 그 재보를 그저 쥐고만 있었을뿐, 이 신성한 가산을 창조하고 개선하던 그런 진취적인 정신은 아무것도 계승하지 않았다. 그들은 오로지 읽고 찬양하며, 그것들을 요모조모로 엮어 나갔을 따름이었고, 그들의 무기력한 정신은 사유와 행동을 다 함께 불가능하게 했다. 10세기라는 긴 세월이 지나는 사이에, 인류의 위엄을 높이고 행복을 증진시키는 신발견은 단 한가지도 하지 못했고, 고대의 사변적(思弁的)인 체계에 대한 새로운 착상으로서 첨가한 것이란 아무것도 없었거니와, 인내심 강한 문하생의 계보는 이번에는 예종적인 차세대의 독선적인 교사(教師)를 만들어 냈다. 역사·철학·문예에 관한 작품으로서 문체나 시정(詩情) 또는 독자적인 발상을 가진, 아니 적어도 과거의 망각에서 구출되기에 충분하고, 고유의 아름다운 내용을 가진 그런 훌륭한 모작(模作)조차 한가지도 쓰여지지 않았다. 비잔티움 문인으로서 산문분야에서 죄가 가장 가벼운 점이란, 그들의 허식없고 순진한 단순성인데, 심지어 그들 자신이 가장 유창하다고 자부하는 웅변가에 이르러서는, 그들이 겨루고 또 뽐내보이는 그 표본에서조차 몹시 동떨어져 있었다. 그들이 자기의 재능을 천분에 어울리지 않게 과시하며, 독자들의 기분에 영합코자 평범한 의미의 것도 필사적으로 애매성과 과장의 연막으로 감싸려고 노력하는, 시대에 뒤떨어진 그런 과대포장적인 어휘의 선택, 장소에 어울리지 않는 그야말로 어린애같은 잘못된 장식(裝飾)의 애완 등등, 우리의 취미와 이성은 각페이지마다에서 구토증을 일으킨다. 그들의 산문이 악취미적인 시문의 영향으로 하늘에서 춤추는데 반하여, 그들의 운문은 산문의 무미건조성보다도 한단계 낮게 땅위를 기어다녔다. 비극, 서사시, 서정시를 관장하는 시신(詩神)들은 면목없다는듯이 침묵하였고, 콘스탄티노플의 시인들은 수수께끼같은 시와 경구(警句), 찬양시 또는 이야기 이상의 것에는 좀처럼 손대지 않았고, 운율의 규칙조차 잊었으며, 호메로스(호머)의 선율이 귀에 들려 오는데도 모든 각운(脚韻)과 음절의 격조를 정치시(政治詩) 또는 도시의 시(city verse)라는 명칭(이런 시는 통상 15개 음절로 구성되며, 알라티우스〈Allatius, Leo〉, 마나세스〈Manasses, Constantine〉 및 체체스〈Tzetzes, John〉 등에 의하여 창작되었다 : 기번 원주)하에 무력한 선율속에서 혼동시키고 있다. 그리스인의 정신은 이제 세속적인 학문주위에 까지도 지배력을 확대시킨 비열하고도 오만한 미신의 질곡에 속박되기에 이르렀다. 그들의 지성은 형이상학적인 논쟁속에서 곤혹을 치루었다. 환영(幻影)과 기적을 믿는 결과로서 그들은 일체 개연적인 증거의 원칙을 잃었고, 또 그들의 취미는 열변과 성서의 장절에서 어리석게 주워모은 수도승의 설교로 부패하였다. 이젠 이런 종류의 어리석은 학문에 대해서 조차 우수한 두뇌가 허비되는 여지도 없어졌고, 그리스 교회의 지도자는 고대신탁의 찬미와 모방만으로 겸허하게 만족하게된 결과로, 그들의 종파와 설교단은 아타나시우스(Athanasius, Magnus. 296경~373. 알렉산드리아의 대주교. 교회박사 · 성인. 니케아 신경을 옹호한다는 이유로 전후 5회 17년간이나 추방당했던 「정통신앙의 아버지, 교회의 기둥」으로 일컬어진 성직자)와 크류소스토모스(Chrysostomos, Ioannes. 347~407. 그리스 교회의 설교자 · 성인. 398년 콘스탄티노플 총대주교로 있으면서 그의 도덕적 준엄성이 상류계층의 반감을 사게된 나머지, 403년 추방, 소환, 재유형 되었다)의 명성에 대응하는 교부를 단 한사람도 배출시키지 못했다.

각종 실천적 및 사변적인 생활을 추구할 때, 국가와 개인적인 경쟁은 반드시 인류의 노력과 진보의 가장 강력한 용수철로 된다. 고대 그리스의 제도시는 통일과 독립의 다행스러운 균형상태에 놓여 있었는데, 이런 상황은 한층더 완화된 형태이긴 하지만 근대유럽 제국민에게 대규모로 승계되었다. 즉 언어 · 종교 · 습속의 동일성은 그들에게 서로가 서로의 장점을 관찰하고 판정하는 것을 가능케 하였고, 통치와 이해의 자립성은 그들의 개별적인 자유를 보장함으로써, 서로가 영광을 거두어 상대방을 능가하려는 기개를 그들사이에서 함양케 하였다. 로마인의 입장은 이만큼 큰 혜택은 받지 못했다지만, 그들의 국민적 성격을 확립했던 초기 공화제 시대에는, 이와같은 종류의 경쟁심이 라티움(Latium. 지금의 로마시 동남쪽에 있던 옛 나라)과 이탈리아내 여러 나라에서 불타 올랐었는데, 그들은 학문예술분야에서 그들의 그리스인 종장(宗匠)을 따라 잡고 또 앞지르고자 분기했다. 제정기 이후의 로마가 인간정신의 활력과 진보를 방해한 것이 확실했다 하더라도 이 광대한 판도는 여전히 내부경쟁의 여지를 어느정도까지 남겨놓고 있었다. 그러나 로마제국이 처음에는 동쪽절반으로, 그리고 최종적으로는 그리스와 콘스탄티노플에로 그 판도가 서서히 좁혀져감에 따라, 비잔티움의 신민은 그들이 고립된 격리상태의 자연스러운 결과로서 비굴하고 무기력한 성상(性狀)에로 빠져들었다. 그들은 지금까지 자기들이 인간의 이름으로 부를만한 가치조차 없는 것으로 경멸해오던, 바로 그 북방만족의 제부족에게 압도당하게 되었다. 한편 좀더 세련된 아랍인의 언어와 종교는, 양자 사이의 사회적인 모든 접촉에서 뛰어 넘지못할 장벽으로 되었다. 또한 유럽의 정복자들은 그리스도교 신도로서는 그들의 동포지만, 별명이 라틴인인 프랑크족이 사용하는 언어는 미지의 것이고, 그들의 풍속은 조포하였기 때문에 그들이 헤라클리우스(재위 610~41)황제의 후계자와 제휴할 기회는 전쟁과 평화를 통하여 퍽 드물었다. 넓은 세계속에서 고립되어온 그리스 민족의 자기만족적인 오만성은, 이것 때문에 외국인이 가진 장점과의 비교로 흐트러질 여지는 없었다. 자기의 속도를 빨리해야할 경쟁상대도, 또 그의 승리를 축복해줄 심판자도 가지지 않았던 그들이, 이윽고 경쟁에서 뒤떨어진 것은 조금도 괴이하게 생각할 일이 못된다. 유럽과 아시아의 제민족은 성지(聖地)에 대한 원정에서 혼화되었고(십자군의 원정개시를 말하는 것), 콤네누스 왕조시대(1057~1185)가 되면서 비로소 비잔티움 제국내에서도 지식과 군공경쟁의 희미한 불꽃이 타오르기에 이르렀다.

제54장 바울파의 기원과 교의－역대 비잔티움 황제에 의한 그들의 박해－아르메니아와 기타의 반란－트라키아에로의 이주－서방세계에서의 보급－종교개혁의 씨앗, 성격 및 결과

〈660～880〉

우리는 그리스도교 신앙고백에서는 각국의 국민적 성격의 차이가 뚜렷이 나타난다고 생각해도 무방할 것이다. 시리아와 이집트의 민중은 그들의 생활을 나태하고 명상적인 신심(信心)에 바쳤고, 로마는 이 종교로써 두번째 세계지배를 열망하였으며, 쾌활하고 능변의 그리스인은 자기들의 지성을 형이상학적인 신학논전으로 탕진하였다. 3위일체와 성육(成肉. Incarnation)의 불가지적 비적은, 그들의 침묵된 복종을 실현시키려 했던 의도와는 반대로, 오히려 격렬하고 정묘한 여러가지 논쟁을 야기시킴으로써, 어쩌면 그의 명석성과 이성의 희생하에 그들의 신앙을 확대시켰는지도 모른다. 니케아공회의(325년)로부터 7세기 말에 이르기까지 교회의 평화와 통일은 이런 영적인 전쟁으로 침범되었는데, 이것은 제국의 쇠망과정에서 매우 심각한 영향을 미쳤기 때문에, 역사가인 저자도 지금까지 너무도 여러번 이 교회연대사의 다망한 시기에 소집되었던 매개 종교회의에 수행하여, 그 각개교의를 분석하고 종파를 낱낱이 열거하지 않을 수 없었다. 8세기 초부터 비잔티움 제국의 마지막 시기에 이르러서는, 이런 종류의 논쟁도 소리를 내지 않고 조용해지게 되었다. 즉, 호기심은 바닥을 들어냈고, 열정은 식어 버렸으며, 가톨릭의 신앙개조는 6회에 걸친 공회의의 포고(325년의 니케아 제1회 공회의로부터 전후 3회나 있은 콘스탄티노플공회의, 그리고 451년의 에페수스와 칼케돈 등의 공회의를 거쳐 가톨릭의 칼케돈 신조가 결정된 것을 말하는 것)에 의하여 폐기불능

형태로 정의되기에 이르렀다. 무릇 논쟁의 정신은 그것이 아무리 공허하고 유해하다 해도, 어느정도는 지적인 제기능의 활력과 훈련을 필요로 한다. 때문에 이제 굴복한 그리스인은 오로지 금식하고 기도하면서 총대주교와 그의 성직자에 대한 맹목적 복종의 신앙만으로 만족해야만 하였다. 오랜 미신으로 꿈만 꾸고 있는 사이에, 처녀 마리아와 여러 성인, 그들의 환영과 기적, 그들의 유물과 화상(畵像)은, 수도사에 의하여 설교됨으로써 민중에 의하여 숭경되기에 이르렀지만, 이제 이 민중이라는 호칭은 문민사회에서 최고직위에 있는 사람들에게까지 확장되어도 좋은 상황이 되었다. 이사우리아 왕조의 황제들은 형편이 좋지못한 시기에 얼마간 조포한 방법으로 그들의 신하들의 각성을 촉구하였다(우상파괴운동을 말하는 것). 그들의 영향밑에서 이성은 어느정도로 자기편을 획득했을런지 모르지만, 압도적 대다수 사람들은 다만 이익이나 불안감에 지배되었다. 그러나 동방세계는 그들의 형태있는 신들을 받아들이든가 또는 그것의 상실을 슬퍼한 결과로, 성상(聖像)의 부활을 정통신앙의 축제일로까지 축복하였다. 이리하여 이런 사회전체의 수동적인 상황하에서 성직계 지도자는 박해의 괴로움으로부터 해방되든가 아니면 즐거움을 박탈당했다. 고대의 이교는 이미 오래전에 소멸되었고, 유태인들도 침묵하고 조용해졌다. 라틴인과의 논전(論戰)은 민중의 적에 대하여, 이따금 그리고 먼 지역에서의 적대행위에 지나지 않았고, 이집트와 시리아의 제종파는 아랍인 칼리프의 비호에 의하여 자유에 대한 관용의 혜택을 받았다. 7세기 중반기에 마니교도의 한 분파가 영적인 전제주의의 희생양으로 선정되자, 그들의 인내심이 소진되면서 마지막에는 절망과 반란으로 저항했지만, 그들의 귀양살이는 서방세계에 종교개혁의 씨앗을 확산시켰다. 이런 중요한 사건은 바울파(Paulicians/Paulicianoi)*의 교의와 그 내력에 대하여 깊이 파고드는 규명을 정당화시키는 것으로 생각된다. 그리고 그들이 이미 자기자신을 변호할 기회를 가지고 있지 못하는 이상, 우리는 그들의 적이 보고하고 있는 장점을 강조하고 그의 죄악을 에누리해 듣거나 또는 의문시함으로써, 공정한 비평을 하도록 마음가짐이 있어야 할 것이다.

이전에 교회의 요람기에 혼란을 불러일으켰던 그노시스파(Gnostics. 내용은 제 II 권 p. 225~229참조)는, 교회의 융성과 권위에 의하여 억압되었다. 가톨릭 교도에 대항하여 그 부유함과 학문 그리고 신도수를 경쟁하였으나 가톨릭파를 능가하기는 커녕, 그들의 한줌밖에 안되는 잔당을 동서 두 수도로부터 축출당하여 유프라테스강 강변의 한촌이나 산속으로 모습을 감추었다. 마르키온파(Marcion派. 마르키온에 대해서는 제 Ⅱ 권 p. 228참조)의 일부 흔적은 5세기에도 발견되었는지 모르지만, 무수한 종파는 최종적으로 마니교도라는 꺼림칙한 이름속으로 사라지고, 조로아스터(Zoroaster, 제 Ⅰ 권 p. 265난외주기 참조)와 예수 그리스도 양자의 교리조정을 감히 기도했던 이 이단파는, 이 양쪽 종교로부터 한결같이 가차없는 증오로서 박해받았다. 헤라클리우스 황제(재위 610~41)의 손자시대(Constans Ⅱ. 재위 641~68)에 한 시리아 왕국이라는 명칭으로서 보다도 루키아노스(Lucianus/Loukianos. 120경~180경. 그리스의 풍자시인. 종교 · 정치 · 사회의 우매성과 악덕을 공격했다. 작품수 80여편)가 탄생한 곳으로서 한층 유명한 사모사타(Samosata)근교에서, 바울파신자들 속에서 신으로부터 파견된 진리의 사자라고 존경받는 한 개혁자가 나타났다. 자기가 살고 있는 마나날리스(Mananalis)의 가난한 주거에서, 이 콘스탄티누스(Constantinus/Constantine. 별명 Sylvanus. 바울파의 지도자. 640~89)는, 시리아에서 포로로 잡혔다가 돌아온 한 부제(副祭)를 환대하였는데, 당시 이미 그리스인의, 그리고 아마도

---

* 바울파에 대해서는 본문에도 상세히 서술되지만, 예비지식을 갖도록 여기서 요약 소개한다.

바울파는 7세기경에 로마제국 동쪽 변방에서 발생하여 12세기까지 기독교와 제국에 영향을 끼쳤으며, 20세기말인 오늘날까지도 동유럽 지역에 그 후예들이 남아 있는 반가톨릭 종파이다. 바울파로 규정된 이 명칭의 유래는 사도 바울 또는 사모사타의 바울(Paulus de Samosata. 3세기의 동방신학자. 260년이후 안티오크의 주교. 그리스도의 본질은 신이 아니라 「로고스」의 감화에 의하여 발달함으로써 신과 일치하게 되었다는 유자설〈Adoptianismus〉을 설하였다)에서 유래된 것이다. 그런데 사도 바울(Paulos/Paulus/Baul)은 초기 그리스도교의 대전도사로서 히브리 이름은 사울(Saulos)이라고 했다. 처음에는 열렬한 기독교도 박해자였으나 AD 29년이후, 다마스커스 부근에 있을 때 부활한 그리스도의 목소리를 듣고 회심하여 그리스도 교도가 되었다. 3회에 걸친 대전도 여행을 하였고, 베드로(Petros 12사도 중 한사람, 초대교황)와도 유태인의 율법(할례와 음식물의 계율 등) 문제논쟁에서 화해했으나, 유태인의 미움을 받아 예루살렘 신전에서 체포되어(53) 로마에 압송된 후, 유폐당해 있던중 64년, 네로 황제의 기독교도 대학살시 베드로와 함께 순교하였다고 전해지는데, 그의 생애자료가 「신약전서」의 「사도행전」이며 또 그의 여러 서간이 「신약성서」의 주요부분을 차지하고 있다. 그는 인간이란 신앙에 의하여 義로워지고, 그리스도의 십자가위 죽음의 속죄적 의의를 주장하였다. 유태주의와 그노시스적 경향에 반대하여 그리스도교의 새로운 본질을 선명함으로써 후에 그리스도교 역사에 매우 큰 감화력을 미쳤는 바 이런 감화력을 받은 것이 바로 바울파이다. 이런 바울의 교의를 최초로 체계화시켜서 전도한 사람이 콘스탄티누스-슐바누스(Constantinus Sylvanus, 640~89. 배신자에 의하여 돌맹이로 타살되었다)이다. 바울파의 주요교리는, 세계교리에 대한 2원론적 개념의 도입, 그리스도의 품격에 대한 양자론적 교리, 성모 마리아의 공경과 성자 및 성상 숭배에 대한 거부, 유아세례를 무효화하고 성인세례만이 유일하게 효력이 있는 것이라고 강조한 것 등이다.

그노시스파 성직자의 배려로, 속중(俗衆)에게는 비익되어 오던 매우 귀중한 『신약성서』의 선물을 그로부터 받았다(이때 콘스탄티누스는 「우리 속인에게는 신성한 복음서를 펴서 읽는 것이 허용되지 않고, 그것은 성직자의 전단〈專斷〉사항입니다」하고 성경을 읽도록 권고받은 그 가톨릭 수도승은 사양하였다고 「페트로스 시쿨루스《Petros Siculus》」에 쓰여있다 : 기번 원주). 이 책이 그때 이래 그의 면학(勉學)과 신앙의 기준이 되었는데, 그의 해석에 이의를 제기하던 가톨릭 신자들도 그의 원문의 순수성과 성실성을 인정하게 되었다. 그러나 그는 성바울의 저작과 인격에 특별한 애착심을 가지게 되면서 그에게 경도(傾倒)하였다. 그의 적대자들에 의하면, 바울파라는 호칭은 이름없는 그들의 친척 중의 한 교사에게서 유래되는 것이라고 하지만, 저자는 그들이 이 이교도출신 사도와의 교리상의 유사성에 긍지감을 느끼고 이렇게 이름붙인 것이라고 확언할 수 있다(이 바울파는 그리스어로서는 파울리키아노이〈Paulicianoi〉로서 「파울리키아노스파」라는 번역어도 있다. 바울파라는 호칭의 기원은 불분명하나 이것이 정착된 것은 뒤에 p. 318에 나오는 바 시메온〈Symeon〉의 개종과 순교〈689년〉이후라고 한다). 콘스탄티누스와 그의 전도동료들에게도 티투스(Titus), 테모테(Timotheos/Timothy), 쉴바누스(Sylvanus), 튜키쿠스(Tychichus)등 성 바울 제자들과 꼭같은 이름이 붙여졌는데, 이 이름은 아르메니아와 캅파도키아에서 소집된 신도회합에서 다시 사도교회들에게도 할당된 바, 이 천진난만한 비유는 초기사도시대의 모범과 회상을 부활시킨 것이었다. 복음서와 성바울의 여러 서간속에 나오는 바, 그의 이 충실한 제자들은 초기 그리스도교의 신조를 탐구하였다. 때문에 그의 성공이야 어떻게 되었던 간에, 프로테스탄트 독자(讀者)는 이런 규명정신을 찬양할 것이다. 그러나 바울파의 성경은 진품이긴 하지만, 완전한 것은 아니었다. 이 종파의 창시자들은 할례받은 사도인 성베드로(St. Peter/Petros. AD 67〈64〉경 사망. 12사도의 한사람. 본명은 Simon. 네로황제의 기독교도 박해시 순교했고 초대교황으로 간주된다)의 2가지 서한(「신약전서」의 「베드로 전서」와 「베드로 후서」를 말하는 것)을 거부하였다. 이 사도(성베드로)가 그들이 숭배하는 사도(성바울)와 벌린 바 율법준수에 관한 논쟁(앞의 난외주기에서 말한 바 이방인 그리스도 교도도 유태인의 율법, 즉 할례, 음식물에 대한 계율 등도 지켜야 하느냐 하는 문제를 말하는 것)을, 그들은 좀처럼 허용할 수가 없었다. 그들은 또한 그노시스파의 동료들과 마찬가지로 가톨릭 교회의 포고에 의하여 신성시하게 된 『구약성서』, 그중에서도 특히 모세의 5경(Pentateuch, 「구약전서」맨앞의 5권, 즉 「창세기」, 「출애굽기」, 「레위기」, 「민수기」 및 「신명기」를 가리킨다. 모세가 이것을 썼다는 전승은 오늘날에도

시인되지 않을뿐만 아니라 그의 역사적 존재를 의문시하는 사람도 있다고 한다)과, 예언서에 대하여 보편적인 경멸감마저 나타냈다. 똑같은 대담성과 의심할 바 없이 한층 더 많은 이유로 신(新) 슐바누스인 콘스탄티누스 자신은, 종래에 오리엔트 제종파의 손에 의하여 현란한 형태로 무수히 많이 공간된, 큰 책들에 쓰여 있는 여러가지의 환상, 즉 히브리 족장과 동방 현자들이 썼다는 가공적인 작품, 초기시대에 정통파의 법전을 압도하던 각양각색의 가짜 복음서 · 서간 · 행전(行傳), 마니(Mani/Manes/摩尼. 216~277. 페르시아 마니교의 개조. 조로아스터교〈拜火敎〉와 그리스도교의 구세론을 결합한 신종교론을 246년경부터 창도했고, 자신을 최종적인 예언자라고 큰소리쳤으나, 후에 체포되어 책형에 처해졌다. 그의 저술은 페르시아어, 시리아어로 쓰여졌으나 단편만이 남아있다)를 비롯하여, 같은 부류에 속하는 이단자들의 신학, 발렌티누스(Valentinus/Valentine. 100경~165이후. 그노시스파의 대표적인 인물. 알렉산드리아에서 태어났고 로마를 왕복하면서 적지 않은 신봉자를 획득하였다)의 풍부한 공상이 만들어 낸 30에온(aeon/eon. 永劫), 즉 30세대(世代)의 학설도 거부하였다. 이 바울파 사람들은 마니교도에 관한 기억과 의견을 본심으로 단죄하면서, 이 꺼림칙한 호칭을 성바울과 그리스도의 소박한 자기네 신도들에게 밀어 붙였던 마니교도의 극악무도성을 슬퍼하였다.

교회권위의 연쇄속에서 많은 연결고리가 이미 바울파 개혁자들의 손으로 적지 않게 파괴된 바, 사실 이 개혁자들의 자유는 그 사람의 말이 속중의 이성에 비적(秘蹟)과 기적에 대하여 고두(叩頭)할 것을 명령하는 권위자의 인원수 감소로 더욱 확대되었다. 그노시스파의 조기분리는 가톨릭교회 확립에 선행해서 이미 있었기 때문에 문제밖의 일이지만, 바울파는 성바울이나 복음서 작가의 침묵에 의해서 뿐만 아니라, 습관과 혐오로부터 규율과 교리의 점진적인 개선발전에 대하여 강한 경계심을 품었다. 미신의 마력(魔力)으로 개변되었던 사물도, 바울파의 눈에 의하여 그것이 본래가졌던 고유의 색채로 돌아왔다. 인간의 손이 가해지지 않은 영상의 것으로 일컬어지던 것(성상 · 성화같은 것)도, 기실 살아있는 몸뚱이를 가진 직인(職人)이 흔하게 만든 제작품외 아무것도 아닌 것인즉, 이들 나무토막이나 화포(畵布)가 가진 가치나 고마움은, 사실 이것들을 제작한 직인의 기예에만 유래한다(제 Ⅷ 권 p. 286~88참조). 기적을 가져다 주는 것으로 일컬어진 성유골은 단순히 한줌의 뼈나 재에 불과한데, 그것은 생명이나 효능, 그리고 그것에 결부된 본당자되는 인간과는 아무런 관련성도 없는 것이다. 생명이 깃든 참된 십자가라는 것도 하나의 튼튼한 또는 부패된 나무토막에 지나지 않으며, 그리스도의 신체와 피도 요컨대 한조각 빵과 한잔의 포도주요, 은총의 상징으로 변형된 자연물일 따름이다. 신의 어머니(마리아)는 천상의 명예로운 위계와 더렵혀지지 않은 처녀성에서 격하되어, 이미 성인이나 천사들로부터 천계에서의 중개라든가 지상에서의 사목(司牧)과 같은 어려운 직무수행을 간청받는 일이 없게 되었다. 성찬의 실시, 적어도 그에 관한 이론에서도 바울파는, 무릇 숭배의 형태를 갖춘 대상이란 모든 것을 폐지시키고자 생각하였다. 그들의 판단에 따르면 복음서의 말 자체가 신도에의 세례요 영적 교류였다. 그들은 성서해석에서는 적정도의 자유를 용인한 바, 자구 그대로의 의미에 곤혹감을 느끼면 그때마다 상징과 비유의 복잡한 미로에로 도망쳤다. 그들이 신구 두 성경사이의 결합문제에서 그것을 절단하기에 최대의 노력을 기울인 것은 틀림없는 사실이다. 그들은 『신약성서』를 신의 탁선으로서 숭경한데 대하여, 『구약성서』을 인간 또는 악귀의 가공적이며 어리석은 창작물이라하여 혐오하였다. 그들이 3위일체의 정통적인 비적을 복음서에서 발견하였다 해도, 우리들은 놀랄 이유가 없다. 그러나 그들은 그리스도의 인성과 실질적인 고난을 고백할 대신에, 영적인 요소는 물이 파이프속을 흐르듯이 처녀의 태속을 통과했다느니, 유태인의 헛되고 무력한 원한은 가공적인 십자가에 못박힘으로써 헛된 것으로 되었다는 등 어린애같은 공상에 골몰하였다. 이처럼 소박하고 정신적인 교의는 시대적 취미에 적응될 수 없었는 바, 예수와 그 사도들이 겪은 것은 가벼운 멍에와 고생이 적은 고난이었다고 말했다면 납득했을 합리적인 그리스도 교도들조차 자연 종교(natural religion)와 계시종교(revealed religion)의 첫번째 신조인 신의 일자성(一者性. the unity of God)을 감히 파괴하려는 바울파에 대하여, 당연하지만 크게 분격하였다. 바울파의 신앙이 근거하는 것은 그리스도, 인간영혼 그리고 눈에 보이지 않는 세계라는 3자의 아버지였다. 동시에 그들은 물질의 불멸성을 확신하였는데 이 완고하고도 반항적인 실체는 눈에 보이는 이 세계의 창조로부터 죽음과 죄의 최종적인 완성까지의 시기에, 지상에서 지배권을 휘두를 활성적인 존재 또는 제2원리의 원천 바로 그것이라고 생각한다. 도덕적 그리고 물리적인 악의 현상은, 이미 고대동방의 철학과 종교속에 2대원리의 교의를 체계화시킨 바 있지만, 이로부터 이 교의는 그노시스파의 다종다양한 이론에 침투한 것이다. 「아흐리만」(Ahriman/Angra Mainyu. 조로아스터〈짜라투스트라, Zarathustra〉의 2원론적 종교에서, 전지전능의 主이며, 광명원리에 의한 태양신격인 빛의 善神인

Ahura Mazda/Ormazd에 대항하여 싸우는 암흑의 惡神을 말한다)의 본성과 역할에 대해서는 대항적인 신으로부터 종속적인 악귀까지, 그리고 수동(受動)과 결합으로부터 순수하고도 완전한 악의(惡意)에 이르는 온갖 뉘앙스의 계제(階梯)가 생각될 수 있다. 그러나 우리들의 노력에도 불구하고 「아후라 마즈다」(Ahura-Mazda/Ormazd. 善神)의 선의(善意)와 능력은 동일선상의 양단에 배치되어, 한쪽에 접근하면 그것과 똑같은 비율로 다른 한쪽에서 떨어져 나가는 결과로 된다.

콘스탄티누스－슐바누스의 사도적인 노고는, 이윽고 정신적인 야심의 감추어진 보수인 신도수의 증가를 실현시켰다. 그노시스파의 잔당, 특히 아르메니아의 마니 교도는 그의 깃발밑에 통합되었고, 많은 가톨릭 교도들도 그의 논증을 납득했던가 유혹당했는데, 이리하여 그는 그때까지 오랫동안 조로아스터의 종교로 호흡해온 폰투스(Pontus)와 캅파도키아(Cappadocia)지방에서의 포교에 성공하였다. 바울파 교사들의 두드러진 특징은 그들의 성경과 인연지은 명명, 순례동지라는 겸허한 호칭, 그들 생활의 엄격성과 열정 내지 지식, 그리고 성령의 그 어떤 비일상적인 은혜에 관한 자부심이다. 그러나 그들은 가톨릭 고위성직자와 같은 유복성과 명예를 전혀 요구하지 않았고, 적어도 그런 것을 탐내지도 않았다. 그들은 이런 종류의 반그리스도적인 오만성을 격렬하게 비난하였는데, 심지어 연장자 또는 장로들의 위계조차 유태교의 회당제(Jewish synagogue, 會堂制)라 하여 지탄하였다. 이 새로운 종파는 소아시아의 여러 속주를 넘어서 유프라테스강 서안까지 천천히 확산되어 나갔는데, 그들의 여섯군데의 주요회중은 모두가 성바울이 그의 서간을 보낸 교회를 대표하였고, 그들의 창시자는 옛날에 벨로나(Bellona. 로마 신화상 전쟁의 여신. 옛이름은 Duellona. 軍臣 Mars의 아내인 Nerio. 때로는 그리스의 Enyo와 동일시 된다)의 제단이 있었고 또 그레고리우스(Gregorius, Thaumaturgus. 213경~70경. 동방교회의 교부. 베이루트 법률학교로 공부하러 가던 도중 팔레스티나의 케사리아에서 오리게네스〈Origenes, Adamantius, 185?~254? 알렉산드리아의 교리교사학교에서 배우고 동교 교장 역임〉의 설교를 듣고 감동하여 그대로 거기에 5년간 머물면서 그리스도교로 개종하고 또 공부하여 귀국후 주교가 되었다)의 기적으로 유명한 폰투스지방 콜로니아(Colonia)부근에 그 자신의 주거지를 정하였다. 27년간 전도한 후에 아랍인의 관용적인 통치하에서 은퇴하고 있던 슐비누스는, 로마인의 박해로 희생당하여 쓰러졌다(689년). 비교적 죄질이 가벼운 이단자의 생명에는 좀처럼 손을 대지 않았던 경건한 황제의 법령은, 이 몬타누스파(Montanists. Montanus는 소아시아 프류기아인으로서

170년경 사망. 페푸자〈Pepuza〉시에 지상에 천국 예루살렘이 출현한다는 소위「千福年說」을 157년경부터 퍼뜨렸다. 이단으로 배척되었으나 이의 신봉자들은 8세기까지 존속하였다)와 마니교의〔혼합물과도 같은 바울파의〕종지(宗旨)·서적·신도에 대해서만은 용서없이 발동하여 가혹하게 적용한 바, 서적은 불속에 던져지고, 이런 종류의 문서를 은닉하거나 이런 견해를 감히 공언하는 무리는 예외없이 저주로써 사형에 처하였다. 한 그리스인 성직자가 법률적·군사적 권능으로 단단히 무장하고 콜로나(Colona)에 나타나, 양치는 그 사람을 때려눕히고 방황하는 양들을 가능하다면 교정시키고자 시도하였다. 정교한 잔혹성으로 시메온(Symeon. 한글판 성경에서는「시므온」으로 표기. 예루살렘에 살면서 아기 예수를 안고 신을 찬미한 바, 이 찬가를「시메온 송」이라고 한다. 「누가복음」제2장 25~34절)을 자처한 이 그리스인 성직자는 불운한 숖바누스를 그의 제자들이 늘어선 맨 앞줄에 놓고, 그 제자들을 사면하는 대가와 회오의 증거로서 그들의 영적인 아버지를 학살하도록 명령하였다. 그들은 이 불경스러운 역할에 등을 돌리면서 반대의사를 표시하는 동시에, 자기들의 부모를 소중히 여기는 마음에서 손에 들려졌던 돌맹이를 밑으로 내려놓았다. 그리고 전체 회중(會衆) 가운데서 이 이단의 우두머리를 대담하게 무찌르려는 사형리, 가톨릭교도의 호칭에 따르면 새로운 다윗(Dawid/David. 이스라엘 제2대왕 재위 BC 1010~971. 페리시테인과의 싸움에서 거인 골리앗〈Goliath〉을 죽이고 전사한 사울왕의 뒤를 이어 예언자 사무엘로부터 기름을 발리서받고 왕위에 올라 예루살렘에 수도를 정했다.「구약성서」에는「주님의 마음에 드는 사람」으로 불리우며, 성모 마리아의 남편인 요셉의 조상이라고 한다) 이 겨우 한사람 발견되었다. 그러나 유스투스(Justus)라는 이름의 이 배교자는 사람을 믿기 잘하는 그의 동료들을 또다시 기만하면서 배신하였는데, 이 시메온과 같은 자의 개종으로, 우리는 성바울의 행동과의 새로운 대응을 그에게서 발견하게 된다. 성사도와 마찬가지로 그 역시 박해목적으로 파견된 상대방 교의로 개종하면서 자기의 명예와 재산을 포기하고, 바울파 사이에서 선교자이며 순교자라는 명성을 얻었다. 그들은 반드시 순교자가 되기를 열망한 것은 아니지만, 150년에 이르는 시련기를 통하여 그들의 인내심을 광신이 부과할 수 있는 온갖 박해를 견뎌냄으로써, 광신과 이성의 꿋꿋한 활력을 근절시키기에는 권력이 불충분함을 보여 주었다. 첫번째 희생자의 피와 재(灰)로부터 교사와 회중(會衆)의 계보가 몇대씩이나 거듭 작성되었으며, 또 그들은 대외적인 적대행위의 짬짬이에 내부항쟁을 벌릴 여가도 발견하였다. 그들은 오로지 설교하고 논쟁하며 또 수난당했을 뿐이다. 그리고 33년간에 걸친 이런 순례에서의 세르기우스(Sergius. 9세기초에 바울파를 이끌었던 새 지도자)의 덕행 — 적어도 외견상의 덕행을, 정통파 사가들도 마지못하여 인정하고 있다. 유스티니아누스 2세(Justinianus Ⅱ. Rhinotmetus. 재위 685~95 및 705~11. 가혹성으로 평판이 좋지 않자. 체포되어 코를 베이고 추방당했으나, 불가리아인의 원조로 복위하여 복수행위로 영일없이 날뛰던 중, 주민반란으로 재차 체포참살되었다)의 천성적인 잔인성은, 경건한 대의(大義)로써 고무된 바, 그는 바울파의 이름과 기억을 단 한번의 전투로 절멸시킬 수 있으리라는 헛된 희망을 가졌다. 우상파괴자이기도 한 황제가 어쩌면 그의 원시적인 소박성과 민중의 미신에 대한 혐오로부터, 얼마간 잘못된 설교에의 관용을 베풀런지도 모른다고 생각되었지만, 사실은 그들 자신이 수도사들로부터 비방되고 있던 상황속에서, 그들은 마니 교도의 공범자로서 고발되지 않고, 무사히 넘어가기 위하여 오히려 탄압자된 길을 택하였다. 사실 이런 종류의 비난은 그들을 위하여 모처럼 형사법규의 준엄성을 완화시킨 니케포루스(Nicephorus Ⅰ. 재위 802~11)의 자비심에 흙탕칠을 한 것이었는데(제 Ⅷ 권 p. 220참조), 이 황제의 성격은 이보다도 한층더 관후한 동기를 가졌던 것이라는 주장이나 명예에 대해서는 지지할 수가 없다. 약체황제인 마카엘 1세(Michael Ⅰ. 재위 811~13)와 완미한 「아르메니아인」레오(Leo Ⅴ. 재위 813~20)는, 다같이 박해의 선두에 나섰지만, 그러나 의심할 바 없이 최고의 훈공은 동방교회에 성상을 부활시킨 테오도라(Theodora. Theophilus Ⅰ〈재위 829~42〉의 황후로서, 夫帝가 금지했던 우상숭배제를 그의 사후에 부활시켰다. 제 Ⅷ 권 p. 317참조)의 피비린내나는 경신(敬神)에 돌릴 수 있을 것이다. 그녀가 임명한 종교심문관(inquisitor)은 소아시아의 도시들과 모든 산속을 구석구석 빠짐없이 탐색하여 이단자들을 색출해 냈는데, 이리하여 이 여제(女帝)의 추종자들은 그녀의 짧은 치세기간중에 무려 10만이라는 바울파가 검과 교수대 또는 화염으로 절멸되었다고 단언한다. 물론 그녀의 이런 범죄 또는 공로는 아마도 진상의 테두리를 넘어서 과장되었겠지만, 만에 하나라도 이 숫자를 인정한다면, 그것은 단순한 대부분의 우상파괴주의자가 한층 저주받을 죄상으로 처벌된 탓이고 교회로부터 배제된 일부 신도가 본의아니게 이단자들의 진영으로 피난했던 결과로 추론하지 않을 수 없다.

가장 흉포하고 절망적인 반항자는 오랫동안 종교상의 박해를 받은 끝에, 드디어 울화통을 터뜨리고 크게 들고 일어난 종파소속 신도들이다. 그들은 신성한 대의(大義)에 불타 오른 바, 이미 회한(悔恨)도 품지 않았다. 그들이 무기를 잡게된 대의는, 이미 인정의 개입을 용납할 여지도 남기지 않으리만치 그들의 마음을 완고하게 만들었는데, 그들은 자기 아버지가 품었던 원한을 그 압제자의 자손에게 복수키로 한 것이다. 이것이 후세에 보헤미야(Bohemia. 지금의 체코 지방)의 후스파(Hus派)*와 프랑스의 칼벵파(Calvin派)**의 경우이기도 하지만, 9세기 당시에는 아르메니아와 그 주변 여러 속주의 바울파가 이런 종교개혁의 전례를 제공한 것이다. 당초에 그들은 이단자의 개종 내지 절멸을 명령하는 황제의 앞잡이인 총독(governor)과 주교(bishop)의 살해를 목표로 항거했는데, 아르게우스 산맥(Mts. Argaeus)의 가장 깊숙한 벽지는 그들의 자립과 복수행동을 보호은

---

* 「후스파」의 후스(Hus, Jan/Johannes Hus〈Huss〉, 1370경~1415)는 체코의 교회 개혁가이다. 농민의 아들로 후시네츠(Husinec)에서 태어나, 프라하대학의 교수, 후에는 동대학 학장을 역임했고 1400년에는 사제로 서품되었다. 성직자의 토지소유 및 세속화에 반대하고 교회를 救靈예정자의 淨福장소로 규정했다하여 1411년에 파문되면서 동시에 성직도 박탈되었다. 독일왕 지기스문트(Sigismund. 재위 1419~37. 신성로마 황제 재위 1411~37. 1414~18년간 콘스탄츠 종교회의를 소집하여 교회분열을 종결시켰다)의 비호하에, 콘스탄츠 종교회의에 출석했지만, 변명기회조차 박탈당하고 그 자리에서 체포되어 화형에 처해졌다(1415년). 그는 종교개혁에 열의를 보였고, 청렴한 생활태도를 유지했으며, 종교재판과 처형에서도 내내 의연한 태도를 취하여 국민적 영웅으로서 존숭되었다. 또한 체코어 통일과 체코국민문학 확립에도 기여했다. 그를 따르는 신도들을 후스파(Hussist)라고 하는데, 보헤미야, 오스트리아, 헝가리, 바이에른, 작센과 기타 지역에 널리 분포되었다. 이들은 후스가 처형된 후, 이 종파의 새 지도자인 지슈카(Zizka, Jan/Johann Ziska. 1370경~1424)는 급진파인 타보르파를 이끌고 타보르(Tabor)에 요새를 구축하고 상기 지기스문트의 군대를 비트코프에서 격퇴(1420)시킨 후에도 여러차례 승리를 거두면서 항전하였다.

** 칼뱅(Calvin, Jean. 본명은 Jean Chauvin〈Cauvin/Caulvin〉, 1509~64. 프랑스의 종교개혁자)은 파리대학에서 신학을 연구하였고, 「돌연회심〈突然回心〉」에 의하여 1533년경, 복음주의로 전향하자 박해로 말미암아 스위스로 탈출하였다. 독일에서 루터(Luther, Martin. 1483~1546)가 「95개조의 반박문」을 윗텐베르크교회 정문에 내걸고(1517), 종교개혁의 봉화를 올린지 19년 후인 1536년, 칼뱅은 루터와는 횡적연계없이 독자적으로, 프랑스의 프로테스탄트에게 관용과 이해를 청원하는 국왕(프랑소와 1세〈François Ⅰ. 재위 1515~47〉)에게 드리는 서간을 서문으로 붙인 「신학강요《Institutio christianae religionis》」를 출판함으로써 프랑스에서 역시 종교개혁에 착수하였다. 그해 제네바에서 파렐(Farel, Guillaume, 1489~1565. 프랑스의 종교개혁자. 바젤에서 13개조 제제〈提題〉를 주장하면서 스위스 여러 도시에서 복음주의를 선전했다)과 함께 교회개혁을 지도하려 했지만, 추방된 후, 스트라스부르에 이르러 신학교 교수 겸 설교자로 일했다. 각지의 종교회의에 참가하여 독일의 종교개혁자들과도 만나 그들에게 적지 않은 영향을 주던중, 초청을 받아 제네바로 돌아와 神政정치 실현을 위하여 교회규칙을 제정하여 예배의식제도로부터 시민의 사회생활에 이르기까지 과감한 쇄신을 단행하였다. 결국 제네바를 교회도시화하는데 성공함으로써 유럽 프로테스탄티즘의 아성으로 만들었다. 그의 가르침의 근본은 성경에 표명된 신의 말씀의 실천이다. 즉 사람은 업적에 의해서가 아니라 신앙으로 구원되는 바, 이 신앙은 신으로부터 주어지며, 더욱이 신은 이 은총을 인간창조에 선행하여 예정된 것으로서 선정된 사람에 한하여 주어진다는 것이다.

폐해 주었다. 한층더 위험하고 소모적인 불길은 테오도라 여제의 박해와 카르베아스(Carbeas. 9세기 중엽의 바울파 지도자)의 반란으로 점화되었다. 이 용감한 바울주의자는 동방군 사령관의 경비대장이었지만, 그의 아버지가 가톨릭교회 종교심문관의 손으로 자살(刺殺)된 탓으로, 종교라는 대의, 적어도 인정(人情)이 어쩌면 그의 기교(棄教)와 복수를 시인했는지 모른다. 그의 동포 5천명이 똑같은 동기에 의하여 단결하게 되었다. 그들은 반그리스도적인 동로마 황제에의 충성을 거절하고, 사라센의 한 태수가 이 카르베아스를 칼리프에게 대면시킨 결과, 이 신도통솔자(칼리프)는 이 그리스인의 불구대천의 원수에게 자기의 왕홀을 내밀어 포섭한 것이다. 그는 시와스(Siwas)와 트레비존드(Trebizond) 사이의 산악지대에 있으며, 지금도 영맹(獰猛)하고 방자한 민중이 살고 있는 테프리케(Tephrice) 거리를 창건 내지 강화했는데, 이 근린지역의 산지는 이제 성경과 검의 사용을 양립시키게 된 바울파 도망자들의 무리로 뒤덮이게 되었다. 30년 이상동안 아시아는 국내외의 전쟁참화로 고통받은 결과로서, 이 성바울의 문하생들은 그의 공격전인 침공에 있어 마호메트의 신도들과 제휴하였다. 야만적인 예종에로 인도된 연로한 부모와 가냘픈 처녀 등 온후한 그리스도 교도들도, 자기들의 수장(首長)의 비관용적인 정책을, 당연한 일이지만 규탄하였다. 위해성이 극히 절박하였고, 치욕도 견디기 어려운 것으로 되자, 테오도라의 아들인 방탕한 미카엘(Michael Ⅲ. 재위 842~67)도 드디어 바울파를 격멸하기 위하여, 자신이 직접 출진하지 않을 수 없는 처지에 놓이게 되었다. 그가 사모사타 성하에서 격퇴되자, 이 동로마 황제는 그의 모친(테오도라를 가리키는 것)을 화형으로 단죄해야 한다고 외쳐대는 이단자들 앞에서 도망쳤다. 이때 사라센군도 같은 기치 밑에서 싸웠지만, 이번 승리의 공로는 카르베아스에게 돌아갔다. 이리하여 포로가된 군단장이하 100명이 넘는 장군들은, 그의 탐욕으로(속상금 지불과의 교환이라는 뜻) 석방되든가 아니면 그의 광신으로 고문당하든가, 두가지 중 한가지 운명에 처해졌다. 그의 후계자인 크류소케이르(Chrysocheir)의 무용과 야심은 한층더 대규모적인 약탈과 복수를 자아냈다. 그는 충실한 이슬람 동맹군과 제휴하여 과감하게도 시리아 오지 깊숙히 진격하여, 변경군과 궁전 경비병들을 거듭 괴멸시켰다. 이들을 박해할데 관한 칙령은 니케아와 니코메디아, 안큐라(Ancyra)와 에페수스의 약탈로서 보복되었는가 하면, 사도인 성 요한(Ioannes/Johannes/John. 12사도의 한사람. 「신약성서」의 「요한복음」 「요한 1, 2서」, 「요한 계시록」의 작자로 알려졌다.

기독교도 박해시 체포되어 열탕속에 던져지는 형을 받았지만, 기적적으로 살아남아 파트모스섬에 유배되었다고 한다. 에페수스시의 수호신으로 추앙되고 있다)도, 자기의 도시와 무덤을 이 성물파괴자들의 마수로부터 수호하지 못했다. 에페수스의 대성당은, 노세와 말의 마구간으로 전용되고, 바울파와 사라센인은 경쟁이나 하듯이 성상과 성유물에 대하여 자기들의 경멸과 혐오감을 표시하였다. 학대된 민중의 기도를 무시해온 전제주의에 대한 반도들의 승리는, 보는 것만으로도 결코 불쾌하지 않았다. 화평하기를 요청하지 않을 수 없게된 마케도니아 왕조의 창시자 바실리우스 황제(Basilius Ⅰ. 재위 867~86)는 포로들의 속상금(贖償金) 지불요구에 응하여 온후하고도 자비에 넘치는 말로서 크류소케이르에게 아무쪼록 신앙이 동일한 그리스도 교도들의 생명을 구해줌으로써, 황제가 내리는 금은재보와 비단옷에 만족해 주도록 간청하였다. 「만일 황제가 진심으로 평화를 원하신다면(하고 이 불손한 광신자는 대답하는 것이었다), 동방에 대한 제위(帝位)를 포기하고, 얌전하게 서방지역만을 통치하는 것이 좋으리다. 만일 그가 이 요구를 거절한다면 주님의 종이 그를 곧 제위로부터 끌어 내릴 것이외다.」 바실리우스 황제는 마음이 내키지 않으면서도 협정을 파기하고 그의 도전에 응하여, 몸소 군대를 이끌고 이 이단자들이 차지하고 있는 지역으로 진출해서, 그들을 불과 검으로 황폐케 하였다. 이리하여 해방된 바울파의 국토는 그들이 다른 나라에 가해왔던 것과 꼭같은 참해에 노출되었다. 그러나 황제는 테프리케 거리에 집결된 이 이단집단의 전력, 만족민의 수, 무기와 식량의 풍부한 비축상을 확인하자, 통분한 생각을 참고 희망없는 포위공격전을 단념하였다. 콘스탄티노플에 돌아온 후에, 황제는 수도원과 교회를 짓고 자기의 수호천사인 미카엘(Mika'el/Michael. 유태교·기독교·이슬람교가 한결같이 천사로 삼지만, 기독교에서는 교회의 보호성자, 사탄군을 격파한 천사무리의 우두머리로 여긴다) 대천사와 예언자 엘리야(Elijah/Elijjahu. 기원전 9세기의 이스라엘 예언자)의 가호를 필사적으로 기원하였다. 그리고 자기가 살아 있는 동안에 어떻게 해서든지 이 불경신의 적대자 목에 3대의 화살을 쏘아맞히고 싶다는 것이, 그가 매일처럼 드리는 기도였다. 이 염원은 그가 기대한 이상으로 빨리 실현되었다. 크류소케이르는 침입에서 성공한 후 기습을 받아 퇴각하는 과정에서 싸우다 죽었는데, 이 반도의 수급이 의기양양해진 병사들에 의하여 황제발밑에 올려졌다. 이 기쁜 전승의 기념품을 받아든 바실리우스 1세는 곧 자기의 활을 가져오게 해서는, 세대의 화살을 목표에 명중시킴으로써 여한을 풀었고,

또 황제의 승리를 찬양하는 정신(廷臣)들의 갈채를 받았다(제 Ⅷ 권 p. 235참조). 크류소케이르의 사망과 함께 바울파의 영광도 퇴색하기 시작하였다. 황제의 두번째 원정으로 난공불락을 자랑하던 테프리케도 이단자와의 관계를 끊으면서, 그들은 투항하거나 국경지대로 도망쳤다. 거리는 파괴되었지만, 독립의 기개는 아직 산중에서 살아 남고 있었다. 바울파는 그후에도 결국 1세기 이상이나 자기들의 종교와 자유를 지켜내면서, 로마 국경지대에 출몰하여 제국과 복음의 적과의 항구적인 동맹을 유지하였다.

8세기 중반기경에 우상숭배자들로부터 「코프로뉴무스(Copronymus)」(똥이라는 뜻)라는 병명받은 콘스탄티누스 황제(Constantinus Ⅴ. 재위 741～75. 부황 Leo Ⅲ의 우상숭배금지 정책을 계속시행하여 종교회의〈754년〉의 승인까지 받아 반대자를 박해했다. 그러나 로마의 종교회의〈769〉는 우상숭배를 결의함으로써 황제에 대한 교황의 종속관계를 종결지었다)는, 아르메니아를 원정함에 있어 멜리테네(Melitene)와 테오도시오폴리스(Theodosiopolis) 두 도시에서 그 자신과 같은 부류에 속하는 이단자들인 다수의 바울파 신도들을 발견하였다. 그는 은상인지 처벌인지, 그 어느 한쪽의 의도로 이들을 유프라테스 강변으로부터 콘스탄티노플과 트라키아로 이주시켰기 때문에 이 이민들에 의하여 그들의 교의가 유럽에 도입되고 또 전파되기에 이르렀다. 수도의 이 종파는 이윽고 잡다한 주민과 혼합되었지만, 지방으로 옮아간 사람들은 이국땅에 깊이 뿌리를 내리게 되었다. 트라키아에 뿌리내린 바울파는 박해의 폭풍우에 저항하여 그들의 아르메니아 동포들과 비밀리에 연계를 유지하면서, 당시 막 전도된 불가리아인의 신앙심을 키워서 어느정도의 성과를 올리고 있던 그들의 선교사에게 원조와 위안을 주었다. 10세기가 되자 그들은 요아네스 찌미스케스(Joannes Ⅰ. Zimisces 황제. 재위 969～76)에 의하여 칼루비아(Chalybia)구릉지대에서 헤무스(Haemus)산맥 계곡지대로 이주당한 바, 한층 강력한 거류민과의 제휴에 의하여 다시금 힘을 회복하였다. 가능하다면 마니교도를 절멸시키고자 염원했을 동방의 성직자들은, 차선책(次善策)으로 그들의 추방을 열심히 요구하였다. 이 호전적인 황제는 일찍이 그들의 용맹성을 체험했던만큼 그들이 두려운 존재임을 어느정도 평가하고 있었다. 그들이 만일 사라센군과 제휴한다면 그야말로 위험천만한 존재이겠지만, 다뉴브(도나우)강변에 있는 스키타이계 야만인 상대의 전투에서는 그들의 활약이 유용할 뿐만 아니라, 설사 그들이 절멸된다 해도 그것은 오히려 바라던 전화위복의 불로소득이 될 것이었다. 이처럼 멀리 떨어진 벽지에서의 그들의 망명생활은 자유에 대한 관용으로 부드러워져 있었는데, 바울파는 필립포폴리스(Philippopolis)의 거리와 트라키아의 요충지를 장악하고 있었다. 이 지역에서의 가톨릭 교도는 그들의 피지배자가 되고, 야콥파(Jacob派. 제Ⅷ권 제47장 p.175~78참조)이민은 그들의 동료들이었는데, 이들은 마케도니아와 에피루스(Epirus)의 촌락과 성채(城砦)를 잇는 전선을 확보하고 있었고, 한편 토착민인 많은 불가리아인은 그들과 무기와 이단적인 신앙을 공유하고 있었다. 그들이 권력에 복종하여 온당하고 원만하게 처우되는 한, 그들의 의용군의 무공은 제국군대내에서 두드러졌던 바, 언제나 싸움에 굶주리고 끊임없이 인간의 피에 갈증을 느끼고 있는 이런「개들(dogs)」은, 소심한 그리스인들로부터 거의 비난에 가까운 경탄의 눈으로 보였던 것이다. 물론 이와 똑같은 정신은 그들을 오만하고도 반항적인 인간들로 만들었다. 그들은 변덕과 또 사소한 피해에도 곧잘 화를 낸 바, 사실 그들의 특권은 정부나 성직자의 신의없는 완미성(頑迷性)으로 여러번 침해되었다. 노르만 전쟁(Norman war. 아드리아 해안으로부터 침입한 노르만인을 베네치아시와 동맹하여 물리친 것. 1081~1105년간 진행)이 한창 벌어졌을 때, 2,500명의 마니교도가 알렉시우스 코메누스(Alexius Ⅰ. Commenus. 재위 1081~1118)의 군영을 이탈하여 고향으로 철수했다. 황제는 복수할 기회가 성숙될 때까지 모른체하고 있다가, 때가 되자 그들의 부장(部將)들을 우호적인 회담으로 초청한 다음, 그자리에서 죄의 유무를 막론하고 전원을 남김없이 투옥, 재산몰수, 세례로서 처단하였다. 평화가 깃든 짬짬이에 황제는 그들을 교회와 국가와 화해시키는 경건한 임무를 떠맡고 나섰다. 그는 필립포폴리스에 동계군영을 설치하고 그의 효녀(孝女, 즉 안나-콤네나. 1083~1148. 아버지의 전기인 13편의 서사시풍의「알렉시아드《Alexiad》」를 완성시켰다)가 말하는, 이른바 열세번째 사도(알렉시우스 1세를 말하는 것)는, 신학상의 논의로 연일연야(連日連夜)를 소비하였다. 그가 가장 저명한 전향자에게 준 갖가지 명예와 은상으로 그의 논증이 보강되면서, 그들의 완미성도 점차 완화되었다. 그리고 정원(庭園)에 둘러 싸이고 여러가지 면제특권을 부여받아 그 자신의 이름으로 장식된 새 도시가 알렉시우스 1세의 손으로 하층 개종자들의 거주지로서 건설되었다. 필립포폴리스의 중요한 거점은 그들의 손으로부터 억지로 빼앗아 냈고, 반항적인 지도자는 지하감옥에 투옥되거나 고국을 추방당했다. 이 황제의 명령으로 가난하고 고독한 한 이단 수도승이 성소피아 교회앞에서 생채로 화형된 실례(1111년의 일)로부터 생각컨대, 그들의 생명이 묵인하에 연명케 된 것은 황제의 자비심에서 나온 것이라기 보다도 이해타산 때문이었다. 그러나 한 국민의 편견을 근절시키려는 긍지감높은 희망은, 야비 다리치기를 중지하던가, 복종을 거절하기에 이른 바울파의 불굴의 열광으로 금세 물거품으로 돌아갔다. 알렉시우스 황제가 죽은 뒤(1118년 8월 15일)에 그들은 일찌감치 자기들의 사회적 · 종교적인 법규를 재흥(再興)시켰다. 13세기 초엽에, 그들의 교황 내지 대주교(명백한 부패현상이지만)는 불가리아, 크로아티아, 달마티아의 국경지대에 거주하면서, 자기의 대리주교를 통하여 이탈리아와 프랑스의 하급회중을 통치하였다. 전통의 연쇄는 면밀한 탐색에 의하여 이 시기부터 다시 후대에로 연장되어 계속되었을런지도 모른다. 현실적으로 전세기(17세기)말에도 이 종도(宗徒) 또는 거류민이 여전히 헤무스산맥의 계곡에서 살고 있었는데, 그들의 무지와 빈곤은 터키정부보다도 그리스의 성직자에 의하여 훨씬 더 여러번 삼화되었다. 근대의 바울파는 그들의 기원에 관한 모든 기억을 상실하고 있다. 이들의 종교는 십자가를 숭배하는데 그치지 않고, 타타르 지방의 황야에서 일부 포로들이 도입한 인신공양의 관행으로 더럽혀져 있다.

서방세계에서 마니교 신학의 초기 교사들은 일찌감치 민중들로부터 배격되고 군주로부터 억압받았다. 11세기와 12세기에 바울파가 얻은 지지와 성공은, 이 시기에 가장 경건한 그리스도 교도가 로마교회에 대하여 품고 있던 바, 숨은 그러나 격심한 불만으로 그 원인이 돌려져야 한다. 가톨릭 교회의 탐욕은 견디기 어렵고, 그의 전제주의는 꺼림칙하며, 성인과 우상숭배에서 그리스인들만큼은 타락되어 있지 않았다지만, 그의 개혁은 한층 급격하고도 후안무치한 것이었다. 로마교회는 화체(化體. Transubstantiation. 성찬의 빵과 포도주를 그리스도의 살과 피로 변화시킨다는 설. 全質變化라고 번역하기도 한다)의 교리를 엄격히 정의하여 이것을 강요하였는가 하면, 라틴인 성직자 생활의 부패상은 끝간데를 모를 정도였고, 번갈아가며 홀장(笏杖. crosier)과 왕홀(sceptre) 그리고 검(sword)을 휘두르는 존대한 고위성직자와 비교한다면, 동방교회의 주교쪽이 그나마 사도의 후계자로서 세상에 통하는 것으로 생각되었다. 바울파가 유럽 중심부로 도입된 경로는 다음의 세갈래일 것으로 생각된다. 헝가리가 그리스도교로 개종된 후에 순례자들은 예루살렘 방문을 위한 순례길로서 안전한 다뉴브강의 수로를 택하게 되었는데, 그들은 왕복할 때 필립포폴리스를 통과하였다. 이 신도들은 자기의 이름과 이단적인 신조를 비익한 채 프랑스나 독일인 대상(隊商)들에 수반되어 그들의 여러 나라에 도착했을 것이다. 베네치아(베니스)의 통상과 해상의 지배권은 아드리아해 해안일대에 널리 미쳤는데, 이 붙임성있는 공화국은 어떠한 풍토와 종교를 가진 이방인도 차별없이 평등하게 받아들였다. 비잔티움 군기(軍旗) 밑에 바울파 사람들은 비잔티움 정부 관할하의 이탈리아와 시칠리아내 속주들에 수송된 바, 그들은 자유로이 이방인이나 현지주민들과 얼마든지 교제한 까닭에, 그들의 견해가 부지불식간에 로마와 밀라노, 나아가서는 알프스산맥 이원(以遠)지역의 여러나라에로 확산되었다. 이윽고 모든 계층을 통하여 남녀 가톨릭교도들 중 수천명이나 되는 많은 사람들이 마니교의 이단적인 교의의 신봉자였음이 발각되었는데, 이리하여 오를리앙(Orleans)의 성당참사회원(canon)중 12명을 불태워 죽인 화염은, 박해의 최초행동이며 또 그 신호였다. 불가리아인(Bulgarian. 프랑스에서는 이런 사람들을 배덕자, 고리대금업자를 지칭해서 사용해 왔다 : 기번 원주)이라는 이 말의 기원이야 아주 천진난만하지만, 어쨌든 꺼림칙한 뜻으로 적용시킨 그 종파가, 유럽 전역에 자기들의 지부를 설치한 것이다. 우상숭배와 로마에 대한 공통된 증오심으로 통합된 그들은, 감독(episcopal)과 장로정부(presbyterian government)형태에서 결합되어 있었다. 그들의 각양각색의 분파는 그 신학론의 암흑이나, 단백한 색깔로서 구별되었지만, 그러나 일반적으로 말하여 그들은 「구약성서」를 경멸하며, 그리스도의 육체에 대하여 십자가위나, 성찬 중 어느 하나를 부정한다는 두가지 원칙에서는 각파가 일치되어 있었다. 그들은 소박한 신앙과 하나도 나무랄데 없는 행장(行狀)의 고백을 적대자에게 강요하였는가 하면, 매우 고차원적인 완전무결(perfection)이라는 기준에 입각하여 증대되는 회중(會衆)을, 실천경험가진 신도와 다만 목표를 동경하는 신도의 두 그룹으로 구분하였다. 바울파가 가장 깊게 뿌리는 내린 곳은 프랑스 남부지역 속주의 알비파(Albigeois. 12~13세기에 일어난 금욕적이며 2원론적인 그리스도교의 이단파)의 고향에서였다. 이전에 유프라테스강 가까이에서 전개됐던 순교와 복수와 똑같은 부침(浮沈)이 13세기에 론강(Rhone江. 남프랑스의 리용-아비뇽을 거쳐 지중해로 흘러드는 강)에서 반복되었다(1215년, 알비파를 반대하는 이노켄티우스 3세 교황의 법률 · 십자군 및 박해사건으로서, 통상 알비조아 십자군이라고 한다). 동로마 황제의 법규가 프리드리히 2세(Friedrich Ⅱ. 재위 1215~50. 부왕 하인리히 6세가 죽은 뒤, 나폴리-시칠리아왕에 취임〈1197〉하였고, 1215년에는 아헨에서 독일 선후왕에 선거됐으며 22년에는 로마에서 신성로마황제의 제관을 받았다. 제5회 십자군에 참가〈1228~29〉하여 한때 예루살렘왕도 겸임했다. 교황과 싸워 3회(1227, 39, 45년〉나 파문당했지만,

예술·학술에 큰 관심을 가졌다. 주로 이탈리아에 거주하고 독일통치를 소홀히 한 탓으로 독일분열의 원인을 조성했다)에 의하여 부활됨으로써, 일찍이 테프리케(Tephrice. 앞의 p.321에 있는 것처럼 Siwas와 Trebizond 사이의 산악지대에 있던 거리)의 폭도가 반항했던 것처럼 이번에는 랑궤독(Languedoc)의 호족과 여러도시에 의하여 항전이 재현되었는데, 이때의 주역격인 교황 이노켄티우스 3세(Innocentius/Innocent Ⅲ. 재위 1198~1216. 그레고리우스 7세〈재위 1073~85. 「카놋사의 굴욕」사건을 일으키는 등 교황의 통치적 전권을 주장한 교황〉의 교권통치이념을 계승하여 교황청 강화, 교황령 실지회복을 도모하여 유사이래 교권이 최대로 강화됐던 시대를 실현시켰다. 그러나 독일왕 오토 4세, 프랑스와 필립 2세, 영국왕 존 등과 분쟁을 일으켰고, 알비조아 십자군, 제4회 십자군을 일으켰다. 제59장에서 재론될 것이다)의 피비린내 나는 명성은, 테오도라(앞서 나온 바 Theophilus Ⅰ의 왕비. 우상숭배제를 부활시켰다)를 능가하였다. 테오도라의 병사들은 잔학행위에서는 결코 십자군의 영웅들에게 조금도 뒤지지 않았지만, 그녀의 사제단의 잔인성 또한 이단심문제 창시자에 의하여 이 병사들의 그것을 훨씬 능가했던 것이다. 그런데 이 이단심문소는 사악한 원리의 신념을 논박하기 보다도 오히려 강화시킴에 있어 각별히 효과적으로 공헌한 사무소(office)였다. 교황측이 바울파 또는 알비파의 눈에 뜨이는 집회를 보기만 하면 그것을 불과 검으로 절멸시킨 바, 유혈이 낭자한 그의 잔당은 도망·잠복·가톨릭에로의 전향으로 난을 피했다. 그러나 그들이 불태운 불패의 정신력은 서방세계에 오랫동안 살아 남았다. 국가와 교회, 나아가서는 수도원안에서조차 이 성바울 제자들의 잠재적인 승계가 유지되었는데, 그들은 로마의 압제에 항거하여 성서를 신앙의 척도로 떠받들면서, 자기들의 신조에서 그노시스파 신학의 모든 환영을 배제하고 순화시켰다. 영국의 위클리프(Wickliff/Wycliffe. John. 1320경~84. 신학자. 종교개혁의 선구사. 옥스퍼드대학 교수. 궁정사제에 임명되면서 교황압박에 항거하여 영국의 정치적·종교적 독립을 주장했고, 성경은 신앙과 구원에 관한 최고권위라고 확신하여 교회개혁에 노력했다. 통속어로 복음을 설교하고, 동시에 성경을 영역하여 그것의 보급에 힘썼으므로 그의 지지자들은 그를 「성서인 〈Lollard〉」이라고 불렀다. 여러 차례 로마의 종교법정 출두를 명령받았지만, 그것을 거부하고 국왕 비호하에 래터워즈에서 설교하던중 현지에서 사망했다. 그의 교의가 유력해지자, 가톨릭의 콘스탄츠 종교회의는 1415년에 그를 이단으로 선고하고 그 유해를 파내어 그의 저서와 함께 화형했다)와 보헤미아의 후스(Hus, Jan/Johannes Hus, 1370경~1415)의 투쟁은 시기상조로서 불성공으로 끝났지만, 오늘날 쯔윙글리(Zuinglius, Ulrich. 1484~1531. 스위스의 종교개혁가·신학자·인문주의자·정치가. 남부독일·스위스 각지에서 오는 순례자를 보고, 교회의 관습과 교의에 의혹심을 가지게 되면서, 원어로 성서를 연구하고 교황의 권위를 의심하여, 성경만이 신앙기준이라고 확신하고 교회개혁을 결심했다. 여기서 콘스탄츠의 주교들과 충돌케되자, 쮜리히에서 열린 토론회에 67개조를 제출하여 승인받았다. 이로써 수도원 폐쇄, 성화상·유물의 교회로부터의 제거, 미사의 폐지가 있었는데, 이 운동은 스위스내 5개주를 제외한 여러 주에 파급되었다. 종교개혁의 기본문제에서 루터와는 일치됐으나, 다만 성만찬에 관한 해석에서는 의견을 달리했다), 루터(Luther, Martin. 1483~1546. 독일의 종교개혁자. 위텐베르크대학 교수로 있으면서, 1517년 성서에서 신은 죄인을 구하여 이것을 용서하는 사랑과 은혜의 신이라는 복음의 말씀을 발견하고, 교황의 편협정책을 반대하여 95개조의 속유장〈Ninety five Theses/Indulgentia〉을 위텐베르크 교회 정문에 게시함으로써 면죄부를 파는 교황을 고발했다. 이 때문에 21년, 정식 파문당했다. 바르트부르크성안에 은신하면서 신약성경 독일어판을 번역하는 등 종교개혁을 전개했다), 칼뱅의 이름들은 제국민의 해방자로서 감사의 뜻을 담아 거명되고 있다.

이 종교개혁자들의 공적정도와 그 사업의 가치를 측정하는 철학자라면, 도대체 그들은 우리들의 이성을 초월하든가 그것에 모순되는 어떤 신앙개조로부터 그리스도교도를 해방시켰는가 하고 신중하게 질문할 것이다. 생각컨대 이와같은 해방은 그것이 진리(眞理)와 경신(敬神)과 양립되는 한 의심할 바 없이 은혜이기 때문이다. 공정한 논의끝에 우리는 이들 최초개혁자의 대담성에 분격하는 것이 아니라, 오히려 그들의 비겁성에 깜짝 놀라지 않을 수 없다. 그들은 유태인을 모방하여 모든 히브리의 성전(聖典) 내용들, 즉 에덴 동산으로부터 예언자 다니엘(Daniel. BC 6세기 이스라엘의 예언자. 초자연적 지혜와 예언의 재능으로 궁정에서 중요시 되었고 「구약전서」「다니엘」의 작자로 알려졌으나 기실 이것은 후세인 BC 165경에 쓰여진 것이다)의 환영(幻影)에 이르는 그들의 이상(異象)에 대한 신앙과 옹호를 남김없이 채용하였다. 또한 그들은 가톨릭 교도를 본받아 신의 율법 폐지의 정당성을 유태인에게 항의하면서 감히 그런 정책을 답습하였다. 3위일체와 성육(成肉. 육신을 입으심)이라는 커다란 비적(秘蹟)에 관하여, 개혁자들은 엄격하다고 할만큼 정통적이었다. 그들은 더 나아가 최초의 4 내지 6개의 종교회의에서 채택한 신학을 채용하면서 가톨릭 신앙을 믿지 않는 모든 사람들의 영원한 파멸을 아타나시우스 신경(Athanasian creed/Symbolum Athanasianum)*에 의하여 선고하였다. 빵과 포도주가 그리스도의 신체와 피로 눈에 보이지 않는 변질을 가져온다는 화체설(化體說, 聖體化說, 全質變化. transubstantiation)은 논증과 농담능력을 무시하는 것이라고 말할 수 있는 교의지만, 초기 프로테스탄트의 시각·촉각·미각이라는 그들의 감관(感官)증언에 의거한 것과는 반대로, 자기의념(自己疑念)에 쩔쩔매었는가 하면, 성체제정(聖體制定)시에 예수님의 말씀에 외포감을 느꼈다. 루터는 성체속에 그리스도의「신체적(corporeal)」존재를, 그리고 칼뱅은 그의「현실적(real)」존재를 주장했는데, 그것은 단지 영적인 교통, 즉 단순한 기념에 불과하다는 쯔윙글리의 견해가 점차 개혁교회안에서 지배적인 교의로 되었다. 그러나 하나의 비적의 소멸은, 한편에서 성바울의 여러 서간으로부터 억지로 이끌어낸 원죄(原罪, original sin), 보속(補贖, redemption), 신앙(faith), 은총(grace), 예정(predestination) 등등 터무니없는 교리로써 충분히 보상되었다. 이런 종류의 미묘한 문제가 이미 교부와 스콜라 철학자들의 손으로 체계화되어 있었다는 것은 전적으로 확실하지만, 이것의 최종적인 다듬질과 일상적인 사용은, 이것을 구원의 절대적이며 본질적인 조건으로 강조한 초기개혁자들의 공적이다. 지금까지 이 초자연적인 신앙의 무거운 짐은 프로테스탄트에게 불리한 상황을 짊어지게 한 바, 이 때문에 온건한 그리스도 교도는 신을 잔혹하고도 변덕스러운 압제자로 생각하기 보다는 차라리 한조각의 웨이퍼(wafer, 聖餠)를 신으로 믿는 편이 낫다고 생각했을 것이다.

그러나 루터와 그의 경쟁자들이 이룩한 공적은 확실하고도 중요하다. 때문에 철학자들은 두려움을 모르는 이 열광적인 개혁자들에 대한 은의(恩義)를 승인하지 않으면 안된다. (1) 그들의 손에 의하여 면죄부(indulgence)의 남발로부터 처녀 마리아의 중개(仲介)에까지 이르는 장대한 미신의 건축물은 이제 형적도 남지 않고 타도되었다. 수도원에 가득찼던 무수히 많은 남녀 신도들은 사회생활의 자유와 노고에로 복귀하게 되었다. 성도와 천사들의, 그리고 불완전한 신과 종속적인 신들의 위계질서는 현세적인 권능을 박탈당하고 천상의 행복만

---

* 아타나시우스 신경은「믿는자만이 구원될 수 있다('q-uicumque rult)」로 시작되는「퀴쿰케 신경」이라고도 하며 모두 40개 신조로 되어 있다. 전반부는 삼위일체와 성육신에 대하여, 그리고 후반부는 사도신경과 유사한 그리스도의 구속사업에 대한 내용을 담고 있다. 그런데 사도신경이란 니케아 신경과 함께 서방교회의 대표적인 신경이지만, 동방교회에서는 인정하지 않는 신경이다(기독교문화사 간『기독교사전』1991, 서울).

그런데 아타나시우스(296경~373)는 알렉산드리아 대주교로서 니케아 신조(325년)를 옹호한 탓으로 전후 5회에 걸쳐 통산 17년간이나 추방됐던「정통신앙의 아버지, 교회의 기둥」으로 존숭되는 교회박사·성인이다. 따라서 이 신조는 서방 가톨릭 교회의 신조로서 아타나시우스 자신이 기초한 것으로 전해진다. 아타나시우스 신조와 수난에 대해서는 제Ⅲ권 제21장을 참조할 것.

을 자유로이 향수하게 되었다. 그들의 성상과 성유물은 교회로부터 추방됨으로써, 이제 민중의 경신(輕信)이 기적(奇蹟)이나 환영(幻影)의 일상적인 반복에서 조장될 여지가 없어진 것이다. 이교의 모방에 대신하여 이제 인간에게는 물론이거니와 신에게조차 가장 명예로운 행위임에 틀림없는 기도와 감사에 입각한 순수한 영적 예배가 이루어지게 되었다. 이런 장엄한 단순성이 과연 민중의 신앙심과 양립될 수 있는가, 다시 말하여 일체의 형태있는 대상이 결여된 상황에서 과연 속중(俗衆)이 열성으로 불타오를 가능성이 있을까, 아니면 권태와 무감동에로 점차 빠져들 우려성은 없을까 하는 고찰만이 남아 있다. (2) 지금까지 완미한 무리들로부터 자유로이 생각할 힘을 빼앗고, 노예들로부터는 그들이 생각하는 것을 그대로 표현할 수 있는 기력을 빼앗아온 권위주의적 위계는 소멸되고, 이제 교황이나 교부, 그리고 종교회의는 현세의 지고(至高)이면서도 무류(無謬)의 판정자가 되지 못하며, 개개의 그리스도 교도는 성서이외의 어떠한 법규와, 그 자신의 양심외에는 여하한 지표도 인정하지 말도록 가르침을 받았다. 그러나 이런 자유는 사실 종교개혁의 목적이라기 보다는 그 결과에 지나지 않는다. 애국적인 개혁자들은 모두가 자기들이 폐위시킨 전제자의 자리를 대신하여 승계하려는 야심에 불타게 된 나머지, 똑같은 준엄성으로 이번에는 자기들의 신조와 고백을 다른 사람들에게 강요하였고, 이단자들을 사죄(死罪)에 처형했던 위정자의 권한을 주장하였다. 칼뱅의 경건(敬虔) 내지 개인적인 증오심은 세르베투스(Servetus, Michael/Miguel Serveto. 1511~53. 스페인의 의학자 · 신학자. 신학자로서 익명으로 출판한 《Restitutio christianismi》〈1553〉에서 3위일체, 그리스도의 先在 · 豫定을 부정하고, 善德을 인정하면서, 유아세례를 비난한데서 칼뱅파를 격분시켰고, 또 종교재판에 회부되자 이탈리아로 도망치던 중 제네바에서 칼뱅에 발견되어 체포 · 화형에 처해졌다. 의학적으로는 혈액의 소순환(小循環)과 폐순환을 발견하였다) 속에서 그 자신의 반란의 죄상을 고발하였고*, 크랜머(Cranmer, thomas. 1489~1556. 영국의 종교개혁자. 헨리 8세〈Henry Ⅷ. 재위 1509~47〉와 카사린의 이혼문제에서 왕에게 유리한 증언으로 신임을 받아 캔터배리 대주교로 임명되었다. 에드워드 6세〈재위 1547~53〉의 섭정, 영국교회의 기초다지기에 힘썼으나 마지막에는 반역죄로 문책되고 또 成肉說에 반대한 탓으로 파문 · 감금 · 화형에 처해졌다)의 열광이 재세례파(Anabaqtist. 유아세례의 무의미성을 강조하면서 성년 후의 재세례를 주장한 교파)에 대하여 점화한 스미스필드(Smithfield)의 화염은, 후에 그 자신을 불태워버리는 운명으로 되었다. 호랑이의 본성은 변하지 않지만, 그러나 그 이빨과 송곳니는 점차 빠져 나간다는 것도 확실하다. 이전에는 정신적 · 지상적인 왕국이 다같이 로마 교황의 소유였지만, 이제 프로테스탄트의 성직자는 수입이나 재판권을 가지지 못하는 낮은 지위의 신민이다. 교황의 교령(decree)이 가톨릭 교회의 전통으로 성화(聖化)되어 있는데 반하여, 프로테스탄트의 논증이나 토론은 민중을 상대로 행해지고, 개인적인 판단력에 대한 그들의 호소는 그들이 원하는 틀을 넘어서 호기심과 열광으로 받아 들여졌다. 루터와 칼뱅시대 이후 개혁교회(reformed church) 내부에서 개혁이 남몰래, 그리고 말없이 진행되면서 편견에서 오는 대부분의 불순물은 근절되었고, 에라스무스(Erasmus, Desiderius. 본명은 Gerhard Gerhards. 1465~1536. 네덜란드의 인문학자. 스위스 바젤에서 출판업자 Froben, Joseph〈1460경~1527〉와 만난후 친교를 맺고, 일생동안 거기에 살면서 「치우신예찬〈痴愚神禮讚〉」, 《Enchiridon militis christiani》, 《Adagia》, 《Colloquia》 기타를 저작 출판하는 한편, 고전작가 및 그리스도교 교부들의 저작을 교정 · 주석 · 번역함으로써 근대문헌학의 선구자가 되었고, 또 그리스어 「신약성서」는 그의 첫번째 인쇄교정본으로 알려졌다. 종교개혁에 대하여 처음에는 호의적이었지만, 점차 루터와 의견대립하던중 「자유의지론」〈1524〉의 출판으로 결정적으로 대립분열하게 되었다)의 제자들은 자유와 중용정신(中庸精神)을 세상에 전파시켰다. 양심의 자유(liberty of conscience)는 그때 이후 만인공통의

---

* 기번이 칼뱅에 의한 세르베투스의 화형에 대하여 기술한 다음과 같은 감상은, 그의 종교관을 솔직하게 표명한 것으로서 매우 인상깊은 것으로 된다. 「나는 이 세르베투스 처형의 한가지 사례에 의하여, 지금까지 스페인, 포르투갈에서의 「아우토 다 페(Auto da Fes)」(火刑)에 의한 대량학살보다도 한층더 깊은 분노심을 느낀다. 칼뱅의 광신은 개인적인 악의, 나아가서는 선망에 부처켜진 형적이 있는 바, 사실 그는 자기 상대를 그들의 공통의 적인 비엔나(Vienne)재판소에 고발함으로써 감히 개인신서의 비밀을 배신하면서까지 논적(論敵)의 파멸을 도모하였다. 게다가 그에 의한 이 만행은, 교회 또는 국가안녕에 대한 위험한 구실이란 무엇 한가지도 겉이 꾸며지지 않았다. 세르베투스는 누구에게도 전혀 해를 끼치지 않는, 순전히 한 개인으로서 제네바에 왔을 따름으로서, 그는 이 땅에서 단 한번도 설교하거나 문서활동을 하지 않았다. 도대체가 가톨릭교의 종교심문관은 그가 다른 사람에게 요구하는 복종을 자기자신도 이행하는데 반하여, 칼뱅의 행위는 타인에게 그렇게 행동해 받고 싶은 것을 자기로서도 다른 사람에게 그렇게 행하라는 도덕적 황금률의 침범인 것인다.」

이에 이어서 기번은 말하기를 에라스무스야말로 이성적인 신학의 아버지라고 불리울만한 인물로서, 그가 죽은 뒤에 100년이 지나서 이 종교적 관용의 학리가 그로티우스(Grotius, Hugo/Huigh de Groot. 1583~1645. 법학자 · 정치가) 림보르크(Limborch), 르클레르(Le Clerc와 같은 네덜란드에서의 아르미니우스파와 칠링워스(Chillingworth, William, 1602~44. 신학자), 틸롯슨(Tillotson, John. 1630~94. 종교가), 클라크(Clarke, Samuel, 1675~1729. 종교가 · 철학자), 호들리(Hoadley) 등 잉글랜드의 광교회파(廣教會派)에 의하여 재흥된 것을 환영하고 있다.

이익 및 불가양도의 권리로 주장되었고, 네덜란드와 영국의 자유로운 정부는 관용의 관행을 실현시켰는 바, 이리하여 법의 좁은 허용범위는 이후 시대의 배려와 인정에 의하여 확대되어 왔다(이때까지 관용의 권리를 용감하게 옹호해 온 선대〈先代〉의 베일〈Bayle, Pierre, 1647~1706. 프랑스의 철학자〉, 라이프니츠〈Leibnitz, Gottfried Wilhelm, *Feiherr* von, 1646~1716. 독일의 철학자 · 수학자〉, 로크〈Locke, John. 1632~1704. 영국의 철학자 · 정치사상가〉는 모두가 평신도이며 철학자라는 사실을 저자는 지적하지 않을 수 없다 : 기번 원주). 마음은 자기의 경험을 통하여 자기 자신의 역량의 한계를 깨닫게 되는데, 어린이를 즐겁게 하는 말이나 환영따위는 벌써 어엿한 어른으로 자란 사람의 이성을 납득시키지 못한다. 논쟁의 무수한 서책은 이제 거미줄만 가득히 처졌고, 프로테스탄트 교회의 교의도 이미 그 개인적 성원의 지식 또는 신앙으로부터 격절(隔絶) 된 것으로서 오늘날의 성직자는 정통성을 가진 의식이나 신앙개조를 한숨짓거나 미소로써 받아들인다. 그러나 그리스도 교도는 탐구와 회의주의의 무한한 충동앞에서 몹시 놀란다. 비적(秘蹟) 이라는 거미줄이 아르미니우스파(Arminians. 또는 諫責派. 이의 창시자인 Arminius, Jacobus〈본명은 Jacob Harmensen. 1560~1609. 네덜란드의 신학자〉는, 신은 만민에게 구원을 제공하고, 신의 선택은 장차 일어날 신앙과 불신앙과의 豫知에 입각한다는 사상에 도달하여 개혁파의 설교자로 활동하였다)와 아리우스파(Arians. Arius〈250경~336. 그리스의 신학자〉는 그리스도의 인성을 존중하여, 그리스도는 신에 의하여 만들어진 사람이므로 神的 · 永遠的이 아니라고 하면서 3위일체설에 반대했다. 아리우스파 교의에 대해서는 제 Ⅲ 권 제 21 장 p. 224이하를 참조할 것), 그리고 소치니파(Socinians. 소치니〈Sozzini, Fausto/Faustus Socinus, 1539~1604. 이탈리아의 신학자〉는 3위일체설을 반대하며, 또 예정 · 속죄 및 원죄의 교의를 부정함으로써 심한 박해를 받았다. 소치니파의 개조)의 교리에 의하여 풀린다. 왜냐하면 그런 무리들의 인원수는 결코 그들 개개의 회중(會衆)을 합계한 숫자로 산출되어서는 아니된다고 하는 가톨릭 교회의 예언이 이렇게 해서 실현되기 때문이다. 계시(啓示)의 지주(支柱)는, 종교라는 이름을 보존하고 실질을 포기하는 사람들, 철학에 대한 소양을 갖지 못하는데도 그의 방종성을 방임하는 도배에 의하여 뒤흔들린다.

제55장 불가리아인-헝가리인의 기원, 이동 및 정착-동서 두 세계에 대한 그들의 침략-러시아 대공국-그의 지리와 통상-비잔티움 제국에 대한 러시아인의 전쟁-만족들의 개종

〈640~1100〉

종래에 몇번이고 침해되었지만, 그 때마다 탈환되어온 전통적인 다뉴브(도나우)강의 장벽은, 헤라클리우스의 손자인 콘스탄티누스(4세, 「보고나투스」, 재위 668~85)치세하에서, 끝내 새로운 만족의 유입에 의하여 최종적으로 유실되고 말았다. 그들의 진출은 실로 그들이 전혀 알지 못하던 칼리프의 원군에 의하여 우연히 촉진된 것이었다. 당시 로마군단은 아시아쪽에 꼼짝 못하게 붙들려 있었고, 시리아·이집트·아프리카 지역을 상실한 후에 동로마 황제는 두번씩이나 사라센군에 대한 자기수도 방위라는 실로 위험하고도 면목없는 상황에 몰려 있었기 때문이다. 만일 저자가 이런 흥미진진한 민족을 기술함에 있어 나의 기획이 엄밀한 당초순서에서 얼마간 벗어난다 할지라도, 이 주제의 무게는 아마도 저자의 탈선을 은폐하고 또 나의 변명을 이유있는 것으로 정당화시켜 줄것으로 믿는다. 동방과 서방세계의 구별없이 전쟁·종교·학문에서 그리고 그들의 번영과 쇠미에서도, 아랍인들은 우리들의 호기심을 강하게 끌어 당기면서 놓아주려 하지 않는다. 그리스인의 교회와 제국이 최초로 전복된 것은 그들의 무기의 성과로 간주할 수 있는 바, 마호메트의 신도는 오늘날까지도 동방세계의 문민적·종교적인 왕홀을 유지하고 있다. 그러나 7세기부터 12세기에 걸쳐, 스키티아(Scythia. 흑해 북부지방) 평원으로부터 일과적(一過的)인 침공 또는 항구적인 이민형태로 내습해 온 만족의 대군에 대하여, 저자가 이와 똑같은 노력을 소비하여 기술한다는 것은 부적당할 것이다. 그들의 이름은 괴이하고 그들의 기원은 의심스러우며, 그들의 행동은 애매모호하고, 그의 미신은 맹목적이며, 그의 용맹성은 야수와 닮았고, 그들의 획일적인 공사적 생활은 무엇 한가지도 순진성으로 순화되지 않았는가 하면, 책략에서 세련되어 있지도 않다. 비잔티움 궁정의 위엄이 그들의 무질서한 습격을 격퇴하여 살아 남은데 반하여, 이 만족민의 압도적인 대부분은 자기들의 존재에 관한 기억을 무엇한가지도 역사에 남김이 없이 소멸되었고, 그의 가엾은 잔당은 오늘날도, 또 금후에도 외국압제자의 지배밑에서 계속 신음하는 것이 고작일 것이다. 저자는 여기서 ① 불가리아인, ② 헝가리인, ③ 러시아인의 유습중에서, 오늘날 아직도 기억할만한 값어치가 있는 역사적 사실을 적당히 골라내어 기술하는 것으로 만족할까 한다. ④ 노르만인의 정복과 ⑤ 투르크(터키)인의 왕국은 당연히 저 성지를 겨냥한 기억할만한 십자군과 콘스탄티누스 11세의 수도와 제국의 2중으로 된 멸망으로 국면을 마감하려고 한다.

(1) 불가리아인 : 동고트왕 테오도릭(Theodoric/Theodoricus. 재위 471~526. 제 Ⅵ 권 제 39장 참조)이 그의 이탈리아 원정길에서 불가리아인(Bulgarian)의 군대를 유린한 결과, 이 이름의 민족은 이때의 패전이후 1세기반 동안에 소멸해 버렸다. 따라서 이와 동일하거나 또는 유사한 호칭이 어쩌면 보류스테네스강(Borysthenes江. 지금의 드네프르강), 타나이스강(Tanais江. 지금의 돈강), 볼가강(Volga江) 변들로부터의 외래이민에 의하여 부활된 것으로 생각할 여지도 있다. 고대 불가리아의 한 국왕은 그의 다섯 아들에게 자제(自制)와 협력의 마지막 유훈을 남겼는데, 이 젊은이들은 그저 늙은이가 항상 자기 경험에서 짜낸 예사로운 충고로 듣고 흘러버리는 식으로 그것을 받아 들였다. 이리하여 이 다섯 왕자들은 아버지를 묻고나자 곧 그의 신민과 가축을 분할하여, 아버지의 조언을 잊어버린 채 서로 결별하여 각자의 운세를 찾아 유랑의 길을 떠났는데, 그중에서 모험심이 가장 강한 자가 이탈리아 중부지방에서 라벤나 총독부의 비호를 받고 있는 것을 우리는 발견하게 된다(파울루스-디아코누스〈Paulus Diaconus. 720경~97경. 이탈리아 역사가. 롬바르디아인으로서 베딕트회의 수도사. 「로마사《Historia Romana》」와 6권으로 된 「롬바르디아사《Historia gentis Longobardorum》」 설교집 등을 썼다〉의 「롬바르디아사」에 쓰여있는 것. 이에 의하면 이 불가리아인의 식민지는 인적드문 삼니움〈Samnium〉지방에 설정되었는데, 그들은 모국어를 잊어버림이 없이 라틴어를 배워나갔다고 한다). 그러나 이주민의 흐름은 자연적으로 수도를 겨냥

하여 나가게 마련이었다. 그 결과로 다뉴브강 남안지대에 정착하게 된 근대 불가리아인은 그것이 오늘날까지 지속되어온 이름과 개성을 그대로 들어내놓고 있다. 이 새로운 정복자는 전쟁 또는 협정에 의하여 연이어 다르마니아(Darmania), 텟살리아(Thessalia) 그리고 두 에피루스(Epirus)를 획득하였다. 교권의 주좌(主座)는 유스티니아누스(Justinianus Ⅰ)의 고향(다키아 속주의 벽촌이다)으로부터 이전하였는데, 그들의 전성기에는 별명이 아크리다(Achrida)인 이 류크니두스(Lychnidus)의 벽촌이 국왕과 총대주교 대리들의 소재지가 되는 영예를 얻었었다. 의문의 여지없이 언어의 증거는 불가리아인의 슬라브족(Sclavonian/Slavonian) 본래의 핏줄기를 이은 그 후예임을 증명하였는 바, 세르비아인(Servian), 보스니아인(Bosnian), 라스키아인(Rascian), 크로아티아인(Croatian), 왈라키아인(Wallachian) 기타의 동족집단도 이 지도적인 부족의 군기를 따르든가 범례를 본받았다. 그들은 흑해로부터 아드리아해에 이르는 지역일대에도, 비잔티움 제국의 혹은 포로나 아니면 신민의, 또는 동맹자가 아니면 적이라는 신분으로 확산되었다. 그런데 슬라브인이라는 민족의 호칭은 원래「영광(glory)」이라는 어의였다. 그러던 것이 그 후「예속(servitude)」을 의미하는 것으로 우연히 또는 악의에 의하여 변질되었다. 이들 식민자 가운데서 오늘날 오스트리아군과 행동을 같이하고 있는 크로바티아인(Chrobatian) 또는 크로아트인(Croat)은, 달마티아(Dalmatia)의 정복자이며 그 수장(首長)인 강대한 민족의 후예이다. 막 창건된지 얼마안되는 라구사 공화국(Republic of Ragusa. 지금의 크로아티아-몬테네그로지방 등 아드리아 해안에 위치한 스플릿〈Split〉, 두브로브닉〈Dubrovnik〉시를 중심으로 한 지역)도 포함되는 해안선에 위치한 여러도시가 비잔티움 궁정에 대하여 원군(援軍)과 지시(指示)를 간청했더니, 그러자 그들은 관후한 바실리우스 황제(Basilius Ⅰ. 재위 867~86)로부터, 동로마제국에 대한 그들의 충성심 표시의 증거를 형식적으로라도 보인다면, 이 저항불가능한 만족민의 분노를 무마시키기 위하여 해마다 조공(朝貢)를 바쳐도 전혀 무방하다는 충고를 받았다. 크로아티아 왕국에서는 11명의 주판(Zoupan)이라는 봉건영주가 공동으로 지배하고 있었는데, 그의 통합된 병력은 6만의 기병과 10만의 보병으로 계산되었다. 넓은 항만이 여러곳에 점점이 열려있었는데, 거기에는 섬이 선(線)모양으로 놓여져서 그의 입구를 제압하는가 하면, 대안의 이탈리아 해안을 바라볼 수 있는 길다란 해안선은, 자연적으로 원주민과 타국사람들에게 항해술의 습득을 촉진시켰다. 크로아티아인의 주정(舟艇)과 범선은 옛날의 리부르니아인(Liburnian)의 방식으로 건조된 바, 모두 180척에 달하는 이런 주정은 제법 제구실을 할 해군이라는 생각을 가지게 할런지 모르지만, 우리나라(영국)의 수병들이, 이들 군함의 1척당 승무원이 18명에서 20명, 많아야 40명이라고 듣는다면 그들은 필시 자기도 모르게 미소지을 것이다. 그들은 점차 한층더 착실한 통상임무에로 돌려졌지만, 슬라브인 해적은 그 이후에도 여전히 해상을 횡행했기 때문에 위험하였다. 베네치아 공화국 수중에 아드리아해의 자유와 패권이 실질적으로 장악된 것은, 겨우 10세기말이 되어서였다. 이들 달마티아 국왕의 선조는 항해술의 사용이나 남용과는 다같이 인연이 없는 존재였다. 그리스인의 연구에 의하면, 그들은 암흑의 바다로부터 30일 행정거리에 있는 실레지아(Silesia)와 소(小)폴란드(Little Poland)의 내륙지역인 백크로아티아(White Croatia)에 살고 있었다.

불가리아인의 영광은 시간적으로나 공간적으로도 짧은 범위에 한정되어 있었다. 9세기와 10세기에 그들은 다뉴브강 남부지역을 지배했는데, 그것은 그들의 이동을 추적해 온 바, 보다 강력한 민족이 북쪽으로 돌아갈 퇴로도, 또 서쪽으로의 진출로도 모두 저지시켰던 까닭이다. 그러나 그들의 무공에 관한 애매한 일람표 속에서, 그들은 아우구스투스(Augustus. 초대 황제. 재위 BC 27~AD 14)와 콘스탄티누스(Constantinus Ⅰ. 콘스탄티노플을 건설하고 천도한 황제. 재위 324~37)의 후계자 중 한 사람을 전쟁터에서 쓰러뜨렸다(불가리아족의 칸〈汗〉인 쿠룸〈재위 802~14〉이 811년 니케포루스 1세〈재위 802~11. 레오 4세의 왕비였던 여제 Irene《797~802년간 재위》에 대한 정부고관들의 혁명으로 황제의 추대된 전직 재무장관. 난맥상이던 재정을 정비하고, 종교상으로는 과격파를 제지시켰다〉를 쓰러뜨린 것)는, 지금까지는 고트족에게 독점되어온 명예를 자랑해도 좋을 것이다. 아랍군과의 전쟁으로 자신의 명성을 실추시킨 니케포루스 1세는, 이번에는 슬라브인과의 전쟁에서 자신의 생명을 잃었다. 첫번째 작전에서 그는 과감하고도 성공리에 불가리아 영역내 중심부에 침공하여, 아마도 목조건물과 주위가 촌락에 지나지 않았던 왕궁(royal court)을 불태워 버렸다. 그러나 그가 전리품을 수색하면서 휴전제의를 모두 거절하고 있는 사이에, 사기를 회복한 적군은 대열을 재정비하여 상대방의 퇴로를 굳게 봉쇄해 버렸다. 니케포루스의 「아— 슬프도다, 우리는 새가 되어 날개라도 주어지지 않는 한 탈출할 희망도 없구나」라는 한탄의 소리가 들려왔다. 그는 2일간이나 절망적인 무기력으로 자기운명을 기다렸는데, 그러자 사흘째되는 날 아침, 불가리아군의 로마군 군영에 대한 강력한 습격을 받자, 이 로마 황제는 제국의 주된 장군들과 함께 자기 천막속에서 학살되고 말았다. 일찍이 발렌스(Valens, Flavius. 재위 364~78. 흉노에게 압박당한 서고트족이 376년, 다뉴브강 남쪽지역에 이주하는 것을 허용받았지만, 약속에 반하여 냉대받은 분풀이로 대거 남하하여 트라키아에 쇄도하자, 이를 격퇴시키고자 출전했던 황제가 아드리아노폴리스전투에서 대패 전사했다)의 시체는 그나마 능욕당하는 것을 모면했지만, 니케포루스 1세의 수급은 창끝에 꿰여서 효수됐을뿐만 아니라, 그후 금이 씌워진 그의 두개골은 전승의 축하연 때마다 여러번 술잔으로 사용되었다. 그리스인은 황제의 불명예를 한탄하고 또 슬퍼했지만, 그들도 탐욕과 잔학의 정당한 처벌을 승인하였다. 이 야만적인 술잔에는 스키티아 황야의 만풍(蠻風)이 색깔짙게 나타나 있지만, 그들도 같은 세기말에는 그리스인과의 평화로운 교제, 경작지의 보유, 그리스도교 신앙의 도입에 의하여 순치(馴致)되었다. 불가리아족의 귀족은 콘스탄티노플의 학원과 궁전에서 교육받았고, 국왕의 핏줄기를 끄는 시메온(Simeon I. 불가리아 황제. 재위 893~927. 콘스탄티노플에서 교육받고, 비잔티움의 제위를 요구하여 889년 이래 싸우던 중, 안키아로스에서 대승을 거둔 이후, 「로마인과 불가리아인의 황제」를 칭했다. 발칸반도의 태반을 지배하면서 불가리아 교회를 독립교회로 만들었고, 수도 Preslav를 문화의 중심지로 만드는 등 불가리아 제국 최성기를 실현시켰다)이라는 젊은이는, 데모스테네스(Demosthenes. BC 384~22. 그리스의 웅변가·정치가)의 수사학과 아리스토텔레스(Aristoteles, BC 384~22. 그리스의 철학자)의 논리학을 교육받았다. 그는 수도승이라는 직업을 미구에 내동댕이치고, 국왕이며 용사라는 직업으로 변신했는데, 35년간에 이르는 그의 치세기간에, 불가리아는 지상의 문명화된 여러 나라들속에서 하나의 지보(地步)를 구축하였다. 시메온 1세로부터 재삼 공격받은 그리스인은 상대방의 배신과 성물모독에 대하여 극구 비난함으로써 겨우 허황된 위안을 받았고, 이교도인 투르크군(즉 헝가리군을 가리키는 것. 이하 본 제55장 전체를 통하여 이와 같다)의 원조를 사들였지만, 이 가공할 민족의 무기를 회피할 수만 있다면, 그것은 곧 승리와 같은 것으로 생각되었던 이 시기에, 시메온 1세는 두번째 전투에서 최초패전의 빚을 회복하였다. 세르비아족은 격파되고 포로로 잡힘으로써 사방으로 흩어지게 되었다. 그리고 그들의 복귀이전 시기에 이 국토를 찾아갔던 사람들은, 여자와 어린이들이 섞이지 않은 불과 50명 미만의 부랑자들이, 사냥으로 겨우 노명(露命)을 이어가고 있는 양상이 목격되었다. 아켈라우스강(Achelous江. 그리스 서북부에 있는 강. 이곳의 신인 人頭馬體의

Nessos가 Deianeira/Deianira〈헤라클레스의 아내〉를 손아귀에 넣고자 그녀가 이 강을 건널 때, 소의 모습이 되어 그녀를 습격하자, 헤라클레스가 독화살로 그의 뿔을 맞혀서 사살했다는 전설이 있는 강)의 강뚝이라는 고전적인 장소에서 비잔티움 제국군은 패배(917년의 일)하여, 그들의 뿔은 헤라클레스와 같은 야만적인 완력으로 파쇄되었다. 시메온은 콘스탄티노플에 대한 포위태세를 끝마친 다음, 황제와의 개인적인 회담에서 강화조건을 제시하고 그것을 수락할 것을 강요하였다. 두 사람은 가장 주의깊은 경계속에서 회견하였다. 어마어마하게 경비된 국왕의 갤리선이 급히 만든 선착장에 접안하였는데 황제의 자의(紫衣)의 위엄에 대하여 불가리아인은 허세로서 이에 대항하였다. 「귀하는 그리스도 교도요?(하고 심약한 로마누스 1세가 물었다). 그렇다면 그리스도 교도끼리는 유혈을 회피해야 한다는 것이 귀하의 의무이지요. 귀하는 재보에 대한 갈증으로 평화의 은혜를 내동댕이쳤나요? 귀하의 검을 거두고 손을 벌리시요. 그러면 귀하가 바라는 것은 무엇이든 얻을 것이외다.」 양자의 화해는 가정적인 결연으로 확인되었다. 통상의 자유도 승인 또는 부활되었다. 적국이나 이방인 사절들에게 주는 것을 훨씬 능가하는 비잔티움 궁정 최대급의 영예가 불가리아의 벗들에게 주어졌고, 또 이 나라의 수장(首長)은 바실레우스(Basileus), 즉 황제(emperor)라는 고귀하고도 남의 시기를 살 칭호로 장식되었다(913년부터 시메온은 앞서 소개한 것처럼 「비잔티움과 불가리아의 황제이며 전제군주」라고 자칭했다). 그러나 이런 우정도 머지 않아 깨어지고, 시메온이 죽은 뒤에 양민족은 또다시 무기를 잡게 되었는데, 그러자 그의 약소한 후계자들은 분열되면서 격파당했다. 그리고 황제 가문에서 태어난 바실리우스 2세(Basilius Ⅱ. 로마누스 2세의 장자. 재위 960~1025. 이집트의 칼리프로 하여금 강화조약을 맺게 했고, 불가리아인들과의 전쟁에 종지부를 찍으면서, 다뉴브강 이남의 발칸반도 전역과 기타 게오르기아·아르메니아·이탈리아 남부·달마티아·크로아티아 등을 합병하는 등 제국 최대의 판도를 이루었다)는 11세기 초두에 「불가리아인 정복자(conqueror of the Bulgarians)」라는 칭송 그대로의 무공을 세웠다. 그의 탐욕은 류키니두스 궁전내에서 발견된 바 정화로 40만파운드(중량으로 1만 파운드〈3730kg〉의 황금)의 재보로서 어느정도까지 채워졌다. 그의 잔인성은 고국방위라는 죄를 범한 1만 5천명의 포로에 대한 냉혹하고도 잔인한 복수에서 발휘되었다. 그들은 일률적으로 두 눈알이 도려내어져 장님으로 만들어졌지만, 다만 이 장님 동료들을 국왕 어전으로 데려갈 안내인으로서 100인당 1명씩만은 한쪽 눈이 남겨졌다. 그들의 국왕(사무엘이라 하였고, 1014년 사망)은 이것을 보고 비탄과 공포로 그만 숨을 거두었다고 전해지며, 국민전체는 이런 가공할 사례에 전율하였다. 불가리아인은 그들의 정착지를 추방당하여 좁다란 속주로 밀어 넣어지고, 살아남은 부장(部將) 들은 아이들에게 인내의 충언과 복수의 의무를 유증하였다(1019년에 합병당하고, 최종멸망은 1081년).

(2) 헝가리인 : 그리스도교 기원 900년경에 헝가리인의 시꺼먼 집단이 처음으로 유럽에 다가왔을 때, 그들은 너무나 공포와 미신에 잠긴 나머지 이것이야말로 성경에 나와 있는 바 세계의 종말이 다가온 징후이며, 이것의 예고인「곡과 마곡」(Gog and Magog. 세계의 종말기에 신에게 마지막으로 싸움을 거는 악령들. 「요한계시록」 20장 8절에 나온다)으로 오인되었다. 문자가 도입되어 상당히 계몽된 이후 오늘날까지, 그들은 애국적인 호기심의 강력하고도 기특한 충동에 입각하여 자기들의 내력을 탐구해 왔다. 그들의 합리적인 비판은 이미 앗틸라(Attila. 406경~53. 훈족의 왕. 재위 434~53. 흑해-라인강, 발칸반도, 북부 이탈리아 등 광대한 지역을 점유 또는 침략한 후 급사. 제Ⅴ권 제34장을 참조할 것)와 훈족(흉노) 허영꾼의 계보를 언제까지 뽐내고만 있을리가 없었다. 그러나 그들은 자기들의 고대기록이 타타르 전쟁(Tartar war. 1241년에 시작되는 몽골의 칸 바투〈Batu-Khan. 拔都. 1207경~56. 1243~1480년간 존속한 킵차크국의 창건자이며 징기스칸의 손자. 러시아인은 그를 잔인한 정복자로 규정한다〉의 정복전쟁. 바투칸은 러시아 · 폴란드 · 슐레젠 · 모라비아 · 헝가리〈1237~41년간에 정복〉, 루마니아 등지를 석권하고 볼가강 하구에서도 새 영토를 경영하였다)으로 인멸되었을 뿐만 아니라, 진위야 어떻든 간에 그들의 소박한 민요도 오랫동안 잊혀졌기 때문에, 조잡한 연대기의 단편들을 로마 황제이며 지리학자(콘스탄티누스 7세를 가리키는 것. 본권 제53장을 참조할 것)의, 외부적이긴 하지만, 동시대의 기록과 참을성있게 대조 고증하지 않으면 안된다는 고뇌를 털어놓고 있다. 「마자르(Magyar)」라는 말이 헝가리인의 동양적인 호칭이지만, 그리스인은 그들을 스키타이 제부족 중, 이전에 중국에서 볼가강에 걸쳐, 중앙아시아를 정복하고 통치하던 저 강력한 민족의 후예로서, 투르크인이라는 특별한 고유의 이름으로 구별하고 있다. 이 판노니아(Pannonia. 지금의 헝가리 지역)에의 입식자들은, 페르시아 국경에 있는 동부 투르크인들과의 통상 및 우호관계를 계속 유지하였는데, 분리된지 350년 후에 헝가리왕의 사절이, 볼가강 강변 가까운 그들 부조의 땅을 발견하고 방문하였다. 그들은 거기서 역시 헝가리인과 같은 이름을 칭하는 이교도인 야만스런 동족으로부터 환대를 받았는 바, 그들은 모국어로 서로 이야기를 나눔으로써 자기들이 오랫동안 잃

고 있던 동포의 전설을 상기하거나, 그들의 새 왕국과 종교에 관한 놀랄만한 이야기를 열심히 이야기하고 또 들었다. 개종의 열정은 같은 혈족이라는 정의(情誼)로 불타 올랐고, 그들의 부족장 중 가장 위대한 한사람은 이곳 타타르 지방 오지로부터 나온 집안 사람들의 식민으로 판노니아지방 무주인의 땅을 채우려는, 관대하지만 불발탄으로 끝난 계획까지 세우기도 하였다. 그들은 이 원시적인 국토로부터 서쪽에로의 전쟁과 이주의 조류(潮流), 달리 말하여 좀더 북방오지에 있는 부족의 압박에 대한 그들과의 전쟁의 패주자인 동시에, 정복자로서 서방세계로 밀려서 떠내려간 것이다. 그들은 이성(理性) 또는 운세(運勢)의 지시를 받아 로마 제국의 국경을 목표로 전진하던 중 여느때와 똑같이 큰 강 연안의 주둔지에 정착하였다. 사실 모스크바(Moscow/Moskva), 키에프(Kiow/Kiev), 몰다비아(Moldavia. 우크라이나 서남쪽의 드네스트르강과 프루트강 사이에 있는 지역. 구 소련 당시는 한 공화국이었다)등의 경역에는 그들이 이동중에 한때 체류했던 증거가 얼마간 발견되고 있다. 이 다채롭고도 장도의 만유(漫遊)에서 그들은 어느때는 한층더 강력한 민족의 지배에 복종했던 일도 있었던만큼, 그들의 혈통의 순결성은 외국인종과의 혼교(混交)로 개선 또는 오염되었다. 일부의 카자르족(Chazar族)은 강제인지 또는 선택인지 어느 한가지의 동기로, 일찍이 자기들의 일개 봉신(封臣)이던 이 민족의 군기밑으로 합류하여, 제2의 언어로서 마자르인 언어를 도입하기 시작하였고, 또 그들의 한층 빛나는 명성에 의하여 전투의 최전방이라는 가장 명예로운 부서를 획득하였다. 이리하여 투르크군과 그 동맹자의 군대는 7개의 평균적 · 인위적인 군단으로 편성되었다. 개개 군단은 3만 857명의 병사들로 편성되어 있었으므로, 여기에 아녀자와 하인들의 수까지 포함시키면, 그들은 적어도 총군세가 100만이나 되는 대이주집단이었을 것이다. 그들의 정책은 7명의 「바이보드(vayvod)」라고 불리우는 세습영주들에 의하여 결정되었지만, 불화와 허약함의 경험은 한사람의 좀더 간단하고 강력한 시정(施政)을 요구했고 또 칭찬하였다. 이리하여 겸허한 레베디아스(Lebedias)가 거절하고 있던 왕홀은, 출신이든가 공적탓으로 알무스(Almus)와 그의 아들 아르파드(Arpad. 907경 사망. 마자르인 최초의 대공〈大公〉으로서 아르파드 왕조〈896~1301〉의 창건자. 남러시아로부터 마자르인을 헝가리로 이동〈896〉시킨 헝가리의 국민적 영웅)에게 승계되었는데, 카자르왕의 권위는 국왕과 민중사이의 약정, 즉 왕의 명령에 복종한다는 내용의 민중측 약속과 민중의 행복과 영광을 존중한다는 군주측의 약속으로 보완되었다.

만일 최근의 학술연구 성과가 제국민의 원시상황에 대한 새로운 전망을 크게 열지 못했더라면, 우리는 당연히 이 정도의 이야기로서 만족했을 것이다. 헝가리어는 모든 슬라브어 계통에서 고립된, 말하자면 격리되어 있지만, 그것은 이전에 아시아와 유럽 북부지역을 점령하고 있었으나 오늘날에는 그 모습을 지워버린 핀족(Fennic race)이라는 만족 언어와의 밀접하고도 명백한 유사성을 나타내고 있다. 「우그리(Ugri)」 또는 「이고르(Igour)」인이라는 참된 명칭이 중국의 서부국경(오늘날의 투루판〈吐魯番〉지방)에서 발견되지만, 그들의 이르티시강(Irtish江) 연안에로의 이동은 타타르족 사료에서 증명되고 있다. 똑같은 이름과 언어는 시베리아 남부지역에서도 발견된 것으로 보아, 핀족의 생존자들은 오브강(Oby/Ob江)의 수원지로부터 랩란드(Lapland, 스칸디나비아반도 북부지역) 해안에 이르는, 드문드문이지만 광대한 지역에 산재해 있었다. 헝가리인과 랩란드인들 사이의 혈연관계는, 공통의 어버이를 가지는 아이들에게 미치는 풍토기후의 강대한 영향의 증거일 것이다. 다뉴브강변 지방에서 만들어진 포도주를 마시고 취하는 대담한 모험가와 북극권의 눈에 묻혀서 사는 비참한 도피자와의 대조는 선명하다. 천성적으로 정신과 육체의 활기있는 소질이 풍부한 헝가리인에게는 무기와 자유가 일상생활에서 끊임없는 때로는 생명도 바치는 정열이었다. 극단적으로 매서운 추위는 이와는 반대로 랩란드 사람들의 신장(身長)을 축소시키고 또 심신의 기능도 얼어붙게 하였다. 그리고 이 북극의 부족은 인류의 모든 민족들 가운데서 오직 하나 — 즉 전쟁을 알지 못하고 유혈사건에 무관심한 민족이다. 그들의 평화가 이성과 덕행으로 수호되고 있다면 이 얼마나 행복한 무지성이라 할것인고*.

『전술론』의 저자인 콘스탄티누스 7세 황제의 고찰에 의하면, 모든 스키타이 지방의 만족들은 그들의 유목과 군사적인 생활이 동일한 바, 그들은 모두가

---

* 헝가리인, 즉 마자르인의 기원에 대해서는 투르크(터키)족에서 갈라져 나왔다는 견해와, 핀족의 후예라는 설로 나누어져 있어서 오늘날까지도 정설이 없다. 언어학상의 핀-우그리(이고르) 어군은 핀란드어, 헝가리어, 랩란드어를 포함하기 때문에, 이들 언어를 사용하는 민족들은 서로 근친관계에 있는 것만은 확실하다. 좀더 구체적으로 말하면, 헝가리어는 우랄어족인 위구르(Uighur) 어파에 속하고, 서부 시베리아의 보굴(Vogul)어와 오스차크(Ostyak)어와도 관계가 깊다. 핀어는 역시 우랄어족에 속하는 피노-우그리(이구르)어파에 속한다. 랩란드 사람들이 사용하는 랩어는 상기 핀어, 즉 피노-우그리어파의 한 방언으로 쓰여오는 것이라고 한다.

동일한 의식(衣食) 재료를 사용하며, 또 똑같은 파괴용구를 사용하는 것으로 기술되어 있다. 그러나 그는 그 후단에서 쓰기를, 불가리아인과 헝가리인의 두 민족만은 다른 야만민족들보다 진보되어 있는 바, 예컨대 대단히 메부수수하고 또 그들의 규율과 통치상의 진보실적으로 볼 때도 서로가 비슷하기 때문에, 양자의 표면상의 유사성이 레오 6세로 하여금 하나는 적이요, 다른 하나는 자기편인 이 두 민족을 동일한 부류에 넣어 혼동을 일으키게 한 것이라고 부언하고 있다. 그러나 이 광경은 10세기 동시대 사가들의 몇가지 기술에 의거하면 한층더 명백해진다. 선천적으로 영악한 그들의 기질이, 자기들의 인원수와 자유에 대한 자각으로 자극된 만족에게는, 인류가 보편적으로 칭찬하는 여러가지 덕목이란 다만 군사적 역량의 공적과 명성이라는 그 한가지를 제외한 기타의 모든 것이, 비속하고도 타기(唾棄)할 것으로만 보였다. 헝가리인의 천막은 가죽으로 만든 것이고, 그들의 피복은 모피였다. 그들은 머리털을 깨끗이 깎았고 얼굴을 난자(亂刺)하여 상처를 냈다. 말은 느리게 하지만 행동만은 민첩하며, 교섭에서 언제나 배신적인 그들은, 만족 전체에 적용되는 비난 — 즉 무식하기 때문에 진리의 중요성을 분별하지 못하고, 오만하기 때문에야말로 그들의 가장 숭고한 협약의 침범조차 무관심하다는 비난대상에 당연히 포함된다. 그들의 목눌성(木訥性)이 칭찬되지만, 그러나 그들은 단순히 그네들이 알지 못하는 사치성에 빠지지 않았을 따름이다. 그들이 일단 본 것이라면, 반드시 그것을 탐냈는데, 그들의 욕망은 무한했는 바, 그들의 유일한 정려(精勵)는 폭력과 약탈행위였다. 저자는 이상의 한 유목민을 정의함에 있어, 그 사회상태에서 이루어지는 경제 · 군사 · 통치에 대하여 길다란 기술을 요약하였지만, 이에 더하여 나는 헝가리인이 그들의 식량중의 일부분을 수렵 나아가서는 어업에 의존해 왔다는 것, 그리고 그들은 토지를 경작하는 일은 매우 드물었지만, 적어도 새로운 입식지에서는 가끔 손에 익지 않은 농업에 형식적이나마 종사해 왔음이 틀림없는 것으로 생각된다. 그들이 이동할 때나 가끔 원정할 때, 그 군대는 수많은 양과 소떼를 이끌고 아마도 먼지를 구름처럼 자욱히 일으키며 전진함으로써, 신선한 우유와 식육의 끊임없는 조달을 가능케 했을 것이다. 사령관으로서 첫번째로 배려할 사항은 풍부한 사료의 확보였는 바, 양과 소의 목초만 확보하면 호담한 용사는 벌써 위험도 피로도 느끼지 않았다. 국토 전역에 퍼진 병사들과 가축무리로된 혼성군단은, 적의 접근을 발견하고 그들을 저지시킬 자기네 기병대가 끊임없이 이동하여 한층 넓은 범위를 경계하고 있지 않는 한, 천막에의 야습위험성에 노출되었다. 그들은 로마군의 전술을 얼마간 경험하고 난 이후로는 검과 창 그리고 병사의 투구와 말의 철제 가슴걸이의 사용법을 배웠다. 그러나 그들 고유의 으뜸패라고 할 수 있는 무기는 타타르인의 활이었는 바, 그들은 아이들이나 머슴들에게조차 어릴 때부터 활쏘기와 말타기라는 두가지 기예의 훈련을 부과하였다. 그들의 완력은 강하고, 그들의 겨냥은 정확했는 바, 그들은 말을 급히 달리면서 뒤돌아 보고 재빨리 화살을 우박처럼 쏘아대도록 교련되었다. 그들은 정면대결과 은밀한 매복, 도주와 추적의 구별없이 언제나 한결같이 공포의 표적이었는데, 최전열의 대형질서가 유지되어 있어도 그들의 돌격은 뒤따르는 후속대군의 성급한 압력으로 불가불 앞으로 밀어 붙여지지 않을 수 없었다. 그들은 말고삐를 늦추고 무서운 함성을 지르면서 성급하고도 무모하게 추격하는가 하면, 참된 공포심에서든가, 아니면 표면에 나타난 공포분위기로 도망칠 때도, 추적하는 적병의 기세를 불규칙한 속도와 급격한 회전과 같은 관행의 반복으로 견제하고 또 응징하곤 하였다. 그들은 자기들의 연전연승에 의하여, 당시 아직 사라센군과 데인(Dane)인들이 입힌 상처로 고통받고 있던 유럽을 공포의 도가니속에 빠뜨렸다. 자비를 거의 빌지 않으며, 황차 자비를 베푸는 일따위란 전혀 있을 수 없는 것으로 알고 있는 그들은, 남녀할 것 없이 한결같이 연민의 정이란 전혀 통하지 않는 도배라고 지탄받았다. 그들이 날고기 먹기를 즐겼다는 말은, 어쩌면 전사자의 생피를 빨아 먹고 그의 심장을 끄집어 내서 먹는다고 한, 세상사람들의 풍문이 원인이 되었는지도 모른다. 그러나 자연이 만인의 가슴에 심어준 정의와 인도주의의 원리를 헝가리인이 전혀 가지고 있지 않았다는 것은 아니다. 공사(公私)간의 자의적인 가해행위는 법률의 처벌로써 억제되고, 공개된 군영(軍營)의 치안에서는 절도가 가장 유혹적이지만, 또한 가장 위험한 범죄로 되어 있었다. 사실 만족민들 사이에서도 자발적인 덕성으로 자기들의 법률을 보완하고, 사회풍속을 교정하며, 생활의무를 이행하여 감정을 키워나가는데 노력한 많은 인물이 배출된 것이다.

패주 또는 승리적인 장도의 행군이 있은 후에, 투르크인 군단은 프랑크와 비잔티움 두 제국과 공통의 국경선에 접근하였다. 그들의 최초침공과 최종적인 정착은 비엔나(vienna)의 상류와 벨그라드(Belgrade/Beograd)하류에 걸친 다뉴브강 양쪽, 즉 로마제국의 판노니아 속주 — 오늘날의 헝가리 왕국의 범위를 넘어서 확대되었다(베리 교수는 이 지역에 대한 헝가리인의 침입과 정착이 가져온 결정적인 결과가, 각각 북슬라브 지역과 남슬라부 지역에로 항구적으로 분단시킨 것인데, 그전에는 발트해로부터 동지중해까지 연속되어 있던 슬라브족 거주지는 이 「마자르인의 쐐기」에 의하여 절단되었다고 주기하고 있다). 이 광대하고 비옥한 평원에는 침입자에 의하여 속주의 좁은 지역범위로 몰린 슬라브족의 한부족인 모라비아인(Moravia人)이 드문드문 살고 있었다. 샤를마뉴(Charlemagne/Karl der Grosse. 프랑크왕 재위 768~814. 서로마황제 재위 800~14)는 막연한 명목상의 제국을 트랜실베이니아(Transylvania Alps. 루마니아의 중앙부를 동서로 솟아있는 산맥)의 끝까지 확대시키고 있었지만, 그의 적출가계(嫡出家系)가 단절된 후에 이곳의 역대 모라비아공(公)은 동프랑크왕에 대한 복종과 공납을 망각하고 있었다. 서자(바이에른왕 카를만〈Karlmann. 재위 876~80〉의 서자)인 아르눌프(Arnulph. 카롤링왕가의 동프랑크왕 재위 887~99. 로마 황제로는 재위 896~99. 카를 3세〈Karl Ⅲ, der Dicke. 카롤링왕가의 정통왕. 재위 876~87〉를 폐위시키고, 등극후에 노르만인을 격퇴하였다)가, 투르크인의 군대를 불러들이게될 처지가 되자, 그들은 그가 경솔하게 개방한 현실 또는 비유적인 성벽을 통하여 물밀듯 밀어 닥쳤다. 이 독일왕은 이런 행위로 시민적·교권적인 그리스도교 사회에 대한 배신자로서 지탄되었다. 아르눌프가 생존하는 동안은 헝가리인도 감은(感恩) 또는 두려움으로 자제하고 있었지만, 그의 아들인 루드비히(Ludwig/Lewis Ⅳ. das Kind. 독일왕 재위 900~11. 카롤링왕가 최후의 동프랑크왕. 마인쯔의 대주교 Hatto Ⅰ〈대주교로 891~913년간 재직. 그의 교활성에 대해서는 후세에 여러가지로 말이 많다〉의 후견하에 왕권유지에 노력했으나 헝가리 침공자를 막아내지 못했다)가 어릴 때, 그들은 바바리아(바이에른)를 발견하고 그곳을 침공하였다. 그들의 스키티아식 신속성은 단하루동안에 50마일(80km) 거리를 약탈하고 또 불살라 버리게 하였다. 아우구스부르크(Augusburg)전투에서 그리스도 교도측은 낮시간의 제7시까지는 우세를 유지했지만, 결국 그들은 투르크군 기병대의 유격전술이라는 함정에 걸려들어 격멸되고 말았다. 전화는 바이에른·쉬와비아(Swabia) 및 프랑코니아(Franconia)의 여러 속주로 확대되었는데, 헝가리인은 용감한 영주들을 자기들의 봉신(封臣)으로 훈련시키고 또 성채를 보강하도록 강제함으로써 무정부 상태를 조장하였다.

한 도시를 성벽으로 둘러싸는 관행은 이처럼 혼란된 시기부터 시작된다. 사실 거의 동시에 성 골(St. Gall)의 헬베티아(Helvetia) 수도원과 북해 연안의 도시

브레멘(Bremen)을 잿더미로 만든 그런 적에 대해서는, 그들과 여하히 머나먼 거리로 떨어져 있다해도 결코 안전하다고는 말할 수 없었다. 30년 이상이나 독일의 제국이나 왕국은 굴욕적인 조공(朝貢)을 감수해 왔다. 아녀자는 모두 구속하고, 10살이상되는 남자는 모두 죽여 버리겠다는 진지하고도 효과적인 협박앞에, 독일인의 저항은 무장해제된 것이다. 저자는 라인강을 건너선 헝가리군의 진로를 추적할 능력도, 또 그럴 의향도 가지지 않지만, 어쨌든 프랑스 남부의 속주들이 이 가공할 외국군의 폭풍우에 휩겼고, 피레네산맥 배후의 스페인까지도, 그들의 접근소식에 경악했다는 사실을 놀라움을 가지고 기술하지 않을 수 없다. 이탈리아가 가까운 거리에 있다는 사실이 그들의 조기침공을 유혹하였다. 그러나 그들은 브렌타강(Brenta江)의 군영지로부터 이 새로운 발견에서, 일견하여 융성하고 인구가 많아 보이는 이 국토를 얼마간 불안감을 가지고 쳐다 보지 않을 수 없었다. 그리하여 그들은 철퇴할 것에 대한 윤허를 간청(즉, 철수와의 교환조건으로 금품을 강요하였다)하였는데, 이것은 이탈리아왕(신성로마 제국의 황제인 콘라트 1세〈Konrad Ⅰ. 재위 911~18. 카롤링가의 후계자로서 독일왕으로 선정된 후 중앙집권제를 강화한 바 여기서 제후들에게 대항하기 위하여 주교의 지지를 구했다. 그의 치세기간중에 처음으로 마자르인의 침공을 받았다〉인 것으로 추정된다)에 의하여 단호히 거절되었다. 그러나 이로 말미암아 2만명의 그리스도 교도의 생명이 그의 완미성과 경솔성에서 저지른 형벌값을 치루어야만 하였다. 서방세계의 도시가운데서는 왕도인 파비아(Pavia. 밀라노시 남쪽에 위치하고 전의 롬바르드 왕국의 수도)의 명성과 광휘가 두드러지게 높았는데, 당시는 로마 자체의 탁월성조차 사도의 유물에 유래할 뿐이었다. 헝가리군의 출현으로 파비아는 화염에 싸이게 되면서 43개소의 교회도 불타버렸다(924년). 민중을 학살한 후에 그들은 이 국토의 불탄 폐허로부터 금은을 수 부셀(bushel. 1부셀은 36리터, 즉 대두 9되박에 해당한다)(막연한 과장된 표현이지만)이나 주어온 약 200명의 가엾은 주민의 생명만을 살려주었을 뿐이다. 그들은 해마다 알프스로부터 로마나 카푸아(Capua) 근방지역까지 이와같은 원정을 감행했으므로, 아직까지 이들의 습격에서 모면되고 있던 교회들은 공포의 연도(連禱)소리를 높였다. 「오-, 헝가리인의 화살로부터 저희들을 수호하고 또 구원해 주옵소서.」 그러나 성도들은 이런 연도에 귀를 기울이는 기색을 전혀 보이지 않았는 바, 흘러 내리는 분류, 즉 그들의 침공은 이탈리아 반도를 종단하여 맨끝단인 칼라브리아(Calabria)에 도달해서야 겨우 정지하였다. 화해가 제의되고, 이탈리아의

1인당 몸값의 지불조건이 수락됨으로써 은 10부셀(부피로 360리터, 즉 9말〈斗〉)이 투르크(헝가리)군영에로 흘러 들어갔다. 그러나 사술(詐術)은 폭력에 대한 당연한 대항책인 까닭에 도적떼측은 사정금액과 금속품질이라는 양면에서 기만당했다. 동부에서는 그들의 신앙을 이유로 이교도들과의 제휴를 거절하였고, 그의 위치 때문에 비잔티움 제국에 대한 장해물로 되어 있던 불가리아인은 그들과 같은 종류의 무기로 헝가리군과 대치(對峙)하여 그들에게 고전(苦戰)을 강요하였지만, 결국 이런 장벽도 돌파되어 콘스탄티노플의 황제는 투르크군의 물결치는 깃발군을 목격하게 되면서, 그들의 용감한 전사의 한사람이 금문(金門. golden gate)에 전부(戰斧)를 박아넣으리라는 것을 상상하게 되었다. 그러나 그리스인의 책략과 재보는 그들의 공격을 피하는데 성공하였다. 그래도 헝가리군은 퇴각할 때 자기들이 불가리아인의 정신과 로마 황제의 위신에 대하여 공조(貢租)를 부과한 것을 자랑했을 것이다. 이번 외정에서의 그의 장구(長驅)하고도 신속한 작전은 투르크군의 병력과 인원수까지 크게 현양(顯揚)한 것처럼 보이지만, 불과 3 내지 4백명의 작은 부대가 텟살로니카와 콘스탄티노플 성문에 대하여 매우 과감한 공격을 한두번이 아니라 여러번 기도하고 또 실행했던 사실에 비추어 볼 때, 그들의 용기야말로 가장 칭찬할만한 가치가 있다고 하겠다. 이 9세기와 10세기라는 비참한 시대에 유럽은 북과 동과 그리고 남의 세 방면으로부터 가하는 중압에 허덕였다. 노르만인, 헝가리인, 사라센인이 가끔 아주 동일한 지역을 번갈아가며 침구하여 약탈하는 상황이 벌어진 바, 이 야만적인 적군은 흡사 호메로스(호머) 작품에 나오는 바, 학살된 사슴의 시체를 앞에 놓고 서로 가지겠다고 으르렁대는 2마리의 사자를 생각케 하였다(이말은 호메로스의 《*Iliad*》 제16권 756행에 나온다).

독일과 그리스도교 세계의 해방은 두번에 걸친 기념할만한 전쟁으로 헝가리군의 병력을 영구히 분쇄한 별명이 「새잡이(Fowler/Vogler)」인 하인리히(Heinrich Ⅰ. 재위 919~36. 변경에 성채를 설치하고 보헤미아의 벤트인〈929〉, 헝가리인〈933〉과 덴마크인〈934〉을 모두 격퇴했다)와 오토 대제(Otto Ⅰ. der Grosse, 독일왕 재위 936~73. 신성로마 황제재위 962~73. 상기 하인리히 1세의 아들. 마쟈르인을 955년 Lechfeld에서 격파하고 그들의 침입을 저지시켰으며, 슬라브인, 데인인을 정복하고 이탈리아는 3회나 원정했다)라는 두 작센왕에 의하여 달성되었다. 씩씩하고 용감한 하인리히는 병상에 누워서 조국에의 침공에 관한 보고를 받자 병상을 박차고 일어나지 않을 수 없었는데, 그의 마음은 강인하였고, 그의 침착성은 매우 훌륭하였다. 「병사 제군(하고 그는 전투가 있을 아침에 말했다), 대열을 굳건히 하고 먼저 이교도가 쏜 첫번째 화살을 제군의 둥근 방패로 받아낸 연후에, 제군의 창을 일제히 그리고 재빨리 냅다꽂아 제2의 화살을 막아 내라.」 그들은 명령에 따라서 승리를 거두었다. 그리고 메르세부르(Merseburgh)성안에 있는 역사적인 한 그림은 이 무학(無學)의 시대에 감히 자기이름을 한차원 높은 예술이라는 정묘한 수단에 의탁하여 후세에 남긴 하인리히의 용모, 적어도 성격을 잘 표현하고 있다. 그로부터 20년 후에 그의 검으로 쓰러진 투르크군의 아이들이, 하인리히 1세의 아들이 통치하는 제국에 다시 침공해 왔는데, 이때의 그들의 병력은 가장 적게 평가한다 해도 기병만 10만기로 계산되고 있다. 그들이 국내의 한 파벌에 의하여 불러들여지자 독일의 성문들이 모반인의 손으로 개방되면서 헝가리군은 라인강과 뮤즈강(Meuse江)을 훨씬 넘어서 플란더즈(Flanders. 벨기에·네덜란드·프랑스 북부에 걸쳐 북해에 면한 옛나라)중앙에까지 대열을 전개하였다(955년의 일). 그러나 오토 대제의 기력과 침착성은 이들의 음모를 분쇄하고 말았다. 영주들은 자기가 상호관계에서 신의를 스스로 지키지 않는한 자기들의 종교도, 또 국토도 영원히 잃게 된다는 사실을 뼈에 사무치게 알게 되었다. 아우구스부르크 평원에다 민족은 전병력을 집결시켰다. 그들은 속주와 부족구분에 따라 8개군단으로 나뉘어져서 진군했고 또 분전하였다. 제1, 제2, 제3군단은 바바리아(바이에른)인, 제4군단은 프란코니아(프란켄)인, 제5군단은 황제가 직접 지휘하는 작센인, 제6과 제7군단은 쉬와비아(쉬와벤)인으로 편성되고, 보헤미아인 1천명으로 편성된 제8군단이 전군의 후위부대 역할을 맡았다. 그들이 몸에 지니고 있던 규율과 용기는 미신이라는 술책으로 강화되었는데, 그것은 이번 경우에는 관후하고도 건전이라는 수식사가 훌륭하게 들어 맞을 것이다. 병사들은 단식하고 목욕재계하였으며, 군영은 성인과 순교자들의 성유물로 축복되었다. 우리의 기독교 영웅은, 허리에 콘스탄티누스 대제(재위 306~37)의 검을 차고, 샤를마뉴(재위 768~814)가 쓰던 불패의 긴창을 꼬나들었으며, 테베군단(Thebaean legion)의 대장이던 성 모리스(St. Maurice)의 깃발을 휘날렸다. 그러나 그가 가장 굳게 믿은 것은 그의 부친(하인리히 1세)이 이전에 전쟁이라는 협박으로 한 속령을 증여받았을때, 부르군드왕으로 부터 강탈한 것으로서, 끝이 십자가의 못으로 만들어진 신성한 긴창이었다. 헝가리군과의 정면전투가 예기되었지만, 적군은 은밀리에 다뉴브강 지류인 바이에른의 레흐강(Lech江)을 도하하여 그리스도 교도군의 배후쪽으로 우회한 다음, 보헤미아와 쉬와벤군단의 군용행낭을 약탈함으로써 군단을 교란시켰다. 다행히도 프란코니아군의 분투로 전열은 재정비되었지만, 프란켄 대공이며 용맹스러운 콘라트는 분전이 있은 후에 휴식을 취하는 사이에 그만 화살을 맞고 쓰러졌다. 작센군은 자기들의 국왕 면전에서 싸웠는데, 그들의 승리는 그 공적과 중요성에서 과거 200년간의 승리를 능가하는 것이었다. 헝가리군의 손실은 회전에서 보다도 도망과정에서 한층더 컸다. 그들은 바이에른의 여러 하천에서 포위되었고, 그들의 과거 잔학성은 그들에게 자비의 희망을 남기지 않았다. 포로로 된 3명의 부장(部將)은 라티스본(Ratisbon. 지금의 레겐스부르크〈Regensburg〉)에서 교수형에 처해지고, 다수의 포로는 살해되든가 불구자로 만들어졌으며, 고향땅으로 겨우 되돌아간 패잔병은 영겁의 빈곤과 불명예스러운 사람으로 규정되었다. 이제 민족의 정신도 꺾이어, 헝가리에로의 가장 편리한 고갯길은 참호와 성새로 강화되었다. 역경은 그들에게 자제와 평화에 관한 지혜를 가르쳤는 바, 일찍이 서방에 대한 약탈자들도 정착생활을 영위하게 됨으로써 다음 세대는 자기들의 비옥한 토지로부터의 생산물 증가와 그것의 교환으로부터 훨씬 거대한 이익이 얻어진다는 사실을 총명한 국왕으로부터 가르침을 받았다. 투르크인이나 핀족의 피가 흐르는 이 토착민들은 머지 않아 스키타이 또는 슬라브의 새 식민자들과도 혼혈되었고, 몹시 힘이 세고 근면한 수많은 포로가 그때까지만 해도 유럽 각지에서 수입(輸入)되었고, 게자(Geza/Geisa. 아르파드 왕가의 2대왕. 재위 972~97)는 바이에른의 왕녀와 결혼한 후, 독일제후(諸侯)에게 각종 영예와 봉토를 나누어 주었다. 게자의 아들(이쉬트반〈Istvan Ⅰ〉. 어릴 때의 이름은 Vajk. 재위 997~1038. 聖王. 「헝가리의 사도」로 일컬어진다. 기독교로 귀의했고, 교구제를 실시하며, 이교도를 토벌했는가 하면, 행정조직을 정비하여 국가의 기초를 확립했다)이 〔로마교황으로부터〕 왕관을 씌워받은 이래(1001년) 아르파드(Arpad)왕가는 300년간 헝가리 왕국을 통치하였다. 그러나 천성적으로 자유분방한 만족민의 눈은 왕관의 광휘가 눈부시다는 것을 느끼지 않았고, 민중은 국가의 세습적인 종복을 임의로 선택하여 또 추방하거나 처벌하는 자신들의 불가양도적인 권리를 계속 주장하였다.

(3) 러시아인 : 러시아인이라는 명칭은 9세기에 서방 황제로서 샤를마뉴의 아들인 루드비히(Ludwig Ⅰ. der Fromme〈敬虔王〉. 재위 814~40. 카를〈샤를마뉴〉대제의 제 3 자)에 대한 동로마 황제 테오필루스(Theophilus, 재위 829~42)의 사절에 의하여 비로소

세상에 알려졌다. 이때 이 비잔티움 사절에는 러시아인의 대공(the great duke), 대한(大汗. chagan) 또는 짜르(czar)의 사절도 수반한 바, 콘스탄티노플에로의 여행도중 적대적인 많은 민족사이를 통과해 온 그들은, 귀로만은 해로로 자기네 본국으로 수송해 주도록 프랑크왕에게 요청하면서 위험을 회피하고 싶다고 희망한 것이다. 한층더 자세히 탐색한 결과 그들의 본성이 판명되었다. 그들은 지금으로서는 프랑크인에게 저주스럽고 또 가공할 이름으로 된 스웨덴과 노르만인의 친구인 까닭에, 외국인인 이 러시아 사람들은 당연한 이야기지만, 평화사절이 아닌 전쟁의 탐정일 것으로 의심받았다. 그리스인 사절단이 귀국한 후에도 그들은 출국하지 못하고 붙들려 있었는데, 루드비히 1세는 두 제국의 이익에 부합되는 환대 내지 배려에 관한 조약에 복종하는 좀더 만족할만한 답변을 기대하고 있었다. 러시아의 민중, 적어도 그의 군주가 스칸디나비아 반도의 출신이라는 사실은 그들의 국민연대기와 북방지역에 관한 일반사로부터도 확인되고 또 뒷받침되고 있었다. 대단히 장구한 세월동안 꿰뚫어 볼 수 없는 어둠의 장막에 가려있던 노르만인이, 갑자기 육해에서 모험적인 정신으로 떨쳐 일어났다. 덴마크, 스웨덴, 노르웨이 등 인구가 조밀한 곳으로 소문났던 광대한 지역은 너무나 무료하고 평화로운 나머지 소위 비육지탄(髀肉之嘆)을 구실삼아 죽음의 단말마에게 미소짓는 독립의 수장(首長)과, 목숨을 아끼지 않는 모험가들로 차고 넘쳤다. 스칸디나비아의 젊은이에게 있어 해적행위는 일종의 훈련이요 장사였고, 또 영광과 미덕이기도 하였다. 음울한 풍토와 좁은 천지에서 참지 못하게 된 그들은 연회석에서 뛰쳐 나와 무기를 잡고 뿔피리를 불면서 배에 올라타고, 약탈품이나 정착할 땅이 있음직한 해안지역을 차례차례로 탐색하며 돌아다녔다. 발트해는 그들이 해상에서 발휘한 무훈의 최초무대가 되었는 바, 그들은 핀족과 슬라브족이 정착하여 평온하게 살고 있는 동해안을 괴롭혔는데, 라도가호(Ladoga湖)의 미개한 러시아인들은 이런 이방인들에게 하얀다람쥐(white squirrel) 가죽을 공납품으로 바치면서 그들을 바랑인(Varangian. 발트해 연안을 휩쓴 스칸디나비아 유랑민족 중의 하나) 또는 코르사르인(Corsair人. 북아프리카 연안에 출몰하던 해적)이라는 호칭으로 영입하였다. 무기, 규율, 명성에서의 그들의 우월성은 토착민의 공포와 존경을 일으키게 하였다. 좀더 오지에 사는 만족들과의 전투에서 바랑인은 아군 또는 원군으로서 적극적으로 봉사하였는데, 이런 과정에서 그들이 보호받을만한 자격을 얻은 민중에 대한 지배권을 자발적 또는 정복에 의하여 천천히 획득해 나갔다. 그들의 압제가 타도되기라도 하면 그들은 또다시 자기들의 용기에 호소하여 재정복하는 등으로, 결국 스칸디나비아의 한 수장이던 류릭(Ryurik/Ruric. 879사망. 전설에 의하면, 스웨덴의 노르만인 족장으로서, 노르만인을 이끌고 러시아에 침입하여 저항하는 슬라브인을 정토하고 노브고로드 왕국〈류릭 왕조 17대 862경~1154년간 통치〉을 세웠다. Novgorod는 지금의 St. Peterburg〈전의 Leningrad〉 남쪽에 위치한다)이, 그후 700년이상(이 류릭왕가의 키에프 공국은 건국후 300년미만으로 멸망했으나, 러시아 제국의 이반 뇌제〈Ivan Ⅳ, Vasilievich. 재위 1533~84〉의 아들 표도르〈Fyodor Ⅰ. 재위 1584~98〉까지 블라디미르·모스크바의 각 공국과 러시아제국의 방계자손을 통하여 16세기 말까지 계속 러시아를 통치하였다) 계속된 왕조를 창건하였다. 그의 형제는 그의 영향력을 확대하였는데, 러시아의 남부 속주들에서도 그의 동료가 봉사와 찬탈의 모범을 본받았고, 그들의 권력은 미구에 전쟁과 암살이라는 통상적인 방법으로 강력한 왕국체제에로 공고화되었다.

류릭의 후예는 그들이 외래 정복자로 간주되던 기간동안, 바랑인의 창검으로 러시아를 지배하였는데, 그는 자기의 충실한 부장에게 봉토(封土)와 백성을 나누어 주는 한편으로, 발트해 연안으로부터의 신선한 모험자들의 유입으로 그 인원수를 보충해 나갔다. 이 스칸디나비아 출신의 부장들도 이 땅에 항구적으로 깊은 뿌리를 내림에 따라 점차 러시아인과 피와 종교 그리고 언어면에서 혼합되었는데, 이리하여 블라디미르 1세(Vladimir Ⅰ. Svyatoslavich. 聖公. 키에프 및 러시아 大公. 재위 978경~1015. 동로마황제 Basilius 2세〈재위 976~1025〉의 매씨와 결혼한 후 희랍정교로 개종하는 동시에 국민에게 집단세례를 강요하였고, 러시아의 비잔티움화에 큰 영향을 주었다. 러시아의 옛 민족서사시《Bylina》에서 칭송으로써 노래되고 있다)는, 이 이국(異國)의 용병대로부터 조국을 해방시키는 공적을 발휘케 되었다. 기실 이 용병들은 그를 왕위에 앉히고 있었지만, 그의 부는 이 용병들의 요구를 만족시키기에는 불충분하였다. 여기서 이 용병들은「제군은 좀더 감은(感恩)하는 마음이 두터운 주인이 아니라, 좀더 부유한 군주를 찾아보는 것이 좋겠네. 그리스쪽으로 출항한다면, 거기에는 아마도 하얀 다람쥐가죽 대신에 금은재보가 제군의 봉사대가로서 발견될 수 있을 것이네」라는 왕의 충고를 기쁜마음으로 받아들였다. 동시에 이 러시아 군주는 비잔티움의 자기 동맹자에게 이들 북방의 성급한 만족을 분산시켜서 고용하되, 보수를 지불하고 통제하는 것이 좋을 것이라고 조언하였다. 동시대의 역사가는 이 바랑인의 등용, 호칭, 성격 등을 기록에 남겼지만, 이들은 날이 갈수록 신뢰와 존경을 높여나갔다. 부대 전체로서는 콘스탄티노플에 집결하여 친위대(guard)의 의무를 수행하였는데, 그들의 세력은 툴레섬(Thule島)으로부터의 그들 동포부대의 적지않은 증원으로써 보강되었다. 이 경우의 툴레라는 막연한 호칭은 잉글랜드를 가리키며, 새로운 바랑인이란 노르만 정복자의 멍에에서 도망친 앵글로인과 데인인 집단을 말한다. 순례나 해적행위의 습관이 지상의 여러 나라를 서로 접근시키고 있었기 때문에, 이런 망명자들은 비잔티움 궁정에서 환대되었는 바, 그들은 제국이 멸망하는 최후시기까지 하나도 나무랄데 없는 충성심을 계승했으며, 데인어와 영어를 끝까지 사용했고 또 지켜나갔다. 그들은 폭이 넓은 양날의 전투용 도끼를 어깨에 메고는 성당과 원로원, 대경기장에로의 황제의 행행(行幸)에 수반하였는데, 황제는 언제나 그들의 믿을 수 있는 경호하에 안심하고 잠잤고 또 환대하곤 하였다. 궁전 · 국고 · 수도의 열쇠는 모두 이 바랑인들의 충실한 손에 꼭 쥐어져 있었다.

10세기가 되자, 스키타이에 관한 지리상의 지식은, 고대 그것의 한계를 훨씬 넘어서 확대된 바, 콘스탄티누스의 지도에서도 러시아인의 왕국은 눈에 잘 띄는 거대한 장소를 차지함에 이른다. 류릭의 자식들은 블라디미르, 즉 모스크바라는 광대한 영지의 지배자가 된다. 그들은 동방 유목민에 의하여 그 방면에의 진출을 방해받았지만, 그들의 서부국경은 이의 초기시기에 발트해와 프로이센(Prussia)사람들의 나라로까지 확대되었다. 그들의 북방판도는 북위 60도를 넘어서, 상상력이 온갖 이상(異象)을 거주시키든가 아니면 영원의 암흑으로 뒤덮고 있던 극북지역(極北地域)에까지 이르렀다. 그들은 남쪽으로는 보류스테네스강(드네프르강)의 수로를 따라 이 강과 함께 흑해 가까이까지 접근하였다. 이 광대한 지역에 정주하거나 방랑한 부족은 동일한 정복자에게 복종하여 점차 동일민족으로 동화되었다. 러시아어는 오늘날에는 슬라브어의 한 방언이지만, 10세기에 이들 두 언어의 양식은 서로 별개였던 바, 슬라브어가 남부에서 사용되었기 때문에 북쪽에 사는 원래의 러시아인, 즉 바랑인 수장(首長)의 원시적인 신민은 〔언어상으로 보아〕 핀족의 한 분파인 것으로 상상될 것이다. 이 방랑하는 제부족의 이동, 통합, 분해와 더불어, 스키타이 사막의 망막하고도 산만한 광경 또한 끊임없이 변천을 거듭해 왔는데, 러시아의 가장 오래된 지도는 오늘날까지도 아직 남아 있는 몇몇 지명과 그 위치를 전해주고 있다. 실제로 노브고로드(Novgorod/Novogorod)와 키에프(Kiev/Kiow)라는 두 수도는, 이 왕국의 최초시대부터 존재했었다. 노브고로드는 아직 대(大. great)라는 별명으로 불리울만한 가치에 해당되지 못했는데, 당시 부(富)의 흐름과 자유의 기풍을 전파시키고 있던 한자동맹(Hanseatic League. 한자동맹에 대해서는 제 VI 권 p. 240의 난외주기를 참조할 것)에의 가입도 허용되지 않았다. 역대황제의 궁선을 한번도 본일조차 없는 사람에 의하여 키에프를 300개소나 되는 교회, 무수히 많은 인구를 가진 콘스탄티노플하고 그 위대성과 광휘를 비교하여 자랑하기에는 아직 어림도 없었다. 이 두 도시는 그 기원에서 모두가 단순히 군영이나 시장, 즉 만족민이 전쟁 또는 통상의 우연한 용무로 집합하기에 편리한 중심지에 지나지 않았다. 그렇지만 이런 종류의 집회에서조차도 사교기술에서 얼마간의 진보가 있었다. 그런 결과로 새 종류의 가축이 남부지방으로부터 북쪽으로 수입되었으며, 상업활동정신은 발틱해에서 흑해까지, 오데르강 하구에서 콘스탄티노플 항구까지 육해에 걸쳐 미만(彌漫)하였다. 우상숭배와 야만상태에 있던 시기에 율린(Julin)이라는 슬라브인의 도시는, 현명하게도 구매와 교환의 자유시장을 개설하고 있던 노르만인의 내방을 받음으로써 부를 축적하게 되었다. 오데르강 하구의 이 항만으로부터 해적선 내지 상선은 43일이나 걸려서 발트해 동쪽해로 항해하여, 가장 원격한 곳에 사는 여러민족과 혼화(混和)한 결과로, 쿠를란드(Curland. 오늘날 라트비아의 일부)의 신성한 삼림은 그리스와 스페인의 황금으로 장식되기에 이르렀다고 전해진다. 해안지대와 노브고로드 사이에는, 여름철에는 후미, 항만, 항행가능한 하천을 통하여, 그리고 겨울철에는 끝없는 설원(雪原)의 굳고 평탄한 표면을 넘는 아주 손쉬운 통상로가 발견되어, 러시아인은 이 도시의 근교로부터 보류스테네스(드네프르)강으로 흘러드는 지류를 따라서 내려갔다. 통나무의 속을 파내서 만든 그들의 카누(conoe)에는, 여러가지 연령층의 노예들, 여러 종류의 모피, 꿀벌통안에서의 약탈품, 그들의 가축에서 벗겨낸 가죽이 만재되었는데, 이와같은 북방의 산물은 일괄하여 키에프의 창고안에 일단 집화된 다음에 출하되었다. 6월달은 통례로 선단이 출발하는 계절이었다. 카누의 재질은 한층더 견고한 대형보트의 노와 벤치로 개조되었는데, 그들은 하상(河床)을 가로질러 강의 흐름에 단차(段差)를 두는 7곳인가 13곳의 암반지점까지는 아무런 장해물도 거치지 않고 드네프르강을 내려갔다. 완만한 급류에서는 태짐무게를 가볍게 하는 것만으로 충분했고, 높은 폭포의 통과는 불가능했으므로, 선원들은 그들의 배와 노예를 육로로 6마일(9.6km)을 끌고서 운반했는데, 그들은 이 고통스러운 행정에서 사막의 도적떼에 습격당하는 위험에 노출되기도 하였다. 폭포가 있는 바로 하류쪽에 위치한 첫번째 섬에서, 러시아인은 자기들의 도망성공을 축하하였고, 하구에 가까운 두번째 섬에서는 흑해에서의 한층더 길고 위험한 여행에 대비하여 상처입은 배를 수리하기도 하였다. 그들은 해안선을 따라 배를 저어서 다뉴브강 하구에 접근할 수 있었고, 또 순풍일 때는 아나톨리아(Anatolia)의 대안까지 36시간에서 40시간내에 도달할 수 있었다. 콘스탄티노플은 북방 이방인들의 방문을 해마다 받아들이고 있었으므로, 이들은 정해진 계절에 곡물, 포도주, 식용유 나아가서는 그리스의 제조품과 인도 향료의 풍부한 태짐을 싣고 귀환하였다. 그들의 일부는 수도와 속주내에 정주하면서 민족간의 협정이 이 러시아 상인들의 신병과 재산 그리고 특권을 보호하였다.

그러나 인류의 이익을 위하여 개설되었던 교통은 머지않아 그것을 손상시키는 목적으로 남용되기에 이르렀다. 러시아인은 콘스탄티노플의 재물약탈을 기도하여 190년간에 전후 네차례나 반복침입하였는데, 그 결과는 여러가지였지만, 다만 그 동기, 수단 그리고 목적은 4회에 선단원정을 통하여 동일하였다. 이미 러시아의 무역상은 역대 황제도시의 웅장화려함을 목격하고 또 그의 사치성을 맛보았다. 믿어지지 않는 소문과 가난과 생활이 그들의 야만적인 동포의 욕망을 자극한 바, 그들은 자기네 풍토로부터 거부된 자연의 선물을 시기하게 되면서, 그들로서는 모방할 의욕도, 또 구입할 수단도 가지지 못하면서 그런 인공제작물의 입수를 열망한 것이다. 이리하여 바랑인의 수령은 해적적인 모험의 깃발을 내걸고, 대양의 북부 여러 섬들에 거주하는 자기의 최정예 병사들을 징발하였다. 전세기(17세기)가 되어 이 함대편성의 관념은 같은 종류의 목적으로 같은 해역을 항행하기 위하여 보류스테네스(드네프르)강에서 출발한 코사크(Cossack. 카자흐사람)함대에서 재현되었다. 「모노크슐라(monoxyla)」, 즉 통나무로 만든 카누라는 그리스어 명칭은, 그들이 만든 주정(舟艇)의 배밑바닥에 대한 표현으로서는 정확히 들어 맞는다고 하겠다. 그것은 너도밤나무와 버드나무의 긴 밑동 속을 파내어 만들어지는데, 그것의 얇고 좁은 뱃바닥은 두꺼운 널빤지가 양쪽으로 높게 내대여져 있으므로, 배는 전체로서 길이 60피트(18m), 높이 약 12피트(13.6m)에 이른다. 이 보트들은 갑판이 없는 대신에 2개의 키와 1대의 돛대가 달려 있는데, 돛과 노로 전진하고, 40명에서 70명의 선원, 그리고 이들이 사용할 무기와 음료수 · 건어물 등 저장품을 싣도록 되어 있었다. 러시아군의 첫번째 공격(860년)에는 이런 주정 200척이 참가했었는데, 만일 그들의 국력이 동원되었더라면 그들은 1천척이나 1천 200척으로 콘스탄티노플에 공격해 들어 갔을 것이다. 그들의 함선대는 황제의 친위선단인 아가멤논(Agamemnon)에 비하여 현격하게 열등했던 것은 아니지만, 공포심에 질린 침공자들의 눈에는 제국함대의 실제병력이 10배 내지 15배나 더 크게 비쳤던 것이다. 만일 역대 비잔티움 황제가 선견지명과 상대방을 앞지르는 선제기력(先制氣力)이 있었다면, 아마도 그들은 적측의 드네프르강 하구를 해군력으로 봉쇄하는 방책을 택했을 것이다. 결국 그들의 무위성(無爲性)은 아나톨리아(Anatolia)해안을 600년간의 간격을 두고 난 다음에, 또다시 흑해에 불어닥친 해적전쟁의 참해에 휩쓸리게 하고 말았다. 그러나 수도가 평온을 유지하고 있는한, 군주도 역사가도 먼 속주의 재난에는 별로 주의를 돌리지 않는다. 파시스강(Phasis江)과 트레비존드(Trebizond. 지금의 터키국 흑해남안의 트라브존〈Trabzon〉)로부터 내습한 폭풍우는, 마지막으로 트라키아의 보스포러스 해협에서 폭발하였다. 좀더 유능한 해군제독이었다면 불과 15마일(24km)밖에 안되는 이 해협에서 반드시 러시아의 허술한 선단을 쉽게 포착하여 섬멸할 수 있었을 것이다. 키에프 대공휘하의 침공군은 첫번째 내습에서 저항을 받지 않고 해협을 통과하여 테오필루스(1세)의 아들인 황제 미카엘 3세(재위 842~67)가 수도를 비운 틈을 타고 콘스탄티노플항을 점거하였다. 미카엘은 온갖 위험을 재빨리 빠져나와 궁전 선착장에 상륙하자 곧장 성처녀 마리아교회로 달려갔다. 총대주교의 충고로 귀중한 유물인 성모의 의상이 지성소(至聖所. sanctuary)로부터 반출되어 바닷물에 적셔졌는데, 이때 러시아군의 철퇴를 결정짓게한 시기적절한 폭풍우는 믿음이 깊은 성모 마리아의 가호의 덕택인 것으로 생각되었다. 류릭아들들의 비호자인 올레그(Oleg. 최초의 키예프 대공. 재위 880경~912. 류릭 사망후 정권을 장악하고 키에프를 점령하여 도성을 이곳으로 옮긴 다음, 근린지역의 슬라브족을 정복했다. 911년에는 콘스탄티노플에 가서 동로마 황제로부터 무역상의 특권을 획득하였다)에 의한 두번째 침공(907년)이 있었는데, 이 역사적 사실, 적어도 그 중요성에 대하여, 어째서인지는 모르나 그리스인은 침묵을 지키고 있는 바 이것은 우리들에게 얼마간의 의념을 던져준다. 무기와 성새의 강력한 장벽이 보스포러스 해협을 방위했으므로, 그들은 배를 지협(地峽)을 넘어서 운반하는 상투적의 편법의 사용으로 해상돌파를 회피하였는데, 이 간단한 작전에 관하여 국민의 연대기는 마치 러시아의 선단이 은혜로운 강풍을 타고 건조한 대지위를 돛을 달고 달린양 서술하고 있다. 세번째 침공(941년)시의 지휘자였던 류릭의 아들 이고르(Igor I. Ryurikovich. 키에프 대공 재위 912~45. 콘스탄티노플에 2회 침공하여 944년에는 공납을 조건으로 화해했으나 다음해 암살당했다)는 제국의 해군력이 사라센군과의 대응에 쫓기고 있다는 취약성과 침체에 빠져 있는 그 순간에 편승하여 침공한 것이다. 그러나 용기가 부족하지 않는 한도내에서의 방어역량은 절대로 모자람이 없었다. 노후화된 갤리선 15척이 과감하게도 적군을 향하여 돌진하였다. 그리고 통상적이라면 이물쪽에 거치하는 그리스불(Greek fire)의 발사관 1문대신에, 이 가연성 액체 발사관을 모든 함정의 고물쪽과 양현쪽에도 거치하였다. 사수는 숙련되어 있었고 날씨는 최상이었다. 불타죽기 보다는 물에 빠지는 것이 그나마 상책이라고 생각한 러시아 병사들은 바다물속으로 뛰어들었고, 한편 트라키아 해안으로 겨우 도망쳐나온 자들은 농부와 병사들의 손에 의하여 수천명이나 비참하게 학살되고, 불과 3분의 1의 카누만이 얕은 여울목으로 겨우 도망쳤을 뿐이다. 다음해 봄에 이고르 1세는 자기의 치욕을 씻고 복수하고자 또다시 침공준비를 서둘렀다. 오랜 평화가 이어진 뒤에 이 이고르의 증손자인 야로슬라프(Yaroslav/Jaroslaus I. 키에프 대공. 재위 1019~54. 폴란드, 그리스와 전쟁끝에 1036년에는 전러시아의 지배자가 되었다. 키에프에 소피아 성당을 건립하는 등 문화·경제상의 여러시설을 만들었다. 러시아 법전인 「루스카야 프라브다」중, 가장 오래된 부분이 그가 편찬한 것이라고 한다. 딸 안나를 프랑스왕 앙리 1세〈Henri I. 재위 1031~60〉의 왕비로 출가시켰다. 독일의 커를 대제〈Karl I. der Grosse. 재위 768~814〉와 비유된다)도, 해상으로부터의 콘스탄티노플 침공이라는 종전과 똑같은 작전계획을 채택하여, 자기아들 지휘하에 함선을 파견했으나 이들은 보스포러스 해협입구에서 또다시 동일한 인공화염탄으로 격퇴되었다(1043년). 그러나 비잔티움군의 전위도 추격을 너무 서두른 나머지 압도적으로 많은 수의 보트와 병사들에게 포위되어 분전했으나 아마도 인공화염탄이 바닥이 났던지 결국 24척의 갤리선은 나포 또는 파괴·격침되었다.

그러나 러시아인과의 전쟁위협 또는 재해는, 무기에 의거할 때보다도 협정에 의하여 회피되는 경우가 훨씬 더 많았다. 도대체가 이런 종류의 해전에서는 비잔티움측이 모든 점에서 불리하였다. 그들의 야만적인 적병은 도대체가 인정사정이라는 것을 몰랐는데, 그들에게는 너무도 빈곤하기 때문에야말로 전리품에 대한 즐거움도 없었다. 그들이 놓인 끝없는 배후지역은 정복자의 복수의 희망을 분쇄하였고, 한편 제국의 자랑 또는 취약성은 만족들과의 교섭에서 무엇 하나 명예가 얻어지는 것도 아니요, 또 잃을 것이란 없다는 관념에서 자기만족하였다. 당초의 그들의 요구는 선단의 병졸 및 선원 1인당 금 3파운드(약 1.2kg)라는 너무 많아서 도저히 승인할 수 없는 것이었는 바, 그래도 리시아의 이 젊은이는 정복과 영광에 대한 자기의 의도를 고집하였다. 그러나 백발의 현인(賢人)들은 자제하는 지혜를 건의하였다. 「황제의 활수한 제의에 만족하세요(하고 현인들은 말하였다). 금은이나 비단 기타 우리들의 욕망대상을 전투없이 획득하는 쪽이 훨씬 좋지 않나요? 우리의 승리도 확실하다고 말할 수 있을까요? 우리가 바다를 상대로 협정을 맺기라도 한다는 말인가요? 우리는 땅을 밟고 있는 것이 아니라 밑바닥없는 망망대해에 떠있는데, 우리들의 머리위는 공통된 죽엄의 그림자가 뒤덮고 있어요.」 북극권에서 내려온 것으로 생각된 이 북양함대에 대한 기억은, 황제의 수도사람들에게 깊은 공포감을 심어주었다. 타우루스(Taurus)광장에 세워진 기마상(騎馬像)에는, 이 세상에 끄트머리에는 러시아인이 콘스탄티노플의 주인이 되리라는 예언이, 남모르는 사이에 새겨져 있다는 풍문을 모든 계층의 속중(俗衆)이 굳게 믿고 있었다. 오늘날의 러시아 군대는 드네프르(보류스테네스)강을 흘러 내리는 대신에 유럽대륙을 크게 우회하여 접근했으므로, 현재의 터키 수도는 강대하고도 위엄있는 일대함대의 위협을 받게 된 것이다. 지금의 군함이라면 단 1척만으로도 그의 뛰어난 해사지식과 강력한 폭격으로, 그들의 부조들이 타고 싸우던 카누 따위는 식은죽 먹기식으로 아주 간단히 100척이라도 격침 또는 분쇄할 수 있을 것이다. 아마도 지금의 세대는 그 내용이 구체적이며, 기일(期日)도 엄밀한 이 희유(稀有)의 예언완성을 목격할 기회를 어쩌면 앞으로는 가지게 될런지 모른다*.

지상의 러시아인은 해상만큼은 두려운 존재가 아니었다. 즉, 그들은 대개의 경우 도보로 싸웠기 때문에, 그들의 비정규군단은, 수없이 스키타이 유목민 기병대에 격파되고 궤멸되었을 것이다. 그러나 그들의 신흥 제도시가 아무리 믿을 수 없고 불완전하다지만, 그래도 아군에게는 은신처가 되고, 적에게는 장해물로 되었다. 키에프 공국은 불운한 분단(몽골인의 침입으로 말미암은)이 있기까지는 북방지역의 지배권을 확립하고 있었으므로, 볼가강으로부터 다뉴브강에 걸쳐서 분포되어 있는 제민족은 류릭의 아들인 올레그와, 그의 또 아들인 이고르의 아들 스뱌토슬라프(Svyatoslav/Swatoslaus. 재위 945~72경)의 무력으로 정복

내지 격퇴되었다. 그의 신심 양면의 활력은 군사와 미개생활의 간난신고속에서 단련되었다. 스뱌토슬라프는 곰의 가죽으로 몸뚱이를 감추었고, 통상은 말안장을 베개삼아 땅바닥에서 잠잤다. 그의 식사는 허술하고 변변치 않고도 검소하였는 바, 호메로스(호머)의 작품에 나오는 영웅과 마찬가지로 그의 주식은(대개의 경우는 말고기였다) 석탄으로 굽거나 불에 쬐서 구은 것이었다. 전쟁의 실제경험은 그의 군대에 견인불발성과 규율을 주었으며, 그의 병사들은 당연한 일이지만, 어느 한사람도 그들의 부장(部將)이 누리는 사치성을 넘는 것을 허용받지 못했다. 그는 비잔티움 황제 니케포루스(Necephorus Ⅱ. 재위 963~69)의 사자로부터 불가리아 정복에 참가해 주도록 설득되는 동시에, 금 1천 500파운드(약 560kg)의 선물이 그들의 원정경비 지출과 노고에 대한 보상금으로 그에게 제공되었다. 이리하여 병사 6만명이 소집되어 편성을 마치고 선박에 태워졌는데, 그들은 드네프르강에서 다뉴브강에로 항행하여 메시아(Maesia)해안에 무사히 상륙작전을 완수하였다. 격렬한 회전끝에 러시아군의 창검이 불가리아인 기병대의 화살에 승리를 거두면서, 패배한 국왕은 전사하고 그의 자식들은 붙잡혔으며, 헤무스산맥(Mt. Haemus)에 이르기까지의 그의 영지는 북방침공자에게 제압되고 또 약탈당했다(969년). 그러나 자기의 사냥감을 포기하고 약속을 이행하는 대신 바랑인의 수장은 철군하는 것이 아니라 전진을 기도하였다. 그리하여 만에 하나라도 그의 야심이 성공하였더라면, 대공의 수도는 가장 빠른 시기에 한층더 온화하고 풍옥한 풍토에로 옮겨졌을런지 모른다. 스뱌토슬라프는 지상의 각종 생산품을 교역 또는 약탈로서 한손아귀에 통합시킬 수 있는 그런 새 거점의 강대성을 확보하고 또 향수하였다. 그는 용이한 주항(舟航)을 통하

---

* 저자 기번이 이 「로마제국 쇠망사」를 써내려가던 당시만 해도, 부동항을 찾아 남하정책을 추구하여 흑해에 도달코자 염원하던 에카테리나 2세(Ekaterina Ⅱ, Alekseevna. 전의 이름은 Sophie Auguste von Anhalt－Zerbst. 재위 1762~96. 후일의 표트르 3세〈Pyotr Ⅲ. 재위 1762〉와 결혼하고 러시아 정교로 개종. 태자 파벨 1세〈Pavel Ⅰ. 재위 1796~1801〉를 낳았으나 결혼생활에 불만을 품고 근위군 및 총신들과 공모하여 夫帝를 폐위시킨 후에 살해하고 스스로 등극한 여걸. 「계몽전제군주」로 알려졌다. 폴란드 분할에 참가했고 투르크와의 전쟁으로는 흑해연안지역을, 페르시아로부터는 아랄해 연안을 획득했고, 또 극동지방 경영에도 깊은 관심을 돌렸다)의 러시아 제국이 이 무렵부터 최성기를 막 지난 오스만－터키와 여러차례 사투를 전개함으로써, 1774년에는 쿠추크－카이나르디 조약(1768~74), 얏시조약(1789~92)으로 크리미아 칸국을 포함한 흑해연안지역을 합병하는 동시에, 최초의 러시아 흑해함대를 건설하는 등의 정세가 이 서술의 배경을 이룬다.

여 러시아로부터 모피 · 밀랍 · 벌꿀술 등의 각종 토산품을 운반해 올 수 있었고, 헝가리는 그에게 말의 품종과 서방의 전리품을 가져왔고, 비잔티움에는 그가 가난하기 때문에야말로 경멸하는체하던 금은과 기타 외국의 사치품이 산더미로 축적되어 있었다. 파치나크인(Patzinacites), 카자르인(Chazars) 그리고 투르크인(Turks)의 군단들은, 당연한 일이지만 승리자의 깃발밑에 모여들었는데, 니케포루스의 사절(황제가 키에프에 파견한 카로큘레스라는 장군이었다)은 황제의 신임을 배신하고 자의(紫衣) 입은 황제를 참칭하면서, 동방세계의 재보를 새 동맹자와의 사이에서 절반씩 나누어 가지기로 약속하였다. 러시아 대공은 다뉴브강 강안으로부터 아드리아노폴리스까지 진군을 계속하였다. 동로마의 속주들은 명도하고 철수하라는 정식명령을 경멸로서 거절한 스뱌토슬라프는, 콘스탄티노플 자체가 머지않아 적의 군주의 새로운 입성을 맞이하게 될 것이라고 위압적인 태도로 회답하였다.

니케포루스는 자기가 불러들인 재난을 배제할 수 없게 되었지만, 그의 제위와 또한 그의 황후까지 인계받은 요하네스 찌미스케스(Johannes Zimisces Ⅰ. 재위 969~76. 키에프 대공의 군을 격퇴하고〈972〉, 다뉴브강 남반부—불가리아 동반부를 병합한데 이어서 팔레스티나 제도시도 점령했다)는, 그의 짤막한 키에 영웅의 기개와 능력을 간직한 인물이었다. 그의 막료에 의한 최초승리로 러시아군은 외국인 동맹자를 탈취당했는데, 이 동맹군 2만명은 창칼로 살해되거나 반란을 일으켰는가 하면, 일부는 묵묵히 전열에서 이탈했던 것이다. 트라키아는 해방되었지만 7만의 만족병들은 아직 무장을 풀어놓지 않고 있었으므로, 시리아의 새로운 정복지로부터 소환된 군단은 봄철이 돌아옴과 동시에, 우리들이야말로 치욕당한 불가리아인 편이요, 복수자들이라고 공언하는 이 호전적인 황제의 깃발밑에서 진군준비를 끝마치고 있었다. 무방비 상태로 방치되어 있던 헤무스산맥의 고갯길은 금새 점령되었다. 동로마의 전위부대는 불사(不死)의 사람들(immortals) (페르시아식의 자랑찬 모방이지만)로 편성되어 있었는데, 황제는 1만 500명의 보병들로 조직된 주력부대를 통솔하고, 그 나머지 병력은 군용고리짝과 군사용구를 휴대운반하면서 주의깊은 대열로 천천히 그 뒤를 따라서 행진하였다. 요하네스 찌미스케스가 세운 첫번째 공로는, 별명이 페리스틀라바(Peristhlaba : 슬라브어로 위대한, 또는 유명한 도시라는 뜻이 포함된다)인 마르키아노폴리스(Marcianopolis)를 불과 2일만에 점령한 사실이다(972년). 나팔소리가 울려 퍼지자, 성벽에 줄사다리가 걸리면서

8천 500명의 러시아병이 참살되었고, 불가리아왕의 자식들은 저주스러운 감옥에서 석방되어 명목상의 왕관이 수여되었다. 이와같은 패배를 거듭한 끝에 스뱌토슬라프는 다뉴브강변에 있는 드리스트라(Dristra)요새로 후퇴했는데, 그의 적대무력은 교대교대로 완급자재(緩急自在)의 전술로써 그를 계속 추격하였다. 비잔티움 제국의 갤리선은 강을 거슬러 올라갔고, 그 군단은 그를 포위하는 참호를 팠다. 이리하여 러시아 대공은 군영과 도시의 요새가 포위되고 또 공격받으면서 식량은 바닥을 들어내게 되었다. 갖가지 무용이 발휘되어 필사적인 돌격도 몇차례 시도해 보았지만, 결국 65일간에 이르는 공위전끝에 스뱌토슬라프는 무운이 나빠서 항복하고 말았다. 그가 얻어낸 관대한 항복조건은 불요불굴한 마음의 무용을 존경하고, 그의 절망감을 염려한 승리자의 선견지명과 아량의 표현이었다. 러시아 대공은 장중한 서약으로 모든 적대행동의 포기를 선언했기 때문에, 그의 귀국을 위한 안전통행을 보장받았고, 통상과 항해의 자유부활에 동의함으로써 그의 병사들을 위하여 한 됫박씩의 곡물을 분배받았는데, 그 곡물의 총량이 2만 2천 됫박의 급부밖에 되지 않았다는 것은, 이 만족민의 손실과 생존자의 실수(實數)를 입증하는 것이 된다. 곤란한 선박여행 끝에, 그들은 또다시 보류스테네스(드네프르)강 하구에 도달하였지만, 그들의 식량은 또다시 바닥이 났고, 계절도 불순했던 까닭에 그들은 한해 겨울을 얼음판위에서 보내야만 했다. 그들의 진발(進發)에 앞서 스뱌토슬라프는 일찍이 그리스인들과 항구적으로 유용한 연계를 유지하고 있던 인근부족의 급습을 받고 심히 압박감을 느꼈던 것이다. 한편 요하네스 찌미스케스의 귀환은 이와 정반대였다. 그는 수도에서 고대 로마의 구세주였던 카밀루스(Camillus, Marcus Furius. BC 365사망. 로마의 장군. 로마시의 전설적 건설자인 로물루스〈Romulus. BC 753~716년간 로마를 통치했다〉에 버금가는 로마 제2의 건설자로 칭송된다)와 마리우스(Marius, Gaius, BC 157~86. 아프리카의 누미디아왕인 유구르타〈Jugurtha〉정토전에 승리한 것을 비롯하여 게르만족, 킴블리족토벌에서 큰공을 세웠다. 정치적으로는 빈민파지도자로서 귀족파를 크게 숙청하였다)들과 맞먹는 대환영을 받았다. 그리고 이 경건한 황제는 승리의 공적을 신의 어머니에게 돌렸으므로, 성자를 팔에 안은 처녀 마리아상이 수많은 전리품과 불가리아 왕국 국기들로 장식된 개선마차에 놓여졌다. 찌미스케스 황제는 머리에는 왕관을 쓰고 손에는 월계수를 든 자세로 말에 높이 올라타고 공식적으로 수도에 입성하였다. 그리고 콘스탄티노플은 자기들의 군주의 군사적 공적에 경탄하면서 그를 갈채하였다.

자기의 지식욕에 못지않게 야심도 강렬했던 콘스탄티노플의 총대주교 포티오스(Photios/Photius, 820경~91경)는 러시아인의 개종소식을 듣고 자기와 그리스 교회를 축복하였다. 이 흉포하고 산학한 만족민도 이제 겨우 이성을 찾고 종교의 목소리에 귀를 기우려 예수를 자기들의 신과, 그리고 그리스도교 선교사를 자기들의 교사로, 또 로마인을 자기들의 친구동포로 인정할 생각이 든 것이다. 그러나 그가 축하한 승리는 너무도 일렀고 일시적이었다. 틀림없이 일부 러시아인 부장(部將)들이 해적적인 모험의 여러가지 운세속에서 세례를 받은 사실이 있었고, 키에프 교회에서는 그리스인 출신의 한 주교가 수도의 대주교이름으로 노예와 원주민 회중(會衆)에게 성체를 수여한 일도 있었던 모양이다. 그러나 복음의 종자가 워낙 불모의 토양위에 심어진 결과, 대부분의 사람들이 금세 이반한 반면에 새 개종자는 거의 나타나지 않았다. 때문에 우리들은 올가(Olga. 890경~969. 키에프 대공인 이고르<Igor Ⅰ. 재위 912~45>의 비. 농민출신이지만, 남편이 암살된 후 그녀의 아들 스뱌토슬라프<재위 945~73>의 후견인으로서 945~55년간 국정을 살폈다. 955<또는 957>년에 콘스탄티노플에서 세례를 받고 세례명을 Helena로 칭하였다)가 세례받은 것을 그리스도교의 러시아 전도 원년으로 생각해도 좋을 것이다. 가장 미천한 집안의 태생이면서도 그녀의 남편인 이고르의 죽음에 복수하여 왕위를 계승한 이 여성은, 의심할 바 없이 만족민의 공포와 복종을 이끌어 낼 수 있었던 활발한 미덕의 소유자였음이 틀림없다. 그녀는 내외의 평화로운 상황을 적당히 가늠하여 키에프에서 콘스탄티노플에 이르렀는데, 콘스탄티누스 7세(보랏빛 궁전 태생 황제<Porphyrogenitus>. 재위 911~59)황제는, 자기의 수도와 궁전에서 그녀를 맞이하여 베푼 처우와 의식에 관한 것을 세밀하고도 꼼꼼하게 기술해 놓았다. 걸음걸이, 직함, 표경(表敬)방법, 연회석, 선물 등은 자의(紫衣)의 한층 높은 위엄에 대한 정당한 배려가 손님들의 허영심을 만족시키기 위한 생각과 절묘하게 조정되었다. 세례성사에 참여한 그녀는 헬레나(Helena. 올가의 세례명)황후라는 고귀한 이름을 받았다. 그리고 그녀의 개종을 전후하여 그녀의 숙부, 2명의 통역, 고위층의 부인 16명과 하급여성 18명, 정부관리 내지 그 종자들 22명, 러시아상인 44인 등 올가(헬레나)대공비의 모든 수행원들도 세례를 받았다. 키에프와 노보고로드(노브고로드)에 귀환한 후에도 그녀는 새 종교를 굳게 믿어 나갔지만, 복음을 세상에 널리 전하려는 그녀의 노고는 성공을 거두지 못한 바, 그녀의 가족과 국민은 한결같이 그들의 선조들이 믿어온 여러 신들에 대한 신앙을 완미하게 또는 무관심으로 유지하고 있었다. 그녀의 아들인 스뱌토슬라프는 자기 친구들의 경멸과 조소를 걱정하였으나, 그녀의 손자인 블라디미르(Vladimir/Wolodomir Ⅰ. 재위 980~1015. 聖公. 동로마 황제 바실리우스〈Basilius Ⅱ. 재위 976~1025〉의 매씨인 안나와의 결혼을 계기로 그리스 정교의 채용을 결정하고 백성에게 집단세례를 줌으로써 러시아의 비잔티움화에 큰 영향을 미쳤다)는, 오히려 고대의 기독교 숭배기념물의 증가와 그 장식에 젊은이의 패기를 보였다. 북방의 야만적인 신들은 여전히 인신공양을 받고 있었는데, 더욱이 희생의 제물을 선택함에 있어서는 외국인보다는 자국민이, 이교도보다는 그리스도 교도가 선호되었다. 자식을 제사(祭司)의 식칼로부터 방위한 한 아버지는, 광신적인 소요의 분노로 말미암아 그 또한 아들과 똑같은 운명에 휘말려 들었다. 그러나 경건한 올가의 교훈과 모범은 대공과 민중의 마음에 눈에 보이지 않는 깊은 인상을 심어 주었으며, 또 그리스인 선교사는 설교와 토론을 통하여 민중을 교화하면서 세례를 계속 주어 나갔다. 그런 결과로 러시아의 사절이나 상인들도 자기들의 삼림숭배를 콘스탄티노플의 우아한 미신과 비교하게 되었다. 그들은 찬탄하는 마음으로 성소피아 대성당의 둥근지붕을 응시하였고, 성도와 순교자의 생생한 면상(面像), 화려한 제단, 많은 수의 승려와 그들의 의상 및 의식의 현란성, 그리고 그의 정연한 순서, 엄숙한 침묵과 조화있는 가창교대(歌唱交代)의 연속성에 매혹된 나머지, 일단의 천사들이 이처럼 그리스도 교도들의 기도에 참가하기 위하여 매일 하늘에서 지상으로 내려온다고 자연스럽게 생각하기에 이르렀다. 그러나 이 블라디미르 1세의 개종(989년)은 로마인 새색시를 맞이하고 싶다는 소원으로 결정 또는 촉진된 것이다. 세례와 결혼식이 같은 시기에 케르손(Cherson)거리에서 그리스도교 대주교의 집전으로 거행되었다. 그는 이 거리를 자기 신부의 오라버니인 황제 바실리우스 2세에게 반환하였지만, 전해지는 바에 의하면 그곳 놋쇠로 만든 성문들만은 노브고로드로 운반되어, 그의 승리와 신앙의 기념비로서 최초 교회의 앞뜰에 설치되었다. 그의 전단적인 명령으로, 지금까지 그 자신이 오랫동안 예배했던 뇌신(雷神) 페로운(Peroun)의 상(像)은, 키에프의 거리거리를 끌려다닌 끝에, 12명의 건장한 만족 장사들의 손으로, 그의 기괴한 얼굴모습을 막대로 크게 맞은 다음 보류스테네스(드네프르)강속에 분연히 내동댕이 쳐졌다. 블라디미르의 칙령이 세례의식을 거부하는 사람은 모두가 신 및 군주의 적대자로 간주된다고 선언하고 있었기 때문에, 각지의 하천에는 대공과 보야르(boyar. 러시아의 토지귀족)들이 이미 받아들인 교의의 진리와 탁월성에 묵종(默從)한 몇천 몇만이라는 유순한 러시아인이 끊임없이 참집하였다. 그 다음 세대가 되면서 이교의 유습은 최종적으로 근절되었지만, 블라디미르의 두 형제는 세례를 받지 않고 죽었기 때문에 그들의 유골은 무덤에서 파내어진 다음, 비정규적인 사후 성찬으로 비로소 성화(聖化)되었다*.

그리스도교 지방의 제9, 10 및 11세기에 복음서와 교회지배는 불가리아, 헝가리, 보헤미아, 작센, 덴마크, 노르웨이, 스웨덴, 폴란드 및 러시아 각지로 확대하였다(러시아에서의 그리스도교 확립은 다른 지역과 달라서 그에 저항하는 다른 종파의 성직층이 존재하지 않았기 때문에 평이하게 이루어졌다 : 베리의 보충주석). 사도적인 정열의 개가는 그리스도교 철의 시대(the iron age)에 반복하여 올려져, 유럽의 북부와 동부지역은 그들의 종래의 우상숭배라는 측면에서 볼 때 실제 예배라는 점에서보다도 이론면에서 한층더 격절(隔絶)된 종교에 굴복하게 되었다. 기특한 야심에 불탔던 독일과 그리스의 수도사들은 자진하여 만족의 천막과 오두막집을 찾아갔다. 빈곤 · 간난 · 위험은 이들 최초 선교사들의 운명이었지만, 그들의 용기는 활동적이고 참을성이 강했고, 그들의 동기는 순수하고도 기특했으며, 그들이 받는 현세적 보수는 그들의 양심의 증언과 감사에 넘치는 민중으로부터의 경애심 뿐이었다. 그러나 그들이 치룬 노고에서 거둔 풍요한 수확은, 이에

---

* 베리 교수는 슬라브족의 그리스도교로의 개종에 관한 이 기술에 대하여, 저자 기번이 슬라브족의 사도로 존숭되고 있는 저 유명한 콘스탄티노스(Konstantinos는 본명이고, 통칭은 큐릴로스〈Kyrillos/Cyril〉. 827경~69)와 메토디오스(Methodios/Methodius. Kyrillos의 형. 826경~85. 그리스의 사제들이다. 이 두 형제는 아조프해 부근의 이교도인 Khazar인 사이에서 포교하기 위하여 미카엘 3세〈재위 842~67〉의 명령으로 모라비아에 파견되어 863~68년간 포교했다. 성경의 일부와 두 세가지의 典書를 슬라브어〈고대 교회슬라브어로서 語派상 남슬라브어군에 속한다〉로 번역했다. 슬라브어 문자를 창제한 것으로도 유명하다. 「슬라브의 사도」로 불리우며 형제 공히 성인)형제에 대하여 한마디의 말도 언급하고 있지 않은 것은 기이한 일이라고 말하면서, 이 두 사람이 슬라브 세계 개종에서 수행한 공적의 크기는 게르만 세계의 그것에서 세운 울필라스(Ulfilas/Wulfila. 311경~383. 고트인 성직자. 주교. 다키아, 메시아 지방에서 포교했고, 그 사이에 고트어 알파벳을 창제하여 『구약성경』을 70인 역본에서, 또 『신약성경』을 그리스어 원전에서 고트어로 번역하였다)의 공로 정도가 아니라고 단언한 다음, 그들의 생애에 대해서는 반드시 정확한 역사적 사실이 확인되기에 앞서 이미 빠른 시기에 모라비아, 보헤미아, 판노니아, 불가리아 각지에서 여러가지로 상이한 전승(傳承)과 구비(口碑)에 휩싸여 버렸다고 말하고 있다.

뒤이은 시대의 오만하고도 유복한 고위성직자에게 상속되고 또 향수되었다. 도대체가 초기의 개종은 자유롭고도 자발적이었고, 성스러운 생활과 웅변의 혀만이 선교사들의 유일한 무기였다. 그러나 이교도들의 가정내 우화는 이방인의 기적과 환상앞에 침묵당하였고, 족장(族長)의 온정있는 성정은 허영과 이익의 지시에 의하여 가속되었다. 국왕과 성인 등의 칭호로 장식된 국민의 지도자들은, 그들의 신하와 이웃에 대한 가톨릭 신앙의 강제를 합법적이며 경건한 행위로 생각하게 되었는데, 이리하여 홀스타인(Holstein. 지금의 독일 함부르크를 중심으로 한 지역)으로부터 핀란드만에 걸친 발트해 연안은 십자가가 들어있는 깃발로 정복됨으로써, 우상숭배의 지배는 14세기에 리두아니아 사람들의 개종으로 종지부가 찍혔다. 그러나 이들 북방 여러 국민의 개종이 오래된 그리스도 교도에게나 또 새로운 신도들에게도 한결같이 현세적인 많은 이익을 가져다준 사실을, 진리와 불편부당성은 승인해야 할 것이다. 확실히 인간본성에서 뽑아 버리기 힘들만큼 깊이 깃들어 있는 전쟁에 대한 충동이, 자애심과 평화의 복음규칙으로 치유될리가 없는 바, 현실적으로 가톨릭 군주의 야망은 어느 시대에도 적대적 투쟁의 재액을 만들어 왔다. 그러나 만족이 문민적이고 교권적인 사회의 역내(域內)로 편입되었다는 것은, 유럽을 노르만인, 헝가리인, 러시아인의 육해를 통한 침구와 약탈로부터 해방하였고, 그들편에서도 이제 자기네 동포의 생명을 존중하고 자기들의 재산을 개발증식하는 방법을 깨달은 것이다. 법과 질서의 제도화가 성직자들의 영향으로 촉진되었고, 과학과 기술의 맹아(萌牙)는 지구상의 미개한 여러나라에 도입되었다. 러시아 대공들의 활수한 경신(敬神)은 가장 숙련된 그리스인 예술가들을 자기네 도시의 미화와 주민의 교화를 위하여 동원하였다. 키에프와 노브고로드의 교회들에서는 성소피아 대성당의 도움(dome)과 회화가 소박하게 모방되었고, 교부들의 여러 저작은 슬라브어로 번역되어 300명의 귀족출신 젊은이들이 야로슬라프 학원의 강의에 출석하도록 초청 또는 강제되었다. 얼른 보기에, 이 시기까지 라틴인의 무학(無學)을 지극히 당연한 일로 경멸하면서, 콘스탄티노플의 교회 및 국가기관들 하고만 특유한 연계를 유지해 온 러시아는 조기에 급속한 발전을 성취한 것으로 보인다. 그러나 비잔티움 국민은 비굴하고도 고독하여 급격히 쇠미해 가고 있었던 만큼, 키에프가 함락된 후는 보류스테네스(드네프르)강을 항해하는 일조차 잊어 버렸다. 블라디미르와 역대 모스크바 대공은 해양과 콘스탄티노플로부터 분단되어 있었는데, 이렇게 분할된 왕국은 타타르족이 씌운 멍에의 치욕과 맹목(盲目)에 억압당하였다. 한편 지금까지 라틴인 선교사들에 의하여 개종한 슬라브와 스칸디나비아 여러나라 사람들은, 확실히 로마 교황의 정신적인 지배권과 현세적인 권력에 복속하고 있었지만, 언어 및 종교상의 예배에서는 각국이 상호간, 그리고 로마와 결부되어 유럽 공화국의 자유롭고 관용정신을 흡수하여 점차 이 서방세계에서 발흥한 지식의 빛을 한몫 나누어 받게 되었다.

마호메트의 혈연관계와 새로 개종한 국가들의 칼리프 · 국왕 · 대공들

본권은 전체를 통하여 사라센의 융흥기와 이슬람 제국의 성립, 그리고 슬라브와 헝가리민족의 이동을 다루고 있으므로, 이 시대의 콘스탄티노플 비잔티움 황제들의 계보와 그 업적은 생략하고, 모두를 제 Ⅷ 권의 권말을 참조하도록 거기에 미루기로 한다. 편의상 여기서는 그것에 대체하여 본권의 주역인 이슬람 제국의 역대 칼리프의 계도와 그리스도교로 새로 개종한 헝가리 · 러시아의 국왕 · 대공의 재위연대표를 게재한다.

(1) 마호메트의 혈통과 이슬람권의 주요왕조

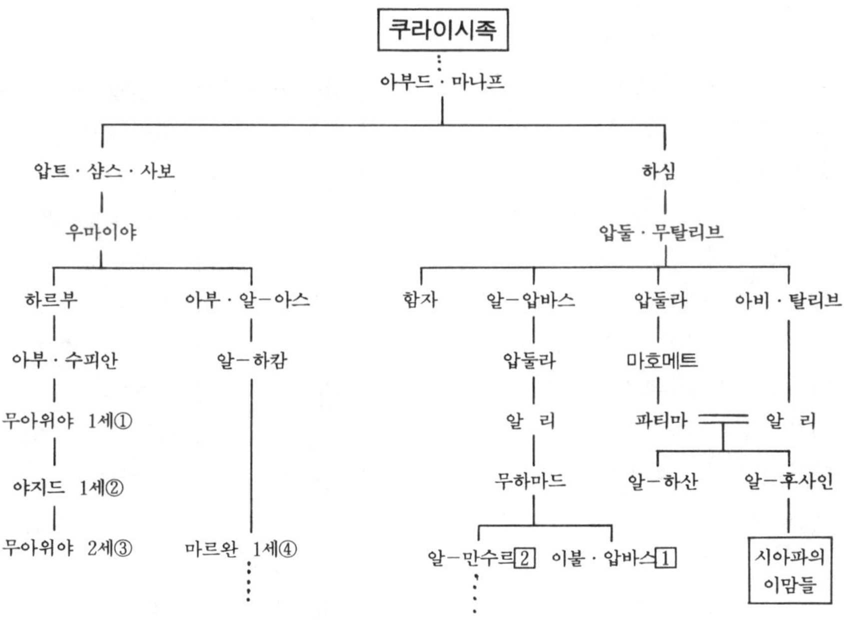

정통 칼리프 〈메디나〉

(1) 아부 바크르 632~34
(2) 우마르 634~44
(3) 우스만 644~56
(4) 알리 656~61

우마이아 왕조 〈다마스커스〉 661~750

① 무아위야 1세 661~80
② 야지드 1세 680~83
③ 무아위야 2세 683
④ 마르완 1세 683~85
⑤ 압둘·말리크 685~705
⑥ 알-왈리드 705~15
⑦ 술라이만 715~17
⑧ 우마르·이븐·압둘·아지즈 717~20
⑨ 야지드 2세 720~24
⑩ 히샴 724~43
⑪ 알-왈리드 2세 743~44
⑫ 야지드 3세 744
⑬ 이브라힘 744
⑭ 마르완 2세 744~50

압바스 왕조〈바그다드〉 750~1258

[1] 아불·압바스 750~54
[2] 알-만수르 754~75
[3] 알-마하디 775~85
[4] 알-하디 785~86
[5] 하루누르·라시드 786~809
[6] 알-아민 809~13
[7] 알-마문 813~33
[8] 알-무타쉼 833~42
[9] 알-와시크 842~47
[10] 알-무타왓킬 847~61
[11] 알-문타시르 861~62
[12] 알-무스타인 862~66
[13] 알-무타즈 866~69
[14] 알-무흐타디 869~70
[15] 알-무타미드 870~92
[16] 알-무티디드 892~902
[17] 알-무크타피 902~08
[18] 알-무크타디르 908~32
[19] 알-카히르 932~34
[20] 앗-라디 934~40
[21] 알-뭇타키 940~44
[22] 알-무스탁피 944~46
[23] 알-무티 946~74
[24] 앗-타이 974~91
[25] 알-카디르 991~1031
[26] 알-카임 1031~75
[27] 알-무크타디 1075~94
[28] 알-무스타즈히르 1094~1118
[29] 알-무스타르시드 1118~35
[30] 아르-라시드 1135~36
[31] 알-무크타피 1136~60
[32] 알-무스탄지드 1160~70
[33] 알-무스타디 1170~80
[34] 안-나시르 1180~1225
[35] 앗-자히르 1225~26
[36] 알-무스탄시르 1226~42

37 알-무스타심 1242~58

스페인의 우마이야 왕조〈코르도바〉 756~1031

1 압두르 라하만 1세 756~88
2 히샴 1세 788~96
3 알-하캄 1세 796~822
4 압두르 라하만 2세 822~52
5 무하마드 1세 852~86
6 알-문디르 886~88
7 압둘라 888~912
8 압두르-라하만 3세 912~61
9 알-하캄 2세 961~76
10 히샴 2세 976~1009
11 무하마드 2세 1009
12 술라이만 알-무스타인 1009~10
13 무하마드 2세 1010
14 히샴 2세(복위) 1010~13
15 술라이만 알-무스타인 1013~16
16 알리 이븐 하무드 1016~18
17 압두르-라하만 4세 1018
18 알-카심 이븐 하무드 1018~21
19 야흐야 이븐 알리 1021~22
20 알-카심(복위) 1022~23
21 압두르-라하만 5세 1023~24
22 무하마드 3세 알-무스탁피 1024~25
23 야흐야 이븐 알리(복위) 1025~27
24 히샴 3세 1027~31

(2) 헝가리 왕국

아르파드(Arpad) 왕국 896~1301

(1) 아르파드 896~907경
(2) 게자 972~97
(3) 이슈트반 1세 997~1038
(4) 페테르 1038~41
(5) 아바-샤무엘 1041~44
(6) 페테르(복위) 1044~46
(7) 안드라스 1세 1046~60
(8) 벨라 1세 1061~63
(9) 샬라몬 1063~74
(10) 게자 1세 1074~77
(11) 라슬로 1세 1077~95
(12) 칼만 1095~1116
(13) 이슈트반 2세 1116~31
(14) 벨라 2세 1131~41
(15) 게자 2세 1141~62
(16) 이슈트반 3세 1162~73
(17) (라슬로 2세 1162~63)
(18) (이슈트반 4세 1163~65)
(19) 벨라 3세 1173~96
(20) 임레 1196~1204
(21) 라슬로 3세 1204~05
(22) 안드라슈 2세 1205~36
(23) 벨라 4세 1235~70
(24) 이슈트반 5세 1270~72
(25) 라슬로 4세 1272~90
(26) 안드라슈 3세 1290~1301

(3) 러시아(키에프 공국)

류릭 대공<키에프>
862경~1154

(1) 류릭 862경~79
(2) 올레그 880경~912
(3) 이고르 1세 912~45
(4) 스뱌토슬라프 945~72경 }
올리가(섭정) 945~55 }
(5) 야로폴크 973경~78경
(6) 블라디미르 1세 980~1015
(7) 스뱌토폴크 1015~19
(8) 야로슬라프 1세 1019~54
(9) 이쟈슬라프 1054, 69, 76
(10) 프세볼로드 1078~93
(11) 스뱌토폴크 1093~1113
(12) 블라디미르 모노마흐 1113~25
(13) 므스티슬라프 1125~32
(14) 야로폴크 1132~39
(15) 프세볼로드 1139~46
(16) 이쟈슬라프 1146~54

찾 아 보 기

[ㄱ]

가나안(약속의 땅/이상향) …………………… 64
가론강 …………………………………………212
가론느강 ………………………………………212
가발라 …………………………………………149
가브리엘(Gabriel) … ………………… 14, 42, 47, 50, 67, 79, 84, 249
가스코뉴인 ……………………………………211
가싼 ……………………………………………36
가싼족 ………………………………………22, 141
가 자 ………………………………………149, 154
「가죽제 앞치마」(사산왕조의 상징물) …… 116
가톨릭교(도) ………………… 35, 107, 170, 183, 184, 195, 270, 317, 324, 328
간 통 ………………………………………83, 84
갈레노스(Galenos) ……………………228, 231
갈루스(Gallus, G, C) …………………………22
갈라시아 ………………………185, 186, 188
감독교회 ……………………………194, 195
강화조약 ………………145, 186, 237, 246, 338
개선식 …………………………………………258
개종(자) …… 35, 45, 58, 75, 76, 82, 103, 105, 123, 143, 147, 153, 161, 192, 254, 324, 350, 362
개혁교회 ……………………………331, 332
갠지스강 ………………………………………104
갤리선 …… 208, 209, 238, 242, 294, 338, 355, 359
검은돌(카이바신전의) ………………32, 250, 251
게라(카티프) …………………………………20
게라사 …………………………………………126
게르마니아 ……………………………13, 268
게르만군 ……………………………215, 216
게르만족 ……………………………214, 298
게르베르트(Gerbert) …………………………204
게자(Geza) ……………………………………348
게피데족 ………………………………………214
「견사(譴使)의 해」 ……………………………75
결사대 …………………………………………127
결의론자 ……………………………162, 203
결혼지참금 ……………………………………83
경갤리선(드로몬드) …………………………293
경교(景教) ……………………………………13
경기병대 ………………………………………141
경마장의 당파(녹색당, 청색당) …… 279, 286

경외전(經外典) ······ 34, 45
「경전의 백성」 ······ 193
고모라 ······ 58
고트족 ··· 174, 177, 179, 185, 186, 211, 240, 243, 336
골렛타 요새 ······ 175
공납(금) ······ 65, 75, 123, 125, 127, 133, 140, 143, 157, 160, 164, 185, 192, 195, 233, 235, 255, 272, 273, 344
공성용 망루 ······ 185
공 조 ······ 113, 157, 191, 202, 236
공치제(共治帝) ······ 288
공화정 ······ 241, 309
관장(管杖) ······ 283
괴 타 ······ 241, 242
교령(敎令 decree) ······ 331
교주의 특전(전리품 분배에서) ······ 65
교회력(敎會曆) ······ 266
교회법 ······ 291
구르지아 ······ 245
구세주 ······ 46, 101
「95개조의 속유장」 ······ 328
구아달레테(구아달키비르)강 181, 182, 185, 191
구아디아나강 ······ 185
구원군 ······ 128
구전율법 ······ 48
국새상서 ······ 283
군기(軍旗) ······ 67, 74, 76, 77, 94, 108, 109, 114, 116, 120, 129, 131, 138, 145, 149, 160, 167, 173, 180, 200, 205, 213, 225, 241, 300, 335
궁내부 장관 ······ 211, 213, 214, 216
궁사대 ······ 68, 73, 74, 115, 215
「궁전의전서」(콘스탄티누스 7세의) ······ 263, 267, 296
궁정 도서관 ······ 306
궤배예의법 ······ 284
귀 족 ······ 37, 178, 181, 182, 188, 190, 197, 227, 255, 272, 279, 280, 282, 301, 337, 363
그노시스파 ······ 33, 34, 46, 312, 314, 317, 327
그라나라 ······ 183, 187, 190
그레고리우스(Gregorius) ······ 167, 168, 169
그레고리우스(Gregorius, T) ······ 317
그레고리우스 7세(Gregorius Ⅶ) ······ 195, 327
그리스도(기독)교(도) ······ 33, 35, 36, 43, 54, 80, 97, 102, 104, 107, 136, 150, 151, 156, 166, 178, 182, 183,
그리스어 ······ 302, 304
「그리스의 불」 ······ 201, 208, 209, 210, 294, 355
그리스인 ······ 45, 243, 292, 303, 304, 309
금문(金門) ······ 201, 285, 346
기병대 ······ 68, 77, 98, 115, 120, 122, 126, 129, 131, 135, 136, 137, 142, 208, 215, 245, 250, 254, 295, 297
기사도 ······ 213, 215, 300
기스카르(Guiscard, Robert) ······ 275
기 적 ······ 21, 33, 36, 46, 104,
기호품 ······ 83

[ㄴ]

나디르 샤(Nadir shar) ······ 95

나디르파 …… 69
나르본 …… 211
나르봉느 기둥 …… 186
나일강 …… 19, 153, 155, 164, 166, 213, 220, 238
나쟈프 …… 95
나폴리 …… 242
나프타(액체역청) …… 208
낙타(떼) …… 18, 20, 29, 38, 66, 67, 71, 119, 164, 167, 223
「낙타의 싸움」 …… 93
네스토리우스(Nestorius) …… 13
네스토리우스파 …… 13, 36, 196, 261
넵투누스(Neptunus) …… 273
노르만인 …… 269, 275, 281, 346, 349, 352, 363
노르만 전쟁 …… 324
노 병 …… 111, 118, 129, 130, 159, 175, 180
노브고로드(노보고로드) …… 350, 351, 352, 360, 361, 363
노아(Noah) …… 34, 42, 45, 249
노 예 …… 18, 23, 29, 38, 58, 74, 76, 78, 84, 97, 109, 110, 144, 146, 149, 150, 157, 159, 169, 192, 202, 223, 240, 272, 280, 291, 297, 352
노포(弩砲) …… 294
녹색 터반 …… 56
『농경시』(베르길리우스의) …… 265
『농업백과』(콘스탄티누스 7세의) …… 263, 265, 266
누비아 …… 160
누프(Nuh) …… 34
누흐 2세(Nuh Ⅱ) …… 230
니부르(Niebuhr, C) …… 27
니시비스 …… 151, 261
니케아 …… 269, 321
니케아공회의 …… 311
니케아 신조 …… 329
니케포루스(Nicephorus Ⅰ) …… 235, 236, 237, 269, 292, 319, 336, 337
니케포루스 2세(Nicephorus Ⅱ, phocas) …… 258, 259, 296, 357, 358
니코메디아 …… 321
니하반드 …… 118, 119

[ㄷ]

다고베르 3세(Dagobert Ⅲ) …… 211
다나오스(Danaos) …… 271
다뉴브(도나우)강 …… 188, 207, 269, 323, 325, 333, 336, 338, 341, 343, 353, 356, 357, 359
다니엘(Daniel) …… 145
다니엘(Daniel. 예언자) …… 328
다니엘리스(Danielis) …… 274, 280
다 라 …… 151
다레이오스 3세(Dareios Ⅲ) …… 119
다레이오스 1세(Dareios Ⅰ) …… 275
다르마니아 …… 335
다마스커스 …… 20, 40, 93, 96, 127, 130, 136, 138, 148, 170, 183, 188, 190, 201, 212, 220, 222, 260

다마스커스 궁전(궁정) …… 111, 182, 216, 218
다메스(Dames) …… 146, 147
다비데(David) …… 138
다신(론)교 …… 35, 43, 44, 50, 73, 107, 191, 192
다윗(Dawid) …… 318
다쟐(Dejal) …… 101
단성론파 …… 13, 156
달마티아 …… 335, 336
달의 신전(하란의) …… 34
대경마장(히포드롬) …… 278
대공(大公) …… 349
대(大)「도메스티크」(지상군 총사령관) …… 283
대(大)「드룽가이레」(해군사령관) …… 284
대(大)로고테테(재상) …… 266, 283
대리총독 …… 268
대(大)베르타(Bertha) …… 289
「대비열전(영웅전)」(플루타르코스의) …… 232
대상(隊商) …… 21, 25, 27, 65, 66, 126, 136, 172, 198, 251, 325
대(大)「에테리아르크」(제민족 병단 지휘관) …… 283
대주교 …… 144, 145, 158, 162, 163, 178, 183, 196, 305, 307, 361
대(大)「캬우스」 …… 283
대한(大汗, chagan/czar) …… 349
데라르(Derar) …… 127, 129, 131, 136, 142
데메트리오스(Demetrios Ⅰ) …… 152
데모스테네스(Demosthenes) … 48, 119, 307, 337
「데스포트」(주님) …… 282
데인인 …… 343, 346
델리(올드델리) …… 51
도개교(跳開橋) …… 147
도나투스파 …… 194
도나티스트(도나투스파) …… 176
도률레움 …… 246
도르도뉴강 …… 212
도망자 …… 61, 70
「도메티스크」(근위병, 장군) …… 283
도서관(아랍세계의) …… 227
『도서관』(디오드로스의) …… 31
「돌과 모래의 땅」 …… 15
『동양전서』(에르벨로 드 모랑빌의) …… 113
두개골 술잔 …… 337
두마티아 부족 …… 33
둥근 방패 …… 295, 347
「드라고만」(통역) …… 283
드리스트라 …… 359
디나르 화폐 …… 203, 204
디도(Dido, 별명:Belus/Elissa) …… 174
디몬(다이몬, Demon) …… 81
디오스코리데스(Dioskorides) …… 231
디오클레티아누스(Diocletianus) …… 284
디오판토스(Diophantos) …… 229
딜레미족 …… 256

[ㄹ]

라구사 공화국 …… 335
라도가호 …… 349
라디(ar−Radi) …… 255

라마단(금식의 달) ………… 13, 40, 52, 107, 180
라벤나 총독부 ………… 334
라스키아인 ………… 335
라오디케아 ………… 149
라우다섬 ………… 155
라이프니츠(Leibnitz) ………… 332
《Life of Mahomet》(프리도의) ………… 56
라인강 ………… 213, 298, 345, 347
라지스(Rhazes/Abu Bakr Muhammad) … 230
라 카 ………… 250
라코니아인 ………… 273
라테라노 궁전 ………… 242
라티스본(레겐스부르크) ………… 348
라티움 평원 ………… 303
라틴어 ………… 302, 303, 304
라틴(별명:프랑크)인 ………… 195, 196, 268, 278, ………… 290, 302, 310, 312, 364
라틴학파 ………… 228
라파엘(Raphael) ………… 42
람 라 ………… 149
랍 비 ………… 36
랑궤독 ………… 327
랩란드 ………… 341
러시아 대공 ………… 358, 359, 363
러시아인 ………… 348, 352, 356, 357, 360, 363
런 던 ………… 270
레바논 산맥 ………… 136, 139, 149, 202, 205, 294
레베디아스(Lebedias) ………… 340
레오(Leo, Diaconus, 역사가) ………… 305
레오나르도 피사노(Leonardo Pisano) …… 204
레오 4세(Leo Ⅳ. 교황) …… 241, 242, 244, 287
레오 3세(Leo Ⅲ) ………… 205, 207, 271, 304, 323
레오 5세(Leo Ⅴ) ………… 319
레오 6세(Leo Ⅵ. 황제) ………… 263, 264, 266, ………… 280, 291, 306, 342
레오폴리스 ………… 243
레온 지방 ………… 183
레우카디아 ………… 273
레 이 ………… 119
레흐강 ………… 347
로도스 제도 ………… 96, 152, 205, 269
로드리고(Rodrigo/Roderick) 178, 179, 181, 189
로드웰(Rodwell, J. M) ………… 14
로 마 ………… 32, 194, 196, 232, 269, 270, 345
「로마건국사」(리비우스의) ………… 112, 163, 232
로마교황 ………… 195, 241, 242, 305, 330, 364
로마군단 ………… 333
로마누스 2세(Romanus Ⅱ) ………… 258, ………… 263, 288, 289
로마누스 1세(Romanus Ⅰ) ………… 126, ………… 127, 287, 288, 338
로마법 ………… 264
「로마법 대전」(유스티니아누스 1세의) ………… 264, 302
로마의 3대 역사가 ………… 163
로마인 ………… 303, 304
로물루스(Romulus) ………… 359
로제르 1세(Roger Ⅰ) ………… 275
로크(Loche, John) ………… 332
로타르 2세(Lothair Ⅱ) ………… 289

론 강 ······ 212, 214, 326
롬바르드족 ······ 187, 241, 243, 301, 302
루드비히(Ludwig) ······ 216
루드비히 4세(Ludwig Ⅳ) ······ 344
루드비히 1세(Ludwig Ⅰ) ······ 348, 349
「루스카야 프라브다」 ······ 290
루스탐(Rustam) ······ 114, 115
루시타니아(포르투칼 지역) ······ 185, 186
루이 9세(Louis Ⅸ) ······ 210
루카 공화국 ······ 276
루크눗-다울라(Ruknu'd-Daulah) ······ 255, 256
루키아노스(Lucianus) ······ 313
루터(Luther, M) ······ 320, 328, 329, 331
류릭(Ryurik) ······ 350, 351, 354, 356
류케이온(아리스토텔레스의 학원) ······ 229
류크니두스(아크리다) ······ 335
류키니두스 궁전 ······ 338
류트프란드(Liutprand) ······ 267, 284, 289, 301
리두아니이인 ······ 363
리부르니아인 ······ 335, 336
리비우스(Livius, T) ······ 112, 163, 232
리스본 ······ 190, 275
르와르 강 ······ 213
리 용 ······ 213

[ㅁ]

마그나우라 궁전 ······ 305
마나날리스 ······ 313
마나세스(Manasses) ······ 309
마누엘(Manuel) ······ 143
마니(Mani/摩尼) ······ 36, 315
마니교 ······ 312, 313, 315, 317, 319, 323, 324, 326
마다인 ······ 116, 119
마다인(크테시폰) 궁전 ······ 119
마디나 알-살렘궁 ······ 222
마레오티스호 ······ 159
마론파(마르다이테스, Maronite) ······ 202
마르다이테스인 ······ 294
마르세이유 ······ 19
마르와 언덕 ······ 32
마르완 2세(Marwan Ⅱ) ······ 198, 219
마르키아노 폴리스(별명: 페리스틀라바) ······ 358
마르키온(Marcion) ······ 35
마르키온파 ······ 35, 313
마르튜로폴리스 ······ 261
마리아(Maria, 마호메트의 측실) ······ 84, 85
마리아(Maria, 성모) ······ 44, 86, 312, 329, 354
마리우스(Marius, G) ······ 72, 359
마슬레마(Maslemah) ······ 205, 206, 207, 208
마아문(al-Ma'mun) ······ 191
마우리키우스(Mauricius) ······ 302
마우리타니아 ······ 177, 179, 184, 221
마자라 ······ 239
마케도니아 ······ 269
마케도니아인 ······ 232
마케도니아 제통 ······ 264, 265, 269, 279, 322
마코라바(메카의 그리스식 지명) ······ 19
마프리안(야곱파 대주교) ······ 161
마호메트(Mahomet/Muhammad) ··· 13, 17, 23,

…… 33, 36, 37, 38, 39, 42, 45,
…… 60, 73, 75, 77, 78, 79, 80, 86,
…… 102, 104, 107, 114, 124, 143, 151,
…… 152, 156, 162, 173, 191, 192, 197, 249

마호메트의 사도 …… 20, 44

「마호메트의 생애와 사적」(가니에의) … 56, 82

「마호메트의 웃옷과 지팡이」…… 248

「마호메트의 정복사」(알-와키디의) …… 131

「마호메트전」(알 쟈나비의) …… 56

마흐디(Mahadi) …… 101

만군의 주 …… 64, 108

「만권초」(포티오스의) …… 306

만수르(al-Mansur) …… 204

「만수르 의서」(라지스의) …… 230

만수르 이븐 이스하크(Mansur Ibn Ishaq) …… 230

말라가 …… 186, 227

말레아 곶 …… 273, 293

망명자 …… 136, 183, 194, 201,
…… 214, 220, 243, 270, 271, 302

메난드로스(Menandros) …… 307

메디나(야스리브) …… 19, 21, 23, 43, 61,
…… 63, 66, 68, 80, 83, 92,
…… 96, 97, 100, 102, 108, 124,
…… 143, 153, 159, 164, 166, 169

메디나 궁정 …… 154

메디나 시도니아 …… 190

메디아 …… 162

메디치(Medici) …… 24

메라브의 저수지 …… 19

메로빙(Meroving) 왕조 …… 210

메로우 …… 120, 122

메르브 …… 114

메르세부르성 …… 347

메르쿠리우스(Mercurius) 신 …… 174

메리다 …… 185

메소포타미아 …… 230, 255, 261, 269

메스키타 …… 220

메시아(구세주) …… 69, 249, 357

메안데르강 …… 269

메 카 …… 14, 16, 19, 20, 21, 23,
…… 33, 37, 40, 43, 50, 51, 58, 59,
…… 92, 102, 107, 108, 143, 153, 166,
…… 173, 189, 198, 218, 221, 222, 223, 235

메카순례 …… 32

메카 신전 …… 28

메카의 언어 …… 31

메토티오스(Methodios, 본명:콘스탄티노스) …… 362

메흐메트 2세(Mehmet Ⅱ) …… 202

멜리테네 …… 323

멜키테스(Melchites) …… 157, 160, 196, 262

멤피스 …… 155, 156, 157, 158, 164, 166

면죄부 …… 328, 329

모노크슐라(통나무제 카누) …… 353

모데나 공국 …… 276

모라비아인 …… 344, 362

모로코 …… 171

모세(Moses) …… 17, 42, 45, 79, 87, 143, 192, 249

모세의 5서 …… 43, 64, 314

모세 율법 ……………………………… 50, 107, 192
모 술 ……………………………… 119, 219, 255
모스크(회교사원) ……… 52, 56, 89, 96, 112, 145,
……… 156, 160, 169, 172, 186, 191, 219, 256, 259
모스크바(블라디미르) ………………… 340, 351
모스크바(러시아) 대공 ………………… 285, 363
모에즈(Moez) ……………………………… 101
모자라브인 ……………………………… 195, 196
모카우카스(Mokawkas) ……………… 157, 159
모하메드(Mohammed) …………………… 122
모하메드(Mohammed. 압바스의 증손자) … 217
몬타누스(Montanus) 파 ………………… 317
몰다비아 ……………………………………… 340
몹수에스티아………………………………… 259
몽골족 ………………………………………… 227
무누사(Munuza) …………………………… 212
무르시아 ……………………………… 190, 227
무사(Musa Ibn Nusair) ……………… 34, 176,
……… 177, 178, 184, 185, 186, 187, 188, 189, 190
무사일리마(Musailimah. 본명:Maslamah)
……………………………………………… 108, 109
무슬림(회교도) …………………… 28, 32, 50, 52,
………………… 54, 58, 60, 62, 66, 68, 74, 85,
…………… 88, 96, 97, 104, 108, 110, 113, 116,
………… 122, 123, 128, 137, 143, 160, 167, 187,
……… 191, 192, 196, 211, 226, 231, 251, 261, 297
무아위야(Mu'awiya Ⅰ) …………… 93, 94, 96,
……… 100, 111, 145, 153, 169, 170, 173, 191, 200
무어인 …………… 167, 171, 172, 175, 177, 179,
……… 183, 194, 195, 198, 202, 203, 212, 213, 242
무잇줏-다울라(Mu'izzu'd-Daulah) … 255, 256
무크타디르(al-Mugtadir) ………………… 223
무키아누스(Mucianus) …………………… 154
무타와킬(al-Ma'tawakkil) …………… 197, 247
무타질라(Mutazila) 파 …………………… 247
무타 회전 ……………………………………… 76
무티(al-Muti) ……………………………… 261
무하마드(Muhammad) …………………… 89, 91
무하마드 1세(Muhammad Ⅰ) …………… 242
문다르(Mondars) …………………………… 113
문예부흥(르네상스) ……………………… 304
뮈르 경(Muir, sir W) ……………………… 38
뮤즈강 ………………………………………… 347
미나의 계곡 …………………………………… 32
미노르카섬 …………………………………… 181
미노스(Minos) …………………………… 237, 239
미스라 ………………………………………… 155
미 신 …………… 20, 23, 30, 32, 36, 50, 55, 58,
…………… 68, 90, 92, 103, 138, 139, 148, 156,
………… 162, 184, 192, 194, 229, 231, 232, 239,
……… 259, 270, 291, 297, 305, 312, 329, 347, 361
미카엘(Michael) ……………………………… 42
미카엘(Michael, 대천사) ……………… 274, 322
미카엘 3세(Michael Ⅲ) … 277, 305, 321, 354, 362
미카엘 2세(Michael Ⅱ) ……………… 237, 245
미카엘 1세(Michael Ⅰ) …………………… 319
미트리다테스 6세(Mithridates Ⅵ) … 72, 149, 261
민법의 기본법전 ……………………………… 104
민 회 ……………………………… 24, 28, 211
밀라노 ………………………………………… 276

밀렝기인 ········ 272
밀 사 ········ 97
밀 정 ········ 60

[ㅂ]

바그다드(평화의 도시) ········ 95, 97, 101, 115, ········ 218, 221, 222, 230, 234, 246, 247, 255, 278
바그다드 궁전(궁정) ········ 222, 254, 278
바데르 및 우후드 전투 ········ 66~68, 110
바데르 협곡 ········ 66, 67, 94, 110, 202
바랑안 ········ 349, 350, 351, 353, 357
바레인 ········ 16, 20
바르네프리드(Warnefrid, P) ········ 215
바르다스(Bardas) ········ 305
바르마크족 ········ 235, 236
바르셀로나 ········ 186
바르카 사막 ········ 167
바바리아(바이에른) ········ 344
바바리아(바이에른)인 ········ 347, 348
바버리 지방 ········ 18, 167, 196
바빌론(바빌로니아) ········ 30, 34, 35, 113
바스라 ········ 15, 35, 90, 108, 116, 177
「바실레우스」(황제칭호) ········ 338
바실리우스 2세(Basilius Ⅱ) ········ 269, 277, ········ 330, 350, 361
바실리우스 1세(Basilius Ⅰ) ········ 264, 265, 273, ········ 279, 280, 306, 322, 335
『바실리우스의 생애』(콘스탄티누스 7세의) ········ 280
바실리우스(마케도니아) 제통 ········ 257, 258
『바실리카』(레오 6세의) ········ 263, 264, 265, 306
바알벡 ········ 250
바알신(ba'al. 병칭 Melgart/Milkom/Kemos /Molok) ········ 139
바울(Paul. 사도) ········ 313, 314, 318, 329
바울(Paulus de Samosata) ········ 313
바울파(Paulicianoi) ········ 312, 313, 314, ········ 315, 316, 318, 319, 321, ········ 322, 323, 324, 325, 326, 327
「바이보드」(세습영주) ········ 340
바투(Batu-Khan, 拔都) ········ 339
바티칸 궁전 ········ 103, 187, 195, 240, 289
바하이(Bahai)교 ········ 250
박트리아인 ········ 120
반달족 ········ 176, 194
발드라다(Valdrada) ········ 289
발라주리(Baladhuri) ········ 189
발렌스(Valens, F) ········ 337
발렌시아 ········ 186, 196
발렌티누스(Valentinus, 그노시스파) ········ 315
발 크 ········ 120
방주(方舟) ········ 34
배교자 ··· 108, 127, 135, 148, 166, 197, 238, 239, 318
배교죄 ········ 166
100인 대장 ········ 293
백작(령) ········ 268, 282, 289
백(白)크로아티아 ········ 336
뱁엘 엘 반데브 해협 ········ 15
『법학제요』(유스티니나누스의) ········ 302

베네벤툼 대공령 ······ 269
베네치아(베니스) ······ 276, 285, 293, 326
베네치아 공화국 ······ 336
베누스(Venus) ······ 273, 289
베두인족 ······ 17, 18, 22, 25, 28,
······ 30, 59, 73, 105, 177, 249
베레니케(Berwnice) ······ 287
베뢰아 ······ 145
베류토스(베이루트) ······ 149
베르베르인 ······ 175, 178, 203
베르타(Bertha/Eudoxia) ······ 287, 289
베리(Bury, J. B) ······ 112, 129, 131,
······ 135, 137, 157, 161, 177,
······ 180, 189, 221, 265, 344, 362
베산송 ······ 213
베스파시아누스(Vespasianus) ······ 35, 154, 281
베이루트(베류토스) 법률학교 ······ 317
베일(Bayle) ······ 332
베제르강 ······ 298
베티스강 ······ 183, 185
베티카 지방 ······ 182, 183
벤야민(Benjamin ben Jona) ······ 158, 276
벨그라드(베오그라드) ······ 269
벨레스 ······ 14
벨로나 신(Bellona) ······ 317
보랏빛 잉크 담당관 ······ 265
보류스테네스(드네프르)강 ······ 290, 334, 351,
······ 352, 353, 354, 356, 357, 359, 361, 353
보르도 ······ 212
「보면대(譜面台)」(보왈로-데프레오의) ······ 210
보병대 ······ 77, 295
보스니아인 ······ 335
보스라 ······ 126, 127, 141
보스포러스 해협 ······ 206, 233, 302, 354, 355
보스트라 ······ 20, 40
보스트라 궁전 ······ 38
「보야르」(러시이 귀족) ······ 362
보제(補祭) ······ 239
보하라(부하라) ······ 123, 227
보헤미아 ······ 346
보헤미아인 ······ 347, 348
볼가강 ······ 33, 334, 339, 356
볼로냐 ······ 276
봉신 ······ 37, 186, 299, 340, 344
부기아 ······ 170
부라크 ······ 50
부르고뉴 공(Burgundy 公) ······ 213
부르봉(Bourbon)왕가 ······ 180
부르크하르트(Burckhardt) ······ 38
부쉬르 ······ 220
부와이(Buwaih)왕조 ······ 255, 256
부와이족 ······ 255
부왕(副王) ······ 96, 252
부제(副祭) ······ 152, 313
부하리아 ······ 122
불가리아군 ······ 207, 336
불가리아인 ······ 292, 326, 224,
······ 335, 338, 342, 346, 357
불의 신전(배화교의) ······ 193
불탑파괴 ······ 192

뷰자스(Byzas) ········· 303
『뷸리나』 ········· 290
브레멘 ········· 345
브렌타강 ········· 345
블라디미르(Vladimir Ⅰ) ········· 290
블라디미르 1세(Vladimir Ⅰ) ········· 350, 361
《Vie de Mahomed》(불랑빌리에의) ········· 56
비스카야만 ········· 184
비잔티움 ········· 303, 310
비잔티움(로마, 그리스)군 ········· 136, 143, 154, 155, 158, 159, 170, 175, 195, 206, 244, 245, 249, 295
비잔티움(콘스탄티노플)궁전 ········· 143, 149, 160, 170, 202, 224, 233, 264, 273, 278, 279, 280, 282, 285, 289, 290, 291, 301, 334, 335, 338
비잔티움 궁정인의 생활 ········· 278, 280
비잔티움군의 육전전술 ········· 296
비진티움군의 해양전술 ········· 293, 294
비잔티움 제국 ········· 303, 306, 310, 311, 335, 359
비제르타 ········· 240
비튜니아 ········· 208

[ㅅ]

4대 여결 ········· 86
사 도 ········· 29, 34, 35, 42, 45, 47, 49, 50, 51, 60, 62, 63, 68, 71, 79, 82, 87, 89, 103, 107, 127, 143, 149, 177
사도신경 ········· 329
사도의 분묘 ········· 240
사라고사 ········· 186
사라센(이슬람, 무슬림/아랍)군 ········· 76, 91, 109, 111, 112, 114, 115, 117, 118, 120, 123, 125, 140, 142, 146, 148, 149, 155, 159, 167, 169, 172, 175, 177, 180, 181, 201, 206, 208, 211, 213, 244, 258, 268, 272, 294, 343, 355
「사라센 불」 ········· 210
『사라센사』(오클리의) ········· 131
사라센인 ········· 22, 24, 66, 88, 117, 150, 151, 152, 239, 346
사라센 해군 ········· 201, 242
사란디브(세일론) 섬 ········· 34
사루스강 ········· 259
사르디니아 섬 ········· 242
사르마티아 ········· 199
사마라 ········· 247
사마르칸드 ········· 121, 123, 193, 198
사만(Saman)가 ········· 254
사모사타 ········· 260, 313, 321
4분통치제 ········· 284
사비아교 ········· 33, 54
사무드 ········· 58
사베아족 ········· 31
사비아인 ········· 33, 35
사사(士師) ········· 64
사산(Sasan)왕조 ········· 58, 114, 122
『사서발췌』(콘스탄티누스 7세의) ········· 265
사아나 ········· 20
사아나의 탑(굼단성의) ········· 19

사아디(Sa'di. 본명:Mushar-rifu'd-Din) …… 115
사이드(Said) …… 117
사이이드(Sayyid. al-Hasan) …… 56, 95
사이프에도울라트(Saifeddowlat) …… 260
사쟈(Segjah) …… 108
사적영주(私的領主) …… 289
사파르(Saffar) 왕조 …… 253, 254
사파 언덕 …… 32
사파위(Safawi) 왕조 …… 194
사파하(Abu'l-Abbas as-Saffah) …… 218
「산수론」(디오판토스의) …… 229
산스크리트어 …… 204
살라프-딘(an-Nasir Salahu'd-Din Yuruf. 통칭:사라딘) …… 100
살레르노(Salerno) 학파 …… 230
살 탄 …… 21, 202, 227, 256
3단 논법 …… 229
3두정치 …… 180
삼사마(검의 이름) …… 236
3위일체설 …… 44, 311, 316, 328, 332
삽포(Sappho) …… 307
상가리우스강 …… 233
상부 이집트 …… 158
상비군 …… 214
상스성 …… 213
생통쥬 …… 212
샤 루흐(Shah Rukh) …… 230
샤를마뉴 대왕(Charlemagne Ⅰ/Karl Ⅰ der Grosse) …… 111, 234, 288, 292, 298, 299, 302, 347
「샤를마뉴전」(아인하르트의) …… 210
샤리프(sharif. al-Husain) …… 56, 217
「샤리프」(Sharif) …… 96
샤메르(Shamer) …… 99
샤푸르 2세(sapor) …… 151
선교사 …… 361, 363, 364
선후왕 …… 326
성경가진 백성들 …… 36
성경의 도시(메디나) …… 61
성당참사회원 …… 326
「성도열전」(직역자 시메온의) …… 266
성마르탱(st. Martin) …… 213
성모리스(st. Maurice) …… 347
성물모독 …… 156, 216, 273, 337
성물파괴(자) …… 37, 197, 209, 251, 260, 322
성 바실리우스(st. Basilius) …… 296
성베드로(st. Petros) …… 314
성베르나르두스(st. Bernardus, C) …… 46
성부활교회 …… 145
성상금지 …… 44
성소피아대성당 …… 278, 287, 291, 324, 361, 363
성안드레(st. Andreas) …… 272
성요하네(st. John/Ioannes) …… 35
성육(육신을 입으심) …… 44, 311, 328
「성전」《Sacred Books of the East》 …… 14
「성지백과」(콘스탄티누스 7세의) …… 263
성지수호자(세리프) …… 101
성직록(聖職錄) …… 273
「성큐릴로스의 저주」 …… 157
성 힐라리우스(st. Hilarius) …… 213
세게스탄족 …… 120

「세계사」(엘마킨의) ········ 113
세라피스 신(Serapis) ········ 162
세 례 ········ 183, 258, 290, 360, 361
세례반 ········ 288
세르기우스(Sergius) ········ 319
세르다뉴성 ········ 212
세르베투스(Servetus, M) ········ 330. 331
세르비아인 ········ 335, 337
세르야빌(Serjabil) ········ 126
세멜레(Semele) ········ 289
「세바스토스」(황제) ········ 281
「세바스토크라토르」(황제) ········ 281
세바인 ········ 59
세빌레(세빌랴) ········ 178, 185, 186, 190, 196, 198
세소스트리스(Sesostris) ········ 21, 156
세우타 ········ 177, 188
셀리누스 ········ 239
셀주크(seljug) 왕조 ········ 256
셈 ········ 20
셉티마니아(랑궤독) ········ 186, 211
셋(seth/set) ········ 34
셰 네 ········ 164
소그디아나 ········ 123
소그디아나족 ········ 121
소 돔 ········ 58
소조페트라 ········ 244
소치니(sozzini, F) ········ 332
소치니파 ········ 332
소크라테스(Socrates) ········ 80, 81
소프로니우스(Sophronius) ········ 144, 145
소피(sophi) 왕조 ········ 101
속상금 ········ 25, 260, 288
솔로몬(solsmon) ········ 83, 225
솔로몬 신전 ········ 145
수도사(승) ········ 52, 113, 146. 157, ········ 183, 215, 216, 309, 312, 319, 362
수도원 ··· 124, 125, 135, 143, 192, 205, 277, 282, 329
수도장관 ········ 283
수라 만 라야(사마르라) ········ 244
수라트 ········ 194, 198
수사 ········ 120
수스강 ········ 171
수에즈 ········ 15
수이다스(suidas) ········ 306
수페툴라 ········ 168
수피안(Suphian) ········ 200
「숙명의 밤」 ········ 13
순교자 ········ 52, 96, 98, 103, 116, 126, 137, 149, ··· 150, 172, 185, 197, 220, 261, 296, 318, 347, 361
「순나」(또는「하디스」) ········ 35, 46, 48, ········ 49, 92, 100, 101
순니파 ········ 49, 90, 95, 100, 103, ········ 156, 173, 191, 197, 257
순례(자) ········ 16, 29, 40, 59, 71, 137, 189, ········ 218, 220, 223, 251, 319, 328
술라(sulla, LC) ········ 72
술라이만(Sulaiman) ········ 178, 188, 204, 206
쉬와비아(쉬와벤) 인 ········ 347
슐바누스(sylvanus) ········ 314
스미스필드(Smithfield) ········ 330

스뱌토슬라프(Svyatoslav) ………… 356, 357, ………………………………… 358, 359, 361
스웨덴인 ……………………………………… 349
스키타이인 ……………… 19, 295, 323, 339, 356
스키티아 …………… 121, 199, 268, 333, 337, 341
스토베우스(Stobaeus) ……………………… 306
「스트라토페라르크」(군법무감) …………… 283
스파르타 ……………………………………… 273
스페인 ……………… 112, 178, 184, 190, 268, 297
슬라브어 ……………………………………… 362
슬라브어문자 ………………………………… 362
슬라브족 … 271, 272, 292, 335, 336, 344, 349, 362
승려단(금욕적인) ……………………………… 86
승리의 여신 …………………………………… 242
시나르 평원 …………………………………… 229
시나이산 ……………………………………… 143
시돈 …………………………………………… 149
시라즈 ………………………………………… 254
시라쿠사 ……………………………………… 239
시리아 ……………… 19, 112, 124, 125, 127, 129, ……… 135, 138, 149, 153, 190, 206, 217, 268, 297
시리아인 ………………………… 45, 96, 140,
시리아전쟁 ……………………… 124, 145, 146
시메온(Symeon. 시므온) …………………… 318
시메온 1세(simeon Ⅰ) ……………………… 337
시민군 ………………………………………… 242
시바(siva) ……………………………………… 86
시스탄 ………………………………………… 253
시아파(분리파) ……………… 89, 95, 97, 98, 100, …………………… 156, 173, 191, 197, 247, 256
시에라 모레나산맥 …………………………… 183
시와스 ………………………………………… 321
시칠리아 ………………… 196, 239, 240, 269, 275
시켐(네아폴리스) …………………………… 149
시핀평원 ……………………………………… 93
시헤부트(Sigebut) …………………………… 190
식어인종(食漁人種) …………………………… 17
신도통솔자 ……… 86, 88, 89, 97, 98, 103, 118, 140 ……………… 146, 154, 160, 164, 166, 174, 177, ………… 179, 200, 222, 227, 236, 251, 255, 321
「신법」(유스티니아누스 1세의) ……… 264, 302
신성로마제국 ………………………………… 290
신앙과 통치의 합일 ………………………… 123
「신은 가장 위대하다」(God is most mighty /Alla Acbar/tecbir) ……………………… 138, 155
신의대리인(반려자) …………………………… 95
신의 일자성(一者性) ………………………… 315
신플라톤학파 ………………………………… 161
「신학강요」(칼뱅의) ………………………… 320
『실락원』(밀튼의) …………………………… 16
실레지아 ……………………………………… 336
「10범주」(아리스토텔레스의) ……………… 229
10분지 1세(十一租) ………………… 75, 108, 250
12 이맘파 ……………………………… 101, 194
십자가 ………………………………… 46, 325, 363
십자군 ……………………… 156, 210, 292, 326, 327

[ㅈ]

자 객 ……………………………… 88, 91, 94, 95

자리족 ……… 37
자마(Zama) ……… 211
자브강 ……… 219
자색염료제조인 ……… 274
「자연지」(플리니우스의) ……… 171
자연종교와 계시종교 ……… 315
자우샨산 ……… 260
자 유 ……… 21, 23, 24, 33, 73, 87, 96, 198, 231
……… 239, 273, 300, 312, 330, 312, 330, 242
자의(紫衣) … 239, 276, 287, 290, 301, 338, 358, 360
자이나브(Zeinab) ……… 84
자이드(Zaid ibn Thabit) …… 56, 76, 77, 84, 166
작센인 ……… 243, 290, 301, 347
장로(회) ……… 89
장안(長安) ……… 122
재무관 ……… 282
재세례파 ……… 330
쟈발라(Jabalah) ……… 141, 143
쟈아파르(Jaafar) ……… 76, 137
쟈아파르 이븐 야하야(Ja'far ibn Yahya al-Barmaki) ……… 235
잘룰라 ……… 118
전리품 ……… 30, 67, 70, 74, 96, 111, 113, 118,
……… 129, 130, 161, 171, 179, 188, 213, 215,
……… 217, 240, 243, 255, 259, 261, 336, 355, 358
전리품(약탈품)의 분배 ……… 143, 176, 250
전사자의 영예 ……… 65
「전술론」(콘스탄티누스 7세의) ……… 263,
……… 266, 296, 341
점복사 ……… 152
점성술 ……… 229
정기(旌旗) ……… 21, 126, 129, 214, 237
정복자 ……… 69, 70, 71, 73, 80, 93, 96,
……… 111, 113, 122, 137, 150, 151, 156,
……… 169, 174, 184, 188, 190, 200, 220, 247,
……… 253, 258, 269, 299, 302, 310, 335, 350, 355
정통파 칼리프 … 14, 41, 47, 56, 70, 89, 90, 95, 100
「제국민의 풍습 정신론」(볼테르의) ……… 127
「제국사(諸國史)」(아불페다의) ……… 19
「제국·행정론(아들 로마누스에게」(콘스탄티누스 7세의) ……… 209, 263, 264
제노비아(Zenobia) ……… 23
제다(지다) ……… 20
제라(Zehra) ……… 224
제사(祭司) ……… 361
「제왕조 약사」(아불파라기우스의) …… 161, 226
제 7천국 ……… 46, 50
제해권 ……… 300
젬젬샘 ……… 20, 31, 49, 251
조공 ……… 335, 345
조라가(Zohrah家) ……… 38
조로아스터(배화)교 ……… 313, 317
조바이르(al-Zobeir) ……… 92, 167, 168, 169
조 세 ……… 169, 205, 267, 276
조세징수인 ……… 196
족장(族長) ……… 23, 101, 232, 255
존스경(Sir Jones, W) ……… 28
종교개혁 ……… 102, 175, 312, 320, 327, 328, 330
종교법규(이슬람교의) ……… 83
종교심문관 ……… 319, 321, 331

종교재판 ································· 320, 327
종교전쟁 ································· 64
죠앙빌(Joinville) ································· 210
주 교 ································· 36, 132, 195, 196,
································· 256, 239, 267, 291, 296, 320, 360
주교관(主教冠) ································· 299
주교관(主教舘) ································· 163
주판(Zoupan, 영주) ································· 335
주하이르(Zuhair) ································· 172, 173
『중세라틴어 사전』(듀 캉츄의) ································· 208
쯔윙글리(Zuinglius) ································· 327, 329
지기스문트(Sigismund) ································· 320
지브로올터(타리크의 산) 해협 ··· 177, 180, 213
지베르(Geber/Abu Musa Jabir) ································· 230
지슈카(Zizka, Jan) ································· 320
직인 ································· 274, 275
집정관 ································· 72, 282

[ㅊ]

찬탈자 ································· 114, 288
천문학 ································· 226, 229
『천문학 대저』(프톨레마이오스의) ································· 228
천복년설(千福年說) ································· 318
천 사 ································· 36, 50, 7, 79, 209, 316, 361
천사의 군대 ································· 244
『千一夜 아라비아 이야기』(갈랭의) ································· 234
『청정의 정원』(미르흐완드의) ································· 193
체스(서양장기) ································· 235, 236
체체스(Tzetzes) ································· 306, 309
초기 그리스도교 ································· 314
초기신도 ································· 66
초지법(抄紙法) ································· 123
총대주교 ································· 158, 195, 286,
································· 291, 296, 305, 312, 354, 360
총 독 ································· 268, 273, 282, 320
최후심판 ································· 42, 53, 54, 65, 78, 101
축제일 ································· 270, 277, 285, 312
치외법권적 은전 ································· 102
칙 령 ································· 301, 321, 361
7층지옥 ································· 54

[ㅋ]

카나리아(多幸) 제도 ································· 171
「카놋사의 굴욕」 ································· 195, 327
카 누 ································· 352, 355, 356
『카눈 나메』 ································· 202
카데시아 ································· 115, 116
카드모스(Kadmos) ································· 271
카디스 ································· 181
카디시아 회전 ································· 58
카라칼라(Caracalla) ································· 301
카롤링(Karolling) ································· 211, 214, 216,
································· 234, 241, 289, 344
카르마트(Carmath) (파) ································· 249, 250, 251
카르발라 ································· 95, 97, 100, 217, 220
카르베아스(Carbeas) ································· 321
카르카손느 ································· 186
카르타고 ································· 32, 168, 170, 172, 173,

…… 174, 177, 194, 195, 232, 239
카르타고 건설에 관한 전설 …… 174
카를-마르텔(Karl-Martel) …… 211, 213,
…… 214, 215, 216
카를 5세(Karl V) …… 175, 196
카밀루스(Camillus) …… 359
카바(Cava) …… 178
카베스 …… 173
카스윈 …… 119
카스틸리아 …… 183, 187, 196
카아바 신전 …… 20, 31, 32, 50, 58,
…… 59, 60, 61, 67, 70, 71, 73, 251
카이노카족 …… 69
카이로(푸스타트) …… 155, 156, 166
카이로안(모나스티르) …… 172, 174
…… 195, 221, 257
카이스(Kais, ibnu'l-Khatim) …… 29
카인(Qajin) …… 34
카자르족 …… 340, 358, 362
카토(Cato, Censorius) …… 266
카푸아 …… 345
카히나(Cahina) …… 175
칸닥스(칸디아) …… 238
칸디아 …… 258
칼데아 …… 45
칼데아인 …… 33, 229
칼라브리아 …… 240, 269, 345
칼루비아 구릉지대 …… 323
칼리니쿠스(Callinicus) …… 208
칼리프 …… 24, 63, 86, 88, 90, 91,
…… 92, 93, 96, 101, 103, 105,
…… 108, 109, 112, 116, 121, 130,
…… 143, 144, 145, 146, 147, 149, 150,
…… 151, 154, 156, 164, 179, 183, 186, 188,
…… 190, 191, 196, 197, 216, 217, 232, 247,
…… 255, 261, 268, 270, 275, 276, 304, 312, 321, 333
칼리프의 호화 사치생활 …… 223, 224, 225
칼뱅(Calvin) …… 320, 328, 329, 330, 331
칼뱅(Calvin)파 …… 320, 330
칼케돈 공회의 …… 13, 157, 311
칼키스 …… 140
캄파니아 …… 240
캅파도키아 …… 259, 314, 317
캔터베리 대주교 …… 330
케루빔(K'rubim) …… 65
케르손 …… 361
케블라(예배방향) …… 69
케사리아 …… 130, 141, 143, 149, 317
케사리우스(Caesarius) …… 242
케사르(Caesar, G. J) …… 98
「케사르」(황제) …… 281, 286
켄툼켈레 …… 243
켈트족 …… 211
코끼리부대 …… 37
『코란』 …… 14, 33, 34, 35, 38, 40,
…… 42, 44, 45, 47, 51, 52, 58,
…… 64, 73, 84, 86, 89, 94, 98, 100,
…… 103, 104, 109, 125, 154, 157, 164,
…… 166, 173, 176, 181, 194, 197, 198, 200,
…… 202, 213, 226, 228, 235, 241, 249, 257

「코란」의 민법 …… 83
코르도바 …… 182, 184, 189, 190, …… 191, 196, 197, 220, 221, 227
코르시카섬 …… 243
코린토스동맹 …… 48
코린트 …… 272, 273, 274, 275
코린트 지협(地峽) …… 293
코 바 …… 62
코사크함대 …… 353
「콘스타불레」(프랑크족 병단지휘관) …… 283
콘스탄스2세(Constans Ⅱ) … 151, 152, 301, 313
콘스탄스 종교회의 …… 327
콘스탄티노플 …… 13, 97, 104, 129, 136, 151, …… 172, 188, 200, 202, 205, 208, …… 209, 235, 236, 239, 245, 261, 268, …… 270, 276, 280, 284, 294, 303, 322, …… 323, 346, 349, 352, 354, 359, 360
콘스탄티노플 국립대학 …… 304
콘스탄티노플 대학도서관 …… 304
「콘스탄티노플 사절보고기」(류트프란드의) …… 267, 285, 289
콘스탄티누스(Constantinus. 별명 : Sylvanus) …… 313, 314, 315, 317, 318
콘스탄티누스 교회 …… 145
콘스탄티누스 4세(Constantinus Ⅳ) … 200, 333
콘스탄티누스 5세(Constantinus Ⅴ) …… 287, …… 288, 323
콘스탄티누스 6세(Constantinus Ⅵ) …… 233
콘스탄티누스 1세(Constantinus Ⅰ) …… 111, …… 129, 149, 155, 200, 209, 278, 283, …… 287, 288, 293, 294, 303, 336, 347
콘스탄티누스 7세(Constantinus Ⅶ) …… 209, …… 263, 264, 265, 266, 273, 286, …… 288, 296, 300, 306, 339, 341, 351, 360
콜로나 …… 318
콜로니아 …… 317
콜류리디아파 …… 43
콤네누스(Comnenus) 제통 …… 269, 279, 310
콤피에뉴 …… 210
콥트인 …… 157, 163, 165
콥트파 …… 156
쿠라이다족 …… 69
쿠라이시족 …… 20, 24, 31, 37, 49, 50, 58, 60, …… 66, 68, 72, 87, 102, 108, 166, 186, 202, 217
「쿠로팔라타」(의상관리관) …… 282
「쿠로팔라티아레」(尙衣司) …… 282
쿠르드족 …… 100
쿠를란드 …… 352
쿠바드 2세(Qubad Ⅱ) …… 248
쿠타이바(Qutaiba/Catibah/畏密屈低波) …… 123
쿠 파 …… 56, 90, 94, 96, 97, 115, …… 118, 218, 219, 229, 249, 250
쿠파문자 …… 27
큐도니아 …… 239
큐로스(Kyros, 다레이오스 2세의 막내아들) …… 118
큐로스(Kyros Ⅱ) …… 21
큐릴로스(Kyrillos. 본명 : 콘스탄티노스) …… 362
큐지쿠스섬 …… 201
큐클라데스 …… 152

크랜머(Cranmer, T) …… 330
크레모나 …… 267, 284, 285, 289, 301
크레타섬 …… 237, 238, 239, 246, 258, 268, 269
「크로노그래프」(테오파네스의) …… 143
크로아트(크로바티아)인 …… 335
크로아티아인 …… 335
크류소스토모스(Chrysostomos) …… 309
크류소케이르(Chrysocheir) …… 321, 322, 323
크류소폴리스(스쿠타리) …… 233
크리스토포루스(Christophorus) …… 288
크세논포(Xenophon) …… 266
크테시폰 …… 116, 118
클레오파트라(Kleopatra) …… 287
클로비스 1세(Clovis Ⅰ) …… 210
키니스린(칼리스) …… 190, 206
키르만 사막 …… 120
키르만 지방 …… 194
키에프 …… 340, 351, 352, 360, 363
키에프 대공 …… 350, 354, 355, 360
키케로(Cicero, M. T) …… 261
키프로스 …… 96, 152, 237, 262, 269
키르카시아 …… 245
키프리아누스(Cyprianus) …… 194
킬리키아 …… 151, 259, 262, 268, 269, 297
「킬리아데스(千年記)」(체체스의) …… 306

[ㅌ]

타구스(타호)강 …… 183
타키투스(Tacitus) …… 286
타나이스(돈)강 …… 292, 334
타르소스 …… 151, 198, 245, 254
타르한(Tarkhan) …… 121
타리크 이븐 지야드(Tarik ibn Ziyad) …… 169, 178, 180, 181, 182, 183, 186, 188, 189
타리프 …… 180
타무드족 …… 31
타바리(Tabari. 본명 : Abu Ja'far Muhammad) …… 112
타예프 …… 20, 73, 74, 75, 108
타우로미나 …… 240
타우루스 산맥 …… 236, 260
타우리스 …… 119
타이족 …… 98
타키투스(Tacitus) …… 163
타타르 …… 15, 198, 325, 339
타타르 전쟁 …… 339
타타르족 …… 121, 341, 343, 364
타히르(Tahir Dhu'l) …… 253
탈하(Talha) …… 92
탑사쿠스 수로 …… 93
탕지르 …… 170, 176, 180
태수(太守) …… 23, 96, 101, 120, 197, 215, 221, 227, 240, 253, 261, 268, 298, 321
태종(唐太宗, 李世民) …… 121, 122
터반색깔 …… 102, 218
테마(군관구/옵시키안) …… 205, 263, 267, 268, 271, 273
「테마제도에 대하여」(콘스탄티누스 7세의) …… 263

테 베 ······ 275
테오데미르(Theodemir) ······ 186, 187
테오도라(Theodora) ······ 277, 319, 321, 327
테오도루스(Theodorus) ······ 129
테오도릭(Theodoric. 동고트족왕) ······ 334
테오도시오폴리스 ······ 323
테오도시우스(Theodosius Ⅰ) ······ 162, ······ 266, 268, 303
테오도시우스(Theodosius. ckawp) ······ 205
테오파노(Theophano) ······ 258
테오파노(Theophano. 로마누스 2세의 비) ······ 289
테오파노(Theophano. Otto Ⅱ의 비) ··· 289, 290
테오폼포스(Theopompos) ······ 307
테오필루스(Theophilus) ······ 244, 246, 257
테오필루스(Theophilus) ······ 277, 278, 279, 348
테프리케 ······ 321, 322, 323, 327
테하마 ······ 74
텟살로니카 ······ 152, 305, 307, 346
텟살리아 ······ 335
템즈강 ······ 213
토로스산맥 ······ 148, 151
토마스(Thomas) ······ 131, 132, 133, 134, 137
토착민 ······ 190
톨레도 ······ 178, 182, 183, 184, 185
톨레도 궁정 ······ 181
투 르 ······ 213, 215
투르크군 ······ 98, 337, 340, 344
투르크인 ······ 269, 281, 292, 339, 341, 348, 358
투르크족(터키인) ··· 21, 66, 122, 123, 245, 247, 248
투석병(기) ······ 73, 239, 294
투큐디데스(Thucydides) ······ 293
툴레섬 ······ 351
툴루스 ······ 211
툴룬(Toulun) ······ 254
튀니스 ······ 172, 196, 240, 298
튜레(티루스) ······ 271, 274
튜로스 ······ 149
튜키쿠스(Tychichus) ······ 314
튜아나 ······ 205, 237
트라야누스(Trajanus) ······ 21, 111, 266
트라키아 ······ 205, 207, 233, ······ 269, 302, 323, 337, 354, 355, 358
트랜스옥시아나(중앙아시아) ··· 123, 203, 230, 254
트랜실베이니아 알프스 ······ 344
트래비존드 ······ 269, 321, 354
「트리클리니움」(행렬진발의 방) ······ 279
트리폴리 ······ 137, 149, 160, 167, 174, 196, 260
티그리스강 ······ 24, 105, 117, 119, 151, 198, ······ 219, 222, 223, 233, 250, 257, 261, 269, 278
티리안 염료 ······ 274
티무르(Timur. 帖木兒) ······ 229
티베르(테베레)강 ······ 240, 241, 242, 243, 299, 302
티베리아스(호) ······ 142, 188
티베리우스(Tiberius) ······ 302, 303
티투스(Titus) ······ 35, 287
티투스(Titus. 바울파) ······ 314
팅기타나 ······ 170

[ㅍ]

파들(Fadl) ······ 235
파라오(이집트 국왕) ······ 154, 164
파라즈다크(al-Farazdag) ······ 153
파르가나 ······ 198
파르나케스 2세(Pharnakes Ⅱ) ······ 98
파르마(펠루시움) ······ 155
파르시스탄 ······ 118
파르파르강 ······ 134
파 리 ······ 270
파 문 ······ 77, 221, 305, 320, 326, 328
파비아 ······ 345
파성추 ······ 74, 239, 260, 294
파시스강 ······ 354
파우스티나(Faustina, Annia Galeria) ······ 287
파치나크인 ······ 358
파트라스(파트레) ······ 272, 280
파티마(Fatimah) ······ 56, 85, 86, 90, 92, 100, 217, 257
파티마(Fatima. 후사인의 여동생) ······ 98
파티마(Fatima) 왕조 ······ 101, 156, 174, 217, 218, 227, 240, 257
파티마조(이집트 · 아프리카의) ······ 221
판노니아 ······ 339, 344
「판휴페르세바스토스」 ······ 281
팔레르모 ······ 239, 240, 275
팔레스티나 ······ 19, 76, 141, 143, 149, 153, 154
팔뮤라 ······ 127
팜풀리아형 선박 ······ 294
팜필리아 ······ 151
페니키아 ······ 32, 149, 151, 205, 260
페로운(Peroun) ······ 361
페르가무스 ······ 205
페르난도 5세(Fernando Ⅴ) ······ 187
페르시아 ······ 101, 103, 112, 114, 190
페르시아력(曆) ······ 114
페르시아만 ······ 16, 20, 33, 75, 116
페르시아인 ······ 21, 95
페르시아전쟁 ······ 13, 75, 138, 157
페리고르 ······ 212
페리클레스(Perikles) ······ 23
페리파토스학파(소요학파/아리스토텔레스학파) ······ 228
페 스 ······ 51
페 즈 ······ 171, 227, 253
펠라기우스(pelagius)의 검 ······ 184
펠로폰네소스(반도) ······ 269, 271, 272, 273, 280
펠로폰네소스전쟁 ······ 293, 294
펠롭스(pelops) ······ 271
펄머(palmer, E. H) ······ 14
평 민 ······ 36
포 로 ······ 30, 33, 34, 45, 67, 69, 71, 74, 82, 93, 105, 120, 127, 142, 159, 168, 171 176, 182, 192, 238, 240, 243, 244, 246, 260, 270, 272, 288, 321, 325, 335, 338, 348
포르토 ······ 243
포르투칼 ······ 196
포병대 ······ 209
포에니전쟁 ······ 293
포와티에 ······ 213, 215
포와투 ······ 212

포티오스(photios) ………………………… 305, 306
폰투스 ……………………………………… 317
폰투스-헤라클레아 ………………………… 237
폴류비오스(polybios) ……………………… 163
폼페이우스(Pompeius) ……………… 21, 98, 149
푼 디 ……………………………………… 241
「풍요의 뿔」……………………………… 306
프란코니아(프란켄) 인 ………………… 347, 348
프랑크군 ………………………………… 216
프랑크(별명:라틴) 족 … 187, 207, 210. 211, 214,
……… 246, 267, 284, 288, 290, 292, 298, 300, 302
프러시아(프로이센) ……………………… 351
프로테스탄트……………………… 328, 329, 331
「프로토세바스토스」……………………… 281
「프로토스트라토르」(총사령관부관) ……… 283
「프로토스파타이레」(근위대사령관) … 283, 305
프로폰티스(마르마라해) ………… 201, 205, 278
프류기아(평원) ………………………… 236, 245
프리드리히 2세(Friedrich Ⅱ) …………… 326
프톨레마이스(아크레) …………………… 149
프톨레마이오스(Ptolemaios, K) ……… 228, 230
프톨레마이오스(Ptolemaios) 왕조 155, 162, 164
플라톤(platon) …………………………… 307
플란더즈 ………………………………… 347
플루타르코스(plutarchos/plutarch) ………… 232
플리니우스(plinius) ……………………… 25
피난민 …………………………………… 135, 136
피라미드 ………………………………… 155
피레네산맥 ………………… 179, 186, 187, 199,
………………………… 210, 211, 216, 221, 345
피렌체 ………………………………… 24, 276
피루즈(Firuz) …………………………… 122
피 사 ……………………………………… 209
피핀 3세(Pipin Ⅲ. 短軀王) ………………… 211
피핀 2세(Pipin Ⅱ. 老피핀) ……………… 211, 213
핀 족 ……………………… 341, 348, 349, 351
필라델피아 ……………………………… 126
필립포스(Phillipos Ⅱ) ……………………… 48
필립포폴리스……………………………… 324, 325

[ㅎ]

하니파족 ………………………………… 108
하드리아누스(Hadrianus) ………… 35, 143, 287
하디쟈(Khadijah) ………… 38, 40, 56, 60, 85, 217
하란성 …………………………………… 218, 220
하란토굴 ………………………………… 218
하레기족 ………………………………… 61
하 렘 …………………………………… 256
하루누르-라시드(Harunu'r-Rashid) …… 233,
……………… 234, 235, 236, 237, 244, 252, 253
하르모잔(Harmozan) …………………… 120
하리즘 …………………………………… 123
하마단(Hamadan) …………………… 119, 255
하마단(Hamadan) 왕조………………… 255, 260
하산(al-Hasan) ……… 56, 86, 91, 95, 96, 102, 122
하싼(Hassan) ……………… 173, 174, 175, 176
하셈(Hashem) …………………………… 37
하셈가(Hashim家) ………… 31, 37, 57, 59, 60,
…………………… 87, 89, 91, 97, 217, 218, 222

하얀궁전(크테시폰의)의 호화성 …… 117
하 엔 …… 190
하와리쥬파(charegite) …… 90, 94
하이바르 …… 70, 78, 142
하이주란(Khaizuran) …… 235
하인리히 4세(Heinrich Ⅳ) …… 195
하인리히 1세(Heinrich Ⅰ) …… 346
『하자르 아프사나(千의 이야기)』 …… 234
하템(Hatem) …… 30
하프나(Hafna) …… 84
한다(Handa) …… 67, 95
한발(Ahmed Ebn Hanbal) …… 255
「한밤중 여행과 승천」 …… 50, 51
한자동맹 …… 352
할 례 …… 33, 35, 142, 195, 213, 240, 314
할리드(Khalid, 별명:「신의 검」) … 67, 68, 71, 72, …… 76, 77, 108, 109, 113, 125, 126, 128, 137, … 138, 141, 142, 145, 146, 149, 151, 153, 169, 200
함자(Hamza) …… 58, 68
핫쟈즈 이븐 유수프(al-Hajjaj ibn Yusuf) …… 173, 203
행궁(行宮) …… 210, 277
향 료 …… 20
헝가리군 …… 345, 346
헝가리(마쟈르)인 …… 339, 341, 342, 345, 346, 363
헤라동굴 …… 40
헤라산 …… 80
헤라클레스의 기둥 …… 293
헤라클리우스 제통 …… 304
헤라트 …… 120, 193
헤레스 …… 181, 182, 184
헤르몬산 …… 141
헤르쿨레스 기둥 …… 177, 180
헤무스산맥 …… 323, 325
헤발의(Hebal)의 상 …… 32
헤자스 …… 28, 126
헤지라(聖遷) …… 41, 58, 75, 89, 95
헤지라(회교)력 …… 40, 41, 47, 61, 100, …… 172, 180, 186, 193, 197, 204, 249
헤라클레스(Herakles) …… 85, 177, 237, 302, 338
헤라클리우스 1세(Heraclius Ⅰ) …… 13, 58, …… 75, 77, 98, 114, 128, 137, 138, 141, …… 148, 157, 158, 160, 200, 268, 310, 313
헨리 8세(Henry Ⅷ) …… 330
헬레나(Helena. 로마누스 1세의 딸) …… 288
헬레스폰트(다다넬즈) 해협 …… 151, 201, …… 205, 208, 238
헬 롯 …… 272
헬리오폴리스(바알베크) …… 139, 155, 208
헬베티아 수도원 …… 344
헵도몬 궁전 …… 201
형법의 기본법전 …… 104
호노리우스(Honorius) …… 301
호라산 …… 100, 120, 123, 193, …… 217, 218, 235, 253, 254, 256
호르타 …… 243
호메로스(호머, Homeros/Homer) …… 28, 74, …… 231, 274, 304, 307, 309, 357
호스로 2세(Khusru Ⅱ) ……22, 63, 114, 138, 248
호스로 1세(Choroes Ⅰ. Anushirvan) … 98, 151

호자르족 ………… 287
호 탄 ………… 121
홀스타인 ………… 363
홀 완 ………… 117, 118
홀장(笏杖) ………… 325
홍 해 ………… 17, 20, 33, 59, 75
화공선(火攻船) ………… 206, 209
화체(化體. 전질변화) ………… 325, 328
환 관 ………… 280, 286
황금칙령 ………… 272
황도12궁 ………… 30, 34, 304
회장(回章) ………… 128
후나인 전쟁 ………… 73
후나인 협곡 ………… 73, 74
후다이비야 협정 ………… 71
후발(Hubal) 신상 ………… 67
후스(Hus, Jan) ………… 320, 327
후스(Hus) 파 ………… 320
훌라구(Hulagu. 旭烈元) ………… 227
훌리안(Count Julian) ………… 178, 180, 181, 182, 185, 189
휴전협정 ………… 71, 72, 202
휴페레이레스(Hypereides) ………… 307
흉노(훈족) ………… 337, 339
흉갑 ………… 258, 295
「흑해주항기」(아리아노스의) ………… 17
희랍정교 ………… 290
히라 ………… 36, 113
히브리어 ………… 48
히브리인 ………… 36, 43, 64
히샴(Hisham/Hishem Ⅱ) ………… 190, 212, 221
히에라폴리스 ………… 149, 260
히포크라테스(Hippokrates) ………… 228
히 혼 ………… 184
힌두스탄 ………… 192
힌크마르(Hincmar) ………… 216
힘야르족 ………… 19, 22, 27, 31
힛티(Hitti, P. K) ………… 25

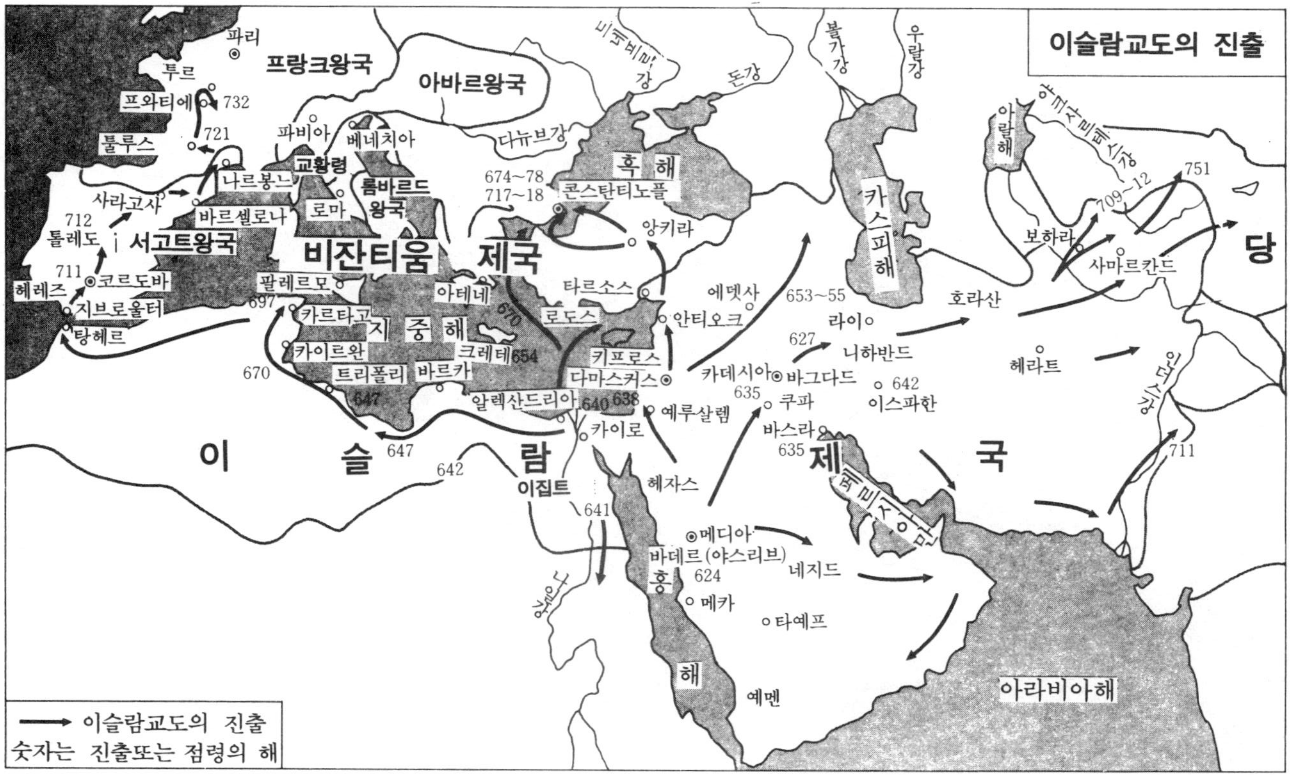

이슬람교도의 진출
파리
투르
프랑크왕국
아바르왕국
프와티에 732
721
툴루스
파비아
베네치아
교황령
나르봉느
사라고사
712
톨레도
서고트왕국
바르셀로나
로마
롬바르드 왕국
711
헤레즈
코르도바
지브로울터
탕헤르
비잔티움 제국
팔레르모
697
카르타고
지중해
카이르완
670
트리폴리
바르카
크레테 654
647
아테네
670
로도스
다뉴브강
674~78
717~18
콘스탄티노플
흑해
앙키라
타르소스
안티오크
키프로스
다마스커스
알렉산드리아 640 638
예루살렘
카이로
이슬람 제국
647
642
이집트
641
나일강
헤자스
메디아
바데르 (야스리브)
624
홍해
메카
타예프
예멘
네지드
에뎃사
653~55
627
카데시아
바그다드
635
쿠파
바스라
635
페르시아만
라이
니하반드
642
이스파한
돈강
볼가강
우랄강
카스피해
호라산
헤라트
아랄해
아무다리아강
보하라
709~12
751
사마르칸드
당
인더스강
711
아라비아해
이슬람교도의 진출
숫자는 진출또는 점령의 해

이 책이 미래를 지향하는 여러 분야의
독자들에게 전문적 지식과 기술개발 및
한국 산업발전에 도움이 되기를 바라면서
우리들의 모든 정성을 기울였습니다.
대광서림 직원일동

로마제국쇠망사Ⅸ 정가 10,000원

西 紀 2007年 8月 10日 印刷

著 者 Edward Gibbon

譯 者 中野好之 · 金永振

發行人 金 周 穆

發行處 圖書出版 大光書林

서울特別市 廣津區 九宜洞 242-133
TEL. (02) 455-7818(代)
FAX. (02) 452-8690
登錄/1972.11.30 제10-24호

로마제국쇠망사〈전 11 권〉

Edward Gibbon 著 金 永 振 譯

제 1 권 1～10장 (96～278년)

서기 2세기, 최대판도와 최강군사력을 자랑하면서, 기번이 인류의 가장 행복했던 시대로 평가한 5현제(賢帝) 통치 후에, 이런 대제국에서 중대한 쇠망의 징조가 나타나기 시작했다. 철인 황제 마르쿠스-아우렐리우스의 불초자식인 코모두스 폭군이, 수치스러운 죽음을 당한 이후, 우제(愚帝)·암제(暗帝)·군인황제가 뒤를 이으면서 어진 황제는 비명으로 쓰러졌다. 근위부대의 횡포는 격화되고, 무능하고도 겁나(怯懦)한 원로원은 할 바를 몰랐다. 계속된 반란은 30인 참제시대를 실현시켰다.

제 2 권 11～16장 (268～323년)

붕괴에 직면한 제국을 구출한 것은 클라우디우스, 아우렐리우스, 프로부스 등 모두가 미천한 신분에서 입신양명한 속주출신 황제들이었다. 천부적 통치자인 디오클레티아누스 황제는 강력한 전제국가의 수립과 공치제들과의 제국 4분할통치제에 의하여 국가체제를 재편한다. 황제가 퇴위한 후, 황제들 사이의 권모술수에 의한 이합과 항쟁으로 혼란에 빠진 로마세계를 또다시 단일권위하에 통합시킨 것은, 경쟁자를 차례차례로 타도한 콘스탄티누스 대제의 공적이다.

제 3 권 17～22장 (324～363년)

로마제국을 통합하여 30년간에 이르는 독재정권을 유지하면서 새수도의 건설체제의 재편과 제개혁을 수행한 최초의 그리스도교 황제 콘스탄티누스 대제도 치세후반에는 유능한 맏아들 크리스푸스와 황후 파우스타의 살해, 더불어, 혹세(酷稅)의 신설 등 피비린내나는 오점과 실정을 저질렀다. 제국을 분할통치한 후계황제들인 그의 세 아들은 모두가 암우하고 용렬하였는 바, 특히 콘스탄티누스 2세의 시의심은 혈족을 대숙청하는데까지 이르렀다.

제 4 권 23～27장 (363～395년)

6만 5천의 대군을 이끌고 페르시아 원정에 나선 율리아누스 황제는 적의 수도 크테시폰을 지호지간에 까지 육박했으나, 이후 전황이 역전하여 후퇴중에 전사한다. 이 「배교자」황제의 사망과 더불어 다신교 부활의 기회도 소멸되었다. 후계자인 요비아누스 황제는 굴욕적인 평화조약을 맺고 철퇴도중에 급사하고, 로마제국은 또다시 동서로 분리된다. 375년에 훈족(흉노)의 서진으로 압박받은 서고트족이 제국안으로 침입한 바, 여기에 민족대이동이 시작된다.

제 5 권　28～34장 (378～450년)

테오도시우스 대제가 사망한 뒤, 그의 두 아들이 동서 두 제국의 통치자가 되면서, 로마제국은 최종적으로 분리되었고, 이후 서로 만나는 일조차 없게 된다. 한결같이 무능하고 무기력한 두 황제를 두고, 이 시기에 양 제국의 궁정을 움직인 것은 충신과 간신, 황후나 황제의 자매와 같은 여성들이었다. 민족대이동의 파도는 가차없이 두 제국을 습격한다. 알라릭에 통솔된 고트족은 동로마제국의 각도시를 유린한 후, 이탈리아 본토에 침입하여, 역사상 최초로 410년에는 로마를 점령하고 약탈하게 된다.

제 6 권　35～39장 (433～526년)

훈족(흉노) 왕 앗틸라, 반달족왕 가이세릭, 동고트왕 테오도릭 등의 연이은 침구로, 이탈리아반도, 갈리아지방(유럽 중 · 서부지방)에서의 지배세력은 격변한다. 서로마 제국에서는 찬탈자가 아니면 괴뢰 또는 동로마제국에서 수입한 무능한 황제들이 연이어 등극함으로써 드디어 476년, 만족출신 용병대장 오도아케르가 이탈리아에 군림하게 되면서 서로마제국은 멸망한다. 갈리아지방을 제압한 클로비스 1세는 프랑크왕국을 건설하여 중세 · 근대유럽에로의 진입과정에서 하나의 기초를 세웠다.

제 7 권　40～44장 (518～594년)

불가리아지방의 이름없는 집안출신인 유스티니아누스 1세는 똑같은 신분의 아내이며 여제로 끌어올린 테오도라와 공동통치하면서 비잔티움제국 최성기를 만들었다. 밖으로는 명장 베리살리우스를 등용, 아프리카, 이탈리아를 정토하였고, 사산조출신 페르시아왕 호스로(아누시르반)와 대치하였으며, 안으로는 유스티니아누스 법전의 편찬, 행정개혁, 성소피아대성당을 비롯한 많은 교회와 성채의 건설, 이교도 금압에 의한 강력한 신앙통합 등 로마제국 재흥을 목표로 제국 1,000년 역사의 골격으로 되었다.

제 8 권　45～49장 (565～1356년)

롬바르드족의 이탈리아 침입, 페르시아왕 호스로 2세의 침공, 게다가 이슬람의 발흥과 계속해서 가해지는 외부압력 와중에서 동로마제국은 그리스도의 인성과 신성 또는 성상숭배의 가부성 등을 둘러싼 정치적 · 교권적인 불화 · 대립 · 항쟁으로 영일이 없었다. 7세기 비잔티움 중흥의 영웅으로 숭앙되는 헤라클리우스 황제 이후는 이사우리아왕조, 마케도니아왕조, 두카스왕조, 콤네누스왕조 등의 제황제에 의하여 제국의 번영은 점차 퇴세로 기울어진다.

제 9 권　50～55장 (569～1100년)

계속 발행됩니다.